中国社会科学院创新工程学术出版资助项目

当代中国学者代表作文库

THE REPRESENTATIVE WORKS OF THE CONTEMPORARY CHINESE SCHOLARS

王宇信 著

甲骨学通论

（修订本）

中国社会科学出版社

图书在版编目(CIP)数据

甲骨学通论/王宇信著 . —修订本 . —北京：中国社会科学出版社，2015.8 (2020.6 重印)

ISBN 978 – 7 – 5004 – 9834 – 6

Ⅰ.①甲… Ⅱ.①王… Ⅲ.①甲骨文—研究 Ⅳ.①K877.14

中国版本图书馆 CIP 数据核字（2011）第 089788 号

出 版 人	赵剑英	
责任编辑	郭沂纹	
特约编辑	沂 涟	
责任校对	刘 俊	
责任印制	李寡寡	

出　　版	中国社会科学出版社	
社　　址	北京鼓楼西大街甲 158 号	
邮　　编	100720	
网　　址	http://www.csspw.cn	
发 行 部	010 – 84083685	
门 市 部	010 – 84029450	
经　　销	新华书店及其他书店	

印　　刷	北京君升印刷有限公司	
装　　订	廊坊市广阳区广增装订厂	
版　　次	2015 年 8 月第 1 版	
印　　次	2020 年 6 月第 2 次印刷	

开　　本	710×1000 1/16	
印　　张	37.75	
字　　数	638 千字	
定　　价	138.00 元	

凡购买中国社会科学出版社图书，如有质量问题请与本社营销中心联系调换
电话：010 – 84083683

版权所有　侵权必究

2011 年 9 月 3 日摄于河南淮阳弦歌台前以明己志

作者简介

  王宇信，1940 年 5 月生于北京平谷城关和平街，1956 年平谷初级中学毕业后，1956 年考入北京良乡高级中学。1959 年考入北京大学历史系考古专业。1964 年考入中国科学院历史研究所胡厚宣教授甲骨学商史专业研究生。享受国务院特殊津贴，中国社会科学院荣誉学部委员，中国社会科学院古代史所研究员、研究生院博士生导师、安阳师范学院特聘教授，北京师范大学历史文化学院特聘教授，兼职中国文字博物馆顾问，原中国殷商文化学会会长，现为名誉会长等。专攻甲骨学殷商史，并涉猎原始社会史、商周考古学及政治制度史等方面。参加合作的项目有郭沫若主编《甲骨文合集》并总审校《甲骨文合集释文》、于省吾主编《甲骨文字诂林》、白钢主编《中国政治制度通史》之第二卷《先秦卷》（与杨升南）、李学勤主编《中国古代文明与国家形成研究》、宋镇豪主编《商代史》之第四卷《商代国家与社会》（与徐义华）等等；主编有《甲骨学一百年》

（又，2011年韩国晓明出版翻译本5卷）、《甲骨精粹释译》及夏商周文明研究论文集多部；合作有《商周甲骨文》（与徐义华）、《甲骨学导论》（与魏建震）等；个人专著有《建国以来甲骨文研究》《西周甲骨探论》《西周》《甲骨学通论》（1989年版、1999年增订版、2004年首尔韩文翻译版）、《中国甲骨学》《新中国甲骨学六十年》等。以上著作，其中多部曾获国家级及部委级奖项。此外，尚有论文数十种。王宇信是在安阳、郑州、洛阳、琉璃河、平谷、南昌、三星堆、烟台等地多次召开的甲骨学殷商文化大型国际学术会议的组织、主持者，并应邀出席在洛杉矶（美）、温哥华（加）、首尔、釜山（韩）、东京都（日）、拉维那（意）、新加坡和中国台湾、香港地区召开的学术会议或任大学客座教授，并在海外多所大学访问及讲授甲骨学殷商文化等。2003年7月退休后，仍笔耕不辍，学术活动不断。2011年7月，被授予中国社会科学院荣誉学部委员终身荣誉称号。

目　　录

《甲骨学通论》序 ································· 胡厚宣（1）
序《甲骨学通论》 ································· 李学勤（5）
1990年韩文版《甲骨学通论》自序 ····················· 王宇信（8）
《甲骨学通论》新版感言 ···························· 王宇信（1）
前言 ··· （1）

第一章　绪论 ····································· （1）
第一节　什么是甲骨学 ···························· （1）
第二节　甲骨学与其他学科的关系 ·················· （3）
第三节　刻苦钻研甲骨学，成功之路就在脚下 ········ （10）
第四节　本书的宗旨 ···························· （15）

上　篇

第二章　甲骨文的发现年代和发现者 ··················· （19）
第一节　甲骨文的发现年代能提前到1898年吗？ ······ （20）
第二节　甲骨文的第一个发现者王懿荣 ·············· （26）
第三节　关于甲骨文发现的其他说法和几点新补证 ···· （31）

第三章　甲骨文出土地与时代的确定及甲骨文的命名 ····· （35）
第一节　甲骨文出土地的探索和意义 ················ （35）
第二节　甲骨文时代的确定和小屯为殷墟的研究 ······ （41）
第三节　甲骨文的命名种种 ························ （47）

第四章　甲骨文发现和甲骨学研究的几个阶段 （52）
第一节　甲骨学的"先史"时期 （53）
第二节　甲骨文的非科学发掘阶段和甲骨学的草创时期(上、下) （57）
第三节　甲骨文的科学发掘阶段和甲骨学的发展时期(上、下) （63）
第四节　甲骨学的深入研究时期(上、下) （73）

第五章　甲骨的整治与占卜 （82）
第一节　商代卜用龟甲和兽骨的来源 （83）
第二节　甲骨的整治 （85）
第三节　甲骨的占卜与文字的契刻 （90）
第四节　甲骨占卜后的处理及少数民族保存的骨卜习俗 （94）

第六章　甲骨学专业用语及甲骨文例 （100）
第一节　甲骨学的基本专业用语 （100）
第二节　甲骨文例 （104）
第三节　殷人一事多卜和卜辞同文 （116）
第四节　特殊的卜辞举例 （118）

第七章　甲骨文的分期断代(上) （122）
第一节　甲骨文分期断代的探索 （123）
第二节　分期断代"五期"说及"十项标准"(上) （128）
第三节　分期断代"五期"说及"十项标准"(中) （135）
第四节　分期断代"五期"说及"十项标准"(下) （142）

第八章　甲骨文的分期断代(下) （149）
第一节　分期断代研究的深入——"揭穿了文武丁时代卜辞的谜" （150）
第二节　甲骨文分期断代的又一个"谜团"——所谓"历组"卜辞的争论和武乙、文丁卜辞的细区分 （156）
第三节　关于甲骨文分期断代的几个新方案 （163）
第四节　分期断代研究有待解决的几个问题 （170）

第九章　使用甲骨文材料应注意的几个问题 （173）
第一节　甲骨文的校重 （173）
第二节　甲骨文的辨伪 （176）
第三节　甲骨文的缀合 （182）
第四节　甲骨文的残辞互补 （188）

第十章　重要甲骨的著录及现藏……（192）
第一节　著录甲骨的准备……（192）
第二节　国内学者著录的甲骨及现藏……（196）
第三节　国外学者著录的甲骨及现藏……（205）
第四节　科学发掘甲骨的著录及现藏……（218）
第五节　集大成的著录——《甲骨文合集》及其编纂……（223）

第十一章　甲骨学与殷商史研究要籍……（230）
第一节　甲骨文字考释的专书……（230）
第二节　甲骨学研究著作……（237）
第三节　商史与甲骨学史专著……（242）
第四节　重要的工具书与入门著作……（252）

第十二章　甲骨学史上有贡献的学者及其研究特点……（257）
第一节　早年出土甲骨文的几位购藏家……（258）
第二节　罗振玉、王国维和"罗王之学"……（264）
第三节　甲骨文科学发掘时期有贡献的几位学者（上）……（271）
第四节　甲骨文科学发掘时期有贡献的几位学者（下）……（280）
第五节　新一代的甲骨学者和成长中的一代……（288）

下　篇

小引……（299）

第十三章　甲骨学研究的一门新分支学科
　　　　　——西周甲骨学的形成……（301）
第一节　西周甲骨的发现……（301）
第二节　西周甲骨研究的几个阶段……（305）
第三节　西周甲骨的特征及与殷卜辞的关系……（314）
第四节　西周甲骨的分期……（320）

第十四章　周原出土的商人庙祭甲骨……（330）
第一节　商周时代的祭祀制度与祭祀异姓……（332）
第二节　周原出土庙祭甲骨诠释及其族属（上）……（336）
第三节　周原出土庙祭甲骨诠释及其族属（下）……（343）
第四节　周原出土庙祭甲骨的时代……（346）

第五节　对周原出土商人庙祭甲骨的几点认识…………………（350）
第十五章　今后的西周甲骨学研究…………………………………（353）
第十六章　甲骨文与甲骨书法………………………………………（357）
　　第一节　中国文字的发展和甲骨书法小史…………………………（357）
　　第二节　写好甲骨书法的准备工作…………………………………（362）
　　第三节　精益求精，将甲骨书法艺术提高一步……………………（363）
第十七章　甲骨学研究一百年………………………………………（368）
　　第一节　甲骨学研究的草创时期（1899—1928年）………………（369）
　　第二节　甲骨学研究的发展时期（1928—1937年）………………（371）
　　第三节　甲骨学研究的深入时期（1949年至今）…………………（374）
　　第四节　甲骨学研究国际学术交流的加强…………………………（386）
　　第五节　甲骨学研究的展望与思考…………………………………（388）
第十八章　论1978年以后甲骨学研究进入了"全面深入"的
　　　　　　新阶段……………………………………………………（391）
　　第一节　甲骨学研究资料匮乏局面的根本改观……………………（392）
　　第二节　甲骨学研究课题向广度和深度的拓展……………………（395）
　　第三节　甲骨学研究方法和手段愈益与当代科技发展同步………（405）
　　第四节　1978年后涌现出的大量论作，显示出甲骨学研究"全面
　　　　　　深入"的阶段性……………………………………………（408）
　　第五节　我们的建议…………………………………………………（409）
第十九章　世界文化遗产殷墟的保护、弘扬与构建和谐社会 …………（411）
　　第一节　八十年来殷墟（晚商都城）遗址经历了重构、再现辉煌
　　　　　　和全面弘扬的几个阶段……………………………………（411）
　　第二节　弘扬殷墟文化的几点思考…………………………………（418）
　　第三节　殷墟文化的弘扬与构建和谐社会…………………………（421）
　　第四节　殷墟文化的弘扬与当地群众的福祉………………………（423）

附　录

附录一　甲骨学大事记（1899—1999年）…………………………（427）
附录二　甲骨文著录目及简称………………………………………（442）
附录三　新中国甲骨学论著目（1949—1986年）…………………（451）
附录四　西周甲骨论著目（1951—1999年）………………………（503）

例图 …………………………………………………… （511）
后记 …………………………………………………… （565）
《后记》之后 ………………………………………… （567）
修订版后记 …………………………………………… （569）

《甲骨学通论》序

胡 厚 宣

宇信同志撰著《甲骨学通论》一书讫，要我写篇序文，这倒引起了我自己的一些回忆。

我1934年北大史学系毕业后，进入中央研究院历史语言研究所，先发掘殷虚，继作《殷虚文字甲编释文》①，后又整理《乙编》②，其中包括1936年第13次发掘所得127坑的甲骨，日子长了，就走上了甲骨学研究的道路。

当时，我认为研究甲骨，首先应该掌握材料。甲骨文的材料，以史语所发掘所得为多，但此外中外公私所藏也不少，因此我就写了《甲骨文材料之统计》一文③，以后陆续修改，直到1984年我还写了一篇《八十五年来甲骨文发现之再统计》④。

抗日战争起，我随史语所从南京迁长沙，经桂林到昆明。1940年，在史语所由昆明迁四川的时候，我离开了史语所，到成都齐鲁大学教书，就给同学们讲授甲骨文字。为了教学参考，我写过一些有关甲骨学概论性质的文章。1943年，我写过《甲骨学概要》⑤。1945年，我写过《甲骨学

---

① 《殷虚文字甲编释文》稿本，1936年。屈万里整理补编为《殷虚文字甲编考释》，台北"中研院"历史语言研究所，1961年。
② 董作宾：《殷虚文字乙编》上辑，1948年；中辑，南京中央研究院历史语言研究所，1949年；下辑，台北"中研院"历史语言研究所，1953年。中国科学院考古研究所重印，科学出版社1956年版。
③ 刊天津《益世报》《人文周刊》第13期，1937年4月2日。又转载在开明书店《月报》1卷5期。
④ 刊《史学月刊》1984年第5期。又转载在《古籍整理出版情况简报》第129期。
⑤ 刊《大学月刊》2卷1期，1943年。

绪论》①。1946年，我写过《甲骨学简说》②。1947年，我写过《甲骨学提纲》③。

1946年我还写过《甲骨文发现之历史》④、《甲骨学研究的经过》⑤。当我编印《甲骨学商史论丛》的时候，在书的最后，还附上了《甲骨文发现之历史及其材料之统计》一文⑥。

1944年3月20日，当我写《甲骨学商史论丛》一书的自序时，我曾立志要"对甲骨文字作一番通盘总括之彻底整理"。打算先作一些专题论著，编印《甲骨学商史论丛》若干集，"然后作《甲骨文字学》及《商史新证》两书，以期完成彻底整理之夙愿"⑦。《论丛》在成都出了四集，抗战乃获胜利。我从后方成都东归，为了搜集材料，奔走于宁、沪、京、津，以探访沦陷时期新出土和流散的甲骨。

1947年，我在上海任教于复旦大学，先后完成了《京津》⑧、《宁沪》⑨、《南北》⑩、《续存》⑪等战后新获甲骨四书。此外又出版了《殷虚发掘》⑫等几本小册子。《甲骨学商史论丛》就没有时间再继续编印。

1949年上海解放，我同全国人民一样，无比欢欣鼓舞，急忙写印了《五十年甲骨文发现的总结》⑬和《五十年甲骨学论著目》⑭两书。本来还有一本《五十年来的甲骨学》，因见董作宾先生已在《大陆杂志》上陆续发表《甲骨学五十年》⑮，遂搁置未再付印。我这样做，是想对旧中国50

---

① 收入《甲骨学商史论丛》二集，成都齐鲁大学国学研究所，1945年。
② 刊成都《中央日报》专刊，1946年4月19日。
③ 刊天津《大公报》，1947年1月8日。又上海《大公报》《文史周刊》第13期，同月15日。
④ 刊成都《中央日报》专刊，1946年4月20日。
⑤ 同上。
⑥ 收入《甲骨学商史论丛》初集第四册，成都齐鲁大学国学研究所，1944年。
⑦ 《〈甲骨学商史论丛〉自序》，收入同前。
⑧ 《战后京津新获甲骨集》，群联出版社1954年版。
⑨ 《战后宁沪新获甲骨集》，来薰阁，1951年。
⑩ 《战后南北所见甲骨录》，来薰阁，1951年。
⑪ 《甲骨续存》，群联出版社1955年版。
⑫ 学习生活出版社1955年版。
⑬ 商务印书馆1951年版。
⑭ 中华书局1952年版。
⑮ 董作宾：《甲骨学五十年》，刊台北《大陆杂志》1卷3期至6卷12期，1950—1953年。又单行本，大陆杂志社，艺文印书馆发行1955年版。

年甲骨学的研究，作一个小结。然后在新中国，再通过学习，掌握马克思主义的立场、观点和方法，对甲骨学作出新的研究。

1953年人民出版社派人来上海复旦大学向我组稿。1954年5月28日同我订了合同，要出版我的《甲骨学商史论丛》一书，并约我编写一本《甲骨学概论》，还预付了一部分稿酬。

1956年我忽然奉调来北京中国科学院历史研究所工作[①]。一到所就赶上"大鸣大放"和"反右斗争"。又去了一趟苏联。从苏联回来后，一直就筹备编辑《甲骨文合集》。为了搜集资料，在"三年暂时困难"时期，我"南征北战"，几乎跑遍了全国，确实花了不少时间和精力。1966年"文化大革命"起，不但《甲骨文合集》的工作完全停止，出版《甲骨学商史论丛》和写作《甲骨学概论》，就更无从谈起了。

一直到1978年党的十一届三中全会以后，《甲骨文合集》才继续编完，陆续出版[②]。在此书的编辑过程中，培养出来一批甲骨学研究的后起之秀。《合集》图版，虽然出齐，但释文、来源表和选本等，则迄今还在总校和编辑之中。

十一届三中全会以后，国内形势一片大好，对外开放，对内搞活，各种体制不断改革，呈现出空前未有的安定团结局面。科学研究，来到了百花争艳的春天。甲骨学研究当然也是空前活跃，学习研究的人增多了，出版的书刊也就大大地增多了。

就在这甲骨学学习研究空前活跃，所谓"甲骨热"的时候，甲骨学概论一类的专书也就不断出版，像1980年肖艾的《甲骨文史话》[③]，孟世凯的《殷虚甲骨文简述》[④]，1985年吴浩坤、潘悠的《中国甲骨学史》[⑤]，1986年王明阁的《甲骨学初论》[⑥]，范毓周的《甲骨文》[⑦]。陈炜湛还有一本《甲骨文简论》，尚在印刷中[⑧]。

吴浩坤、潘悠、范毓周是我的学生和研究生，孟世凯是跟我一起编辑

---

① 现属中国社会科学院。
② 郭沫若主编，胡厚宜总编辑：《甲骨文合集》，1979—1982年。
③ 文物出版社1980年版。
④ 文物出版社1980年版。
⑤ 上海人民出版社1985年版。
⑥ 黑龙江人民出版社1986年版。
⑦ 人民出版社1986年版。
⑧ 此书上海古籍出版社已于1987年5月出版。

《甲骨文合集》的同事。肖、孟、范三书，篇幅较小，都不过几万字。王书有16万字。吴、潘之书，比较详密，有28万字。篇幅更大的，在"文化大革命"以前出版的有陈梦家的《殷虚卜辞综述》①，可惜迄今30年，新出的材料和研究，有待继续收进。在台湾出版的有严一萍的《甲骨学》两厚册②，也可惜内地的材料和研究，不够齐全，诚然这都是憾事。

宇信同志，1964年北大历史系考古专业毕业，毕业后考取了由我指导的研究生。研究生毕业以后，留在中国社会科学院历史研究所，又跟我一道编辑《甲骨文合集》及《合集释文》，后又协助我担任《合集释文》的总校工作。他天资颖异，又艰苦卓绝，20年来，既完成了集体任务，复撰写了《建国以来甲骨文研究》③及《西周甲骨探论》④等书。现在又在前人研究的基础上，总结已有的成果并提出自己的所见，写成了《甲骨学通论》一书，从发现到研究，从卜法到文例，从断代到分期，从辨伪到缀合，从文字到历史等等，无不全面论述。并论及近年周原新发现之西周甲骨，亦颇详赡，全书达五十余万字，皇皇巨制，真可谓"后来居上"者矣！

这几年我在《甲骨文合集》编辑工作组内，主编《甲骨文与殷商史》不定期学刊，在发刊词里我就勉励大家先作专题研究，然后再在专题研究的基础上向编写《甲骨学》与《殷商史》的方向迈进⑤。果然前不久彭邦炯同志写了一部《商史探微》，今宇信同志又完成了一部《甲骨学通论》，硕果有成，这是值得庆祝的大好事。我前曾为《商史探微》作了序，于今又为《甲骨学通论》撰作序文。这是因为我早年提出的工作，已经由他们完成，所以我感到非常高兴！

但是学无止境，应该精益求精，盼宇信与邦炯两位同志继续努力，写出更加精湛的著作来。余虽不敏，愿更为序之。

1987年4月10日

---

① 科学出版社1956年版。
② 台北艺文印书馆1978年版。
③ 中国社会科学出版社1981年版。
④ 中国社会科学出版社1984年版。
⑤ 《〈甲骨文与殷商史〉前言》，上海古籍出版社1983年版。

序《甲骨学通论》

李学勤

宇信同志《甲骨学通论》一书竣稿，要我写几句话。这是我第三次为他的甲骨学著作撰序了，可是还觉得有不少话要说。

近年常有人谈到学术界的"信息爆炸"，是否普遍现象，我不完全清楚，但至少在甲骨学研究方面确有信息量迅速增长的事实。殷墟甲骨的发现，迄今已近九十年；近些年颇受重视的西周甲骨的发现也有三十多年了。有关著述如林，牵涉范围异常广泛，最近一段时间，作品更是愈来愈多。听亲手统计的朋友讲，1986年发表的这方面论著，数量又创新纪录。这样丰富的材料，又加众说纷纭，即使专门作甲骨学研究的人也难一一浏览。关心甲骨学的读者迫切需要综论性质的书，汇诸家学说为一炉，这是不难理解的。

当前大家常读的甲骨学的综论，主要有三部，即陈梦家《殷虚卜辞综述》、岛邦男《殷墟卜辞研究》和严一萍《甲骨学》。前两种出版于50年代，后一种问世亦近十年，事实上这三种书现在都是不易看到的。大家所期待的新的综论，应该把这一学科的最新进展包括进去，换句话说，要对甲骨学作出再一次的总结。总结不仅要有广博的概括，而且要有精审的别择（这或许更重要）。

宇信同志写综论性质的著作，有特殊的优越条件。他多年参加《甲骨文合集》的编纂，撰有《建国以来甲骨文研究》及《西周甲骨探论》，在材料的掌握和情况的熟悉方面已为综论奠立基础。他的这部《通论》不是他前两本专著的重复，而是以更开阔的眼界，涵括了甲骨学的全领域。就内容言，概述了殷墟甲骨研究的历史和现状，兼及西周甲骨；就论点言，寓议论于叙述，表现出作者本人的见解；就体例言，深入浅出，照顾到不同层次的广大读者；就材料言，尽可能援引国内（包括港台）外各家著作，并附有几种工具性质的目录，甚便于检索。具备这样几点特色的《通论》，相信会得到大家的欢迎。

总结和展望是分不开的。宇信同志在《通论》中，对甲骨学的前景已谈了不少。我乘此机会再补充几句。

在为《建国以来甲骨文研究》写的小序里，我曾提到三个课题：第一是甲骨的分期，第二是卜辞的排谱，第三是文字的继续考释。这三点都是基础性的工作，而分期又是整理研究的前提。使人高兴的是，殷墟甲骨分期的探讨近十年来打开了新局面。展开了热烈讨论，影响及于海内外。讨论中虽有不同意见，对研究的深入都有所促进。现在，建国前后发掘甲骨的有关材料（包括过去没有发表的，如《殷虚文字甲编》的坑位记录）基本上都已公布，这就为按考古学方法和要求进行甲骨分期提供了前所未有的条件，看来问题的解决已为期不远了。

还有一个相当重要的课题，长期以来为大家所忽略了，就是甲骨卜辞所反映礼制的研究。殷墟甲骨是商朝占卜的遗物，卜辞内涵无一不与古代礼制有关。在甲骨发现的早期，有些学者曾试探由之探讨"殷礼"，后来从事这种研究的人逐渐减少，对于卜辞中体现的当时制度，每每脱离礼制，甚至凭想象去解释。这种现象的出现，和一种流行的看法有关。不少人觉得，甲骨文的研究不像金文那样离不开文献知识，因为商代没有多少文献传留下来，《尚书》中的《商书》、《诗经》中的《商颂》，被认为是后人窜改以致伪托的。至于后世文献关于商的记载，更难依据，所以研究甲骨似乎不必有深厚的文献基础。这样看，割断了商周两朝制度和文化的连续性。孔子曾经说过，商周礼制是相因袭的，由商到周只是损益的关系。近年对商周金文的探索，在很大程度上证明了这一点。因此，可以从文献和其他材料中的周代礼制，上推商代礼制，这对研究卜辞，认识商代的历史文化，将有很大的帮助。我们不妨说，礼制的探索在一定意义上是甲骨研究的一把钥匙。

甲骨学当前的课题还有许多，有志于研究的读者可以从宇信同志这部书中得到启发。我非常赞同宇信同志所说，甲骨学的研究不是已经完成，而是刚刚开始。有些人看到这门学科有了这么多论著，仅目录索引便有厚厚的一本，以为重大课题都被前人做尽，今后不会有较大的突破，这并不符合学科发展的实际。真正深入于甲骨研究的人，会感到这片园地虽经过很多人开辟，仍然是满目丛莽，有好多很基本、很重要的问题尚待解决。《甲骨学通论》一书的出版，肯定会把更多的新生力量引导到这个园地中来。甲骨学目前方兴未艾。

我们曾经设想，古文字学各个分支都应有通论性的著作。著作可以是大型、近百万字的，也可以是中或小型、适合多数读者阅读的。宇信同志完成的《甲骨学通论》，剪裁适度，字数属于中型，十分适合社会的需要。书的优点，只要略作翻阅就会一目了然，实在不用我饶舌推荐。

1987 年 3 月于北京紫竹院

1990 年韩文版《甲骨学通论》自序

《甲骨学通论》译成韩语并将在韩国出版，我感到非常高兴。

我高兴的理由，是因为甲骨文这一中华民族很古老的文字，从1899年被发现至今90多年以来，通过中国和外国学者的共同努力与探索，已成为有很丰富的研究资料和严密规律的专门学问。谁要想了解并研究灿烂的中国古代文明，谁就必须具有一定的甲骨学知识。所以，甲骨文不仅在中国有不少的研究者和爱好者，甚至在世界，诸如日本、加拿大、英国、美国、德国、瑞士、新加坡、韩国、意大利等国家，也有不少学者为研究甲骨学而投入自己毕生的精力并做出了卓越的贡献。可以说，甲骨文已成为使用不同母语的各国学者之间的共同语言及学术交流的桥梁，已成为国际性的学问。

韩国民族是具有悠久的历史和伟大创造力的民族。自古以来，中国和韩国在政治、经济和文化方面不断地进行着友好的交流。我希望在韩国出版这本《甲骨学通论》，能为更多的韩国朋友在将来了解中国古代文明提供方便，也希望研究甲骨文的韩国学者能通过本书了解中国学者正在进行的甲骨学和商史方面的研究课题。这也是本书力图为加强两国之间学术交流做出的微薄努力吧！

我高兴的另外一个原因，就是这本书在韩国出版以后，可以使我在国外得到更多的知音（甲骨学爱好者，包括从未见过面的读者朋友们）。因而首先向本书译者——尊敬的朋友李宰硕博士表示衷心的感谢！众所周知，进行中文学术著作的翻译是一件很辛苦的工作，尤其是与中国古代文明有关的甲骨文、金文著作的翻译更是辛苦，更何况是把这些著作用韩语译出来并出版呢！因为甲骨文和金文与目前通用的中国汉字离得很远，所以这些著作连中国一般的出版社都会觉得困难而不敢着手。因此，我对东文选决定出版这部书的勇气表示衷心的赞赏，这是学术发展的福音！与此同时，我也叹服我的朋友李宰硕博士的学识和翻译技巧！

李宰硕博士为翻译这本书付出了长期的创造性努力。我直到1990年6月11日才知道这本书正译成韩文。5月22—26日，我参加了在美国洛杉矶召开的夏文化国际研讨会。散会后，为了换机票，在旧金山逗留了10天。回到北京后不久，我收到了由中国社会科学出版社通过李英华小姐寄给我的一封信。李小姐告诉我，韩国的一个出版社正在推进《甲骨学通论》的翻译工作，并告诉我他们要求把书上我的照片和作者简介也寄给他们。那时候，我才知道李宰硕博士已经默默地着手做了大量的翻译工作了。我和这位未曾谋面的数年前在书上已相识的"老"朋友以写信作为交流方式，并一起探索学术和人生，俨然成为学术的知己，这就是中国人常说的"以文会友"吧！我相信一定会与研究甲骨学的未知朋友们，将来相聚在北京（或者韩国首尔），并一起探讨关于中国古代文明和韩国古代文明的各种问题。而且通过这些朋友们的创造和努力，将来也会让我在韩国结识更多的朋友（我所尊敬的读者）。我认为这对我来说是莫大的荣幸！

我从事甲骨学和中国古代史研究完全是个偶然的选择。我的家庭没有可以继承的"家学"，除了作为小学老师的父亲王志宽先生"忠厚传家久，诗书继世长"的教导以外，再没有更多的中国古代文化方面熏陶了。哺育我的故乡平谷县是位于北京东北部的山区。虽然我住的是县城，可是新中国成立初期的县城，是比不上现在县内任何一个普通村庄的繁荣程度的。我的故乡四面环山，县城位于盆地中央，一条小河从县城旁自东向西流过。在40年前，我故乡的交通极其不便，当时那里没有火车，偶尔能见到隔日一次开往北京的长途汽车，也觉得很新鲜而神秘，全县处于很封闭的状态中。当时，平谷县什么工业都没有，甚至于连电和电灯都没有，更何况现在所有的家庭几乎都具备的电视机呢！那时如果某个家庭有个矿石收音机（俗称"耳机子"），这就会成为村民羡慕的奢侈品。乡亲们日出去劳动，日落回家休息，在这块土地上子子孙孙劳动生息着……我的故乡不仅经济不发达，文化也很落后——全县只有一所六年制的小学和可以叫"最高学府"的初级中学而已（现在，不但个个村庄有小学，而且每个乡镇都设立了高级中学）。1956年，我成为这座"最高学府"的第三届毕业生。为了上高级中学，我16岁便离开了故乡，从北京东北部的平谷向北京西南方向，即相距约100多公里的良乡县去继续学习，因为这里有所当时临近的各县都很少有的高级中学,而我的母校平谷中学却没有高中。由于我的故乡历史上的若干"古迹"——几所庙宇早就被日本人烧掉,变为一堆废墟,因而除了从历史教材中学到若干的历史知识以外,没有接受过较多的中国古代文化方面的知识,也没有机会接触些"古书"。直到现在,我和朋友们谈到我们少年时代的生活时,常常自称"山野村夫",或者开玩笑地说自己是"土老帽儿"。在这样的环境中,文艺作品却让我兴趣十足。这些作品使我大开眼界,并对未知的外部世界有了了解。我期望成为著名的作家,以便用我的笔描写我的故乡,希望把我周围发生的所有事情传达给外部世界的人。我在"熟读唐诗三百首,不会作诗也会吟"的启示下,拼命地读我所可以看到的文艺作品。因此,将本不多的零用钱省下来买我所感兴趣的长篇小说、短篇小说集、诗歌集、剧本等,我反复地读并反复地思索和探求着、模仿着……由于我上的良乡中学离家较远,所以平时只好在学校住宿。因经济的原因,只有暑假和寒假才能回家。每个周末,离学校较近的同学都回家去了,而我呢?为了减少思乡之愁并读我所喜欢的书,就到良乡县文化馆的阅览室随便翻看各种文艺杂志,沉浸在书中就不会忘记孤独。就这样,在阅读书报中度过周末。有的时候,新的小说出版了,因为在学校借不到那些新书,为了享受先睹于别人的快乐,便跑到新华书店看书。我还记得,当时对我影响最深的是《青春之歌》。这部著名的小说,我就是站在良乡新华书店的书架旁边,一页一页地读完的。我读了一些书后,有空时,又想过写作,例如小说、诗歌、剧本等都曾试着写过。虽然我写了不少,但是除了在语文课上,经常被老师选作"范文"宣读,或在学校举办的联欢晚会上,演出我所编辑的节目和朗诵我写的诗歌以外,连一篇文章都没有以印刷的方式正式发表过。但我还是受到很大的鼓舞,喜形于色……绝没想过自己文艺创作的才能不够,只是觉得自己文艺创作的修养还不足。因而电影的"蒙太奇"、诗歌的"阶梯式"、艺术的"典型"等都强烈地吸引着我……

在1959年高中毕业前夕,学校让我们参观了周口店中国猿人洞窟。为了节省车费,全班同学徒步而行,一口气就走了三十多公里路程,所以我们又渴又累。不过这里真是"别有洞天",我们祖先的伟大创造力让人感到自豪,他们的奋斗精神也鼓舞着我们。在中国猿人(北京人)洞窟里的火堆旁,那些以考察祖国名山大川和找到人类文明足迹的考古学家,引起了我强烈的羡慕。准备考大学时,正好看到北京大学的招生简章,上面有新开设的以培养考古专家为目标的"考古专业"。经过多方面的考虑后，我决定放弃报考中文系的原来目标，选择了考北京大学历史系考古学专业，并幸而考上了。在一阵子激动和喜悦中开始了我的大学生活。不过在教室里，每天接触的都是艰涩的史实、猿人的头骨、石器、骨器和陶盆等，与我想象中的"文史不分家"确实相差甚远。因此，我很快对其失去了兴趣。我还记得，当时我们班不少同学跟我有同样的想法。他们大部分也都是原来喜欢文学，可是后来因多种原因转而学习考古学，感觉到了"历史性误会"。确实，我们不少同学都因为对专业的不满意而犯了一次"通病"——闹专业思想。随着在实习中对考古学理解的加深，我的同学们逐渐对考古学产生了浓厚的兴趣。祖国优秀的文化遗产和等待着被打开的一座座"地下博物馆"深深地吸引着我们……

从20世纪60年代至今，同班的同学分布在全国各地文物考古研究单位或博物馆。不少同学主持了重大的考古发现，现已在学术上有所成就并成为在国内外相当有名望的考古学家。我曾见到一位老同学，与他谈到了自己的学术收获，同时也谈到了上大学时的"历史性误会"。我们一边回顾这段有意思的如烟往事，一边发出大笑，为我们年轻时的天真和幼稚而笑！现在，我们都不再为选择考古学专业后悔，也没有为放弃文学而感到遗憾。目前，我们能用流利的文字来整理出研究成果和研究报告，这与我们上中学时的语言文字基础训练有着不可分割的关系。俗语说"言而无文，行之未远"，就是指说话要别人一听到就清楚，写文章和著作要读者一看就理解。在研究工作当中，除了占有大量资料和创造性的分析外，用文字表达也应是很重要的环节。我们想，虽然满腹经纶，却表达不出来，如同茶壶里煮饺子，量大口小，倒不出来，就像满屋珍玩，只能供自我把玩一样，的确是很遗憾的。或者语言晦涩，本来搞很深奥的学问，而且又写出很玄妙的文章，让人无法理解，也不知所云。因此，我们做学问、写文章，要像学术界泰斗郭沫若那样气势磅礴，宛如江河一泻千里；或像前辈学者顾颉刚那样细致慎重地做学问，文章如行云流水般地把观点表达出来。重要的史实和深奥的文字宝库，通过他们的文章娓娓道来，使大家兴致勃勃地去阅读，一点没有高深莫测的感觉。所以他们拥有广大的读者群，而不至于曲高和寡。因此，不仅作家必须重视语言文字修养，而且从事学术研究工作的人（无论是自然科学或者社会科学），也必须从青少年时便开始强化语言文字的训练，这会使未来的研究工作得到无穷的帮助！

这是我在多年的研究工作中切实体会到的。直到现在我还有个习惯，这就是每到一个从未去过的地方考察古代文化遗址时，都会写几句古诗作为纪念。它意味着"我足迹的记录"，或叫做"咏史诗"吧，这才是"文史不分家"！

在此，我之所以回顾起我走上研究甲骨学和古代史道路的这个"历史性误会"的选择，是因为想告诉那些未谋面的韩国读者，中国古代文化遗产是很丰富的。就像我这样生性迟钝的人，也是一旦进入了中国古代文化的灿烂的殿堂，便也可取得学术上的成就。俗语说"蓬生麻中，不扶自直"，中国古代文明熏染和育成了我们。我认为对中国古代文化感兴趣的韩国朋友们，一旦进入了门径，便可"升堂入室"，成为中国古代文化研究的专家！

幸亏我高中毕业后，有了这个"历史性误会"的选择，才决定了让我走上研究甲骨学和中国古代史的道路。如今我已经进入"天命"之年，也自知文艺细胞的缺乏。虽然我不能像作家那样，用笔书写过去 40 年间我的故乡和祖国的变化，但我能坐在书斋里，用笔来记录和发掘中国古代文化的珍品，并力图把历史上的种种迷雾拨开，我在为让它们在人类文化考古史上重新放出光芒而努力。这就是我的工作和使命！我把不能懒惰作为奋斗的目标，我愿意同那些对中国古代文明研究有兴趣的韩国朋友们一起共同努力！

在此，我再一次向为了出版《甲骨学通论》韩语版做出创造性劳动的李宰硕博士表示衷心的感谢！如果这本书的出版能使更多的韩国朋友们了解中国古代文化并对其感兴趣，我会为此而感到欣慰！

希望中韩两国人民今后学术文化和其他方面的交流与合作不断加强，并有较大的发展！

王宇信
1990 年秋写于中国社会科学院历史研究所

《甲骨学通论》新版感言

承蒙中国社会科学出版社领导和编辑先生们的厚爱，拙著《甲骨学通论》（1989年6月版）能收入"当代中国学者代表作文库"重印，我感到十分荣幸！对于我这名刚过七十岁的无级研究员（2010年中国社会科学院给在职研究人员定级，退休者一律不再定级，因而我和杨升南兄等老朋友戏称自己为"无级研究员"），是自2003年7月退休以后，依然跟随年轻一代的科研带头人之后，退而不休，继续学习新知和为弘扬中华传统文化尽绵薄之力的最大肯定与慰藉。中国社会科学院名家辈出，著述如林，我这部《甲骨学通论》能跻身"丛书"之中，怎么能不感到荣幸呢？

在我几十年的学术生涯中，对这部《甲骨学通论》还是比较看重的。这是因为自1973年参加郭沫若主编、胡厚宣总编辑的《甲骨文合集》工作后，遵从郭沫若先生"边研究，边整理"的教诲，从建国以来的甲骨文研究学习、认识开始，努力掌握前辈学者的研究成果，逐步适应了在研究中提高甲骨文整理质量，在整理甲骨文中学习、思考和探索、积累，逐步对甲骨学史、甲骨学的基本理论、研究方法和研究成果等方面打下了一定的基础。为了把自己掌握的知识系统化、条理化和使自己的认识更加自觉，并为了适应《甲骨文合集》出版后，社会上出现的"甲骨热"的亟须，因此我完成了《甲骨学通论》的写作，并于1989年出版发行。可以说，参加编辑《合集》的集体工作和《甲骨学通论》的出版，奠定了我从事甲骨学、殷商史研究的基础。

出乎我的意料，这部体现了我对甲骨学的理解和认识的结集——《甲骨学通论》出版以后，受到了学界前辈、朋友和有志于甲骨学研究年轻人的肯定与喜爱，《光明日报》、《中国社会科学》、《中原文物》等报刊上也发表了不少的推荐和书评。而韩国首尔的东文选也安排人翻译，并要我写篇韩文版

"序"。好事多磨，直到15年以后的2004年，韩译本才在首尔出版发行。在此译本的"序"中，谈了我是从"历史性误会"才走上甲骨学研究道路的，或对读者有所启示，这就是我在韩译本书前新加的一篇文字；到了1999年，《甲骨学通论》曾作为中国社会科学出版社"国庆五十周年献礼图书"增订重印了一次，并在人民大会堂举行了首发式。本来在重印前，责任编辑马晓光编审问我还需不需要修改、增补。当时我和挚友杨升南教授正主持《甲骨学一百年》课题的收尾工作，忙得焦头烂额，根本就无暇顾及《甲骨学通论》的重印之事了。但总要与十年前的原版《通论》不同，应要有些时代新意，即要反映此书1989年出版后至1999年间的研究新成就。因而商定基本上"一仍其旧"，在不作改动的情况下，加上一章"甲骨学研究一百年"，这就是《通论》的增订本；1999年，为纪念甲骨文发现100周年，先后在山东烟台、江苏南京、北京、河南安阳，以及我国宝岛台湾都召开了隆重纪念大会。中国社会科学院历史所、考古所和中国殷商文化学会在安阳主持召开了隆重的纪念大会，中国和世界各国有代表性的权威专家都出席了会议，并在会上推出了《甲骨学一百年》、《百年甲骨学论著目》、《甲骨文合集释文·来源表》等一批著作，会后又出现了一个甲骨学研究的新热潮。百年盛会后到现在，又经过了十多年的发展。不仅有殷墟继花园庄东地甲骨，又有2004年小屯南地260多片甲骨的新发现，而且在山东济南大辛庄也发现了商代有字甲骨。此外，陕西岐山周公庙和河南洛阳又有西周有字甲骨的新发现。一些甲骨著录，诸如《花东》已经出版，并专对花东H3主人子的研究论著多有发表，研究又较前一时期有了新的深入和发展。特别是2006年殷墟被列入世界文化遗产名录以后，向我们提出了今后如何保护、研究和弘扬殷墟文化的新课题……鉴于此，这次重印《甲骨学通论》，就有必要把近年甲骨学和殷墟考古的最新发掘成果和研究进展加以反映。为此，我们增加了"第十八章 1978年以后的甲骨学研究进入了全面深入的新阶段"、"第十九章 世界文化遗产殷墟的保护、弘扬与构建和谐社会"。可以说，《甲骨学通论》在上述三个不同时期的重印，也都与时俱进，即加入了反映每个相当阶段的甲骨学商史研究的新发现、新成果、新前进等方面的内容，力图做到《甲骨学通论》的每次出版，能与甲骨学殷商史研究的发展同步。我们在这次重印时，仍保留初版时的"附录三 新中国甲骨学论著目（1949—1986年12月）"。其目的，一是便于查找这一时期的论著。须知，很多是老一辈学者的重要论作。二是为了显示1978年以后甲骨学研究的大发展。本目录共收入大陆学者论著1159种左右，如果减去我们在《建国以来甲骨文研究》附录二所统计的1949年至1979年9月30年来中国大陆学者共发表著录的315种，那么仅1979年9月至1986年12月这7年多期间，就发表了论著737种左右，是前30年的2倍多！并与1899年至1949年的前50多年论著总和共876种接近。这些数字不也正是1978年以后，"涌现出的大量著作，显示出甲骨学研究'全面深入'的阶段性"的反映么？

鉴于上述种种，《甲骨学通论》于1989年出版以后，分别在1999年和2011年两次再版，就绝不是旧貌不改的简单重印了，而是加入了我对这二十多年间甲骨学发展的追踪和研究不断深入的理解。与此同时，《甲骨学通论》先后三次出版，也反映了殷墟考古学在不同时期的重大发现和取得的研究成果。而2006年殷墟"申遗"的成功，又向我们提出了殷墟的保护、弘扬和构建和谐社会的全新课题。因而，从这个意义上说，《甲骨学通论》的初版和两次重印，也可作为甲骨学史和殷墟考古学史在不同发展阶段所取得成果的反映。我在这里，要对谢亮生、马晓光、郭沂纹诸编审深表谢意！正是他（她）们的帮助，才使不同时期出版的本书得到了完善和不断充实！

还是在殷墟庆祝"申遗"成功期间，有一次殷墟管理处主任杜久明教授对我说："有一位领导同志曾说殷墟是殷代的废墟，这个名字不好听，应该改一下"云云。并问我："王老师，殷墟与殷虚有何不同？"我向他解释说："不带土旁的'虚'古义为高丘，古人居丘，建都多选在虚丘之处。殷虚就是殷王朝建在高虚之处的都城；而带土旁的'墟'的殷墟，是商朝灭亡以后，都城成了一片废墟。我们今天所说的殷墟考古，就是发掘殷朝都城的废墟"。虽然我作了这样的回答，但也引起我的深省，即我自己多年来也没有深究'虚'与'墟'的不同用法，以致在我的论作中，常将两字混而不别，诸如《殷虚书契》、《殷虚卜辞》、《殷虚文字甲编》所用的"虚"字，往往随手加上土字旁，写成了"墟"字。这一好读书不求甚解的毛病，误导了不少读者，应作深刻检讨并应找机会加以彻底纠正。这次重印《甲骨学通论》，总算有了加以改正的机会。我在本书一校稿时，把早年学者著录书名的"殷虚"一律加以规范化，并严格与殷墟发掘、殷墟考古的"墟"字相区别。二校时，谁知出版社好心、细心的专职校对为求全书文字的"统一"，竟然把考古发掘殷墟的土旁去掉，又一律"统一"为"虚"了。我对本书的责任编辑郭沂纹编审说，"你不要恼火，对于非专业人员来说，是无可指责的，连我本人不是相当长时间也'墟'、'虚'不分么？我再校一遍就是了，我校要更容易区分一些！"

这次收到校稿后，由于12月6日至10日去新加坡参加了一个"21世纪中华文化世界论坛"，稿子在家中压了几天。当我从烈日当头，汗流浃背的新加坡回到北京，正是大幅降温，滴水成冰严冬的开始，可谓是冰火两重天了！待我稍事休息并处理一些杂务后，就全心投入到书稿的校对中了，重点就是把"墟"、"虚"二字区分出来，使其各得其所。

在2011年元旦期间，我在校对书稿的闲暇时间，也对过去的一年作了些回顾，用时下流行的话来说就叫"盘点"吧。对于年逾古稀的我来说，过得还是相当充实和愉快的。就是在这一年，以《殷墟：人类文明的宝库》论文出席了韩国釜山庆星大学"汉语汉字文化国际研讨会"，会后游览了美丽的济州岛并在济州大学演讲；以《六十多年来古文字学研究生培养的思考与启示》参加了台湾台北中国文化大学举办的"发皇华语，涵咏文学研讨会"，在会后参观了台北故宫和登上101大楼鸟瞰台北的万家灯火；又一次应邀去木浦大学、全南大学、全北大学演讲；而《炎帝黄帝的睿智是中华民族的智慧和创造力的象征》的论文，则是我出席在新加坡金沙会议展览中心举行的学术会议的"入场券"。新加坡的鱼尾狮、牛车水的佛牙寺、印度教寺庙和清真寺、基督教堂、王宫等给我留下了全新的感受。在新加坡期间，天津师范大学的周延良教授、北京大学的王敬松教授和我本人，互相照顾，过从较密。为了吸烟，还产生了一个难忘的"最后一根火柴"的故事（本想在这里写出来"警示"后人，但正好今晚的"晚间新闻"和《北京晚报》等媒体发布了"中国控烟得分很低"的消息。这个故事在此就不写了，留作我们三个人做茶余饭后的笑料吧！）；在这一年，还出席了浙江东阳横店影视城举办的有500多名民间收藏家、鉴定家、拍卖师参加的"中国民间收藏文化创新论坛"，中国民间收藏的热度和影视城模拟火山喷发滚滚洪流使我受到震撼；而在香山饭店举办的"《顾颉刚全集》首发式"上，我深感这位"疑古学派"领军大师的伟大人格，他的几十本《全集》，为中国新史学奠定了基础；也还是在这一年，《甲骨学导论》和我参加的《甲骨文合集释文》（精缩本）也发行了……难忘的十一月二十一日，我忽然得对联一幅："金牛连银虎弄璋乃天意，勤奋伴笃善创业在人为"。特别令我高兴的是，著名书法家王友谊为我挥毫写就并装裱。我将珍藏，应是我心态最好的写照！

踏遍青山人未老。2010年10月16日，在河南安阳举行的"中国文字博物馆成立一周年纪念会"上，我和西夏文专家史金波教授被聘为该馆顾问，并由我们两人代李学勤教授（原定出席会议并主持颁发聘书，但行前一日突然不适，未能出席）为该馆特聘研究员、客座研究员颁发聘书。会后史金波教授对我说："中国文字博物馆的顾问们像饶宗颐、李范文、周有光、张颔、王尧、王蒙等都是七老八十的人了，看来咱们兄弟俩还算最年轻的，我们今后要多做些事呀！"史金波教授和我都是1940年生人，虽然他学问比我大，但比我要小几个月，应是老弟了！是的，我们还算年轻，我们还有精力和体力追随学术第一线的年轻人之后，多为中国文字博物馆的发展，为古文字学的繁荣，为建设中华民族的共同精神家园多做些事和贡献应尽的力量！

我常对朋友们说，现在政通人和，社会安定和谐，是我们知识分子做事最好的时候，我们要珍惜它！老骥伏枥，壮心未已。我们要努力生活，努力健康，尽可能多做些工作，努力快乐着！

话说得不少了，这篇"感言"就此住笔吧！

王宇信

2011年1月7日凌时写竟，1月8日改定
并抄清于北京方庄芳古园"入帘青小庐"寓所

前　　言

　　从1899年王懿荣第一个鉴定、购藏甲骨文起，到现在已经有87年的历史了。在这近九十年的时间里，共出土了15万片甲骨文资料，甲骨学研究也有了很大的进展。甲骨学研究的发展，使得这些暴睛鼓眼、诘曲聱牙的商代甲骨文所记载的古代社会奥秘逐一被人们所窥破。我们可以毫不夸大地说，谁要是想认识和了解中国古代社会的历史和文化，谁就必须对甲骨学有一定的了解和研究。

　　近年来，随着甲骨学发展史上里程碑式的著作——《甲骨文合集》一书的出版和1973年河南安阳殷墟甲骨的大批出土，以及1977年陕西周原有字甲骨的成批出土，我国学术界出现了一股不大不小的"甲骨热"。这种"热"的标志，不仅是有志于此学的青年人不畏险阻，勇攀甲骨学研究的高峰，更重要的是，献身于涉及甲骨文材料的学科和利用这一宝贵材料研究商代社会历史和文化的学者较以前大有增加。他们每年发表的研究论著，不仅较"文革"前数量有成倍的增加，而且在质量方面和研究课题的广度和深度方面也前进了一大步。本书附录三、附录四所列论著目就清楚地反映了这一事实。

　　一些前辈学者，特别是1928年殷墟科学发掘甲骨文以后的学者，诸如郭沫若、董作宾、胡厚宣、陈梦家、于省吾、唐兰等大师，或筚路蓝缕，开拓榛莽；或发凡启例，创通阃奥；或钩深索隐，阐幽发微；或匡谬补苴，总结创新……经过几代学者的努力，甲骨学已成为一门有严密规律、有独特研究对象和积累了丰富研究资料及研究课题的专门学科。前辈大师的许多石破天惊的鸿文巨著，不仅为甲骨学的形成奠定了坚实的基础，也是我们后生小子步入甲骨学堂奥的入门阶梯。

　　但是，至今在国内还没有一部系统而科学地论述甲骨学的基本规律、基本研究方法与研究课题，介绍主要甲骨学论著和学者的研究特点，并反映近九十年来甲骨学研究所取得的成果的通论性著作出版。这样一部通论性著作，不仅可以供初学者做为入门参考，而且还可以使具有相当研究水平的学者掌握最新的研究成果，从而从最前进的一线出发，取得更大的成就。撰写这样一部《甲骨学通论》，是甲骨学研究发展的需要，而前辈学者近90年来探索所取得的成就，也为此书的撰写提供了可能。笔者不揣冒昧，以编写这样一部适应多层次读者需要的《甲骨学通论》为己任，在各位师友的鼓励和支持、帮助下，终于完稿了。

这本书的撰写，说来话长。1964年我从北京大学历史系考古专业毕业，到中国科学院历史研究所（现属中国社会科学院）做胡厚宣先生甲骨学商史专业研究生（其后因下乡"四清"、"文革"中断了十多年，真正学习是从1973年开始的），当时就深感缺少一部系统的甲骨学通论性著作。我有幸能聆听导师的指点，也有幸能在参加编辑《甲骨文合集》的实践中，结合问题进行学习。但不具有这样优越条件的同龄人，要想系统掌握甲骨学知识就会有很大困难。甲骨学论著近三千种，先从哪里入手，初学者是摸不着头脑的。更不用说一些出版较早的论著，不少图书馆都没有藏书了。因此，我早就想结合自己学习和研究甲骨学的体会，编写一本适应广大自学者（包括大学考古专业、博物馆专业及古代史专业学生）需要的入门书。这个想法曾与胡厚宣师、李学勤先生和应永深先生谈过，得到了他们的支持。但因在相当一段时间里忙于《甲骨文合集》的工作，又利用零星时间进行一些研究，撰写了《建国以来甲骨文研究》、《西周甲骨探论》等书；以后，又把主要精力放在《甲骨文合集释文》的总校等工作上，《甲骨学通论》的写作，迟迟未能着笔。

直到1984年，福建师范大学历史系青年教师徐心希同志来我所先秦史研究室进修，当时的室主任李学勤先生命我为他讲授甲骨学，这才开始把精力较集中地放在甲骨学方面。在与徐心希同志共同学习的日子里，我力图将自己所掌握的甲骨学知识系统地介绍给他，每次都写有详细的讲课提纲。课讲完了，一份几万字的讲课提纲也写出来了。同年八、九月间，胡厚宣师又令我协助他写作《中国大百科全书·考古卷》的三个词条，即《甲骨学》、《殷墟甲骨文》、《西周甲骨》。在写作过程中，我翻遍了有关参考书，但发现还没有一位学者给什么是"甲骨学"下过定义。此后，又为那份讲课提纲补充了一些内容并进行了一番整理，使之条理化。

1985年10月，我与杨升南随胡厚宣师赴河南安阳参加"殷商文化国际讨论会"第一次筹备会议。会后应安阳师范专科学校殷商文化研究班之约，每天上午讲授甲骨学通论（下午杨升南讲授商史研究），共讲了33个学时；与此同时，晚上又应安阳市文化局之约，为文化局、博物馆的同志和安阳市甲骨书法爱好者等讲了十几次。本来我口齿木讷，不善言辞，但出乎我的意料，讲课效果还不错。听课者表示满意并建议我早日把讲稿整理出版，以适应初学者和研究者的亟需。

有了三次讲课的经验和听课者的反映，对这份提纲我心里逐步有了底。从河南回京以后，便正式开始了本书的撰写。这部书稿，虽然酝酿的时间较长，但正式写作只用了一年半左右的时间。

感谢史学界老前辈周谷城先生以90岁高龄，在百忙之中为本书封面题签。胡厚宣师、李学勤先生自始至终关心本书的写作，他们审阅了全部书稿，并对书稿提出修改意见和补充材料，连书稿中的错字也一一标出。他们还分别为本书写了序，不仅使作者，而且也将使读者受到很大的启发。这是对我的极大支持与鼓励。挚友杨升南副研究员和师弟宋镇豪君，也审阅了全部书稿并提出不少宝贵意见。特别是宋君镇豪，还为本书的附录一、附录三补充了不少材料，使之更加完善。在写作过程中，作者常就一些章节的想法与他们磋商。每有新的想法或自认为得意之处，便与他们议论风生。在争论和谈笑间，得到了他们的肯定或是补充。杨、宋二君是近年甲骨学苑颇引人注目的佼佼者，他们对本书的写作做出了可贵的奉献。如此厚谊，使我至为铭感。如果这部书能对学术界有所贡献，首先应归功于上述师友的关怀、鼓励、支持和帮助！

本书完成的时候，我国出版界正面临不景气的状况。在出版、征订、发行渠道不顺畅，书籍印数剧减，出书难、买书也难的情况下，中国社会科学出版社为发展学术事业，欣然接受了我这部《甲骨学通论》书稿。在一切向"孔方兄"看的气氛也浸染出版界的时候，中国社会科学出版社置经济困难于不顾的精神就更为可贵了。这种精神，是学术界的福音。我在这里向他们表示感谢！

这部《甲骨学通论》正式出版发行，可能要到1989年左右了，适逢新中国成立40周年和甲骨文发现90周年。我谨以此书做为微薄的礼物，献给新中国成立40周年和甲骨文发现90周年！

作者谨志
1987年2月于劲松寓所之松颠听涛室

第 一 章
绪　　论

第一节　什么是甲骨学

甲骨学是以古遗址出土供占卜用的有字龟甲和兽骨为研究对象的一门学问。这些有字龟甲和兽骨，主要为商朝后期（公元前 14 世纪至公元前 11 世纪）的遗物；近年在山西、陕西、北京等西周遗址中，也有有字甲骨出土，扩大了甲骨学的研究范围，对此，我们将在本书下篇做专门论述。

这些供占卜记事用的有字龟甲和兽骨，就是我国文化宝库中的珍品——甲骨文。甲骨文自 1899 年被发现以后，迄今已积累了 15 万片左右的资料[①]，为甲骨学的建立奠定了坚实的基础。

甲骨学是一门新兴的学问。由于 87 年来出土材料的不断增多和收集材料手段的逐渐科学化，通过国内外一批造诣很深的学者对文字的释读、卜法文例的探索、分期断代的确立、文字内容的社会历史与文化的考证和深入研究，以及学科本身发展史的建立等等，甲骨学已成为一门有严密规律和许多重大研究课题的新兴学科。

"衣带渐宽终不悔，为伊消得人憔悴"。不少优秀的甲骨学者，或筚路蓝缕、开拓榛莽，或发凡启例，凿破鸿蒙，为甲骨学的建立耗尽了心血，付出了大量艰苦的、创造性的劳动。一批饮誉海内外的甲骨学者的名字，将在甲骨学史和我国近代学术史上占有重要地位。他们不少的真知灼见和

[①] 有关 1899 年以来殷墟甲骨文材料的发现，参见胡厚宣《85 年来甲骨文材料之再统计》，《史学月刊》1984 年第 5 期。有关西周甲骨材料之统计，参见王宇信《西周甲骨探论》，中国社会科学出版社 1984 年版，第 19—20 页。

缜密的研究方法，已成为甲骨学领域值得继承和研究的宝贵财富，并将永远启迪后学，对开创甲骨学研究的新局面有着重大的意义。

古代占卜用龟甲和兽骨上的文字——甲骨文，是甲骨学研究的重要对象之一。因此，甲骨学属于传统的金石学范畴。所谓"金石学"，即"研究中国历代金石之名义、形式、制度、沿革；及其所刻文字图像之体例、作风；上自经史考订，文章义例，下至艺术鉴赏之学也"①。"金"即"吉金"，包括铜器上的铭文和器形，主要是青铜器上所铸铭文以及度量衡器、刻符、玺印、钱币、铜镜等上面的文字和图像等。"石"即"乐石"，包括古代石刻上的文字及造型，主要是碑碣、墓志，此外还有摩崖石刻、造像、经幢、柱础、石阙等等。我国传统金石学的形成，最早可追溯至西汉，到宋朝大盛，出现了用图像和拓本（或摹本）表现古器物器形和古文字的金石图谱，是金石学正式形成时期。历元明两朝的中衰，至清朝出土的金石材料增多，研究又复兴盛。与此同时，研究的范围也愈来愈广，又涉及陶器、简牍、封泥等等，已远非"吉金"、"乐石"所能包容了。特别是清朝末年甲骨文的出土，使金石学又增加了新内容②。

甲骨文材料和传统的金石学研究材料——金石文字及其图像一样，是古代遗留下来的实物资料，是通过考古发掘手段取得的（特别是在1928年科学发掘殷墟甲骨文以后）。因此，甲骨学研究又是隶属于近代田野考古学的一门分支学科。所谓考古学，"是根据古代人类活动遗留下来的实物来研究人类古代情况的一门科学"③。"如果依照现代的学科分类来说，实际上包括有铭刻学（Epigraphy）和考古学（Archaeology）两门学科。北宋金石学家吕大临在《考古图》的序文中说：'观其器，诵其言，形容仿佛，以追三代之遗风，如见其人矣。'他把古器物的形制和铭刻文词二者区分得很清楚。"④

我国近代田野考古学的形成，以1928年中国学者自己主持进行的殷墟大规模科学发掘为标志。从1928年至1937年先后在安阳殷墟进行的15次大规模科学发掘工作，奠定了我国田野考古学的基础⑤。而发掘工作的

---

① 朱剑新：《金石学》，文物出版社1981年版，第3页。
② 关于我国传统金石学的发展历史，参阅朱剑新《金石学》，第34—64页。
③ 夏鼐：《什么是考古学》，《考古》1984年第10期。
④ 夏鼐：《〈殷周金文集成〉前言》，《考古》1984年第4期。
⑤ 参阅夏鼐《中国文明的起源》，文物出版社1985年版，第3页。

缘起，就是为了科学地收集甲骨文。田野考古学的发展，不仅获得了大量科学发掘的甲骨新资料，也促进了甲骨学研究的前进。因此，甲骨学与田野考古学有着密切的关系，并成为隶属于考古学的一门分支学科。

应该明确的是，甲骨文并不就是甲骨学。甲骨文只是商朝后期遗留下来的珍贵文物和史料，它的科学价值，只有随着甲骨学研究的发展，才愈益为人们所认识。为什么这样说呢？甲骨文距今时代久远，古文献中也失去记载，几千年来深埋地下，鲜为人知。在学者认识和开始购藏甲骨文的1899年以前，安阳殷墟所"埋藏龟甲"出土已30余年，"不自今日始也"[①]。但一直不知其为何物，故被当做"龙骨"成批卖给药店或被填入枯井处理掉，造成了巨大损失。直到甲骨文被发现的初期阶段，学者们对其内容和规律也仍然是茫然无知的，只不过是做为秘不示人的"古董"珍藏、把玩而已。此外，甲骨文经过埋藏时期的断烂，发掘过程中的破损，辗转收藏过程中的断裂等等，大部分都很碎小，被称为"断烂朝报"，要想利用很为困难。

而甲骨学，是以甲骨文为研究对象的专门学科，是甲骨文自身固有规律系统的、科学的反映。正是由于甲骨学的不断发展，这些"断烂朝报"中所蕴藏的古代社会奥秘才被学者们一一窥破。因此，我们绝不能把甲骨文与甲骨学混为一谈。

第二节　甲骨学与其他学科的关系

1899年以来出土的15万片甲骨文和历年殷墟发掘所得大量遗迹、遗物，为恢复商代社会面貌提供了珍贵的第一手资料。正如胡厚宣先生所指出的：

现在这16万片甲骨，每片平均即以十个字计，已有一百六十万言。包括内容非常丰富。再加上大量的遗迹遗物的文化遗存，不但商史可据以研究，就是商以前和商以后的好多古史上的问题，也可以从

---

① 罗振常：《洹洛访古游记》，宣统三年（1911年）2月21日条记，蟫隐庐印行1936年版。

这里探求获得解决①。

正是由于甲骨学者的努力和甲骨学的形成、发展，这 15 万片甲骨文才成为时代早晚明确、文句辞义贯通的科学研究第一手资料。甲骨学成为与汉语史、语言学和历史学、考古学、古代科学技术史等学科有着密切联系的一门重要学问。

首先，在汉语史和语言学的研究中，甲骨学占有重要地位。

众所周知，甲骨文距今已三千多年，是目前我国发现最早的有系统的文字。甲骨文本身已是比较成熟的文字，说明在我国文字发展史上，还有更早的文字，有待我们发现和研究。近年在一些仰韶文化遗址，如陕西西安半坡、长安五楼、临潼姜寨、零口、垣头、邠阳莘野、铜川李家沟、宝鸡北首岭、甘肃秦安大地湾等处②以及青海乐都柳湾③等地，发掘出的陶器上都有刻画符号发现。有的学者认为这些是"具有文字性质的符号"④，"对后世文字发明有一定影响，但本身决不是文字"⑤，"某些记号为汉字所吸收，并不能证明它们本来就是文字"⑥。但也有学者认为，"结绳、刻木等才是真正的原始记事方法，我们的先民使用过这种方法，后来发展为刻画的标记，逐步具备形音义而形成文字。陶器符号的发展，正反映了这样的过程"⑦。在一些龙山文化遗址，如山东青岛赵村⑧、河南永城王油坊⑨等地也都有刻画符号的发现。近年对夏文化的探索取得了很大进展，在河南偃师二里头遗址也有刻画符号的发现⑩。特别是河南登封县告城镇王城冈遗址发现了已相当成熟的会意字"共"字等⑪。值得注意的是：

---

① 胡厚宣：《殷墟发掘》，学习生活出版社 1955 年版，第 2 页。胡先生当时统计甲骨资料共出土 16 万片。
② 王志俊：《关中地区仰韶文化刻画符号综述》，《考古与文物》1980 年第 3 期。
③ 青海省文物管理处考古队等：《青海乐都原始社会墓地反映出的主要问题》，《考古》1976 年第 6 期。
④ 郭沫若：《古代文字之辩证的发展》，《考古》1972 年第 3 期。
⑤ 汪宁生：《从原始记事到文字发明》，《考古学报》1981 年第 1 期。
⑥ 裘锡圭：《汉字形成问题的初步探索》，《中国语文》1978 年第 3 期。
⑦ 李学勤：《考古发现与中国文字起源》，《中国文化研究集刊》第二辑，复旦大学出版社 1985 年版。
⑧ 孙善德：《青岛市郊区发现新石器时代和殷周遗址》，《考古》1965 年第 9 期。
⑨ 商丘地区文管会等：《1977 年河南永城王油坊遗址发掘概况》，《考古》1978 年第 1 期。
⑩ 洛阳发掘队：《河南偃师二里头遗址发掘简报》，《考古》1965 年第 5 期。
⑪ 李先登：《王城冈遗址出土的铜器残片及其它》，《文物》1984 年第 11 期。

"分布在中国东部的大汶口文化和良渚文化，也发现有陶器符号，其形体更接近商周文字，为探讨文字起源投射了新的光明。""大汶口文化的符号比较端正规整，有象形性，很像后来的青铜铭文。多数古文字学者同意这种符号是文字，因为它们都能依照古文字的规律释读。"[①] 甲骨文与大汶口文化、登封告城镇王城冈等地发现的文字是一脉相承的，在我国文字发展史上占有重要地位。

世界各民族文字基本可以分为三个系统。一种是音素文字，有若干个音素符号，再由音素符号组成音节，若干个音节组成表达意义的词。拉丁语系和斯拉夫语系属于音素文字。另一种是音节文字，即每一个符号代表一个音节，再由若干音节组成表达意思的词。日本语属于音节文字系统。第三种是表意文字，这就是中国的汉字。每一个汉字既代表一定的音节，又有一定的意义，较为常用的有四五千个[②]。四千多年来，汉字虽然经过发展变化，但中间蝉递之迹可见，对中华民族的形成起了巨大的凝聚作用。

关于汉文字的造字原则，即所谓"六书"说，自战国末年提出，直到西汉末年以后才有较为详细的叙述，但班固《汉书·艺文志》和郑众《周礼·保氏注》中六书的名目和次序都有所不同。

东汉许慎《说文·序》说：

> 《周礼》八岁入小学，保氏教国子先以六书：一曰指事，指事者，视而可识，察而见义，上下是也。二曰象形，象形者，画成其物，随体诘诎，日月是也。三曰形声，形声者，以事为名，取譬相成，江河是也。四曰会意，会意者，比类合谊，以见指㧑，武信是也。五曰转注，转注者，建类一首，同意相受，考老是也。六曰假借，假借者，本无其字，依声托事，令长是也。

虽然许慎的说法两千多年来被视为圭臬，但"六书"是有很大局限性的。正如唐兰早在1934年《古文字学导论》中已指出的："六书说的缺点，第

[①] 李学勤：《考古发现与中国文字起源》。有关大汶口文化的文字性质及社会性质的讨论已编入《大汶口文化讨论文集》，齐鲁书社1979年版。

[②] 参阅唐兰《中国文字学》，上海古籍出版社1979年版，第67—75页。

一是不精密,我们不能把它来分析一切文字。第二是不清晰,我们很难知道它们的确实的定义。这种学说是早应当废弃的。"他首先提出了"三书"说,即:"第一是象形文字,第二是象意文字,这两种是属于上古期的图绘文字,第三是形声文字,是属于近古期的声符文字。这三种文字的分类,可以包括一切中国文字,不归于形,必归于义,不归于意,必归于声。"① 夏鼐基本赞同唐兰的创见,并进一步作了分析,认为:六书"实际上是指象形、象意(包括象事)和象声,而以象形为基本。象形的字,如画一个圆圈以代表太阳,画一个半圆以代表月亮,比较容易明白。象意的字,或用两个或更多的象形字合为一手使人领会意思,像许慎所说的止戈为武,人言为信(会意),或用几个不成字的点划以表示意思,如许慎所举的上、下二字(指事)。象声的字是用同音的象形字以代表无法象形或象意的抽象概念或'虚字'(假借),或于同音的象形字之外,又加一表示含义的象形字(后世称为'部首'),合成一字(形声)。这样使用不同部首,便可使同音而异义的字区别开来,不致混淆。至于'转注'到底指什么,两千年来各种说法纷纭,我们暂时可以不必去管它"②。也有的学者认为,甲骨文的造字法主要有象形、假借、形声三种。在商朝武丁时期(即第一期)的甲骨文里,这三种类型的文字都已存在。但比较而言,形声字还不太发达,而象形字做音符的假借字还比较多。直到商末帝乙、帝辛时期(即第五期),形声字才较为发达起来。我们今天的汉字,还是以象形字为基础。可见,甲骨文已具备了今日汉字结构的基本要素③。

甲骨学研究表明,甲骨文的文法也基本上具备今日汉语语法的要素,开了汉语语法之先河。甲骨文的词位基本上具有名词、代词、动词、形容词、连词、介词等。句子形式有主语、谓语、宾语(包括直接宾语及间接宾语)等成分。甲骨文的句型,有简单句,也有复合句。复合句中有主从式、并列式、连动式等④。

甲骨文字契刻劲遒,布局和谐,行款错落有致,古朴中蕴藏着隽永的

---

① 唐兰:《古文字学导论》增订本,齐鲁书社1981年版,第402—403页;并参考唐兰《中国文字学》,第77—79页。

② 参见夏鼐《中国文明的起源》,《文物》1985年第8期,又收入夏鼐《中国文明的起源》,第85—87页。

③ 参阅陈梦家《殷虚卜辞综述》,科学出版社1956年,第73—80页。

④ 参阅管燮初《殷墟甲骨刻辞的语法研究》,中国科学院出版社1953年版;又陈梦家《殷虚卜辞综述》,第三章《文法》。

艺术魅力。因而甲骨书法，也为后世书法篆刻提供了大量可资借鉴和研究的最早资料。

其次，甲骨学与历史学有着密切关系。

已如前述，正是由于甲骨学的形成和发展，十五万片甲骨文里所蕴藏的古代社会奥秘，才被学者们一一窥破。从而使甲骨文从"古董"变为古代社会研究的珍贵史料，学术价值大大提高。87年来，甲骨学者依据甲骨文材料，结合考古学、民族学和古文献资料，基本上为我们勾画出了商代奴隶社会的面貌。这方面的典范，就是郭沫若主编的《中国史稿》一书有关商代社会的论述。甲骨文中有关商代奴隶和奴隶主阶级活动的记载，使学者得以论证了商代社会的阶级结构和社会性质[1]。众和羌是商代社会生产的主要承担者[2]，大批俘虏被用于祭祀或殉葬时的"人牲"与"人殉"[3]。奴隶和平民经常用逃亡来反抗奴隶主阶级的残酷剥削和压榨，直至酿成"焚廪暴动"[4]。商王朝为了巩固自己的统治，国家机器有了进一步的加强。商王自称"余一人"，并通过对上帝的信仰将王权神化。商王朝建立了左中右三师的军队，由"内服"和"外服"的各级官吏组成了庞大的官僚机构，在全国各地设置了监狱并制定了严酷的刑罚。后世的"五刑"在甲骨文中就已滥觞[5]。商王朝不仅加强镇压奴隶和平民的反抗，还经常对外发动掠夺性战争。自武丁起至文丁时代，主要用兵于北方和西北各方国。而在商末帝乙、帝辛时期，则主要用兵于东南的夷方。甲骨文中出现不少方名和地名，为研究商代历史地理和疆域提供了重要资料[6]。有关商族鸟图腾遗迹和亲族制度、"非王卜辞"等，对研究商民族的起源和家族

---

[1] 参阅王宇信《建国以来甲骨文研究》，第五章第一节，中国社会科学出版社，1981年3月。
[2] 参阅王宇信《建国以来甲骨文研究》，第五章第二节。
[3] 参阅王宇信《建国以来甲骨文研究》，第四章第三节。
[4] 参阅王宇信《建国以来甲骨文研究》，第五章第四节。
[5] 参阅王宇信《建国以来甲骨文研究》，第五章第三节。近年发表的有关商代官制的文章还有：裘锡圭：《甲骨卜辞中所见"田"、"牧"、"卫"等职官研究》，《文史》第十九辑；杨升南：《卜辞所见诸侯对商王室的臣属关系》，《甲骨文与殷商史》第一辑，上海古籍出版社1983年版；王宇信：《商王朝的内外职官》，《文史知识》1983年第11期；王贵民：《商朝官制及其历史特点》，《历史研究》1986年第4期。近年发表的有关商代军制的文章还有：杨升南：《略论商代军队》，《甲骨探史录》，生活·读书·新知三联书店1982年版，王贵民：《甲骨文所见的商代军队数则》，《甲骨探史录》；王贵民：《就殷墟甲骨文所见试说"司马"职名的起源》，《甲骨文与殷商史》第一辑；陈恩林：《商代军队组织略述》，《全国商史学术讨论会论文集》（《殷都学刊》增刊），1985年2月。
[6] 参阅王宇信《建国以来甲骨文研究》，第5章第6节。

形态、宗法制度也很有意义①。

其三，甲骨学与古代科学技术史的研究也有着紧密的联系。

我国古代劳动人民通过辛勤劳动和不断在实践里总结经验，在古代科学技术领域有不少创造和发明。这不仅是发展我国科学技术可供借鉴的宝贵遗产，也是人类文化宝库中的重要财富。农业是商代社会生产的主要部门，甲骨文记载表明，商代已经种植了黍、麦、稻、粟等农作物并掌握了这些农作物的整个栽培过程。有关植物水分生理学知识的记载，要比古代希腊有关的记载早一千多年②。商代的畜牧业也很发达，后世的六畜马牛羊鸡犬豕，在商代都有驯养并有大量贮备。其中尤以养马业最受国家重视并取得了突出的发展。当时已经掌握了执驹、攻特、相马等改良和培育优良马种的技术③。商代医学也已达到较高水平。甲骨文中有关商人疾病的记载表明，当时基本上已具有了今天的内、外、耳鼻喉、牙、泌尿、妇产、小儿、传染各科。而有关龋齿的记载，比埃及和印度的同类记载要早七百至一千年④。我国传统的"针灸学"，在世界上享有盛誉。我国医学的这一宝贵财富，甲骨文已有有关记载⑤。商代天文历法也达到很高水平。商人对气象的观察很注意，甲骨文中有不少关于风云雾雨雷雪雹阴的记载，为古气象学的研究提供了最早的文字资料。而有关日食、月食和星象的记录，对古天文学的研究和历法的定朔很有价值。商代是阴阳合历，武丁时期年终置闰，称"十三月"。祖庚、祖甲时"年中置闰"。商代以干支纪日，将一个月分为三旬，并将一天分为不同的时段，以人文或自然为依据，创造了记时的专名——时称⑥。

---

① 参阅王宇信《建国以来甲骨文研究》，第五章第五节。近年这方面的论述还有：裘锡圭：《关于商代的宗族组织和贵族平民两个阶级的研究》，《文史》第十七辑；罗琨：《殷卜辞中的高祖与商人的传说时代》，《全国商史学术讨论会论文集》；朱凤瀚：《论商人诸宗族与商王朝的关系》，《全国商史学术讨论会论文集》；杨升南：《从殷虚卜辞中的"示"、"宗"说到商代的宗法制度》，《中国史研究》1985 年第 3 期。

② 参见王宇信《建国以来甲骨文研究》，第六章第一节；裘锡圭：《甲骨文中所见的商代农业》，《全国商史学术讨论会论文集》。

③ 参见王宇信《建国以来甲骨文研究》，第六章第二节。

④ 参见王宇信《建国以来甲骨文研究》，第六章第四节。

⑤ 胡厚宣：《论殷人治疗疾病之方法》，《中原文物》1984 年第 4 期。

⑥ 参见王宇信《建国以来甲骨文研究》，第六章第五节。近年又有不少论著，常正光：《殷历考辨》，《古文字研究论文集》，1982 年 5 月；张培瑜等：《试论殷代历法的月与月相的关系》，《南京大学学报》1984 年第 1 期；胡厚宣：《卜辞"日月又食"说》，《出土文献研究》，文物出版社 1985 年版；宋镇豪：《试论殷代的记时制度》，《全国商史学术讨论会论文集》。

其四，甲骨学对殷商考古学的深入研究有重大推动作用。

河南安阳殷虚的发掘，奠定了我国近代田野考古学的基础。而1928年科学发掘殷虚的缘起，就是为了搜求甲骨文。殷虚文化分期，为殷商考古学确立了标尺，而殷虚文化分期的绝对年代，就是以遗迹、遗物的考古学相对年代参据甲骨学分期断代成果确定的①。不少商代重要遗迹、遗物的性质和年代的考定，诸如举世闻名的"妇好墓"年代及妇好在历史上的活动②、王陵区祭祀场的推定③、人殉与人牲的研究④、殷虚西区族墓葬的研究⑤以及江苏铜山丘湾商代社祀遗址的推定⑥等等，都与甲骨学的研究成果密不可分。

甲骨学在科学研究中具有如此重要的价值，因而愈益引起了国内外学术界的重视。国内有一批著名学者，研究时不畏辛劳，"譬如冥行长夜，乍睹晨星，既得微行，又蹈荆棘，积思若痗，雷霆不闻，操觚在手，寝馈或废"⑦，真是此中甘苦寸心知！不少学者为甲骨学的发展，贡献了毕生的精力，著作等身，饮誉海内外。与此同时，国外也有一批造诣很深的学者，为甲骨学的发展，殚精竭虑，孜孜以求，取得了很大成就。遍布世界各地的外国学者，诸如日本、美国、加拿大、英国、澳大利亚、法国等国家和地区的学者，出版了不少甲骨学著录、专著和很有见地的甲骨学商史研究论文。经过几代学者的辛勤耕耘，甲骨学苑已是繁花似锦，一片繁荣景象了。

山川异域，同研甲骨。在我国的一些大学和科学研究机构里，有一批专门研究甲骨学、殷商史和考古学的学者。1984年10月又成立了专门的学术组织——中国殷商文化学会，促进了学者间的交流和学术活动。甲骨学已成为国内一门方兴未艾的"显学"。在国外，我们一衣带水的友好邻邦日本，也有专门的甲骨学研究学术组织——甲骨学会，并出版专门的《甲骨学》杂志，现已出版十二期，发表了不少有价值的论文。美国一些有影响的学术刊物，如哈佛大学的《亚洲评论》和古代中国研究会的《古

---

① 参见王宇信《建国以来甲骨文研究》，第四章第一节。
② 参见王宇信《建国以来甲骨文研究》，第四章第四节。
③ 参见王宇信《建国以来甲骨文研究》，第四章第三节。
④ 参见王宇信《建国以来甲骨文研究》，第四章第三节。
⑤ 《1969年——1977年殷墟西区墓葬发掘报告》，《考古学报》1979年第1期。
⑥ 参见王宇信《建国以来甲骨文研究》，第四章第二节。
⑦ 罗振玉：《〈殷虚书契考释〉序》，1915年。

代中国》等刊物也发表甲骨论文或对我国及其他国家出版的甲骨学著作的评论或某一问题的专题讨论文章。甲骨学已成为一门国际性的学问，对加强中外文化交流和外国朋友了解灿烂的中国古代文明，愈来愈发挥着重大的作用。

第三节 刻苦钻研甲骨学，成功之路就在脚下

甲骨文是我们中华民族的优秀文化艺术珍品。充分利用甲骨文材料研究商代社会历史文化，对继承和发扬我们中华民族的优良传统，建设社会主义精神文明，激发我们的民族自豪感，对广大人民群众进行爱国主义和历史唯物主义教育是很有意义的。

甲骨文虽然有悠久的历史，但与金文、石刻文字等金石学的其他分支学科相比，甲骨学的"资历"却要年轻得多。尽管87年来甲骨学研究取得了很大进展，但还有不少方面需要进一步深入研究和探索。我们作为甲骨文"故乡"的十亿人口的泱泱大国，应对甲骨学研究领域的一系列重大学术问题拥有发言权，国外学者对我们寄托很大希望。因此，开创甲骨学研究的新局面，把甲骨学研究水平提高到新的高度，是时代赋予我国甲骨学界的历史使命。

但是，在全国人民对内搞活经济，对外实行开放政策，全心全意建设具有中国特色的社会主义现代化强国的今天，甲骨学研究远远不能适应时代的需要。原因之一是，甲骨学研究队伍小。一批有造诣的甲骨学者年事已高。近年，甲骨学界的一颗颗巨星，诸如唐兰、郭沫若、于省吾等前辈学者相继陨落。一些健在的学者，正抓紧时间整理旧作或培养研究生，再开拓新的领域，已是力不从心。他们的学识和治学经验已是亟须继承和抢救的时候了。而一些中年学者，虽然日夜兼程，夺回了被浪费十年之久的宝贵时光，现已成为活跃在甲骨学研究前台的骨干力量，但人数不多。近年一批自学成才者和新培养的研究生，给甲骨学研究队伍增添了新鲜活力并正在走向成功。目前甲骨学的研究队伍比十年动乱前有所扩大，但从建设社会主义精神文明的总任务和甲骨学研究发展的需要看，这支队伍毕竟人数太少了。同时，这支一百人左右的甲骨学研究队伍，主要力量又都放在了繁重的教学工作或甲骨资料的整理和公布方面。诸如《甲骨文合集》、《小屯南地甲骨》、《甲骨文合集释文》、《甲骨文字典》、《殷墟甲骨刻辞类

纂》、《甲骨文考释类编》、《甲骨文合集考释》等大型资料书和工具书，占用了不少的人力。虽然这些是有利于甲骨学的发展，有利于子孙后世的基础工作，但耗费了不少甲骨学者的精力，因而甲骨学研究领域的不少课题，还没有人研究或还没有深入、全面地研究。这种情况，是我们应当尽快改变的。

可喜的是，现在不少有志于攀登甲骨学研究高峰的青年人，不怕困难，正向这门号称"绝学"的深奥学问挑战。他们是我们甲骨学研究队伍大有希望的后备力量，蕴涵着无限的潜力。

其实，甲骨学并不像人们想象的那么困难。只要学习目的明确，方法对头，坚持数年，是不难攻克甲骨学难关的。

我们的甲骨学泰斗郭沫若，1927年大革命失败以后，旅居日本，为宣传社会发展规律学说，潜心研究中国古代史。他"想通过一些已识未识的甲骨文字的阐述，来了解殷代的生产方式、生产关系和意识形态"[①]，并为了"向搞旧学问的人挑战"[②]，决心研究甲骨文。他1928年8月底在日本东京上野图书馆开始查阅罗振玉《殷虚书契考》一书，虽然他发现此书满目都是"毫无考释的一些拓片"，但毫不气馁，而是产生了迫切想"读破它、利用它、打开它秘密"的信念，决心自此步入甲骨学堂奥。9月初郭沫若又去东京的文求堂书店访求有关甲骨入门书，见到罗振玉的《殷虚书契考释》。但遗憾的是他买不起，又不能将书借出，只得望书兴叹。令人高兴的是，郭沫若从书店主人庆大郎处得知：东洋文库有这类藏书。于是郭沫若在9月上旬通过新闻记者山上政义的帮助，又经过作家藤村成吉的介绍，借用山上政义在中国曾使用过的假名"林守仁"，与东洋文库主任石田干之助取得了联系，在一两个月内，便"读完了库中所藏一切甲骨文字和金文的著作"。与此同时，他把有关中国考古发现的著作"差不多都读了"，觉得"对于中国古代的认识算得到了一个可以自信的把握"[③]。从此，郭沫若打开了甲骨学这一神秘殿堂的大门并升堂入室。他1930年出版了《中国古代社会研究》，开辟了史学研究的新天地。他一系列的甲骨学著作，如《卜辞通纂》、《殷契粹编》、《甲骨文字研究》、《殷契余论》

[①] 郭沫若：《〈甲骨文字研究〉重印弁言》，《郭沫若全集》考古编第一卷，科学出版社1982年版。

[②] 郭沫若：《〈金文丛考〉重印弁言》，人民出版社1954年版。

[③] 龚济民、方仁念：《郭沫若年谱》上卷，天津人民出版社1982年版，第194—195页。

等等，在甲骨学史上占有重要的地位。著名作家凤子曾与郭沫若一起旅居日本。有一天凤子因事到郭沫若住处，看到他正专心致志地研究甲骨文①。凤子感到好奇，一面翻看着郭沫若的研究资料，一面深为郭沫若这种刻苦钻研精神所感动，陷入了沉思之中。郭沫若连忙捧出一些甲骨碎片让凤子看，向她滔滔不绝地谈起有关的文字记载和研究心得，引起凤子的兴趣。他笑着对凤子说："你有兴趣？如有兴趣，我包你学三个月就会辨认甲骨文！"当年郭沫若以自己一两个月就掌握了甲骨文的实践，要包凤子三个月就学会甲骨文。

我们举郭沫若自学甲骨的例子，是为了向有志于甲骨学研究的青年朋友们说明，甲骨学并不像有些人所说的那么难学，那么玄而又玄。当然，当年的郭沫若已具有深厚的国学基础和渊博的学识，并掌握了科学方法论，又有聪颖过人的头脑，再加上他"抱着挑战的态度"，因此能以超人的毅力，在一两个月内便洞察了甲骨学的奥秘，此后，他独辟蹊径，屡创新说，成为甲骨学的一代宗师。郭沫若（鼎堂）与罗雪堂（振玉）、王观堂（国维）、董彦堂（作宾）等甲骨学家一起，被称为甲骨学史上的"四堂"。

我们在这里不谈那些经过大学考古专业的系统训练后，考上研究生，经过名家指点和自己的钻研，在甲骨学研究方面已做出成绩的同志。就是那些没有机会上大学的人，只要学习目的明确，方法正确，有条件接触必要的甲骨资料，通过自己不懈的努力，也会取得事业上的成功。这方面的例子并不少见。目前，在全国各地，都有一批以"发扬中华民族的固有文化，学习并继承老一辈古文字学家的已有成就，争取成为古文字学的接班人"②为己任的青年人，在努力攀登甲骨学等古文字学的高峰。他们当中有的身有残疾，但身残志坚，"别人是两脚往上登，我却必须用四肢爬"进古文字学研究领域③。也有人二十多年来历尽坎坷，但利用业余时间自学，终于"用勤奋和毅力叩开古文字奥秘的大门"，取得了显著的成绩；"一个人必须要有远大的理想和抱负，也就是古人所谓的'立志'，再加上勤奋刻苦，持之以恒，任何科学难关都是可以攻克的。不想付出艰辛的劳

---

① 凤子：《雨中千叶——访郭老故居》，《光明日报》，1981年8月16日。
② 《上海青年古文字学社社章》，《古文字》1979年第1期。
③ 余长安：《他拄着双拐向上攀登》，《光明日报》，1983年8月18日。

动，却只想收获，这简直是一种梦想"①。上海青年古文字学社的一些年青人，有的曾经是工人，有的是干部或是在校大学生。他们在完成本职工作或学习之后，业余坚持自学甲骨文等古文字，还定期聚会，或交流切磋学术，或访问古文字学家；还出版了发表自己习作的不定期油印刊物《古文字》，至1984年已印行五期。经过几年的努力，他们当中有的人考上了硕士、博士研究生，有的人在大学任教，有的人在博物馆、出版社或科学研究机构从事古文字的研究工作。其中有一位陈建敏，曾当过战士、工人，后来通过自学有了一定的甲骨学基础，被上海社会科学院历史研究所破格录用为助理研究员，先后发表了《董作宾后期的甲骨学研究》（《中国史研究动态》1981年第8期）、《甲骨学研究的进展》（《社会科学》1982年第4期）、《论午组卜辞的称谓系统及其时代》（《全国商史学术讨论会论文集》，1985年2月）②等论文。

在我们国家，自学者并不是在孤军奋战，人民和社会关注着他们并给他们提供了成长的条件。有的被派到有关单位深造，有的得到专家的指点和鼓励。著名史学家周谷城曾为《古文字》题写了刊头，寄托了老一辈学者对青年后辈的殷切希望。也有的学者不仅大声疾呼，"组织一些古文字学者编著古文字各个分支的概论，如《甲骨概论》、《青铜器概论》、《战国文字概论》、《简牍概论》之类"的入门书，以便"培养较多的古文字人材"③，而且还身体力行，编著了《古文字学初阶》（中华书局，1985年）。此外还有《殷墟甲骨文基础七讲》④、《殷墟甲骨文简述》⑤、《甲骨文史话》⑥等甲骨学入门书和工具书，为有志于甲骨学研究的青年朋友提供了自学的入门向导。

甲骨学入门并不难，而且87年来甲骨学的发展和所取得的成就，又为自学者较快取得成绩提供了优越的条件。这主要表现在：

---

① 王慎行：《用勤奋和毅力叩开古文字奥秘的大门》，《河北学刊》1985年第6期。
② 建敏同志与我通信多年，1984年10月"全国商史学术讨论会"才得谋面。时隔1年，忽闻建敏已于1985年12月30日因心脏病猝发病逝。闻后语噎，竟不能相信。建敏值三十七岁盛年，正是甲骨学研究大有作为之时。苍天不永，夺我才人，呜呼，痛哉！健敏所历成功之路，是值得青年同志们学习的！
③ 李学勤：《古文字学术讨论会与古文字学的发展》，《中国史研究动态》1979年第3期。
④ 仁言著，载《殷都学刊》1985年第1、2、3、4期。
⑤ 孟世凯著，文物出版社1980年出版。
⑥ 肖艾著，文物出版社1980年版。

一、现在收集研究材料要方便得多了。甲骨著录书，是我们研究的基础。过去著录书出版较少，看材料是十分不容易的，不少前辈学者因受材料的局限，研究也很困难。孙诒让的《契文举例》，只接触一种书。罗振玉的《殷虚书契考释》，只接触四种书。孙海波的《甲骨文编》（1934年初版），只接触到八种书。陈梦家的《殷虚卜辞综述》，接触到40多种书。岛邦男的《殷虚卜辞综类》，接触到60多种书。而现在，共有各种著录甲骨的专书和论文127种以上，远远超过了《殷虚卜辞综类》一书所收的范围。此外，过去一些甲骨著录由于出版较早，加之印数较少，极难收集齐备。而今天，只要有《甲骨文合集》、《小屯南地甲骨》、《怀特氏等收藏甲骨文集》、《东京大学东洋文化研究所藏甲骨文字》等书，材料就基本齐备，可以在甲骨学研究的广阔天地中纵横驰骋了。

二、过去著录的甲骨，因限于条件，有一些拓本（或照片）印制不清，研究很不方便。现在，15万片甲骨的藏家都已清楚。不少著录都尽可能地换用了新的拓本。即使个别拓本不清，也可根据线索找到原骨核校。因而研究过程中的"拦路虎"愈来愈少了[①]。

三、大型的工具书出版日益增多。集1962年以前甲骨文字考释之大成的《甲骨文字集释》，全书14卷8册，已由李孝定编成出版并几度重印。日本岛邦男《殷虚卜辞综类》将60多种甲骨著录的卜辞逐条按一定的部首集中在一起，已于1967年出版，1971年、1977年又几度增订出版，为研究时搜集资料提供了极大方便。据悉，更全更好的《甲骨文字典》、《殷墟甲骨刻辞类纂》、《甲骨文字考释类编》等书正在抓紧编纂中。

四、87年来，甲骨学研究有了长足的进步，取得了颇为丰硕的研究成果。一些前辈学者的治学经验和他们所经历的道路，可为我们借鉴。我们今天研究甲骨学，是在前辈学者们奠定的坚实基础上前进的。自然也就赢得了时间，延长了宝贵的科研生命，能够向更新的领域进击。可以说，我们是站在前辈巨人的肩上，理应高屋建瓴，取得更大的成绩。

江山代有才人出。今天研究甲骨学比前人有了较为优越的条件，我们理应百倍珍惜它。俗话说得好：千里之行，始于足下。只要刻苦努力，锲而不舍，一定会步入甲骨学的堂奥。

[①] 以上两点据胡厚宣师1985年10月在河南安阳所做《研究甲骨文的大好形势》学术报告记录。

成功之路就在你的脚下！

第四节　本书的宗旨

　　语言文字学家与历史考古学家研究甲骨学的侧重点是不同的。

　　语言文字学家研究甲骨学的侧重点在于甲骨文字的考释、文字产生的历史和语法结构、句子结构等文字学本身的问题。"它的内容既包括铭刻学的资料，也包括像许慎《说文解字》之类的并非铭刻的辗转抄下来的书本上的有关资料。"① 因此，今日的语言文字学家，既要精通传统古文字学形体、音韵、训诂等方面的知识和方法，也要对铭刻上的各种古文字材料进行研究。

　　而历史考古学家，则利用和吸收语言文字学家考释甲骨文字的成果，从历史考古学的角度，研究甲骨的占卜方法和契刻规律、文字的早晚变化以及文字内容所反映的不同时期的社会政治、经济、文化的发展和变化等等。就研究的内容和范围说来，比语言文字学的研究要丰富和广阔得多。

　　我们这本《甲骨学通论》，是从历史考古学的角度，对从开始学习甲骨学，到进行研究过程中的一些问题，介绍一些必要的甲骨学基础知识和基本研究方法。希望有志于甲骨学研究的读者，在阅读本书的基础上，再阅读书中所开列的基本甲骨学书籍，熟悉并学会收集材料，能够独立地对甲骨学本身的一些问题以及殷商史、考古学等方面的问题进行研究。

　　我们力图在本书中充分体现87年来甲骨学研究的成果，尽量将已经解决和正在解决的一些重大学术问题的来龙去脉叙述清楚，对一些正在讨论的问题也有所介绍，以期引起读者的思考并投入讨论中去。书后附有新中国甲骨学论著目，也希望能给对甲骨学有一定基础的研究者提供一些方便。

　　由于河南安阳殷墟甲骨文出土较早，积累的材料非常丰富，研究较为成熟；而西周甲骨的出土和研究，是新中国成立以后的事情，而且出土数量较少，研究还有待进一步深入②。因而传统的所谓"甲骨学"，一般是指殷墟甲骨文的研究而言。我们这本《甲骨学通论》，仍以殷墟甲骨文研究

---

① 夏鼐：《〈殷周金文集成〉前言》。
② 王宇信：《西周甲骨探论》，第一篇。

为主，是为本书上篇的内容。有关西周甲骨的研究和我们的一些看法，在本书的下篇叙述。西周甲骨研究虽然限于材料和研究的不充分，内容没有殷墟甲骨文丰富，但西周甲骨在新中国成立后的发现和研究，毕竟使甲骨学研究领域形成了一个新的分支学科。今后的任务是使它进一步完善和丰富。

长江后浪推前浪。我们热诚地希望有志于甲骨学研究的朋友们，通过坚忍不拔的努力，能够学有所成，成为在甲骨学研究领域有发言权的专门家！

上　篇

第 二 章
甲骨文的发现年代和发现者

史学大师王国维曾深刻地指出："古来新学问之起，大都由于新发现。"并以我国古代的几次重要发现为例说："有孔子壁中书出，而后有汉以来古文家之学。有赵宋古器出，而后有宋以来古器物、古文字之学。晋时汲冢竹简出土后，同时杜元凯之注《左传》，稍后郭璞之注《山海经》，已用其说。"[①] 古代如此，近现代亦然。就在王国维生活的清末民初，由于流沙坠简、敦煌写经、内阁大库档案、"四裔"碑铭以及殷虚甲骨文的发现，蔚然形成了几种举世瞩目的新学问。特别是1899年甲骨文的发现和其后的科学发掘，形成了甲骨学和殷商考古学这两门全新的学问。从此，由于史料不足而山穷水尽的殷商文化研究峰回路转，柳暗花明，别开了新生面。甲骨学成为与语言文字学、历史学、考古学、古代科学技术史研究等学科有着密切关系的当今"显学"和"世界性"学问。因此，1899年殷虚甲骨文的发现，是我国学术史上的一件大事，值得大书特书。而它的第一个鉴定和购藏者王懿荣，在我国近代学术史上，特别是甲骨学史上作出了重要的贡献，理所当然地应受到人们的尊重与怀念。

但是，近年又有人旧事重提，对甲骨文的发现年代和它的第一个鉴定、购藏者提出了不同的意见。不仅引起了甲骨学界，而且引起了许多对甲骨文这一祖国优秀文化遗产感兴趣的人的关注。我们首先对人们较为关心的这两个问题做一回答。

---

① 王国维：《最近二三十年中中国新发现之学问》，《学衡》1925年第45期。

第一节　甲骨文的发现年代能提前到 1898 年吗？

我们这里所说的殷墟甲骨文的发现，是指亲自鉴定甲骨实物，因目睹文字而认识它的价值，并把它做为珍贵文物有目的地进行搜集和研究。从这个意义上说，甲骨文的发现应从 1899 年王懿荣鉴定和购藏甲骨文开始。

而一般意义的发现，即甲骨文被从地下挖出来，在 1899 年前的二三十年就开始了。但那种"发现"，只知其作为"龙骨"的药用价值，因而给学术研究造成了重大损失，这怎么能谈得上发现？！也不能把没有见到实物，只是道听途说，据古董商于"座上讼言所见"，怀疑、推测是一种"古简"，就认为是"发现"或"认识"了甲骨文。如果这样，那一开始"见而未收"，后来才"讼言所见"，最后"携来求售"的古董商，理应为甲骨文的第一个"当然"发现者了。但实际上，古董商和村民一样，"亦不知其贵也"[①]，连甲骨文作为一般"古物"的价值都还没有认识到！

甲骨文于 1899 年发现，董作宾[②]、胡厚宣[③]、陈梦家[④]等权威学者言之凿凿，学术界一直没有什么异议。但近年却有人认为"目前出版的几种有关介绍甲骨文知识的小册子，对于普及甲骨文知识是有好处的。但是，谈到甲骨文发现一事时，有的不太确切或不太全面"[⑤]，力图将甲骨文发现之年提前到 1898 年。此外，还在《天津日报》、《天津文史资料》等报刊杂志上反复申述这一看法。其重要根据就是王襄写于 1955 年的遗作中的一段话："世人知有殷契，自 1898 年始（即光绪 24 年）。"[⑥] 此说一时成了学术界的重大新闻。

甲骨文究竟在哪一年发现？1899 年发现的说法是否不确切，是否应当提前到 1898 年？将这件事情搞清楚是很有必要也是很有意义的。但是，当事人都早已不在人间，不能向他们去进行调查。今人的说法（包括整理的"遗著"），难免有不确切之处或个人的某种主观因素在内，并不可尽

---

① 王襄：《题易橅园殷契拓册》、《河北博物院半月刊》1935 年第 85 期。
② 董作宾：《甲骨年表》，《史语所集刊》二本三分，1930 年。
③ 见胡厚宣《五十年甲骨文发现的总结》，商务印书馆 1951 年版，第 20—35 页；又，胡厚宣：《殷虚发掘》，学习生活出版社 1955 年版，第 11—13 页。
④ 陈梦家：《殷虚卜辞综述》，第 1—3 页。
⑤ 王翁如：《〈簠室殷契〉跋》，《历史教学》1982 年第 9 期。
⑥ 见王襄《簠室殷契》，《历史教学》1982 年第 9 期。

信。怎么办？幸好不少当事人及与他们有这样或那样关系的人，一般都留有发表过的作品。这确实是白纸黑字，既不能按今人的意志加以解释，也能比较确切地反映事情的真实情况。因此，我们只要将有关当事人记述甲骨文发现的文字稍加排列分析，就不难明确得出甲骨文究竟在哪一年发现的结论。

王懿荣是最早的甲骨鉴定、购藏者之一，但他自己并没有给我们留下什么有关此学的文字。因此，我们只能根据他后人的追记，并参照与他同时有关人员的记录，来考证他发现与购藏甲骨文的时间。他的儿子王汉章追忆说：

> 回忆光绪己亥庚子间……估（笔者按：指古董商）取骨之稍大者，则文字行列整齐，非篆非籀，携归京师，为先公述之。先公索阅，细为考订。至其文字，则确在篆籀之间。乃畀以重金，嘱令悉数购归①。

这段文字写于王懿荣 1900 年以身殉国的 34 年以后，要算是关于他鉴定、搜集甲骨文较为全面的记述了。王懿荣发现甲骨文时，作者不过十岁左右。因此，他在文章中说王懿荣发现甲骨之年是"光绪己亥（1899 年）庚子（1900 年）间"，他做为非当事人，听到的传闻难免有含混、笼统之处。但我们从与王懿荣同时的有关人士的论著中，还是可以找到较为确切的时间记载的。

我国甲骨学史的第一部著录书《铁云藏龟》，是刘鹗于 1903 年从自藏甲骨中选拓而成。刘鹗所藏甲骨，就包括了王懿荣死后所售出的大部分藏品②。罗振玉在为《铁云藏龟》一书所写的序言中说：

> ……至光绪己亥而古龟古骨乃出焉……

他是把光绪己亥（即 1899 年）做为甲骨文被发现与购藏之年的。刘鹗本

---

① 王汉章：《古董录》，《河北第一博物院画报》1933 年第 50 期。
② 胡厚宣先生曾谈过，王懿荣后人王福重 1951 年曾捐赠天津博物馆 300 片甲骨，而王福庄手里也有 100 多片（其中两片赠方豪，现藏台湾），因此过去认为王懿荣死后，甲骨全部卖给刘鹗之说是不全面的。

人也为《铁云藏龟》一书写有自序，说：

> 龟版己亥岁出土在河南汤阴县属之古牖里城……

此自序作于光绪癸卯年9月，即1903年，与己亥年相去不过5年。虽然刘鹗受古董商之骗而误信羑里为甲骨出土地（此说直到1908年才为罗振玉在《殷虚古器物图录》一书的序中所揭穿），但基本上与王懿荣同时的刘鹗，所记甲骨发现的时间当是可信的。此外，罗振玉的序言所记甲骨发现时间也与刘鹗相同，都为光绪己亥（1899年）。这较30多年后王汉章追述的"己亥庚子间"确切。还有一些论著也谈到甲骨文于光绪己亥即1899年发现之事，就不一一列举了。我们只举晚年持不同看法的王襄自己早年的记载也就够了。

王襄也是早期的甲骨购藏家之一。他在1925年出版的《簠室殷契征文》一书的序中曾说：

> 自清光绪己亥下迄民国纪元，此十四年间所出甲骨颇有所获，往年编《殷契类纂》兼及旧藏……

他在这里也认为甲骨发现之年为光绪己亥（1899年）。虽然《簠室殷契征文》较《铁云藏龟》一书晚出了20多年，但做为甲骨发现的当事人之一的王襄，在著作中追述的甲骨文发现年代与《铁云藏龟》一书罗振玉、刘鹗序中所记的年代是相同的。

1930年出版的董作宾《甲骨年表》（《史语所集刊》二本二分），虽然误把甲骨的发现者说成是端方，但关于甲骨文发现之年还是列在1899年栏内。8年之后，1937年出版的董作宾、胡厚宣合著的《甲骨年表》，是据1930年的《甲骨年表》"增订重编"，新表中仍然开宗明义，第一栏就是1899年为甲骨文发现并开始搜购之年。这说明，直到此时，甲骨学界关于甲骨文发现于1899年的看法是众口一词，没有异议的。

在《甲骨年表》初版和重编的8年当中，王襄是否有不同看法呢？我们可以看看他在此期间两次著文所谈甲骨的发现和他购藏甲骨的情况。一次是1933年，他说：

前清光绪己亥年，河南安阳县出贞卜文。是年秋，潍贾始携来乡求售……①

这番叙述较他《簠室殷契征文》一书序中所谈要详细。另一次是在1935年，他追述甲骨文被发现之前一年的冬天，即其文中所云"时则清光绪戊戌（即1898年）冬10月也"的情况说：

当发现之时，村农收落花生，偶于土中检之，不知其贵也。范贾售古器物来余斋，座上讼言所见，乡人孟定生世叔闻之意为古简，促其诣车访求……

而关于甲骨发现的年代，还像他前几次的记述一样，说：

翌年秋（笔者按：即戊戌之翌年己亥——1899年），携来求售，名之曰龟版。人世知有殷契自此始②。

从上引王襄两次谈甲骨发现的文章中，我们可以看出：在《甲骨年表》两次出版的8年当中，他对甲骨文于1899年发现的看法也没有什么异议。而且说得斩钉截铁："人世知有殷契自此始。"

但是到了1982年，即甲骨文发现83年以后，王襄写于1955年的《簠室殷契》一文发表。而且其《跋》还声称，因为学术界关于甲骨文的发现"不甚确切和不太全面"，故将这篇遗作发表，显然是以正视听为目的。《簠室殷契》中说：

世人知有殷契，自公元1898年始（即前清光绪24年）。潍友范寿轩售古器物来言："河南汤阴（实是安阳）出骨版（实是龟甲、兽骨），中有文字"，征询吾人，欲得之否？时有乡人孟定生共话，极怂恿其往购，且言欲得之。孟氏意：此骨版为古之简策也。翌年十月，范君来，告之得骨版……既定其物，复审其文，知为三古遗品……孟

---

① 王襄：《题所录贞卜文册》，《河北博物院半月刊》1933年第32、33期。
② 王襄：《题易穞园殷契拓册》。

氏与襄皆寒士，各就力所能得者，收之而已。所余之骨版，据云：尽售诸王廉生（即王懿荣），得价三千金，言之色喜……

当然，如果有确凿的证据和有说服力的新材料，我们并不拘执于甲骨文1899年发现的说法，我们也并不反对将甲骨文的发现年代提前。但我们从上引王襄所写的这段文字，并不能找到确切和全面地证明甲骨文于1898年发现的有力证据。这是因为，上引这段文字，使人产生了以下几个不可解释的问题：

其一，写于1955年的《簠室殷契》所说的甲骨文发现年代与同一作者在1925年《簠室殷契征文》序、1933年《题所录贞卜文册》和1935年《题易穞园殷契拓册》中所说的不同。特别是他1935年所说"翌年秋（按：即1899年），携来求售……人世知有殷契自此始"云云，与1955年所说"世人知有殷契，自公元1898年始"这两段话，所说一事，用语基本相同，只是时间有了变化。究竟是王襄早年记述的时间准确，还是他晚年所记的时间准确呢？按常理说，当事人早年对事情的记述要比晚年更确切些。因此，我们有理由认为他早年三次所谈甲骨文同为1899年发现的记述，要比他晚年所说的确切和全面些。

其二，既然文中记古董商来售古器物时说"河南汤阴出骨版，中有文字"，那甲骨文的第一个发现者理应是古董商了。因为这时候（1898年），连孟定生也只是听说而没有见到实物，只不过是推测"此骨版为古之简策也"。直到"翌年（即1899年）10月，范君来，告以得古骨版……既得其物，复审其文，知为三古遗品"之时，才真正是认识与鉴定甲骨的时候。但这与《簠室殷契》开头所云"世人知有殷契，自公元1898年始"，是互相矛盾的。

其三，1899年范贾出售甲骨，究竟是先售于王懿荣，还是先售于王襄、孟定生的呢？王襄《簠室殷契》一文所述是含糊不清的。我们从文中所记"孟氏与襄皆寒士，各就力所能得者，收之而已。所余之骨版，据云：尽售诸王廉生"。从这段文字看，应是王、孟先于王懿荣购得甲骨。不然的话，又怎么能谈得上"所余之骨版""尽售诸王廉生"呢？但"据云：尽售诸王廉生"后接着又说："得价三千金。言之色喜……"则又应是范估先卖甲骨给王懿荣。不然的话，又怎么能知道范贾从王懿荣处"得价三千金"，并因大宗买卖做成而在王襄、孟定生面前"言之色喜"呢？

其实，王襄的其他著作中是说清了这一事实的。如《题易穭园殷契拓册》曾说，1898年古董商"见而未收"，到1899年再次至津时，才将甲骨"携来求售，名之曰龟版"。王襄写于1957年的《〈簠于室契文余珠〉序》①说，"至则见范，询其所谓'殷契'者果何以？"可知甲骨文确当为王懿荣首先认识和购藏。因为在他以前，还没有人将殷墟所出甲骨文称之为"龟版"或"殷契"的。

虽然《簠室殷契》一文关于甲骨的最早购藏者及年代有种种模棱之处，但我们通过分析比较各种有关记述后，有一点还是十分明确的，即王襄自述他购藏甲骨也是始于1899年，这与他1933年、1935年所发表的两篇文章所记的时间是相同的。

《簠室殷契》文末有一段文字："余（按：王襄自称）也宝此殷契，近60年。"注释者对此加以考证说：

> 自清光绪24年（1898年）作者购藏殷契起，至乙未（1955年）写本文时止，近60年了。

此注把王襄购藏甲骨的时间说得很明确，但我们从上引几篇王襄的文章中，从没见他自己说购藏甲骨自1898年开始。不难发现，注释者是把王襄"听说"河南有"古骨"出土之年与王襄"购藏"甲骨之年合而为一了。很显然，这就人为地把甲骨发现与购藏的时间往前提了一年。王襄1957年在《〈簠于室契文余珠〉序》中，也说自己鉴定、购藏甲骨，"时前清光绪己亥（即1899年）冬十月也"。因此，注释者把时间提前到1898年不仅缺乏根据，也没有做认真的考证，是不足为训的。

自《簠室殷契》及其《跋》将甲骨文的发现时间人为地提前以后，也有人随声附和，认为学术界公认的甲骨文发现于"清光绪25年（按：即1899年）"的说法"时间较晚了"，一时成了重大新闻。那么，应该"较早"到什么时候呢？我们不妨引述该文一段话进行分析：

> 1898年潍县古董商人范寿轩到天津去售古物之时，向王襄、孟定

---

① 李先登：《孟广慧旧藏甲骨选介》文中所引，载《古文字研究》第8辑，中华书局，1983年2月。

生等知识分子请教，而孟定生等判断可能是古代简策，促其前往收购。1899年范寿轩由小屯村购回甲骨，带到天津，请王襄、孟定生等鉴定，始确定为古代文物与古文字，甲骨文就是这样被发现和鉴定的。①

文中所说甲骨文发现之年也是模棱两可的。究竟是1898年还是1899年，并未明确回答。其实，此文所说的范贾带甲骨至天津的1899年，与该文中的"清光绪25年"本是同一年。如果真像作者所说的，甲骨文发现于"清光绪25年""时间较晚了"，那自然就应是作者在文中所述的1898年范贾向王、孟等知识分子"请教"的时候。但细揣上述引文，我们不难发现，就是连主张甲骨文发现年代应提前的作者本人，也并不认为这"请教"之年就是将甲骨"始确定为古代文物与古文字"之年。

我们对甲骨发现者、与发现者同时的有关人员及后人留下的记述，认真分析、比较和研究后，只要有实事求是之心，就不难得出公正的结论：甲骨文确是发现于1899年，而不能人为地提前到1898年。

第二节　甲骨文的第一个发现者王懿荣

关于甲骨文的第一个发现者，董作宾在1930年出版的《甲骨年表》"己亥清光绪25年　西历一千八百九十九年"栏下记：

> 山东潍县古董商人范维卿，初以安阳小屯村出土的甲骨文字介绍于世……本年范贾才开始收买若干片，献于端方。

对王懿荣是甲骨文的第一个鉴定、购藏者，是有不同看法的。《甲骨年表》中记：

> 相传安阳小屯殷故墟出土的甲骨文字，为王懿荣所发现，但据村人所言，初购求者为古董商人范维卿。范为端方搜买古物，往来武安彰德一带，见甲骨刻有文字，购若干片献端方，端喜极，每字酬以价

---

① 李先登：《也谈甲骨文的发现》，《光明日报》，1983年11月15日。

银二两五钱，范乃竭力购致。村人至今以为美谈。据访闻，今端方家出售古器物，有甲骨文字，可证村人之言不虚。王懿荣得自北京在次年（按：即1900年），为时较晚。

学术界曾一度流传甲骨的第一个发现和购藏者为端方。陈梦家对此做了研究，谓："《洹洛访古记》（上，十二页）说'至近三年（谓宣统元年以来）余兄（按：即指罗振玉）专意收此，京客东客所有，无不留之。继之者为端午桥尚书，其余好古之士如沈子培方伯亦尝购之'。《甲骨研究》页九、十五说'1904年范氏又得一千块，到长沙售归端方'。""我们以为端方收藏甲骨当在王、刘（笔者按：指王懿荣、刘鹗）之后，与罗（笔者按：指罗振玉）同时或前后，即当光绪的末叶。""宣统三年，端方死于四川，甲骨的大部分归其婿项城袁氏。1947年秋，辗转归于罗福颐，伪片甚多。"陈梦家认为，据"此点可推知其收藏不能甚早"[①]。因此，端方不是第一个购藏甲骨者。

也有以刘鹗为第一个发现和购藏甲骨者的。汐翁在《华北日报华北画刊》1931年第89期上发表的《龟甲文》中说：

> 是年丹徒刘鹗铁云客游京师，寓福山正儒私第。正儒病痁，服药用龟版，购自菜市口达仁堂。铁云见龟版有契刻篆文，以示正儒，相与惊讶……铁云遍历诸肆，择其文字较明者购以归。

1937年重编的《甲骨年表》，在己亥年（1899年）栏内，据此增补了刘鹗鉴定、购藏甲骨的记事。但注明"惟原文误以为光绪戊戌（笔者按：即1898年）年事，特更正之"。

不仅《龟甲文》所记甲骨发现年代有误，而且关于刘鹗为第一个甲骨的发现、购藏者也不确切。这是因为王懿荣1899年第一个开始搜集、鉴定甲骨，很少为外人所知。正如王国维所记：甲骨"初出土后，潍县估人得其数片，以售之福山王文敏懿荣（闻每字银四两）。文敏命秘其事，一时所出，先后皆归之"[②]。陈梦家也"依据不同记载"考证，王懿荣共三

---

① 陈梦家：《殷虚卜辞综述》，第651页。
② 王国维：《最近二三十年中中国新发现之学问》。

次购藏甲骨："第一次，己亥1899年秋，范贾以十二版售于王氏，每版银二两；第二次，庚子1900年春，范贾又以八百片售于王氏……《铁云藏龟》自序云：'庚子岁有范姓客挟百余片走京师，福山王文敏公懿荣见之狂喜，以厚价留之'；第三次，庚子，同上自序云'后有潍县赵君执斋得数百片，亦售归王文敏'。"而"刘氏自序中提到王氏两次收购甲骨，皆在庚子那年"。他又据刘鹗《抱残守缺斋日记》辛丑（1901年）10月28日记载的"今早王端士来，其说与赵（执斋）孚。端士云：文敏计买两次，第一次二百金，第二次一百余金……"云云考证，"刘氏只相信王氏在庚子年买了两批"，并不知王懿荣在1899年购藏第一批甲骨之事①。罗振常《洹洛访古游记》宣统三年（即1911年）2月23日记："后村人得骨，均以售范。范亦仅售与王文敏公，他人无知者。"这一记载可补证陈梦家"在王氏生前，刘氏似并未曾看到他的甲骨"②的分析是有道理的。因此，刘鹗不可能如汐翁文中所讲，1899年在王懿荣家中见到甲骨，也不可能那时就"遍历诸肆"去购藏甲骨文。刘鹗开始购藏甲骨文，陈梦家据《抱残守缺斋日记》辛丑（1901年）10月20日所记"晚点龟骨共千三百件"，认为"1901年后刘氏自己有收藏"③，应比王懿荣为晚。

报纸专好猎奇以哗众取宠。一篇满是错误时间和错误地点的小文，本不足训。但自此以后却形成了一桩历时几十年的"公案"，直到最近还有人热衷于考证北京菜市口是否有个达仁堂，吃中药是否将"龙骨"捣碎煎熬等等。刘鹗在王懿荣处见到甲骨本是子虚乌有，却有人以假当真，孜孜矻矻地去考证其存在，哪里会得出什么结果呢？！

甲骨文1899年被发现以后，它的第一个购藏者应是王懿荣。刘鹗在《铁云藏龟》自序中说得很清楚：

……庚子岁有范姓客，挟百余片走京师，福山王文敏公懿荣见之狂喜，以厚价留之。后有潍县赵君执斋得数百片，亦售归文敏……

虽然刘鹗记王懿荣始购甲骨之年较1899年迟后一年，但并没有宣称他本

---

① 陈梦家：《殷虚卜辞综述》，第647页。
② 同上。
③ 同上。

人是甲骨的第一个购藏者。

刘鹗的好友罗振玉曾于1901年在刘家见到所藏甲骨。他在1910年出版的《殷商贞卜文字考》自序中，也是把王懿荣作为购藏甲骨的第一人：

> 光绪己亥，予闻河南之汤阴发现古龟甲兽骨，其上皆有刻辞，为福山王文敏公所得，恨不得遽见也。

罗振玉是继王懿荣、刘鹗等人之后的著名甲骨收藏家，他从1907年开始购藏，直到1940年逝世，先后收藏达三万片之多①。他并加以刊布和研究，为甲骨学的形成和发展作出了贡献。他早就留意于此学，说甲骨最早购藏者为王懿荣当非虚语。

还应该谈一下王襄和孟定生。虽然不能认为他们在1898年首先发现甲骨文，但他们在1899年与王懿荣不约而同地先后鉴定、购藏甲骨文是可能的。长期以来，王襄、孟定生对甲骨学的这一贡献被人们忽视了，虽然王襄一再写文申述，但毕竟声音太微弱了。直到1944年，胡厚宣先生在《甲骨学商史论丛》初集四册《甲骨文发现之历史及其材料之统计》文中指出，与王懿荣"同时搜求甲骨者，尚有王襄及孟定生，此事前人多未知"。嗣后，胡厚宣先生1951年在《五十年甲骨文发现的总结》②、1955年在《殷墟发掘》③、陈梦家在1956年出版的《殷虚卜辞综述》④ 中，对王、孟二氏的这一贡献多次予以肯定。因这些著作影响较大，才恢复了他们在甲骨学史上做为甲骨较早发现和购藏者的地位。

为什么甲骨的较早发现和购藏者王襄、孟定生，在甲骨学史上长期没有得到应有的地位呢？我们认为，原因不外在于以下几个方面：

其一，虽然王襄、孟定生与王懿荣基本同时认识并购藏甲骨文，但王、孟"惜皆寒素，力有不逮，仅于所见十百数中获得一、二，意谓不负所见，借资考古而已"⑤。"孟氏与余（笔者按：即王襄）皆困于力，未能

---

① 参见胡厚宣《五十年甲骨文发现的总结》，第20—32页；又胡厚宣：《殷墟发掘》，第18—25页；陈梦家：《殷虚卜辞综述》，第649—651页。
② 第20—22页。
③ 第14—15页。
④ 第648页。
⑤ 王襄：《题所录贞卜文册》。

博收"①；而与他们基本同时或稍后的甲骨收藏家，家资富有，所购甚多。王懿荣在1900年就已购得1300多片。刘鹗在1902年就收得1000多片，至1909年流死新疆以前已购藏5000多片。端方1904年已购藏1000多片。与这些早期收藏家比较起来，王襄、孟定生确是购入较少。他们1899年"仅于所见十百数中获得一、二"，再加上1900年4月范贾去天津"以零碎殷契，质津钱十千而去"②那次所购进的一批，早期购藏充其量"大约五、六百片左右"③。直到1911年前后，因甲骨文"清季出土日富，购求者鲜，其值大削。余（笔者按：即王襄）时读书故京师，且京津两地所遇，尽以获得……最括存四千余品"④。再加上安阳殷墟小屯村"1917年有大批甲骨发现，卖给了王襄和霍保禄。王襄的东西，一部分后来收入所编《簠室殷契征文》一书"⑤。以上各批，总计购得4500片左右，其中当以1917年所获一批为最佳。从以上的叙述我们可以看到，王襄、孟定生在早期收藏家中，因购藏较少和精品不多，故没有像王懿荣、刘鹗等大宗收藏家那样引人注目。

其二，王襄所藏甲骨，于1925年才选拓成《簠室殷契征文》出版，而且此书印制不精，拓本又有剪割描画，人们一度怀疑其材料的可靠性，缩小了此书的影响。而与王襄同时或稍后的甲骨收藏家，如王懿荣、刘鹗、罗振玉等人的藏品，1903年在《铁云藏龟》、1911年在《殷虚书契》、1914年在《殷虚书契精华》、1915年在《铁云藏龟之余》、1917年在《戬寿堂所藏殷虚文字》、1925年在《铁云藏龟拾遗》等书中，早已先王襄的收藏而公布。"秘而不宣，与藏之地下何异。"正因为这些收藏家藏品公布早，在社会上流传较广并为世人所研究使用，自然也就扩大了它们收藏者的影响。

其三，王襄自1900年以后，"时值军尘顽洞，老母病笃，志在缓人之急，固不重此殷契。念之余痛悸心，至今犹觉懔懔。自是不谈殷契者且12年"⑥，直到1920年才出版了他的《簠室殷契类纂》一书。而就在这20多

---

① 王襄：《题易穭园殷契拓册》。
② 王襄：《簠室殷契》。据胡厚宣先生1984年在全国商史学术讨论会上说，他曾看过这批甲骨摹本，确是小片。只从其中选用三片。
③ 胡厚宣：《五十年甲骨文发现的总结》，第22页。
④ 王襄：《题易穭园殷契拓册》。
⑤ 胡厚宣：《五十年甲骨文发现的总结》，第35页。
⑥ 王襄：《簠室殷契》。

年期间，1910年出版了罗振玉的《殷商贞卜文字考》，1914年出版了罗振玉的《殷虚书契考释》，1917年出版了孙诒让于1904年写成的《契文举例》等书，甲骨学研究经历了识文字、断句读的草创阶段。特别是王国维1917年发表的《殷卜辞中所见先公先王考》及其后的《续考》①等重要论文，把甲骨文应用到商史研究领域，大大地提高了甲骨学的学术地位。在甲骨学的形成阶段，王襄由于较长时间的沉默，没有能更多地发挥自己做为早期甲骨购藏者的影响。

其四，自1928年起到1937年，河南安阳殷墟先后进行了15次大规模科学发掘工作。甲骨学研究也开始突破前一时期传统金石学的局限，与近代田野考古的科学方法结合起来。以董作宾为代表的一批甲骨学者用更为科学和缜密的方法论分期，探商史，说卜法，谈文例，把甲骨学研究提高到了新的水平。郭沫若则异军突起，用马克思主义指导甲骨学商史研究，开辟了我国史学和甲骨学研究的新天地。不少古代社会的奥秘被学者们窥破。而王襄在《簠室殷契类纂》和《簠室殷契征文》二书完成以后，"他去浙江、闽、粤、滇工作"，直到"1934年由湖北回天津"。虽然他将"这批甲骨都随身带着，供研究和摩挲欣赏"②，但公务使他无暇全力研究。我们除了见到他1933年的《题所录贞卜文册》和1935年的《题易稺园殷契拓册》等公开发表的不多文章外，就只1982年发表的写于1955年的《簠室殷契》了。因此，在甲骨学研究取得长足进步的第二时期，即殷墟科学发掘时期，也即甲骨学形成和发展的关键时期，自然是建树较多的郭沫若、董作宾和其后的于省吾、胡厚宣、陈梦家等学者"众领风骚"，成了甲骨学坛的"中心人物"。

虽然如此，王襄、孟定生还是可以与王懿荣一起，做为甲骨文的最早发现者，在甲骨学史上应有一定地位。王襄的《簠室殷契类纂》和《簠室殷契征文》二书，为甲骨学的发展作出了贡献。关于王襄的甲骨学研究及其贡献，我们将在本书第十二章第一节详述，这里就不再多谈了。

第三节　关于甲骨文发现的其他说法和几点新补证

由于某种原因，一度流行一种较为时髦的说法，即甲骨文是"小屯村

---

① 王国维：《观堂集林》第九卷，中华书局1959年版，第409—450页。
② 王翁如：《〈簠室殷契〉跋》。

农民发现的"。我们只要看一下罗振常所记述的情况，就自然会明白农民是怎样"发现"甲骨的。

  此地埋藏龟骨前三十余年已发现，不自今日始也。谓某年某姓犁田，忽有数骨片随土翻起。视之上有刻画，且有作殷色者（即涂朱者），不知为何物。北方土中埋藏物多，每耕耘或见稍奇之物，随即处掘之，往往得铜器、古泉、古镜等得善价。是人得骨以为异，乃更深掘，又得多数，姑取藏之，然无过问者。其极大胛骨，近代无此兽类，土人因目之为龙骨，携以视药铺。药物中因有龙骨、龙齿，今世无龙，每以古骨充之，不论人畜。且古骨研末，又愈刀创。故药铺购之，一斤才得数钱。骨之坚者，或又购以刻物。乡人农暇，随地发掘，所得甚伙，捡大者售之。购者或不取刻文，则以铲削之而售。其小块及字多不易去者，悉以填枯井。①

  这种"发现"与鉴定上面刻有古文字并做为古代珍贵文物而有意识地购藏是不可同日而语的。这种"发现"如果指甲骨文"重见天日"，被从地下翻出来，只能造成这一重要史料的毁灭，给学术研究造成不可弥补的损失。因为直到1899年王懿荣亲自见到甲骨实物并鉴定、购藏以前，小屯村民只知它是"一斤才值数钱"的"龙骨"，连做为一般"古董"的价值还没有意识到呢！怎么能谈得上甲骨文是小屯村农民发现的呢？

  也有人认为早在1899年的前几年，在北京和天津的一些封建官僚和知识分子中就开始搜求甲骨文了。但口说无凭，并没有任何证据。从情理上说，古董商在1898年还不知道甲骨为文物，直到1899年才将甲骨带到北京、天津请人鉴定。那么，在此"前几年"，居住在北京和天津的封建官僚和知识分子，从何人之手去"搜求甲骨文"呢？难道这些人能日行千里，直接从小屯村农民手中"搜求"不成?！须知，就是1899年甲骨文被鉴定后，学者们还不知其确切出土地呢！

  说甲骨文比1899年早6年，即1894年由画家胡石查发现，倒还有一点儿所谓的证据，即有一张甲骨拓片印有"石查手拓"钤记。且不说在王懿荣等鉴定、购藏甲骨以前无人认识甲骨文为何物，就是那方钤记，明眼

---

  ① 罗振常：《洹洛访古游记》，宣统三年（1911年）2月20日条。

人一看就知有人做了手脚。此外，胡厚宣先生曾谈起，他为此研究过有关资料并访问过胡石查的好友著名古文字学家容庚。容庚明确地说：并无此事。因此，这是一件早已了却了的公案，再也没人提起了。

王襄、孟定生基本上可与王懿荣一起做为甲骨文的最早发现者，但不是第一个发现者，本章第二节已做过叙述。还有一些旁证也可以证明这一点。其一，王孝禹（即王瓘）、方若、王绪祖、罗振玉等甲骨收藏家，都曾居住天津并与王襄有过交往。特别是罗振玉，自1919年至1928年寓居津门达十年之久，其所纂《殷虚书契续编》一书，就收有王襄藏骨拓本。如王襄早于王懿荣收购甲骨并有重要藏品，上述同好必引此为美谈。但他们都没有论及王襄1898年发现并购藏甲骨，这绝非疏忽。其二，甲骨学家加拿大人明义士，自1914年开始在河南安阳小屯村搜集甲骨并进行研究，直至抗日战争爆发才离开中国。明义士对小屯每宗甲骨出土及流传情况，因"身临其境"而了如指掌，故所著《甲骨讲义》（1933年版，即《甲骨研究》，齐鲁书社1996年重印。）记载最为准确、详赡和具有权威性。明义士此书据1914年范估所言，记1899年秋王懿荣从范贾处以每版银二两之值，收得甲骨12版。但从未讲甲骨第一位购藏者为天津王襄。

如第二节所述，王襄自己一直是认为"前清光绪己亥（1899年）年，河南安阳县出贞卜文"的。直到1955年，他才在《簠室殷契》中提出"世人知有殷契，自公元1898年始（即清光绪24年）"的新说法。一些人为将甲骨文发现之年提前，据此引申考证，费了不少笔墨。殊不知，除此以外，王襄在晚年还有两次谈到有关甲骨发现的文字。一是写于1953年的《题宝契小相》，收入《簠室诗稿》第二册（未刊），云：

> 惟昔己亥秋之季，潍贾创获甲骨文。
> 至今小屯侯庄地，宗庙陵寝溯有殷。
> ……

二是写于1957年的《孟定生殷契序》，收入《簠室文稿》第四册（未刊），云：

> 昔潍友范寿轩来津，携有河南安阳所出之殷契。同人等以为人间未见之奇，遂奔走相告，咸至范君寓所，时前清光绪己亥冬十月

也……

上述二文乃天津社会科学院历史研究所崔志远1984年12月24日信中见告。这为我们甲骨文的发现年代不能前提到1898年的看法，增加了更为直接的证据，特在此鸣谢！我完全赞同崔志远所说："此二条恰在《簠室殷契》一文写作之前后，即以王氏晚年所说，此二条之准确性更大些。"[①]

总之，我们要采取历史唯物主义的态度，既不能像过去那样，长期忽视王襄、孟定生做为甲骨文发现者在甲骨学史上的地位，也不能矫枉过正，把甲骨文发现之年，人为地提前到1898年，从而否定甲骨文的最早发现者王懿荣。更不能为了强调什么，认为甲骨的最早发现者是"小屯村农民"，从而否定王懿荣、王襄、孟定生等甲骨文最早发现者所起的历史作用。不能以王懿荣是"当时在北京的大官僚"，而不公正地对待他。其实，王懿荣在1900年八国联军攻陷北京后，以身殉职，是一位伟大的爱国主义者。现在，人民已把他列入历史上爱国主义者的英雄行列，将永远受到尊敬与怀念！

---

① 崔志远：《关于殷墟甲骨文发现的通信》，《殷都学刊》1985年第2期。

第 三 章
甲骨文出土地与时代的确定及甲骨文的命名

现在一提起甲骨文，人们马上就会把它与举世闻名的河南安阳殷墟小屯村联系起来。关于它的时代，自然会想到我国历史上的商王朝①。可是甲骨文在1899年发现以后的十多年中，人们对它的确切出土地和所属时代却不甚了了。至于它的名称，因汉典籍失载，长期以来无人知晓。学者们面对这一陌生的事物，力图给它以较为确切，能反映其本质和特征的命名。但由于学者们对它观察的角度和理解的不同，所以一度甲骨文的名称繁多，真是各执其词，五花八门。

第一节 甲骨文出土地的探索和意义

1899年甲骨文被发现以后，好长时间学者们并不知它出土于何地。

这是因为学者们购藏甲骨文，多是在北京等大城市坐等古董商上门"求售"。这些古董商，有"京估"和"东估"之分，即由来自北京和来自山东的两部分人组成。所谓"京估"，资本雄厚，他们来到安阳后，并不亲自去小屯村收购，而是"概居旅店，候人持物来售。服用颇奢，恒留妓停宿"。所谓"东估"，"则甚苦，所居为极狭隘之小饭店或人家。日间则四出巡回乡村，谓之'跑乡'"②。学者们早年关于甲骨出土之地的种种传说，多源于

---

① 人们长期以来形成了"殷墟甲骨文"的概念。新中国成立以后，特别是1977年西周甲骨文成批发现以后，形成了甲骨学研究领域的新分支，打破了这一凡谈甲骨则必殷商的传统看法。确切地说，甲骨文应包括殷墟甲骨和西周甲骨。殷墟甲骨文因87年来发现材料丰富和研究较为成熟，因此"甲骨学"主要指殷墟甲骨规律的研究。至于西周甲骨这门新分支学科，将在本书下篇介绍。

② 罗振常：《洹洛访古游记》，宣统三年（1911年）2月23日条。

这些古董商之口。

有的学者认为甲骨出土于河南汤阴。罗振玉说过，"光绪己亥予闻河南之汤阴发现古龟甲兽骨"[①]。日本甲骨学者林泰辅1909年曾写过《清国河南汤阴发现之龟甲兽骨》[②]的论文，顾名思义，他当时也是把汤阴做为甲骨文出土地的。

汤阴县南30里确有一名叫后小屯的村子，但此地从未出过甲骨。安阳市西北5里左右的一个名叫小屯的村子，才是甲骨的真正出土地。小屯村子很小，"当时户数约三十，皆农业。地为河水冲积土，植棉麦黍类。洹水泛滥之年，田乃歉收，否则丰穰。村口正南，入口有一社公祠"[③]。而今日流经小屯村北和村东的洹水，由于人间的沧桑和环境的污染，已成细水浊流，与七八十年前的情形大不相同了。当年的洹水是这样的：

> 河幅阔处七、八丈，狭处二、三丈。多广滩，白沙平铺如练。水清浅，最浅处才数寸。夏间则涨至滩，最大之年乃没田。然村基尚不为所没……凡府城、小屯及出骨地，均在洹水本流之南。[④]

即小屯村北与洹水之间，为甲骨主要出土地。罗振玉等学者早年所说甲骨出于河南汤阴是不确切的。

也有学者一度认为甲骨文出土于河南汤阴羑里。1903年刘鹗曾说"在河南汤阴县属之古牖里城"[⑤]出土甲骨文。牖里即羑里。1910年日本学者富冈谦藏还认为甲骨出土于此，曾写过《古羑里城出土龟甲之说明》[⑥]的论文。

传说中的羑里城，位于今河南汤阴县城以北8华里处。在汤河与羑河之间的平原上，有一高出周围地面5米许的高台，南北长106米，东西宽103米，面积达100918平方米左右，这就是所谓的羑里城。这里实际是一处高出地面的古文化遗址，文化层厚达7米。下层土质中有灰土、红烧土掺杂在

---

① 罗振玉：《〈殷商贞卜文字考〉自序》，玉简斋石印，1910年。
② 载《史学杂志》28编，1909年第8、9、10期。
③ 罗振常：《洹洛访古游记》，宣统三年（1911年）3月20日记。
④ 同上。
⑤ 刘鹗：《〈铁云藏龟〉自序》，抱残守缺斋石印，1903年。
⑥ 载《史学研究会演讲集》第三集，1910年7月。

一起，并出土灰色篮纹、方格纹、绳纹陶片等。此外，还有白灰面房基。中层及上层，是商末周初文化层，断崖上可以看到不少灰、黑陶器残片，还有夯筑痕迹等①。羑里遗址及其上面有关周文王被拘的"古迹"②，现已得到妥善保护。虽然羑里是一处古代遗址，而且晚期文化层与甲骨文第五期的时代相当，但此地从未出土过一片甲骨。因此，学者们所谓羑里出甲骨的说法，当是听自误传。

也有甲骨出自卫辉的说法。罗振玉 1908 年访知甲骨确切出土地在安阳小屯以前，也曾相信过甲骨出土卫辉的说法，云："估人讳言出卫辉。"③ 这当然也是靠不住的。更有美国学者方法敛，在 1906 年还认为"1899 年卫辉府附近古朝歌城故址，有古物发现"④。

《史记·周本纪》正义说："《帝王世纪》云帝乙复济河北，徙朝歌，其子纣仍都焉"，朝歌为晚商都城。郭沫若 1931 年在《戊辰彝考释》和 1933 年《卜辞通纂》后记中亦主"帝乙迁沫"，即都朝歌之说，谓："由新旧史料之合证，帝乙末年必曾移徙其政治中心于朝歌，特安阳之旧都仍存，其宗庙存储无改；地层有羼杂处者乃经安阳土人之翻乱耳。"⑤ 朝歌遗址在今河南淇县县城西北，有一传说比干被杀的地方——摘心台。台周长 300 米，高 13 米，为一龙山至商周时期古遗址，遗址所出商周之际陶片正与甲骨文第五期，即帝乙、帝辛时期相当。当地流传不少有关纣王的传说，有纣王的城墙、宫殿、鹿台、墓葬等"古迹"⑥。但因探查和发掘工作开展不够，有关此地的文化内涵尚不清楚。有人主张，"探讨殷都，应当把朝歌城作为重点之一"。这是因为"武丁至帝辛时期的都城一定还在安阳周围，有可能是在淇县朝歌"⑦，这是今后应加以注意研究的。

虽然如此，朝歌却从未出土过甲骨文。有的学者认为甲骨文出土于此，也是源于误传。

罗振玉经过多年的留意探寻，终于在 1908 年知道了甲骨文的确切出土

---

① 参看《安阳风物览胜》，1984 年出版，第 141—145 页。
② 有关羑里的情况，请参看拙著《西周史话》（《祖国丛书》），《"八卦"与传说中的羑里遗址》，中国青年出版社 1994 年版。
③ 罗振玉：《集蓼集》，《贞松老人遗稿甲集》，1941 年，第 31 页。
④ 方法敛：《中国原始文字考》，《卡内基博物院报告》第四期，1906 年。
⑤ 郭沫若：《〈卜辞通纂〉后记》，科学出版社 1983 年版。
⑥ 有关朝歌的情况，可参看《安阳风物览胜》，第 162—173 页。
⑦ 秦文生：《殷墟非殷都考》，《郑州大学学报》1985 年第 1 期。

地应在河南安阳小屯村。他说："光绪戊申，予既访知贞卜文字出土之地应为洹滨之小屯。"① 戊申（1908）年上溯至己亥（1899）年，学者们考知甲骨的确切出土地，经过了10年之久。

关于甲骨出土地学者们之所以有上述种种错误说法，是上了古董商的当。自从甲骨文被发现以后，售价日昂。已如前述，王懿荣购藏甲骨，"每字银四两"，"每版银二两"，或"以厚价留之"，"得价三千金"。端方购藏甲骨，"每字酬以价银二两五钱"。挖出甲骨的小屯村民与收藏甲骨学者之间的中介人——古董商，为了垄断甲骨的出售以牟取厚利，故意对甲骨的真正出土地秘而不宣，或声东击西地制造混乱，从而使甲骨学者误信传言，一个个被蒙在鼓里，因而有了上述种种的错误说法。而甲骨文确切出土地小屯村被考证出来，对甲骨学的研究有很大意义：

其一，减少了甲骨资料的损失，有利于研究工作的开展。古董商出售甲骨，为了求得"善价"，多搜集骨大字多者。而片小字少者，往往弃之不顾。罗振玉早已感到这一问题，他在1911年2月曾说：

> 古卜用龟，辅之以兽骨，骨大龟小。贾人但取其大者，每遗龟甲不取。实则龟骨均有异字，必须兼收并蓄。去年恒轩至彰德，曾得若干，亦仅取龟甲之字多者，小而字少者亦弃之。苟非羁于职守，吾将至其地尽量收之。虽龟屑不令遗。②

罗振玉正是在这样的思想指导下，才派罗振常去安阳小屯村直接收购，使许多字少片小的甲骨不致遭到毁灭，从而提供了不少"有新异之字者"，减少了甲骨资料的损失，有利于研究工作的开展。

其二，扩大了甲骨文的搜求，为甲骨学研究提供了更多的资料。自1908年罗振玉考知甲骨出土地为河南安阳小屯村以后，学者们不仅通过古董商，还直接派人去小屯村大量收购。罗振玉曾派古董商去河南，"瘁吾力以购之。一岁所获，殆愈万"。后又于1911年直接"命弟子敬振常，妇弟范恒斋兆昌，至洹阳发掘之，所得又再倍焉"③。

---

① 罗振玉：《〈殷虚古器物图录〉序》，1916年。
② 罗振常：《洹洛访古游记》，宣统三年（1911年）2月15日条。
③ 罗振玉：《〈殷虚书契〉序》，1913年。

在罗振玉等学者派古董商或自己亲属去小屯大批收购甲骨以前，当地人"售此绝少大宗，缘村人数十家，各售所掘。甚至一家之兄弟妇稚亦不相通假，人持自有之骨……间有大宗，则数人合掘一坎，以其所得，藏于一家封志之，不得独发。既售，乃分其资。有一家藏骨甚多者，必以良窳相错，匀配为若干分，陆续售之，恐一次售出不得善价也……骨价殊不昂"①。

　　但自 1911 年罗振玉派人去安阳小屯大宗收购以后，小屯村民出售甲骨的情形就有了变化，"论价甚不易。彼以经验，亦粗别美恶。凡骨中有奇形之字，必索高价，大块尤昂，惟碎小者较廉。然彼必大小同售，不令选择。恐大者售出，小者无人顾问也……"②

　　从 1911 年 2 月 15 日罗振常与范兆昌在河南安阳小屯村收购甲骨起，至 2 月 29 日范兆昌把甲骨等物运回北京为第一阶段。在此期间，"每日所得甲骨，皆记其数。至昨日止共得六千七百余块，全数运北，不为少矣"③。范护送古物回京后，罗振常继续留在安阳收购甲骨，从 2 月 29 日至 3 月 17 日为第二阶段。其间，3 月 7 日范又从北京赶回河南，继续与罗振常一起收购甲骨，至 17 日仍先护送古物回京。据罗振常说："昨钩稽账目，龟甲兽骨两次运京者，大小共得一万二千五百余块，可云大观。小屯存骨信乎已罄。而此巨量之骨，其有助于考古甚大，断可知也。"④

　　罗振玉派人去安阳小屯直接收购所得甲骨中的精品，有几版大肩胛骨。有的正反面都有字，字多内容也重要，并且有的字口涂满朱砂。不仅在他本人所藏甲骨中，就是在殷墟出土全部 15 万片甲骨中也是所见不多的，确实是殷墟甲骨中的"菁华"。罗振玉将这些大骨的正、反面照片收入《殷虚书契菁华》⑤ 一书中出版。《洹洛访古游记》记这几版著名甲骨的购藏情况是这样的：

　　　　宣统三年（1911 年）2 月 28 日记：
　　　　　　晴。昨日所得，以小块龟甲为多，中、大者少。然得二大块

---

① 罗振常：《洹洛访古游记》，宣统三年（1911 年）2 月 18 日条。
② 同上书，宣统三年（1911 年）2 月 19 日条。
③ 同上书，宣统三年（1911 年）2 月 29 日条。
④ 同上书，宣统三年（1911 年）3 月 17 日条。
⑤ 此书 1914 年 10 月影印出版。后又有翻印本和《传古别录》本。但《传古》本页数有错，与原版及翻印本不同。

（见《殷墟书契菁华》第 3 页、第 5 页）。尚有一块全文满字而涂朱者，索价过昂，未能购定……

是日计所得龟骨已不少，而斧资将竭，其所余仅可再收二日。恒轩谓余：此次大块不多，前仅得大块一（见《殷虚书契菁华》第 4 页）……

恒轩去二三时，欣然归来，随一土人提柳筐，卧大骨片于其中。恒轩出骨于筐，如捧圭璧，盖即昨日议价未成者也（见《殷虚书契菁华》第 1 页）……

宣统三年（1911 年）三月十四日记：

……有数大片，有一片满字，虽非全文，所缺不多（见《殷虚书契菁华》第 2 页），比骨片之王犹多数字，彼称王，此亦可称公也。又一片字不多，中间亦全文（见《殷墟书契菁华》第 6 页）……

而《殷墟书契菁华》第 1 页所著录的胛骨（例图 1）[①] 购入时还有一段趣闻呢！据《洹洛访古游记》宣统三年（1911 年）2 月 28 日记：

初虽增价，彼（笔者按：指持骨者）愈坚持。后告以余等将他往，可售则售，不可则已。匆匆欲行。有一老者，留其姑坐，而与其子及诸人密议，似欲买某姓之地，将以此为地价者。良久乃议决售之。此片有百余字，数段皆文字完全，为骨片中所仅见。此家有此片已久，小屯人及估客多知之。待价而沽，不肯轻售。余等初至小屯时，即向索观，时并无价，遂无可商。昨日忽出此，且有定价，即因欲购地之故。适逢其会，竟得成议……

其三，扩大了殷墟甲骨文以外出土文物的搜求，为考古学研究积累了资料。河南安阳小屯一带，在出土甲骨以前，早在宋代就不断有青铜器出土。宋代《考古图》中就把此地出土的铜器误注为出自"亶甲墓"或"亶甲城"。据研究，其他一些宋代金文著录书如《博古图》、《啸堂集古录》等收

[①] 为说明问题，有关论述可与例图对照。为排印方便，我们集中到本书后《例图》部分。例图 1 即为书后《例图》第 1 号，以下皆仿此，不再注。

入的一些商代铜器,虽然没有"注明出土地,但就形制、花纹、款识各方面看来","大概也是宋代从殷墟出土的东西"①。元人纳新的《河朔访古记》也有这里出土铜器情况的记述。

清末安阳小屯一带出"龙骨"以后,往往于其掘处出土铜器、古货币、铜镜等。在1899年以前,就有古董商来安阳小屯村收购古董——一些较为珍贵的文物。罗振玉深知,与甲骨文一起,"必尚有三代古物,其尊彝戈剑之类必为估客买去。其余估客所不取者,必尚有之"。如不加以搜集,将给考古学研究带来损失。因此,罗振常等人去安阳小屯收购甲骨时,还遵照罗振玉"即不知其名,苟确为古物而非近代之器,弟(笔者按:即指罗振常)幸为我致之"的嘱咐,对出土古物尽力搜求。罗振常要求小屯村民"无论何物,但是土中者,必携来无遗"②,以便看货定价,收得了不少商、周、秦、汉时期直至元代的文物,其中有不少精品。罗振玉1916年出版的《殷墟古器物图录》一书,所收不少器物就是此行所得。

虽然收购小屯所出其他文物不是此行的主要目的,但搜集并保护了古代文物。不仅抢救和积累了大量的研究资料,而且对考古学的研究也是很有意义的工作。

其四,确知甲骨出土地为河南安阳小屯村,对确定小屯村为晚商都城和甲骨文为晚商遗物的研究也有很大意义。这是因为人们必然会提出小屯为何出土甲骨文的问题。也就是为确定小屯为商朝晚期都城提供了重要线索。与此相关,甲骨文在商朝晚期都城出土,也为学者根据甲骨文本身进行研究而得出它应为商朝晚期物,提供了有力的证据。

其五,甲骨文出土地的确定,进一步促进了1928年以后的殷墟大规模科学发掘工作,从而为殷商考古学的研究开了先河。关于此,我们将在本书第四章第三节论述。

第二节　甲骨文时代的确定和小屯为殷墟的研究

众所周知,甲骨文为商代晚期盘庚迁殷至纣之灭的273年之间之物。但在甲骨文发现的初期,学者们对它所属的时代认识是不同的。

---

① 胡厚宣:《殷墟发掘》,第6—7页。
② 罗振常:《洹洛访古游记》,宣统三年(1911)2月16日条。

据说王懿荣在开始鉴定并购藏甲骨时，就认为它是"商代卜骨"①了。但这只是他的后人根据传闻所记，仅可供我们作为参考而已。

刘鹗1903年在《铁云藏龟》自序中曾说甲骨文是"殷人刀笔文字"，乃商朝遗物。但由于对这种从未见过的古代文字的研究尚属初期，不仅内容不甚了然，而且所见资料也较少，当时学者们对刘鹗定其时代为"殷"，并不以为然。

罗振玉在《铁云藏龟》序中，把甲骨文称之为"夏殷之龟"，包括从公元前21世纪至公元前11世纪这一段时间。但是，且不用说当时，就是迄今也没有发现过一片相当于历史上夏代的甲骨文。孙诒让1904年在《契文举例》序中，认为甲骨文应是"周以前"之物，看法与罗振玉基本相同。

随着甲骨文出土地小屯的被确知和对甲骨文内容研究的渐渐深入，罗振玉1910年"于刻辞中得殷帝王名谥十余，乃恍然悟此卜辞者，实为殷室王朝之遗物"②。这时他对甲骨文时代的看法，与刘鹗基本相同了。

虽然1911年还有个别学者认为甲骨文是"周朝"遗物，写了题为《最近发现之周朝文字》③的论文，但没有引起什么反响。

已如前述，甲骨学者罗振玉派古董商和自己亲属直接去安阳小屯搜购，先后共得甲骨2万多片。由于所见材料的增多和考证出甲骨出土地小屯一带为晚商都城，他更坚定了甲骨应为商朝遗物的认识。随后，他将所得甲骨"寒夜拥炉，手加毡墨，拟先编墨本为《殷虚书契》前编，考释为《后编》"。1912年在日本"乃以一年之力，编为《前编》八卷，付工精印，而《后编》亦将次写定"④，《殷虚书契》于1913年出版发行。接着罗振玉又于1914年印行《殷虚书契菁华》、1916年印行《殷虚书契后编》、1916年印行《殷墟古器物图录》等几部较早的甲骨著录书。这些书名明确地表明罗振玉认为甲骨乃商朝旧都所出，为商朝遗物。与此同时，小屯村也已被他考订为晚商都城，也为甲骨的时代提供了佐证。因此，自罗振玉这几部有影响的甲骨著录陆续出版后，甲骨文为商朝遗物在学术界也就再无什么争议了。

就在罗振玉研究甲骨文时代并考虑甲骨文出土地小屯村在历史上的地位的时候，日本学者林泰辅将自己的甲骨学论著寄给了他。林文旁征博引，对

---

① 王汉章：《古董录》，《河北第一博物院画报》第五十期，1933年。
② 罗振玉：《〈殷商贞卜文字考〉自序》。
③ 方法敛：《最近发现之周朝文字》，《英国皇家亚洲文会杂志》10月号，1911年。
④ 罗振玉：《〈殷虚书契〉自序》，1913年。

罗振玉1903年为《铁云藏龟》所写的序有所补苴，使罗振玉深感一些问题仍需认真研究。因而他"乃以退食余暑，尽发所藏墨拓，又从估人之来中州者，博观龟甲兽骨数千枚，选其尤殊者七百。并询知发现之地，乃在县西五里之小屯，而非汤阴（笔者按：据《殷虚古器物图录》序，光绪戊申，即1908年罗氏已访知小屯为甲骨出土地之时），其地为武乙之虚……"①，即商王武乙时之都城。经过进一步研究以后，罗振玉考证出小屯村即"洹水故墟，旧称亶甲。今证之卜辞，则是徙于武乙去于帝乙"②。这样，罗振玉便把小屯村确定为商朝从武乙历文丁、帝乙三王时期的都城了。

确定小屯村为商朝何时的都城，对判断甲骨文的时代至关重要。众所周知，商汤灭夏建立商王朝，到武王伐纣商朝灭亡，包含了公元前16世纪至公元前11世纪这段相当长的时间。甲骨文为整个有商一代之物？抑或商朝某一段时间之物？而小屯为武乙至帝乙时的晚商都城一经确定，此地出土的甲骨文自然也应为晚商遗物了。

王国维在《说殷》一文中考证说，"殷之为洹水南之殷虚，盖不待言"，"今龟甲兽骨出土，皆在此地，盖即盘庚以来殷之旧都"。"而殷虚卜辞中所祀帝王，讫于康祖丁、武祖乙、文祖丁。罗参事（笔者按：即指罗振玉）以康祖丁为庚丁，武祖乙为武乙，文祖丁为文丁，其说至不可易（见《殷虚书契》考释）。则帝乙之世，尚宅殷虚"③。

此后，又经其他学者，诸如董作宾在《殷墟沿革》④、《甲骨文断代研究例》⑤，胡厚宣在《甲骨学提纲》⑥等论文中进一步研究，甲骨文出土地小屯村为"殷代后半期从盘庚迁殷到纣亡国，八世十二王二百七十三年间的旧都"⑦，基本上为学术界所接受了。随着甲骨文的出土，河南省安阳市小屯村曾是晚商都城的辉煌历史被学者们考证出来。而由于甲骨文的继续出土和科学发掘工作的开展，这个昔日不惹人注意的北方普通村落，不仅在国内，而且也成了国外学术界注意的地方。

三千多年前，今天的小屯一带正是《史记·殷本纪》正义引《竹书纪

---

① 罗振玉：《〈殷商贞卜文字考〉自序》。
② 罗振玉：《〈殷虚书契〉自序》。
③ 王国维：《说殷》，《观堂集林》第十二卷，第523—525页。
④ 载《史语所集刊》二本二分，1930年。
⑤ 载《庆祝蔡元培先生六十五岁论文集》上册，1933年。
⑥ 载上海《大公报》，1947年1月15日。
⑦ 胡厚宣：《殷墟发掘》，第4页。

年》所说的"自盘庚徙殷,至纣之灭,二百七十三年,更不迁都"的晚商都城。商王朝后期的盘庚、小辛、小乙、武丁、祖庚、祖甲、廪辛、康丁、武乙、文丁、帝乙、帝辛等王曾居住在这里。当年的殷都,到处是雄伟的宫殿和巍峨的宗庙,为全国政治、经济和文化的中心。甲骨文里常记"洹其作兹邑祸"(《续》2·28·4)。胡厚宣先生谓:"殷之旧墟,在今河南安阳小屯村北,正当洹水南岸,常受水灾,则'兹邑'必指殷之首都商邑,当无问题。"① 公元前1057年武王伐纣②,商纣王牧野兵败,逃至鹿台自焚而死。商朝灭亡以后,繁华的都城就成为一片废墟了。其后不久,被武王封于朝鲜的"箕子朝周,过故殷墟,感宫室毁坏,生禾黍,箕子伤之,欲哭则不可,欲泣为其近妇人。乃作《麦秀之诗》以歌咏之。其诗曰:'麦秀渐渐兮,禾黍油油。彼狡童兮,不与我好兮!'所谓狡童者,纣也。殷民闻之,皆为流涕"③。

西周时期,现安阳一带属卫,春秋战国时期先属卫,后属魏,又属赵,秦昭襄王五十年(公元前257年)占领此地后,才始名"安阳"④,属上党郡。《战国策·魏策一》曾记张仪为秦连横说魏王,谓"……合纵者一天下,约为兄弟,刑白马,以盟于洹水之上,以相坚也……"。这一带因地理位置和地势平坦,被看做理想的诸侯会盟处。

直到秦末农民大起义的烽火中,今安阳小屯一带——殷墟故地上,还发生了一件戏剧性的事件。《史记·项羽本纪》载,秦将章邯迫于形势,派人见项羽。而项羽也考虑到自己连打恶仗,人员、军粮渐少,争取章邯反秦较为有利,因而"项羽乃与期洹水南殷墟上"。在殷墟——今日的小屯村北一带与走投无路的章邯会盟,立章邯为"雍王",壮大了反抗秦王朝的力量。

自此以后,在昔日殷都——今日的小屯村一带,再也没有发生过什么可以载入史册的历史事件了。虽然洹水千百年来滔滔不绝地向人们诉说着她所见到当年殷都的一切,但除了"唐人杜佑《通典》、宋人罗泌《路史》及吕大临《考古图》都以'安阳西北五里''洹水之滨'殷墟所在为河亶甲城和

---

① 胡厚宣:《殷卜辞中的上帝和王帝》上,《历史研究》1959年第9期。
② 参见张钰哲、张培瑜《殷周天象和征商年代》,《人文杂志》1985年第5期。关于武王伐纣年代,历来众说纷纭,我们认为张说可从。
③ 《史记·宋微子世家》。
④ 《史记·秦本纪》"……攻汾城,即从唐拔宁新中,宁新中更名安阳"。

河亶甲墓"① 以及元人纳新《河朔访古记》中提过这里曾是河亶甲城以外，直到明朝小屯村立村以前，这里是一片植满五谷的农田，再也无人提起，成了被人遗忘的历史"后院"。

明万历四年，正式以小屯名村②。清末甲骨文出土以后，这个被历史遗忘的村落才声名大振。"河亶甲居相，见《太平御览》八十三引古本《竹书纪年》。据《史记·殷本纪》引《括地志》说相在内黄县东南十三里，并不在安阳，说安阳是河亶甲城，虽错误，但这块地方是殷都，也有墓葬，由殷墟发掘看来，则是事实。"③ 正是由于甲骨文的大批出土和殷墟遗址的不断科学发掘，小屯村这一"蕞尔一邑"，才蜚声国内外，成为学者们瞩目和向往的地方。

甲骨学家罗振玉，对安阳殷墟怀有特殊的感情，曾想晚年退隐安阳小屯村在此地终老。据罗振常《洹洛访古游记》宣统三年（1911年）3月初8日条说，罗振玉"欲于此卜宅"，并"嘱探其地可售否"。但终因地价太贵，几经努力都未能办成，"遂不再图"。其事还见于"3月11日"、"3月15日"等条。虽然罗振玉放弃了在小屯村买地的打算，但他还是在1915年春天亲自到安阳小屯村踏访，成为到过殷墟的第一位中国甲骨学家。罗振玉在《五十日梦痕录》（1915年收入《雪堂丛刊》）第22页记述他亲历小屯的情况说：

> 近十余年间，龟甲兽骨，悉出于此。询之土人，出甲骨之地，约四十余亩。因往履其地，则甲骨之无字者，田中累累皆是……其地种麦及棉，乡人每以刈棉后，即是发掘。其穴深者二丈许，掘后填之，后种植焉。所出之物，甲骨以外，鼍壳至多，与甲骨等，往岁所未知也。古兽角亦至多，其角非今世所有……

日本学者林泰辅曾怀疑甲骨是伪刻，见到实物以后，方确信不疑并进行

---

① 胡厚宣：《殷墟发掘》，第4页。
② 参见董作宾：《殷墟沿革》，《史语所集刊》二本二分，1930年。每次查阅这本集刊，都见到封面及扉页上所钤篆文"张秉权印"四字。此书乃张先生旧物，现藏中国社会科学院历史研究所图书馆，至今已三十七年矣！张先生如能见到当年旧物，一定感慨万千。我们希望这一天早日实现。做为后学，我们遥祝先生健康，并写此以寄所内同人对张先生怀念之情。
③ 胡厚宣：《殷墟发掘》，第4—5页。

研究，1921年出版了《龟甲兽骨文字》一书。他对安阳殷墟怀有浓厚的兴趣，曾于1918年亲赴安阳小屯考察并搜集甲骨①，是到过殷墟的第一位日本甲骨学家。

今天的安阳小屯村举世闻名。不仅国内许多甲骨学者都要亲自到小屯村考察殷墟，就是国外学者也以不能踏访殷墟为憾事。正如胡厚宣先生在1979年说的："前不久周鸿翔教授（笔者按：美籍华裔学者，现任职美国加州大学）在给我的来信中谈到，遍布世界各国的甲骨学者都在呼吁可否就在甲骨文的故乡——安阳殷墟召开一次国际性的甲骨学术会议"②，表达了外国学者对安阳殷墟的特殊感情。1987年9月，近百名国内外有影响的学者聚会殷墟，在胡厚宣先生主持下，召开了中国殷商文化国际讨论会。国内外学者交流学术，踏访殷墟，对殷商文化研究将产生深远的影响。

甲骨文为"殷室王朝之遗物"的确定，大大提高了它的学术价值，从而为史料较少的殷商文化研究提供了一批时代明确的珍贵资料，也为确定小屯村一带为商都的研究提供了可靠的证据。而关于小屯村为盘庚迁殷后晚商都城的研究，不仅明确了甲骨文为晚商之物，也进一步为以后进行的分期断代研究确定了具体的时间范围。因此，正如有的学者所指出的："把甲骨出土的地点考证出来"，是"罗振玉的主要成就"之一③。

对于安阳小屯村做为殷墟的历史地位，多数学者赞成《史记·殷本纪》正义引《竹书纪年》的说法。但也有人对此提出异议。如本章第一节所述。郭沫若1931年就提出"卜辞乃帝乙末年徙朝歌以前之物"，并在1933年出版的《卜辞通纂》一书中对"帝乙迁沬"之事又重加申述。直到晚年，郭沫若对此问题还极为关心，要求参加《甲骨文合集》一书编辑工作的学者们就"到底有没有帝辛卜辞"进行研究④，以便证明有否帝乙迁都朝歌之事。近年，学术界又旧案重提，对帝乙、帝辛时迁都与否展开了热烈争论⑤，与此同时，也有人不同意安阳殷墟为盘庚所迁，认为"安阳小屯很可能是从武丁才开始建都的"，而"盘庚把都城迁到了河南偃师"，推测"偃师古城的

---

① 胡厚宣：《五十年甲骨文发现的总结》，第32页。
② 胡厚宣：《〈建国以来甲骨文研究〉序》，中国社会科学出版社1981年版。
③ 戴家祥：《甲骨文的发现及其学术意义》，《历史教学问题》1957年第3期。
④ 参见胡厚宣《郭沫若同志在甲骨学上的巨大贡献》，《考古学报》1978年第4期。
⑤ 见戴志强等《试论帝乙帝辛时期殷都未迁》，《全国商史学术讨论会论文集》；田涛：《谈朝歌为殷纣帝都》（同上论文集）。

第二次修筑很可能是盘庚时期所为"①；也有人认为"盘庚未迁殷墟"。现在的安阳殷虚，"只能是商代晚期的陵墓区和祭祀场所"。因为这里进行发掘工作五十多年，却"连城墙的任何迹象都没有"。殷墟应有街道、宫城和大型宫殿，"都城和陵墓区应该有一定的距离而不应在一起"，因而不是殷都。真正的殷墟"有可能是在淇县朝歌"②。如此等等，争论还在深入进行中。

第三节　甲骨文的命名种种

1903 年《铁云藏龟》出版以后，甲骨文不再是个别学者书斋中秘不示人的"古董"，成为广大学者的研究资料。但因甲骨文在经籍中没有记载，因而在研究过程中，它的出土地、时代等的考证花费了学者不少精力，就是它究竟应叫什么名字，学者们也是茫然不知的。

名称是对事物本质的概括。"名不正，则言不顺。"③ 学者们面对甲骨文这一完全陌生的事物，由于观察和研究的角度不同，命名一度五花八门，因人而异。学者们命名甲骨文，归纳起来，无非是根据以下几个方面：

一、按甲骨质料命名

有称甲骨文为"龟"的。《铁云藏龟》最早称甲骨文为"龟"。刘鹗所藏其余甲骨，后又分别由罗振玉 1915 年著录在《铁云藏龟之余》、叶玉森 1925 年著录在《铁云藏龟拾遗》、李旦丘 1939 年著录在《铁云藏龟零拾》等书中。仍沿刘铁云称"龟"之旧，表明这几批甲骨系刘鹗旧藏。

也有称甲骨文为"龟甲"的。如 1910 年日本人富冈谦藏的《古羑里城出土龟甲之说明》④。

也有称甲骨文为"龟甲兽骨"的，如 1909 年日本人林泰辅《清国河南汤阴发现之龟甲兽骨》⑤、1915 年石滨纯太郎等《河南出土之龟甲兽骨》⑥、

---

① 彭金璋、晓田等：《试论河南偃师商城》（同上论文集）。
② 秦文生：《殷墟非殷都考》，《郑州大学学报》1985 年第 1 期。日本学者宫崎市定在 1970 年就已提出这一看法，其说见所著《中国上代の都市国家とその墓地——商邑は何处にあفたか》（正、补），《东洋史研究》（28—4）、（29—2.3 合），1970 年。
③ 《论语·子路》。
④ 载日本《史学研究会讲演集》第三册。
⑤ 载日本《史学杂志》20 卷，8、9、10 期。
⑥ 载日本《东亚研究》5 卷，7、8 期。

1924年马衡《三千年前的龟甲兽骨》①等。

刘鹗所购甲骨以龟版为多，故称甲骨文为"龟"。但这一名称以偏概全，大量的刻字胛骨就不能反映出来。而且古代遗址常出龟甲，如山东大汶口文化遗址的墓葬及与其时代相近的南京北阴阳营青莲冈文化遗址中就曾见到过②，却显然不属于甲骨文范畴；而在藁城台西村商代遗址③、江苏铜山丘湾商代遗址④和安阳殷墟遗址，也出土大量未刻字的卜用龟甲，虽然也是甲骨学的研究对象（研究卜法），但不是甲骨文。称甲骨文为"龟甲兽骨"，虽然较"龟"要全面和前进一步，但各种兽骨在古代遗址中所出甚多。而甲骨文的兽骨却是专门用于占卜记事之用。供占卜用的兽骨最早应是河南淅川"仰韶文化层中""出土的羊肩胛骨"。在龙山文化时期遗址和商周遗址中更多有发现⑤。虽然和无字卜用龟甲、胛骨一样，为甲骨学卜法研究提供了有用资料，但因其上没有文字，也不是甲骨文。

二、按文字书写方法命名

孙诒让最早称甲骨文为"契文"。契即契刻，契文即用刀刻的文字。他在1904年写成的第一部甲骨学研究著作就以《契文举例》为书名。或称为"契"，如叶玉森1924年出版了《说契》、《研契枝谭》等书。或称为"殷契"，如1920年王襄出版了《簠室殷契类纂》；1933年商承祚出版了《殷契佚存》，郭沫若出版了《殷契余论》，叶玉森出版了《殷契钩沉》等；1937年郭沫若出版了《殷契粹编》；1943年于省吾出版了《双剑誃殷契骈枝》等等。或称为"殷虚书契"，如罗振玉1911年出版了《殷虚书契》，1914年出版了《殷虚书契菁华》，1916年出版了《殷虚书契后编》，1933年出版了《殷虚书契续编》等。也有称为"殷商甲骨刻文"的，如1935年曹铨在吴县《国专月刊》一卷二号上发表了《殷商甲骨刻文考》等等。

诚然，甲骨文多是用刀契刻在龟甲兽骨上的文字，即刘鹗所说的"刀笔文字"，因此称甲骨文为"契"、"殷契"或"殷虚书契"、"甲骨刻文"等等，是有一定道理的。但是，甲骨文并不全是刀刻而成，也有用朱、墨写在

---

① 载北京《京报副刊》第二十号，1924年12月25日。
② 《新中国的考古发现与研究》，文物出版社1984年版，第93页。又南京博物院：《南京北阴阳营第一、第二次的发掘》，《考古学报》1958年第1期。
③ 李学勤、唐云明：《河北藁城台西甲骨的初步考察》，《考古与文物》1982年第3期。
④ 南京博物院：《江苏铜山丘湾古遗址的发掘》，《考古》1973年第2期。
⑤ 参见肖良琼《周原卜辞和殷墟卜辞之异同初探》，其附表一、二、三统计全国各地历年所出不同时期卜甲、卜骨颇为齐备。载《甲骨文与殷商史》，上海古籍出版社1983年版。

龟甲或兽骨之上的，因而这样的命名也不甚全面。

三、按甲骨文的用途命名

"殷人尊神，率民以事神，先鬼而后礼。"① 殷人尊神信鬼的结果，就是天天卜，事事卜，以指导商王朝的国家大事和日常行止。占卜以后，将有关之事记在所用龟甲、兽骨之上，这就是15万片甲骨文的由来。不少学者就是按其这一特殊用途命名的。罗振玉又曾称甲骨文为"贞卜文字"，1910年他出版了《殷商贞卜文字考》。王襄称之为"贞卜文"，他1933年写有《题所录贞卜文册》（《河北博物院画刊》，32期）一文。或称之为"卜辞"，1917年加拿大人明义士出版了《殷虚卜辞》一书，王国维也在这年发表了著名论文《殷卜辞中所见先公先王考》及《续考》二文，1928年董作宾在《安阳发掘报告》第1期上发表了《新获卜辞写本》，1933年郭沫若出版了《卜辞通纂》一书，1936年唐兰在《清华学报》十一卷三期上发表了《卜辞时代的文学和卜辞文学》一文，胡厚宣1944年出版的《甲骨学商史论丛》初集四册中收入了《卜辞地名和古人居丘说》等等论文，都以"卜辞"给甲骨文命名。

称甲骨文为"卜辞"，说明学者已明确了甲骨文的用途，研究有了深入。但是，甲骨文并不全是卜辞，如武丁时的五种记事刻辞以及甲骨文中的表谱刻辞、干支表及杂置卜辞中的记事"羲京刻辞"等（关于记事刻辞等，我们将在本书第六章第二节叙述）。因此，将甲骨文一概称之为"卜辞"，也是不太全面的。

四、按甲骨文的出土地命名

有的学者将甲骨文称为"殷虚文字"，如余永梁1926年于清华研究院《国学论丛》一卷一号上发表了《殷虚文字考》。1928—1937年科学发掘殷虚所得甲骨，《殷虚文字甲编》、《殷虚文字乙编》及缀合书《殷虚文字丙编》、《殷虚文字缀合》等，也以"殷虚文字"命名。既表明了这些书与前此著录传世甲骨著作的不同；也表明了甲骨文与两周以后的文字，诸如青铜铭文、玺印、货币等文字的不同。

但是，殷墟历年出土有文字的遗物并不仅仅是甲骨文，其他如石磬、石玉器、骨蚌器、陶器等，特别是青铜器上都有文字发现。这些文字既与占卜无关，也非甲骨文所能包容。因而将甲骨文称之为"殷虚文字"，概念仍是

---

① 《礼记·表记》。

较为含混的，不能反映甲骨文专门做为与占卜有关的记事文字的特点。此外，甲骨文除在安阳殷墟虚出土以外，在河南郑州二里冈中商遗址也有出土①。不仅如此，山西洪赵、陕西周原岐山、扶风、北京昌平等地还出土了西周甲骨文②。很显然，称甲骨文为"殷虚文字"包容不了地区和时代不同的甲骨文的丰富内容。

上述种种命名，都不能较为准确、全面地反映甲骨文的本质和特征。

五、将质料与文字结合起来命名

有称甲骨文为"龟版文"的，如1919年日本后藤朝太郎写有《殷代龟版文之族字》，在《民族与历史》一卷三号上发表。1928年加拿大明义士在《东方杂志》二十五卷三号上发表《殷虚龟甲文字发掘的经过》等等。这种命名虽然不能包括刻有文字的胛骨，但注意到了甲骨文质料与文字的不可分割性。

也有称甲骨文为"骨刻文"的，如英国金璋1912年之《骨上所刻之哀文与家谱》及1933年之《古代骨刻文中龙龟之研究》等，也失之片面，忽略了还有刻文字卜龟的这另一部分。

称甲骨文为"龟甲兽骨文字"，较为全面。如日本人后藤朝太郎1915年在《东洋学报》四卷一期、五卷一期上发表《龟甲兽骨文字研究》的论文，1921年日本人林泰辅出版了《龟甲兽骨文字》一书等等。这就弥补了上述各执一端的片面性。

而最简单明确的命名还是"甲骨文"，1921年陆懋德在12月25日北京《晨报副刊》上发表了《甲骨文之发现及其价值》，容庚也在1924年北京大学《国学季刊》一卷四期上发表了《甲骨文之发现及其考释》，1925年王国维在《学衡》第45期发表的文章中有一段小标题为《殷虚甲骨文字及其书目》，郭沫若1931年出版了著名的《甲骨文字研究》一书，董作宾也于1933年发表了甲骨学史上划时代的名作《甲骨文断代研究例》。不少有影响的甲骨著录，如日本贝塚茂树编《京都大学人文科学研究所藏甲骨文字》、郭沫若主编的《甲骨文合集》等等，都以"甲骨文"命名其书。

称"甲骨文"既包含了卜用龟甲和兽骨上的文字，又包含了非卜用龟甲和兽骨上的文字。既有卜辞，又有记事刻辞；此外，无论龟、骨上的契刻文

---

① 裴明相：《略谈郑州商代前期的骨刻文字》，《全国商史学术讨论会论文集》。
② 王宇信：《西周甲骨探论》，第一篇。

字，还是朱书、墨书，都是甲骨文的一部分内容。甲骨文自然专指龟、骨上的文字，可将它与陶、石、骨、蚌、玉、铜器上的文字区别开来，专指与占卜有关的文字。

虽然有的学者至今还沿用"契文"、"卜辞"等称呼甲骨文，但正如胡厚宣先生所指出的："总之，一切的名称，都不如叫'甲骨文'或'甲骨文字'，比较恰当。"[①]

我们从上述有关甲骨文命名种种，可以看出：甲骨文命名与甲骨学的研究是密切相关的，即有一个由知之不多，只涉及表面，到逐渐深入，由表及里的过程。在甲骨文才被发现时，人们只能根据对甲骨外形的直观认识，称之为"龟"或"兽骨"、"龟甲"；或看到刀刻文字，称之为"契"或"骨刻文字"。而在甲骨文时代和出土地小屯被确定为殷都以后，甲骨文的用途逐渐明确，便称之为"殷虚书契"、"殷虚卜辞"或"殷虚文字"了。当然，"甲骨文"一名为更多人所接受，是由于殷墟科学发掘工作展开以后，人们对殷墟所出的文字材料有了更进一步认识的结果。

[①] 参阅胡厚宣《五十年甲骨文发现的总结》，第8、9页；并参阅胡厚宣《甲骨学绪论》，《甲骨学商史论丛》二集下册，1944年。

第 四 章
甲骨文发现和甲骨学研究的几个阶段

甲骨文虽然很古老，距今已有三千多年的历史，但甲骨学却很年轻。从1899年甲骨文被发现、购藏和研究，直到现在，甲骨学的形成不过才有87年的历史。但是，当今的甲骨学，已不仅是国内学苑的一门"显学"，而且是世界不同肤色、不同语言的学者所共同关注的一门国际性学问。

甲骨学的发展是与甲骨文出土的不同阶段同步前进的。胡厚宣先生在《五十年甲骨学论著目》（中华书局，1952年版）序中指出："殷代的甲骨文字，自从三千四百年以前埋在地下，以至最近的发掘和研讨，按照它的性质，又可以分为八个时期"，即：

一，埋藏时期。二，破坏时期。三，药材时期。四，古董时期。五，金石时期。六，文字时期。七，史料时期。八，考古时期。

而在上述一、二、三这三个时期，人们"还不晓得甲骨是殷代的东西，更不晓得甲骨上还刻着殷王的贞卜之辞和与贞卜有关的记事文字。这都是五十年以前的事，可以称为甲骨的前期"。

自1899年甲骨文发现以后到1949年胡厚宣师写作《五十年甲骨学论著目》时，是甲骨学形成并得到发展的五十年。甲骨文发现和研究经历了上述四、五、六、七、八等五个时期。甲骨学"由古董金石的研究，到古文字学的研究，到史料考古学的研究，这是一个极大的进步"。但"甲骨学上的问题，是不是就完全解决了呢？我们的回答是，绝对没有，真正科学的甲骨学研究，至多是刚刚开始，也许还尚待起头"，研究正方兴未艾。可以说，这五十年正是甲骨文大放光彩，甲骨学形成和发展的时期。

甲骨文自1899年发现到1949年这50多年间，出土和研究经历了非科学发掘阶段和甲骨学的草创时期、科学发掘阶段和甲骨学的发展时期。1949年新中国建立以后到现在，甲骨文又经历了继续科学发掘和在历史唯物论指导下的甲骨学深入研究时期。

"温故而知新"。了解甲骨文出土不同阶段的情形和甲骨学发展的历史，对我们学习和研究甲骨学是很有意义的。

第一节　甲骨学的"先史"时期

"甲骨学，是以甲骨文为研究对象的专门学科，是甲骨文自身固有规律系统的和科学的反映"。甲骨学是一门年轻的学科，但它的研究对象——甲骨文却有着古远的历史。"甲骨文并不就是甲骨学。甲骨文只是商朝后期遗留下来的珍贵文物和史料，它的科学价值，只有随着甲骨学研究的发展，才愈益为人们所认识"[1]。从商朝灭亡直到1899年甲骨文被鉴定、购藏以前的这一漫长时期，人们并不知有甲骨文这么回事。因此从广义上说，这一阶段只能算是甲骨学史上的"先史"时期，包括了所谓的"埋藏时期"、"破坏时期"和"药材时期"。

所谓"埋藏时期"，即指"远在三千四百年以前，自从殷代的人贞卜完了把甲骨埋在地下以后，大约经过了一个很长的时期，没有人动过它"[2]。商朝在公元前1057年灭亡[3]，"失国霾卜"，甲骨文再也不为世人所知。这些殷商王室的占卜记录，在深深的"地下档案库"里"原封不动"地保存了近千年。

所谓"破坏时期"，应自战国、秦汉延续到清末，大约有一千六七百年之久。

战国时期，统治阶级提倡厚葬，真是"国弥大，家弥富，葬弥厚。含珠鳞施，夫玩好货宝，锺鼎壶滥，舆马衣被戈剑，不可胜其数。诸养生之具，积石积炭，以环其外"[4]。"其高大若山，其树之若林，其设阙庭、为宫室、

---

[1] 参见本书第一章第一节。
[2] 胡厚宣：《〈五十年甲骨学论著目〉序》，中华书局1952年版。
[3] 有关商朝灭亡年代的说法不一。我们这里采取的是张钰哲等人的说法。
[4] 《吕氏春秋·孟冬纪·节丧》。

造宾阼也若都鄙"①。但随厚葬风而起的盗墓之风也很盛行。"奸人闻之,传以相告。上虽以严威重罪禁之,犹不可止"②。愈是大墓,愈是无一不被盗掘。真是"自古及今,未有不亡之国也;无不亡之国者,是无不扣之墓也。以耳目所闻见,齐、荆、燕尝亡矣,宋、中山已亡矣,赵、魏、韩皆亡矣,其皆故国矣。自此以上者亡国不可胜数,是故大墓亡不扣也"③。在盗墓盛行的情况下,殷墟自然不能幸免,甲骨也会随土挖出。

汉代以后,各地经常有古铜器出土,统治阶级视此为"祥瑞",古文字学家曾对铜器上的文字进行研究。汉武帝时,"(李)少君见上,上有故铜器,问少君。少君曰:'此器齐桓公十年陈于柏寝'。已而按其刻,果齐桓公器"。又如所谓尸臣鼎,乃汉宣帝时扶风美阳(今陕西武功)出土,"张敞好古文字",考释出上面的文字并指出:"此鼎殆周之所以褒赐大臣,大臣子孙刻铭其先功,藏之于宫庙也。"④ 因此许慎在《说文解字》叙中说,当时"郡国亦往往于山川得鼎彝,其铭即前代之古文,皆自相似"。在各地不断有古铜器出土的秦汉时期,安阳殷墟也可能挖出甲骨文来。因此胡厚宣先生认为:"有人说秦汉时代曾发现甲骨,这也很有可能。"⑤

隋唐时期,安阳殷墟一带成为墓地。"十七、十八年(按即1928年,1929年),三次的发掘,村中和村北的隋唐墓葬,不下二十余处。就中惟卜仁墓葬有志,其余也可由殉葬陶器、瓦俑考见时代。前年村人在村中掘发一墓得破志朱书为唐天宝三年。又于樊夫人墓,得一破志,墨书,时代为大业二年"⑥。小屯村北和村中,正是甲骨文的集中出土地。因此胡厚宣先生说:"隋唐时代,既然曾把这里当做广大的墓地,为了埋葬,经常不断的向下挖掘,甲骨文遍地都是,又安有不被发现之理?"⑦

宋代安阳殷墟曾被传为河亶甲城,也常有铜器出土,见于宋代的金石著录和元代纳新《河朔访古记》等书的记载。在出土铜器的时候,有甲骨等其他古物伴出,自然是情理中事。

此外,殷墟小屯一带有人居住后,立村建房时也应有甲骨文出土。因为

---

① 《吕氏春秋·孟冬纪·安死》。
② 《吕氏春秋·孟冬纪·节丧》"不可止",高诱注:不可止其发掘。
③ 《吕氏春秋·孟冬纪·安死》"扣",高诱注:扣,发也。按即发掘之意。
④ 《汉书·郊祀志》。
⑤ 胡厚宣:《殷墟发掘》,第5页。
⑥ 董作宾:《殷墟沿革》,《史语所集刊》二本二分,1930年版。
⑦ 胡厚宣:《殷墟发掘》,第8页。

现小屯村村中和村南，正是甲骨文的集中埋藏区之一。今日小屯村，"据父老相传，大概创自明朝的中叶。据王裕口朱氏家庙碑记，明朝初年的村名，还没有小屯村。十八年（按即1929年）秋季发掘得有明万历四年（按即1576年）墓砖契券，券上始见小屯村之名"。小屯村民的祖先，相传为明洪武间"从洪洞县迁来的"，与"明初胡大海屠杀安阳人以复仇，安阳居民，十死七八"有关。关于此事有种种传说，虽然于史无证，乃是对农民起义军领袖的污蔑和不实之词，但也反映了元末明初，由于战乱频仍，灾荒四起，中原人口急剧减少的史实。因此，明初移民至安阳一带，明中叶以后现小屯一带逐渐有人居住[1]，一直到清朝，居民不断建房、修墓，当也会挖出不少甲骨文来。

正如胡厚宣先生所说，在这一漫长时期，"也许在战国时代，也许在汉朝，或者宋朝，当有大批的甲骨被掘出，但因为没有人认识，随着就又把它们毁弃了。这样又经过了一个很长的时期，不知毁掉了多少宝贵的史料。所以我们称之为破坏时期"[2]。

所谓"药材时期"，实际上是甲骨文"破坏时期"的延续，而且有过之而无不及。因为在一般的"破坏时期"，人们还只不过无意识地在挖掘铜器、建房、修墓时，偶然翻出甲骨，视如土芥，弃之不顾。而在"药材时期"，则是有意识地挖掘"龙骨"卖钱，大肆搜挖，给甲骨文造成的破坏和损失比"破坏时期"要严重得多多了。

"龙骨"是我国中药处方中的一味药。龙骨可治小儿、妇科疾病和男子虚弱等症，其粉可以医创止血，化腐生肌，俗称"刀尖药"。中药龙骨，"据近代记载，一种是古脊椎动物骨骼化石，货分南北两路，北路货出于河北、山西，销在华北上海；南路货出于川、黔、湘、桂、滇、粤的山洞，销往广州、香港和南洋。另一种就是殷墟出土的甲骨，除在本地零售以外，主要销路在河北的安国和北京"[3]。

小屯村民有意识地挖掘"龙骨"作为药材出售的具体时间，现已难知其详。学者推测，"至少就在清朝的几百年中，也许在明朝或明以前就开始了。平原省安阳县小屯村，有很多人家，以贩卖龙骨药材为生"[4]。但据我们在本

---

[1] 以上参见董作宾《殷墟沿革》。
[2] 胡厚宣：《〈五十年甲骨学论著目〉序》。
[3] 胡厚宣：《殷墟发掘》，第9页。
[4] 胡厚宣：《〈五十年甲骨学论著目〉序》。

书第二章第三节所引罗振常《洹洛访古游记》宣统三年（1911年）2月20日条所记，"此地埋藏龟骨前三十余年已发现，不自今日始也"，"土人因目之为龙骨，携以视药铺"等记载看，小屯村民当于1881年前后才将甲骨做为龙骨出售。因为从罗振常去殷墟收购甲骨之年，即1911年上溯30多年，恰为此时。

此外，董作宾《甲骨年表》以1899年为甲骨文发现之年，并记有：

> 先是，小屯北地滨洹水的农田，常有甲骨发现，村人李成检之，售于药店，谓之龙骨，经过数十年。

李成为"小屯薙头商"，即剃头匠。在1899年以前，"常用龙骨粉做刀尖药。此地久出龙骨，小屯村民不以为奇。乃以骨片、甲版、鹿角等物，或有或无字，都为龙骨。当时小屯人以为字不是刻上的，是天然长成的，并说有字的不好卖，刮去字药店才要。李成收集龙骨，卖与药店，每斤制钱六文"[1]，李成终生以出售龙骨为生。即使他从二十多岁开始售卖龙骨，能活到六十岁而不辍其业，也不过四五十年光景，即小屯村民出售甲骨，从1899年上溯四、五十年，不会早于清末道、咸时期。此外，小屯建村不早于万历四年（1576年），所以此地甲骨作为药材龙骨出土的时间不会比万历四年更早。

1899年以前的四五十年，甲骨被做为龙骨成批卖给北京或安国的药材商；或磨成细粉，零星在庙会上作为"刀尖药"出售，时间虽然不太长，但毁灭甲骨文之多，前两个时期可要小巫见大巫了。甲骨文被人们当做"龙骨"入药煎服，一剂剂，一锅锅，不知吃掉了多少，给学术事业造成了不可弥补的损失。所以胡厚宣先生"称这个时期为药材时期"[2]。

甲骨文所经历的上述三个时期，长达三千年左右。这是在1899年甲骨文被发现、认识，甲骨学形成以后，学者们为了寻"根"，才回过头来认识的甲骨学形成以前的历史。因此我们说这一段长时间，是甲骨学的"先史"时期。

---

[1] 明义士：《甲骨研究讲义》，齐鲁大学，1933年石印本。
[2] 胡厚宣：《〈五十年甲骨学论著目〉序》。

第二节　甲骨文的非科学发掘阶段和甲骨学的草创时期(上、下)

甲骨文的非科学发掘阶段和甲骨学的草创时期，包括从 1899 年甲骨文被发现、购藏，到 1928 年前中央研究院历史语言研究所开始大规模科学发掘安阳殷墟以前的这一段时间。

上

甲骨文的"非科学发掘时期"，指小屯村民为了赚钱，青壮劳力以及老幼妇孺竞相挖掘甲骨出售的时期。因甲骨文被学者鉴定以后，售价日昂，比昔日的"龙骨"可真正是"身价百倍"了。也有人称这一时期为"盗掘时期"，因为挖掘甲骨与挖墓盗宝无异。也有称为"私人挖掘时期"的，以与 1928 年以后，由公家——前中央研究院历史语言研究所主持的大规模科学发掘殷墟，搜求甲骨文和其他科学研究资料时期相区别。

这一时期私人挖掘甲骨文的情形是：

1899 年至 1903 年期间，小屯村民将甲骨文通过古董商转手，卖至王懿荣、刘铁云等人处。这包括 1899 年王懿荣所得十二片、王襄和孟定生一至二片、1900 年王懿荣通过范估之手八百片和赵估之手几百片，三次共一千四、五百片；刘鹗除在 1902 年购入王懿荣近千片甲骨以外，自己还购得方若三百多片、通过赵估得三千多片、通过三子大绅之手购得千片左右，共收得五千片左右①。这一时期所出甲骨，除了新挖出的以外，还应包括 1899 年以前出土的"龙骨"之余，多为一、二、五期之物。其出土地应在"村北刘姓二十亩谷地中。此地据董氏说是村人最早发掘甲骨之地，大约刘鹗一系的甲骨全出于此地带"②。

1904 年"冬，小屯村地主朱坤，率领农佃，大举挖掘甲骨文字于村北洹河南岸朱氏田中，搭席棚，起炉灶，工作甚久。所得甲骨盈数车"③。胡厚

---

① 胡厚宣：《五十年甲骨文发现的总结》，第 20—23 页。
② 参见胡厚宣《五十年甲骨文发现的总结》，第 18 页；及陈梦家：《殷虚卜辞综述》，第 141 页。
③ 董作宾、胡厚宣：《甲骨年表》，1904 年至 1905 年栏记，商务印书馆 1937 年版。

宣先生说这批甲骨都被罗振玉和外国人买去了①。

1909年"春，小屯村前，张学献地，因挖山药沟，发现甲骨文字。村人相约发掘，得'马蹄儿'及'骨条'（村人呼牛胛骨骨端曰'马蹄儿'，胛骨之边破裂成条者曰'骨条'，皆胛骨刻辞较多之处）甚多。又此次发掘，未得地主允许，学献母大骂村人，因被殴打，头破血出，经人调节，未致成讼"②。这批甲骨多为罗振玉所得③。

此外，传说小屯村中和村南也出土一批甲骨④。

1917年，小屯村有大批甲骨出土，为王襄、霍保禄购得⑤。

1920年，华北"五省大旱成灾，乡人迫于饥寒，相约挖掘甲骨文字于小屯村北河畔。凡前曾出土甲骨之处，搜寻再三。附近村人亦多参与"⑥。

1923年"春，小屯村中，张学献家菜园内，有字骨出现。学献自掘之，何国栋帮工，得大骨版二，皆有文字。何默记其地，终造成十五年（1926年）春间大规模之私掘"⑦。

1924年，"小屯村人因筑墙，发现一坑甲骨文字，为明义士所得，其中有极大者"⑧。

1925年，"小屯村人大举私掘于村前大路旁，得甲骨盈数筐，胛骨有长至尺余者。多售于上海估人"⑨。

1926年，小屯村又有大批甲骨出土。当年"春三月，小屯村人在张学献家菜园中大举私掘。时张方为匪掳去，出款多，村人乘机与商，得甲骨文字以半数归之，约遂定。掘得胛骨甚多，多归明义士"。这次挖掘甲骨的规模很大，"共数十人，分三组，鼎足而立，各由深处向中间探求，忽虚土下陷，埋四工人，急救出，皆死而复苏，因罢工。有霍姓子者，至今犹为驼背"⑩。

---

① 胡厚宣：《五十年甲骨文发现的总结》，第17页及第24页。
② 董作宾、胡厚宣：《甲骨年表》，1909年至1910年栏记。
③ 胡厚宣：《五十年甲骨文发现的总结》，第26页。
④ 胡厚宣：《五十年甲骨文发现的总结》，第18页。
⑤ 胡厚宣：《五十年甲骨文发现的总结》，第35页。
⑥ 董作宾、胡厚宣：《甲骨年表》，1920年栏。
⑦ 董作宾、胡厚宣：《甲骨年表》，1923年栏。
⑧ 董作宾、胡厚宣：《甲骨年表》，1924年栏。
⑨ 董作宾、胡厚宣：《甲骨年表》，1925年栏。
⑩ 董作宾、胡厚宣：《甲骨年表》，1926年栏。

1928年春天，中央研究院于当年10月正式科学发掘殷墟前，因"北伐军作战安阳，驻兵洹水南岸，小屯村人因废农作。四月，军事结束。村人因受军事影响，无以为生，因与地主相商，得甲骨，以半数与之，乃大事挖掘于村前路旁，及麦场前之树林中，所得甲骨文字，多售与上海开封商人"①。

在私人挖掘甲骨时期，当时的"出龟甲地，在村后田中……土人掘一次，取骨后，即填平。今旧地尚有二穴未填满……新地有一穴正掘……由村后逶迤而北，中间为一带高地，较平地高二、三尺，龟甲多出此。及近水涘，地渐低削，土人谓出骨最多处，面积约十三亩云；村口亦有一坎未填满，较前坎大，深三、四尺。据云此穴向亦出骨，因掘时土块崩落，压损掘者韩姓之腰，遂辍工。可知有骨地，不必尽在村后。村中亦有之，惟上有村宅，不便发掘耳"②。

王懿荣、王襄、刘鹗等人之后，大量搜集甲骨的学者还有罗振玉等人。罗振玉自1906年开始购藏甲骨，并直接派人去安阳坐地收购，我们在本书第三章第一节已作介绍。

这一时期，国内学者收藏甲骨的情形是：

王懿荣所得　约一五〇〇片

王襄、孟定生所得　约四五〇〇片

刘鹗所得　约五〇〇〇片

罗振玉所得　约三〇〇〇〇片

其他各家所得　约四〇〇〇片③

与此同时，不少外国人也染指于我国珍贵的殷墟甲骨文。自1903年起，美国长老会驻山东潍县宣教士方法敛与英国浸礼会驻青州宣教士库寿龄合作，在潍县收购了不少甲骨，并将部分甲骨分别于1906年卖给美国普林斯顿大学，1909年卖给美国卡内基博物馆、英国苏格兰皇家博物馆，1911年卖给大英博物院，1913年又卖给美国飞尔德博物院等多处。德国人威尔茨在青岛曾购买甲骨，后归德国柏林民俗博物院。德国人卫礼贤也把在青岛购来的甲骨转卖瑞士巴赛尔民俗陈列馆和德国佛朗佛中国学院等处。日本人早在罗振玉之前，就专门来人从安阳购走了甲骨近三千版。特别是林泰辅到过安

---

① 董作宾、胡厚宣：《甲骨年表》，1928年栏。
② 罗振常：《洹洛访古游记》，宣统三年（1911年）2月21日条记。
③ 胡厚宣：《殷墟发掘》，第36页。

阳殷墟以后，日本搜求甲骨的人日益增多，收藏日富①。

特别应介绍一下加拿大人明义士。他于1914年任安阳长老会牧师时，就开始搜求甲骨。他经常乘一匹老白马，"游于洹水南岸，考察殷墟出土甲骨文字情形。自此以后，频往调查搜求，所获颇多。惟明氏初得大胛骨，乃新牛骨仿制者，售者欺外人不识真伪，举以鬻之。未久，乃腐臭不可向尔。然明氏从此悉心考究，终成鉴别真伪能手。明氏自谓'第一次所得之大者，乃全为伪物'。以后乃知小者之不可忽，故所得甲骨以碎片为众"②。他近水楼台，在外国人中所得甲骨最多。"据村人言，十余年间，明氏得甲骨甚伙。民国六年（即1917年），明氏出版《殷虚卜辞》时，已藏五万片"③。明义士于1937年抗日战争爆发后回国，他把不少精品装箱运往加拿大。另一部分甲骨存当时设在南京的加拿大使馆，又一部分存山东济南的齐鲁大学。解放后，存使馆的甲骨归南京博物院。但存齐鲁大学的八千多片甲骨却在1937年12月27日济南失陷后，一夜之间不知下落。

日本投降后，胡厚宣先生随齐鲁大学回济南，为没有能看到这批甲骨而感到"实在遗憾万分"。1949年新中国建立后，这批甲骨仍无线索。直到1952年，在齐鲁大学教职员工的动员和帮助下，当时的代理校长林仰山博士（英籍）交出一张英文草图，并说明了埋藏这批甲骨的经过：原来，因怕日本人抢走，所以秘密地将这八千多片甲骨和其他古物装箱，埋藏在齐鲁大学绿荫区内，并将其埋藏位置画了两份草图，正本交明义士，副本由林仰山保存。人们"按图索骥"，终于使这一夜之间就消失了的八千片甲骨文重见天日。外界曾传说因地下潮湿，不少甲骨已经腐烂，但实际上这批甲骨，"好好的并没有一片烂成粉末"④。这批甲骨现藏山东省博物馆。

以上外国人所得甲骨的情况是：

库寿龄、方法敛所得　约五〇〇〇片
日本人所得　约一五〇〇〇片

---

① 关于外国人搜购殷墟甲骨情形，参见胡厚宣《五十年甲骨文发现的总结》，第24—26页；又胡厚宣：《殷墟发掘》，第26—31页。
② 董作宾、胡厚宣：《甲骨年表》，1914年栏。
③ 同上书，1927年栏。
④ 参阅严强、度伟《甲骨入藏山东记》，《文物天地》，1986年第1期；及胡厚宣：《甲骨入藏山东补记》，《文物天地》，1986年第3期。有关明义士购藏甲骨情形，参阅胡厚宣《五十年甲骨文发现的总结》，第33—35页；及胡厚宣：《殷虚发掘》，第31—35页。

明义士所得　约三五〇〇〇片[①]

以上非科学发掘时期历年出土的甲骨文，据胡厚宣先生统计，"共约十万片左右"。并举出旁证，说："《小屯地面下情形分析初步》一文里也说：'三十年来，甲骨出土的不下十万片。'"[②]

下

1903年刘鹗《铁云藏龟》一书的出版，扩大了甲骨文资料的流传范围，一些古文字学家才得以研究，标志着甲骨文从学者书斋中的"古董时期"进入了"金石时期"。此后，不少甲骨文陆续著录出版。

这一时期出版的甲骨著录有：罗振玉1911年出版了《殷虚书契》（简称《前编》或《前》），1914年出版了《殷虚书契菁华》（简称《菁华》或《菁》），1915年出版了《铁云藏龟之余》（简称《铁余》或《余》），1916年出版了《殷虚书契后编》（简称《后编》或《后》）、《殷虚古器物图录》（简称《殷图》），姬佛佗1917年出版了《戬寿堂所藏殷虚文字》（简称《戬》，按：实为王国维氏所编），明义士出版了《殷虚卜辞》（简称《虚》或《明》），林泰辅1921年出版了《龟甲兽骨文字》（简称《龟》或《林》），王襄1925年出版了《簠室殷契征文》（简称《簠》），叶玉森出版了《铁云藏龟拾遗》（简称《铁遗》或《遗》），罗福成1928年出版了《传古别录》第二集等。

以上各书，共收录甲骨九九一九片。"发表的材料，虽然只占全部出土甲骨文字的十分之一，但重要材料，已经公布不少，这对开展甲骨文的研究，有很大作用"[③]。甲骨学研究所取得的成就，首先是在文字的考释和篇章的通读方面，孙诒让、罗振玉、王国维等学者取得了不小成就。

《铁云藏龟》一书出版以后，虽然著名学者孙诒让据以研究，1904年就写出了第一部研究著作《契文举例》（原稿1916年在上海找到，1917年出版发行），但直到罗振玉《殷虚书契》1913年出版时，国内外学术界对甲骨文这种古老文字，还是做为传统的金石学资料，多限于它的出土地和时代等

[①] 胡厚宣：《殷墟发掘》，第36页。
[②] 同上。
[③] 同上书，第37页。

方面的考证，不仅对它本身的内容知之很少，而且研究的人也不多。正如罗振玉所说的，"顾先后数年间，仅孙仲容征君（诒让）作札记，此外无闻焉"①。

直到1914年，甲骨文研究才进入了所谓的"文字时期"。这一时期的标志就是罗振玉《殷虚书契考释》一书的出版。罗振玉早在《铁云藏龟》一书出版前后，就有意于文字的研究。认为"仲容故深于仓雅周官之学者，然其札记则未能阐发宏旨，予至是始有自任意"。但因"盖彼时年力壮盛，谓岁月方久长，又所学未邃……意斯书（按即指《铁》）既出，必有博识如束广微者②，为之考释阐明之，固非曾曾小子所敢任也"③，所以一直没有集中力量进行文字的考释工作。直到1914年，即《前》出版了四年多以后，学者们仍不能识读甲骨文。

罗振玉因感"书既出（按：指《前》），群苦其不可读也"，乃"发愤为之考释"④。为了集中精力，他杜门谢客，"发愤键户者四十余日，遂成《考释》六万余言"⑤。《殷虚书契考释》一书考定帝王二十二，先妣十四，人名七十八，地名一百九十三，文字四百八十五。到1927年，罗振玉又将其增订。《增考》所收文字又有增多，考定帝王二十三，先妣十六，人名九十，地名二百三十，文字五百六十。

经过孙诒让、罗振玉、王国维、叶玉森等学者的努力，甲骨文字逐渐被释读出来，可识之字日益增多。在此基础上，一些甲骨文字典，诸如王襄的《簠室殷契类纂》于1920年出版，收入可识字八七三个；商承祚的《殷虚文字类编》于1923年出版，收入可识的字七八九个。在孙诒让写《契文举例》的时候，由于识字太少，或释错的字太多，一般卜辞的内容还十分费解，不能通读。但自《殷虚书契考释》出版以后，甲骨上的文字就可以基本认识，并可以通读整段文句了。

其次，是在文字考释的基础上，用甲骨文做为史料研究商史。王国维不仅在文字考释方面做出了不少贡献，而且还对商周礼制、都邑、地理等方面

---

① 罗振玉：《〈殷虚书契〉序》，1913年。
② 束皙，字广微（261至303年），阳平元城（今河北大名）人。西晋文学家，博学多闻。当时汲郡人不准发魏王墓，出竹简数车，即所谓"汲郡竹书"的发现。束皙能辨识其上文字并参加了整理工作，留有《束元平集》传世。
③ 罗振玉：《〈殷虚书契后编〉序》，1916年。
④ 罗振玉：《〈殷虚书契考释〉自序》，1914年。
⑤ 同上。

进行了研究。特别是他 1917 年所写的《殷卜辞中所见先公先王考》及《续考》这两篇著名论文，把甲骨学研究推向一个新阶段，标志着"文字时期"进入了"史料时期"。王国维在这两篇著作中，考证了甲骨文中出现的先公先王和父、兄之名，论证了《史记·殷本纪》所载"有商一代先公先王之名，不见于卜辞者殆鲜"。他还根据《后上》8·14 与《戬》1·10 的缀合，认为"上甲以后诸先公之次，当为报乙、报丙、报丁、主壬、主癸"，指出"《史记》以报丁、报乙、报丙为次，乃违事实"。又据《后上》5.1 考证出"祖乙自当为中丁子"，指出"《史记》盖误"。王国维曾就卜辞中的"王亥"研究与罗振玉互相切磋。指出："夫《山海经》一书，其文不雅驯，其中人物，世亦以子虚乌有视之，《纪年》一书，亦非可尽信者。而王亥之名，竟于卜辞见之……可知古代传说存于周秦之间者，非绝无根据也。"并论述甲骨文中的王恒，说："王恒一世，以《世本》、《史记》所未载，《山经》、《竹书》所不详，而今于卜辞得之。《天问》之辞，千古不能通其解者，而今由卜辞通之。"[①] 如此等等，大大地提高了甲骨学的学术地位。

甲骨学研究所经历的识文字、断句读阶段，再加上初期研究者对它出土地的探寻、甲骨文的时代和安阳小屯村为殷墟的确定，大致经历了三十多年。由于大量甲骨资料的积累、著录和研究，甲骨学已初具规模，完成了它的"草创时期"。

第三节　甲骨文的科学发掘阶段和甲骨学的发展时期（上、下）

所谓"科学发掘"阶段，指自 1928 年 10 月开始直到 1937 年 6 月结束的科学发掘殷墟时期。前中央研究院历史语言研究所主持的安阳殷墟大规模发掘工作，前后共进行了十五次之多，历时达十年之久，取得了丰硕的成果。与此同时，由于近代考古学的科学方法引入了甲骨学领域，甲骨学研究突破了传统金石学和史料学的局限，进入了全面发展时期。

上

前中央研究院历史语言研究所 1928 年 10 月在广州建立。立所伊始，就

[①] 参见王国维《观堂集林》第九卷，第 406—450 页。

派董作宾等人去河南安阳殷墟进行大规模科学发掘工作。为什么要发掘安阳殷虚呢？

　　首先，这是因为1899年甲骨文被发现以后，经过历年的盗掘和古董商的大量收购，特别是1911年"罗雪堂派人大举搜求之后，数年之间，出土者数万。自罗氏观之，盖已'宝藏一空'矣"①。不仅罗振玉，就是其他收藏家、古董商，以至小屯村民也大都认为再不会有大宗出土了。究竟殷墟地下还有没有甲骨文？这是历史语言研究所所关心的问题。因此，在筹建历史语言研究所期间，于1928年8月就派董作宾前往安阳殷墟调查甲骨文出土的情形了。

　　董作宾到安阳后，先向了解当地情况的文化人做调查。他记中学校长张君谈小屯出土甲骨的情形是：

　　　　……彼曾偕学生旅行其处，见无字之骨片，田中多有。以木枝向地下掘之，深尺余，即得有字者。又谓在村中购求甚易，若云买字骨，则妇孺咸集，曾以洋一元，买得小片盈掬……张君并言近年出土者仍陆续有之，某君尚获有一完全之龟甲云。

董作宾又向安阳城内的古董商调查，他们却多不吐实言，或推说不知。但也有一古董商讲了些实情：

　　　　言民国初年出者甚多。最近如九年、十四年及本年（按即1928年）皆有大宗出土。其物有尚未售出者，并允代为搜求。

董作宾又直接去小屯村调查。

　　　　至小屯购得甲骨数宗，共百余片，价三元。皆妇孺携来者，如张君所说。间有长二、三寸之骨条，索价甚昂，每条约四、五元，则一概未买。然由此可证甲骨之出土者多，村人几于家家有之。

董作宾还在一儿童引导之下，踏访村北出土甲骨之地：

---

　　① 董作宾：《民国十七年十月试掘安阳小屯报告书》，《安阳发掘报告》第1期，1929年。

> 细审此沙丘之西面，近于棉田之处，有新掘而复填之坑十，于一坑之旁检得无字之骨版一块，确为卜用之骨版，则此童之言似亦非妄。

经过一番认真的调查和实地考察后，他得出了"甲骨挖掘之确犹未尽"的结论。前中央研究院历史语言研究所鉴于"甲骨既尚有留遗，而近年之出土者又源源不绝，长此以往，关系吾国古代文化至钜之瑰宝，将为无知之土人私掘盗卖以尽，迟之一日，即有一日之损失，是则由国家学术机关以科学方法发掘之，实为刻不容缓之图"①。这就是自1928年10月起大规模科学发掘殷墟的缘起。

其次，是大量甲骨流往外国，给我国学术事业造成了巨大损失。已如前述，美国人方法敛、英国人库寿龄和德国人威尔茨、卫礼贤等在山东潍坊、青岛等地大批收购甲骨并转卖给世界各大博物馆；日本人林泰辅、加拿大人明义士等还到安阳小屯村直接搜求甲骨……不少爱国学者对这种状况非常痛心。保护民族文化珍品，不让甲骨继续外流，这也是要在安阳殷墟科学发掘甲骨文的重要原因之一。

其三，非科学发掘甲骨文，虽然文字可供学者研究，但"就殷商文化全体说，有好些问题都是文字中所不能解决而就土中情形可以察得出的。这里面显而易见的几个问题，如：这个地方究竟是一个什么地方？忽然埋藏着这些带文字的甲骨？又何为而被废弃？"②等等。盗掘甲骨文，是为了卖钱，与甲骨文一起的遗迹、遗物、地层关系等等都无人顾及，因而破坏了科学资料的完整性。虽然罗振玉1911年派罗振常专程去安阳小屯收购甲骨时，曾对甲骨以外的出土物也注意收购，但这些"劫后之余"早已与它们的出土环境——即地层关系相脱离，科学价值大大降低了。为学术研究提供更全面、完整的科学资料，这也是大规模科学发掘安阳殷墟的目的之一。

其四，当时中国的田野考古工作尚属草创阶段，虽然有一些零星的考古工作，但多是在外国人主持之下进行的。著名的河南渑池县仰韶村新石器时代遗址发掘后，瑞典考古学家安特生认为灰陶文化早于红陶文化。首先应该指出的是，"灰陶文化"与"红陶文化"这两个考古学文化命名本身是不科

---

① 以上参见董作宾《民国十七年试掘安阳小屯报告书》。
② 李济：《现代考古学与殷墟发掘》，《安阳发掘报告》第2期，1930年。

学的，现在已不复使用。其次是他当时所谓的"红陶文化"，实际上是新石器时代晚期的仰韶文化遗存，而"灰陶文化"，应是新石器时代晚期的龙山文化遗物。众所周知，仰韶文化早于龙山文化。安特生之所以得出灰陶文化早于红陶文化的错误论断，是因为他在发掘时把地层关系做乱了。关于此，尹达《中国新石器时代》[①] 一书有详细的论述。正如一些学者所指出的："年来国内发掘古代地方，每不能确定年代，如安特生、李济诸君所作，虽生绝大之学术问题，而标年之基本工作，仍不免于猜度"。而安阳殷墟，学者们已考证清楚它为商朝晚期都城。因此，"如将此年代确知之墟中所出器物，为之审定，则其他陶片杂器，可以比较而得其先后，是殷墟知识不啻为其他古墟知识作度量也"[②]。简言之，可以以殷墟遗址的有关知识做为中国田野考古学的标尺。这也是科学发掘殷墟的重要目的。

前中央研究院历史语言研究所从1928年到1937年的十五次大规模科学发掘殷墟工作，出土了大批有科学记录的甲骨文。历年出土甲骨的情形是：

第一次 1928年10月13日至10月30日，出土字甲五五五片，字骨二九九片，共计甲骨八五四片。此外，还发现不少铜、陶、骨、蚌、石、玉器等遗物。

第二次 1929年3月17日至5月10日，发现字甲五五片，字骨六八五片，共计甲骨七四〇片。此外，还发现有铜、陶、骨、石器等遗物及遗迹。

第三次 1929年10月7日至21日及11月15日至12月12日两阶段，出土字甲二〇五〇片，字骨九六二片，共计甲骨三〇一二片。著名的"大龟四版"以及牛头刻辞一、鹿头刻辞一就是这次发现的。此外，还发现不少铜、陶、骨、石器等遗物和遗迹。

第四次 1931年2月21日至5月12日，出土字甲七五一片，字骨三十一片，共计甲骨七八二片。其中又有一鹿头刻辞出土。此外，还发现象骨、鲸骨以及铜、陶、骨、玉、石器等遗物及遗迹。

第五次 1931年11月7日至12月19日，出土字甲二七五片，字骨一〇六片，总计三八一片。其中包括一牛肋骨刻辞。此外，还发现了许多陶、石、骨、蚌器等及不少遗迹。

[①] 尹达先生是中国考古学奠基者之一，是我国考古学界和历史学界受人尊敬并有贡献的前辈学者。参看王世民《尹达》，《中国考古学年鉴》1984年，第268—270页，文物出版社1984年版。

[②] 傅斯年：《本所发掘安阳殷墟之经过》，《安阳发掘报告》第2期，1930年。

第六次 1932年4月1日至5月31日，出土字骨一片。出土陶器及版筑基址。

第七次 1932年10月19日至12月15日，出土字甲二十三片，字骨六片，共计甲骨二十九片。发现了更多的版筑基址以及柱础、础石等遗迹。墨书"祀"字陶片就在窖穴E181中发现。

第八次 1933年10月20日至12月25日，出土字甲二五六片，字骨一片，共计甲骨二五七片。发现两座版筑基址和石础、铜础等重要遗迹、遗物。

第九次 1934年3月9日至4月1日，出土甲骨四三八片，字骨三片，共计甲骨四四一片。在此期间，买得侯家庄南地出土字甲一片及字骨三十片。四月二日至五月三十一日发掘侯家庄南地，发现"大龟七版"及小片字甲一、字骨八，并从农民处又买得二十六片，共计甲骨四十二片。此外，发现版筑基址多处及遗物多种。

1934年秋至1935年秋，开展了殷墟第十、第十一、第十二次发掘工作，工作地点主要在侯家庄西北冈。这三次发掘西北冈共发现大墓十座（内假墓一座）及小墓一千二百二十八座等重要遗迹及大批遗物。

第十三次 1936年3月18日至6月24日，共出字甲一七七五六片，字骨四八片，共计甲骨一七八〇四片。其中包括著名的一二七坑出土的甲骨一七〇九六片。此外，发现版筑基址、穴窖、水沟、战车武士墓等遗迹及大量遗物，其中尤以白陶为精。

第十四次 1936年9月20日至12月31日，发现字甲二片。发现多处版筑基址、水沟等重要遗迹，并出土不少精美铜、陶、石、玉器等遗物。

第十五次 1937年3月16日至6月19日，出土字甲五四九片，字骨五十片，共计甲骨五九九片。还发现不少版筑基址以及三座大门和安门、置础、奠基时的杀殉坑及祭祀遗迹，并出土了大理石雕、白陶、漆器及陶奴俑等许多遗物。

此外，1929年10月，河南省图书馆何日章等在安阳小屯发掘了两个月。1930年2月20日至3月9日，何日章等又在小屯村第二次发掘甲骨。以上两次共出土字甲二六七三片，字骨九八三片，共计得甲骨三六五六片[①]。

[①] 关于科学发掘殷墟历年所得甲骨及重要考古发现，详见胡厚宣《殷墟发掘》，第51—114页；并参看胡厚宣《五十年甲骨文发现的总结》，第36—46页。

下

　　1928年开始到1937年中止的殷墟大规模科学发掘，历时十年，先后十五次，不仅获得了大量甲骨文，而且发现了丰富的遗迹和遗物，取得了辉煌的成绩，在我国考古学史上占有重要的地位。这是因为：

　　首先，殷墟科学发掘工作是第一次完全由中国学者主持和参加工作的，改变了以往一些考古工作受外国人控制，或不能对资料进行研究的局面。当时的发掘工作由李济、董作宾、梁思永、郭宝钧、石璋如等人主持，在工作中锻炼和培养了一批有影响的考古学家。如李济、董作宾、梁思永、郭宝钧、吴金鼎、刘耀（即尹达）、石璋如、李景聃、祁延霈、尹焕章、胡厚宣、高去寻、夏鼐等人，后来都成为中外著名的考古学家。他们还对其他地方不少遗址进行了卓有成效的发掘和研究工作。他们是中国考古学的一代宗师。就是解放以后成长起来的一批有成就的考古学者，如邹衡等人，也无不参加过安阳殷墟的继续科学发掘工作或踏访过殷墟、摩挲殷墟出土遗物，研究各种重要遗迹。可以毫不夸大地说，殷墟发掘为中华民族培养了几代考古学家。

　　其次，殷墟的十五次大规模科学发掘工作，积累了大批珍贵的考古学资料并形成了一套严格的科学发掘方法，奠定了我国田野考古学的基础。又经过新中国成立以后的继续科学发掘和深入研究，得以对殷墟文化进行分期[①]。而殷墟文化分期建立后，不仅可以对全国各地商代文化遗址的时代进行判断，而且又进一步向上推断出了郑州二里冈中商文化遗存[②]和分布在豫西、晋南二里头文化类型的早商文化遗存[③]。溯本求源，这些成就的取得，是1928年科学发掘殷墟的继续，实现了"是殷墟知识不啻为其他古墟知识作度量"的初衷。

　　其三，解放前对安阳殷墟的十五次发掘工作发现了商朝后期的宫殿和王陵等重要遗址。新中国成立以后又继续进行了二十多次科学发掘工作，并取

[①] 参见邹衡《试论殷墟文化分期》，《北京大学学报》，1964年，第4、5期；又见邹衡《夏商周考古论文集》，文物出版社1980年版。中国社会科学院考古研究所安阳发掘队的分期与邹衡略有不同，可参看《新中国的考古发现与研究》（文物出版社1984年版）第223—224页的综述；杨锡璋、杨宝成：《殷代青铜礼器的分期与组合》，《殷虚青铜器》，文物出版社1985年版；郑振香：《论殷虚文化分期及其相关问题》，《中国考古学研究》，文物出版社1986年版。

[②] 邹衡：《试论郑州新发现的殷商文化遗址》，《夏商周考古学论文集》。

[③] 参看《新中国的考古发现与研究》，第215—219页。

得了很多科学资料。五十多年来对殷墟的发掘和研究，查清了殷墟的范围和布局：殷墟以小屯村为中心，西起北辛庄，东至袁家花园，北自后小营，南抵铁路苗圃，面积约在二十四平方公里以上。宫殿和宗庙区在小屯村北与洹水之间，先后发掘出的宫殿基址有五十六座，这里是殷墟的中心区。王陵区分布在洹河以北的侯家庄西北冈、武官村和前小营之间。这里发掘了大墓十一座，并探出大墓二座。墓中出土各种造型精美的铜、玉、骨、象牙、石器等。著名的司母戊鼎、牛鼎、鹿鼎等就是这里大墓出土的。大墓周围布满祭祀坑，而且还有专门的祭祀场。后冈发现过奴隶主贵族墓和圆形祭祀坑，小屯村西发现了著名的商王室妇好墓。孝民屯也发现了贵族墓葬和车马坑。在殷虚中心区宫殿区周围，有许多居民点。在大司空村、高楼庄、薛家庄、四盘磨、梅园庄等地，都发现了小型房基和墓葬。殷墟西区发现墓葬九三九座，为平民墓葬区。不仅在宫殿区曾发现过制骨与铸铜遗址，在北辛庄也发现制骨作坊，铁路苗圃还发现了大规模铸铜遗址等等①。

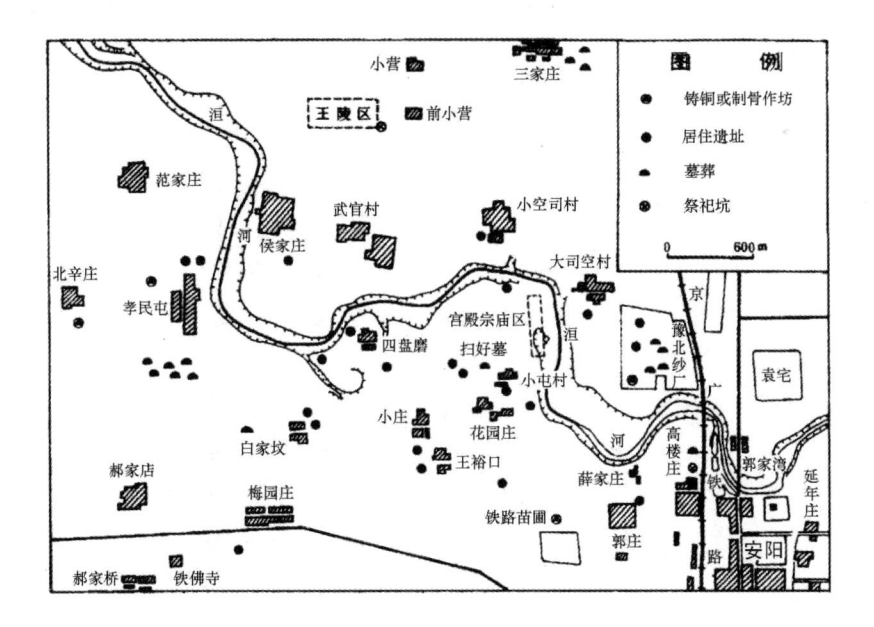

殷墟位置及遗址分布图

---

① 参看《新中国的考古发现与研究》，第224—232页；又杨育彬：《河南考古》，第110—121页，中州古籍出版社1985年版。

其四，1928年以来的殷墟科学发掘工作，本来是为了搜集甲骨文，但其学术意义却远远超出甲骨学的范围，不仅获得了大量科学发掘的甲骨文，而且还为我国考古学，特别是殷商考古学奠定了基础。而田野考古学的科学方法论，对甲骨学研究发展的影响是极其深远的。自此以后，甲骨学研究突破了传统金石学只重文字而不注意与文字同出的遗物、遗迹的藩篱，取得了很大发展。

殷墟科学发掘甲骨，第一次至第九次所得共六五一三版。《殷虚文字甲编》（简称《甲》或《甲编》）即由其中选出字甲二四七六片，字骨一三九九片墨拓编成。《甲编》一书共收拓本三九三八号，再加上牛头刻辞一纸、鹿头刻辞二纸、鹿角文字一纸，共编为三九四二号。第十三次至十五次发掘所得甲骨共一八四〇五片，经墨拓选编，以《殷虚文字乙编》（简称《乙》或《乙编》）为名出版。《乙编》分上、中、下三集共六册，所收拓本共编为九一〇五号。河南省图书馆两次发掘所得甲骨共三六五六片，其中八〇〇片拓编为《殷虚文字存真》，九三〇片拓编为《甲骨文录》。

由于大量科学发掘甲骨文的出土和近代田野考古学方法的引入，甲骨学研究有了长足的进步。由甲骨学研究的"草创时期"进入发展时期的重要标志，是董作宾甲骨文分期断代说的建立。他亲身参加科学发掘甲骨文，从实践中得到启示，对刻辞内容进行了创造性的研究，在1933年发表了《甲骨文断代研究例》[1]这篇甲骨学史上划时代的名著。这篇论文根据十项标准，将殷墟甲骨文分为五个不同时期，奠定了甲骨文分期断代的基础，标志着甲骨学研究达到了一个新的高峰。关于甲骨文分期断代的探索以及十项标准的内容，我们将在本书第七章介绍。

在这里，特别应该大书特书的是著名的一二七坑一万七千零九十六块甲骨的发现。一二七坑整坑甲骨，是第十三次发掘于1936年6月12日发现的。当时天气渐热，本拟结束此次发掘工作。但就在"扫尾"时，突然发现了这一处未经扰动的整坑甲骨，考古学家们的无比欢欣之情自可想见了。一二七坑坑口距地面一米七，坑底距地面六米。整坑都布满了甲骨，并有一拳曲人架靠近北壁，身躯大部分压在龟甲之上，只有头和上躯露出龟甲层以外。好像此人是在甲骨倾入坑中之后，才进入坑内的[2]。

---

[1] 载《庆祝蔡元培先生六十五岁论文集》（《史语所集刊》外编第一种），1933年。
[2] 参见石璋如《小屯后五次发掘的重要发现》，《六同别录》上册，1945年。

这坑甲骨发现以后，立即在安阳引起轰动。为安全计，派了一个排"自卫团"昼夜守卫。但仍感不安全，于是做了一个大木箱，将一二七坑整个连土全部取出，装进箱内，竟重达六吨，运到南京继续进行"室内发掘"。三、四个人每天在室内"发掘"一、二层，"发掘"了半年之久呢！一些政府要员附庸风雅，竞相前来参观。当时汪精卫尚未卖身投靠日本帝国主义，有一天也前来参观。他本不学无术，以为这坑甲骨为一个大龟，看后卖弄博学说："这个龟好大呵！"在场的学者无不哑然，相视以目。直到临走时，汪精卫才恍然大悟，说："呀，原来是好多龟呀！"一时成为人们谈话的笑料①。

一二七坑甲骨确实不同寻常。不仅甲骨数量多，而且现象也十分丰富。这坑甲骨时代单纯，主要为武丁时物，也有一些可能稍早，当为盘庚、小辛、小乙之世，对分期断代研究很有意义。这些甲骨中，有的龟甲卜兆用刀重加刻画，是过去没见过的。也有一些字迹用毛笔书写和刻辞涂朱涂墨的甲骨发现，可对殷人用笔书写的情形有所认识。此坑中的"改制背甲"为一种新例，是将背甲中间锯开，两端近圆形，中间穿孔（例图2）。此坑出土整龟很多，完整的有三百版之多，其中一大龟竟有一尺二寸之巨（《乙》4330），可能来自马来半岛。因整龟较多，才得以确知"甲桥刻辞"所在位置并窥破其秘密。值得注意的是，此坑只出牛骨八块，其余全是龟甲。再结合"大龟四版"、"大龟七版"以及其他几坑甲骨出土的情形研究，可知殷人是甲、骨分埋的。而且一二七坑未经扰动，这么多甲骨集中存放一起，并有一个管理甲骨者的遗骸，推知这坑甲骨应是"有意存储"的②。

一二七坑整坑甲骨的发现和其他大量科学发掘所得甲骨文，大大丰富了学者们对甲骨学的认识。过去，传世所得甲骨大多支离破碎，学者们据此难以窥知甲骨的"全豹"。而现在，只此一坑就有完整大龟三百多版，再加上缀合材料就更多了。因此学者们眼界大开，思路广阔了。与分期断代说一起，甲骨学其他方面，诸如卜法文例、记事刻辞、卜辞同文、卜辞杂例等等甲骨学本身规律的研究，也取得了很大进展。

---

① 以上据胡厚宣师1984年10月在全国商史学术讨论会上的发言记录及1985年11月13日与胡厚宣师谈话的记录。胡师所谈有人整理后发表，见银耳《殷墟发掘的轶事趣闻》，《殷都学刊》1984年，第4期。但其所记略有不确之处。此外，董作宾《〈殷虚文字乙编〉序》（《中国考古学报》第四期，1949年），也谈到此坑发掘情形，可参看。

② 参见董作宾《〈殷虚文字乙编〉序》。

与此同时，胡厚宣师"综合所有甲骨，作一全面的彻底整理"，研究商代方国、农业、气候、婚姻家族、封建制度、天神崇拜等，出版了《甲骨学商史论丛》这一中外有巨大影响的专著。陈梦家研究商代的祭祀、王名、神话与巫术等。唐兰使用偏旁分析法研究甲骨文字，发明颇多。于省吾、杨树达、张政烺等学者也屡创新说，对甲骨文字的考释作出了贡献。特别是郭沫若异军突起，自觉地以唯物史观为指导，研究甲骨文和古代史，奠定了我国马克思主义历史科学的基础。通过以上学者为代表的一批甲骨学者的努力，甲骨学研究发展到了一个全新的阶段，成为成熟的学科。

这里还应补充的是，1937年7月7日抗日战争爆发，殷墟科学发掘工作暂时中止，直到1949年10月1日中华人民共和国成立以后，殷墟科学发掘工作才继续进行。就在这一段停止科学发掘工作期间，小屯一带私人盗掘之风又复盛行。盗掘出来的甲骨文，有的流往国外，也有的流到北京、上海等地。据调查，这一时期出土甲骨的情形是：

辅仁大学购藏一九五片（现藏北京师范大学），李泰棻购藏一千多片（现藏北京图书馆），于省吾购藏一千多片（现藏清华大学）。

上海孔德研究所购藏二九五片（现藏上海博物馆），多为三、四期物，当为小屯村中出土[①]。

小屯村中1937年至1945年期间曾出土甲骨一千多片，卖至上海。

上海中国古玩社购藏甲骨一百多片，多为一、二、五期物，应为早年出土于洹滨朱姓地之物，其中有一片与《菁》同文。

1945年抗战胜利后，又新出一批甲骨。天津陈保之购藏一百多片，北京徐宗元购藏三百多片，上海郭若愚购藏八十多片，南京前中央图书馆购藏四百多片。

另有一批1945年后出土的甲骨一千五百五十五片，为解放后上海市文物管理委员会购藏（现藏上海博物馆）[②]。

总之，从1928年开始的殷墟科学发掘工作，不仅为甲骨学研究提供了大量科学资料和丰富的现象，而且由于近代田野考古方法的引入，甲骨学研究的面貌焕然一新。这一时期所取得的巨大进步和成就，是前三十年的草创时期所不可比拟的。

[①] 参见胡厚宣《五十年甲骨文发现的总结》，第47页。
[②] 同上书，第52—54页。

第四节　甲骨学的深入研究时期（上、下）

1949年新中国成立以后，我国的甲骨学研究进入了以历史唯物主义为指导的深入研究时期。这一时期在甲骨学研究方面所取得的进展，主要是继续出土新材料和在集中材料、整理材料、公布材料方面取得了成功；与此同时，利用甲骨文材料对商代社会性质、阶级结构等方面的研究，也提出和解决了不少问题；随着甲骨材料的集中和不断出土，在文字的考释、分期断代研究方面也有了进一步的深入；而西周甲骨的研究和讨论，在甲骨学研究领域形成了新的分支学科。

上

中华人民共和国成立不久，1950年春天，在百废待举、财政经济相当困难的情况下，就拨出专门款项用于大规模科学发掘殷墟。这反映了政府对文化科学事业的重视。此后，37年来殷墟发掘工作一直有计划地进行，而且在全国各地又有不少殷商文化遗址发现。在安阳殷墟历年考古发掘工作中，出土甲骨的情形是：

小屯村一带，解放前是甲骨集中出土区。新中国成立以后，仍不断有甲骨发现。如1955年在小屯东南窖穴H1内发现康丁时代甲骨一片，上刻"丁卯。癸未卜，王其入商弗每。弘吉"字样[1]。继1958年小屯西地出土习刻卜甲一片以后[2]，1971年在探方T1第七层又发现卜骨二一片，其中有字者十片，应为第三、四期廪辛、康丁、武乙、文丁时物。卜骨有凿，有灼，无钻。反面有凿痕和灼痕，正面也有凿和灼痕。值得注意的是，有的骨上将刻辞的"豕"、"豚"、"牛"、"羊"、"犬"等字的头部削去一、二笔，呈现明显的斑痕。也有卜骨上的卜辞刻好后又复刮去，如第十二号卜骨在"兹用"左侧，就留有原刻字痕。第八号卜骨"贞"字下也是如此。第五号、七号、九号卜骨只存一"吉"字，其左侧刻辞全被刮掉。其他如第十一号、十三号、二十号卜骨的刻辞也全部被刮掉[3]。1972年又出土了有字

---

[1] 《1955年秋安阳小屯殷墟的发掘》，《考古学报》1958年第3期。
[2] 《新中国的考古发现与研究》，第244页。
[3] 郭沫若：《安阳新出土的牛胛骨及其刻辞》，《考古》1972年第2期。

卜骨三片、卜甲一片①。小屯南地1973年发现的甲骨为新中国成立以来出土最多的一批，内有龟甲六九片，牛胛骨四四四二片，其中有字甲骨共四四四二片②。另外，1975年至1977年间，还在小屯村一带先后采集有字卜甲三片、卜骨十片③。

不仅在安阳殷墟中心区小屯一带继续出土甲骨，就是在小屯周围地区，也有甲骨发现。如1950年在四盘磨西地SP11内，发现一块横刻三行由数字组成的小字，文句与卜辞的通例不合④。这是在小屯村以外，继解放前侯家庄南地、后冈，出土过甲骨的第三个地方；而后冈，解放后又有甲骨发现，1971年出土过一片上刻二字的残骨⑤。此外，1959年在大司空村发现两块有字卜骨，一片未切臼角，整治粗糙，正面刻"辛贞在衣"四字。另一骨上刻有"文贞"二字，字体纤细。二骨都是武丁时的刀笔文字⑥。这是已知的小屯以外第四个出土甲骨地点。

安阳殷墟中心区小屯村及其周围各地点，解放以后历次出土的甲骨数量较少，而且内容也较单纯。但1973年小屯南地出土的一批，不仅数量大，内容丰富，而且有科学地层依据，在甲骨学史上占有重要的地位。这四千多片甲骨的出土情形是：

> 小屯南地甲骨，除一部分出在近代扰乱层、隋唐墓道及殷代的文化层外，大多数均出自殷代灰坑中，出土甲骨的灰坑共五十八个，少者一片，多者数百片乃至上千片。在多数灰坑中，卜骨、卜甲与陶器碎片、灰烬、兽骨等夹杂在一起，这些甲骨可能当时是作为废物被人们遗弃的。值得注意的是，在少数灰坑中，甲骨集中地大量出土，似为有意识的贮存。例如：H17，共出卜骨、卜甲一百六十五片，其中刻辞卜骨一百零五片、刻辞卜甲二片……又如H24，共出卜骨一千三百一十五片，没有卜甲……只是在坑底部出土少量的碎陶片。此外，还发现个别专放

---

① 《新中国的考古发现与研究》，第244页。
② 《1973年安阳小屯南地发掘简报》，《考古》1975年第1期。已收入《小屯南地甲骨》上、下册出版。
③ 已收入《小屯南地甲骨》上、下册出版。
④ 郭宝钧：《1950年春殷墟发掘报告》，《中国考古学报》第5册，图版11，1951年。
⑤ 《1971年安阳后冈发掘简报》，《考古》1972年第2期。
⑥ 《1958—1959年殷墟发掘简报》，《考古》1961年第2期。

卜骨骨料的灰坑。①

这批甲骨文，其时代应包括甲骨文第一期、第三期、第四期、第五期。但第一期和第五期卜辞数量不多，各有二十片左右，主要为三、四期遗物。刻辞内容十分丰富，涉及商代的祭祀、农业、田猎、征伐、天象、旬夕、王事各个方面。其中有一些较重要的如贞人名、方国名、有关军旅编制、天文、百工等方面的内容，是过去不见或少见的。还有一些新的字、词以及新的人名、地名等，也是过去没见过的②。如此等等，给甲骨学和殷商史研究提供了大量新鲜材料。

在殷墟以外地区也有甲骨文的发现。1953年河南郑州二里冈发现两片有字甲骨，一片上刻"又土羊。乙丑贞。从受……七月"等字，是一片习刻。另一件为骨器残部，上刻一"㞢"字③。1954年又出土卜骨一片，文字难识④。郑州出土甲骨的时代，有人认为应是第四期武乙、文丁时⑤，也有人认为应是郑州二里冈期——即早于殷墟的商代中期⑥。1952年在河南洛阳泰山庙遗址LTT53探沟内发现了许多龟腹甲，其中有字甲上的方形凿与竖槽联成低凹正方形，竖槽更深一些。近甲顶端处还钻一圆孔，未透过。正面有兆，右中部有一"五"字。学者认为是殷人，也可能是周初被迁到洛邑的殷人之物⑦。但现在根据钻凿形态可以判明，当为西周物⑧。

不仅有商代甲骨继续出土，而且在山西洪赵坊堆村、陕西长安沣西、北京昌平白浮、陕西岐山凤雏和扶风齐家等地又不断有西周甲骨发现⑨。特别有意义的是，1973年小屯南地甲骨的出土，使前人争论不休的问题，诸如"𠂤组卜辞"的时代得到了科学发掘地层的证据，并使"历组卜辞"的时代

---

① 《新中国的考古发现与研究》，第245页；并参看《1973年安阳小屯南地发掘简报》，及《〈小屯南地甲骨〉上册序言》，中华书局1980年版。

② 参见《新中国的考古发现与研究》，第245—246页；陈邦怀：《〈小屯南地甲骨〉中所发现的若干重要史实》，《历史研究》1982年第2期，詹鄞鑫：《读〈小屯南地甲骨〉札记》，《考古与文物》1985年第6期。

③ 《郑州二里冈》，科学出版社1959年版，第33页。

④ 《新中国的考古发现与研究》，第245页。

⑤ 李学勤：《谈安阳小屯以外出土的有字甲骨》，《文物参考资料》1956年第11期。

⑥ 裴明相：《略谈郑州商代前期的骨刻文字》，《全国商史学术讨论会论文集》。

⑦ 陈梦家：《解放后甲骨的新资料和整理研究》，《文物参考资料》1954年第5期。

⑧ 赵振华：《洛阳两周卜用甲骨的初步考察》，《考古》1985年第4期。

⑨ 参阅拙著：《西周甲骨探论》，第11—20页，又本书下篇第13章第1节。

重新掀起热烈的讨论。西周甲骨的出土，扩大了甲骨学家的眼界，从而形成了甲骨学研究领域的新分支。新中国成立以来甲骨文的不断出土，促使这一时期的研究向着甲骨学的深度和广度进军。

新中国成立以后出版的胡厚宣《战后宁沪新获甲骨集》（来熏阁书店，1951年）、《战后南北所见甲骨录》上、下（来熏阁书店，1951年）、《战后京津新获甲骨集》（群联出版社，1954年）等甲骨著录，是新中国大规模集中材料、整理材料、公布材料的序幕。早在1945年抗战胜利以后，胡厚宣先生就很快由后方飞往北平（北京）、天津，"调查并搜集战后出土的甲骨文字"。此后"又回到了后方成都"。1946年秋天，胡厚宣先生在"从成都随齐鲁大学复员还返济南"之时，"路过南京上海，停留了一个时期，也努力探访战后甲骨出土的情形"。胡厚宣先生的南北之行，所获甲骨甚丰，其事见《五十年甲骨文发现的总结》第四七至五十四页所述。有意思的是"北平骨贵"之事：

> 乔友声从前是通古斋的经理，现在自己开了一家兴记古玩铺。他向全北京城的古玩铺和收藏家，替我收买甲骨。北京的甲骨行市，就忽然高了起来。他们以为不知有多少从重庆来的人，要搜购甲骨，争着拿出，抬高售价。其实那时买甲骨的，只我一人。①

当时北平的古董商以为从重庆飞来了"劫收大员"和众多的阔佬，于是昔日躺在店铺无人问津的断龟残骨，一夜之间身价暴涨，这在某些方面倒像是"洛阳纸贵"② 这一著名典故的再现呢！

新中国成立后，胡厚宣师任上海复旦大学历史系教授。他1955年出版的《甲骨续存》，是他利用假期遍访祖国南北各地博物馆和研究机构，调查、了解各地收藏甲骨情况时所得甲骨中的一部分编纂而成③。这实际上是以后大规模集中甲骨、整理甲骨、公布甲骨的准备阶段。1956年胡厚宣先生由上海调中国科学院历史研究所（现属中国社会科学院），主持总编辑《甲骨文

---

① 胡厚宣：《五十年甲骨文发现的总结》，第49页。
② "洛阳纸贵"，见《晋书·左思传》及《世说新语·文学》。西晋左思，以十年心力写成《三都赋》，初无人识其佳，后来受到当时名士皇甫谧、张载、刘逵、张华等人欣赏并推崇，声名大振。为附庸风雅，京城洛阳豪门富家争相传抄《三都赋》，用纸过多，引起洛阳一时纸贵，成为千古美谈。
③ 参见胡厚宣《〈甲骨续存〉序》，群联出版社1955年版。

合集》这一国家大型重点科学研究项目。遵照郭沫若主编"一定尽可能把材料搜集齐全"① 的要求,编辑组成员在胡厚宣先生亲自率领或指导下,先后于1959年—1960年、1963年、1965年、1973年、1974年份几次若干批,赴全国二十五个省市自治区的四十个城市寻访、收集并拓、照甲骨材料。从1978年10月开始至1982年12月终于全部出齐了《甲骨文合集》十三巨册。这部书是对八十多年来出土甲骨材料的总结,被誉为"甲骨学史上里程碑式的著作"。

台湾和香港的学者也在做这方面的工作。严一萍曾采取"名归主人之办法",编纂《甲骨集成》。但"只出版一集,就没有继续"了。后来"有了《甲骨文合集》作基础",才出版了《商周甲骨文总集》十六册②。

1973年安阳小屯南地出土的四千多片有字甲骨,经过粘对、缀合、墨拓等科学整理,由中国社会科学院考古研究所编为《小屯南地甲骨》上、下册。上册于1980年由中华书局出版,下册1983年出版。1977年周原凤雏遗址出土的西周甲骨文,自1979年陆续发表,至1982年五月全部公布完毕③。王宇信《西周甲骨探论》一书,收入了历年各地出土的西周甲骨301片。严一萍《商周甲骨文总集》也将周原甲骨收入。

新中国成立以后,以《甲骨文合集》为代表的著录书的出版,标志着集中材料、整理材料、公布材料方面取得了巨大成功。这一工作的完成,与甲骨学一代宗师董作宾念念不忘的"首先应该把材料集中,把所得十万甲骨,汇为一编"④ 的初衷正相符合,为甲骨学和殷商史的研究奠定了坚实的基础。

下

这一时期甲骨学研究的深入,首先表现在分期断代研究方面取得了进展。所谓"文武丁时代卜辞之谜"的一批甲骨。经过近年的讨论和1973年小屯南地甲骨出土科学地层的印证,应为第一期武丁时代遗物的趋势已经明朗。而以1977年殷墟妇好墓的讨论为契机,一部分传统四期甲骨,即所谓"历组"卜辞应提前到第一期武丁晚与第二期祖庚之际的看法,引起了热烈的争论。关于上述二事的详细情况,我们将在本书第八章第一节、第二节做

---

① 胡厚宣:《郭沫若同志在甲骨学上的贡献》,《考古学报》1978年第4期。
② 严一萍:《〈商周甲骨文总集〉序》,艺文印书馆1985年版。
③ 陈全方:《陕西岐山凤雏村西周甲骨文概论》,《古文字研究论文集》1982年5月。
④ 董作宾:《〈殷虚文字乙编〉序》。

全面介绍。

　　文字考释方面也不断有新的论著问世，特别是于省吾 1979 年出版的《甲骨文字释林》，是作者将解放前"所写的甲骨文字考释，大加删订和解放后所写的甲骨文字考释，汇集在一起，共一百九十篇"，集他四十多年"对新的字，和对已识之字在音读义训方面纠正旧说之误而提出新见解"，共考释三百多个甲骨文字的专著①。其他一些著名甲骨学者，也发表了一系列考释甲骨文字的论著，考释严谨、精到，真是石破天惊，震聋发聩。如张政烺的释卜辞裒田②、胡厚宣的释商族鸟图腾③、裘锡圭释甲骨文中的五刑④等等，都是脍炙人口的名篇。一些前辈学者的文字考释之作也结集出版或重印、再版。如杨树达的《积微居甲文说·卜辞琐记》和《耐林庼甲文说·卜辞求义》于 1954 年出版。唐兰的《中国文字学》，于 1949 年由上海古籍出版社重印。1981 年齐鲁书社增订印行他的《古文字学导论》。同年，中华书局也印行了他的《殷虚文字记》等书。一些大型甲骨著录的释文，如《小屯南地甲骨》下册，已于 1985 年出版。姚孝遂、肖丁的《小屯南地甲骨考释》一书，也于 1985 年出版。《甲骨文合集》十三巨册的释文也已完成初稿，现正由胡厚宣领导王宇信、杨升南抓紧进行总校、定稿工作，可望 1989 年问世。释文工作的进行，对多学科利用甲骨文资料是很有意义的。一些工具书，如 1934 年出版的孙海波《甲骨文编》，也进行了增订补充，于 1965 年由中华书局出版，较原书"在材料上比较齐备，在考订上采纳了新的研究成果"⑤。高明的《古文字类编》也于 1980 年由中华书局出版。一些重要的工具书，如李孝定《甲骨文字集释》⑥ 和日本岛邦男《殷虚卜辞综类》⑦，也已翻印。于省吾主编的"汇集各家考释分类编纂，约达三百万字"的《甲骨文考释类编》一书，编纂工作"正在加紧进行"⑧。随着现代科学技术的

---

　① 于省吾：《〈甲骨文字释林〉序》，中华书局 1949 年版。
　② 张政烺：《卜辞裒田及其相关诸问题》，《考古学报》1973 年第 1 期。
　③ 胡厚宣：《甲骨文商族鸟图腾的遗迹》，《历史论丛》第 1 辑，中华书局 1964 年版；及胡厚宣：《甲骨文所见商族鸟图腾的新证据》，《文物》1977 年第 2 期。
　④ 裘锡圭：《甲骨文中所见的商代五刑》，《考古》1961 年第 2 期。
　⑤ 《〈甲骨文编〉编辑序言》，中华书局 1965 年版。
　⑥ 史语所出版，1965 年。
　⑦ 汲古书院，1967 年。
　⑧ 参见于省吾《忆郭老》，《理论学习》（吉林大学学报哲学社会科学版）1978 年第 4 期。此书参加工作者有姚孝遂、赵诚、王贵民、王宇信、谢济等人，此书以《甲骨文诂林》为名由中华书局 1996 年出版。

进步，把电子技术引进甲骨学研究领域，也是学者们关心的问题。近年，有人在做电子计算机缀合甲骨的尝试①，并取得了可喜的成功。

西周甲骨文的发现和研究，是解放以来甲骨学研究所取得的重大成果之一。学者们对西周甲骨的特征、文字、分期、族属、地理、官制等方面的研究，形成了甲骨学研究领域的新分支。而且全面总结这一时期研究成果的第一本专著王宇信的《西周甲骨探论》也于1984年由中国社会科学出版社出版。西周甲骨的重大学术价值，广泛地引起国内和国外，诸如日本、美国、英国和法国等国甲骨学者的注意。我们将在本书的下篇专门论述。

新中国成立以后的殷商史研究，比前五十多年的研究也有了很大进展。新中国成立以前，学者多从微观角度，具体而微地考证甲骨文所反映的某些问题，诸如宗法婚姻、礼制祭祀、方国都邑、历法天象等方面。而新中国成立以后，不仅从微观方面继续进行具体的考证，诸如甲骨文所反映的众人及各种奴隶身份、人殉与人祭、社会阶级结构和阶级斗争、农业的发展等等，还在历史唯物主义指导下，把历史文献、考古学材料和民族学材料与甲骨文记载结合起来，从宏观角度对商代的社会发展阶段和社会性质进行了深入的讨论②，从而有可能勾画出商代社会历史的全貌。郭沫若主编的《中国史稿》有关《奴隶社会的发展——商代》部分，就是较早在这方面所做的成功的尝试，为以后编写有关通史著作应用甲骨文和考古材料提供了范例。彭邦炯的商史研究专著《商史探微》，也由重庆人民出版社出版。

但也应该看到，由于某些尽人皆知的影响，我国甲骨学家研究的课题多局限在商代的阶级关系和经济结构方面，也就是商代的政治史和经济史的研究上。甚至连文字的考释，也多从这一角度出发。在一定程度上，学者们研究的范围反倒不如前两个时期广泛，诸如文化史方面的不少课题，因怕遭到"非阶级观点"或片面理解"古为今用"的非议，长期无人涉及。一直到1976年迎来了我国科学的春天以后，这种情况才彻底得到改变。近年，一些研究较为薄弱的课题，诸如天文历法、祭祀制度等方面的研究有了加强。常玉芝写出了《商代周祭制度研究》专著，已由中国社会科学出版社出版。甲骨文所反映的商代军队的组织和军事制度、家族形态、传说时代的历史等方

---

① 童恩正等：《关于使用电子计算机缀合商代卜甲碎片的初步报告》，《考古》1977年第1期。
② 有关新中国殷商史研究所取得的成就，参阅王宇信《建国以来甲骨文研究》第五章。

面的研究也有了深入，推出了不少有价值的新作①。因政治原因而被全部否定的一些甲骨学家，他们在甲骨学史上所作的贡献也被实事求是的予以肯定。

我们今天的甲骨学研究，也要面向世界，面向未来，面向现代化。这是时代赋予我国甲骨学界的使命。甲骨学已成为当今世界上的一门国际性学问。我国不少甲骨文，已成为日本、加拿大、英国、美国、西德、苏联、瑞典、瑞士、法国、新加坡、比利时、南朝鲜等十二个国家和地区的博物馆和研究机构中的珍品。作为甲骨文故乡中国的甲骨学者的研究成果和意见，受到各国甲骨同行的重视和尊重，并有不少被翻译发表，介绍给关心华夏文明的世界各国人民。而国外的甲骨学者，也发表了很多颇有价值的专著和很有见地的论文，诸如：日本贝塚茂树《京都大学人文科学研究所藏甲骨文字》及他主编的《古代殷帝国》等，岛邦男的《殷墟卜辞研究》和《殷虚卜辞综类》等，白川静的《甲骨文集》、《甲骨金文学论丛》和《甲骨文之世界》等，池田末利的《殷虚书契后编释文稿》等，伊藤道治的《日本所见甲骨录》、《古代殷王朝》、《中国古代王朝之形成》等，赤塚忠的《中国古代的宗教与文化》和松丸道雄的《东京大学东洋文化研究所藏甲骨文字》等，以及玉田继雄编的《甲骨关系文献序跋集成》（五集）。加拿大学者许进雄出版了《殷虚卜辞后编》、《皇家安大略博物馆藏明义士收藏甲骨》、《皇家安大略博物馆藏怀特氏等收藏甲骨文集》等。美国学者周鸿翔出版了《商殷帝王本纪》、《美国所藏甲骨录》等，吉德炜出版了《商代史料——中国青铜时代的甲骨文》，等等。世界各国学者出版的甲骨学专著和所撰写的大量论文，为甲骨学的发展作出了贡献。他们的研究成果及研究方法，也值得我们中国同行认真参考和借鉴。

科学无国境。为了促进古文字学研究，加强国际间的学术交流，1979年于广州召开的中国古文字学术研究会第二届年会、1980年于成都举行的第三届年会、1981年在太原举行的第四届年会等等，都有外国学者参加②。而且，1982年在美国夏威夷、1983年在香港都召开过各国学者（包括中国大陆和台湾的学者）参加的有关中国的甲骨文和其他古文字的国际性学术讨论

---

① 有关这方面的文章，收入胡厚宣主编《甲骨学与殷商史》第一辑及第二辑，上海古籍出版社1983、1986年版；及《全国商史学术讨论会论文集》。

② 中国古文字学术研究会，1979年成立于长春并举行第1届年会；第5届年会于1984年在西安召开；第6届年会于1986年在山东长岛召开。

会。特别是1987年9月10日至16日，在河南安阳召开了殷商文化国际讨论会，一批在国内外享有盛誉的中国和外国学者云集安阳，交流殷商文化研究的心得并踏访殷虚，对促进殷商文化的研究将有深远的影响。此外，1987年出版的美国《古代中国》第11号，还对《西周甲骨探论》一书发表了评论，并专以西周甲骨为题，发表了美国吉德炜教授、夏含夷教授，中国李学勤教授、王宇信教授和范毓周等人的论文，进行讨论。甲骨学对宣传我国古代文明，加强与世界各国的学术文化交流，愈来愈起着重要作用。

正如前述，自1928年殷墟科学发掘甲骨文开始，近代田野考古技术引入甲骨学研究领域，从而使甲骨学研究发生了巨大的变化，取得了很大的发展。而在科学技术突飞猛进的今天，我们将现代科学技术成果引进甲骨学研究领域，肯定会使甲骨学研究发生一次新的飞跃。目前将电子计算机技术应用到甲骨的断片缀合，已取得一定的成功，但这仅仅是开始。今后在甲骨学研究的哪些方面可以引进现代科学技术？又如何引入？是值得我们放在甲骨学发展的战略地位，加以认真研究、探索的。

第五章
甲骨的整治与占卜

卜龟和卜筮一样，做为一种迷信习俗，现在已很少有人相信它们了。但在我国古代，人们却认为它们灵验得很。"王者决定诸疑，参以卜筮，断以蓍龟，不易之道也"。"闻古五帝、三王发动举事，必先决蓍龟"。卜蓍在国家的政治生活中，占有重要的位置。古代占蓍用蓍草，占卜用灵龟。"闻蓍生满百茎者，其下必有神龟守之，其上常有青云覆之"。"能得百茎蓍，并得其下龟以卜者，百言百当，是以决吉凶"，真是神妙无比！

但是，自商周以后，有关占卜之道逐渐"推归之至微，要絜于精神"，人们已不得其要领了。至汉朝文、景之时，因很长时间"未遑讲试"，"其精微深妙，多所遗失"，占卜进一步衰落下去。直到汉武帝即位以后，因为他"博开艺能之路，悉延百端之学，通一伎之士咸得自效"，故"数年之间，太卜大集"[①]。占卜这种迷信活动，才又兴盛起来。《史记·龟策列传》里所讲龟卜虽然较详，但已是汉代之制，与商周时代的卜龟之法早已不可同日而语了。

甲骨文是商王朝晚期遗留下来的占卜记事文字。有关古代占卜用龟的记载，虽然在一些先秦古籍，诸如《尚书》、《诗经》、《左传》、《国语》以及诸子和《周礼》等书中都有所记载，但语焉不详。商人是怎样占卜的？学者们只得将出土的甲骨实物并结合上述古籍里的一些记述进行考察。

[①] 《史记·龟策列传》。

第一节　商代卜用龟甲和兽骨的来源

商代占卜记事所使用的材料主要是甲骨。所谓甲，就是龟甲，以腹甲为主，也间或用背甲。所谓骨，主要是牛肩胛骨，也有一些记事文字间或用牛头骨、鹿头骨、人头骨或虎骨等。

商代占卜用龟主要来自南方和西方，这在甲骨文里有记载，如："贞龟不其南氐"（《合集》8994、《前》5·54·5），"氐"即致送、进贡。这是问：不从南方进贡龟来吧？"有来自南氐龟"（《乙》6670），这是在问：有人自南方来进贡龟吧？也有"西龟。一月"（《合集》9001、《前》5·54·6）的记载，是说此龟当自西方而来。甲骨文记载表明，南方和西方当是占卜用龟的产地。古文献中有不少关于南方产龟的记载。《尚书·禹贡》云："九江纳赐大龟"。"纳"就是贡入，是说从九江进贡来大龟。《国语·楚语》也记载说："又有薮曰云连徒洲，金木竹箭之所生也。龟珠角齿，皮革羽毛，所以备赋以戒不虞者也"。楚国的薮泽云梦与水中可居之地连成一片，物产丰富，龟就是其中的重要一项。今本《竹书纪年》记，在西周末年厉王时"楚人来献龟贝"。楚地产龟，早已闻名于世，《庄子·秋水》，"吾闻楚有神龟"。直到汉代，长江中游还是占卜用龟的主要产地。《史记·龟策列传》说："神龟出于江水中，庐江郡常岁时生龟，长尺二寸者二十枚，输太卜官。"司马迁特地前往考察，"余至江南，观其行事，问其长老"。此外，还有一些古文献里也有长江下游产龟的记载。《诗经·鲁颂·泮水》说："憬彼淮夷……元龟象齿"。淮夷地处淮河与长江下游一带。西方也产龟，《逸周书·王会解》："伊尹受命，于是为四方令曰……正西……龙角神龟为献。""凡汉以前之载籍，其言及龟及龟之产地或来源者，大体不外上之八条。其七言龟产南方，其一言西方以龟为献"。"东方或北方产龟之记载，无有焉。此与卜辞所记正合。故吾人以为殷代卜用之龟，大约即来自南方或西方也"[①]。

生物学家对安阳殷墟出土龟甲的鉴定，也完全证明了这一点。"此种中国胶龟仅产于南方，如福建、广东、广西、海南、台湾等地。今在历史时代

[①] 参见胡厚宣《殷代卜龟之来源》，《甲骨学商史论丛》初集四册。

之安阳发现实一至有兴味之问题。意见或自他处输入而来者乎？"①。著名的一二七坑出土一块最大龟甲（《乙》4330），长一尺二寸。据鉴定，与现在马来半岛的龟类为同一种属②。

商代占卜用龟数量是很多的。胡厚宣先生曾就甲骨文发现后四十多年时的材料进行统计，当时共出土有字龟甲近八万零十五片。此外，"历来被弃而不取之无字甲骨，数量实多。又此外未经用过之甲骨原料，亦颇不少"。他推测，无字之龟甲"其至少亦当与有字者数量相等"。因而"合有字甲骨与无字甲骨两者计之，其数量当为：甲十六万零三十片"。如果"以龟甲十片为一全龟"计算，最低限度当用龟"一万六千零三只"③，真是洋洋大观了！

这么多的龟，应主要从南方进贡而来。甲桥常记某人贡入几者，其中一人名"我"，动辄进贡上千只，如《乙》6966"我氏千"即是。另有几次上千只的见于《乙》6967、《乙》3452、《乙》2684、《乙》6686、《乙》1053、《乙》2702等。此外，甲尾刻辞、背甲刻辞也记贡龟数目。据统计，上述几种刻辞所记贡龟数量，"知贡龟共四九一次，凡贡一二三三四版"。"其贡龟之数，总计一万二千三百三十四，与前所言一万六千零三之数，相去固不甚远"④，这恐怕不是偶然的巧合！

占卜用的牛胛骨，当为本地所产。罗振玉在《铁云藏龟》序中曾把牛肩胛骨外缘较厚部分破裂成条形者，称为"牛胫骨"，这是不正确的。此外，也有称肩胛骨为象骨、鹿骨、牛肋骨等等不正确的说法。正如陈梦家所指出的："象骨只是一种推测，而卜用鹿骨不但在安阳而且在其他地区也有发现。不过安阳出土的，虽有鹿头刻辞（《甲》3940、3941）和鹿角器刻辞（《甲》3942），却不能指定那一块有卜辞的是鹿肩胛骨"⑤。

商代畜牧业很发达，牛已大批驯养并有丰厚储备。而且在用牛祭祀祖先时，其所用牛数之多，"每骇人听闻"。胡厚宣先生也曾据《铁云藏龟》等二十多种著录书及一些未著录过的材料，对当时用牛情况做过详细统计。商人用牛祭祀以后，有的祭牲之牛的肩胛骨就保存下来，供占卜之用。

---

① 卞美年：《河南安阳遗龟》，《中国地质学会会志》17卷1号，1937年。
② 参见陈梦家《殷虚卜辞综述》，第8页。
③ 参见胡厚宣《殷代卜龟之来源》。
④ 同上。
⑤ 陈梦家：《殷虚卜辞综述》，第4—5页。

胡厚宣先生还对四十多年出土甲骨材料中的有字牛胛骨数量进行过统计，计有二万九千五百九十五片。而出土无字牛胛骨的数量至少也应与此数相当，两者合计至少应为五万九千一百九〇片。若以"兽骨五片为一副胛骨，则当用胛骨一万一千八百五十八个"[1]。而一牛左、右肩胛骨为一对共两块，应需牛五千头以上。

历年出土甲骨实物表明，龟甲较牛胛骨为多。胡厚宣师据二十八种甲骨著录书中的材料统计，有字龟甲与有字肩胛骨之比例"约为百分之七十三与二十七"[2]，即有字胛骨不及有字龟甲的三分之一。

第二节　甲骨的整治

龟甲和牛肩胛骨的整治，是占卜的准备阶段。整治包括取材、削锯与刮磨、凿钻制作等工序。经过整治的甲骨不一定全用于占卜，即不一定在背面施灼而正面呈兆。但施灼呈兆的占卜用甲骨则毫无例外地经过整治。占卜使用过的甲骨，才是我们通常所说的卜骨。而没有施灼呈兆的甲骨，虽然有的经过整治，但充其量只能称之为骨料。

正如学者所指出的，"中国古代的文献中，除了述及边裔的少数民族风俗，从来没有记载骨卜的。战国时代的《周礼》、诸子书和汉以后书，往往有记龟卜的，但此等记载，多是片断的又不甚明白"[3]。1928年殷墟科学发掘以后，董作宾在整理第一次发掘和第二次发掘的甲骨材料时，才初步摸清殷人甲骨整治和占卜的过程，其说见《商代龟卜之推测》，载于1929年出版的《安阳发掘报告》第1期上。陈梦家也对这一问题进行过研究，他的《甲骨的整治与书契》载于1956年科学出版社出版的《殷虚卜辞综述》第一章第三节。限于当时的条件，董作宾谈龟的整治较详，而骨则语焉不详。直到1973年小屯南地甲骨出土以后，学者们根据对大量科学发掘牛肩胛骨的研究，才对其整治过程，特别是钻凿制作，有了进一步的认识。其说见1983年中华书局出版的《小屯南地甲骨》下册第三分册编纂者所撰的《小屯南地甲骨的钻凿形态》一文。至此，犹如车的两轮，相得益彰，商代卜甲和卜

---

[1] 胡厚宣：《殷代卜龟之来源》。
[2] 参见胡厚宣《殷代卜龟之来源》。
[3] 陈梦家：《殷虚卜辞综述》，第9页。

骨的整治过程明晰地展现在我们面前。

一，取材　即收取、贡纳而来的龟、骨等占卜用材料，尚未经削锯、刮磨等工序。

占卜用龟多在秋天从南方贡来。《周礼·春官》龟人职："凡取龟用秋时，攻龟用春时。"注谓"秋取龟，及万物成也"。因为万物秋成，这时的龟最适于占卜之用。龟的种类很多，"然则卜用之龟，舍水龟盖莫属矣"①。"攻龟用春时"，"攻龟"就是杀龟，春天将龟杀死，剔去血肉、内脏，使之成为龟甲空壳。在"攻龟"之前还要举行祭祀仪式。《周礼·春官》龟人职说："上春衅龟，祭祀先卜"。"衅"就是杀牲用血祭之。甲骨文里也有祭龟的记载，如《甲》2697"弜又龟"，即不侑祭于龟。《甲》279"……賣龟……一牛"，即烧祭于龟，用一牛。《佚》234"辛丑卜，賣龟戋三牢"，即辛丑日卜问，烧燎祭于龟宰杀三大牢（即六头牛）么？董作宾认为"衅龟用牛，则春秋时犹存其说，《管子·山权数》篇有曰'之龟为无赀，而藏诸泰台，一日而衅之以四牛，立宝曰无赀'。此可证商人賣龟之'三牛'亦即所以衅之也"②。祭祀以后，就可以把龟杀死。《史记·龟策列传》记载得很详细：

> 于是（宋）元王向日而谢，再拜而受。择日斋戒，甲乙最良，乃刑白雉，及与骊羊；以血灌龟，于坛中央。以刀剥之，身全不伤。脯酒礼之，横其腹肠。

然后把这些空龟壳贮藏起来，以备再进行削锯、刮磨等工序。在殷墟科学发掘"前数年村北河干（约当第一区九坑之北。按：即所谓'朱家地'），曾发现一个储藏龟料之所，大小数百只，皆为腹背完整之龟甲"③。这些，就是春天"攻龟"后留下的骨料。

占卜用牛胛骨可能多在殷都当地筹集，上节已经谈过。在第一次发掘殷墟时，曾发现"未经切错削治之大兽骨也。吾人得此等骨料至多，可数百斤"④，这些是卜用牛胛骨的原料。牛胛骨原料有专门的存贮场所，如1973

---

① 董作宾：《商代龟卜之推测》，《安阳发掘报告》1929年第1期。
② 参见董作宾《商代龟卜之推测》。
③ 董作宾：《新获卜辞写本后记》，《安阳发掘报告》1929年第1期。
④ 董作宾：《新获卜辞写本后记》。

年小屯南地窖穴 H99 曾出土未经加工的牛胛骨三一片之多，就是以放置骨料为主的①。

二，削锯与刮磨　龟壳和肩胛骨还要经过削锯、刮磨等工序后，才能施钻凿以备卜用。

龟壳首先从背甲与腹甲的连接处（即所谓"甲桥"）锯开，并使一部分"甲桥"连在腹甲上。然后锯去甲桥边缘的突起部分，并错磨成整齐的弧形，使腹甲较为平直。占卜多用龟腹甲，但有时也用背甲。背甲较大的，则从中脊锯开，使之一分为二。一种"改制背甲"，在剖开以后，又锯去中脊凸凹较甚部分和首尾两端，成为鞋底形，有时中间穿孔。刮磨时先要刮去龟甲表面的鳞片，并将下面留有的坏文刮平。然后再磨错龟甲正面、里面（即反面）高厚不平的地方，使龟版匀平变薄。错磨之后还要刮磨，使龟版平滑光润。

牛胛骨左、右都可使用。胛骨的上端为骨臼，学名"关节窝"。骨臼的一边有突起的臼角，其背面向下有一突出的骨脊，骨的这部分较薄；臼角下的边缘我们称之为"内缘"。与臼角相对的"外缘"部分，正面有一道较为隆起的部分，外缘较厚而圆。在整治时，先将骨臼从长向切下，去掉骨臼的一半或三分之一。然后再将突出的臼角向下向外切去，成为九十度角的缺口；再将背面臼角以下突起的骨脊整个削平；最后将骨臼下部隆起的地方也尽量削平。我们通常将无骨脊的一面称为正面，有骨脊并施凿、钻的一面为反面。商代卜骨定制，我们面对胛骨正面，右边切去臼角者，即为右胛骨，左边切去臼角者，即为左胛骨。肩胛骨经过削锯之后，还要将正、反面削锯后骨理多孔粗涩的地方以及未削锯的地方进行刮磨处理，使之平滑②。

三，凿钻制作　凿与钻，施于龟甲和兽骨的背面，是为了占卜灼龟时，能在正面呈现出卜兆。

《诗经·大雅·绵》说："爰始爰谋，爰契我龟。"《荀子·王制》篇也说："钻龟陈卦。"《韩非子·饰邪》篇说："凿龟数策。"《史记·龟策列传》说："必钻龟于庙堂之上。"都是指在占卜以前，还要对龟壳进行凿、钻处理，即在龟甲或兽骨的背面，制作出"枣核形"的凿，或圆窠形的"钻"。董作宾研究甲骨实物后，发现"其灼处必先凿而后钻，凿而不钻者甚少。由

---

① 《1973 年安阳小屯南地发掘简报》。
② 以上参见董作宾《商代龟卜之推测》；及陈梦家：《殷虚卜辞综述》，第 10—11 页。

其钻处可求得其物之大小"，即所用钻子之大小①。陈梦家在《殷虚卜辞综述》第12页也说，他"目验了小屯出土的刻辞甲骨，无论是椭长形的凿或圆形的窠，绝大多数是用凿子凿成的，也就是挖出来的"。

1973年安阳小屯南地甲骨的发现，为甲骨凿钻的制作和形态的研究提供了大批新资料。经学者们对甲骨实物的观察和研究，凿、钻是这样制作的：

凿　根据学者对小屯南地出土甲骨凿钻形态的研究，没有发现凿子的痕迹。因而认为凿钻不是用凿子凿挖而成的，而是用下述两种方法制作的：

一，用刀挖刻而成。小屯南地甲骨上的凿，用刀挖刻而成的占多数。观察出土实物标本，可见到不少甲骨凿的内壁上都留有很清晰的刀痕。有的是长方形的凿挖成以后，又用刀继续把凿的边缘加宽，内壁呈现出一圈突棱。如果从平面上看，则显现出内、外两圈。也有的凿是在长方形的基础上，修整并加宽凿的外圈，外圈显现出鼓腹的尖弧形，但凿的内圈仍近似原来的长方形（例图3）。

二，轮开槽。这种凿应是使用一种与现在砣轮近似的小轮开槽后制成的。凿的这种制作方法，是整理1973年小屯南地甲骨的几位学者的新发现，前人从未论及。学者们在整理这批甲骨时，曾从卜骨凿内剥落下土锈块。细心的整理者发现有一些土锈块底部为很规则的弧形，而且表面还有旋纹。他们设想，这种槽是用小轮子开槽后制成的，并将卜骨标本带至北京玉器厂，求教于经验丰富的玉工师傅。玉工师傅听了他们的意见并仔细观察、研究了卜骨凿、钻标本后，也认为弧形凿是轮开槽制成的。这些玉工师傅还与学者一起做了实验，用自制的砣轮在新鲜的牛胛骨上打了两个凿，竟与商代卜骨上的弧形凿异曲同工，维妙维肖。就是这样，甲骨学的一个新奥秘被学者们发现了。

虽然都是轮开槽制作凿，但制作时又有一些差别。一种是轮开槽后，不再用刀加工，或只用刀加工凿的边缘部分，而不加工底部，所以这样制作的凿纵剖面保持规则弧形。另一种是轮开槽后，底部用刀加工量较大，刀痕明显，已看不出弧状了（例图4）。

钻　指的是单独的小圆钻和凿旁的钻。这两种钻的制作方法，据甲骨实物标本观察所见，应主要有三种方法：

一，用钻子钻成。据观察，这种钻是一种实心的小圆棒，在卜骨上旋转

---

① 董作宾：《商代龟卜之推测》。

而成。因为从卜骨钻内取出的锈土块上，留有制作圆钻过程的痕迹。学者们作模拟实验时，制作了一把弓子，把弓弦绕在钻头中部，再用手将一凹形物覆压在钻头的顶端，前后拉动弓子。钻头在洒有细沙的骨上飞快旋转，就可制作出圆钻。模拟实验制作出的圆钻平面呈圆形，钻壁及底光滑并有弦纹，与真正的商代卜骨上的钻毫无二致。

二，先轮开槽，再用刀加工，使钻内侧与凿连接。学者们发现，凡是较规整的弧形凿（即轮开槽者），凿旁之"钻"大多是用轮开槽制作的。

三，用刀挖刻而成。小屯南地所出甲骨，绝大多数凿旁的"钻"，是用刀挖刻而成的。

还发现过一种很特别的"钻"，形状是一个小长方凿（例图5）。

学者们对小屯南地甲骨凿、钻制作工艺的研究发现，甲骨上的"凿"不是用凿子凿成的，而"钻"也很少是用钻子钻就的。几十年来大家习以为常的钻、凿之名，原来是"名不副实"的[①]。但"积重难返"，既然凿、钻这一名称已为学术界所接受，再"正名"会引起混乱，所以就没有必要了。

小屯南地出土的卜甲，凿旁一般也都有"钻"。多数是先轮开槽，然后再用刀加工修整。也有的用刀刻挖而成。虽然1973年小屯南地出土卜用龟甲不多，但卜骨上凿、钻的制作工艺程序，对研究商代卜龟的钻凿制作也很有参考价值。

凿、钻在卜龟上的分布，一般以龟甲反面的中线（俗称"千里路"）为轴，左右对称，分布错落有致。右边，钻在凿之左侧。左边，钻在凿之右侧。牛胛骨背面的凿、钻，一般中部隆起处凿较少，往往排列零乱，多在卜骨外缘较厚处的一侧。左牛胛骨的反面，钻在凿旁之右。右牛肩胛骨的反面，钻在凿旁之左。凿、钻的排列情形有一行长凿者，多在卜骨外缘一侧，如《屯南》2295（例图6）。有二行凿者，排列又可分四种情况，其一，即背面内缘第一行第一凿与外缘一行第一凿平齐，如《屯南》1126（例图7）。其二，卜骨内缘一行第一凿与外缘第一行第二凿平齐，如《屯南》2163（例图8）。其三，卜骨内缘一行第一凿与外缘一行第三凿平齐，如《屯南》728（例图9）。其四，卜骨内缘第一行第一凿与外缘第一行第四凿平齐，如《屯

[①] 以上据中国社会科学院考古研究所整理小屯南地甲骨学者的最新论述，见《小屯南地甲骨的钻凿形态》，《小屯南地甲骨》下册第三分册，中华书局1983年版。

南》619等（例图10）。此外，还有卜骨背面并列三行凿者。如此等等①。

甲骨凿、钻的制作，对占卜很有意义。正如董作宾所说："凿之，所以使正面（腹甲外面）易于直裂也。钻之，所以使正面易于横裂也。钻凿之后，灼于钻处，即可使正面见纵横之坼文，所谓卜兆者也。"②

甲骨经过取材、削锯与刮磨、凿钻制作等工序后，就算是整治完毕，可供占卜之用了。

第三节　甲骨的占卜与文字的契刻

商王在处理"国之大事"或个人行止时，往往"卜以决疑"，即通过占卜来指导一切活动。占卜时，把整治好的甲骨拿来，施灼呈兆，判断吉凶，然后把所问之事契刻（或书写）在甲骨上，这就完成了占卜的过程。

《周礼·春官》："菙氏掌共燋契，以待卜事。"所谓燋，学者考证应为"炭，为樵薪之经火烧而焦黑者。而所谓焦黑者，亦即燋也。采来之散木为樵，火烧而焦为燋，炭则其异名而已"③。也有人认为如炬形，灼龟时当用燃着火焰的明火。但炬的火焰摇曳不稳，不能将热力集中于钻处。而上面一放置待灼的甲骨，势必压灭炬火。从出土甲骨实物的灼痕看，灼处火力应当很集中。"多数灼现出内外两层：内层焦黑，是烧灼时的接触面；外层黄褐色，是受热的波及区"④，当是炭火所灼，而非炬火所能奏效的。

《周礼·春官》卜师："凡卜事眡高，扬火以作龟，致其墨。"扬火作龟，即用炭火烧灼甲骨背面。有钻凿者，则将炭火放置钻处，以便集中火力。有凿无钻者，则用炭火烧灼凿的左（或右）边向中缝的一侧。因甲骨钻凿处都较其他部分为薄，灼时甲骨受热，各处厚薄不同而冷热不匀，故钻凿处率先爆裂，而在甲骨正面呈现出兆干（背面凿处）、兆枝（背面钻处）。在龟甲的正面，以千里路为中心，左甲的兆枝都向右，右甲的兆枝都向左。肩胛骨的正面则左胛骨兆枝都向左，右胛骨的兆枝都向右。上述龟甲与胛骨上兆枝的走向，在殷墟出土卜用甲骨中已成定制，概莫能外。

《史记·龟策列传》记汉代灼龟的具体情节较详，可供我们研究商代灼

---

① 参见《小屯南地甲骨的钻凿形态》。
② 董作宾：《商代龟卜之推测》。
③ 同上。
④ 《小屯南地甲骨的钻凿形态》。

兆时参考：

> 卜先以造（《索隐》说：造音灶，造谓烧荆之处）灼钻，钻中已，又灼龟首，各三。各复灼所钻中曰正身，灼首曰正足，各三。即以造三周龟，祝曰：假之玉灵夫子（《索隐》说：尊神龟而为之作号）。夫子玉灵，荆灼而心，令而先知。而上行于天，下行于渊，诸灵数蓂（《索隐》：蓂音近策，或蓂是策之别名。此卜筮之书，其字亦无可核，皆放此），莫如汝信。今日良日，行一良贞。某欲卜某，即得而喜，不得而悔。即得，发乡我身长大，首足收人皆上偶。不得，发乡我身挫折，中外不相应，首足灭去。

在灼龟时，一边祷祝，一边述说所卜之事。灼完以后，就可根据正面所呈现的兆象来判断吉凶了。《说文》云："占，视兆问也。"甲骨上的占辞就是根据卜兆所做出的判断。至于什么样的兆象为吉，什么样的兆象为凶，我们今天已经不能得其详了。

甲骨呈兆以后，占卜过程也就结束了。但是，还要把有关卜问事项的内容契刻在甲骨上，这就是我们通常所说的"卜辞"。有关甲骨上卜辞本身及其他有关的专业用语，我们将在本书第六章《甲骨学专业用语及甲骨文例》部分详细介绍。这里只谈一下甲骨上的文字是怎样刻写上去的。

无论卜甲，还是卜骨上的文字，多是契刻而成，所以刘铁云早在1903年于《铁》序中就说是"殷人刀笔文字"。也有学者称之为"契文"或"骨刻文"的。但刻写文字的工具是什么？我们只得求助于安阳殷墟考古发掘所得的遗物了。一种是遗址出土的青铜刀、锥。董作宾说："在第三次发掘大连坑附近大龟四版之地，我们曾发现一把小的铜刀，甚似现世刻字者所用，这大概就是殷人契刻文字的工具"[1]。近年还在安阳大司空村出土"几件青铜小刻刀"、"两件小铜锥"。安阳苗圃北地还出土过一件铸造精致的"立鸟形铜刻刀"[2] 等等。一种是遗址出土的玉刀。1950年春天发掘武官村大墓，曾出土碧玉刻刀，是"仿当日实用刻刀而模制者，至今锋利仍可刻画龟

---

[1] 董作宾：《甲骨文断代研究例》，《庆祝蔡元培先生六十五岁论文集》，1933年版。
[2] 据赵铨等《甲骨文字契刻初探》，《考古》1982年第1期。

甲"①。此外，1976年著名殷墟妇好墓又出土玉质刻刀二十多件。这些刻刀多为动物形象，当为有实用价值的工艺品②（例图11）。

据研究，遗址出土的青铜刀可供契刻甲骨文字之用。而青铜锥，"可充作刻画细线之用，如有些卜骨上的数字符号"。玉刀是否能契刻甲骨呢？"通过简单的实验，认识到用玉料磨成锋刃也可以刻画甲骨，不过普通玉料都比较脆，刃锋极易折断，很难掌握。且其磨制加工较之青铜刀的铸造难度要大些。况且硬质玉料又不易得，因而在铸铜技术相当发达和用青铜刀刻字的条件已完全具备的情况下，玉刀即使曾被使用，也不会作为主要的刻字工具"③。笔者1984年11月20日在河南安阳筹备中国殷商文化国际讨论会期间，与杨升南友在安阳宾馆见到专攻仿刻甲骨的郑州工艺厂侯某。他将所携来的仿刻牛骨让我们欣赏，并谈起玉刀可以刻甲骨之事。他当场手操玉刀为我们做了表演，并云：玉刀刻字，刃并不易折断，只不过是容易将尖用钝而已。但玉质硬度大，磨起来十分不容易……可见学者推测的安阳殷墟出土玉刀为刻字工具的说法是有道理的。

商代甲骨质地坚硬，用青铜刀（更不用说玉刀）能否刻出字来，学者们对此长期表示疑问。郭沫若曾"联想到象牙工艺的工序，因而悟到甲骨在契刻文字或其他削治手续之前，必然是经过酸性溶液的泡制，使之软化的"④。但近年经过模拟实验表明，无论是含水分较大的新鲜骨料，还是已经干硬的较陈骨料，不经软化处理完全可以用铜刀在上面刻字。"至于殷人刻字时，是否曾将骨料施行过某些软化措施，目前很难确定"。即使如此，酸性软化处理"也只能是个比较次要的问题"。主要的问题在于"使刻刀的硬度超过骨料，并保持一定的差距"。刻字实验所用的铜刀，只要含锡量17%、23.5%、25%、31%就可达到摩氏三至五度。把这些具有一定硬度的青铜刀磨利，"在一般骨料上刻字是完全可以作得到的"。在契刻时，如果仔细观察并模仿商人刻字的刀法，我们今天还能把字刻得与当时甲骨上的字极为近似。此外，"再结合出土甲骨文的细部观察，推测当时刻字的骨料并不很软，因为软化了的骨料反而难以刻出那样精巧规整的笔画来"。不仅模拟实验否定了甲骨契刻前要经软化处理的措施，而且通过调查，也了解到"牙雕工艺

---

① 郭宝钧等：《1950年春殷墟发掘报告》，《中国考古学报》1951年第5期。
② 《殷虚妇好墓》，文物出版社1980年版，第145—146页。
③ 赵铨等：《甲骨文字契刻初探》。
④ 郭沫若：《古代文字之辩证的发展》，《奴隶制时代》，人民出版社1973年版，第251页。

中并不需要软化处理,所谓酸浸的办法虽也有耳闻,恐系过去有关该行业的人故意将其神秘化的一种传说罢了"①。

董作宾认为甲骨文字是先写后刻的。他在《甲骨文断代研究例》中说,"卜辞有仅用毛笔书写而未刻的,又有全体仅刻直划的,可见是先写后刻"。又说,"如果不写而刻,那末在每一个字的结构上,稍繁的便不易刻,何况每一笔划,又须刻两面刀锋。一个字犹难先直后横,何况全行?何况全版?"很多学者信而不疑。陈梦家不同意这种说法,认为"书写的字既然较刻辞为粗大;且常与刻辞相倒,所以书辞并非为刻辞而作的,更不是写了忘记刻的。刻辞有小如蝇头的,不容易先书后刻,况且卜辞所常用的字并不多,刻惯了自然先直后横,本无需先写了作底子"②。经过模拟刻写甲骨实验,"估计一般不必书写起稿,而是依靠熟练的技术,以刀为笔信手刻来而成的"。商代贞人是具有高度文化修养的人,所卜之事早已烂熟于胸,契刻文字自然是轻车熟路,又何需先用毛笔书好墨底以便"摹红"呢?

至于刻字时奏刀的先后,董作宾在《甲骨文断代研究例》中认为是先刻全篇的竖划,然后再刻横划的。他认为甲骨文字"这种先直后横的契刻方法,也同于三千年后今日的木板刻字,工匠们为着方便都是先刻了横划,然后补刻直划(这固然是相反的,其实为的便利则一)","卜辞既经写,就一手执版,一手提刀,为的版是向著自己,所以就先刻纵笔及斜笔,刻完了,横转过来,再一一补足横划"。这种先刻竖划后刻横划的说法,也是多年来为学术界所接受。但模拟刻写甲骨文字的实验表明,"刻时无论横竖,凡直线均为推刻而成。但推刻的顺逆则根据骨料的形状而定,以便于把握及运刀为准,不受任何限制"。在骨料的左下方边部刻字,竖划多由下向上推刻,横划多由左而右。而在骨料右上方边部刻字时,则竖划多自上而下,横划多由右而左。在骨料中部刻字,笔顺就可灵活掌握。因此"卜辞刻字基本上应是一字刻完再刻一字,而不是许多字先竖后横地刻。为了减少转动骨板的次数而采取通篇或通行先竖刻后横刻的流水作业法,不见得是普遍规律"。"作为一门书法艺术,逐字逐句地刻下来比较容易掌握,利于结构严谨,形体美观,尤其一般并非采取先书后刻的方法,就更难以实行统统先竖后横的刻

---

① 参见赵铨等《甲骨文契刻初探》。
② 陈梦家:《殷虚卜辞综述》,第15页。

了"①。这种说法是很有道理的。

施灼问卜并将有关占问事项契刻在甲骨上以后，占卜就结束了，卜用以后的甲骨也就可以做专门处理了。陈梦家把《周礼》一书中有关卜事的职官和他们在占卜过程中所司职事与出土甲骨实物所反映的占卜过程对照如下：

　　龟人　取龟、攻龟（即杀龟，锯、削、刮、磨当亦属之）
　　菙氏　掌共燋契（即准备所以灼的燃料）
　　卜师　作龟（即扬火以灼龟，钻、凿之事当亦属之）
　　大卜　作龟、命龟（即告龟以所卜之事）
　　占人　占龟（即视兆坼以定吉凶），系币（即书其命龟之事及兆于策而系之于龟）②

可以看出，虽然《周礼》一书所记多托名周制，但商代占卜之制与此确有不少相近之处。

第四节　甲骨占卜后的处理及少数民族保存的骨卜习俗

商人占卜完毕，将所问事项刻记在甲骨上（即卜辞）之后，对所卜问的事项并不就置之脑后了。有时过了若干天以后，所问之事在现实生活中幸而言中，或与所希冀的结果大相径庭，也要刻记在甲骨的有关卜辞之后，这就是所谓的"验辞"。胡厚宣先生说：

　　早期卜辞之后，每随记征验之辞。如卜某日是否降雨，及既雨之后，则于此卜辞之后，随记某日允雨。又如卜某日是否天晴，及是日果晴，则于此卜辞之后，随记某日允启。或卜某日王往田猎，及时果有所获，则于卜辞之后，随记允获某兽若干，某兽若干。又卜旬之后，王占有凶，亦每随记几日某某允有某种灾祸来临之长篇记事。晚期帝王，尤好田猎，故王田卜辞之后，其随记获兽之例，尤多至不可胜举③。

---

① 参见赵铨等《甲骨文契刻初探》。
② 参见陈梦家《殷虚卜辞综述》，第17页。
③ 胡厚宣：《武丁时五种记事刻辞考》，《甲骨学商史论丛》初集三册，1944年版。

如著名的妇好，商王武丁对她的生育之事极为关心，曾为她卜问能否生育男孩。《丙》247 说：

  甲申卜，㱿，贞妇好娩嘉。王占曰：其唯丁娩，嘉。其唯庚娩，弘吉。

  甲申卜，㱿，贞妇好娩嘉，不其嘉。三旬又一日甲寅娩，允不嘉。三旬又一日甲寅娩，不嘉，唯女。

这版卜辞是甲申这一天贞人问卦：妇好要生孩子了，能吉利生男么？商王武丁也亲自看了卜兆，说：是丁日这一天生吉利呢？还是庚日这一天生育大吉呢？同一天又从反面卜问：妇好要生孩子了，不吉利么？过了三十一天以后，到了甲寅日果然应验，妇好分娩不吉，即"三旬又一日甲寅娩，允不嘉"。不吉利到什么程度呢？即生了个女孩子，也就是辞中所记"三旬又一日甲寅娩，不嘉，唯女"。此辞自"三旬又一日"以下，全为记验之辞。不少卜辞之后都记有"验辞"，当是在卜问以后，待所卜之事有了结果（是好或是坏），再由卜人补刻在有关卜辞之后的。因此，"卜辞"与"验辞"不是同时之作。

  在一些甲骨上，待文字刻毕以后，还涂以朱砂或墨色，俗称"涂朱"、"涂墨"处理。一般说来，对文字加以涂朱、墨处理以武丁一代为盛行。如《殷虚书契菁华》所著录的几版大骨，字口涂满朱砂，非常醒目。此外，也还有一版上朱墨并施的现象。如《乙》6664 为一龟甲上半部，正面的大字涂朱，小字涂以墨色。《乙》6665 为上甲的背面，也是大字涂朱，小字涂墨色。其他如《战后宁沪所获甲骨集》2.25 至 2.26，为清华大学所藏甲骨，正面与背面都是大字涂朱，而正面的"二告"则涂墨色。《宁沪》2·30 至 2·31 也是清华大学所藏甲骨，骨的正面涂墨，而反面涂朱。《宁沪》2·28 至 2·29 也是清华大学藏骨，一面涂朱，一面涂墨。如此等等，不再列举。

  董作宾认为甲骨涂朱涂墨"为的装潢美观，和卜辞本身是没有什么关系的"[1]。但陈梦家认为"填朱和涂墨是有区别的，并不是为了美观。同版之中，大字小字也是有区别的，所以往往大字填朱而小字填墨"[2]。中国社会科

---

[1] 董作宾：《〈殷虚文字乙编〉序》。
[2] 陈梦家：《殷虚卜辞综述》，第 15 页。

学院考古研究所经过模拟刻写甲骨的实验，对甲骨涂朱、墨作出了解释，即："书刻细小的文字时，有可能先在骨料上涂色，以便于字划的观察与掌握，然后擦拭，则字划中填入颜色十分醒目。有些出土字骨上涂朱，可能出于某种宗教意识，以增加其神秘色彩，一般可能与刻字的涂色有关"①。即在甲骨上涂以墨色（即炭黑），刻字时易于显出白色笔画，以区别刻字处与未刻字处。刻完后将墨色抹去，显出甲骨骨版的本色，而所刻的字口里自然又被抹时的炭黑填满，而文字也更显得醒目。这样解释甲骨"涂墨"处理是有道理的。但甲骨涂朱与刻字可能关系不大。因为朱砂红艳、热烈，为温色。试想在刻字前，将甲骨满版涂以朱砂，必鲜艳耀目，刻字时稍一久视，必使人目眩眼胀，因此刻字时不可能在版上涂以朱红。我们认为甲骨文大字涂朱者，多有重要内容，可能与宗教意识或祭祀的特殊需要有关。山东大汶口文化遗址的诸城前寨出土一件陶大口尊，上面所刻的"旦"字涂有朱红的颜色②。有人推断"陶尊是用于祭祀的礼器，现在又在这礼器上发现了与农事、天象有关的刻文，而且有的刻文上又特意涂上红色。那么，这几件陶尊会不会是用来祭日出、求丰收的呢？"③盛行于商武丁一代的甲骨大字涂朱，不仅仅是为了"美观"，也应与一定的宗教信仰或祭祀仪式有关。

　　有时还要刻画卜兆。在殷虚著名的一二七坑甲骨中，就发现了占卜以后，还用刀再刻画卜兆的例子。而且在刻画过的卜兆上，还涂以朱墨。董作宾认为"刻画卜兆这件事，很明白是为的美观"④。胡厚宣先生在《甲骨六录》《释双剑誃所藏龟甲文字》中说：

　　　　三版龟甲有一共同点，即卜兆皆经刻过是也。考甲骨卜辞契刻卜兆之例，在已著录之甲骨中，实前所未闻，诸家也从无注意及之者。据余所见，中央大学、华西大学及束天民氏所藏各有一片。中央研究院第十三次发掘殷虚共得甲骨文字一七八〇四片，除（一）经改造过之龟背甲，（二）经刮削重刻之龟腹甲，（三）牛胛骨，（四）武丁以前之甲骨，共约数百版外，其余数千版乃至万版龟甲，其卜兆皆经刻过……此实一至有兴味之事也。

---

① 参见赵铨等《甲骨文字契刻初探》。
② 任日新：《山东诸城前寨遗址调查》，《文物》1974年第1期。"旦"字从于省吾释。
③ 邵望平：《远古文明的火花——陶尊上的文字》，《文物》1978年第9期。
④ 董作宾：《〈殷虚文字乙编〉序》。

他认为这些"皆刻成不规则之深划",经过刻画的卜兆,"疑与涂朱涂墨之例同,目的在使其显赫,以求美观"。陈梦家对上述说法不以为然,认为"这种说法,尚待考虑"[①]。但为何如此,未予解释。胡厚宣先生怀疑其与涂朱涂墨之例相同是很有道理的。我们认为,武丁时代整治甲骨可能有这么一种习惯,即占卜后与刻写文字之前,先要将卜兆用刀刻画一遍。因为灼裂之兆有时在骨面纤细不显,而所刻甲骨文字又不能与卜兆相重(即犯兆),故需先用刀将兆纹加深,这样再刻文字,就不致因看不清兆纹而使文字"犯兆"了。至于涂墨之事,当为将卜兆刻画好之后,再涂墨刻字。字刻好以后,抹去甲骨表面之炭黑,一部分炭黑自然会留在刻画过的卜兆兆纹和文字字口之内。

当然,甲骨文字与刻画兆记的涂朱、涂墨,只是甲骨卜毕处理的一种方法而不是全部方法。具体地说,只是盛行于第一期武丁时代的一种风气。了解了这一点,也就会明白为什么二、三、四、五期以后不少甲骨文字不再涂朱、涂墨的道理了。

甲骨文的最后处理,也就是整个占卜与契刻文字过程的终结阶段是怎样的呢?殷人怎样对待这一批批的"圣物"呢?1928年以来的科学发掘殷墟工作,也将这一"终结"从地下"发掘"出来了。首先是"存储",即有意识地保藏甲骨。例如第一次科学发掘的第九坑,出土一、二、五期甲骨。而第三次发掘的著名的"大连坑",出土一、二、三期及五期甲骨。说明这些坑武丁时就已使用,历祖庚、祖甲,中间稍停使用后,到了帝乙、帝辛又复开窖,继续用以存储甲骨。而第四次科学发掘的E16圆井,只出一、二期甲骨,当是第二期祖甲时此坑塌陷,因而废弃不用,存储的甲骨一直保存到科学发掘时才"重见天日"。而帝乙、辛时的征夷方卜辞,多是在外所卜,千里迢迢携回京师,也是为了保存。而小屯村中一带,三、四期甲骨集中出土,侯家庄南地六块腹甲叠在一起,当也是预备带回小屯殷墟"存档"的,但被遗忘于此。其次是"埋藏",著名的一二七坑整坑时代单纯的一万七千多版龟甲的集中发现说明了这种情况。此坑开挖时本为储藏谷物之用,但后来用于存储甲骨。1973年小屯南地甲骨的发掘也为有意"埋藏"甲骨提供了新的例证。《1973年安阳小屯南地发掘简报》(《考古》1975年第1期)披露,"在几个窖穴中发现有大量的卜骨和少量的卜甲集中地放置在一起,

---

① 陈梦家:《殷虚卜辞综述》,第16页。

而其它的文化遗物如陶片、牛骨则很少"。灰坑 H17"卜骨、卜甲（主要是卜骨）层层叠压放在一起"，"坑内共出卜甲、卜骨一六五片，其中有字的卜甲两片，卜骨一〇五片"。又如灰坑 H62，"坑内埋藏二十片经过整治、凿、灼的卜骨，但无一片有刻辞"。"还发现有以放置骨料为主的窖穴"，等等。正如发掘者所指出的，这些坑"可能是有意识储存的"。其三是"散佚"。在殷墟的不少灰坑、版筑基址的灰土中，也偶有甲骨的发现，这可能是因为当时甲骨使用太多，在集中存储或搬运过程中，难免有所遗落。第六次科学发掘殷虚时，曾在一窖穴土阶旁发现一块五期甲骨，可能就是当年被遗落的。其四是"废弃"。殷墟出土甲骨中，曾发现有骨版被锯去文字的一部分而改做它用的。也有把用过的甲骨，做练习刻字之用。如不少"干支表"就是习刻的作品。收入《甲编》的 2692、2693、2881、2882 四版甲骨，原为一大胛骨，后断裂成二片，正反面都刻有文字。"可是在正面只有十组卜辞伴着卜兆，是第三期贞人何所记的，其余的还有四十段却都是初学的人仿抄贞人何的卜辞，作为习字之用的"。因此，这种供习刻用的废弃甲骨，应是"废物利用"①。1973 年小屯南地也发现残碎甲骨常与废弃陶片或杂物一起倒入坑中，如灰坑 H2，就有卜甲、卜骨七九五片左右与陶片、猪牛骨混杂一起出土。而灰坑 H38，是多次把零星卜甲、卜骨和陶残片一起弃入坑内，共出甲骨二〇多片。这些与生活垃圾一起被随意抛弃的甲骨，也应是当年的"废弃"之物。

如本章第三节所述，《周礼》一书所记有关卜官及所司职事，基本上与根据商代甲骨实物研究所恢复的占卜程序相近。但《周礼》一书所讲主要是龟卜。骨卜情况如何？典籍失载。但新中国成立前云南一些少数民族中还保留着使用动物肩胛骨进行占卜的习俗，这就为我们研究商代骨卜的过程提供了重要的佐证。

调查材料表明，新中国成立前，在彝、羌、纳西等少数民族中，使用羊骨进行占卜活动，是日常生活中的一项重要迷信活动。占卜的范围包括生产和生活的各个方面。可以说，占卜决定他们的一切活动。在这些少数民族中，掌管"羊骨卜"活动的人，是本民族的巫师。这些人与商代的"贞人"稍有不同，即还没有脱离生产活动，占卜也还没成为他们一种专门固定的职业。占卜的材料，主要以羊肩胛骨为主。彝族也有使用少量牛、猪肩胛骨

---

① 参见董作宾《〈殷虚文字甲编〉自序》，商务印书馆 1948 年版，第 8 页。

的。这些卜用羊、牛骨都是巫师平时贮存的,但他们认为祭祀时杀死的"祭牲"肩胛骨才最有灵验。这与商朝人存贮龟甲、兽骨以备占卜之用的作法是近似的。

占卜的方法与过程,彝、羌、纳西等族基本相同,但以云南永胜县彝族(他鲁人)最为典型,基本有以下几个程序:

一,祷祝。祷祝词主要是由巫师赞扬羊骨的灵验。与此同时,问卜者说出所要占问的事情。这与我们上节所引《史记·龟策列传》有关灼龟时的记述有某些相似之处。在祷告时,有的少数民族(如羌族)还要举行一定的仪式,即手持青稞,燃烧柏枝。

二,祭祀。他鲁人用羊骨进行占卜时,要请羊骨"吃"米。而羌族,则烧青稞。纳西人要在骨上撒小麦。其意是通过祭祀以求得保佑,除去不祥。

三,灼骨。祷告、祭祀以后,将艾叶或火草搓成的颗粒放在骨上并点燃,直到将骨烧出裂纹。纳西族和羌族卜一事灼炙一处,而羌族要烧灼多处。

四,释兆。巫师观察骨面上呈现的裂纹(兆),根据各族自己传统对兆的解释方法,判断占卜的吉凶。

五,处理。释兆以后,有的民族,如纳西族把卜用过的羊骨看成神圣之物,集中埋藏起来或烧掉。

我们可以看到,上述少数民族"羊骨卜"的占卜程序,与殷墟甲骨的占卜程序基本相同。其中第一项祷祝,与殷墟甲骨灼兆时的祷祝及命辞基本相近;第三项灼骨,与殷墟甲骨施灼呈兆程序一致;第四项释兆,相当于殷墟甲骨的占辞;第五项处理,也与商人将卜毕的甲骨有意储存基本相同。云南几个少数民族解放前保存的"羊骨卜"习俗,可以佐证已失传的我国古代骨卜之法[①]。

---

① 参见林声《记彝、羌、纳西族的"羊骨卜"》,《考古》1963年第3期;又林声《云南永胜县彝族(他鲁人)"羊骨卜"的调查研究》,《考古》1964年第2期;又汪宁生《彝族和纳西族的羊骨卜——再论古代甲骨占卜习俗》,《文物与考古论集》,文物出版社1986年版。

第 六 章
甲骨学专业用语及甲骨文例

我们在第一章绪论的第一节指出："甲骨学属于传统的金石学范畴。""甲骨文材料和传统的金石学研究材料——金石文字及其图像一样，是古代遗留下来的实物资料，是通过考古发掘手段取得的（特别是在1928年科学发掘殷墟甲骨文以后）。因此，甲骨学研究又是隶属于近代田野考古学的一门分支学科"。所以甲骨学的不少专业用语，诸如"刻辞"、"分期"等等，是移用金石学和考古学的。但是，甲骨学由于具有独特的研究对象和自身的规律，已成为一门独立的学科，仅仅移用金石学和考古学的专业用语已是远远不够的了。

此外，甲骨文是商代占卜记事文字，所以文字在龟甲和兽骨上的分布，即所谓文例，也有它自己的独特规律。因此，我们掌握甲骨学的基本专业用语及甲骨文例，对通读卜辞，进行资料的搜集和研究，也是很有意义的。

第一节 甲骨学的基本专业用语

一，甲骨的正反、左右、内外、上下

龟以腹甲下部较平整、光滑部分为正面，即卜后呈现卜兆的一面。在契刻文字时，腹甲向下的一面翻转过来，正好面对贞人，故一般称之为"正面"。而其背面，即腹甲之内里，表面较为粗糙，虽经刮磨，仍不如正面平整。凿、钻、灼施于龟甲的"反面"。

牛肩胛骨以较平滑的一面为正，而其背面，因锯去骨脊等突起，故骨理粗涩。凿、钻、灼多施于反面。晚期甲骨，如康丁、武乙，文丁时有骨面施凿、灼的①。

龟甲正面，如例图12所示，以中间的中缝即"千里路"为界，分为右、左两部分。右边部分即右龟甲，左边部分即左龟甲。龟甲由九块甲盾组成，即：1，龟中甲。2，龟右首甲。3，龟左首甲。4，龟右前甲。5，龟左前甲。6，龟右后甲。7，龟左后甲。8，龟右尾甲。9，龟左尾甲。

龟甲近边缘处为"外"，近中间千里路部分为"内"。近首部分为"上"，近尾部分为"下"。左龟甲卜兆向右，右龟甲卜兆向左②。

牛肩胛骨左右皆可使用，甲骨文里的所谓"屯"即一对牛肩胛骨。右肩胛骨切臼角处向右，臼角以下一侧较薄，为内侧。与内侧相对处，边缘较圆而厚，即为骨的外侧。肩胛骨上部留有被切去二分之一或三分之一的关节窝，即"骨臼"。因骨臼向内凹而呈半圆形，故小屯村民称之为"马蹄儿"。而骨的外侧，因背面布满凿、钻、灼，故常断裂成条状，俗称"骨条儿"。接近骨臼处，是胛骨的"上"部。骨扇部分较薄，其近下缘部分，为胛骨的"下部"。一般说来，右胛骨上的卜兆兆枝均和骨臼臼角方向一致，即都向右方。左肩胛骨与右肩胛骨恰恰相反，即切臼角处向左，卜兆兆枝也都向左。我们据此两个特点，就可判断肩胛骨的左、右。

二，兆序

商人卜问时，每灼龟一次，便在龟腹甲正面的兆纹上方记下占卜的次数。因为往往一事从正面卜问以后，又要从反面同问此事，故在龟甲相对称的部位上，也要刻下这一卜的占卜次数。这种表示占卜次数的数目字，就是所谓的"兆序"。

一般定制，龟右甲的兆序刻在兆枝的左上方。与其相对，从反面问卜的兆序刻在兆枝的右上方。也就是说，在龟甲上，兆序和卜辞一样，也是左右相对的。龟甲上的兆序有一、二、三、四、五、六、七、八、九、十。至十以后，"仍由一起，绝不用十一、十二等类合文。此盖因卜兆之旁，地位有限，除数字之外，尚须契刻卜辞及兆辞如'一告'、'二告'、'三告'、'小告'、'不玄'、'不玄冥'之类，因恐合文占地较多，故十之后仍由一起

---

① 《小屯南地甲骨的钻凿形态》，《小屯南地甲骨》下册第三分册，中华书局1983年版，第1521页。

② 张秉权，《卜辞腹甲的序数》，《史语所集刊》28本上，1956—1957年。

也"①。因此，十以后之卜兆仍为一、二、三、四、五……但表示的是第十一卜、第十二卜、第十三卜、第十四卜、第十五卜……有多至十八卜者②。

牛肩胛骨上的兆序也是刻在兆枝的上方。左胛骨刻在向左的兆枝上部，右胛骨兆序刻在向右的兆枝上部。

兆序是在占卜以后，刻写卜辞之前刻的。据研究甲骨实物，每灼一兆，就要刻一序数字，用以标明此兆为第几次占卜所现。这"是因为在甲骨上，常常发现有些序数字，在刻好之后，又被铲去，这种痕迹，非常明显。起先，我们不知道这是什么缘故，后经仔细观察，探求原因，才知道它占据了卜辞的位置，所以将它铲去，或者铲去以后，又刻到另外一个地方去，如果不是序数比卜辞先刻，那么这种现象是不会发生的"③。

无论龟甲或兽骨上的兆序，都不是卜辞。因为在不少没有刻写卜辞的甲骨上，也布满了卜兆并在兆旁刻有兆序。这些卜用甲骨，当是卜后未刻辞者。但兆序又与卜辞有密切的关系。一般说来，一定的卜兆标志着殷人对事情卜问的次数，或一事数卜，或数次占卜只为一事。

在一版甲骨上，兆序与刻辞、兆记等杂陈在一起，显得十分凌乱、复杂。乍看起来，真使人如坠云里雾里。但仔细分析、研究，还是有一定规律可寻的。不少前辈学者，如董作宾、胡厚宣、张秉权等在这方面做了不少的工作。

龟甲上的兆序一般左右对称，可以把它们作分组处理。兆序在龟甲上的排列，主要有下述两种形式：

第一种，自上而下。这种排列形式的兆序，一般龟甲较小，卜辞也较少。又可细分为甲、乙两种型式，甲种为一行自上而下，如《乙》2683（例图13）。乙种为自上而下二行并列，如《乙》5279（例图14）。这两种排列兆序的形式，还可参看《乙》2164、2903、3090、3196、3288、3473、3475、4604、4606、5224、6422、6725、6881等版。

第二种，兆序自内而外，自上而下排列。这样的排列形式，在龟甲上较为常见。又可细分为甲、乙两种型式。甲种多行自内而外，由上而下排列。如《乙》3428、3426、4538等版（例图15）。乙种为二行，自内而外，自上

---

① 胡厚宣：《卜辞同文例》，《史语所集刊》九本，1947年。张秉权对此持不同看法，认为"殷人贞卜一事，最多只到十次为止"，见《卜辞腹甲的序数》。

② 胡厚宣：《卜辞同文例》。

③ 张秉权：《卜辞腹甲的序数》。

而下排列。如《乙》867、2285、3285（例图16）等。

此外，还有第一种及第二种兆序排列形式共见于一版的。一般说来，这样排列兆序的龟甲都比较大，如《乙》3343、3379、3403等等。当然，还有个别较为特殊的排列形式，我们就不再详述了①。

牛胛骨的兆序无论左胛骨还是右胛骨，因凿、钻多施于其外侧或内侧，且排列整齐，一般兆序是自下而上排列，如《萃》1211（例图17）等即是。但也有兆序自下而上，接着再转行自上而下排列者，如《萃》1328（例图18）等即是。肩胛骨的骨扇较薄部分，因卜兆较少且零乱，刻辞也较少，规律性也不强，故兆序的排列无甚规律可寻。

三，兆记。又有学者称兆记为兆辞，是记有关卜兆情况的。兆记包括"×告"、"吉"、"不玄冥"、"兹用"等。

甲骨兆枝的上方，常记兆序。而在兆枝下方与兆序对应处常记"一告"、"二告"、"三告"，"小告"等等，其"含义不详"②。

兆旁还有时记"吉"、"大吉"、"弘吉"等。

兆旁还有时记"兹用"、"兹不用"、"兹毋用"等。或记"兹御"，御即用。"用即施行，言按所占者施行也"③。

"不玄冥"即不模糊，记兆象明晰④。

四，卜辞。甲骨文绝大多数是卜辞，卜辞是在贞人灼龟命卜以后，在甲骨上刻记下的有关占问的内容。一条完整的卜辞，包括叙辞、命辞、占辞、验辞四个部分。

叙辞，又称前辞。即占卜的时间和贞人。

命辞，又称贞辞。即此次占卜所问的内容。

占辞，即商王看了卜兆后所下的判断。

验辞，即征验之辞。我们已在第五章第四节叙述，此处从略。

如《合集》6057 正云：

---

① 参见张秉权《卜龟腹甲的序数》。
② 胡厚宣：《甲骨学绪论》，《甲骨学商史论丛》二集下册。
③ 胡厚宣：《甲骨学绪论》，又胡厚宣：《释兹御兹用》，《史语所集刊》八本四分，1940年。
④ 杨向奎：《释不玄冥》，《历史研究》1955年第1期。关于此语，历来众说纷纭，前辈学者孙诒让、胡光炜、董作宾、郭沫若、许敬参、唐兰、于省吾等都有考释，可参见《甲骨文字集释》十三卷，第3949—3964页。近人晁福林读为"不再用"，谓"其实际意义是表示尽管甲骨的正面还有空白，但却不再使用了"。见《甲骨文考释两篇》，《语言文字研究专辑》下（《中华文史论丛》增刊），上海古籍出版社1986年版。现学术界多从杨向奎先生说。

癸巳卜，㱿，贞旬亡祸。王占曰：有祟其有来艰。迄至五日丁酉允有来艰自西，沚䤴告曰：土方征于我东鄙，戋二邑。舌方亦侵我西鄙田。

辞中之"癸巳卜，㱿"，即为叙辞。"贞旬亡祸"，问在未来的十天之内有无灾祸，为命龟之辞；"王占曰：有祟其有来艰"，即王看了卜兆后问可能有不测之灾祸吧，是为占辞；"迄至五日丁酉允有来艰自西，沚䤴告曰：土方征于我东鄙，侵灾二邑。舌方亦侵我西鄙田"，癸巳至丁酉正好五日，是五天以后果然应验，西方发生了灾祸之事，即土方来侵东鄙，舌方也来侵扰西鄙……此为验辞，在癸巳日卜后，过了五天应验后所补刻。在殷墟卜辞中，如此完整形式的刻辞不是很多，多数没有验辞。也有省去占辞和验辞两部分者。更有还省去前辞，只刻命辞。但是，以具有前辞和贞辞者为常见[①]。

第二节　甲骨文例

刻辞在甲骨上的刻写部位（即分布情况）及行款（即左行、右行，或向左、右转行），是有一定规律的，这就是甲骨文例。甲骨文例包含两种类型，一种是卜辞文例（及一些较为特殊的文例），一种是非卜辞的记事文例。认识和掌握甲骨文例的基本知识，对我们正确识读布满一版大龟（或兽骨）上的刻辞内容及认识它们之间的内在联系是很有必要的。

一，卜辞文例

我们在这里首先谈一下卜辞文例。

严格意义的甲骨文例，是1928年殷墟科学发掘以后，董作宾等学者将大量甲骨实物爬梳整理，发凡启例的。董作宾1929年载于《安阳发掘报告》第1期的《商代龟卜之推测》一文，有专论《文例》一节。他当时在发现整版龟甲不多的情况下，曾说："余曩蓄志拼集龟版，使成完全之腹甲，以觇其文字之体例。今既不可能。乃就龟版中之可以认其部位者，凡七十。分别排比，以求其例，其结果乃发现商人书契文辞之公例，盖如此研究之价值，实不减于拼成完全龟版也。"所使用的方法，是将整个"龟版分为九部"分，再将残破龟甲依此定其部位，并进一步"取其同部位者排比之，其

[①] 参见胡厚宣《甲骨学绪论》。

结果则同部者其刻辞之例皆同"。其后不久，新发现的大龟四版，完全证明了董作宾依据残碎龟甲定位所推断的文例[1]。特别是一二七坑大批整甲的发现，更使他发现的甲骨文例受到了检验和证实。董作宾还"取现世之牛肩胛骨，左右各一版，依其形状，以为断定卜用骨版左右及其部位之标准"。"取前三次发掘所得之材料，计摹录骨版二百十一件，卜辞四百八十九例"，基本上论定了胛骨上卜辞的文例[2]。这是董作宾氏对甲骨学的又一重大贡献。其后胡厚宣师的《卜辞杂例》（载《史语所集刊》八本三分）及《卜辞同文例》（载《史语所集刊》九本）等文又对甲骨文例多有补苴和深化。前辈学者的研究，使看来错综复杂、"漫无章法"的卜辞，还原为划然有序并系连清楚的卜辞了。

在董作宾以前，胡光炜曾于 1928 年出有《甲骨文例》一书，分《形式》、《辞例》两篇。《形式》一篇，专讲甲骨文例。但胡光炜所谓的左右，是以龟为主。正如董作宾所指出的"然实则违于习惯"。因为我们现在所说的龟之左右，是以人面对为主。龟向下时的左部，翻过来面向上以后，恰是我们研究时称之为右龟甲部分。而龟向下时的右部，翻过来面向上，即是我们研究时称之为左龟甲部分。此外，胡光炜《甲骨文例》一书，虽然"分类之详尽，固属甚善"，但书中"一则不别常例与例外；一则纲目不清；徒使读者对于契文，益增繁难之感"[3]。因此，胡氏虽较早研究了甲骨文例，但并未能举一反三，洞其奥隐以并创通例，因而无实用意义。

依甲骨所在部位推断其文例的方法，即所谓"定位"法，是董作宾氏的天才发现，对我们通读卜辞是很有意义的。众所周知，甲骨文大多很碎小，定位法可使我们明确卜辞所在位置及其行款走向，从而更好地解读其内容。否则，如把一条意义明确的卜辞方向读反，就会成为不可理解的一堆奇文怪字。

我们试看龟腹甲上卜辞的分布及行款走向。为使本节所举龟甲各部位有个整体概念，可与例图 12 整龟腹甲图相参照。这里各部位的编号，也与例图 12 各部位所标的序号一致。

（一）中甲。《铁》5·1 片（例图 19）。片上两条卜辞，以中间千里路

---

[1] 董作宾：《大龟四版考释》，《安阳发掘报告》第三期，1931 年。
[2] 董作宾：《骨文例》，《史语所集刊》七本一分，1936 年。
[3] 董作宾：《商代龟卜之推测》。

为界，左右对贞。

右辞下行而右，从中间千里路向外转行，即"〔辛〕亥卜，王，贞〔乎〕弜〔狩〕擒"。

左辞下行而左，从中间千里路向左转外行，即"〔辛〕亥卜，王，贞乎弜弗〔狩擒〕"。

（二）左右首甲。《铁》72·1片（例图20）。片上之1为中甲，2为右首甲，3为左首甲。上刻二辞。右首甲2上一辞下行而左向内，读为"贞侑于庚三十小宰"。左首甲3上一辞下行而右向内，读为"己巳〔卜〕，囗，贞好祸凡有〔疾〕"。

（三）右前甲。《铁》261·3（例图21）。片中之1为中甲，2为右首甲，3为左首甲残去处示意，4为右前甲。中甲处刻二辞，左右对贞。右边一辞下行而右，辞为"弜其擒"。左边一辞下行而左，辞为"丙囗〔卜〕，囗，〔贞弜弗其〕擒。"右前甲上刻一辞，下行而左向内，辞为"庚申卜，王，〔贞〕往来亡祸"。

（四）左、右前甲。《前》7·3·1（例图22）。1为中甲，2为右首甲，3为左首甲，4为右前甲，5为左前甲。左、右前甲均有二条刻辞。右前甲4二辞，第一辞近外缘，自上而下，自外而向内左行，辞为"戊辰〔卜〕，囗，贞翌〔辛〕囗亚乞氏众人畓丁录乎保我"。第二辞近中间千里路，自上面下向外右行，辞为"丁亥卜……复……片祟……幸"。左前甲5亦二辞，第一辞近外缘处自上而下，自外向内右行，辞为"贞……于丁三牛"。第二辞近中间千里路，自上而下，自内向外左行，辞为"贞……其……"。

（五）前左甲上部。《前》4·30·2（例图23）。片上共三辞。第一辞近外缘处，自上而下，自外而内右行，辞为"贞叀小臣令众黍。一月。"第二辞近中间千里路，辞自上而下，自内向外左行，辞为"贞王心……亡自囗。一月"。第三辞在外缘与千里路中间，辞自上而上，自内向外左行，辞为"己〔丑卜〕，囗，贞……佣。一月"。

（六）前右甲上部。《前》2·25·5（例图24），此为五期卜辞。片上计上部一辞，中部三辞，下部三辞。各辞均自上而下，自内向外右行。第一辞为"叀羍。兹用"。第二辞为"囗辰卜，贞武乙丁其牢。兹用"。第三辞为"辛巳卜，贞王宾上甲不至于多毓衣亡尤"。第四辞为"乙未卜，贞王宾武乙升伐亡尤"。第五辞为"壬〔寅〕……妥……羊"。第五辞为"叀……"。第六辞为"甲……武乙……宰"。

（七）后左甲上部。《前》2·30·2（例图25），第五期物。上部三辞，下部三辞，共六辞，辞皆自上而下，自内向外左行。第一辞为"丁卯卜，贞王田麃往来亡灾"。第二辞为"辛未卜，贞王田瞽往来亡灾"。第三辞为"乙亥卜，贞王田宫往来亡灾"。第四辞为"壬子〔卜〕，〔贞〕王田□〔往〕来〔亡灾〕"。第五辞为"戊午〔卜〕，〔贞〕王田□往〔来亡灾〕"。第六辞为"壬□〔卜〕，〔贞〕王〔田〕□〔往〕来〔亡灾〕"。

（八）后右甲上部。《前》2·9·3（例图26），第一期物，本片共三辞。第一辞近中间千里路，辞自上而下，自内向外右行，辞为"乙未卜，宾，贞今日其延雨"。第二辞自上而下，自内向外右行，辞为"乙巳卜，争，贞褒于河五牛沉十牛。十月"。第三辞近外缘处，辞自上而下，自外向内左行，辞为"□□〔卜〕，□，贞……臣在斗"。

（九）后左甲下部。《前》2·4·3（例图27），第一期，本片共三辞。第一辞自上而下，自内向外左行，辞为"丙戌卜，贞弜自在先不水"。第二辞自上而下，自外向内右行，辞为"丁亥……"。第三辞仅余一字，走向亦应自内向外左。

（十）后右甲下部。《前》5·6·2（例图28），第一期，共三辞。第一辞自上而下，自内向外右行，辞为"己巳卜，贞令吴省在南廩。十月"。第二辞自上而下，自外向内左行，辞为"庚寅卜……〔令〕墉……"。第三辞自上而下，自内向外右行，辞为"己酉卜……出"。

据以上各例，并经大量卜辞验证后，董作宾总结出龟甲契刻卜辞文例的规律是："沿中缝而刻辞者向外，在右右行，在左左行。沿首尾之两边而刻辞者，向内，在右左行，在左右行。如是而已"①。

牛胛骨上契刻的卜辞，多在正面。而刻辞最多的部分，多在左胛骨之右（即外缘）和右胛骨之左（即外缘）。这是因为左、右肩胛骨的外缘部分较其余部分为厚，并且骨质坚韧，所以占卜次数较多，因此刻辞也较多，约占全版刻辞的十分之七、八。而左胛骨之内缘（左侧）和右胛骨之内缘（右侧），下部骨质较松而薄，因而上部刻辞较多，而下部刻辞较少，约占全版刻辞的十分之二、三。而胛骨中部因更薄和骨质疏松，往往不用于占卜，故一般刻辞较少，约占十分之一、二。

---

① 参见董作宾《商代龟卜之推测》；胡厚宣先生也有所论述，见《甲骨学绪论》；又可参见1972年香港中文大学联合书院出版的李达良：《龟版文例研究》。

肩胛骨上的刻辞，在上部近骨臼处，常有两条卜辞，其下有两个卜兆。这两条卜辞"每从中间起，在左者下行而左。在右者下行而右"①。如《甲骨文合集》13926（《铁》127·1、《通》别二11·1）为一牛胛骨之上部，切臼角处在左边，卜兆亦向左边（例图29）。其反面《合集》及《铁》、《通》等书均未著录。摹本发表在松丸道雄《散见于日本各地的甲骨文字》三八七号（中译本载《古文字研究》第三辑），胡厚宣先生《记日本京都大学考古研究室所藏一片牛胛骨卜辞》（载《文物与考古》1985年，第六期）一文也发表了此骨的正面拓本及反面摹本，并做有考释。

此片上第一辞自上而下，自内向外右行，辞为"辛丑卜，𣪘，贞兄于母庚。三"。第二辞自上而下，自内向外左行，辞为"庚子卜，𣪘，贞妇好有子。三月。二"反面是验辞，辞为"王占曰：其……其惟丙不吉。其惟甲戌亦不吉。其惟甲申吉"。松丸道雄将"甲申"之申字误摹为"丑"，"甲丑"不辞，胡厚宣先生在文中已做辨正。

董作宾据四百八十七例兽骨刻辞进行比较研究后，依照刻辞之部位，定其行文之通例如下：

> 凡完全之胛骨，无论左右，缘近边两行之刻辞，在左方，皆为下行而左，间有下行及左行者。在右方，皆为下行而右，亦间有下行及右行者。左胛骨中部如有刻辞，则下行而右；右胛骨中部反是，但亦有下行而右者。②

具体到牛胛骨上海一条卜辞的排列，无论左缘及右缘，都很规整。多为一辞一辞自下而上，排列有序。如《合集》5157（例图30）共四辞：

（一）贞〔辛〕亥王入。
（二）于癸丑入。
（三）于甲寅入。
（四）于乙卯入。

此片上四辞辛亥至癸丑相距二日，癸丑至甲寅相距一日，甲寅至乙卯相距一日。四次不同时的占卜，时间不紊，刻辞自下而上排列有序。

---

① 董作宾：《骨文例》。
② 参见董作宾《骨文例》。

也有不同卜辞先自下而上，再自上而下排列的。如《萃》1345（例图31），为第二期甲骨。据切臼角处向右判断，当为一右肩胛骨。外缘处（左侧）共五辞，是自下而上排列。内缘处（右侧）仅余三条卜辞（下残），是接外缘第五辞的时间，自上向下分段排列。此版卜辞应读为：

（一）己亥卜，旅，贞今夕亡祸。在十二月。一

（二）庚子卜，旅，贞今夕亡祸。在十二月。一

（三）辛丑卜，旅，贞今夕亡祸。在十二月。一

（四）壬寅卜，旅，贞今夕亡祸。在十二月。一

（五）癸卯卜，旅，贞今夕亡祸。在十二月。一

（六）甲辰卜，旅，贞今夕亡祸。在十二月。一

（七）乙巳卜，旅，贞今夕亡祸。在十二月。一

（八）丙午〔卜〕，〔旅〕，贞今夕亡祸。在□□〔月〕。一

也有内容完全不同的卜辞交错刻在一起，学者们称之为"相间刻辞"①的。如《合集》9465（例图32），为一期甲骨，共有六条卜辞，卜问三种不同内容。应读为：

（一）乙卯卜，亘，贞勿锡牛。

（二）贞锡牛。

（三）贞锡牛。

（四）贞翌丙辰不雨。

（五）贞翌丙辰其雨。

（六）……〔我〕史步〔伐〕工方〔受有祐〕。

此版卜辞一、二、三与卜辞四、五相间。

虽然兽骨卜辞多为自下而上，刻辞相间，但也有左、右对贞者。如《佚》52（例图33），为一期卜辞。此版上共七辞：

（一）戊子卜，沐，翌己丑其雨。一

（二）戊子卜，沐，翌己丑不雨。一

（三）己丑卜，沐，翌庚寅其雨。一

（四）己丑卜，翌庚寅不雨。一

（五）庚寅卜，沐，翌辛卯不雨。

---

① 胡厚宣先生将此类卜辞列为"兽骨相间刻辞例"，见《卜辞杂例》，《史语所集刊》八本三分，1939年。

（六）翌辛卯其雨。一

（七）丙戌……①

此版卜辞一、二为一组，三、四为一组，五、六为一组，正反对贞。

此外，无论是龟甲，还是兽骨，上面的刻辞又有正反面相接的例子。

有的命辞在正面，而叙辞刻在反面。如《合集》5298 正、反（例图34），为一期卜龟，正面有二辞：

（一）贞王听惟祸。一

（二）贞王听不惟祸。一

反面亦有二辞：

（一）戊戌卜。（此辞的正面部位刻第一辞，因此当为"贞王听惟祸"的叙辞）

（二）雀入二百五十。（甲桥刻辞）

兽骨刻辞也有正、反相接的。如《合集》5951 正、反（例图35），为一期甲骨。正面一辞，为"贞勿乎逆执䇂"，为命辞。反面的"癸卯卜，韋"为叙辞，应与正面命辞相接。

有的反面接占辞，如前举《合集》13926（例图29）即是卜骨占辞正、反相接例。《合集》6057 反（例图1）的"王占曰……"云云，即接正面的"癸未卜，殻……"。

《合集》8912 正、反（例图36），为一期卜龟，反面的叙辞、占辞、验辞，与正面的命辞相接。也有正面的叙辞、命辞、占辞与反面的验辞相接的例子。如《丙》207 正、208 反（例图37），为一期卜龟。此辞正面为"丙申卜，殻，贞来乙巳酒下乙。王占曰：酒惟有祟其有毁。乙巳酒，明，雨。伐既，雨。咸伐。亦雨。饮卯鸟星"，接反面验辞"九日甲寅不酒，雨。乙巳夕有毁于西"。

二，非卜辞记事文例

再谈非卜辞的记事文例。

非卜辞的记事文例包括刻在甲骨上的记事文字和非甲骨上的记事文字。在龟甲和牛骨上刻写的记事文字包括有关准备卜材的记事刻辞、表谱文字和记事文字等；非甲骨上的记事文字包括人头刻辞、鹿头刻辞、牛头刻辞、骨柶刻辞、虎骨刻辞等。下面，我们分别介绍。

---

① 胡厚宣先生称此类卜辞为"兽骨卜辞对贞例"，见《卜辞杂例》。

（一）有关准备卜材的记事刻辞　即记有关占卜前卜材的准备之事，诸如关于甲骨的来源和经过某人的检视等等的记事文字。胡厚宣先生在《武丁时五种记事刻辞考》（载《甲骨学商史论丛》初集三册，1944年）一文对此叙述颇详，主要应包括甲桥刻辞、甲尾刻辞、背甲刻辞、骨臼刻辞、骨面刻辞等五种记事刻辞。此外，胡厚宣先生在《卜辞记事文字史官签名例》（《史语所集刊》十二本，1948年）一文中，又揭示了在记事文字之末，还常有史官签名的做法。

所谓"甲桥刻辞"，即刻在龟腹甲两边突出甲桥背面的记事文字。如例图34（《合集》5298反）之"雀入二百五十"即为甲桥刻辞。此种刻辞，在胡厚宣先生以前，"四十余年以来，从无一人注意及之者"。胡厚宣先生搜集了有关这方面的大量材料并进行了分析研究，为我们论证了甲桥刻辞的主要辞例是："某入"、"某入若干"、"若干自某入"、"某来若干"、"来自某"、"某氏"、"某氏自某"等等。"入"即贡纳，"来"即贡来，"氏"即致送。所记内容是有关占卜用龟是从何处进贡而来的。也有的辞例是："自某乞"、"乞自某"、"乞自某若干"、"某取自某。""乞"即乞求、乞取，即征收、收取之意。所记是说龟甲乃是某人从某地征收而来。此外，还有"某示"、"某示若干"等。"示"即检视，所记说龟甲整治之后，又经由某卜官之手检视验收之事。

所谓"甲尾刻辞"，一般都在龟的右尾上。董作宾在《商代龟卜之推测》一文中称之为"尾右甲"，唐兰称之为"尾右甲卜辞"（见所著《关于尾右甲卜辞》，《国学季刊》五卷三期）。《合集》9373（例图38）所示，即为甲尾刻辞。甲尾刻辞的辞例主要有"某入"，"某来"等，"来"、"入"即贡来、贡纳之意。甲尾刻辞与甲桥刻辞相比，较为简单，很少记所入龟的具体数字。胡厚宣先生究其原因，谓："岂以'甲尾'地位有限，恐与腹甲卜辞相混，遂皆有省略之耶！"但也有一例记某人贡"入二百二十五"，见《合集》9334（例图39），这是甲尾刻辞最大的纪数。

所谓"背甲刻辞"，即在龟背甲反面近中间剖开处常刻之一行记事文字。如《甲》2993（例图40）所示，记丙寅日由某人检视四屯。

在甲骨学研究的早期阶段，因背甲刻辞所见不多，故没有人注意加以研究。胡厚宣先生最早系统做这一工作，搜集了有关这方面的刻辞十三例，指出其辞例有"某乞自某"、"某乞自某若干"、"某乞自某若干屯"，或"某入若干"、"某来若干"，或"某示"、"某示若干"、"某示若干屯"等等。背甲刻辞之"示若干屯"为甲桥刻辞所不见。"屯",即一对,当指左、右背甲为一屯。所谓"若干屯",即背甲若干对。

所谓"骨臼刻辞",即在骨臼上所刻的记事文字,如《合集》9408(例图41)即是。骨臼刻辞的辞例有"自某"、"自某乞"、"乞自某若干屯"、"某乞自某若干屯"、"某自某乞若干屯"、"某示"、"示屯若干"、"某示若干屯"、"某示某若干屯"、"某示若干屯又一"(即若干对零一)、"某示若干屯又一冎"、"某示若干屯又一)"等等,有的并注明日期干支。

所谓"骨面刻辞",有的刻在骨正面下部较宽薄处,如《佚》531(例图42)所示。也有的刻在骨反面靠近边缘部分,如《合集》9386(例图43)所示。骨面刻辞的辞例基本有"自某"、"自某若干屯"、"乞自某"、"乞自某若干屯"、"某乞自某"、"乞于某若干屯"、"自某乞"、"乞若干屯",也有做"某示"、"某示若干"、"某示若干屯"者。

上述五种有关卜材准备的记事刻辞中,甲尾刻辞及骨臼刻辞前人曾经述及,但有不少谬误之处。如董作宾曾论断甲尾刻辞之"册入"(即为册这个人所贡入)为"册六"或"编六",谓龟版即古之典册①。近人仍有沿其误者,说甲骨文就是我国最早的书籍。后来董作宾虽然认为这类刻辞"与卜辞无关",但又误认为是"某史人值所为"②。唐兰1935年力辨"册六"、"编六"之误,并认为是记事文字,指出"'入'和'来'是动词,上面的字是名词,这是说一个人入或来的事情"③。但仍不可通,没有究明是指某人进贡龟甲的意思。

骨臼刻辞,也是董作宾最早研究的,但他1933年认为这一类刻辞为"帚矛刻辞","是专门记载馈送颁发铜矛于各地,各国,各人及守卫者的文字"④。1934年郭沫若力辨其误,以"帚某"为武丁之妃名,谓"屯"(即董释"矛"字者)即"包",二骨合为一包。"示"为省视之"际",指将用毕的甲骨省视封存,其性质如今天的署书头标牙签⑤。唐兰1936年在《卜辞时代的文学和卜辞文学》(《清华学报》十一卷五期)中,认为辞中之

---

① 董作宾:《商代龟卜之推测》。
② 董作宾:《安阳侯家庄出土之甲骨文字》,《田野考古报告》1936年第1期。
③ 唐兰:《关于尾右甲卜辞》,《国学季刊》五卷,1935年3期。
④ 董作宾:《帚矛说》,《安阳发掘报告》1933年第4期。
⑤ 郭沫若:《骨臼刻辞之一考察》,《古代铭刻汇考续编》,1934年;又收入《甲骨文字研究》(《郭沫若全集》考古编第一卷),科学出版社1982年版。

"屯"字乃为"豕形的倒写",并认为骨臼刻辞是"贞祭祀的卜辞"。1939年他在《天壤阁甲骨文存考释》中又以"示"为人鬼,谓"尋□示者,诸妇之初卒而祭之也"。胡厚宣先生"在中央研究院曾得发掘所得及其他公私所藏完整零碎甲骨两三万片细玩之,知甲骨中有卜兆而无卜辞者,绝无有卜辞而无所属之卜兆者",认为骨臼刻辞为"记事文字"。而五种记事刻辞,"绝无一例有钻灼卜兆之痕迹,则其绝非卜辞,必为一种卜辞之外之记事文字可知也"①。胡厚宣先生全面研究甲骨所得出的有关五种记事刻辞的论断,已为学术界普遍接受,成为不易之论。

综上所述,我们可以看出,凡记"某入若干"的甲桥、甲尾、背甲等刻辞,所记的都是向商王贡龟之事。而有关"乞自某若干"的甲桥、背甲、骨臼、骨面等龟、骨,所记的当为乞取采集龟甲、兽骨之事。而有关"某示若干"的甲桥、背甲、骨臼、骨面等记事刻辞,所记都为检视整治好的龟甲、兽骨以备卜用之事。

应该注意的是,上述有关卜材准备的五种记事刻辞"绝不见于祖庚以后之甲骨中,盖此种记事刻辞乃武丁时所特有之风气也"②。与此同时,还有一种风尚也较盛行,即在"记事文字之末,或龟甲之偏僻地方,亦常有记史之签名"③者。"史官签名"的各种情形,是胡厚宣先生较早全面论述的。

史官签名有在背甲刻辞之后者;有在甲桥刻辞之后者;也有在骨臼刻辞之后者,如前举《合集》9408(例图41)骨臼刻辞之"岳";有在骨面刻辞之后者,如《前》7·25·2(例图44)之"犬"字;此外,还有与记事刻辞不在一起,另行分刻的,主要有在背甲顶端,如《库》320(例图45)上之人名;有在甲尾反面,如《甲》3030(例图46)之人名。在第三期也有极个别史官签名的例子,但只有一名史官名"狄"者,如《甲》1952(例图47)。据统计,第一期武丁时期签名史官较多,达二十三名。第三期只一名"狄"者。其他各期即第二期祖庚、祖甲,第四期武乙、文丁及第五期帝乙、帝辛时期,都没有史官签名之事。胡厚宣先生认为:"此史官签名,多于记事文字之末,知此官者,乃记事之史。而记史签

---

① 参见胡厚宣《武丁时五种记事刻辞考》。
② 胡厚宣:《武丁时五种记事刻辞考》。
③ 胡厚宣:《卜辞记事文字史官签名例》,《史语所集刊》十二本,1948年。

名之例，曰殷代即已有之"①。

（二）有关表谱文字　表谱文字或杂刻在卜辞中间，或刻在甲骨较为偏僻之处，也有刻在废弃甲骨之上的。

表谱刻辞有"干支表"。《合集》11730、《前》3·3·1、《通》1（例图48），即是一版第一期武丁时代的"干支表"，版上刻六旬的干支，惜下部残断。甲骨著录里常见干支表，有人认为是练字用的习刻，但郭沫若不以为然。他认为干支表"殊非任意契刻之说所能解释"，并指出其重要性："借此可觇古代历法之变迁。盖古人初以十干纪日，旬甲至癸为一旬。旬者遍也，周则复始。然十之周期过短，日份易混淆。故复以十二支与十干相配，而成复式之干支记日法。多见三旬式者，盖初历月无大小，仅逮三旬已足，入后始补足为六十甲子者也。以干支纪日，则干支之用至繁，故有此多数之干支表存在。此种表式与卜辞无关，然欲读卜辞者必自此入手"，"故此等干支表实为解读古代文字之关键"②。有关十干、十二支文字的考释及起源，可参看郭沫若《释支干》一文③。

所谓"家谱刻辞"，所记为商王家系。《契》209（例图49）即是家谱刻辞，在全部十五万片甲骨中不为多见。著名的《库》1506片，虽然于省吾认为"是我们现在仅此一见的我国三千多年前的宝贵谱牒史料"④，但胡厚宣先生等学者力主此片为伪⑤。学者们关于此骨真伪的争论，我们将在本书第九章第二节《甲骨文的辨伪》部分叙述。

（三）甲骨上的记事文字　即刻写在甲骨上与卜事（包括卜材的准备）无关的记事文字。如例图50所示（《通》361、《龟》2·2·12、《前》6·2·3），辞中记"己卯宜于義京羌三卯十牛。中"。还有"左"、"右"记事⑥。这种记事文字，多刻在与卜辞有一定距离处。其他的例子还有《乙》8653、《甲》3913、2386、《菁》3、《甲》2504、《甲》3361、《前》1·45·5、《前》8·8·3等等。也有刻在甲骨反面的，如《合集》7780反、7814

---

① 胡厚宣先生对"史官签名"论述颇详，可参见《卜辞记事文字史官签名例》。
② 郭沫若：《卜辞通纂考释》，科学出版社1983年，第230—331页。
③ 郭沫若：《甲骨文字研究》。
④ 于省吾：《甲骨文"家谱刻辞"真伪辨》，《古文字研究》第四辑，中华书局1980年。
⑤ 胡厚宣：《甲骨文"家谱刻辞"真伪问题再商榷》，《古文字研究》第四辑，中华书局1980年版。
⑥ 胡厚宣先生有详细统计并致信郭沫若，其文收入郭沫若《出土文物二三事》，人民出版社1972年版，第29—30页。

反等等。

（四）非甲骨上的记事文字　即龟甲、牛胛骨以外的兽骨上的记事文字，包括人头骨刻辞、鹿头刻辞、牛头刻辞、骨柶刻辞、虎骨刻辞等等。至于石器、玉器、铜器、陶器上的文字，已超出了甲骨学研究的范围，我们在这里就不做介绍了。

所谓"人头刻辞"，即在人头骨上刻写的文字。这种习俗，当与商代"诸邦方的君长为殷邦战败俘获以后常杀之祭于殷之先王"有关。"所杀用的方伯的头盖骨上常刻辞记其事，它和史书所记载的习俗可相比较。《史记·大宛列传》'皆言匈奴破月氏王，以其头为饮器'；《战国策·赵策》'以知伯头为饮器'……"而商代的所谓"用"，"即杀之以祭"。在甲骨文中，某方伯，特别是某方之人被用以为"人牲"的记载较多①，人头刻辞所用人头之来源不外于此。如《殷虚卜辞综述》图版十四之"善斋藏人头骨刻辞"（例图51）即是。

所谓"鹿头刻辞"，即在鹿头骨上刻有文字。殷墟科学发掘甲骨文共得鹿头刻辞二，一为《甲》3940（例图52），一为《甲》3941。《甲》3940记"戊戌王蒿田……文武丁必……王来征……"，此为第五期帝乙、帝辛时之物。

所谓"牛头刻辞"，即在牛头骨上所刻的记事文字。殷墟科学发掘只得一件，即《甲》3939（例图53），所记商王某祀肜季田于某地获此白兕之事，为第五期帝乙、帝辛时之物。

所谓"骨柶刻辞"，共发现二件。一件骨柶著录于《佚》518（例图54），一件为《佚》427。此骨柶刻辞又称"宰丰骨"，其考释可参看郭沫若《殷契余论》所收《宰丰骨刻辞》的专论②，此不赘述。

所谓"虎骨刻辞"，是刻在虎骨上的纪念文字。87年来殷墟只出土一件虎骨刻辞，原件现藏加拿大多伦多博物馆。虎骨刻辞拓本已著录于《怀特》B1915（例图55），记载辛酉日商王田猎于鸡录获虎之事，为第五期帝乙、帝辛时物。

以上所举与占卜无关的记事文字，实际上是殷商时代的"应用文"。我们可以看到，除了虎骨刻辞是自左下行而右以外，其他大多是自右下行而左

---

① 参见陈梦家《殷虚卜辞综述》，第325—327页。
② 郭沫若：《甲骨文字研究》。

的。文字改革后书写习惯改为自左而右横行，在此以前，自右下行而左的书写习惯由来久矣，滥觞于三千多年前的商王朝①。

第三节 殷人一事多卜和卜辞同文

殷人每灼龟占卜一次，就在兆枝的左（或右）上方刻下兆序，卜毕将所问之事刻在有关卜兆附近，也就是通常所说的卜辞"守兆"。在甲骨上，刻辞的走向一般是"迎兆"而不"犯兆"。换一句通俗的话说，就是刻辞的走向与兆枝恰好相对，但又不能把字刻在卜兆上。兆序不仅与附近的卜兆有着密切的关系，还表示有关卜兆附近卜辞的占卜次数。

殷人占卜，往往从正面问毕，又从反面问，这就是所谓的"正反对贞"。殷人有时一事一卜，但不少卜辞是一事多卜的。有一事二卜、一事三卜（如《前》7·2·2，例图56）、一事四卜、一事五卜、一事六卜、一事七卜、一事八卜、（例图57，《前》3·1·1）、一事九卜、十卜、十一卜、十二卜、十三卜、十四卜、十五卜、十六卜、十七卜，直至一事十八卜。

但是，殷人一事多卜，"又有在不同之甲骨上为之者，则同一卜辞，常刻于每一甲骨。即今所谓卜辞同文之例也"②。也有人称之为"成套卜辞"或"成套甲骨"③。甲骨文中有不少"卜辞同文"的例子，过去的研究者常略而不顾。胡厚宣先生首发其轫，全面整理后，发现"两版或两版以上之甲骨，有一辞相同者，有二辞相同者，有三辞相同者，有四辞相同者，有五辞相同者，有六辞相同者，有八辞相同者，有多辞相同者，有辞同卜序相同者，有同文异史者，有同文而一事之正反两面者"④。

所谓"一辞同文"，就是同一件事情在不同的甲骨上反复卜问，不同甲骨上所刻的卜辞文句完全相同，只不过是兆序有别而已。二卜同文的，如例图58的《后下》37·2和《库》1596。这两版都是牛胛骨上部近骨臼处，《后下》37·2为第一卜，而《库》1596为第二卜。

三卜同文的，如例图59的《后上》16·8及《前》5·22·2，二骨同为牛肩胛骨近上部骨臼处。《后上》16·8为第二卜，而《前》5·22·2为

---

① 参见董作宾《殷代"文例"分"常例""特例"二种说》，《中国文字》第6期。
② 胡厚宣：《卜辞同文例》。
③ 参见张秉权《卜龟腹甲的序数》。
④ 胡厚宣：《卜辞同文例》。

第三卜，本辞还应有一骨为第一卜，但未见著录（可能尚未发现或未能保存下来）。

四卜同文的，如《福》11，《前》4·24·1，《后上》16·11，《前》4·24·3（例图60）等四版，关于灵妃不死卜问了四次。

还有一事五卜的，就是所问之事，分别在五块甲骨上进行卜问。

所谓"二辞同文"，即在不同的甲骨上，所卜二事相同，但所卜次数不一。有二卜者，如《佚》862 所问两事都为第一卜，而《龟》2·24·5 为另一骨，所问两事分别与上一版相同，但皆为第二卜（例图61）；有三卜者，就是一版上所卜二事，需要用三块甲骨占卜三次。

所谓"三辞同文"，即在一块甲骨上卜问三事后，又在另外的甲骨上继续卜问上版之三事。据胡厚宣先生研究，"三辞同文之例，皆两卜"①，就是两块甲骨上所刻三辞皆相同。

而"四辞同文"，就是在一块甲骨上卜问四事以后，还要用另外的甲骨继续占问此相同四事。有用二块甲骨的，也有用三块甲骨的。而"六辞同文"，就是在一块甲骨上卜问六事以后，还要在另外的甲骨上继续占问此相同六事。虽然有时各版辞句详略稍有不同，但仍可看出各版有关卜辞所卜之事。

所谓"八辞同文"，就是在一版甲骨上卜问八事以后，又在另一甲骨上继续卜问此相同八事。有用两骨者，如《佚》374 及《簠征》1 和《簠天》1 即是（例图62）。

还有所谓的"多辞同文"例。就是在一版甲骨上有多条卜辞，但在另外的甲骨上也有相同的刻辞。有二卜，即二版者；有三卜，即三版者；也有四卜，即四版者。如《续存》388、《乙》6877、《乙》727 即是第二版、三版、四版，而第一版缺佚（例图63）。

而所谓"同文正反"，就是在不同甲骨上占卜某事，有的甲骨刻辞为正问，有的甲骨刻辞为反问；通常由不同贞人完成，因而又叫"同文异史"。如《续》3·2·2 和《前》7·35·1，同为"癸酉"日卜，所问均为伐舌方之事，只是贞人不同（例图64）。

上述所谓"卜辞同文"种种②，实际是一事多卜后，将内容相同的卜辞刻在不同的甲骨上。兆序的系连，使我们知道了它们之间的关系。因此，又

---

① 胡厚宣：《卜辞同文例》。
② 胡厚宣《卜辞同文例》论述颇详赡，并附图例273幅，可参看。

有学者称这种成组、成套的甲骨为"成套甲骨"①。一事多卜以后，也有将卜辞刻在一块龟甲（或兽骨）之上的，这就是同版甲骨上的"同文卜辞"，或称之为同版甲骨上的"成套卜辞"。如《乙》6668右之一、二、三辞同文，而左之一、二、三亦为同文，一套卜辞卜问的是同一内容（例图65）。

龟甲和兽骨上同文卜辞和成套甲骨研究的发凡启例工作，是胡厚宣先生最早系统进行的。其后，张秉权又作了不少补苴和深入研究工作。同文卜辞和成套甲骨的认识，对甲骨学的研究很有意义。同一版甲骨上的同文卜辞，既可以使我们用各条互校疑难文字，又可认识卜辞为什么有时"省略得出奇"。原来，"是由于它处在对贞或成套卜辞之中的关系，所以不必重复地将完全的句子写下来，也可以教人一望而知的"。此外，殷人有时每卜一次刻一辞，也有时卜数次刻一辞，如前举《乙》6668（例图65）卜九次。因此，卜辞条数并不一定能代表当时真正的占卜次数。所以"对于用卜辞的统计来做为研究殷史的基础，便发生了严重的单位上和方法上的问题了"。也就是说，"我们忽略了卜兆序数，而仅以一条或一片卜辞，代表一次贞卜，那么对于上述各例的成套卜辞和成套腹甲，在统计的时候，势必重复地加以计数。如此，则在统计的单位上，先已发生了严重的问题，所得的结果，就不能够准确了"②。这是我们在研究时应加以注意的。

据目前材料，成套的龟甲和兽骨还没有超过五版以上的。成套的龟，大小基本相同，可能是平时将卜材的龟有意存放一起，卜时逐个使用的。

第四节 特殊的卜辞举例

虽然绝大多数卜辞程式规范，可谓"千篇一律"，但也有卜辞在文字刻写方面，或在单词方面，或在行款方面以及占卜契刻方面与通常的卜辞不大一样。认识这些卜辞的特殊之处，对我们通读它们是有所裨益的。

一、在文字方面，因为一些字小卜辞，"则往往随刀一刻，即可成文。因其不先经书写，少一层校对工夫，故常有夺字、衍字、误字之处；亦有发现有误之处，乃删，乃添，或删而又添者。此例于各期卜辞中所见至多"③。

---

① 参见张秉权《卜辞腹甲的序数》。
② 同上。
③ 胡厚宣：《卜辞杂例》。

所谓"夺字",就是一条卜辞文意不全,契刻时遗漏了文字。这种情况,在第一至第五期甲骨文中都可以看到。如《续》3·8·9片之"共征土方",应为"共人征土方",漏刻一"人"字(例图66)。

"衍字",就是多刻了文字。如《萃》1212之"□□〔卜〕,□,〔贞〕□□父丁□亡尤,在在自宾卜"(例图67),多刻一个"在"字。

"误字",就是在卜辞中刻错了字。如《契》275片(例图68)之"甲卯卜,贞王宾……","甲卯"地支"卯"明显刻错。因为"六甲"即甲子、甲寅、甲辰、甲午、甲申、甲戌,而没有甲卯。

有时刻写卜辞漏字,后又加以添补。如《前》7.30.4(例图69)辞为"〔乙〕酉卜,争,贞乎妇好先共人于宠",在"好"与"共"字之间,"先"字很显然是添字。漏字填补之例各期多有。《佚》216+《甲》2282片(例图70)之"□未卜,求自上甲、大乙、大丁、大甲、大庚、〔大戊〕、中丁、祖乙、祖辛、祖丁十示率牡",辞中之"求"与"上甲"之间添一"自"字,其旁并划有添字记号。

也有的卜辞刻字之后又删去,如《虚》634之"癸□甲"之"癸"字上画一圆圈,表示此字已圈去(例图71)。《后上》12.12+《后上》13.2片(例图72)之癸卯日卜条,"王步"之后原刻"亡灾",但后来于"贞王步亡"与"灾,在八月"两行间又添加"自某于某"一行。便将原刻"步亡"之"亡"字删去,另刻一小"亡"字与灾字相连。

此外,还有的卜辞文字间留有空处不刻文字,这就是所谓"空字未刻"例。而辞中所空的地方,"以地名为多,人名次之,间亦有纪日之干支。由此乃知卜辞之刻,不必尽在贞卜之当天,或亦在贞卜之后若干日以后"。"空而不刻,以待他日之填补"[①]。《续》3.35.4"〔辛〕　卜,出,贞今夕亡祸"(例图73),辞中"辛"后所空位置当为一未刻待补之地支字。

也有的卜辞中有个别字与通篇相倒的,"最常见于廪辛康丁时之卜辞中,尤以'贞人'彭,最喜写倒字;武丁及帝乙帝辛时之卜辞中,亦间或有之。而武丁时之'甲尾刻辞',于入龟之人名字,亦每喜倒书"[②]。《后上》26.5片"甲辰卜,宾,贞帝于……"(例图74)的"帝"字倒刻。《甲》2417片的贞人名三个"彭"字均倒刻(例图75)。

[①] 胡厚宣:《卜辞杂例》。

[②] 同上。

还有文字侧书的情况。如《甲》2079 片之"鹿"字侧书（例图 76）。这是第三期廪辛康丁时的"一种风尚，即于通篇皆正书之文字中，或以一字侧书"①。在"卜王"卜辞的兆序中也有侧书的，如前举《萃》1328（例图 18）的兆序五、六、七、八、九即是。

有的卜辞中个别文字契刻松散，好像是两个字，这就是所谓"一字析书"。《甲》903（例图 77）之"洹"字，似分为"亘"、"水"二字。

二，单词方面有时也有特例

卜辞人名皆有定制。但有时二字先后颠倒，这就是所谓的"人名倒称"。《萃》193（例图 78）之"甲大"，实为大甲的倒刻。

也有记时干支和成语倒刻的。《侠》493（例图 79）之"辰庚卜"，是"庚辰卜"之误刻。而《前》2.3.4 的"灾亡"，应是"亡灾"的颠倒（例图 80）。

三，在卜辞行款方面，也有一些与常例不同。有的叙辞、命辞杂乱无章，几乎不能属读。《甲》2773 片（例图 81）"贞旬亡卜壴癸丑祸"，实为"癸丑卜，壴，贞旬亡祸"。

有的卜辞横行，与一般下行而左（或右）不同。有的自右向左横行，如《后下》3·8（例图 82）。也有的自左向右横行，如《甲》2333（例图 83）的"上甲、报乙、报丙、报丁"即是。

还有的卜辞左右兼行。一般卜辞常例，应左行，或右行。但有时因"甲骨余地不足，左行者或转而右行，右行者或转为左行，或转于左而右行"②。《侠》281（例图 84）"辛巳卜，狄（居中），贞王田往（居右）来亡灾（居左）"即是此例。

在牛胛骨的左右边缘部分，刻辞往往分段契刻。这是"因地位狭隘，刻字乃不能过大或过多"。"否则，一辞即不得已而分为上下两截"③，这就是"一辞分刻两段"。如《前》1.52.5（例图 85），即将一条卜辞的叙辞"壬寅卜……"和命辞"贞王……"分刻为二段。

有的同一面上的卜辞走向互有颠倒，如《甲》2766（例图 86），上部之"□□卜，何，〔贞〕……鼏祖辛"自上而下，与常例没有区别。但下段卜

---

① 胡厚宣：《卜辞杂例》。
② 同上。
③ 同上。

辞"贞其令乎射鹿。驭"全辞倒置，与常例走向相反。也有的甲骨正、反面文字走向相倒，与常例正、反面的文字走向一致不同。如《甲》2698（例图87），正面各辞走向都为常例，而反面的二字，当为将骨倒置所刻。

四，占卜契刻方面的特例。有一些刻辞与常例不同，但不是因文字、单词或行款方面的错误，也不是因设计不周密造成的。而是因为与一定的占卜程序有关。如《萃》1424（例图88）之占卜记有二贞人名。商代各期占卜，除第四期卜辞所见贞人较少（只一名"历"者）外，其他各期卜辞常记贞人。一般说来，一条卜辞只记一贞人名。但也有二人同占者。此片上出现之一个贞人，"每与其它史官如争、宾、内等并贞，又祖庚祖甲时亦有大、即两史同贞之一例"。究其原因，"或其中之一史官为后起，于贞卜之事，尚不甚娴熟，故常狭他史官以助之也"[①]。

商人占卜契刻，多为当时所为。即一条卜辞的叙辞、命辞、占辞为卜后当时所记。只有验辞，是经若干时日所卜之事应验后所补记。但也有"追刻卜辞"的特例。所谓"追刻"，即卜辞记贞卜之日的叙辞，与命辞中所记贞卜之日不同。如《甲》697（例图89），叙辞为"癸未"，但命辞中为"今乙酉"。癸未与乙酉相距三日，此辞当为癸未日占卜之后，过了三天——"今乙酉"追契。

[①] 胡厚宣：《卜辞杂例》。

第七章
甲骨文的分期断代（上）

本书第三章第二节《甲骨文时代的确定和小屯为殷虚的研究》曾指出："甲骨文为'殷室王朝之遗物'的确定，大大提高了它的学术价值，从而为史料较少的殷商文化研究提供了一批时代明确的珍贵资料"。而"关于小屯村为盘庚迁殷后晚商都城的研究，不仅明确了甲骨文为晚商之物，也进一步为以后进行的分期断代研究确定了具体的时间范围"。但仅仅如此，还不能满足甲骨学和商史研究的需要。

这首先是因为自盘庚迁殷至纣之灭，约计二百七十三年的晚商社会的政治和经济的发展并不是一成不变的，而是处在不断的变化和发展之中。因此，只有将这一时期的甲骨文材料进行区分时代的处理，也就是将这十五万片甲骨材料分别统归于它所相当王世的具体时期，才能把有关商代社会历史的研究置于可靠的基础之上。其次，十五万片晚商甲骨文本身，在文字、礼制、经济、政治等方面的内容，每个时期也都有它自己的不同特点。因此，不仅甲骨学本身的发展有必要将甲骨材料进行分期研究，而且大量材料也为分期断代研究提供了可能。其三，1928年开始的殷虚科学发掘工作，为甲骨文的分期断代研究提供了大量新鲜材料和重要的启示。而殷虚文化分期绝对年代的确定，也需要甲骨学分期断代研究的成果提供确切的佐证。

甲骨学大师董作宾《甲骨文断代研究例》这篇创通阃奥的宏文1933年发表以前，虽然不少前辈学者对甲骨文分期断代研究进行过一些探索，但他们将晚商二百七十三年"层垒"造成的甲骨文材料，还只是做"平面"——即横向处理，笼统称之为"殷虚书契"或"殷虚甲骨文"。董作宾这一著作发表，才凿破晚商二百七十三年甲骨文的一团"混沌"，使之犁然贯通，横中有纵，十五万片甲骨文这才尽在经纬之中。

掌握甲骨文分期断代的基本理论和方法，不仅对初学甲骨学的人十分必要，而且也是研究甲骨学和殷商史的重要基础工作之一。只有如此，才能"把每一时代的卜辞，还他个原有的时代，那么，卜辞的价值便更要增高，由笼统的殷人二百年间的卜辞，一跃而为某一帝王时代的直接史料了"①。

第一节 甲骨文分期断代的探索

和其他考古新材料的出土一样，1899 年殷虚甲骨文发现以后，学者们着手解决的重要问题之一，就是判明它的时代。所谓判明时代，包含两个方面的内容：一是它的大时代。也就是说在中国历史发展的长河中，它相当于哪个阶段（或朝代）。这一问题，经过学者们的探索，甲骨文为晚商遗物是确定无疑的了。二是它的具体时代。中国历史上的商王朝，又可划分为不同的时期（或王世）。每一片甲骨文究竟相当哪一位商王时期，这是在研究中必须搞清楚的。因为只有将甲骨文的具体时代判明，才能从十五万片甲骨文里钩稽出商代信史。

自 1899 年甲骨文发现起，学者们就开始了判明甲骨文时代的探索。第三章第二节《甲骨文时代的确定和小屯为殷虚的研究》部分，已对王懿荣、刘鹗、罗振玉、王国维等学者对甲骨文时代的研究作了介绍。就是通过这些学者的努力，甲骨文这一不见经传记载的我国古代文化艺术珍品，才"从公元前二十一世纪至十一世纪的夏商二代"，逐步明确"是殷代后期从盘庚迁殷到纣辛灭国八世十二王这一段时间的遗物了"②，从而为史料较少的商代社会研究提供了十五万片第一手材料。正如胡厚宣先生所说："十六、七万片的甲骨文字，每片平均，就以十字计算，已经是一百六七十万言了。在这短短的五十年间，从前孔子所叹为文献难征的商代的直接史料，竟发现了一百六七十万言之多，这能说不是近代中国学术史上一件惊人的盛事么？"③

学者们并未就此止步。随着甲骨学研究的逐步深入，又开始了将晚商二百七十三年甲骨文进行分期断代的探索。王国维在《殷卜辞中所见先公先王考》一文中，"首先用卜辞的称谓定甲骨的年代，大约罗振玉也已有见于

---

① 董作宾：《大龟四版考释》。
② 王宇信：《建国以来甲骨文研究》，第 7 至 8 页。
③ 胡厚宣：《〈五十年甲骨学论著目〉序》。

此"①，这就是王国维文中所注的"罗参事说"云云。王国维当时考察了下述卜辞：

　　癸酉卜，贞王宾父丁岁三牛眔兄己一牛，兄庚□□，□□。(《后上》19·14)
　　癸亥卜，贞兄庚……兄己……(《后上》7·7)
　　贞兄庚……眔兄己其牛。(《后上》7·9)

并论断说，"考商时诸帝中，凡丁之子无己、庚二人相继在位者，惟武丁之子有孝己（战国秦燕二策、《庄子·外物篇》、《荀子·性恶》《大略》二篇、《汉书·古今人表》均有孝己。《家语·弟子解》云：高宗以后妻杀孝己。则孝己武丁子也)，有祖庚、祖甲，则此条乃祖甲时所卜。父丁即武丁，兄己兄庚即孝己及祖庚也。孝己未立，故不见于《世本》及《史记》，而其祀典乃与祖庚同"②。王国维此说虽早在 1917 年发表，但所论确极为精到。上述卜辞为祖甲时物，即我们今天所说的甲骨文第二期。

此外，王国维在考察《后上》25·9"父甲一牡、父庚一牡、父辛一牡"时，论证了"此当为武丁时所卜。父甲、父庚、父辛即阳甲、盘庚、小辛，皆小乙之兄，而武丁诸父也（罗参事说）"③。这一考证也是颇有见地的。此片确实为武丁时所卜，即我们今天所说的甲骨文第一期。

可以说，早在 1917 年左右，王国维、罗振玉就开了以"称谓"定卜辞时代的先河，这是难能可贵的。由于在王国维生活的时代，殷墟科学发掘工作还没有进行，所以完成甲骨文分期断代并使之系统化的使命，是不可能由他们完成的。但他们在探索时闪耀的有关"称谓"的思想火花，无疑对后辈学者凿破甲骨文二百七十三年的"鸿蒙"是有很大启示的。

其后在 1928 年，明义士也曾尝试根据"称谓"对甲骨文进行分期断代。他所编辑的《殷虚卜辞后编》一书的手稿，即为董作宾、胡厚宣《甲骨年表》1924 年"小屯村人因筑墙，发现一坑甲骨文字，为明义士所得，其中有极大者"所记的一批。"此编原分装九大册，每页一片，前六册为藏甲，

---

① 陈梦家：《殷虚卜辞综述》，第 135 页。
② 王国维：《殷卜辞中所见先公先王考》，《观堂集林》，第 431 页。
③ 同上书，第 434 页。

后三册为藏骨"①。1972年由许进雄整理为上、下二册出版。明义士当年曾作有序（但未发表），序中说：

> 一坑之集合（笔者按：即1924年小屯出土的一坑）。此屉之整理，先分二部分，一部分为田猎、游行之事，一部分为祭祀之事。此卷之所著录者，则为关于祭祀部分者也。
>
> 此一部分之已整理者，按时代之先后，区之为二，即甲屉与丙屉是也。其残余不联读之卜文，加在小四方孔中。甲屉二（即《明后》3051—3076），武丁时。
>
> 武丁称小乙为父乙，母为母庚；羊甲为父甲，盘庚为父庚，小辛为父辛。此屉诸骨，为武丁后半期所卜者。此时代以前之字体，在兽骨重要部分所得者，在一、二集中。
>
> 甲屉三（《明后》3077—3095）
>
> 与甲屉二同，但无直接提及父乙及字形之整理。
>
> 甲屉四（《明后》3096—3126）
>
> 与甲屉二及三同。
>
> 甲屉五（《明后》3127—3145）
>
> 祖庚称武丁为父丁。
>
> 在此时代中之兽骨，未有称祖己为兄己者，其字形为大。小乙之所以称为小乙者，乃其孙之所称，因其先祖中已有祖乙之称在祖庙中也。予曾以长时间，疑此大字诸兽骨，或属于盘庚、小辛及小乙之时代，彼等之称及祖丁，但此骨之有父丁及小乙者较之，可决属于祖庚时代。
>
> 甲屉六（《明后》3146—3161）
>
> 与甲屉五同时，并不在祖庚时代以前，且无祖甲时王宾字体之特点。其字形大而粗草。
>
> 甲屉七（《明后》3162—3187）
>
> 与甲屉五、六同。
>
> 丙屉二（《明后》3220—3239）
>
> 祖甲称武丁为父丁，孝己为兄己，祖庚为兄庚。此时代之字体，变为小而细整，尤以王宾等字，特用一种横笔。

---

① 许进雄：《〈殷虚卜辞后编〉编者的话》，艺文印书馆1972年版。

丙犀三（《明后》3240—3263）祖甲时。

丙犀四（《明后》3264—3293）康祖丁时。

丙犀五（《明后》3294—3329）同上。

丙犀六（《明后》3330—3354）武祖乙时。

丙犀七（《明后》3355—3381）同上①。

从上引明义士《殷虚卜辞后编》序中可以得知，他当时也是用甲骨文中的"称谓"，并较早地注意到"字体"，力图对1924年小屯村中出土的一批甲骨进行分期处理。众所周知，小屯村中及村南所出甲骨多为较晚的第三期及第四期物，即为"康丁、武乙、文丁三王卜辞"，明义士定其为武丁及祖庚时代，是因为他把卜辞中的"父丁"误认为是武丁，"其实是武乙称康丁"；又把"父乙"误认为是小乙，而"其实是文丁称武乙"，"因此他的断代不免全错了"②。虽然如此，明义士在进行分期断代研究时提出的甲骨文"字体"的变化，无疑对后来的分期断代研究是很有意义的。

真正较为缜密系统的分期断代研究，是1928年殷墟科学发掘工作开始以后，由甲骨学大师董作宾进行的。1928年10月第一次试掘殷墟时，"开工的第一天，是10月13日，在相距甚远的地方，挖了四个新坑，结果是大失所望，一片甲骨也没有找到"。第二天以后，才改变了方案，依照本村工人的经验，在所谓"第一区"第九坑，即"村北靠近洹水南岸的朱姓地内，翻挖曾经挖过多次的旧坑，找到了许多破碎腐朽的甲骨文字"。又在所谓的"第二区"第二六坑，即"朱地的西南，刘姓地内，也找到了旧坑"，出了一些甲骨文。还在所谓的"第三区"第二四坑，即"在小屯村中张姓菜园里，又找到了一个未经挖过的新坑"，也出土了一些甲骨文。当时主持发掘工作的董作宾仔细观察了上述三个不同区域所出的甲骨文字后，认为"三区各自成为一组，各有特异之点"。即：一区第九坑出土许多规整小字，也有雄伟大字；第二区第二六坑没有一块小字的甲骨片，但有一种较为细弱的书体；而第三区第二四坑，甲骨书体和一、二两区大不相同。

正是"由于三个地方出土的甲骨文字的不同"，董作宾得到"一个很大

---

① 明义士此序未发表。此处引自李学勤：《小屯南地甲骨与甲骨分期》所附明义士《〈殷虚卜辞后编〉序》，《文物》1981年第5期。

② 陈梦家：《殷虚卜辞综述》，第135—136页。

的启示"。正如他自己所说："使我时时刻刻在苦思冥索，要找出一个可以判别卜辞时代的方法。"① 董作宾看到甲骨文有"字形之演变，契刻方法与材料之更易"，认为这"决非短时期内所能有"，因此他在1933年《甲骨文断代研究例》一文的"十项标准"确立以前，就开始酝酿分期断代的依据和标准。在1931年发表于《安阳发掘报告》第三期的《大龟四版考释》一文，设想分期断代工作"应从各方面观察而求其会通，大要不外下列的数种"，即"一、坑层，二、同出器物，三、贞卜事类，四、所祀帝王，五、贞人，六、文体，七、用字，八、书法"等八项。特别是其中"贞人"一项的提出，是受1929年第三次科学发掘殷墟时，著名的"大连坑"南段的长方形坑内，发现四版大龟甲的启示。因为它们"是同时同地出土，又比较的完全，所以同时来研究它们，就称它们为大龟四版"②。例图90（《甲》2121）即是其中之一。

以出土"大龟四版"而闻名甲骨学史的"大连坑"，实际上是四个（东段、中段、西段、南段）坑口长、宽各不相同的遗迹相连而成。当时尚处在我国田野考古学的初期阶段，发掘者还不善于依土质、土色的变化划分地层，并用地层学的方法处理文化遗迹和遗物。而只是根据下挖的深度多少，处理并记录该深度出土什么遗物。实际上大连坑的四部分是：东段距地表深二至二点九五米，中段距地表深三点四五米，西段距地表深二点四五米，南段距地表深三点五米。大龟四版出土在大连坑的南段长方坑内。此坑"东西长三米，南北宽一点八米，最深处未见底，距地面五点六米，距坑口二点一米；坑口有隋墓一座，下出整龟一，刻字龟版四；再下有蚌壳一层，再下又有贝一层，并夹铜器及石刀等"③。

董作宾受到"大龟四版"的启示，第一个提出了"贞人"说。所谓"贞人"，即"贞卜命龟之人"。卜辞中位于叙辞干支之后，命辞贞字之前的一个字即为其名。此字过去甲骨学者或疑为官名，或疑为地名，或疑为占卜事类。真是众说纷纭，但在辞中都扞格难解。董作宾依据新出土的"大龟四版"中之第四版（《甲》2122），始确定此字为人名。如果贞字之前的此字为地名，其前要加"在"字，如"在向贞"、"在潢贞"等等。因此他断言，

---

① 参见董作宾《〈殷虚文字甲编〉自序》。
② 董作宾：《大龟四版考释》。
③ 李济：《民国18年秋季发掘殷虚之经过及其重要发现》，《安阳发掘报告》1930年第2期，第226、236页。

"只言'某某卜某贞'者,决非地名"。此外,本版全为卜旬之辞,如果贞上此字为卜贞"事类"域"职官名","则应全版一致"。但这一"卜旬之版,贞上一字不同者六,则非事与官可知"。他说:"可知其决为卜问命龟之人,有时此人名甚似官,则因古人多有以官为名者。又卜辞多'某某王卜贞'及'王卜贞'之例,可知贞卜命龟之辞,有时王亲为之,有时使史臣为之,其为书贞卜的人名,则无足疑"[1]。

"贞人"的发现,对甲骨文的分期断代有着重要的意义。这是因为"凡见于同一版上的贞人,他们差不多可以说是同时"的。上举"大龟四版"之一的《甲》2122片,共有六个贞人,他们在九个月的时间内,轮流贞旬。"他们的年龄无论如何,必须在九个月内是生存着的,最老的和最少的,相差也不能过五十年。因此,可由贞人以定时代"[2]。"贞人说"使甲骨文分期断代的解决始露端倪。

此后,董作宾曾将《铁云藏龟》、《殷虚书契菁华》等书中出现的同版贞人材料,选出有关的卜辞与"大龟四版"中出现的贞人相比较、印证,"已略可知四版的贞人,大概是在武丁、祖庚之世",而且从"帝王,书体,同时人名等都可以互证的"[3]。

董作宾"贞人"的发现和其他几项标准的设想,为他其后发表的《甲骨文断代研究例》这篇甲骨学史上划时代的名作奠定了基础。自甲骨文1899年发现以来,罗振玉、王国维等前辈学者所没有能分开的混沌一团的殷代史料,在殷墟科学发掘以后,被董作宾划分为井然有序的五个不同时期。在一定意义上说,正是有了近代田野考古学的科学方法,董作宾才有可能凿破鸿蒙,把甲骨学商史研究推向一个新高峰。

第二节 分期断代"五期"说及"十项标准"(上)

董作宾在《大龟四版考释》中提出"贞人"说和设想了其他几项标准以后,又进一步研究了安阳殷虚五次科学发掘以来所得甲骨材料。此时他"因坑位及出土的甲骨文字的差别,于是更有从文法,词句,书体,字形等

---

[1] 参见董作宾《大龟四版考释》。
[2] 同上。
[3] 同上。

方面区分时期的标准"的得出①。原来在《大龟四版考释》中设想的八项标准，经过补充、修正，终于日臻缜密和成熟。这就是董作宾于 1932 年写出并于 1933 年发表的《甲骨文断代研究例》。

《甲骨文断代研究例》，是一篇十万余言的鸿篇巨制。文中构筑的"五期"分法和"十项标准"，至今还是国内外甲骨学界和商史研究中所普遍使用和承认的基本方法。可以毫不夸大地说，这篇甲骨史上的名作，震聋发聩，钩深致远，为甲骨学商史研究开辟了一个全新时期。五十多年来，历年长新，是几代甲骨学者的基本入门教科书。所谓甲骨文分期断代研究，就是董作宾分期断代学说的继承和发展。

在《甲骨文断代研究例》中，董作宾将盘庚迁殷至纣之灭这二百七十三年、八世十二王的殷墟甲骨文，分为下述五个不同时期，即：

第一期，武丁及其以前（盘庚、小辛、小乙。四世四王）；
第二期，祖庚、祖甲（一世二王）；
第三期，廪辛、康丁（一世二王）；
第四期，武乙、文丁（二世二王）；
第五期，帝乙、帝辛（二世二王）。

这五个不同时期，是用下述十项标准研究甲骨文得出的：

一、世系，二、称谓，三、贞人，四、坑位，五、方国，
六、人物，七、事类，八、文法，九、字形，十、书体。

这"十项标准"犹如一把钥匙，为我们打开了看来似是"浑沌"一团的十五万片甲骨时代先后的大门，使其"各归其主"，有条不紊地划归五个不同时期，隶属八世十二王的名下。因此，熟练地掌握上述分期断代的"十项标准"，不仅是初学甲骨文的基础训练，在甲骨学和商史研究工作中也将受益无穷。

这里先将分期断代实践中较为常用和行之有效的几项标准，即世系、称谓、贞人、字形、书体介绍于下。

所谓"世系"，就是商人祖先的世次。世次就是位次，包括直系及旁系，由此可知商先王之间的远近亲属关系。《史记·殷本纪》列有商人先公先王

---

① 董作宾：《甲骨文断代研究例》。

的世系。王国维据卜辞研究，作有《殷卜辞中所见先公先王考》及《续考》①。他指出"有商一代先公先王之名，不见于卜辞者殆鲜"，并纠正了《史记·殷本纪》所列个别商王世次之误，认为"《世本》、《史记》之为实录，且得于今日证之"，司马迁的记述是可信的。经过进一步研究，1925年他在《古史新证》中又进一步得出，有商一代三十王，不见于卜辞的只有六王（除帝乙、帝辛）了。到了1933年，董作宾《甲骨文断代研究例》发表时，则殷"所祀先王先公，止于文丁，可知最后主祀者为帝乙帝辛"。各代帝王，除末二世之外，全都见于卜辞中了（见后附商世系表）。《史记·殷本纪》所列先公先王的世系，基本可与甲骨文所出现的先公先王名次对照起来。

商汤灭夏（公元前十六世纪左右），建立了商王朝，因此后世称商汤（即大乙、唐）以前为"先公远祖"时期。这一时期又可细分为二段，即自帝喾到振的各祖先，为"先公远祖"；而自上甲微至示癸的各祖先，为"先公近祖"。商人的先公远祖契曾"佐禹治水有功"，被舜命为"司徒"，"封于商，赐姓子氏。契兴于唐虞大禹之际"②。契以下至主癸（示癸），基本上与历史上的夏王朝同时，为公元前二十一世纪至公元前十六世纪这一段时间，又可以称为"先商时期"。商汤（大乙、唐）到祖丁，后世称为"先王前期"；而自盘庚到帝辛，后世称为"先王后期"。自大乙（唐）至祖丁这一段先王时期，为历史上商王朝的前期和中期。自盘庚以后的各先王，定居今河南安阳殷墟小屯村一带不再迁都，是历史上商王朝的后期。殷墟所出十五万片甲骨文，就是这一段时间占卜的遗物。盘庚以前先公先王时期的有字甲骨还没有被我们所认识（或发现）。

"世系"这一标准在甲骨文分期断代研究中虽然不直接使用，但它却起着特殊的决定性作用。有了世系，才能把商族建国前后的历史从纵的方向竖立起来，纲举目张，其他各项标准才有了判明甲骨文时代早晚的客观根据。因此，为了分期断代研究的需要，最好把商世系表中商朝建国以后的直系先王名记熟。如果这一点比较困难，起码也要熟记盘庚以后的直系先王名次。

"称谓"是占卜时的王对自己亲属的称呼。甲骨文多是在位的王命令史官为其卜问（或王亲自卜问）的，既然史官代表时王卜问或记事，自然卜辞

---

① 王国维：《观堂集林》卷九。
② 《史记·殷本纪》。

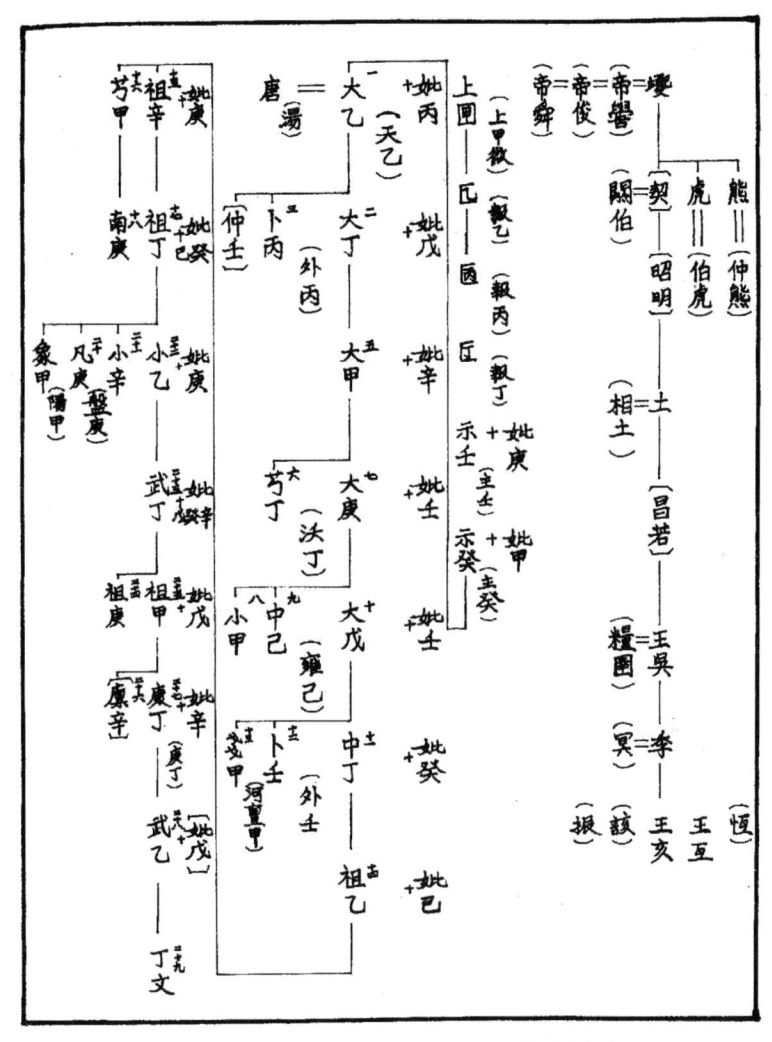

商世系表 （据《卜辞通纂》）

中对所祭祖先的称谓，当以时王与其关系的亲疏、远近而定。时王称自己所祭的父辈为"父某"，母辈为"母某"，兄辈为"兄某"，子辈为"子某"；祖父、祖母以上亲属均称之为"祖某"、"妣某"。辈次更远者，则径称其名谥。据此，就可以在商世系表上将这个占卜的时王所处时期清楚地推断出来。因此，用表示时王与各祖先关系的称谓判定甲骨文的时代，是分期断代的一个重要标准。

离时王较近的父辈、母辈、兄辈、子辈，称谓关系明确，在分期断代时是较为可靠而常用的。祖父母辈以上的祖先离时王较远，而且均称"祖某"、"妣某"，常出现同名的情况，则不易判断具体为哪位祖、妣。

我们可举几片卜辞作示例。首先要明确的是，在商世系表上，阳甲、盘庚、小辛、小乙为武丁的父辈，而祖己（未及位早死）、祖庚、祖甲为武丁的子辈；对祖甲来说，祖己、祖庚为其兄，武丁则为其父；而对廪辛、康丁来说，祖己、祖庚、祖甲则为其父辈了。

（一）《萃》310（例图91）

  己卯卜，行，贞王〔宾〕兄己䖻〔亡〕尤。
  □□卜，行，〔贞〕王〔宾〕兄庚〔亡〕尤。
  □□卜，□，贞王宾叙亡尤。

此片为骨，刻辞相间，即卜祭兄己后，又卜祭兄庚。兄己、兄庚为祖甲对其二兄的称谓，因此该片时代应为第二期。更确切地说，是第二期祖甲时。而据此片也可以定贞人"行"为第二期贞人。

（二）《萃》313（例图92）有一辞云：
  父己累父庚酒。

（三）《萃》335（例图93）有一辞云：
  其求在父甲，王受又。

已如前述，祖己、祖庚、祖甲是廪辛、康丁的父辈，即称之为"父己"、"父庚"、"父甲"。则此二片时代为第三期廪辛、康丁时。

（四）《萃》334（例图94）
  贞侑于父甲。

（五）《萃》306（例图95）
  戊午卜，行，贞王宾父丁岁二牛……

（六）《萃》237（例图96）
  于父丁又岁。

第四片称谓为父甲，当为武丁称其父阳甲，所以可定此片为第一期。此片上它辞出现的贞人"争"，自应为第一期武丁时贞人，而且书体作风也为一期特点（关于此，我们下面将详述）。第五片、六片都有"父丁"的称谓，在这种情况下，又如何据称谓以定其时代呢？那就要从总体上来考察了。首先，这两片甲骨的书体，一望即可知其作风不同。其次，在字体方面，如王字写法两片也不同。其三，贞人"行"是第二期人物。因此《萃》306 片之父丁，应是第二期祖庚、祖甲对其父武丁的称谓；而《萃》237 之父丁，当为武乙、文丁对其父辈康丁的称谓，故此片应为第四期物。

这样，根据称谓，我们就可以解决一批不具贞人名或具贞人名的甲骨片。与此同时，不少贞人的时代也就可以确定下来。

"贞人"，是商王朝代表时王占卜并记事的史官，他们都是商王朝的高级知识分子，不同的贞人供职于不同的商王。贞人的时代，是由甲骨上的称谓决定的，如前举第一期贞人"争"和第二期贞人"行"等。有的贞人根据其称谓既已判明时代，也就可以把与他同时出现于一版上的贞人，也定为同一时代，这就是"贞人同版"。如"大龟四版"之一的《甲》2122 所出现的六名贞人，又如《通》29（例图 97）之"争"、"宾"等等。我们再把根据"共版"关系的贞人与其他的贞人系联起来，就可以找出每一时期的贞人组。这样，就可以根据甲骨上出现不同时期的贞人，判定甲骨为该贞人所属时期之物。

甲骨文第一期武丁时代，由于他"享国五十有九年"[①]，在位的时间较长，故卜用甲骨也较其他各期为多。如《甲骨文合集》十三巨册，第一期武丁时代竟占七册之多。第一期甲骨文中贞人也较其他各期为多，第二、三期次之，第四、五期最少。尤其是第四期，只有一名贞人名"历"者（例图 98、《甲》544）。现将各期较为常见的贞人列名于下：

第一期

[①] 《尚书·无逸》。

第二期

[甲骨文字] 大、旅、即、行、兄、出、先、吴、喜
[甲骨文字] 尹、友、自、逐、告、此、半、亲、营
[甲骨文字对应]

第三期

[甲骨文字] 何、宁、狄、彳、口、彭、叩、专、骨
[甲骨文字] 才、出、侍、径、曰、彭、叩、专、量
[甲骨文字] 専、欧、鹿、定、多

第四期

[甲骨文字] 历、筌

第五期

[甲骨文字] 黄、派、徒
[甲骨文字] 黄、於、禍

如此等等，以上仅是我们所列举的应掌握的各期基本贞人而已。中外学者整理全部甲骨文材料得知，目前共出现贞人一百二十八名左右。各位学者对有些贞人所属时代的看法，不尽相同。关于此，可参看文物出版社 1980 年出版的孟世凯《殷虚甲骨文简述》一书第一二三至一二六页《（一）各家所定甲骨文卜辞贞人时期表》及其说明。还可参看 1986 年黄山书社出版的殷涤非《商周考古简编》第七〇至七六页《甲骨文卜辞贞人分期表》。

以上世系、称谓、贞人，三位一体，是甲骨文分期断代的基础。也有人称此三者为分期断代的"第一标准"。而在三者之中，贞人最为重要。这是因为"卜辞占卜者不外时王与卜人。时王在卜辞只署一'王'字，故无从

定其为何王，只有从其对祖先的称谓而定。'卜人'即董氏所谓'贞人'，于卜辞署其私名。占卜者之所以重要，因为仅仅依靠称谓断代，其材料究属有限。并且，单独的称谓不足以为断代的标准，如'父乙'可以是武丁称小乙，也可以是文丁称武乙"。所以"占卜者是最好的断代标准，因为：（1）同一卜人可以在不同卜辞中记载若干称谓，如卜人行于某某片称'兄己兄庚'，于另片称'父丁'，则行必是祖甲时人。（2）在同一版甲骨上往往载有若干卜人，他们是同时的人，因此将同时卜人见于不同版的诸种称谓汇聚起来，可以得到某一时代整个的称谓系统"①。

依据"第一标准"，我们就可以定出时代明确的标准甲骨片。这些标准片包括没有贞人而由称谓决定时代的甲骨（但不很多），还包括较多的由贞人可定时代的甲骨。再通过对这些标准甲骨片的整理和归纳，还可以派生出其他的各项标准，诸如方国、人物、事类、文法、字形、书体等等。可以说，这些已是分期断代的"第二标准"了。

第三节　分期断代"五期"说及"十项标准"（中）

"字形"之所以能成为分期断代的标准，是因为学者根据"第一标准"确定了标准片后，自然就可看出，似乎相同的一些常用字，在各期之中又有所不同。

几乎每一片甲骨上都要出现的"干支"字，在甲骨文字中最富有时代的变化，因而也就成了分期断代较为常用的重要手段。各期干支字的变化情形如一三六、一三七页《干支字演化表》所示。

还有一些常见字如"王"、"贞"、"侑"等等，其时代变化也较明显，如一三七页《常见字变化表》所示。

以常见的干支字和常用字的变化为基础，在分期断代的实践中，还会发现一些其他富于时代特点的字形。自己可以不断留心、比较，积累一批较富时代特点的字形。我们在遇到没有"称谓"或"贞人"的甲骨时，就可用其上出现的一些富有时代特点的"字形"进行分期断代。

---

① 陈梦家：《殷虚卜辞综述》，第137页。

干支字演化表

所谓"书体",就是甲骨文的书写作风。由于时代和贞人不同,不同时期甲骨文字的作风总的说来也是不相同的,虽然每一期内也还有自身的细微不同。这就是:

第一期 雄伟。有的字形体较大,笔力遒劲。也有的字形体较小,但刚劲。如例图99(《甲》3339)。

第七章 甲骨文的分期断代（上） 137

干支字演化表

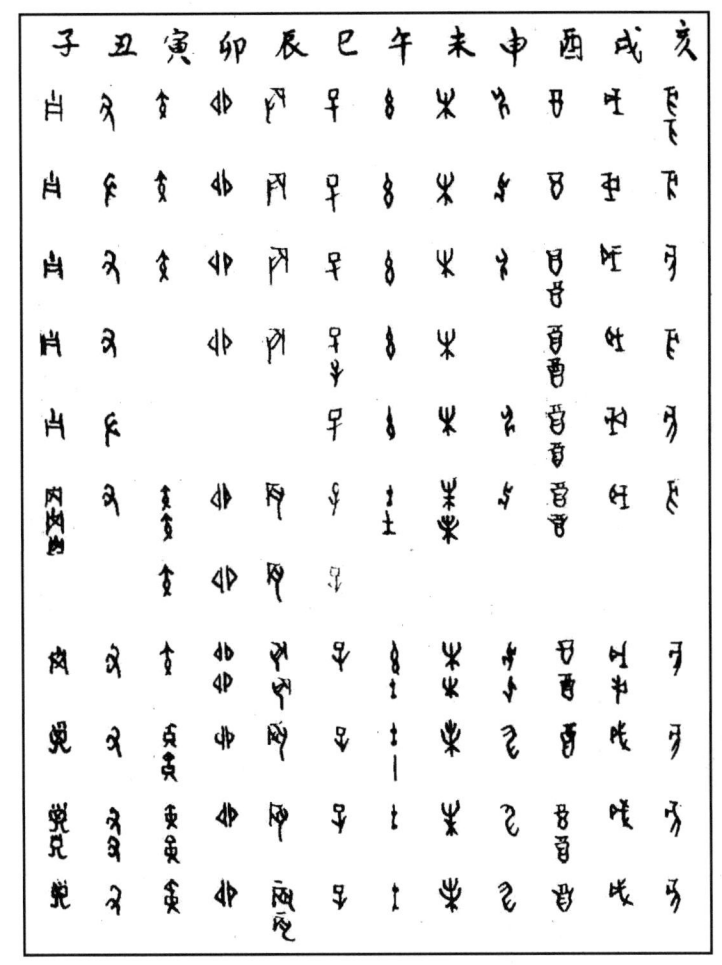

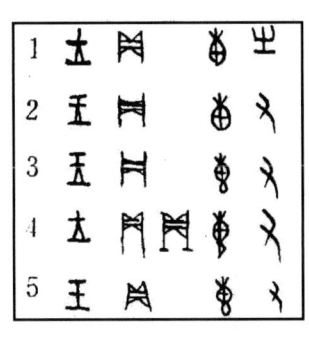

常见字变化表

第二期　谨饬。文字大小适中，行款均匀整齐，疏密适度。如例图 100（《通》75）。

第三期　颓废。常见文字错讹、行款散乱之作。当然，也有文字整齐清秀者，如前举例图 92 即是。例图 101（《甲》2605）即是颓废者。

第四期　劲峭。文字峭拔耸立、粗犷豪放，被人称为"铜筋铁骨"。如例图 102（《甲》635）。

第五期　严整。行款排列整齐，多有方整段落，文字细小，结构严整浑厚。如例图 103（《通》571）。

从文字书体作风上看，第一期与第五期的区别一望可知。第四期与第一期较难区分，但仔细体会，也还是容易判别的。这就是第一期"文"，字秀丽、规整，第四期"野"，粗犷恣肆。第一期与第二期也容易区别，即第一期文字多雄伟、豪放，第二期文字却多拘谨而细小。第二期与第五期在文字规整、细小方面，有某些相似之处，但第二期文字刻划下刀多显得轻细，而第五期则显得下刀较粗重，有某些压抑感而不如二期轻快。如此等等，须仔细体会。

"书体"在分期断代中是不可忽视的一项标准。这是因为我们在分期实践中经常遇到不具称谓、贞人以及不具典型常用字或其他标准，诸如方国、人物、事类者。这时，我们就可根据书体作风，很快判定甲骨的期别。当然，书体作风仅用上述几句话是不易说清楚的，也是不能记住上述几句话就立刻能进行分期断代实践的。真可以说是只能意会，不可言传。但其奥妙，在分期断代学习和研究过程中反复体味和总结，还是不难掌握的。熟能生巧。书体作风的判别，就和我们见到一个陌生人，根据他的容貌、气质、声音等等，判断他的年龄一样，虽然不能精确得一岁不差，但大体上还是不会相去甚远的。

所谓"方国"，就是甲骨文上所记商王朝各个不同时期与周围方国的关系。方国这一标准，也是由"第一标准"所确定的时代明确的甲骨归纳出来的。因此，我们也就可以用每一个时期甲骨上经常出现的方国作标准，判明一些甲骨的时代。

所谓"人物"，就是甲骨卜辞中出现的史官、诸侯、臣属等人名。由于我们用"第一标准"确定了一些甲骨的时代，因而也就能够确定不同时代的一批自己的"当代"人物。这些不同时期出现的人名，自然也就可以用于判断出现其名的其他甲骨所属的时期。因此，"人物"也就成为分期

第七章 甲骨文的分期断代（上）

断代的一项标准了。

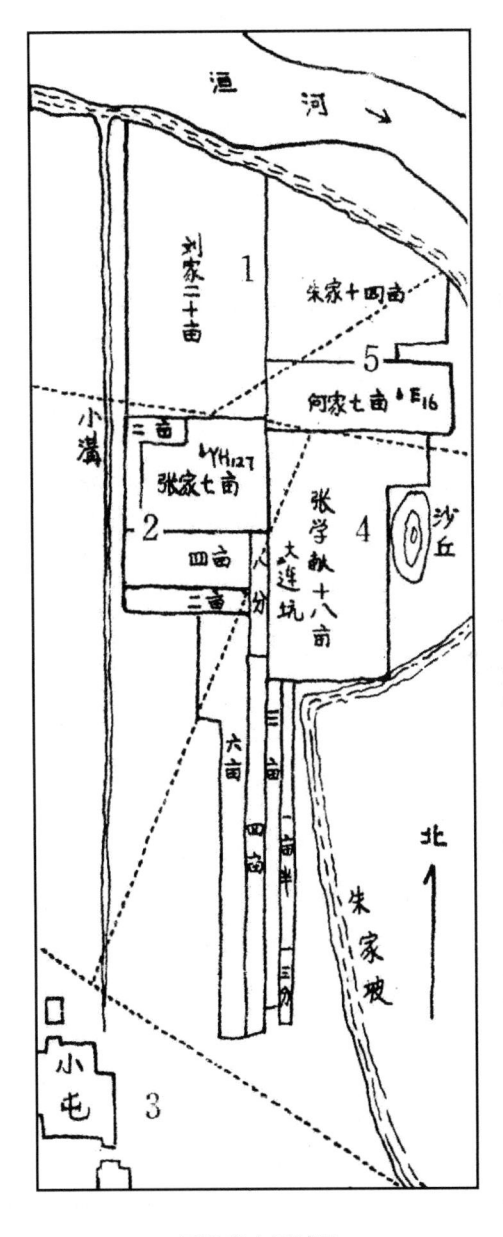

甲骨出土区域图

所谓"事类",就是占卜的事情。诸如祭祀、征伐、卜旬、卜夕、田游等等,每个不同时期也有自己不同的风尚和特定的内容。这些自然也是由"第一标准"确定的时代明确的甲骨归纳而来的,因此也可以做为标准判断其他甲骨的时代。

所谓"文法",就是卜辞的语法、常用语及文例。各期卜辞有各自的特色。这些也是从"第一标准"确定的卜辞中归纳出来的。例如,第一至第五期都有贞旬之辞,但各期有所不同。第一期贞旬多列贞人名,辞例为"干支卜,某,贞旬亡祸"。第二期与第一期基本相同,为"干支卜,某,贞旬亡祸"。第三期也基本与上述二期相同,但有个别不具贞人名者,辞例为"干支卜,贞旬亡祸"。第四期则不具贞人名,并且有的去掉"卜"字,辞例为"干支,贞旬亡祸"。第五期多为王亲自贞旬,有的还注明年月和所在地等。辞例有:"干支王卜,在某贞,旬亡祸。王占曰:吉","干支王卜,贞旬亡祸。王占曰:大吉。干支肜某某","干支卜,贞王旬亡祸","干支卜,贞王旬亡祸。在某月。在某某","干支卜,在某某,贞王旬亡祸。在某月,在某次,隹王来征人方","干支卜,在某,某,贞王旬亡祸。王来征人方",等等。还有一些常用语,如一告、二告、三告、不玄冥等常见于第一、二期,而第三期以后则不见。而"吉"、"大吉"、"弘吉"、"驭蠚"、"兹用"、"兹御"等等,早期不见,却较常见于三期以后。这些,也可以用于判断甲骨的时代。

所谓"坑位",董作宾《甲骨文断代研究例》中实际上是指甲骨出土地区。在科学发掘时期,小屯村及其北地曾被划分为一、二、三、四、五区,如《甲骨出土区域图》所示。据观察,各区出土甲骨文字是不相同的。第一区"我们须注意的,是在朱姓地内同附近一带出土的甲骨文字,它们的时代,只有第一、二期和第五期"。而第二区,出土有第一期、第二期甲骨,"我们也要注意的是绝无一片第五期的卜辞"。至于第三区,"包括所有在小屯村中出土的甲骨文字,是只有三、四期而绝无一片是一、二、五期的。"

正是由于上述各区出土甲骨文字各有特点,因此"以前著录的甲骨文字出土地,可借此推求"[①] 出来,如下表所列:

---

① 参见董作宾《〈殷虚文字甲编〉自序》。

著录材料出土时期、地点表①

出土地点	开始挖掘	继续挖掘	著 录 书	收藏者	特 点
第一区（朱地）	1904 年	1920 年	前、后、菁、续、库、龟、卜等	罗振玉、明义士	一、二、五期
第二区（刘地，朱地西南）	1899 年		铁、戬、余、拾等	刘鹗	一、二、四期
第三区（村中）	1909 年	1923 年—1928 年	萃、卜、后、佚	明义士、刘体智	三、四期

我们认为，"坑位"作为断定甲骨文时代的标准，只能起一定的旁证作用，而不能象其他标准那样起决定作用。这是因为，首先，我们今天的理解，"坑位"应指出土甲骨的窖穴及窖穴的具体地层，这些是"古已有之"的遗迹，而不应是发掘时为记录方便由后人划定的区域。因此，董作宾"坑位"这个概念本身是很不明确的。其次，即使"坑位"如我们今天的理解，是确切的甲骨出土窖穴或地层，依此断定甲骨的时代也是较为困难的。不仅解放前十五次发掘殷墟的总报告迄今尚未发表②，就是已发表的一些著作，人们也无法据以判断出土甲骨的地层、灰坑及与他们伴出陶器等遗物的总体关系，而且一些"坑位"本身的时代，至今也还是难以究明的。即使地层关系较为明确，如 1973 年安阳小屯南地出土甲骨，但依坑位断代仍很困难。例如，一个灰坑出土甲骨时代单纯，只有武丁一世物，但也有可能此坑武丁以后还在使用，灰坑的时代不一定与甲骨同期。因此，"不可能以某坑的甲骨年代来拘束同坑的其他实物的年代，反之其他实物的花纹形制足以决定此坑堆积中实物的最晚时期，而不是堆积的最晚时期"③。其三，大量著录甲骨多为盗掘所得，无"坑位"可以参考，只能推断其大体出土区域。因此在分期断代时，这批甲骨就不能使用"坑位"这一标准了。

陈梦家指出，利用坑位断代时要"十分谨慎"。即使是一个独立的有意识储藏的窖穴，"就其实物本身的断代可知此窖穴所包含实物的最早与最晚

---

① 董作宾对著录甲骨材料出土地区的划归，基本可信。但也有不够精确之处，陈梦家《殷虚卜辞综述》第 144—145 页对其不够全面之处有所辩难，可参看。
② 《甲编》所收甲骨坑位记录已发表，见石璋如《殷虚文字甲编的五种分析》，《史语所集刊》五十三本三分，1982 年 9 月。
③ 陈梦家：《殷虚卜辞综述》，第 140 页。

的期限，而实物的最晚期限乃是此窖停止堆积的最早期限"。这样的窖穴有可能"只包含一个时期，如武丁卜辞"。但也有可能"包含连续几期卜辞，如武丁、祖庚、祖甲卜辞"。还有可能"包含了太长的时期，对于我们的断代，没有很大的帮助"。只有那种包含一个时期甲骨的窖穴，在我们分期断代时才有较为重要的参考价值。"譬如某一组不能决定年代的甲骨，若总是和具有武丁卜人的甲骨同出一坑，则此组甲骨很可能是武丁时代的"①。因此，"坑位"这一标准在甲骨文断代中的作用，只不过是对由甲骨文本身诸因素所决定的时代提供某些旁证而已，不能估计得过高。

在上述各项标准中，虽然字形、书体和方国、人物、事类等项标准一样，都是在"第一标准"确定的时代明确的甲骨基础上综合、归纳出来的，但字形和书体在断代分期实践中是不可忽视并行之有效的十分方便的标准。许多既无贞人又无称谓的残辞或意义不明的卜辞，据此二项，就可以很快判定其时代。因此，熟练地掌握字形、书体这两项标准，对分期断代是很有实用价值的。

第四节 分期断代"五期"说及"十项标准"（下）

就在董作宾进行甲骨文分期断代研究的同时，旅居日本的郭沫若正在编纂《卜辞通纂》并潜心为之考释。1931年发表的董作宾《大龟四版考释》，对郭沫若有很大启发。正如他自己所说，"又'某日卜某贞某事'之例，所在皆是，曩于卜贞之间一字未明其意。近时董氏彦堂解为贞人之名，遂颇若凿破鸿濛。今据其说以诠之，乃谓于某日卜，卜者某，贞问某事之吉凶；贞下辞语当付以问符。且贞人之说创通，于卜辞断代遂多一线索"。郭沫若于是也开始进行甲骨文分期断代的探索，并拟在《卜辞通纂》"书后附以卜辞断代表，凡编中所列，就其世代可知者一一表出之"。其后不久，郭沫若在与董作宾的通信中，得知《甲骨文断代研究例》的十项标准。他认为，十项标准"体例綦密"。"贞人本董氏所揭发，坑位一项尤非身亲发掘者不能为。文虽尚未见，知必大有可观。故兹亦不复论列"②。

---

① 陈梦家：《殷虚卜辞综述》，第141页。
② 郭沫若：《〈卜辞通纂〉序》，文求堂印行1933年版。

就在《卜辞通纂》一书录就付梓以后，董作宾将《甲骨文断代研究例》三校稿本寄给了身在日本的郭沫若。郭沫若对此文评价极高，谓："复惊佩其卓识。如是有系统之综合研究，实自甲骨文出土以来所未有。文分十项，如前序中所言，其全体几为创见所充满"。"多数贞人之年代既明，则多数卜辞之年代直如探囊取物，董氏之贡献诚非浅鲜"。虽然董作宾以亲身发掘殷墟的有利条件，先郭沫若完成了甲骨文断代研究的体系，但郭沫若在整理甲骨文时对分期断代也有不少发现。正如郭沫若所说："余尤私自庆幸者，在所多相暗合，亦有余期其然而苦无实证者，已由董氏由坑位贞人等证实之"①。

郭沫若赞成董作宾《甲骨文断代研究例》所创立的分期断代标准和方法，说："董氏之创见，其最主要者仍当推数'贞人'"，"其他均由此所追溯或派演而出。氏由贞人之同见于一片及辞中之称谓或坑位等，得以判定多数贞人之时代"。"此中旅即行三名与余所见同，其他就余所能复核者，均确无可易"。郭沫若并有所补充，"别有名尹者，董氏未能考定，今据其例知亦祖庚、祖甲时人，其用字与文例与行、即等相同"②。郭沫若与董作宾，一位羁縻海外，在亡命中孜孜求索，并以金石自励坚贞；一个踯躅洹滨，亲执锄铲掘出了"层垒"造成的甲骨文的奥秘。真是殊途而同归！他们基本在相同的时间，不约而同地对甲骨文分期断代进行了创造性的研究，说明甲骨学的发展已到了必须并已有可能解决这一问题的时候了。

虽然董作宾郑重声明，他这一篇甲骨学史上划时代的论著"不是断代研究成功后的一篇结论，这乃是断代研究尝试中的几个例子"③。但在其后几十年甲骨文分期断代研究的实践中，他提出的"五期"说和"十项标准"一直行用不衰，除了有一小部分甲骨分期稍欠精确，需要重新加以研究和调整外，这一方案直到目前还是国内外甲骨学界分期断代的依据，还没有任何一个新的方案能取而代之。

胡厚宣先生自1945年《甲骨六录》出版起，开创了分期分类的编辑甲骨著录的体例。他的《南北》、《宁沪》、《京津》、《续存》等书，分期断代都采用了"四期"分法。所谓"四期"分法是：

---

① 郭沫若：《〈卜辞通纂〉后记》。
② 同上。
③ 董作宾：《甲骨文断代研究例》。

第一期　盘庚、小辛、小乙、武丁时期
第二期　祖庚、祖甲时期
第三期　廪辛、康丁、武乙、文丁时期
第四期　帝乙、帝辛时期

胡厚宣先生的第三期，包括了廪辛、康丁、武乙、文丁四王，实际上是合并了董作宾《甲骨文断代研究例》"五期"说中的第三、四期。他之所以这样做，是因为第三期和第四期甲骨中，除了有一部分根据贞人和称谓可以直接分在第三期或第四期外，还有一部分甲骨在分期实践中较难处理。这批甲骨，就是出自村中和大连坑附近的甲骨，字体严整，笔画首尾尖而中间粗。它们既不同于第三期有贞人名甲骨的"颓废"，也不同于第四期一部分甲骨的"劲峭"。因这些甲骨不具贞人名，故被有的学者称之为"无名组"卜辞①。这批卜辞的称谓，有的有"父甲"、"兄辛"，当指第三期廪辛、康丁称其父祖甲及康丁称其兄廪辛者，如《通》334（例图104），可分入第三期。但这批甲骨又有称谓"父丁"者，当为第四期武乙称其父康丁，如《甲》840（例图105），应是第四期康丁物。因此，这批卜辞虽然文字书体作风完全相同，但据称谓却分属两个时期。有"称谓"的可以如此这般处理，但无称谓的这类卜辞又归在哪期？如《萃》544（例图106）等片，文字、书体作风与上列二片完全一致，只是没有称谓。三期乎？四期乎？实在难以斟酌。胡厚宣先生的"四期"分法，将董氏的第三、四期合并，就是为了调和这一矛盾现象。

如果从其实质来看，胡厚宣先生的"四期"分法，仍然是以董作宾的"五期"说为基础的一种变通处理办法。虽然"四期"分法迁就了一些矛盾，但正如有的学者所指出，他"所分的第三期包容了三世四王，究竟太长"。"他将董氏的三、四两期合并为一，是不妥当的"②。在我们编纂《甲骨文合集》时，仍采用"五期"说，将这类卜辞中有称谓的尽量根据称谓分在第三期或第四期，而无称谓的就一律做为第三期处理了。因为据1973年小屯南地甲骨发掘和研究表明，这类卜辞（即"第一类"）常出土于小屯南地中期，即廪辛、康丁时代的地层中。关于此，我们将在本书第八章第二节予以详述。

---

① 李学勤：《小屯南地甲骨与甲骨分期》，《文物》1981年第5期。
② 陈梦家：《殷虚卜辞综述》，第139页。

陈梦家1956年在《殷虚卜辞综述》一书的第137至138页，对董作宾的"五期"说和"十项标准"也进行了某些修正，提出了分期断代的三个标准和"九期"说法。

陈梦家所说的"第一标准"，即世系、称谓、贞人。"乃是甲骨断代的首先条件"。已如前述，这也是董作宾分期断代"十项标准"的核心部分。

他的"第二标准"是：

甲、字体，包括字形的构造和书法、风格等。

乙、词汇，包括常用词、术语、合文等。

丙、文例，包括行款、卜辞形式、文法等。

陈梦家谓，"用此特征可以判定不具卜人的卜辞年代"。可以看出，这"第二标准"的甲项，实际是董氏"十项标准"中的文字、书体。而乙项和丙项，实际是董氏"十项标准"中的文法所包含的内容而已。

陈梦家论定的"第三标准"，将甲骨按内容分为不同的事类，大致有如下六种：

一，祭祀　对祖先与自然神祇的祭祀与求告等；

二，天象　风、雨、启、水及天变等；

三，年成　年成与农业等；

四，征伐　对战争与边鄙的侵犯等；

五，王事　王之田猎、游止、疾、梦、生子等；

六，卜旬　来旬今夕的卜问。

据此进行研究，"即可综合成某一时期的祀典、历法、史实以及其它制度"。因为"各种制度的不同，也可作为判别时代的一种用途"，这就是陈氏的"第三标准"。董作宾"十项标准"中的方国、人物、事类，基本上已囊括了上述六事。

陈梦家依上述三项标准，将殷墟甲骨文分为九期：

一，武丁卜辞　　　　　1　一世　早期

二，庚、甲卜辞　　祖庚卜辞2　二世

　　　　　　　　　祖甲卜辞3

三，廪、康卜辞　　廪辛卜辞4　三世

　　　　　　　　　康丁卜辞5　　　中期

四，武、文卜辞　　武乙卜辞6　四世

　　　　　　　　　文丁卜辞7　五世

五，乙、辛卜辞　　帝乙卜辞 8　　六世　　晚期
　　　　　　　　　　　帝辛卜辞 9　　七世

从理论上说，在分期断代时，应把全部卜辞分在晚商每一王世之下。"但在实际分辨时，常有困难"。其实，董作宾的"五期"说在分期断代时，也是力图把称谓明确的甲骨分在每一王世之下的。他早在 1933 年就指出："断代研究，本应以每一帝王为一代"。"就是每一帝王，仍有他时期早晚的不同"①。事实上，有不少不具贞人名和称谓不明的甲骨，是不可能细分在每一王的名下的。所以陈梦家"提出早、中、晚三期大概的分期，同时也保留了董氏五期分法。在可以细分时，我们尽量的用九期分法；在不易细分别时则用五期甚至于三期的分法"。应当指出：董氏的"五期"分法已包括了在可以细分的情况下，将卜辞分在九个商王名下的"九期"说。而陈梦家所谓的"三期"说，则大可不必。因为"五期"说可以划分全部卜辞，还没有哪些卜辞不能被"五期"说所范围，而需要采用更加笼统的"三期"说的。

　　可以看出，陈梦家的"三个标准"和"九期"说法，从内容和方法方面看，与董作宾的"五期"说和"十项标准"并没有什么实质上的不同。所以我们认为，无论是胡厚宣先生的"四期"分法，还是陈梦家的"九期"说，仍是以董作宾的"五期"说和"十项标准"为依据的。这就是为什么我们把上述二说放在本章的甲骨文《分期断代"五期"说及"十项标准"（下）》一节叙述之原因所在。

　　董作宾《甲骨文断代研究例》提出的"五期"说和"十项标准"，把甲骨学商史研究推向了一个全新阶段。同时，也对考古学研究有巨大影响。正是由于甲骨文分期断代研究的深入，我们"才可以根据伴出的甲骨文，来较为可信地确定每一建筑遗迹或遗物相当于某一王的时代。甲骨文成为遗址分期的一个重要参据"②。

　　安阳殷墟迄今的科学发掘，发现了王陵区、宫殿基址、房屋、窖穴、祭祀场、冶铜遗址、制骨作坊和平民墓等等，并出土了大批铜器、玉石器、骨蚌器、陶器、甲骨文等遗物。如此丰富的遗迹和遗物，为我们将殷墟遗址进行科学分期提供了可能。虽然这一工作前人已从不同角度有所尝试，但都较

---

① 董作宾：《甲骨文断代研究例》。
② 王宇信：《建国以来甲骨文研究》，第 13 页。

为零碎和片面。北京大学考古系邹衡教授，"在前人研究的基础上，试图通过对陶器和铜器的研究，以探讨殷墟遗址和墓葬的分期和年代，并进一步探索殷虚文化分期问题"，取得了超越前人的丰硕成果。他的论文《试论殷虚文化分期》（始载于《北京大学学报》，1964年，第4、5期。又收入《夏商周考古学论文集》，文物出版社，1980年），在殷商考古学史上占有重要地位，蜚声中外，在一定意义上，与董作宾《甲骨文断代研究例》有着同样重要的价值。

《试论殷虚文化分期》，依据新中国成立前、后在殷墟遗址发现的探沟、探方、房基、窖穴和墓葬等典型单位的材料，从分析有显著变化的陶器和铜器的形制入手，再结合一部分单位的典型地层和器物的共存关系，确定遗址和墓葬的分期。进而再综合殷墟各期遗物和遗迹的特征，并对各期文化内容的不同进行了全面分析。邹衡教授把殷墟文化分为不同的四期，其绝对年代，是参照每个不同时期出土所属不同王世的甲骨文确定的。具体地说，它们的绝对年代是：第一期"约相当于甲骨第一期以前"，即"盘庚、小辛、小乙时代"。第二期"约相当于甲骨第一、二期，即武丁、祖庚、祖甲时代"。第三期"约相当于甲骨第三、四期，即廪辛、康丁、武乙、文丁时代"。第四期"约相当于甲骨第五期，即帝乙、帝辛时代"[1]。邹衡教授对殷墟文化分期绝对年代的考订，与胡厚宣先生的甲骨文"四期"分法基本相近[2]。

中国社会科学院考古研究所根据新中国成立以后的发掘材料，对殷墟遗址的文化分期也做了不少研究。他们根据1962年发掘大司空村遗址时，灰坑打破关系的材料，将遗址分为四期。据研究，其绝对年代，"一期遗存约当武丁时代或稍早，即公元前十三世纪后期至十二世纪初"；"二期约相当祖庚、祖甲前后"；"三期遗存则属康丁、武乙、文丁时代，约公元前十二世纪后期至21世纪初"；"四期遗存为帝乙、帝辛时代，约公元前11世纪中叶"[3]。虽然上述二说略有不同，但陶器的演变和时代序列基本上并无龃龉。

---

[1] 参见邹衡《试论殷墟文化分期》，《北京大学学报》1964年第4、5期。
[2] 胡厚宣：《〈宁沪〉自序》；又《〈南北〉序》、《〈京津〉序》、《〈续存〉序》等。
[3] 参见《新中国的考古发现与研究》，第223—224页；又：《殷墟青铜器》，文物出版社1985年版；《中国考古学研究》，文物出版社1986年版。

殷墟文化分期与甲骨文分期对照表

分期代表者王名 项目	殷墟文化分期		甲骨文分期	
	邹衡	考古所	胡厚宣	董作宾
盘 庚	第一期	第一期	第一期	第一期
小 辛				
小 乙				
武 丁	第二期		第二期	第二期
祖 庚		第二期		
祖 甲				
廪 辛	第三期	第三期	第三期	第三期
康 丁			第四期	
武 乙				第四期
文 丁				
帝 乙	第四期	第四期	第五期	第五期
帝 辛				

第八章
甲骨文的分期断代（下）

1933年董作宾发表《甲骨文断代研究例》，当时他曾满怀信心地预言，甲骨学研究将在此文基础上取得丰硕的成果，即：

一，可以还他殷代每一帝王的真实而贵重的史料。

二，可以编著每一帝王的传记。

三，可以作各种专史的研究，如礼制、历法、地理等。

四，从各期史实中，可以看出殷代社会发展的程序。

五，从各期文字上，可以看出殷代文化演进的阶段。

六，对于发掘工作，由每坑卜辞的时代，可以证明同出的一切遗物的时代。

七，可以印证古代记载里的真实材料。

八，可以纠订前此混合研究的各种谬误[1]。

五十多年来甲骨学研究的实践和检验，完全证明了这一预言。如今，《甲骨文合集》等甲骨著录已按期别著录了甲骨资料。丁山的《新殷本纪》[2]及周鸿翔的《商殷帝王本纪》[3]等，根据甲骨文材料的董理，使文献记载的商王本纪更为充实。董作宾的《殷历谱》[4]、日本岛邦男的《殷墟卜辞研究》[5]、

---

[1] 董作宾：《甲骨文断代研究例》。
[2] 丁山：《新殷本纪》，《史董》第一册，1930年。
[3] 周鸿翔：《商殷帝王本纪》，1958年。
[4] 董作宾：《殷历谱》，《史语所专刊》四册，1945年。
[5] 岛邦男：《殷墟卜辞研究》，1953年；温天河、李寿林中译本由鼎文书局于1975年出版。

陈梦家的《殷虚卜辞综述》①、李学勤的《殷代地理简论》②、加拿大许进雄的《殷卜辞中五种祭祀研究》③等专著。对商代的礼制、历法、地理等方面进行了专题研究。而胡厚宣④、刘起釪⑤等学者，则据甲骨文材料证补史籍记载的真伪。可以说，董作宾《甲骨文断代研究例》所构成的断代体系，使几代国内外甲骨学、商史学和考古学者受益匪浅。

但是，董作宾《甲骨文断代研究例》毕竟是开拓性的著作。五十多年来，随着出土材料的增多和研究的不断深入，董作宾早年的一些看法必然要得到补充、修正，愈臻精密和科学。也有学者在董氏断代法以外，寻求新的方法，创造新的断代理论。甲骨学断代研究的各种热烈争论，促进了断代研究的发展。

第一节　分期断代研究的深入
——"揭穿了文武丁时代卜辞的谜"

学术界所谓的"文武丁卜辞"⑥、帝乙时代的"非王卜辞"⑦和所谓的"多子族卜辞"、"王族卜辞"⑧等等，名称虽然不一样，但所指都是一回事，这就是陈梦家在《殷虚卜辞综述》所全面概括的"子组"、"午组"、"𠂤组"三组卜辞⑨。《甲骨文合集》将其分为甲、乙、丙三组，集中著录在第七册中。

1933年董作宾写作《甲骨文断代研究例》时，由于这类卜辞所见不多，故没有引起学者们的注意。随着1928年殷墟科学发掘工作的不断展开和甲骨文出土的日益增多，特别是第十三次科学发掘殷墟时YH119和YH127坑有不少这类卜辞出土，才引起了学者们对它们的重视。董作宾在1945年写

---

① 陈梦家：《殷虚卜辞综述》。
② 李学勤：《殷代地理简论》，科学出版社1959年版。
③ 许进雄：《殷卜辞中五种祭祀研究》，《文史丛刊》，1969年。
④ 胡厚宣：《甲骨文四方风名考》，《甲骨学商史论丛》初集二册。
⑤ 刘起釪：《甲骨文与〈尚书〉研究》，《甲骨文与殷商史》第三辑，上海古籍出版社1991年版。
⑥ 董作宾：《〈殷虚文字乙编〉序》。
⑦ 李学勤：《帝乙时代的非王卜辞》，《考古学报》1958年第1期。
⑧ 参见贝塚茂树《京都大学人文科学研究所藏甲骨文字》本文篇，《序论》第二章。
⑨ 陈梦家：《殷虚卜辞综述》，第四章之第四节、第七节、第八节。

作《殷历谱》以前，一度把较为少见的这类卜辞一部分放在第一期，一部分放在第四期。这是因为他当时还没有认出这类卜辞的"卜"字之下还记有贞人名，或有时将"贞"字省略。此外，有的贞人如"扶"的卜辞，贞卜祭祀的是父乙、母庚（《甲》2907），自应划为第一期武丁时。但在进一步处理的过程中，他发现这类卜辞的书法、字体、文法、事类、方国、人物等方面与武丁时期的卜辞多有不同，这一矛盾现象成了解释不通的"谜"。他在撰写《殷历谱》时，又提出所谓"新、旧"派祀典不同的说法，认为在文武丁时代的纪日法、月名、祀典等方面都恢复了武丁时的各项旧制，因而把原划入第一期武丁时代的这类卜辞全部移后八、九十年，重新确定为第四期文武丁时代物。经过这样的调整后，武丁时代有各种不同的书体、字形、文法、事类、方国、人物的矛盾就可以"解决"了。

　　董作宾在深入研究了这类卜辞以后，得出了以下的看法：一，文武丁在文字、历法、祀典等方面属于旧派，复武丁之古；二，文武丁时代有一批贞人（十七名），虽然有不少贞人前已见于著录，但因这种卜辞大多不书"贞"字，所以从前没能认出"卜"下一字就是贞人名；三，文武丁时代卜辞词例很复杂；四，文武丁时代卜贞的事类也大体上恢复了武丁时代的各种旧制；五，文武丁时代卜辞的称谓与商代传统的大、小宗称谓不合……如此等等。因此他认为这类卜辞应全为第四期文武丁时期之物，从而也就避免了这类卜辞既出现在第一期，也出现在第四期的矛盾现象。这就是他所宣称的"揭穿了文武丁时代卜辞的谜"[①]。

　　但"谜"底至此并未揭穿。随着甲骨文分期断代研究的深入，学者们对其时代的认识愈来愈众说纷纭，展开了热烈的争论。日本贝塚茂树和伊藤道治1953年在《东方学报》（京都）第二三号上发表了《甲骨文研究的再检讨——以董氏的文武丁时代之卜辞为中心》一文，首先提出了"多子族"卜辞和"王族"卜辞的问题。所谓"多子族"，应是商王朝强有力的部族，与王室有密切的关系，能参加祖先的祭祀，但不能对殷王室的直系祖先祭祀。而多子族占卜的卜辞，就是"多子族"卜辞。所谓"王族"是隶属于历代殷王的强族。这一家族所占卜的卜辞，就是"王族"卜族。这两种卜辞从内容、形式、书体方面看，具有一定晚期特征。但又与第一期武丁时卜辞有许多共同点。根据称谓研究，更与第一期接近。因此，在第一期存在着与

---

① 董作宾：《〈殷虚文字乙编〉序》。

一期典型卜辞不同的另外两种卜辞。胡厚宣先生则认为这些"笔画或纤细、或扁宽、或劲挺"字体的卜辞，"因见这期卜辞有父丁、子庚的称谓，父丁即祖丁，子庚即盘庚，疑皆当属武丁以前，即盘庚、小辛、小乙时之物"①，但迄今尚未见胡厚宣先生论此问题的专文发表。

陈梦家1956年在《殷虚卜辞综述》一书中，将这类卜辞分做"𠂤组"、"子组"、"午组"三组进行全面整理，并对其特征及时代进行了系统研究。陈氏认为：

"𠂤组"卜辞的贞人有𠂤、扶、勺等，在殷墟第一、二、三、四、五、八、十次科学发掘的甲骨文中都有出现。"𠂤组"卜辞的称谓有的同于第一期宾组，有的同于"子组"，有的同于"午组"，也有的是自己独有的。"𠂤组"卜辞的字体、文例虽然与武丁时宾组卜辞有所区别，但"𠂤组的干支字有和宾组相同的，有接近晚期的，后者实为𠂤组的新形式"。𠂤组卜辞的记时法，也和宾组"相似而小异"。"𠂤组某种卜辞形式，或同于宾组，或为𠂤组所特有，或下接祖甲卜辞，与字体的情形一样，足以表示𠂤组当武丁之晚叶，开下一代的新式"②。

"子组"卜辞的贞人有子、余、我、㐭、妇、史等。其称谓有的同于第一期武丁时的宾组，有的同于𠂤组，有的同于宾组𠂤组，有的同于午组，有的同于子丁群，也有的是自己独有的。而在文法方面，有的句子形式同于宾组、𠂤组，也有为自己所独有的。特别是武丁时的子商出现在"子"卜的卜辞中（《前》8·10·1），而且"子组𠂤组和宾组常常出于一坑，而同坑中很少武丁以后（可能有祖庚）的卜辞，则子组𠂤组应该是武丁时代的"③。

"午组"卜辞只有二名不系连的贞人，文字喜用尖锐的斜笔。其称谓有的同于宾组，有的同于𠂤组、子组，也有不少是独自所有的。称谓中的"下乙"与武丁时宾组卜辞相同，"足证午组属于武丁时代"④。如此等等。

李学勤认为这类卜辞是"非王卜辞"，并将其分为五种，论述了它们的总体特征是："（一）问疑者不是商王；（二）没有王卜，辞中也不提王；

---

① 胡厚宣：《〈甲骨续存〉序》，1955年。
② 陈梦家：《殷虚卜辞综述》，第145—155页。
③ 同上书，第158—161页。
④ 同上书，第162—165页。

第八章　甲骨文的分期断代（下）　153

（三）没有先王名号，而有另一套先祖名号；（四）没有符合商王系的亲属称谓系统，而有另一套亲属称谓系统"等等。经考证，他一度定其时代为"帝乙时代的非王卜辞"①。但他根据甲骨材料进行再研究后，逐渐改变了原来的看法，宣布"自 1960 年后，我们逐渐改正了这个错误的意见"，并转而赞成其为第一期武丁时物的看法。但又指出自组、午组"都不是武丁最晚的卜辞"②。

自陈梦家论证了子组、午组、自组卜辞为武丁时物之后，新的证据不断发现，使其说日益得到补充和验证。吉林大学所藏甲骨有一片曾著录于《前》3·14·2。但在《前》著录拓本时，剪裁了上端有贞人"争"的残辞部分。这片为"干支表"，全为典型的"子组"卜辞字体。而剪去的部分，恰是骨上端的残辞"□□卜，争，〔贞旬亡〕祸"的部分，完全是武丁时宾组贞人"争"的标准字体③。子组卜辞与宾组卜辞共版，说明了其时代约略相同。此外，1973 年小屯南地发掘出大批甲骨，各单位所出不同时期的甲骨和相应时期的陶器共存，再一次"证明陶器分期与卜骨、卜甲的时代是一致的"④。特别是 T53（4A）层出土的"自组"卜甲，由于有科学发掘地层的证据，引起了学术界的重视。

T53（4A）层共发现八片整齐叠放在一起的甲骨，其中七片刻有文字。这七片有字卜甲，有一片（T53（4A）：116）记有自组卜辞贞人"扶"的名字。其他六片虽然没有录记贞人名，但从其较特殊的字体、文法看，应为自组卜辞的特征。此外，七片卜甲的钻、凿、灼的作风也基本相同。因此小屯南地 T53（4A）层出土的七块卜甲全为自组卜辞。对小屯南地 T53（4A）层的分析，为学术界争论不休的自组卜辞断代提供了新佐证。

T53（4A）层在遗址里与其他各层位、遗迹的关系是：T53（3B）层叠压 T53（4）层，T53（4）层又叠压 T53（4A）层，T53（4A）层被灰坑 H91、H110 打破，T53（4A）层下又叠压灰坑 H111、H112，而灰坑 H111 又打破灰坑 H112。

根据以上各单位出土陶器早晚的不同，可将它们进行分期：H91、T53（3B）、T53（A）为小屯南地中期（康丁、武乙、文丁）；H111、H112 为小

---

① 参见李学勤《帝乙时代的非王卜辞》。
② 李学勤：《小屯南地甲骨与甲骨分期》。
③ 姚孝遂：《吉林大学所藏甲骨选释》，《吉林大学社会科学学报》1963 年第 4 期。
④ 《1973 年安阳小屯南地发掘简报》。

屯南地早期（武丁时期）；T53（4A）层出土的陶鬲、簋、罐等与小屯南地早期（武丁时期）接近。由于 H102 打破 H110，而 H110 又打破 T53（4A），所以 H102 比 H110、T53（4A）要晚。但从 H102 出土的鬲、盆、簋、罐等陶器看，应稍早于小屯南地中期，但又略晚于小屯南地早期。这样，小屯南地 T53（4A）层最晚也不会到小屯南地中期，应相当于小屯南地早期稍晚，即武丁时代晚期。小屯南地文化分期与 T53（4A）层有关单位的时代如下表所示：

王　名	文化分期	典型层位（单位）关系
文　丁 武　乙 康　丁	小屯南地 中　期	T_{53} (3B) ↓ T_{53} (4)　　H_{91} ↓
武　丁	小屯南地 早　期	H_{102} ↓ H_{110} → T_{53} (4A) ← ↓ H_{111} ↓ H_{112}

肖楠根据出土**自**组卜甲的 T53（4A）层的层位关系分析，得出了"'**自**组卜辞'的时代绝不可能是在第三期以后（即廪辛、康丁以后）和在武丁以前，而是属于武丁时代"的结论。再进一步根据 T53（4A）层之下叠压早期灰坑 H111、H112 和其他现象判断，**自**组卜辞的具体时代"似属武丁晚期"[①]。这就为陈梦家据卜辞本身研究所确定的**自**组卜辞为武丁晚期，提供了有力的地层证据。

1980 年《小屯南地甲骨》上册出版时，甲骨的发掘和整理者在该书的前言中又对小屯南地早、中、晚三期所出甲骨进一步作了深入而全面的论证。"**自**组卜辞与宾组卜辞有许多共同之处：如地层关系上，此次都出土在小屯南地早期地层；父辈称谓基本一致；其他在内容、文例、字

[①] 参见肖楠《安阳小屯南地发现的"**自**组卜甲"——兼论"自组卜辞"的时代及其相关问题》，《考古》1976 年第 4 期。

体等方面也有不少相似之处。因此他们在时代上基本是一致的,都属武丁时代"。同时还强调了"二者也有许多重要的差别,如宾组卜辞的许多重要人物与事件不见于𠂤组卜辞,说明二者虽都是武丁卜辞,但在时间上不一定是平行关系,可能是先后关系"。至于午组卜辞,"根据地层、灰坑叠压打破关系,午组卜辞的时代稍晚于𠂤组卜辞"。再从内容方面看,其"称谓方面有下乙(祖乙),人物有光、戉、虎、𠂤侯等,这些都见于武丁时代的宾组卜辞"。其他如前辞形式、字体、祭法等方面,也有不少与"武丁时代各类卜辞相同处"。因此午组卜辞的时代可"大体确定在武丁时代"。

与此同时,谢济在全面整理已著录的这类甲骨的基础上,也进一步论证了卜辞的时代,他称之为"另种类型卜辞",即"不同于所谓宾组正统派王室卜辞"者。他考察了这类卜辞的称谓、世系,提出"值得注意的集合称谓",如"四父"(《安明》2266)、"父甲至父乙"(《掇二》170),认为"另类卜辞有这样的集合称谓是难得的,武丁宾组还没有这样对分期断代有意义的集合称谓"。他也考察了贞人,"发现王贞和𠂤贞能够直接联系武丁宾组和武丁另类卜辞"。他并指出,武丁另类卜辞与武丁宾组卜辞的二告、三告、叶朕事、叶我事、祸凡有疾、有疾祸凡、祸凡等等兆辞成语是互见的,但"并不出现在四期武乙文丁甲骨上,就从这方面排除了武丁另类卜辞为武乙文丁卜辞的可能性"。此外,在序辞、书体方面,另类卜辞也"反映了早期卜辞的一些特点"。在事类方面,"武丁宾组卜辞和武丁另类卜辞有许多相同之处",而不少内容却是"武乙文丁时所没有的"。这一切,都说明了武丁时宾组卜辞和另类卜辞的"时代相一致"[①]。

随着研究的不断深入和新证据的增多,目前国内学术界对这批甲骨分期的意见已渐趋一致。基本上都认为,这一批所谓"文武丁时代卜辞"、"非王卜辞"、"王族卜辞"、"多子组卜辞"和"𠂤组、子组、午组"卜辞等名目繁多的甲骨,其时代不是第四期文武丁时期,而应提前到第一期武丁时代。可以说,现在才真正地"揭穿了文武丁时代卜辞的谜"。

[①] 参见谢济《武丁时另种类型卜辞分期的研究》,《古文字研究》第六辑,中华书局1981年版。

第二节　甲骨文分期断代的又一个"谜团"
——所谓"历组"卜辞的争论和武乙、文丁卜辞的细区分

如上节所述,"文武丁时代卜辞的谜"的真正揭开,是将原分在第四期的㠯组、子组、午组卜辞前移至第一期武丁时代。这是近年经过学者们认真研究、探讨后,看法渐趋一致的结果[①]。但一波未平,一波又起。1977年,以著名的殷墟妇好墓的发现为契机,李学勤又提出要拆穿分期断代的另一个"谜团"——所谓"历组"卜辞不是第四期武乙、文丁时代物,而应是"武丁晚年到祖庚时代的卜辞"[②]。

李学勤提出所谓"历组"卜辞的"谜团"以后,赞成者有之,反对者也有之,在甲骨学界展开了一场颇为热烈的争论。

持赞成意见的,主要有下述论著:

　　李学勤:《论妇好墓及有关问题》,《文物》1977年第11期。

　　裘锡圭:《论"历组卜辞"的年代》,《古文字研究》第六辑,中华书局1981年版。

　　李学勤:《小屯南地甲骨与甲骨分期》,《文物》1981年第6期。

　　李先登:《关于小屯南地甲骨分期的一点意见》,《中原文物》1982年第2期。

　　林　沄:《小屯南地发掘与殷墟甲骨断代》,《古文字研究》第九辑,中华书局1984年版。

　　彭裕商:《也论历组卜辞的时代》,《四川大学学报》1983年第1期。

持反对意见,认为所谓"历组"仍应是第四期武乙、文丁时代的文章主

---

① 有的学者仍不赞成这种看法。严一萍在《商周甲骨文总集》(艺文印书馆1985年版)序中全面论证了自己的意见。他指出:"董先生指出'大乙'这称谓是文武丁时代的坚强证据,25年前我又加上'母戊'的称谓,与侑祭的祭祀系统,最重要的是闰二月的发现。"并提出问题:"这些问题能用地层或者政治技术来解决吗?"认为"如果用错误的地层判断来断甲骨的时代,那结果是可想的"。并呼吁"反对文武丁时代的甲骨研究者,作一个全盘考虑,用'观其全体'的方法,重新估量这一问题"。等等,等等。

② 李学勤:《论"妇好"墓的年代及有关问题》,《文物》1977年第11期。

要有：

　　肖　　楠：《论武乙文丁卜辞》，《古文字研究》第三辑，中华书局1980年版。

　　罗琨、张永山：《论历组卜辞的年代》，《古文字研究》第三辑，中华书局1980年版。

　　《〈小屯南地甲骨〉序言》，中华书局1981年版。

　　谢　　济：《试论历组卜辞分期》，《甲骨探史录》，生活·读书·新知三联书店1982年版。

　　曹定云：《论武乙、文丁卜辞》，《考古》1983年第3期。

　　肖　　楠：《再论武乙、文丁卜辞》，《古文字研究》第九辑，中华书局1984年版。

　　陈炜湛：《"历组卜辞"的讨论与甲骨文断代研究》，《出土文献研究》，文物出版社1985年版。

　　对一个问题有如此众多的文章进行讨论，在甲骨学史上也是所见不多的。既反映了学术界对此问题的关心和重视，也反映了这一问题在甲骨学研究中的重要性。

　　之所以又有一个"疑团"需要拆穿，是因为第四期武乙、文丁时代甲骨多不具贞人，而且文字字体也较为复杂。除去分到第一期的𠂤组、子组、午组这部分卜辞以外，还有一些卜辞字体与贞人历的大字劲峭卜辞作风近似但略小，也有一些卜辞文字、书体与𠂤组卜辞很为相近。本书第七章第三节所谈的"字体严整，笔画首尾尖而中间粗"的卜辞，一部分也应包括其中。这些卜辞的称谓、人物，事类有时竟与第一期武丁时有某些雷同。这批卜辞，有的学者统称之为"无名组"。董作宾在《甲骨文断代研究例》中用"劲峭"二字以概之，这对第四期武乙、文丁时包容不同字形书体的甲骨来说，当然是不全面的。

　　我们是不赞成所谓"历组"卜辞这一提法的。陈梦家把第一期"互见同版而可系联的一群武丁卜人称之为宾组"。把"其它一些少见的卜人而其字体文例事类同于宾组者附属于宾组"[①]。把第二期卜人"称之为出组"，是

[①] 陈梦家：《殷虚卜辞综述》，第156页。

"因为出是若干小群的联系者。另外两个卜人大、涿与出组无联系，但由于称谓、制度、字体同于出组，也附属于此"。第三期因"廪辛卜人大多数是可以系联的"，"我们称之为何组"①。第四期只有一名贞人"历"，既无同版系联关系，而且本期字体也风格各异。因而有的学者将四期卜辞处理为"无名组"和"历组"——即将有贞人"历"的卜辞和与之书体接近的卜辞划为一组。虽然范围精确了一些，但正如一些学者所指出的："这范围因人而异，大小不同，有些明显不属此'组'的卜辞也混杂其间了"。因而"'历组卜辞'这一名称是不够科学的"②。

"历组"卜辞的特征及其时代的前提，是李学勤第一个提出来的。主要根据是：

首先，他认为"历组"卜辞的文字具有早期特征。诸如"王"字、"贞"字、干支字等常见字的写法，历组卜辞与早期武丁时代的典型字体接近。

其次，"历组"卜辞的文例，也与早期武丁时代卜辞文例接近。而"历组"卜辞上的署辞、兆辞（二告、弜玄。《宁》1.349）等，也与第一期武丁时的兆辞相近，而与晚期廪辛、康丁常用的吉、大吉、弘吉、习一卜等辞大不相同。

其三，"历组"卜辞出现的许多重要人物，诸如妇好、子渔、子画、子戠、妇井、妇女、望乘、沚或等，多见于武丁期卜辞。此外，"历组"卜辞中的卓、夫、并、由、䏆般、犬征等也见于属武丁晚期至祖庚时的"出组"卜辞中。因此在时间上，"历组"卜辞也应与武丁时期接近。

其四，"历组"卜辞的贞卜事类方面与武丁时期宾组卜辞或稍晚的出组卜辞有许多相同之处。

其五，"历组"卜辞的两套称谓系统明确地表明了它应为武丁时期。一套是以父乙为中心的称谓系统。《南明》613"父乙"与"母庚"共版。《佚》194、《甲》611父乙与兄丁、子戠共版。而子戠见于《续》4·12·5和《乙》4856，这是武丁时的称谓。而父乙，当指武丁之父小乙，母庚乃小乙之配偶。另一套称谓系统是以父丁为中心。这个父丁，李学勤据《缀合》

---

① 陈梦家：《殷虚卜辞综述》，第187页。
② 参见陈炜湛《"历组卜辞"的讨论与甲骨文断代研究》，《出土文献研究》，文物出版社1985年版。

15 和《南明》477 这两片"历组"卜辞,发现父丁"排在小乙之后,显然是武丁"。所以,"如果把'父丁'理解为康丁,那么在祀典中竟略去了称为高宗的武丁及祖甲两位名王,那就很难想象了"。此外,"历组"卜辞记载的"二母:妣、象甲母庚"(《京人》2297)及"母妣"(《萃》8+276)的称谓,与武丁卜辞称谓中的"母妣"(《乙》3363)相同。《京人》2297所祭祀的"二母","就是母妣和阳甲(武丁的父辈)之妃庚,她们合称'二母',也显然是武丁卜辞"①。

以后李学勤在《小屯南地甲骨与甲骨分期》(载《文物》,1981 年第 5 期)文中对所论"历组"卜辞又进一步做了补充。主要是:

其六,"历组"与"出组"共版问题。小屯南地 H57 出土一版胛骨,为论证"历组"卜辞年代提供了最好的证据。《屯南》2384 左下方有一条"历组"卜辞,三行十五字。其上又排列整齐的七条"出组"的"卜王"卜辞。此版"字体分属历组、出组的八条卜辞的卜日都是庚辰,其为同一天占卜的正式卜辞,没有疑义"。

其七,从考古层位关系上看,对"历组"卜辞断代的看法,也"和现有的考古资料是互相符合的"。如此等等。

裘锡圭在李学勤论点的基础上,继续从卜辞中出现的人名、占卜事项和亲属称谓等方面作了详细的补充论证,认为"如果两组卜辞的称谓成套地相应,这两组卜辞属于同一时期的可能性就非常大了"。而"立足于人名为族氏这一基础上的异代同名说",对"人名重复出现于不同时期"以及"武丁祖庚时期和武乙文丁时期起重要作用的族如此一致,而分于这两个时期之间的廪辛、康丁时期的情况却截然不同"等等,是"无法作出完满的解释的"。"所卜事项相同的实例,除了承认历组与宾组和出组早期时代相同以外,是没有其他办法的"②。林沄则认为,"字体演变比较快而且呈现出一定的阶段性,所以从型式学观点来看,无疑是分类的最好标准"。宣称他"在本文中所强调的型式学上的演变序列,则是确定诸类卜辞在纵向上接续关系的有效办法"③。李学勤提出的"历组"卜辞字体的演变序列被进一步理论化了,但却过于复杂。正如陈炜湛在《"历组卜辞"的讨论与甲骨文断代研

---

① 参见李学勤《论"妇好"墓的年代及有关问题》。
② 参见裘锡圭《论"历组卜辞"的时代》,《古文字研究》第六辑,中华书局 1981 年版。
③ 参见林沄《小屯南地发掘与殷虚甲骨断代》,《古文字研究》第九辑,中华书局 1984 年版。

究》一文中所指出的，有的学者"创造出一些只有自己才能确知其义的新名词，如'历自间组'、'自历间组'，'历组一类'、'历组二类'等等，令读者眼花缭乱，颇有玄之又玄，机深莫测之感"。正因为如此，所以在分期断代研究中还没有能实际应用。

而反对把这批甲骨的时代前提，仍坚持应为第四期武乙、文丁时代物的论者主要以肖楠等为代表，他们的理由是：

首先，武乙、文丁卜辞基本没有"贞人"，而武丁、祖庚卜辞则具有大量贞人。

其次，武乙、文丁卜辞与武丁、祖庚卜辞在字体和风格上有很大差别，在文字的结构方面也有很大差别，如本书第一六○页"武丁、武乙、文丁常用字比较表"所示：

武丁、武乙、文丁常用字比较表

其三，武乙、文丁卜辞的文例也与武丁、祖庚时不同。在前辞形式方面，武乙、文丁卜辞较为简单，一般不记贞人。而武丁、祖庚卜辞则较为复杂。此外，兆辞形式也完全不同。武乙、文丁时常出现"兹用"、"不用"，武丁时则常出现"二告"、"小告"、"不玄冥"等。

其四，在称谓方面，这类卜辞中的"父丁"应是武乙称其父康丁而不是武丁。《屯南》4331同卜祭父丁和自上甲十示又三，"正好就是三报、二示、父王（康丁）以外的全部直系先王，即上甲、大乙至祖甲"。这类卜辞中的"父乙"，"当指文丁父武乙"。应注意的是"武丁卜辞中父辈称谓除父乙外，还有父甲、父庚、父辛。我们所确定的文丁卜辞中的父辈称谓只有父乙一个"。

其五，武乙、文丁时期的记事刻辞与武丁时期的形式是不同的。因此，"记事刻辞不是武丁时期所特有的。它本身也有时代的区别，不能笼统地都归于武丁时代"。

其六，同名问题。这种现象"在卜辞中普遍存在的，不仅存在于武乙、文丁卜辞与武丁祖庚卜辞之间。其它各期卜辞之间都不同程度地存在"。"这些与方名、地名一致的人名，就不是私名，而是氏"①。

随着讨论的深入，肖楠等又对自己的论点做了进一步的阐述，在《再论武乙、文丁卜辞》一文中，又对武乙、文丁卜辞的称谓、人名、事类、坑位和地层关系等方面的问题，做了更为深入的论述。

目前，讨论的双方各执其辞，争论还在继续中。陈炜湛《"历组卜辞"的讨论与甲骨文断代研究》（《出土文献研究》，文物出版社1985年版）一文，对当前的这一场讨论提出了很有见地的看法。可以说，此文是这段时间关于"历组"卜辞讨论的总结。陈文指出了讨论中存在的问题，即"双方尽管争论得很激烈，但很少具体讨论'历组卜辞'的核心——真正有贞人历的卜辞。有的文章干脆把它们抛在一边，却大谈'历组卜辞'的各种特点，与宾组、出组的异同等等"。而"说'历组卜辞'属于武乙文丁时期者也很少着墨于历贞之辞"。因此他提议"具体地分析一下历贞的卜辞，以期先在'小范围'内取得较为一致的意见，显然是非常必要的"。

陈炜湛认为"十万余片甲骨中，现在确知贞人是历的卜辞，一共只有十二片"，再加上"贞历"或"历"这些"不见于前辞而见于命辞中"的"确实历贞或与历有关的卜辞"，"迄今共见二十三片"。他将这些卜辞及摹

---

① 参见肖楠《论武乙、文丁卜辞》，《古文字研究》第三辑，中华书局1980年版，及《〈小屯南地甲骨〉前言》，中华书局1980年版。

本列于文中，并从前辞形式、卜辞内容、不涉及任何先王先公和任何人物、地层和坑位、钻凿形态、字形等方面分析其特点；他以二十三片中的《京》4387 为例，"与文字风格完全一致的"《明后》2630 相比较，发现二片"干支亦同，所异者一有'历'，一省去'历'而已"。而《明后》2630 告于父丁，"则是武乙之称康丁，此片乃武乙所卜"。这就反证《京》4387"当亦为武乙时所卜，贞人历当为武乙时人无疑"。因而得出结论说，这批甲骨"属于武乙时代也应该是比较可信的"。他还论证了这二十三片历贞卜辞不可能是早期武丁至祖庚时物，指出："其一，字形、书体风格及文例明显属于晚期，而与早期不类。""其二，这二十余片卜骨没有武丁卜辞（特别是宾组）的特征"。如果将历贞卜辞扩大到上述所谓"历组"卜辞所涉及的范围，"除个别特例需另作解释以及某些骨片（如《萃》273）有可能属于武丁期外，大多数'历组卜辞'也不属武丁祖庚时期，而是属于武乙文丁时期"①。

关于所谓"历组卜辞"的讨论，对甲骨文分期断代研究的深入还是有一定意义的。虽然有关"历组卜辞"的讨论尚处在胶着状态，但在这场讨论中，却完成了对第四期武乙、文丁时代卜辞的再区分。

学者们一般都统称第四期为武乙、文丁时期。但何者为武乙卜辞，何者为文丁卜辞，还没有人做过细致的工作。陈梦家认为贞人历的卜辞，"他的字体似当属于武乙"②。肖楠不同意，说："但贞人历也属文丁时代，则未能指出。如他所举贞人历的卜辞《甲》544，应是文丁卜辞，他却列为武乙卜辞。"③

肖楠根据 1973 年小屯南地出土甲骨的研究，认为，"发掘得的地层关系使我们第一次有可能将武乙卜辞与文丁卜辞初步区分开来"。他在《论武乙文丁卜辞》一文中阐述说：

小屯南地的遗迹可以分为早、中、晚三期。而中期地层及灰坑根据打破关系及陶器分析，又可分为中期一组（稍早）、中期二组（稍晚）。中期所出卜辞可分三类。

第一类，如《屯南》2085、2497、2531、2254、2064、2567 等。这一类

---

① 见陈炜湛文附录二《裘锡圭〈论'历组卜辞'的时代〉一文中二十组文例的商榷》。
② 陈梦家：《殷虚卜辞综述》，第 202 页。
③ 肖楠：《论武乙文丁卜辞》。

卜辞的特点是笔画纤细、字体秀丽而工整。主要称谓有父甲、父庚、父己、兄辛等。如例图 107（《屯南》2531）。

第二类，如《屯南》2065、2079、2058、4331 等。字体较大，笔画较粗，笔锋刚劲有力。主要称谓有父丁等。如例图 108（《屯南》4331）。

第三类，如《屯南》2100、2126、2601 等。较二类字小，笔锋圆润而柔软。主要称谓有父乙。如例图 109（《屯南》2126）。

小屯南地中期地层与灰坑的时代，相当于康丁、武乙、文丁时期。"其所出卜辞的时代也应该与此一致的"。而且从三类卜辞本身的特点看来，也完全证明了这一点。

小屯南地所出第一类卜辞，其主要称谓"与文献记载康丁之诸父祖庚、祖甲、孝己及其兄廪辛是一致的。因此，这类卜辞当属康丁卜辞"。

小屯南地中期所出第二类卜辞，"有父丁称谓，偶尔也看到有父辛称谓"。其"字体风格与第一类又有区别，结合地层关系，此类卜辞当属武乙卜辞无疑。其父辈称谓也正与文献记载武乙诸父有康丁、廪辛相符"。

而所出第三类卜辞，"根据地层关系晚于第一类、第二类，即晚于康丁卜辞与武乙文丁卜辞。从卜辞内容看，有父乙称谓，与文丁父武乙之称谓相符合。因此，当为文丁卜辞"。

虽然有的学者指责这一探索有某些不够缜密之处，但毕竟给甲骨学者提供了较为切实和有益的分期线索，今后通过更为深入、细致的工作，有可能在这方面取得一致的看法。

因此我们说，这一段时间关于"历组"卜辞时代的讨论，还是使甲骨文的分期断代研究工作深入了一步。

第三节　关于甲骨文分期断代的几个新方案

虽然董作宾 1933 年发表的《甲骨文断代研究例》为我们开创了一个甲骨学研究的全新时期，但他自己却一再说，"而此所谓断代，也只是初步的工作"。并且"郑重的声明：这不是断代研究成功后的一篇结论"。表现了他的谦虚和不故步自封的进取精神。断代研究实践表明，董氏这一方案是切实可行的。因此，一些重要甲骨著录，如《京津》、《宁沪》、《南北》、《续存》、《京人》等等以及前不久出齐的《甲骨文合集》、《商周甲骨文总集》、《安明》、《明后》、《怀特》、《东京大学东洋文化研究所藏甲骨文字》（图版篇）等等，都是以"五期"分法和"十项标准"为依据的。各书将甲骨文分为五期处理，为研究提供了极大方便。

董作宾还一再强调，"每一种学问，都要经了由粗疏而趋于精密的过程，甲骨文字的研究，当然也不能例外"。"现在，只是粗略地分为五期"。他希望有更多的学者对他的分期断代研究"是否完备"等问题，进行深入的探讨。

随着甲骨学研究发展，董作宾先生提出的断代研究"五期"分法和"十项标准"愈益得到补充和完善。不少学者为使其更加缜密，做了很多的工作，本书第七章第四节已做介绍。董作宾分期有误和笼统之处，诸如"文武丁卜辞"应为第一期武丁时物和武乙、文丁卜辞的细区分等等，也进行了深入而细致的讨论，本章第一节也已介绍。董作宾1933年为我们构筑的分期断代方案是否是唯一最好的方案？是否还有另外的方案可以取代它？多年来，不少学者围绕这一问题也做了认真探索和创造性研究，促进了甲骨学研究的活跃和繁荣。

一　所谓"新派"和"旧派"，即分派整理法

董作宾并不满足于自己提出的"五期"分法和"十项标准"所取得的成功。他利用甲骨文材料研究殷历时，又首先提出了"新派"和"旧派"说。他在1945年出版的《殷历谱》（《史语所专刊》四册）绪言中说："此种新观察，须打破余旧日分卜辞为五期之见解，而别自树立一标准也"，并论述了"新、旧"派的特征如下：

所谓"旧派"，就是"自盘庚迁殷，至小辛小乙之世，在早期卜辞中，每不易分辨之，今姑以武丁为旧派代表"。"今于卜辞中亦可见其时之气象雄伟，规模宏大，贞卜事项，包罗万有，史臣之书契文字，亦充分表现其自由作风也。在本谱中，可见其历法之因仍古制，无所改进，余名之为'遵古派'，祀典亦迥异于祖甲。文字，卜事，又复多有不同。其时礼制，殆所谓'先王之政'。余故称之曰'旧派'也"。

而所谓"新派"，"自祖甲创之，在卜辞中，充分表现其革新之精神。如历法之改进，祀典之修订，卜事及文字之厘定皆其大端"。

武丁、祖庚为"旧派"。其后祖甲、廪辛、康丁为"新派"。传至文武丁时，"锐意复古，极力摹仿旧派"。后至帝乙、帝辛时，"则又复宗新派"。

"旧派"与"新派"的礼制是不同的。主要表现在：

首先，祀典的不同。旧派祭祀对象有上甲以前的先公远祖，诸如高祖夒、王亥、王恒、季等。而上甲以下，祭大宗不祭小宗。祭大宗的配偶，不过五世以上之先妣。此外，还祭及黄尹（文武丁时作伊尹）、咸戊等旧臣及河、岳、土（社）等神祇。祭祀的祭名有肜、䄅、䅽、侑、賣、勺、福、岁等（新派也见使用，只个别文字写法不同），专有的祭名有御、报、册、帝、烄、告、求、祝等。

新派的祭祀自上甲起，大宗小宗依世次日干排入祀典致祭。先妣自示壬的配偶妣庚起，也依世次日干排入祀典致祭。祀典主要以"肜、翌、祭、䄅、䅽"五种为主，"遍及祖妣，周而复始"，即所谓"周祭"。其他的祭名还有：又（旧派之侑）、叔（旧派之賣）、勺、夕福、濩、登、岁、肜龠、肜夕、褅等。自祖甲创立以后，廪辛、康丁继续实行，到帝乙、帝辛时加以增修，更加严密起来。

其次，历法的不同。旧派一岁之中有月名，一月至十二月为一年。年终置闰，称之为"十三月"。纪日用支干，十日为一旬，十旬为"百日"。而新派称一月为"正月"，废十三月的名称。祖甲改订了闰制，打破旧制一至十二月的排列，插置闰月于当闰之月。纪日将干支系于每一太阴月。月名上加"在"字，表明干支日"在"某月。

其三，文字的不同。旧派时王所用的王字作太形，俗谓王字不戴帽。文武丁复古，也写成这样。但新派自祖甲起，经廪辛、康丁、武乙和帝乙、帝辛，比旧派的王字上多一横，即俗称王字戴帽。此外，旧派以屮为有，新派以又为有。旧派以屮为祭名，新派以又为祭名。旧派祭名之賣字写作米，文武丁复古写作米或🞶。新派改为从又持木，焚于示前的叔字。

其四，卜事的不同。旧派文字多自由放纵，新派多规矩谨饬。旧派的行款文例不甚规整，而新派严密规整。在占卜材料方面，旧派一版上卜辞错综交叉，无甚程序。而新派用龟用骨都有一定制度，各类卜辞都有专版。旧派武丁时卜辞内容繁多，新派卜辞有条不紊[①]。

1949年出版的《中国考古学报》第四期上，发表了董作宾的《〈殷虚文字乙编〉序》，他在文中又具体将"旧派"与"新派"分为四期。即：

[①] 参见董作宾《〈殷历谱〉绪言》，《史语所专刊》四册，1945年；及董作宾：《甲骨学60年》，第102—118页，艺文印书馆1965年版。

第一期是旧派，可以从盘庚迁殷算起，经过小辛、小乙、武丁、祖庚凡三世五王。可是武丁以前还不太清楚；

第二期是新派，是祖甲创始的，经廪辛、康丁二世三王；

第三期又是旧派，武乙、文丁父子；

第四期又是新派，帝乙、帝辛父子。

他并对这两派的卜事的不同作了进一步的概括，指出：

卜祭祀、征伐、田猎、游观、卜夕、卜旬都是新旧两派所共有的，不同的是祭祀的典礼，征伐的方国，田游的地方，卜夕、卜旬的文法和附记的事项而已；至于卜行止，记每日王所经过的行程，只见于新派。而卜告、卜敦、卜旬、卜求年、受年、卜（或记载）日月食、卜梦、生育、疾病、有子、死亡、求雨、求启各事，则只见于旧派，新派是很少见的。因此，我们可以知道旧派的迷信相当深，而新派则许多迷信都破除了。

董作宾的"旧派"与"新派"四期的划分，反倒不如原来的"五期"精确。此外，所谓"旧派"保守而"新派"的改革等等，正如陈梦家指出的："即在同一朝代之内，字体文例及一切制度并非一成不变的；它们之逐渐向前变化也非朝代所可隔断的。大体上的不变和小部分的创新，关乎某一朝代常例与变例（即例与例外）之间的对立，乃是发展当中的一个关键。这一朝代的变例与例外，正是下一朝代新常例的先河。已经建立了新常例以后，旧常例亦可例外的重视"[①]。"因此董氏《殷历谱》所标的新派旧派不但是不需要的，也是不正确的"[②]。特别是在所谓"文武丁卜辞之谜"揭穿以后，这一批卜辞已提前到第一期武丁时了，所谓文武丁"复古"的问题也就不复存在。也有的学者指出，"自历史发展的观点看，'复古'之说是不能成立的。历史上的'复古'是政治制度和意识形态范围的现象，很难想象文丁'复古'竟使文字的结构、占卜的事项、甚至妇、子、朝臣的名字，都恢

---

① 陈梦家：《殷虚卜辞综述》，第153页。
② 同上书，第155页。

复到和四代前的武丁时期相同"①。

董作宾曾一再呼吁:"有了《乙编》这一批材料,更参考《甲编》和已著录的各书,作一次全部的整理,比较新旧派一切礼制的异同,当不是太难的事,希望有人先我而下这一番功夫"②。虽然有不少学者研究了甲骨文各期祭祀、方国等方面的变化和发展,但还没有人专门用"旧派"、"新派"的方法去整理甲骨文。

二 贞人分组与"两系"说。

李学勤认为:"武丁时期并存有宾组、自组等等的事实,证明在一个王世里可能存在几种互有差异的卜辞。反过来,一种卜辞也可能存在于不同的王世。因此,简单地用王世来划分甲骨卜辞殊嫌不够,陈梦家为此创用了自组、宾组等词,这种办法显然比王世划分详密的多"。因此李学勤把殷墟甲骨分为九组,每组借用一个贞人名作为组名;有一组没有贞人叫"无名组"。如下表③所示:

今 名	董 作 宾	陈 梦 家
宾 组	一 期	宾组 武丁卜辞
自 组 子 组 午 组	四期, 武丁卜辞	自组 武丁晚期 子组 午组
出 组 历 组 无名组 何 组 黄 组	二 期 四 期 三 期 五 期	出组 庚甲卜辞 武文卜辞 康丁卜辞 何组 廪辛卜辞 乙辛卜辞

其实,"分组"说的最早提出,还应当是董作宾大师。他在《甲骨文断

---
① 李学勤:《小屯南地甲骨与甲骨分期》。
② 董作宾:《〈殷虚文字乙编〉序》。
③ 李学勤:《小屯南地甲骨与甲骨分期》。

代研究例》中根据称谓、世系和系联关系，确定了"贞人集团"，"从其中的任何一个贞人，所贞卜的事项中，找出他的时代，其余同时各人的时代，也可以连带着知道了"。这"贞人集团"，在陈梦家《殷虚卜辞综述》中叫贞人"组"。虽然李学勤也"分组"，但他声明"陈氏分组主要指卜人系联，与我们的观念有别"①。显而易见，他分组的标准与传统的"分组"标准是不相同的。

我们至今还没有看到李学勤谈"分组"的依据。如果我们没有理解错的话，李说的坚决支持者林沄《小屯南地甲骨发掘与殷墟甲骨断代》② 一文所说的"类"，当与李学勤的"组"是相同的概念。因为该文常将所谓"历组一类"、"历组二类"等与"自组"、"自历间组"、"无名组"等相提并论。从作者在文中的一些论述，诸如："划定自组卜辞的另一基本标准"为"字体特征（包括书体、字形结构和用字习惯三个主要方面）"，"不见卜人名之卜辞可根据字体特征而归于自组"，"没有共版关系的卜人之所以被确定为自组卜人，也是由于字体特征相同而建立联系的"，"宾组卜辞的划定也是一样"。"历组卜辞"也"完全可以'仅根据字体'而分为两个亚组，但不应从称谓考虑而分成什么'父丁类'、'父乙类'"。"由于字体演变比较快而且呈现出一定的阶段性，所以从型式学观点来看无疑是分类的最好标准。其它如独立于卜辞内容之外的钻凿形式、甲骨整治形式、记事刻辞形式等等，当然在型式学上也有分类的意义，但都不如字体所能分的类细致。而且，在多数人只能据拓本来分类的情况下，字体最便于使用"，等等。可知他与传统分"组"的标准不同之处，是依据文字的"型式学"分析来分组（或类）的。特别是"习惯上不署卜人名的一大批卜辞，堪称分类第一标准的，只是字体而已"。

我们认为，这种"利用字体对现有的各种卜辞作更细致的分类"，即把"甲骨分类学"作为"甲骨断代学之基础"，是本末倒置的。因为甲骨文字本身，只是表达商代晚期各王思想的一种形式，是由各不同时代的商王所卜决定的。如果不是董作宾发现了"贞人"，并由世系和称谓确定了贞人的时代，再进一步推演出其他各项标准，从而将甲骨文分为五个不同时期，要将十五万片混沌一团的甲骨文依字体分组谈何容易！所谓"型式学"分析，是

---

① 李学勤：《小屯南地甲骨与甲骨分期》注⑧。
② 载《古文字研究》第九辑，中华书局 1984 年版。

借用考古学对文化遗物整理的方法，也就是将器物排队而来。从事田野考古工作的人都知道，遗物型式学的分析整理，是以地层学为依据的。标准地层决定文化遗物的相对年代早晚和器物型式演变的序列，而不是器物型式的发展序列决定地层的早晚，或没有地层关系的型式学。此外，依字体风格定"组"（或"类"），在实践中也很难掌握，因为见仁见智，各人的理解和侧重的角度不同，往往会把本是互不相干的卜辞强拉在一起。这一点是陈炜湛指出的，很有道理。

新的"分组"说的提出，是用"两系"说取代董作宾分期断代方法的一个新探索。"殷墟王室卜辞在演进上可以分为两系的思想，是李学勤先生在第一届古文字讨论会①上首次公开提出的"。但至今未见系统论述发表。其支持者林沄将其系统化分类及时代归纳为下页演化表。

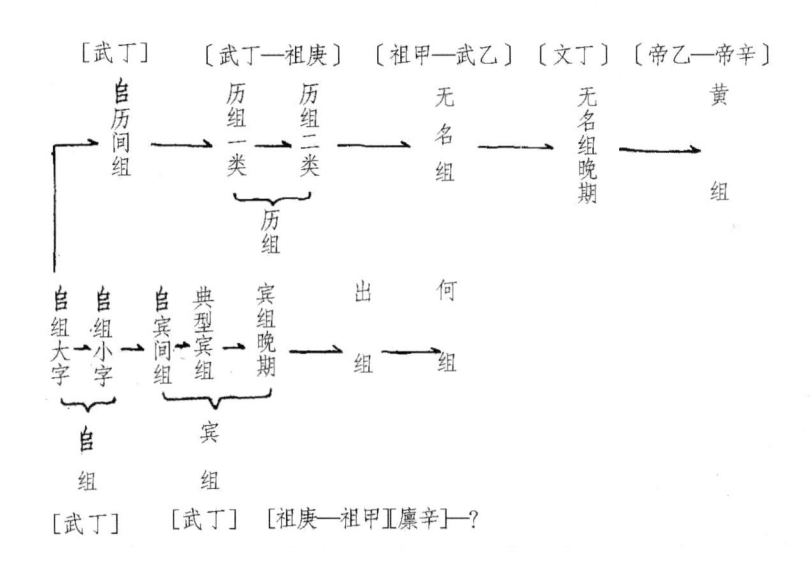

```
      [武丁]   [武丁—祖庚] [祖甲—武乙] [文丁] [帝乙—帝辛]

      ⺄                                                    黄
      历       历 → 历      无           无                  组
      间       组    组     名           名
      组       一    二     组           组
               类    类                  晚
                   ⎱___⎰                期
                    历
                    组

      ⺄  ⺄   ⺄  典  宾   出           何
      组  组  宾  型  组   组           组
      大  小  间  宾  晚
      字  字  组  组  期
      ⎱_____⎰   ⎱____⎰
         ⺄         宾
         组         组

      [武丁]   [武丁] [祖庚—祖甲Ⅱ廪辛]—?
```

该表虽然提出"两系"说，但没有提出具体的标准以使甲骨学者在分期实践中进行检验。此外，各"组"的划分因过于烦琐，很难使人掌握。所以在目前的研究工作中，还不能用"两系"说驾驭十五万片甲骨的全部。就是"两系"说的倡导者李学勤本人，他的近著《英国所藏甲骨录》，

---

① 第一届中国古文字学术讨论会于 1978 年 9 月在吉林省长春市召开，出席会议的有来自全国各省市的古文字学者 51 人，在会上中国古文字学术研究会宣告成立。

也仍然是以董作宾的"五期"分法和"十项标准"为依据进行整理的。因此,"两系"说的断代体系自1978年提出以来,至今还只停留在理论的探索上。

第四节 分期断代研究有待解决的几个问题

董作宾《甲骨文断代研究例》发表五十多年来,虽有某些修正,但至今有没有"过时"呢?有学者指出:"董氏断代学说的基础或核心是贞人说——据世系、称谓确定贞人的时代,又据同版关系将贞人划分为各个'集团'(即今之所谓'组'),又据有明确时代的卜辞研究其字形、书体、人物、事类等方面的异同,反过来再进行断代"。董氏断代说的"核心部分是正确的,其原理现在还是基本适用的。""经过近50年的检验,证明董氏提供的方案虽不完备,却是大体可用的。如果没有董氏提供的这个方案,甲骨文断代研究能否达到今天的水平,也很难预料"[①]。这是很正确的意见。

在对所谓"历组"卜辞的讨论中,有学者提出了分期断代的"两系"说,力图用这一新的方法取代董作宾的分期断代说。我们认为这是大好事。既反映了断代研究的不断深入,也反映了这些学者不囿于旧说、大胆探索的开创精神,给甲骨学研究注入了新的活力。我们希望持"两系"说的学者能早日把这一方案完善并系统化,以供甲骨学同行参考、使用。我们也希望有更多的学者能"探求新的断代方法,建立新的断代理论,进行各种新的探索,以补充、修订乃至取代或推翻前人的断代学说"。只要是这一新的探索比董氏断代法更为精密、科学和方便,就一定能很快被学术界所接受。当然,学术界要求它首先是明确和使用便捷的。

董作宾的"五期"分法和"十项标准"的断代体系为目前学术界所公认,但分期断代也还有不少问题需要我们注意解决和深入研究。这就是:

一、董作宾早在1933年在《甲骨文断代研究例》中指出:"武丁在位有59年之久,差不多相当于由祖庚以至于康丁的四世,在59年间的史实,也当然有个先后"。十五万片甲骨中,武丁卜辞几占一半以上。武丁期卜辞能否再分期?特别是王室正统以贞人宾为核心的大量卜辞,能否再行分析出早

---

① 陈炜湛:《"历组卜辞"的讨论与甲骨文断代研究》。

晚？虽然大量的卜辞材料，为我们提供了这种可能，而且甲骨学研究也有这种必要，但迄至目前，还没有人全面进行这一工作。

所谓"文武丁时代卜辞之谜"虽已解开，这部分甲骨被上移至武丁时代，但是，且不说还有一部分学者仍坚持"文武丁"说，就是多数同意将其提前的学者，对其具体应为武丁期的那一阶段，也还没有来得及全面研究。这一问题的解决，恐怕是与武丁时王室卜辞，即宾组卜辞时代的分析相辅相成的。

此外，武丁以前，有无盘庚、小辛、小乙卜辞？胡厚宣先生虽在 50 年代就已提出，但迄今尚未有人对此进行全面论述。

二，第五期帝乙、帝辛时期甲骨中，究竟有没有帝辛卜辞？郭沫若早在 1931 年就提出"卜辞乃帝乙末年徙朝歌以前之物"①，对有帝辛卜辞提出了怀疑。1933 年郭沫若又在《卜辞通纂》后记中对此加以重申，认为"帝乙末年必有迁沫之事，如无此事，不唯旧史料中有多少事实成为子虚，即卜辞中有多少现象亦无从说明"。直到晚年，郭沫若还极为关心这一问题，要求参加《甲骨文合集》编辑工作的学者就"到底有没有帝辛时的卜辞"进行研究②。近年有人根据商代周祭制度的研究，又进一步论证了《龟》1·13·18 片辞中的"妣癸是文丁之配，帝辛称其为妣，因此这条卜辞应为帝辛时所卜"③。周原凤雏 H11：1 片商人庙祭甲骨，是确定无疑的帝辛时物，也使我们增加了对第五期甲骨中帝辛卜辞的认识。但乙、辛卜辞的区分还很不够，帝辛时物仍知之不多。这一问题也需深入、系统地进行研究。

与所谓"历组"卜辞的讨论和"两系"说的提出一起，也发生了这批甲骨提前到武丁祖庚时期以后，原来的第四期甲骨将会被抽空的问题。持此说的学者们又将一部分原分在帝乙、帝辛时的甲骨划入"无名组晚期"，并认为这"才是文丁卜辞"④。有的学者已对此进行了辩难，认为这"是难以令人信服的"⑤。第五期这部分字形较大卜辞的时代既然有人提出异议，那也就有必要继续进行讨论和验证。

---

① 郭沫若：《戊辰彝考释》，《殷周青铜器铭文研究》，1931 年。
② 引自胡厚宣《郭沫若同志在甲骨学上的巨大贡献》。
③ 常玉芝：《说文武帝》，《古文字研究》第四辑，中华书局 1980 年版；陈梦家已指出妣癸是文丁之配，见《殷虚卜辞综述》，第 388 页。
④ 林沄：《小屯南地甲骨的发掘与甲骨分期》。
⑤ 陈炜湛：《"历组卜辞"的讨论与甲骨文断代研究》。

三，所谓"历组"卜辞时代的讨论，还正在热烈进行中。而有关第四期武乙、文丁卜辞的再区分，虽然有了一条切实的线索，但也还有待深化。

四，我们认为，学术界不同意见的争论和分歧，是正常的，是有利于学术发展和繁荣的大好事。争论的各方，在断代讨论中应抱董作宾在《甲骨文断代研究例》中所倡导的"平心静气"的态度，既不盛气凌人，对别人采取教训的口吻；也不必揶揄挖苦，使用刺激性的语言。因为这些都无助于问题的讨论和解决。如果确认自己的看法正确，那就更要摆事实、讲道理，学者们是会根据材料的研究得出正确的判断的，要给持不同意见的学者以时间。当年董作宾《甲骨文断代研究例》发表以后，也有一些异议，但为时不久，不是就得到了学术界的承认了吗！？

"他山之石，可以攻玉"。大师董作宾虚怀若谷，为我们后世学人树立了榜样。我们不嫌重复，将他老人家《甲骨文断代研究例》中的几句话再次引述如下：

> 本篇匆匆写成，所举一些粗疏的例证，作者自己也不认为是十分满意，所以在末后要郑重声明：这不是断代研究成功后的一篇结论，这乃是断代研究尝试中的几个例子。大体的轮廓是有了，一个研究甲骨文字的新方案，我已提供在这里。希望治此学者，平心静气来批评这方案是否可用？是否完备？既然甲骨文字有断代研究的必要，那我们先决问题就是如何断代？以何者为断代标准？标准有了，方法定了，我们就可以把所有出土的材料统统荟萃起来，然后用这标准，这方法，去整理研究他，以完成殷代的一部信史。

五十多年来学者间有关断代问题的种种分歧和尖锐的争论，不正都符合大师董作宾这里所谈的初衷吗！？

第 九 章
使用甲骨文材料应注意的几个问题

在我们吸收前辈学者对甲骨文字考释的成果，认识了一定数量的单字并对甲骨文例和分期断代具有一定的基础以后，就可根据自己所研究的课题，翻阅甲骨著录书，并有意识地收集和使用甲骨文资料了。

甲骨文是从地下出土的一种新史料，由于科学发掘时期和非科学发掘时期的不同，以及它本身首先是珍贵的古代文物这一特点，在使用甲骨文材料的过程中，还存在着对它的鉴别和对它的科学价值的"再发掘"的问题。前者指甲骨文的校重和辨伪，后者指甲骨文的缀合和残辞互补。甲骨文只有经过校重和辨伪以后，材料才更加准确和翔实；而甲骨文经过缀合、残辞互补以后，又可以使材料更为全面和完整，等于在现有材料的基础上，发掘出更有价值的新史料。

因此，进行甲骨文的校重、辨伪、缀合和残辞互补等项基础训练，对甲骨学研究是很必要的。

第一节 甲骨文的校重

所谓"校重"，就是剔除甲骨著录书中的重见片。这种情况的发生，主要是因为甲骨文出土以后，收藏家视所得甲骨为"圭臬"，争先著录发表。特别是非科学发掘时期所得甲骨，往往辗转流传，反复易主，有的不止墨拓一份。收藏家把新收集到的甲骨墨拓，再与手中原有的拓本编在一起出版。有时同一片甲骨，会在先后出版的几种著录中出现。也有时一片甲骨，会在同一种著录书中前后不同的地方出现。此外，甲骨文字细小，有时拓印不清，或在著录时根据需要将拓本加以裁剪，因而同一甲骨面目全非，辨别困难。由于这种种原因，在甲骨著录书中就出现了重片的问题。

著录书中重片的出现，给甲骨学研究带来了很多不便。同一片甲骨在不同书中重复出现，既浪费了研究者的时间，也给研究工作带来了混乱。

罗振玉编纂的《前》、《后》、《菁》等书，就与《铁》、《戬》等书中的一些甲骨先后相重。而《续》一书，"其重录者，更多至全书五之四分以上"，真是"展卷翻览，令人眩然"①。

为了使甲骨材料精湛和避免庞芜，不少甲骨学者在校重方面作了很多工作。郭沫若1933年出版的《卜辞通纂》，集当时所见到的甲骨著录中的精品于一书。书中对各片出自何书，在考释时都在编号下加以注明。明义士在《表较新旧版〈殷虚书契前编〉并记所得之新材料》②一文中，对《殷虚书契》一书的自重片及与它书的重片也做了全面的校对工作。可以说，这些都是最早的甲骨文校重工作。曾毅公1939年出版的《〈殷虚书契续编〉校记》一书③，则是对《续》中的自重片和与它书的重片做全面校勘工作的一本专书。其后胡厚宣先生对曾毅公此书又做了进一步的校补，他1941年发表的《读曾毅公君〈殷虚书契续编校记〉》指出："总计《续编》一书，著录甲骨二〇一六片，其与他书及自重者一六四一片，其不重者，仅三七五片而已"④。

为了提高甲骨著录的科学性和为研究者提供方便，不少严肃的甲骨论著和著录都对校重工作十分注意。日本岛邦男《殷虚卜辞综类》，是据60多种甲骨著录中的材料编纂而成的一部巨著。书中的每一条卜辞，如有重见片，都在辞后一一注明。郭沫若主编、胡厚宣总编辑的巨著《甲骨文合集》，也在校重方面做了大量的工作。"本书进行全面的校重，总计用了60多种著录，并以新得的与著录相关的多种拓本，互相校对。仅就著录书粗略统计，共校出重片六千多片，重片次达一万四千多。这是一项繁琐而艰巨的工作，它的完成，可以说对旧著录书作了一次清算"⑤。《甲骨文合集》编辑组的工作人员，自1961年正式工作直至1974年以前这一段时间（其间包括中断了的十年），除了去全国各地搜集、墨拓甲骨外，主要的工

---

① 胡厚宣：《读曾毅公君〈殷虚书契续编校记〉》，《甲骨学商史论丛》初集四册。
② 载《齐大季刊》第二期，1933年6月。
③ 载齐鲁大学国学研究所《国学丛编》，1939年。
④ 收入《甲骨学商史论丛》初集四册。
⑤ 王贵民：《一部大型的甲骨文资料汇编——〈甲骨文合集〉》，《中国史研究动态》1979年第9期。

作就是校重。每一种甲骨著录都有一本"账"——对重表。账上有片号、重出号、新拓号、现藏等等栏目。可以说，每一本"账"都可以作为一本专门的校记出版。这里面包含着多少学者的劳动和宝贵年华呵！

甲骨文的去重工作虽然烦琐，但并不神秘。只要方法对头，就可以收到事半功倍的效果。在校重时，我们应注意的是：

一，确定校重的范围。一部书的校重工作，首先应尽量地缩小校重的范围。不然，十五万片甲骨犹如汪洋大海，无目标、无范围地校重，真可谓大海捞针了。因此，我们首先要了解这部书著录的甲骨原系何人所藏，大体出土年代及出土地带，后又转到何人之手，基本著录在哪几种书中。这样，就可以把与此无关的甲骨著录书排除，只剩下较小范围而彼此有关系的著录书了。

二，再进一步缩小校重的范围。就是有一定关系的甲骨著录书，每书所收入甲骨也有一至五期时代的不同，而且每期的内容、类别也很复杂。因而在校重时，范围还是嫌大了。我们可先将需校重书中的某片定好期别并按内容分类，然后再有目的地去到有关的一些著录书中的同期、同类甲骨拓本中去校核重片。这样，就可排除书中那些与我们所校该片无关期、类的拓片，从而使校重范围又缩小了许多。

三，将所需校对片的片形、主要内容记熟，在有关著录的同期甲骨拓本中去校重。如果片形相同，而且内容也相同，那就是重片了。之所以要注意内容，是因为有一些著录书在编纂时，将拓本剪割成数块，这样的拓本光据片形是不易校出的。

简言之，甲骨著录的校重工作要有明确的目标，并不断地缩小应校的范围。当然，学者们良好的记忆力、耐心和细心是搞好校重工作首先应具有的条件。著录非科学发掘时期出土甲骨的不少书，或多或少地都存有重片问题，使用时，需要首先校重。幸运的是前辈学者已为我们作了这项工作，我们应永远感谢他们。科学发掘时期所出甲骨的著录书，曾在很长一段时间不存在这个问题。如自1928年第一次科学发掘殷墟至1934年第9次科学发掘殷墟所得甲骨的著录总集《殷虚文字甲编》，和1936年第13次科学发掘殷墟至1937年第15次科学发掘殷墟所得甲骨的著录总集《殷虚文字乙编》，及1973年科学发掘所得甲骨的著录集《小屯南地甲骨》等书，都无重片。但自集大成的甲骨著录《甲骨文合集》出版以后，《甲》、《乙》二书作为十五万片甲骨的一部分，分期分类收入《合集》之中，也就出现了《合集》与《甲》、《乙》二书的重出问题。但将来在《甲骨文合集》的《资料来源表》部分，《甲》、《乙》片号与其他各种著录书的片号，在《合集》的有关片号后将一一注出，这个问题也就解决了。

第二节　甲骨文的辨伪

甲骨文自 1899 年被发现和购藏以后，真是身价倍增，很快就由每斤才值数钱的"龙骨"，一跃而成为每字值银二两五钱的"古董"。随着收藏家的大量购求以及售价日昂，也就发生了甲骨文的"造伪"问题。

在甲骨文发现的初期阶段，由于研究不够和鉴别不精，一些收藏家与真片一起，购入了一些伪片。在刊布拓本时，有些伪片也混入了甲骨著录书中。如 1903 年出版的第一部甲骨著录书《铁云藏龟》，就收入了《铁》57·1、《铁》84·1、《铁》130·1、《铁》256·1 等伪片。其他一些书，如 1917 年出版的明义士《殷虚卜辞》的《虚》758（例图 110），1921 年日本人林泰辅的《龟甲兽骨文字》的《龟》2·28·12、《龟》2·29·12、《龟》2·29·16 等（例图 111）以及 1933 年出版的商承祚《殷契佚存》的《佚》381 和 1935 年出版的黄濬《邺中片羽初集》的《邺初》26·1、《邺初》31·6、《邺初》37·6、《邺初》37·8 等等都是伪片。

随着甲骨文研究的深入，学者们开始注意对甲骨真伪进行鉴定。在著录甲骨时，多经过审定真伪的工作，所以书中很少再有伪片出现。只是欧美学者以摹本出版的一些甲骨著录，如 1935 年出版的方法敛、白瑞华编纂的《库方二氏所藏甲骨卜辞》、1938 年出版的方法敛、白瑞华编纂的《甲骨卜辞七集》和 1939 年出版的方法敛、白瑞华编纂的《金璋所藏甲骨卜辞》等书中还出现了较多的伪刻。其中《七》、《金》出版较晚，而且发表时曾得到明义士的帮助，已将不少全为伪刻的摹本剔除。《库》书则未经辨伪处理，故所收伪刻较多。上述三书"虽然摹本有伪刻，其不伪的部分还是有价值的，所以剔去伪刻部分是很必要的"①。因此，不少学者，如董作宾、胡光炜、容庚、陈梦家、郭沫若、胡厚宣、于省吾等人，都先后对伪刻较多的《库》书进行过辨伪工作。"他们的意见大同而小异，伪刻有全部伪刻的，有真伪杂列的部分伪刻"。1956 年陈梦家《殷虚卜辞综

---

① 陈梦家：《殷虚卜辞综述》，第 652 页。

述》一书，又在前人辨伪的基础上，"审慎地重新把伪刻部分"列表，计《库》一书全部伪刻七〇片（附号数），部分伪刻（注明伪刻部分）四十四片（附号数），可疑的四片（附号数）。

这三部书之所以伪刻较多，是因为所著录甲骨多系外国人早年购得。本书第四章第二节曾介绍美国人库寿龄和英国人方法敛等人从1903年起就在山东潍县通过古董商之手大量收购甲骨的情形，他们在几年之内，就收得甲骨三千片左右，并转卖到美国、英国等各大博物馆。方法敛还是一个颇具心计的人，"方氏凡购得甲骨一批，必先画其图形，摹其文字。后来见到别人收藏的甲骨，也都设法摹写下来。十年之间，以所摹甲骨，编为《甲骨卜辞》一书。书中包括摹本甲骨文字423页及其他附件数种。1914年方氏死，遗稿后归美国纽约大学教授白瑞华保存"[1]。《库》、《七》、《金》三书所收甲骨，就是从这部遗稿中选辑而成的。方法敛虽然有心，但限于当时水平，他还不知道甲骨中有伪片存在，也不具有初步的辨伪知识。如本书第四章第二节所述，迟至1914年，加拿大人明义士在安阳收购甲骨还上当受骗，把刻字的新鲜牛骨购回，以致腐烂发臭。更何况早他10多年的库寿龄和方法敛呢！

不仅库寿龄和方法敛如此，不少国内外甲骨收藏家都与真片一起，购入了一些伪片。如收藏我国殷虚甲骨文最多的日本，据调查，"个人的搜集品乃至商贾的出售品中，大体上十分之七、八是伪品。从这种事实，可以充分地想象到制造的伪片有多么多"[2]。

大量的甲骨伪片，当出自古董商和安阳当地人之手。山东潍县自清末以来一直是我国著名的文物集散地，被称为"东估"或"山左估人的"不少古董商，以潍县为他们经营文物生意的据点。著名的金石学家、古董收藏家陈介祺（号簠斋）就是潍县人。这些古董商，不仅精于鉴别，而且善于造伪。他们仿造文物，特别是仿造青铜器是很有名的。可以达到以假乱真的地步。因此，他们为求厚利而仿刻甲骨，乃是驾轻就熟之事。更多的伪片当为甲骨文出土地河南安阳人所伪刻。董作宾先生1928年去安阳调查时，曾了解到当时甲骨文的伪刻情况：

---

[1] 胡厚宣：《临淄孙氏旧藏甲骨文字考辨》，《文物》1973年第9期。
[2] 松丸道雄：《甲骨文伪造问题新探》，《古文字研究》第六辑，中华书局1981年版。

至钟楼巷遵古斋，肆主王姓……出其所藏数十片，亦甚小，大者长寸许而已。惟观其文字，则皆为真品。又出仿刻者示余，谓是蓝葆光君所做。字甚整齐，然错杂不成文理，又中多倒置之字，一望而知其赝。其壁间悬挂之骨版累累，皆新出土之无字者，预备仿刻者也。又闻安阳卖出之甲骨，每次皆有伪品羼杂，惟多少不等，其伪品则皆为蓝刻。蓝某以仿造古董为业，其雕骨、刻玉之功尤精，世之号为小屯出土之玉与骨，蓝某手笔为多。此外尚有王姓者亦能仿刻，而远不如蓝。然蓝刻犹如此，王刻则更可知矣①。

大量仿刻甲骨的出现，给甲骨学研究造成了混乱。因此甲骨学研究和其他一些学科一样，也出现了史料真伪的鉴别问题。

　　掌握了一定的甲骨学基本知识，特别是在卜法、文例和分期断代等方面有了一定的基础以后，对甲骨文进行初步的辨伪工作是不难进行的。主要应注意以下几个方面：

　　一，辨文字之伪。甲骨文的字形、书体，在不同时期有自己的独特风格。因此如果发现一片甲骨上的文字胡乱刻来，如瑞士所藏甲骨（例图112）上面所刻有一些根本不是文字，即知此片为伪②。也有的一辞中文字期别不一，或刻错文字，或倒正不一，也可据此判断为伪刻。如《库》1633，骨上共有两辞，但一眼望去，就知文字期别不一。其中左边一条卜问壬子日祭父甲，为第三期字体，此辞风格统一，当为真。而右边的另一辞字大且多，总作风似一期书体，但辞中"叀"为四期字体，"王"字戴帽，上加一横，为二期以后字体，"窜"字刻错，再加上不合卜辞格式等等，可判断此辞为伪刻（例图113）。

　　二，辨辞例之伪。甲骨文是殷商王室占卜记事之作，卜人契刻甲骨，已成例行公事。因此，卜辞的辞例基本已成固定程式。关于此，本书第六章第一节《甲骨学的基本专业用语》已做过介绍。有的伪刻甲骨，虽然文字较多，而且仿刻的文字也很形似，但全辞仅是单字堆积而已，不合卜辞的叙辞、命辞、占辞、验辞的常例，读来莫知所云。如上举《库》1633

---

① 董作宾：《"民国"十七年十月试掘安阳小屯报告书》，《安阳发掘报告》第 1 期，1929年。

② 王宇信：《〈西德、瑞士藏我国殷虚出土的甲骨文〉考辨》，《人文杂志》1981 年第 3 期。

的伪刻部分即是。而此版上的不伪部分，则文从字顺，读辞即知其意。

以上两种一般造伪情况，多出现在甲骨学研究的早期阶段。这样的伪刻品，是不难辨别的。但随着甲骨学研究的发展，造伪的手段也愈来愈高明。他们往往把一些出土甲骨的整篇文字摹录在本子之上，然后再据此在甲骨上全篇仿刻，以至从书体、文字和辞例等方面都无懈可击。鱼目混珠，给辨伪工作加深了难度，但我们还是可以找出破绽的。

三，辨文例之伪。卜辞在甲骨上的分布、走向，卜辞与卜兆、兆序的关系等等，是有一定规律的，这就是甲骨文例。关于此，本书第六章第二节《甲骨文例》已做过介绍。虽然有的造伪者文字仿刻极精，而且仿录全篇卜辞，但他们不懂甲骨文例。因此，还是可以经过认真分析，并"观其全体"，将他们的伪刻甲骨辨识出来。1958年报载我国江苏扬州地区泰州博物馆在泰州凤凰墩泰州公园修路时，发现了甲骨文一片。在殷墟以外的江苏泰州地区发现甲骨文，自然是一重要的新闻。此骨"像是殷旧物，但非牛的肩胛骨，亦无钻凿灼兆之痕，不像是卜骨，字迹刻的也有一点可疑"之处。经仔细鉴定发现，"这一伪刻与早期胡乱造字不为文理的伪刻不同，这一伪刻，不是杜撰，乃是抄录的真的甲骨卜辞"。经查校，是以《通》440（即《前》3·30·3）为蓝本的（现为《合集》10024）[①]。如果我们将此仿刻与《合集》10024相对照（例图114），就会发现两片虽然相似极了，但就文字来说，仍有不同之处。

甲骨文的辨伪工作，包括辨拓本之伪、辨摹本之伪和辨甲骨实物之伪。多数人因接触不到甲骨实物，所以主要是对著录书中的拓本（或摹本）进行辨伪。最好是将拓本（或摹本）的辨伪与原骨的辨伪工作结合起来。特别是甲骨摹本本身，是凭人的目力和经验摹录的，有时不免将原骨上的文字摹错和出现不准确之处。而原骨，则可根据钻、凿、灼的有无或骨的真假等，并结合文例考察，判断其真伪。特别是后期的仿制品，光凭拓本（或摹本）鉴定真伪是不够的。

仿刻的甲骨，以兽骨为多。有的骨料就是遗址出土的古兽骨，或上面原来就有部分文字（但一般文字很少），仿刻者利用其空隙，再仿刻假辞。或把新骨经过"做旧"处理，再在上面仿刻卜辞。一般说来，非科学发掘时期的传世甲骨经常会遇到伪刻问题。因此，不仅甲骨学者要注意对这一

[①] 胡厚宣：《泰州博物馆所藏甲骨文字辨伪》，《殷都学刊》1986年第1期。

部分甲骨进行辨伪工作，而且文物、博物馆工作者征集甲骨也要注意这个问题。

八十七年来出版的著录书中所收甲骨，一般都已经过学者们的辨伪。科学发掘所得甲骨的著录书《甲》、《乙》、《屯南》等，则不存在伪片问题。集八十年来甲骨文之大成的《甲骨文合集》所收四一九五六片甲骨，每一片都经过了学者认真的鉴定，在研究时尽可放心使用。虽然如此，仍有一些甲骨的真伪问题学者们看法不一。如《库》1506这块甲骨，"从1930年到1947年，经过18年的论辩，其为伪刻，本来已经不成问题"[①]。但解放以后，又对它的真伪问题进行了再讨论，直到现在仍没有取得一致的意见。陈梦家认为，"我们得到此骨的旧拓本，更可证明它不是伪作"[②]，并认为是"家谱"，还举出了《契》209及《乙》4856等片为证[③]。李学勤也认为此片为真，认为此片及《契》209"两版都是武丁时契刻的家系"[④]。于省吾也认为此片是"商代的世系谱牒"，"这是一个从商代初年开始，以男子为世系的专记私名的谱牒"。他还据此论证了"商王室和其他贵族谱牒世系的上限，都应在夏末或商初之际"[⑤]。而胡厚宣先生则力主此片为伪，他认为此片骨头为真，但上面所刻的"家谱刻辞""显然为伪"。他在《甲骨文〈家谱刻辞〉真伪问题再商榷》中列举了大量证据，全面论证了此片为伪刻。于省吾在《甲骨文〈家谱刻辞〉真伪辨》[⑥]中，对胡厚宣先生提出的理由进行了驳难，仍认为此片不假。《甲骨卜辞七集》一书所收临淄孙文澜氏旧藏甲骨三十一片，不少学者认为是伪刻[⑦]。但胡厚宣先生认为这批甲骨"乃全部为真，没有一片是假的，也没有一片是仿刻的伪片"。胡厚宣先生访知这三十一片甲骨中有六片现藏山东省博物馆，八片现藏中国社会科学院历史研究所。这十四片没有一片伪刻，并"由此可以推知不特《孙氏所藏甲骨卜辞》不见实物之十五片不伪"，而且亦可

---

① 胡厚宣：《甲骨文〈家谱刻辞〉真伪问题再商榷》，《古文字研究》第四辑，中华书局1980年版。
② 陈梦家：《殷虚卜辞综述》，第652页。
③ 同上书，第499页。
④ 李学勤：《论殷代的亲族制度》，《文史哲》1957年第11期。
⑤ 于省吾：《略论甲骨文"自上甲六示"的庙号以及我国成文历史的开始》，《社会科学战线》1978年创刊号。
⑥ 载《古文字研究》第四辑，中华书局1980年版。
⑦ 陈梦家：《殷虚卜辞综述》，第672页。

证明"孙氏所藏全部一百片亦当全为真物"。他为孙文澜氏旧藏十四片甲骨做了考释,指出了方法敛的误摹之处,并指出:"这些甲骨,不但不是伪品,而且内容较精"①,这就为甲骨学研究增加了一批可信的资料。此外,我国早年流散于西德、瑞士的甲骨有一部分共三十三片摹本在国内发表②,也有人对此进行了辨伪,指出"这批甲骨中,一至三号西德所藏全部为真,而瑞士所藏的 4 号、8 号、11 号、12 号、13 号、14 号、18 号、21 号等八片为仿刻"③。

这里需要提醒大家注意:近年又有一批新的"仿刻"甲骨出现。这些仿刻品作为篆刻艺术的一个新品种,在文物商店或旅游点公开出售,以满足人们欣赏甲骨文书法的要求。虽然出售时将这些作品都标明"仿制品"字样,但古朴的甲骨书法篆刻艺术受到了欢迎,有的被一些大学购去当作标本(因为传世甲骨已很难买到,而科学发掘品又归发掘单位珍藏),也有的被喜爱中国古代文明的外国朋友作为"纪念品"购走,流入日本、美国、英国、意大利以及香港等国家和地区。虽然目前还不存在对它们的辨伪问题,但过了若干年以后,这些仿刻甲骨也可能成为学者们辨伪的对象。

这些新的仿刻甲骨,是随着甲骨学的发展,特别是《甲骨文合集》一书的出版和甲骨文知识的普及而出现的。有一批书法篆刻爱好者,因接触卜辞的机会增多了,纷纷钻研甲骨文书法和篆刻艺术。他们经过长时间对甲骨文字刀法和风格的观察、临摹,能在龟甲和兽骨上熟练地刻出整篇的甲骨卜辞。这些新的甲骨仿刻作品,主要出自河南省安阳市博物馆的刘某、河南省博物馆的刘某及河南郑州工艺厂的侯某之手。他们这批新的仿刻品有下述几个特点:

一,取材。仿刻甲骨所用的骨料,安阳博物馆刘某多将发掘古墓出土的古骨取回,再在上面刻字。而郑州的二位,多用新鲜牛胛骨或龟甲。他们将龟腹甲周围及内里刮磨平整,削去牛肩胛骨背面骨脊。然后将甲骨进行脱脂或"做旧"处理。牛胛骨的处理过程是先将牛胛骨浸泡水中 1—2 个月,其间换水 2—3 次。然后放在水中煮 3 小时左右,骨内油脂便可全部逸出。再将煮过的骨放在火碱中烧一小时左右,用清水冲洗干净,骨便呈

---

① 胡厚宣:《临淄孙氏旧藏甲骨文字考辨》,《文物》1973 年第 9 期。
② 徐锡台:《西德、瑞士藏我国殷虚出土的甲骨文》,《人文杂志》1980 年第 5 期。
③ 王宇信:《〈西德、瑞士藏我国殷虚出土的甲骨文〉考辨》。

现出牙白色。为了使骨更呈现出"古色",再在骨上洒一些灰锰氧(即高锰酸钾),用手轻擦,骨面便呈现暗黄色,并可出现"古"斑①。

二,刻字。找出《甲骨文合集》中与骨料近似的片形,然后将《合集》该片的卜辞全文仿刻在骨料上,既不增减一字,也不遗漏兆序,甚至卜兆也尽量照原样刻出。

安阳刘某、郑州刘某及侯某,曾和胡厚宣先生及笔者研讨甲骨文基础知识。笔者和他们交往多年,手头就存有他们馈赠的作品。笔者曾一再嘱咐他们:仿刻的作品一定要进一步提高篆刻水平,并要刻好记号,便于人们识别真片和仿刻,以免将来谬种流传。一般说来,安阳刘某仿刻的甲骨片形较小,以仿三、四期"无名组"小字为多,并在背面用红漆写上所仿《合集》的片号及期别。郑州刘某所刻多用完整龟腹甲,基本照录《合集》一期的全龟卜辞,在背面刻有一个三角作为记号。而侯某所刻,既有龟腹甲,也有牛胛骨,有时刻一期字体,也有时刻四期大字。他是在仿刻品背面刻两小横划为记号的。

虽然上述三家所刻甲骨略有不同,但都基本上达到了以假乱真的地步,比当年蓝葆光的作品有过之而无不及,真可谓"出于蓝而胜于蓝"了!作为书法艺术和旅游纪念品的一个新品种,受到了国内外人士的欢迎。上述三家的仿刻甲骨也不难辨别真伪。首先,它们有一个共同点,即所用的骨料,背面都不做钻、凿、灼的处理。仅凭这一点,即使过了若干年后,辨原骨之伪还是很容易的。只是他们的仿刻品被墨拓以后,与原拓的鉴别则需要略加斟酌。不过,由于他们都是照录原拓,而这些被他们仿刻的对象,又都是大家所熟悉的著录品,所以根据书体作风的优劣,还是可以把这些仿刻品的拓本辨识出来的。而且,完整龟甲多为科学发掘所得,为公家所有。将来一旦新的完整龟甲拓片问世,必然要引起世人注意,在众目睽睽之下,人们一考源流,自然会知其出自仿刻者之手了。

第三节　甲骨文的缀合

密布甲骨背面的钻凿,使甲骨厚薄不一。再加上占卜时的灼炙,更使甲骨裂痕累累。地下深埋的3000多年时光,地层的压力和水的浸润,使

---

① 此据1985年11月20日在河南安阳宾馆与河南郑州工艺厂侯某谈话记录。

甲骨还在"埋藏时期"就已破裂了许多。而发掘时的翻动，又进一步使甲骨断裂。这些出土时就残断已甚的甲骨在转运过程中，又往往一片断为数块。再几经转卖、传拓并数易其主，本为一版的残碎甲骨不免身首异处，分属于不同的藏家。因此，这些支离破碎的甲骨文，成了很难看出它们原来在整版上的相互关系的"断烂朝报"。

随着甲骨学研究的深入，不仅要求甲骨文的材料要多，而且还要求材料要"全"。所谓"全"，就是把原来本是一版，残碎后著录在不同书中的甲骨缀合起来，使它们"重聚一堂"。甲骨文经过缀合复原的处理，才能找出各辞之间的相互关系，恢复当时的卜法文例等等，从而成为我们认识商代社会的重要史料。因此，甲骨文的缀合复原，也是甲骨学研究的基础工作之一。

学者们早就注意了甲骨文的缀合工作。王国维1917年就缀合了《戬》1·10与《后上》8·14，发现上甲至示癸的世次与《史记·殷本纪》不合，从而纠正了《史记》的错误。郭沫若1937年出版的《殷契粹编》113号缀合了三片甲骨，得知"上甲之次为报乙、报丙、报丁、示壬、示癸，又为王说得一佳证"①。在此书以前，郭沫若1933年出版的《卜辞通纂》一书就已缀合了三〇多版。1934年他出版《古代铭刻汇考》，又补刊了断片缀合八例。1945年董作宾在撰写《殷历谱》时，也对甲骨断片多有缀合。

有的学者更专门从事断片缀合工作并出版了专书。曾毅公1939年出版了《甲骨叕存》，共收入缀合七五版。1950年曾毅公又出版了《甲骨缀合编》凡四九六版，各版基本按一定的事类编次，每版下注明所缀各片出自著录书的卷、页及号数。书前的附图为拓本所缀的七二版。《甲骨缀合编》取材于《铁》、《前》、《菁》、《余》、《戬》、《龟》、《簠》、《通》、《甲》等三一种著录，较之《甲骨叕存》充实并丰富得多了。

《甲》、《乙》二书收录的甲骨，是殷墟科学发掘所得。因甲骨出土时不少就已很破碎，所以一版往往成为不同号数的残片，给研究工作带来了很多困难。内地和台湾的学者对《甲》、《乙》二书的甲骨缀合作了不少工作。郭若愚将《甲》、《乙》二书的材料缀合了三二四版（其中缀合《甲》七六版）。曾毅公、李学勤又继续缀合郭氏所未得者，共得一五八版

---

① 郭沫若：《殷契粹编考释》第113片，1937年。

（其中缀合《甲》四六版）。1955年科学出版社将郭、曾、李三氏的缀合成果四八二版集为《殷虚文字缀合》一书出版。《甲》、《乙》二书所著录的甲骨实物现藏台湾，学者根据原骨进行缀合工作，比仅凭刊布的拓本缀合要准确和方便得多。屈万里在《殷虚文字甲编考释》一书的序中，谈他据实物进行缀合时，发现《殷虚文字缀合》一书缀合有误的十一版和可能有误的一版，多是"骨（包括甲）版厚薄不同，或骨质坚朽各异，或部位不合。而最重要的条件，则是骨缝不能密接"。并指出："这对于以拓本或影摹本互相拼合的甲骨学者，实在是一个严重的警告"。1961年出版的《殷虚文字甲编考释》上、下，将缀合《甲》所得成果共二一一版附于书后。其中有的已为《殷虚文字缀合》所缀，或对其所缀者又有所增补，全为新缀者共一〇六版。张秉权则根据原骨对《乙》进行缀合，共得六三二版，收入《殷虚文字丙编》三辑六册（"上一"出版于1957年，"上二"出版于1959年。"中一"出版于1962年，"中二"出版于1965年。"下一"出版于1967年，"下二"出版于1972年），并做有考释，为甲骨学和商史研究提供了大量重要而完整的资料。

1975年出版的严一萍《甲骨缀合新编》和自1978年开始出版至1983年全部出齐的《甲骨文合集》所收缀合版，是80多年出土甲骨缀合的总结。严书共十册，第一至九册共收缀合版六八四个，每版拓本在前，摹本在后。编号之下将过去曾为某书所缀者皆注明。其缀合出处，分别在所缀部位注明A、B、C、D等字样。过去诸家缀合有误者，共三八四版编入《甲骨缀合订讹》一册中，并指出其不合理之处。1976年严氏又出版了《甲骨缀合新编补》。《甲骨文合集》与各种甲骨著录相比，则更重视甲骨的缀合复原工作。"在前人已经做过的基础上尽量继续加以拼合，所以所得就较前人为多"[①]。"总计拼合不下两千余版，单《殷虚文字》甲、乙两编，就拼合了一千版以上"[②]。见物思人，《合集》缀合工作所以取得如此成就，是和师母桂琼英先生辛勤劳动分不开的。她多年从事甲骨学研究，自历史研究所承担《甲骨文合集》的编辑工作以来，她就专门负责缀合的全部工作。她十五、六年细心追索，精心拼对，终于在缀合方面作出了超越前贤的成绩。《甲骨文合集》收入的2000多个缀合版，耗尽了桂琼英先

[①] 胡厚宣：《郭沫若同志在甲骨学上的巨大贡献》。
[②] 胡厚宣：《〈甲骨文合集〉序》。

生的汗水和心力。就在《甲骨文合集》定稿付印前夕，她竟于1977年因患癌症逝世。桂先生一生任劳任怨，勤勤恳恳，默默无闻地为甲骨学研究作出了巨大贡献，是永远值得我们怀念和尊敬的！

虽然经过几代学者的努力，甲骨文缀合工作取得了很大成绩，但十五万片甲骨并没有缀合尽净。就是《甲骨文合集》一书所收，也还有一些未缀之片。而所缀各版，其不准确或缀错之处，也是在所难免的。例如《丙》117，是《乙》2452＋2508＋2631＋3064＋3094＋3357＋7258＋8064＋8479共九片缀成，《甲骨文合集》672在上述各片缀合的基础上，又加缀了《乙》2862。但现在又发现故宫藏甲骨74177片也可与《合集》672缀合。但未来得及增缀，《合集》第二册就已经印出，只得留待来日订补了。《甲骨文合集》10456正是三片甲骨缀合而成。未缀前，一分为二，权做二片处理。胡厚宣先生发现《宁沪》所收二片与故宫沈德建旧藏的一片甲骨可以缀合，因而将此三片缀合为一（例图116）。此片缀合以后，"卜辞完整，字迹明朗"，过去辨识不清的文字可以确认了，从而弄清了在"殷代疾病史和医学史上也是一件重要史实"的武丁时子由生了双胞胎，几乎要死的一件大事①。

严一萍认为《甲骨文合集》一书"并没有采用我的缀合新成果"②，并在《中国文字》等刊物上多次撰文为《甲骨文合集》缀合版订讹并补缀。也有人专门对《甲骨文合集》未缀者进行再缀合，并有论述发表③。这些学者的意见和批评，是值得我们认真研究和重视的，说明缀合工作既不是尽善尽美，也不是已经完结，需要我们今后更加努力地继续做好缀合工作。

甲骨文缀合是一项较为复杂，并且学术性极强的工作，也是对学者的学识和才智的综合检验。在缀合时，首先要求学者有广博的甲骨学知识。不仅要熟悉龟（腹甲、背甲）、肩胛骨（左骨、右骨）的各部位及正、反的特点和龟、骨的区别，还要能依据拓本（或摹本）就可准确地断定其在龟（或骨）上的所在部位。而且还要熟悉甲骨的整治以及卜法、文例、行款，卜辞与卜兆、兆序的关系等等。此外，要能熟练地将甲骨分期断代，

---

① 参见胡厚宣《记故宫博物院新收的两片甲骨卜辞》,《中华文史论丛》第一辑，1981年。
② 严一萍：《〈商周甲骨文总集〉序》，艺文印书馆1985年版。
③ 蔡哲茂：《甲骨文合集缀合补遗》,《大陆杂志》第68八卷，1948年6月第6期；及同刊第69卷，1948年7月第2期。

并了解和全面掌握甲骨材料的著录范围、出土区域以及研究和缀合的成果等等。其次，要求缀合者有较强的记忆力和敏锐的眼光，在缀合时要耐心，细心，应具有不怕烦琐和一丝不苟的科学精神。

有的学者把前辈学者缀合甲骨的方法归纳为下述五种，对我们的缀合工作有很大启发：

一，类聚：此为事前之准备工作，亦即储积缀合资料之方法……顾类聚，必凭分期断代、拓片性质（腹甲、左右背甲、左右胛骨）、卜辞事类等分置之；一俟积聚有成，施于缀合，必获事半功倍之效……

二，比勘：此为作缀合最基本、最确切、最必需之紧要方法……据五事以必甚密合，亦可以从事缀合甲骨矣。

（一）部位：缀合之前，必先确定欲缀素材之部位；部位之认定，为施行缀合之第一要义。

（二）文例：各时期之卜辞，虽各有其特征，然亦有其通则可循。如逆兆为常例，而顺兆、跳兆、犯兆等则为特例；至其行款之左右而下行，则皆为求对称也。

（三）辞例：虽属同一事类之卜辞，固有常例可循；但因时期之异，遂有详略之差，与正问反问之别。

（四）书体：各期皆有其特具之书体风格，尤以人地名之差异，不仅可据之断代，亦为缀合之最佳证据。

（五）征候：就版面言：如卜兆之刻画，术语与卜兆卜辞之关系，记兆数字之契刻，剩辞残字，卜辞行款错落之致，版面剜刻之情形等，均其显著之征候。施行缀合时，均宜详为比对，求其正确。至于折痕，则无论面背，必求其密合。

三，范例：此为作甲骨缀合之应用法。小则可施于同文异版，大则可行于成组卜甲或骨之缀合。

（一）标本：以既得之完整，或较完整之卜甲或卜骨为标本，并以另纸描绘其轮廓为矩矱；将所采集、类聚之残辞素材，据其部位，浮置于矩矱内，与标本缜密比勘，施予缀合。设若不能密接时，则暂予遥缀。如《新缀》272、273等版，均为此法之例。

（二）互范：以既得之同性质、同类例素材，相互为缀合之标本，而寻觅其残佚之它片，施予缀合。如《新缀》441等版，即为此法之例。

四，推理（略）

五，密合与遥缀：

（一）密合：缀合之最高标的，在求缀合素材之密合，期使其复原如初，而考知其全体大用……然密合之义，非仅折痕而已；他如烂字残辞或其他各种征候之复原，均须无间，姑谓之密合。

（二）遥缀：……然缘素材散佚，即时无法密合，无已，暂以遥缀为之，亦为缀合方法之一。如《新缀》315版……顾遥缀之先决条件，必得肯定其为同版之折；否则，岂非"自由缀合"欤？①

上述第四项"推理"，并不是将甲骨拓本（或摹本）真正缀合在一起，而只是根据甲骨文例拟补（即推测出）的残断部分，不能说就已经是将甲骨缀合了，故我们略去此项。而所谓"遥缀"，各片也不是互相联在一起，因而也不能说是已经将各片缀合了。《甲骨文合集》在遇到这种情况时，是将各有关的片编为一号，分做此号的甲、乙、丙……等部分。

随着科学技术的现代化，也有学者把电子计算机技术引入甲骨文的缀合工作。1973年国外有人用电子计算机作缀合甲骨的尝试，1974年我国也有学者在用电子计算机缀合甲骨方面进行了有益的探索。实验者从第三次科学发掘殷墟大连坑所得卜甲中选出二六三片，从第四次科学发掘殷墟E16坑中选出一五四片甲骨，按时代、字迹、骨版、碎片、卜辞、边缘等六项拟定若干限制条件，使之数字化，并为电子计算机缀合拟定了若干规则，然后进行缀合实验。其结果是前一组中缀合二〇对，正确的八对。后一组缀合六一对，正确的二五对，缀合率达40%左右②。

使用电子计算机缀合甲骨的实验虽然取得了可喜的成功，但还存在用人工录制标本信息工作量较大、缀合的准确率不高等缺陷。因此，目前主

---

① 以上参据白玉峥《读甲骨缀合新编暨补编略论甲骨缀合》，《中国文字》第1期，艺文印书馆1980年版。

② 童恩正等：《关于使用电子计算机缀合商代卜甲碎片的初步报告》，《考古》1977年第3期。

要还是靠甲骨学者广博的甲骨学知识和丰富的经验以及良好的记忆力去缀合甲骨。

经过学者们的缀合，不少看来并无太大意义的残碎甲骨，在复原后产生了使人意想不到的学术价值。确实像有的学者所说，缀合工作是对甲骨文学术价值的"再"发掘。因此董作宾先生把缀合工作看做甲骨学深入研究的重要内容之一，一再提醒我们要"尽量拼合复原的工夫，把全部材料，化零为整"①。

第四节 甲骨文的残辞互补

研究某一课题，翻阅甲骨资料时，常会遇到著录书中有许多甲骨因残断太甚，一些卜辞不能属读，其上下文义也不甚了了，只得弃而不用。因而好不容易才得重见天日的甲骨文，不少又被学者冷落，成了无人问津的一堆"死"材料。

由于甲骨学研究的深入，学者们有了使这批"死"材料发挥其价值的"起死回生"术，这就是甲骨文的"残辞互补"。"殷人占卜，一件事，常常使用多块甲骨进行，占卜之后，每块甲骨，都刻上同样的卜辞，这样就出现了卜辞同文的例子。同文卜辞，如果遇到残缺，这块缺这几个字，那块缺那几个字，凑在一道，残缺的文字就可以相互补充"②。几条不明其义的残辞，可以互相勘补为几条完整的卜辞，这就是所谓的"残辞互补"。

郭沫若最早系统论述这一问题。他在 1934 年出版的《古代铭刻汇考》一书中，收入了《残辞互足二例》，既论述了残辞互补的原则，也为我们做了残辞互补的示例。他指出："卜辞纪卜或纪卜之应，每一事数书，因之骨片各有损坏时而残辞每互相补足"。他以《通》430 和《续》5·32·1（《簠地》27）互足为例。

《通》430 左侧一辞为：

　　癸卯卜，争，贞旬亡祸。甲辰大骤风，之夕㞢，乙巳（□）奉（□五）人。五月在（□）。

---

① 董作宾：《〈殷虚文字甲编〉自序》。
② 胡厚宣：《〈甲骨文合集〉序》。

《续》5·32·1（《簠地》27）应与《通》430为同文。但此片残损太甚，残辞仅有：

……大骤风……㞢，乙巳䒄奉……人。五月在敦。（例图115）

上辞所有者，恰是本辞所无。而上辞所无的几个关键字，又恰是本辞所有。因此可将此二辞互相勘补，《通》430辞中缺字处（□）可补上䒄、敦等字。而本辞也可据上辞补足所缺之文，即为：

〔癸卯卜，争，贞旬亡祸。甲辰〕大骤风，〔之夕〕㞢，乙巳䒄奉（□五）人。五月在敦。

这样，就成了完整的卜辞了。

早年的甲骨学者因不懂甲骨文例和卜辞同文，在作释文时不知用残辞互补的方法将卜辞补齐，故有一些书的释文不能使人知其文义。现在学者们在研究工作中都十分注意残辞互补的工作。能补齐全辞的，则尽量补齐全辞。实在不能补齐全辞的，则用缺字符号代替。有的用"□"表示确知缺一字，用"⊠"表示残缺二字以上；也有的径用"……"表示缺字之处。

要做好甲骨文的残辞互补，必须熟悉卜辞的各种辞例。既要掌握同时期各种辞例的不同，也要了解各不同时期辞例的变化。此外，还可使用工具书，找出相同的辞例与内容不明的残辞相勘补。《甲骨文合集》将"所有同文的例子，都按照卜序把它们排在一起，这样残辞互足的例子就有很多，用起来可以有很大的方便"[①]。日本岛邦男的《殷虚卜辞综类》，将60多种著录书中的卜辞分条按类集中，也为我们残辞互补提供了很多依据。因此，我们今天进行残辞互补还是不难办到的。如果到了甲骨学已经成为一门成熟学科的今天，有的小册子竟还出现不做残辞互补处理释文的情形，那就实在太不应该了。

在残辞互补的基础上，我们还可以根据某些祭祀卜辞所具有的内在规

---

① 胡厚宣：《〈甲骨文合集〉序》。

律，经过科学推理，把残辞部分补齐。

在第五期甲骨里有肜、羽、祭、𥄂、劦等五种祭祀的卜辞很多。这"是有系统而成组的，就是我们在以上所屡及的所谓'周祭'。祭完一个整套的周祭所用的时间就是'祭祀周'"。而"'祭祀周'以旬为单位，每旬十日皆依天干甲乙丙丁为序，商王、妣以天干为庙号，即依世次及各王、妣庙号之天干顺序而祭。如第一旬甲日祭上甲，乙日祭报乙以至报丙、报丁、示壬、示癸六世，第二旬祭大乙、大丁，第三旬祭大甲、外丙。每旬之祭，我们称之为'小祀周'。当祖甲时，从上甲至祖庚行'羽日之祭'凡九旬而毕，此九旬即'羽日'之季，我们称之为'祀季'或'中祀周'。凡用'羽日'、'肜日'、'劦日'三种祭法遍祀其先王与其法定配偶一周而毕，即称为'一祀'，我们称之为'大祀周'"①，相当于一年的时间。学者们经过多年研究，发现甲骨文周祭非常严密并有一套固定的程式，"卜祭日与王名或妣名一致是这种卜辞的特定规律。因此我们只要掌握了这个规律，就可以在王名或妣名残缺的情况下，根据卜祭日求得。或者在卜祭日残缺时，根据王名或妣名求得"②。

此外，还有一些特祭卜辞。我们如果熟悉它们的规律，不仅对我们确定一些祖先的庙号或卜祭日很有意义，而且还可以互相参据，推断出所缺的庙号或祭日。

第五期有一种"肜夕"卜辞，如：

（一）甲戌卜，贞王宾祖乙肜夕亡尤。（《京》5029）

（二）乙酉卜，贞王宾外丙肜夕亡尤。（《前》1·5·1、《通》227）

第一辞卜祭王名祖乙在甲戌日，第二辞卜祭王名外丙在乙酉日，卜祭日都比王名日干提前一日。有学者考察了全部此类卜辞后发现，"卜祭日比王名提前一天是以'肜夕'为祭名的'王宾'卜辞的特有规律"。我们"掌握了这个规律，也可以在卜祭日残缺时，根据王名求得。或者在王名残缺

---

① 关于甲骨文中的周祭，参阅陈梦家《殷虚卜辞综述》，第十一章第五节、第六节；岛邦男：《殷墟卜辞研究》中译本，第一篇第一章及第四章第一节，鼎文书局1975年版；许进雄：《殷卜辞中五种祭祀研究》。

② 常玉芝：《说文武帝》。

时，根据卜祭日求得"①。

如《前》4·21·3辞云："□卯卜，贞王□戋甲肜夕□尤"。残去了卜祭日及若干字。首先可据残辞互补原则，将此辞与其他同型卜辞互补，王后所缺之字应为"宾"，尤之前所缺字应为"亡"。再根据这类卜辞卜祭日比王名日干提前一天的规律，所祭王戋甲的日干为甲，提前一天则应为癸，此辞卜祭日应为癸卯。此辞补齐之后应为"〔癸〕卯卜，贞王〔宾〕戋甲肜夕〔亡〕尤"。

第五期还有一种"祊祭"卜辞，其句型主要是"干支卜，贞祖先名祊其牢"；"干支卜，贞祖先名必祊其牢"；"干支卜，贞祖先名宗祊其牢"。经学者考察研究后发现，上述3种类型卜辞的卜祭日和先祖名的日干间有着相同的规律，"即卜祭日均比祖先的日干提前一天"②。因此，在我们遇到上述类型的残缺卜辞时，可先以残辞互补法补齐所缺之字。然后，如卜祭日干残缺而王名日干存在时，据王名日干提前一日，即可补齐所缺卜祭日干。如卜祭日干完整而王名日干缺残时，则可将卜祭日干移后一日，将王名日干补齐。

如此等等，我们可根据残辞互补的原则，将大量存在的残辞补齐。又可在此基础上通过科学推理——掌握第五期周祭卜辞和一些特祭卜辞的规律，把第五期不少有关这方面的卜辞补齐。因此，不少无法利用的残辞变成了研究时有价值的资料。所以我们说，甲骨文的残辞互补也和缀合一样，是甲骨文史料价值的"再发掘"。

---

① 常玉芝：《说文武帝》。
② 同上。

第 十 章
重要甲骨的著录及现藏

甲骨文是甲骨学的研究对象，也是有关商代社会的第一手资料。同时，甲骨文本身又是一种特殊的古代文物，所以被收藏家作为稀世珍宝收藏。因此，除了少数的甲骨收藏家和甲骨文的科学发掘者以外，限于条件，多数甲骨学者是难以据甲骨实物进行研究的。此外，八十七年来出土的甲骨分属海内外不同藏家，多数学者也难以一一寓目。就是那些有条件接触甲骨实物的为数不多的甲骨学者，他们所据以研究的实物也只不过是十五万片甲骨文中的一小部分而已。

1903年第一部甲骨著录书《铁云藏龟》的出版，才使甲骨文从收藏家的书斋中不胫而走，扩大了流传范围，成为甲骨学者容易得见的科学研究资料，大大促进了甲骨学研究的开展。继此书以后，不少收藏家的甲骨陆续著录出版。迄至目前，国内外出版的"有关甲骨文材料的著录书刊，不下100多种，著录甲骨达十万片"。可以说，历年出土甲骨中的重要部分都已公布。"这对于中国古代史特别是商代史，中国古文字学，特别是甲骨学的研究，确实具有极为重大的意义"[①]。

第一节　著录甲骨的准备

甲骨资料的刊布，一般是先将其墨拓（或摹写，照相），再将拓本（或摹本、相片）纂集成书出版。这些专门公布甲骨文资料的书，就是我们通常所说的"甲骨著录"。不仅在编纂甲骨著录书时需要掌握传拓甲骨（或摹写、照相）的技术，而且我们今后在研究实践中，也可能遇到新的

---

① 胡厚宣：《八十五年来甲骨文材料之再统计》，《史学月刊》1984年第5期。

甲骨文材料，如果掌握传拓（或摹写、照相）甲骨的技术，对及时搜集和保存资料是很有好处的。因此，在我们论述重要甲骨的著录及其现藏之前，有必要将甲骨拓本（或摹本、照相）的制作方法介绍如下：

一，拓本的制作

我国传拓技术有着悠久的历史，曾对"金石学"的形成和发展起了重大作用。传拓技术的发明，至迟当在南北朝梁元帝以前[1]。到了隋唐时期，传拓技术更为发达。唐人段成式《酉阳杂俎》前集卷六十二记有："历城县魏明寺中有韩公碑，太和中所造也。魏公曾令人遍录州界石碑，言此碑词义最善，常藏一本于枕中，故家人名此枕为麒麟函。"著名文学家韩愈的《石鼓歌》也说："张生手持石鼓文，劝我试作石鼓歌……公从何处得纸本，毫发尽备无差讹。"可见当时传拓技术之精和拓本流传之广。在甘肃敦煌莫高窟藏经洞中发现的《九成宫醴泉铭》，是保存到现在的最早的拓本[2]。

传拓技术的发明，对我国古代金石材料，诸如碑碣、铜器铭文等文字材料的流传和保存起了很大作用。宋代活字印刷发明以后，历经明、清，以拓本著录铜器、碑碣、货币、玺印等金石材料日益繁盛，进一步扩大了金石材料的流传和研究的范围。直到今天，传拓铜器、玉器、货币、玺印等古代文物的器形、花纹、文字等等，还是公布考古新材料并据以研究的重要手段。

甲骨文的传拓技术就是继承和发展传统金石学的传拓技术而来。但由于甲骨文的文字细小，再加上骨（或龟）版松脆易折，所以传拓甲骨文要比碑碣、铜器铭文、货币等古代文字资料困难得多。尽管如此，只要我们掌握了要领，在实践中细心揣摩，不断改进，还是不难制作出满意的拓本的。

传拓工具：

扑子　扑子是为了施拓上墨用，可自己制作。先将干净白绸一块，内包棉花一团，裹紧成球状（棉花团外还需包一层打字蜡纸，以防濡墨过多）。再用橡皮筋（或线）将球上端缠住即可使用。可根据所拓甲骨大小，

---

[1]　《隋书·经籍志》四："《杂碑集》二十二卷"。注曰："梁有碑集十卷，谢庄撰；释氏碑文三十卷，梁元帝撰"。

[2]　参见阎文儒《中国考古学史》第三章，北京大学考古专业讲义1963年油印本。

做成直径约二厘米、一厘米、半厘米等不同大小的扑子。总之，以施拓方便为原则。

纸　传拓甲骨最好使用薄而韧性强的棉连纸。因为纸质厚了，不能将纸打入甲骨文的字口之内，文字就会模糊不清。如果纸的韧性不强，施拓时由于反复摩擦，纸上会出现孔洞。一般以"六吉棉连"为传拓甲骨的最好用纸。

托板　为固定甲骨用的底座，备一块小平木板即可。

油泥　传拓甲骨时不能使其移动，因此要用油泥将甲骨固定在托板之上。此外，因甲骨不平，在用油泥固定甲骨时，还要适当支撑甲骨底部与托板之间的空隙，以免施拓时因骨面受力而引起断裂。油泥是用石灰与桐油搅拌而成（俗称腻子），建筑业常用于安装玻璃，可以从建筑材料商店购买。此外，儿童玩具象皮泥柔软可塑，也不易干燥，可代替油泥使用。

白芨　温水中放入白芨浸泡后，水便具有粘性。用毛笔蘸白芨水涂在甲骨上，便可固定棉连纸。用白芨的好处在于，干燥后，从龟骨上取纸时，其粘性不至使纸取不下来，或使纸撕破。白芨为我国传统的一味中药，可从中药店购买。

刷子　清洗甲骨及将纸打入甲骨字口时用，可准备大小不同规格的刷子二至三把。刷毛用猪鬃过硬，以人发特制者为宜。

毛笔　干净毛笔一至二支，蘸白芨水用。

墨　传拓甲骨最好不用墨汁，宜用胶性小的好墨在砚池中研磨。

传拓前的准备工作：

将白芨投入盛有温清水的容器内。

清刷甲骨。甲骨久置库房，其表面积尘和字口内的尘土需用毛刷蘸清水刷净，以免不洁物或尘粒影响传拓效果。

固定甲骨。将甲骨用油泥固定在托板之上，并将悬离托板部分用油泥支好，以防断裂。

传拓甲骨：

先用毛笔在甲骨表面刷遍白芨水，再将棉连纸敷在甲骨上。随后用干毛刷在纸面上轻轻敲打，直至文字上所敷的纸凹进字划中显出字口为止。注意不要将纸敲破或敲毛。然后将甲骨置于通风处，使纸干燥。

用扑子从砚池蘸墨少许，在砚盖上轻叩几下，避免扑面着墨太多，也使扑面墨匀。再将扑子在附着甲骨的纸面上轻轻叩击，纸上即呈现墨色。

拓时用力要匀，切忌上墨太急，以致纸上出现明显墨斑。上墨时，应由浅逐渐加深，一般以上墨三遍为适宜。

传拓甲骨，有人习惯用墨轻淡，拓本形同蝉翼，俗称"蝉翼拓"；也有人习惯施墨浓重，文字与骨面黑白分明，拓本黑中透亮，俗秘"乌金拓"。总之，以文字清晰为佳。

传拓甲骨时，不仅要注意上墨匀，而且不能使字划浸墨。否则，文字模糊，将会给研究工作带来不便。

传拓后应注意的事项：

施拓完毕，将拓本轻轻揭下，并及时将拓本的藏品号注明，以免忘记出自何处。再取下所拓甲骨，检查甲骨的反面有无文字、骨臼处有无文字。如有文字，再继续一一拓下，注明藏品号，将正、反、臼的拓本放置一处收藏。所拓甲骨拓本，不能随意剪裁，务必保持原状。

传拓甲骨时，还要注意不要将墨浸在甲骨上，造成污染。拓毕将甲骨及时还回，再换另骨施拓，以免造成混乱。

二，摹本制作

甲骨摹本的制作比较简单，是在没有准备传拓工具的情况下，或由于种种原因不能施拓时的一种变通的搜集甲骨资料的方便方法。

一般是在纸上先将甲骨片形的轮廓勾出，最好大小与原片一致。然后再在勾出的轮廓内，按原骨文字所在部位，将文字在轮廓的相应部位摹写出。要注意的是，既不能误摹、漏摹文字，也不能将文字的书体、风格摹写失真。应达到使读者据摹写本判断甲骨的期别，和据原骨所判断的期别一致的效果。

另外一种摹本是据甲骨拓本制作的。在遇到新的甲骨拓本，因种种原因不能翻照时，可以将透明度较高的纸（以硫酸纸为最佳）覆在拓本上，用铅笔轻轻勾出轮廓并将文字摹出，然后再上以墨线即可。

三，照相

在甲骨不胜传拓，或甲骨较多，来不及细细摹写时，照相是不损害甲骨而且是最快、最方便的搜集资料的方法。但甲骨文字纤细，在拍照时必须选择最佳角度和光线，尽量使文字清楚。

一般说来，甲骨多以拓本著录，也有少数用摹本著录的，用相片出版的极少。用拓本著录甲骨，文字准确。用摹本著录甲骨，虽然清楚，但容易失真或出现错误。用照相著录甲骨，虽然立体感强，但文字多模糊不辨。因此，过去用摹本（或相片）所著录的甲骨，在条件允许的情况下，现已陆续换用拓本重印。

有的学者主张将拓本、摹本、相片三位一体著录甲骨，可以达到互相勘校，各取其长的效果。但在实践中有许多困难。十五万片甲骨分属国内、外不同公私藏家，即使某一藏家（或某一地区）的藏品可以墨拓、摹写、照相兼施，但要将国内几十个城市，一百几十个公私藏家以及遍布国外十二个国家的公私藏家的甲骨全部施以墨拓、摹写、照相，则是难以办到的。就是有朝一日实现了这一目标，那三位一体的甲骨著录书将会卷帙浩繁，个人之力也难以购置。如此办理，十三巨册的《甲骨文合集》将会扩大三倍！此外，有不少用拓本（或摹本）著录过的甲骨，现已下落不明，要想重新施拓或摹写、照相已是不可能了。

第二节　国内学者著录的甲骨及现藏

《铁云藏龟》　刘鹗纂辑，1903年10月抱残守缺斋石印六册，1931年5月又由上海蟫隐庐石印，与《铁云藏龟之余》合为六册，附鲍鼎释文。本书共收甲骨一〇五八片。书前有罗振玉序，云："光绪己亥（1899年）而古龟古骨乃出焉"，并论及甲骨文"正经补史"的价值等等。刘鹗在自序中亦主"龟板己亥岁出土"，并定其为"殷人刀笔文字"。自序中还谈到了他收集甲骨的经过：先后共得五千多片，其中包括王懿荣死后，其子王翰甫为还债出售给他的一部分。并试图对甲骨文字进行一些考释。我们曾多次谈过，刘鹗此书是甲骨学史上第一部著录书。此书之所以重要，是因为它筚路蓝缕，使甲骨文从收藏家书斋中的"古董"，变成了可资学者研究使用的科学资料。正因为《铁云藏龟》是一部前无古人之作，所以全书编纂无一定体例可循，而且还收入了少数伪片。此外，由于此书出版较早，拓本制作不精，再加上印刷质量较差，因此书中不少拓本模糊不清，文字难于辨识。本书所著录甲骨，多为第一期武丁时代物，有不少重要内容。1975年，严一萍将《铁云藏龟》加以整理，编为《铁云藏龟新编》一书，由艺文印书馆出版。严一萍在序中谈到，《新编》与《铁》不同之点在下述六事："一曰选换拓本，二曰断代分类，三曰缀合，四曰补背，五曰去复，六曰去伪。"《铁云藏龟新编》一书中的每片都附有摹本，片号仍标《铁云藏龟》原片号，并注明重片号数。

《铁云藏龟之余》 罗振玉编纂，1915年出版，1927年重印，1931年蟫隐庐石印本附于《铁云藏龟》之后，合为六册，附鲍鼎释文。全书共收甲骨四〇片。罗振玉在序中说："予之知有贞卜文字也，因亡友刘铁云"。"欲揭君流传之功以告当世，乃搜箧得君曩日诒予之墨本。选《藏龟》所未载者，得数十纸，为《铁云藏龟之余》"云云。

《戬寿堂所藏殷虚文字》 姬佛佗编纂。1917年五月广仓学宭丛书《艺术丛编》第三集石印本一册。1918年又出单行本，与王国维《戬寿堂所藏殷虚文字考释》合为二册。本书共收甲骨六五五片。罗诗氏（英国籍犹太人，大资本家哈同夫人，又名罗迦陵）的叙说："丙辰（1916年）冬，得甲骨千片于海上，乃丹徒刘氏故物。其中见于《铁云藏龟》者什一、二。而未见者什八、九。乃复选其尤者影印"。姬佛佗本不学无术之人，"按此书实王国维所编"①。本书第一页第十片与《后上》8·14乃一片之折，王国维据此在《殷卜辞中所见先公先王考》一文中纠正了《史记·殷本纪》中某些世次之误，其意义前已述及，此处从略。

《铁云藏龟拾遗》 叶玉森编纂。1925年5月五凤砚斋影印本，附考释，合为一册。本书共收甲骨二四〇片，叶玉森在序中说："今年春，闻先生（按指刘鹗）所藏，家不能保。王君瀩与同年柳君诒让先后抵余书，爰得收其千三百版。乃就《藏龟》及《藏龟之余》未著者，选集二百四十版，手自拓墨，编订成册"，"管见所逮，并附考释于后"。

《福氏所藏甲骨文字》 商承祚编纂，1933年金陵大学中国文化研究所影印本，与《考释》合为一册。共收入甲骨三七版，为旅居我国的美国收藏家福开森氏所藏。商承祚的叙说："……共选拓得三十七版，精印行世。文字之末附以考释。甲骨皆刘铁云（鹗）徐梧生（枋）故物也（七、八、九、十、十一、十三、二十九凡六版为徐氏旧藏）……"书后附有董作宾跋，云："殷虚文字截至现在，已著录者为书十四种。甲骨卜辞约计一万一千三百四十版，而据余所知，未著录者，且数倍之。今后从事于搜辑拓印以广流传，俾并世学人得资研究，实吾辈之责也"。董作宾还在文中为此书所收甲骨进行分期断代，有一期、三期、五期物，还按内容将卜辞分类，并对骨臼刻辞进行了论述。

---

① 胡厚宣：《五十年甲骨学论著目》，中华书局1952年版，第34页；又参阅胡厚宣《殷墟发掘》，第17页。

《殷契佚存》 商承祚编纂，1933年金陵大学中国文化研究所影印本一册，与《考释》合二册出版。全书共收甲骨一〇〇〇片。书前有董作宾序、唐兰序及商氏自序。董作宾序论述了四个问题，即："一，第三期之一批材料。二，肋骨刻辞之重要。三，美国施氏所藏甲骨之出土地及其渊源。四，肋骨之出土与安阳农之盗掘。"特别是追述了该书所收施密士一批甲骨的来源，"大连坑附近，吾人第三次工作始发掘之。及河南民族博物院之争执起，此停彼作者兼旬。继乃复由吾人开大连坑，得第三期甲骨甚多。前乎此，固未尝有人开掘之也。民族博物院所采获者旋被盗窃，失去盛放甲骨文之绿布小箱一件，事经轩、邱（良臣）两人手，其所居五洲旅馆主人畏罪逃，馆舍查封者累月……施氏一批材料之渊源，大抵如此"。并说殷虚发掘停止后，"小屯邻近各村乃乘机而起，洹河两岸，盗掘古物者数百成群……出土古物，散之四方估客，得值动以万计"云云。唐兰序则论述了文字学史、"六书"说及甲骨文的史料价值等等。商承祚自序说："凡估人所鬻，财力所及，必购得之。"《殷契佚存》所收甲骨，其中一部分原为刘鹗旧藏，即胡厚宣先生所说，刘鹗的一部分甲骨二五〇〇多片，"在1926年由商承祚和几个朋友合购。商氏曾选文辞少见和字之变异不同者，手拓六百多片，在1933年编入《殷契佚存》"①。此外，书中还收入了北平孙壮、侯官何遂、美国施密士、冀县王富晋、丹徒陈邦怀、海城于省吾、江夏黄濬等人的甲骨拓本共四百多片。商承祚还在自序中指出："甲骨多贞卜之辞，至纪事之文，除中央研究院历史语言研究所所藏三兽骨外，寥若晨星。"《佚》518之宰丰花骨，"一面镂花文，一面刻记事。文两行二十八字，完整未损，弥足珍贵"，文中还将此骨"精拓本"与中央研究院所藏三版兽头刻辞文相参照。

《铁云藏龟零拾》 李旦丘编纂，1939年上海中法文化出版委员会出版，收入《孔德图书馆丛书》第二种，合《考释》为一册。该书共收甲骨九三片。书前李旦丘叙云："吾友金祖同君携会稽吴振平先生所藏甲骨拓墨九十三片来寄存馆中，且嘱余为之考释……按吴氏所藏甲骨，本铁云旧物。其中数片已见《铁云藏龟》，然多半未经著录者，今得公之于世……"

以上各书所收甲骨，多为刘铁云故物。刘氏1909年因卖仓粟事获罪，被流放新疆而死，其所藏甲骨五千多片分散于不同藏家：

---

① 胡厚宣：《殷墟发掘》，第17页。

一部分一千多片归英籍犹太人哈同夫人罗诗（即罗迦陵），《戬》著录其中一部分。其中七百多片后又归诚明文学院，胡厚宣先生将其中《戬》未著录者摹写，收入《南诚》部分（九一片）。原骨现藏上海博物馆。

另一部分一三〇〇多片归叶玉森，《铁遗》所收即为其中的一部分。叶氏逝世后，甲骨实物又复分散。一部分辗转流传，现藏上海博物馆。一部分几十片归美国人福开森氏，即《福》所著录者，原骨现藏南京大学①。一部分百余片归吴振平，即《铁零》所著录者。

还有一部分二千五百多片归商承祚等人，《佚》收入其中六〇〇片。后来部分归中央大学（现归南京大学②）；部分归束世澂，原骨现藏复旦大学；部分归陈中凡，即1956年董作宾《殷虚文字外编》所收录的部分。胡厚宣先生1945年曾将上述三部分收入《甲骨六录》一书中的《六中》、《六束》、《六清》部分。还有一部分即王瀣（伯沆）"无想山房"所藏六〇〇多片，归前中央研究院历史语言研究所，胡厚宣先生曾将其摹写，收入《南无》部分，原骨现藏台湾。另外部分现藏南京博物院、浙江省博物馆、扬州市博物馆等地，并先后被著录于郭若愚1953年出版的《殷契拾掇》二编和胡厚宣先生1955年出版的《甲骨续存》等书中。

甲骨文的第一个鉴定和购藏者王懿荣，共收得甲骨一五〇〇多片。王氏殁后，甲骨大部分售归刘鹗。其余，一小部分归天津新学书院，收入1938年出版的《甲骨卜辞七集》，原骨下落不明；一部分四百几十片归王氏后人王福重，原骨现藏天津市博物馆（其中二片已赠方豪，现藏台湾）；一部分一百多片归王福庄，原骨现在美国；另一部分确知为王氏故物几十片，现藏中国社会科学院历史研究所③。王懿荣次子王汉辅曾有甲骨拓本一册，后归前辅仁大学（现归北京师范大学图书馆）。王氏四子王汉章亦有甲骨拓本二册，现藏南开大学图书馆。唐兰1939年出版的《天壤阁甲骨文存》，就是从王懿荣后人的三册拓本中选出一〇八片著录出版的。

《簠室殷契征文》十二卷 王襄编纂，1925年天津博物院石印本，与《考释》合四册。本书共收甲骨一一三五片。书前王襄序云："自清光绪己亥（即1899年）至民国纪元（即1911年），此十四年间所出甲骨，颇有

---

① 陈梦家：《殷虚卜辞综述》，第670页。
② 同上。
③ 关于王懿荣、刘鹗所藏甲骨的著录及现藏情形，参看胡厚宣《五十年甲骨文发现的总结》，第22—24页；又胡厚宣《殷墟发掘》，第13—14页、16—18页。

所获"。他"念古物出土，终有佚毁之时，因选所藏，分拓若干本，类别十二。曰：天象、地望、帝系、人名、岁时、干支、贞类、征伐、游田、杂事、文字。各为一编，后附考释"。此书编纂时，为迁就分类，常将同一拓本剪裁成几部分编入不同类目，达一六五片之多。此外，在拓本上石之前曾经"粉饰"，即加工描摹，故"文字多用毛笔痕迹"。因此问世后，郭沫若等不少学者一度曾疑此书所收为伪品。其实王氏精于鉴别，所收并没有假片。后来郭氏改变了看法，谓："知《征文》不伪，则其书自为一可贵之研究资源，中多足以证佐余说者，亦有仅见之例为它书所未有者"①。有人评价此书"长处大率有四"，即：其一，"依贞卜事项分类"，"基本概括了卜辞内容"。其二，"引证鲜明，颇多贡献"。其三，"介绍了一批有学术价值的甲骨材料"，如《簠天》1 关于日夕有食、《簠天》2 关于月有食和《簠岁》5 之令众人䅼田等等，是研究商代天文、历法和社会性质不可多得的材料。其四，卜辞印本后附有考释二册，"使读者便于研究"②。

王襄藏骨三〇〇〇多片现归天津历史博物馆。与王襄同时购藏甲骨的孟定生（广慧），共收得甲骨四三一片。其中四百多片现藏北京图书馆。二八片精品现藏天津市历史博物馆，其中的十二片李先登以《孟广慧旧藏甲骨选介》为题，发表于《古文字研究》第八辑（1983 年，中华书局）。

《殷虚书契》八卷（即《殷虚书契前编》）　罗振玉编纂，1911 年《国学丛刊》石印本三期二卷，不全。1913 年影印本四册。本书共收录甲骨二二二一片。罗振玉在序中写道："光绪二十有五年（即 1899 年），岁在己亥，实为洹阳出龟之年"，其时他正值三十四岁盛年。"越岁辛丑（即 1901 年），始于丹徒刘君许见墨本"。他感到甲骨文出土以后的"先后数年间"研究的人很少，虽有孙诒让对文字进行了考释，"然其札记则未能阐发宏旨，予至是始有自任意"，开始对甲骨文进行研究。1910 年日本人林泰辅将其甲骨文论作寄罗振玉，较孙诒让的《契文举例》水平有了提高。罗振玉也把自己的研究心得写成了《殷商贞卜文字考》，但"已而渐觉其一、二违失"。这是因为他"所见较博于畴昔"后，才"于旧知外亦别有启发"。他认为"搜求之视考释，不尤急欤？"因此他开始大规模地搜购甲骨，

---

① 郭沫若：《〈卜辞通纂〉后记》，日本文求堂 1933 年版。
② 崔志远：《王襄及其甲骨文研究》，《天津社会科学》1982 年第 5 期。

所得甚伙。后来在日本将所拓墨本"乃以一岁之力，编为《前编》八卷"。

《殷虚书契菁华》 罗振玉编纂，1914年影印本一册，翻印本一册。本书共收甲骨六四片。罗振玉在序中说，本书所收四版大骨的正、反面"尚未拓墨，盖骨质至脆，惧或损文字也。然又不忍使湮没不传"，故照相著录。这四版大骨，是罗振玉数万藏品中的最精品，片大字多，内容重要，因此他才名此书为《殷虚书契菁华》。关于此四版大骨收集时的情形和有关趣话，我们已在第三章第一节作过叙述，可以参看。

《殷虚书契后编》 二卷 罗振玉编纂，1916年影印本一册。《艺术丛编》第一集本。又重印本。本书共著录甲骨一一〇五片。《殷虚书契》出版于前，故亦称《殷虚书契前编》。罗振玉在《后编》序中说，自1914年《殷虚书契前编考释》出版以后，他希望甲骨文字的考释"必将有嗣予而阐明之者"，但"乃久而阒然"。他期望有人"会最（撮）殷虚文字，以续我书者久。亦阒然无所闻也"。因此他1915年春从日本返国并踏访殷虚后，"尽出所藏骨甲数万，遴选《前编》中文字所未备者，复得千余品，手施毡墨，百日而竣"。"乃以十日之力，亟厘为二卷付之，俾与《前编》共传当世"。《殷虚书契后编》一书遂在英国籍犹太人资本家哈同资助下刊行。

《殷虚书契续编》 六卷 罗振玉编纂，1933年影印本六册。全书共收甲骨二〇一六片。罗振玉在自序中说，《前编》、《后编》二书，"皆就予箧衍所藏手施毡墨"。而别人所藏甲骨却不能得到拓本。经过千方百计搜求，"十余年间复得墨本约三千纸"。为保存珍贵史料，他"以一月之力，就此三千余纸，选三之二，成书六卷，往昔《前》、《后》两编，约得三千纸。合以此编，总得五千余纸。虽不敢殷虚精华悉萃于是，然亦略备矣"。本书所收拓本多为刘鹗、王襄、北京大学、马衡氏等藏骨。虽然此书内容较精，但与其他各书重见较多。曾毅公有《殷虚书契续编校记》及胡厚宣先生《读曾毅公君〈殷虚书契续编校记〉》为之校对重片，全书不与它书重见者仅三七五片。关于此，可参看第九章第一节。

罗振玉是继刘鹗之后的最大甲骨收藏家，先后购藏三万片之巨。上述《前》、《后》、《菁》等书所著录者，主要为罗氏藏骨中的精品（但也有一些非罗氏自藏品，如《前》一书就收录了日本听冰阁所藏一〇八版[①]）。罗振玉此三书著录的甲骨及罗氏购藏甲骨的现藏情形是：

---

① 严一萍：《重印〈殷虚书契前编〉序》，1970年。

一部分甲骨现藏山东省博物馆。关于此，还有一则趣闻呢！

原来，罗振玉晚年隐居旅顺，1940年病逝。此后，甲骨开始散失。1945年抗日战争胜利以后，中共胶东区委派一批干部去大连接收部分日本人开办的企业，远东榨油厂即是其中之一。当时，这个工厂的日本人都已回国，只有一名神秘的日籍"工程师"未走。此人对厂内放置的一个没有锁而密封焊死的大铁箱十分注意。一名干部想办法凿开了这个来历不明的大铁箱，发现箱子里面装有大小木盒七三个，布盒十四个，盒内共装甲骨一三一五片。胶东行署各救会会长闻讯后，连忙做了周密安排，秘密派船将这批甲骨运往山东栖霞根据地。而那个日本"工程师"，在此以后也就不辞而别了。可能这批甲骨是日本人没有来得及偷运走的。1947年国民党重点进攻山东解放区，中共胶东区党委抽调了几百名民兵将甲骨从栖霞转移到海阳，又转移到莱阳，终于使这批珍贵文物完好无损地保存下来[①]。这就是现藏山东省博物馆的罗振玉旧藏甲骨一三一五片的由来。

罗振玉旧藏甲骨另一部分现分藏于以下单位：三九四片现藏辽宁省博物馆，《菁》一大片就在其中；二九二五片现藏旅顺博物馆；二〇六片现藏吉林省博物馆；四八四片现藏吉林大学历史系；七七片现藏东北师范大学历史系；四六一片现藏北京图书馆；十五片现藏故宫博物院；《菁》的另外三大版，现藏中国历史博物馆一版，中国社会科学院考古研究所二版[②]。胡厚宣先生出版的《京》、《续存》曾著录过以上各家所藏甲骨的一部分。

此外，罗振玉还有一批旧藏甲骨已卖给了日本人，几经易主。其中现藏日本京都大学人文科学研究所三五九九片[③]，贝塚茂树《京都大学人文科学研究所藏甲骨》已将其著录出版。其他如天理大学参考馆、东京国立博物馆、东京大学考古研究室、京都大学考古学研究室、早稻田大学东洋美术陈列室、明治大学考古学研究室、大原美术馆、藤井有邻馆、富冈谦藏旧藏、内藤虎次郎旧藏、藤田丰八旧藏、小川睦之辅旧藏、植林清二、曾我部静雄、佐藤武敏等所藏也是[④]，具体收藏情况我们将在本章第三节

---

① 严强、度伟：《甲骨入藏山东记》，《文物天地》1986年第1期。此文所记甲骨数字略有出入，胡厚宣先生予以匡正，见胡厚宣《甲骨入藏山东补记》，《文物天地》1986年第3期。
② 胡厚宣：《殷墟发掘》，第24页。
③ 《京都大学人文科学研究所藏甲骨文字》本文篇，《序论》第一章。
④ 参见胡厚宣《关于刘体智、罗振玉、明义士旧藏甲骨现状的说明》，《殷都学刊》1985年第1期。

有关部分叙述。

《卜辞通纂》 郭沫若纂辑，1933年日本文求堂石印，合《别一》、《别二》、《考释》、《索引》共四册。1983年科学出版社合为一册重印。本书共著录甲骨九二九片。郭沫若在序中说："余以寄寓此邦之便，颇欲征集诸家所藏以为一书"，但"因种种关系"对在日本殷墟甲骨文的"大宗搜藏""未得寓目"，而"所见也未能拓存"，"于是余之初志遂不能不稍稍改变"。"选择传世卜辞之菁粹者，依余所怀抱之系统而排比之，并一一加以考释，以便观览。所据资料多采自刘、罗、王、林诸氏之书，然亦有未经著录者"①。全书所收甲骨依干支、数字、世系、天象、食货、征伐、田游、杂纂八项分类。特别是书后附有释文，画出原片形，逐辞作出释文并补足残辞，标明卜辞行款走向，"原辞有当疏证之事项，悉述于辞后"②。郭沫若此书，考释中有许多精辟见解，而对初学者也是一部极为方便、实用的入门书。

《殷契粹编》 郭沫若编纂，1937年日本文求堂石印本，与《考释》合五册，附索引。1965年科学出版社重印本合一册。全书共著录甲骨一五九五片。郭沫若在本书序中说："刘氏体智所藏甲骨之多且精，殆为海内外之冠。氏已尽拓出其文字，集为《书契丛编》，册凡二十"。郭沫若从刘体智拓本中"择取其一五九五片而成兹编"。《殷契萃编》的分类，基本与《通》相同，"唯此乃一家藏品，各类有多寡有无之异，故浑而出之，不复严加限制"，基本上是"次序以类相从"③的。此外，郭沫若"为初学者之便"，做有考释。考释中对商朝的文字、礼制、政治、经济等各方面多有阐发。

上述郭沫若二书，《通》为集《铁》、《前》、《后》、《菁》、《铁余》、《戬》、《龟》等书著录的精品而成。其中除《龟》一书所著录的甲骨现藏日本外，其余均选自刘鹗、罗振玉所藏甲骨的拓本。而《萃》一书，乃是刘体智所藏二万八千片甲骨中的精华。《通》、《萃》二书所著录的甲骨有不少重要内容。此外，书后的考释也有不少宏论发前人之所未发，无论对于研究者，还是对于初学者，都有很高参考价值。刘体智所藏甲骨现归北京图书馆。这批甲骨，除了《萃》著录部分外，还有一部分曾著录于孙海

---

① 郭沫若：《〈卜辞通纂〉述例》，日本文求堂1933年版。
② 郭沫若：《〈殷契粹编〉述例》，科学出版社1956年版。
③ 同上。

波1940年出版的《诚斋殷虚文字》、李旦丘1941年出版的《殷契摭佚续编》、胡厚宣1954年出版的《战后京津新获甲骨集》等书中①。

《战后宁沪新获甲骨录》 三卷　胡厚宣编纂，1951年来熏阁书店出版摹本二册。本书共著录甲骨一一四三片（卷一收六八八片，卷二收一六六片，卷三收二八九片）。每卷都按时代先后先分期，再按内容分类。本书二卷24及26片与《菁》3同文，二卷25片、27片与《菁》4同文。一卷197片与《双剑誃殷契骈枝》三编附图一为同文，一卷597与《摭续》201为同文。这些就是胡厚宣先生序言中所说的"俱为一事多卜之例"。本书一卷110、111为最大最全的牛胛骨。此外，书中收入甲骨还有刻画卜兆、朱书、刻字涂朱涂墨，以及同版朱、墨兼施的不少例子。《宁》二·145为一帝乙、帝辛时的文字画，"象以弓矢射麋于京室，其旁另有一兕牛状"，十分形象、逼真。《宁》一·141王亥的亥字上加一鸟形，为商族鸟图腾遗迹的佳证②。第四期甲骨所见不多的有关妇好的材料，本书就收录四条之多。书中还有研究商代阶级关系的奚、方伯等珍贵材料，特别是《宁》二·29所记的"亦（夜）焚廪三"最为重要③。

《战后南北所见甲骨录》 五卷　胡厚宣编纂，1951年来熏阁书店出版摹本三册。1965年台湾重印本。全书共收甲骨三二七六片。书前有陈子展《题战后南北所见甲骨录》及胡厚宣先生序例。本文所收甲骨，按辅仁大学、诚明文学院、上海文管会、南京博物院、无想山房、明义士旧藏、南北师友（一、二）、南北坊间（一、二、三、四）等藏家分卷，每卷著录的甲骨再分别以时代为序，每期甲骨，再以类分。"以及其他一切体例"，都仍《京》、《宁》二书之例。书中将甲骨"时代暂分四期，一曰盘庚小辛小乙武丁时期；二曰祖庚祖甲时期；三曰廪辛康丁武乙文丁时期；四曰帝乙帝辛时期"。《南北》一书所收甲骨，除一部分与《邺三》、《摭佚》、《掇》（一、二）、《外》、《佚》、《京》、《铁》、《后》、《诚》、《七》等书略有重复外，不少甲骨为首次著录的新材料。

《战后京津新获甲骨集》　胡厚宣编纂，1954年上海群联出版社影印

---

① 胡厚宣：《五十年甲骨文发现的总结》，第47—54页；并参见胡厚宣《关于刘体智、罗振玉、明义士旧藏甲骨现状的说明》。

② 胡厚宣：《甲骨文商族鸟图腾的遗迹》，《历史论丛》第一辑，中华书局1964年版；又胡厚宣：《甲骨文所见商族鸟图腾的新证据》，《文物》1977年第2期。

③ 胡厚宣：《甲骨文所见殷代奴隶的反压迫斗争》，《考古学报》1976年第1期。

四册。全书共收甲骨五六四二片。书前有杨树达序，谓胡厚宣先生搜集甲骨"于倭寇战败请降后，奔走南北，遍搜甲片，御风乘传，席不暇温。私家之藏，婉辞以请。市肆所列，重金以求"。真是历尽了艰辛。并盛赞胡厚宣先生甲骨学研究所取得的成就，谓他"既擅静安（笔者按：指王国维）考释之美，又兼叔言（笔者按：指罗振玉）播布之勤。以一人之身，殆欲并两家之盛业，何其伟也！"此书所录甲骨，仍先行分期，每期内再行分类，与《南》、《宁》二书体例同。书中所录甲骨，据胡厚宣先生序要云："约计实物三之一，拓本三之二"，不少内容较为重要。如：刻画卜兆、朱书甲桥刻辞、牛肋骨刻辞、人头刻辞、令众叠田卜辞（《京》580）及著名的"四方风"名大骨（《京》520）等等。书中除一部分甲骨与《前》、《后》、《佚》、《粹》、《天》、《外》、《双图》、《宁》、《掇》、《邺》、《续存》、《摭佚》、《通》等重见外，不少为新公布的材料。

《甲骨续存》上、下　胡厚宣编纂，1955年上海群联出版社三册本。上编两册为拓本，下编一册为摹本。全书共收甲骨三七五三片。书前有胡厚宣先生序。本书上、下编所收甲骨拓本、摹本，亦经分期分类处理。较为重要的内容有：《续存下》388、389和442、443为两版整龟之正、反面，刻画卜兆并在辞中涂赭色。还有"屎西单田"（《续存下》166）、"立中于北土"（《续存下》803）、人头刻辞（《续存下》2358）、最长的一条战争记事刻辞（《续存下》915）、有关月食的记载《续存下》149）、等等。本书除去一部分甲骨与《通》、《铁》、《龟》、《珠》、《后》、《佚》、《天》、《甲零》、《京》、《掇》等略有重复外，不少为新公布的材料。

以上胡厚宣先生出版的《南》、《宁》、《京》、《续存》四书，共著录甲骨一三八一四片，占殷墟出土全部十五万片甲骨的近十分之一。此四书所收甲骨，有一部分为刘鹗、罗振玉、刘体智所藏，现已流散全国各地，其现藏情况我们在前面已经做过介绍。主要则是胡厚宣先生在抗日战争胜利后和新中国成立初期于全国南北各地所访得。胡厚宣先生寻访甲骨的详细情况，可参看《五十年甲骨文发现的总结》一书的第七章《战后甲骨文的出土和采访》及他所编以上四本著录的述例或序例。

第三节　国外学者著录的甲骨及现藏

《龟甲兽骨文学》二卷　日本林泰辅纂辑，1921年日本商周遗文会影印本二册，附抄释。又北京富晋书社翻印本二册。本书共收甲骨一〇二三片。林泰辅在序中说，"有周以前，文献阙如。钟鼎彝器，亦不甚多。而今获此一科，可不谓至幸哉！""然殷墟出土之龟甲兽骨，不知其几万。异文逸辞，刘氏、罗氏所未收者，亦复不鲜。我吉金文会有慨于此，据诸家所藏实物拓本，编印《龟甲兽骨文字》，且抄释其字体明白无疑者"。此书是日本学者编纂的第一部刊布我国殷虚甲骨文的著录书。

《京都大学人文科学研究所藏甲骨文字》图版篇 日本贝塚茂树纂辑，1959年京都大学人文科学研究所出版图版篇一、二两册，本文篇（释文）一册于1960年出版。全书共收入甲骨三二四六片。图版前有凡例。此书所收甲骨，皆注明拓本为龟甲（S），抑或卜骨（B），按时代分期并再行分类著录。主要分为祭祀、求年、风雨、旬夕、田猎、往来、方国征伐、使命、疾梦、卜占、贞人、杂卜等十二项。本书为收录日本所藏甲骨最多的一部著录，在甲骨学界和甲骨学史上有着一定的影响和地位。

《东京大学东洋文化研究所藏甲骨文字》图版篇 日本松丸道雄纂辑，1983年东京大学出版会出版。全书共收甲骨一三一五片。书中所收甲骨，每片均以拓本、相片入录，并注明龟甲（S）或兽骨（B）。甲骨先按藏家集中，如河井荃庐氏旧藏甲骨为一至九七二号，田中救堂氏旧藏甲骨为九七三至一〇一三号，三浦清吾氏旧藏甲骨为一三一四至一三一五号。然后再将每家甲骨分期分类，在目次中一一注明。书前有松丸道雄序及本书编辑凡例。本书所收甲骨，有的曾著录在《龟》、《通》、《珠》及《日本散见甲骨文字搜汇》（一至五）等①。也有不少未曾著录者。此书印刷较精，并且将甲骨拓本与实物照相相勘校，既可据拓本识读文字，又可据照片认识实物原形。自1903年第一部甲骨著录《铁云藏龟》出版迄今，此书著录甲骨的方法还是所见不多的。

此外，著录日本所藏甲骨的著作还有东洋文库中国史研究会出版的《东洋文库所藏甲骨文字》（1979年）、青木木兔哉的《书道博物馆藏甲骨文字》②、松丸道雄的《日本散见甲骨文字搜汇》等。伊藤道治还发表了

---

① 松丸道雄：《日本散见甲骨文字搜汇》五，《甲骨学》1976年第11号。松丸道雄此文，共分一、二、三、四、五、六部分。除第五部分外，其余分别发表在《甲骨学》七、八、九、十、十二各号上。刘明辉将全文译为中文，发表在《古文字研究》第三辑（中华书局1980年版），共著录甲骨四八四片，每片皆注明藏家。

② 载日本《甲骨学》六至十号，1958—1964年。

《故小川睦之辅氏藏甲骨文字》（《东方学报》京都，三七册，1968年）、《大原美术馆所藏甲骨文字》（《仓敷考古馆研究集报》第四号，1968年）、《藤井友邻馆所藏甲骨文字》（《东方学报》京都，四二册，1971年）、《桧垣元吉氏藏甲骨文字》（《神户大学文学部纪要》一，1972年）、《关西大学考古资料室藏甲骨文字》（《史泉》五一号，1977年）。以上伊藤道治五文所著录的甲骨，集中名为《日本所见甲骨录》，附于日本朋友书店1977年重印郭沫若《卜辞通纂》一书之后。另外，伊藤道治还发表了《黑川古文化研究所藏甲骨文字》（神户大学《文化学年报》第三号，1984年）及《国立京都博物馆藏甲骨文字》（神户大学《文化学年报》第三号，1984年）等等。

　　国外搜贮的我国殷墟甲骨文，以日本所藏为最多。经过日本学者的努力，除个别大宗藏家（如天理参考馆）尚未全部公布外[①]，其他主要藏家的甲骨基本上都已公布，为甲骨学的研究提供了极大方便。现在，日本各公私藏家收藏甲骨的情况已经明了，共有公家收藏三一个单位，甲骨七六六七片。私人收藏三一家，甲骨四七七六片。公私共收藏一二四四三片。公家的收藏情况是：

　　　　京都大学人文科学研究所　三二五六片
　　　　东京大学东洋文化研究所　一六四一片
　　　　天理大学参考馆　八〇九片
　　　　书道博物馆　六〇〇片
　　　　东洋文库　五九一片
　　　　东京大学考古部考古学研究室　一一三片
　　　　亚非图书馆　八一片
　　　　京都大学文学部考古学研究室　五六片
　　　　大原美术馆　三九片
　　　　富氏短期大学　三五片
　　　　东京理科大学人类学室　三〇片

[①] 在本书付印前夕，见日本伊藤道治《天理大学附属天理参考馆甲骨文字》（天理时报社出版，1987年2月）一书已将天理参考馆所藏甲骨文公布。全书共收入甲骨文字六九二片。书前有彩色图版二四版，并有序、总论、遗迹地图等项。另有《甲骨文字释文》（别册）一本。书中所收甲骨，将照相与拓本相对照，印制精美。

庆应义塾大学文学部考古学研究室　二二片
关西大学考古学资料室　二二片
早稻田大学东洋美术陈列室　二一片
藤井有邻馆　一六片
大阪市立美术馆　一四片
九州大学教养学部资料室　一三片
明治大学文学部考古学研究室　一二片
不言堂美术店　一二片
国学院大学文学部考古学资料室　一一片
国立京都博物馆　一〇片
黑川古文化研究所　九片
东洋教育大学东洋史研究室　七片
筑波大学历史人类学系　七片
早稻田大学高等学院　六片
武藏大学历史学研究室　五片
出光美术馆　三片
东京大学教养学部美术博物馆　一片
庆应义塾大学图书馆　一片
桃山中学旧藏　一片

私人收藏的情况是：

三井源右卫门旧藏　三〇〇〇片①
富冈谦藏旧藏　八〇〇片
田中庆太郎旧藏　四〇〇片
中岛玉振旧藏　二〇〇片
今井凌雪（奈良市）　七六片
小仓武之助（习志野市）　五三片

---

① 1987年5月29日胡厚宣先生及作者在中国社会科学院同松丸道雄会面，交谈过程中，松丸先生云：三井源右卫门所藏甲骨三千片不确，因一部分已毁于战火，现仅存一千多片于东洋文化研究所。

秋山公道（京都市）　四二片
加藤某氏（高松市）　四〇片
小林斗庵（川越市）　三三片
内藤虎次郎旧藏　二五片
藤田丰八旧藏　二〇片
谷边橘南（京都市）　一八片
白川一郎（东京都）　一〇片
宕间德也旧藏　一〇片
工藤愚盦（东京都）　九片
小川睦之辅（京都市）　七片
川合尚雅堂（京都市）　七片
宕井大慧（东京都）　五片
狩野直桢（京都市）　三片
园田湖城（京都市）　三片
江口宽（京都市）　三片
三浦清吾（东京都）　二片
松谷石韵（京都市）　二片
佐藤武敏（神户市）　一片
松丸道雄（东京都）　一片
菅保原（东京都）　一片
植村清二（东京都）　一片
西川静庵（东京都）　一片
长岛健（东京都）　一片
富冈昌池（长野县）　一片
曾我部静雄　一片①

日本学者松丸道雄教授对日本甲骨的现藏情况做了不少调查工作，在《日本散见甲骨文字汇搜》（中译本载《古文字研究》第三辑）及《日本搜藏的殷墟出土甲骨》（《东洋文化研究所纪要》第八十六册，1981年10月）两文中都有所论述。松丸道雄与胡厚宣先生所掌握的情况略有出入。

---

① 参见胡厚宣：《八十五年来甲骨文材料之再统计》。

他认为：有一些甲骨数字不确定，如书道博物馆（六〇〇片）及出光美术馆（三片），私人如加藤某氏（四〇片）、故内藤虎次郎（二五片）、曾我部静雄（一片）等；也有一些去向不明，如东京理科大学人类学室的四〇片、桃山中学的一片、故三井源右卫门所藏部分约三〇〇〇片、富冈谦藏旧藏七〇〇片至八百片、故中岛玉振旧藏二〇〇片、故田中庆太郎所藏部分数十片（？）、故岩间德也旧藏数片（？）、故园田湖城三片及富冈昌池一片等等。总计已确知公、私藏家所藏、未确定数字公、私藏家所藏及公、私藏家甲骨现已去向不明的原藏品，日本共约藏甲骨八二〇〇片，这是目前最为准确的统计。应该指出的是，其中有五七四五片是通过罗振玉之手流往日本的。这些甲骨，为罗振玉自己所著录的不多，除《前》、《后》、《菁》有少量著录外，"还有很多当时并未著录的重要材料"[①]。

《殷虚卜辞》 加拿大明义士纂辑，1917年3月上海别发洋行石印摹本一册。又1972年艺文印书馆重印本。本书共著录甲骨二三六九片，为欧美学者出版的第一部甲骨著录书。此书所收甲骨，为明义士所购藏者选摹而成。原骨现藏南京博物院。

《明义士收藏甲骨》 二册 加拿大籍华裔学者许进雄编辑，1972年加拿大皇家安大略博物馆铜版影印。释文篇1977年出版。全书共收录甲骨三一七六片，第一册为图版，第二册为释文。此书第二册释文前有序说、凡例、引用甲骨书目简称表及附录等项。序说谓："借释文以辨拓本不清楚者。"还在释文中对甲骨的钻凿形态尽可能地加以详细描述，以提供"可以被利用为研究的资料"。本书作者还在附录中对分期断代、五种祭祀、田猎卜辞等加以论述，指出殷代后期"田"与"过"（即逪）的不同：

一，"田"以狩猎为主要目的，遂行有一定日期。而"过"以巡视为主要目的，基于某种情况而可能不如田之有一定日期。

二，田猎时常卜问天气情况，过则不见。这可能是因为田猎时要驾马驭车以追逐野兽，视线不明、道路泥泞的阴雨天是危险的。过则不必有快速的奔跑，故比较不必顾虑天气的情况。

三，比较上，田猎需时较短，但有时也会滞留在外的。过则历时较长而常在外过夜。故过的目的地可能较田猎为远，但田猎也不限在安阳二十

[①] 胡厚宣：《关于刘体智、罗振玉、明义士旧藏甲骨现状的说明》。

公里以内的地方。

四，田猎的规模有时很大，猎物有超过百只的，但通常是十只左右。

此书所收甲骨拓本，凡龟甲皆注明"S"，兽骨则注明"B"。先将甲骨分期，每期内再行分类编纂。本书所收甲骨，以第一期武丁时物为多。

《殷虚卜辞后编》 加拿大籍华裔学者许进雄编纂，1972年艺文印书馆印行，拓本二册，共著录甲骨二八〇五片。本书编辑体例，一仍《明藏》之旧。此书上册有许进雄撰编者的话，谈及明义士早年就注意了"贞人"名、《周易》为卜辞所衍变、钻凿的不同形态等等。此外，还谈到了明义士收藏五万片甲骨的下落：

一，1917年他于收集的五万片甲骨中，选出二三九六片摹写为《殷虚卜辞》一书。现藏南京博物院的三三七〇片甲骨，即是此书所著录过的原骨。

二，1952年齐鲁大学校园内挖出的一万多片，即是其中之一部分，已有八四七片著录于《南明》①。

三，加拿大多伦多皇家安大略博物馆藏四七〇〇片，已选出三一七六片编为《明藏》。

四，前不久发现四〇〇多片，其中到底有多少为明义士旧藏已不可得知。

五，1928年明义士将甲骨墨拓共二八一二片编为《殷虚卜辞后编》，原骨已不知去向。据明义士夫人对李棪云：原骨埋在山东②。

关于这批拓本，胡厚宣先生曾说：明义士《殷虚卜辞后编》共拓五份，"一份自存；一份赠马衡；一份赠容庚，后归于省吾，再归清华大学，今归北京大学；一份赠商承祚，于抗战期间遗失；一份赠曾毅公，后又索回，转赠加拿大多伦多大学图书馆"③。

但据本书编者的话考证，明义士当年只拓了四份。安大略博物馆的藏

---

① 有关这批甲骨被从地下找到的详情，见本书第四章第二节。原骨现藏山东省博物馆。但许进雄所云《南明》所录八四七片即此，不确。胡厚宣先生在《关于刘体智、罗振玉、明义士旧藏甲骨现状的说明》云：这是故宫博物院收藏明义士旧藏甲骨的一部分。

② 胡厚宣先生《关于刘体智、罗振玉、明义士旧藏甲骨现状的说明》云：其实这批甲骨没有被毁，不过并没有埋在山东，现在在北京的故宫博物院。

③ 胡厚宣：《殷墟发掘》，第33页。

本，是明义士逝世后才收到的；多伦多大学并未收藏这部拓本；收录于《南明》一书的甲骨摹本，当为胡厚宣先生据商承祚、于省吾的拓本所摹，都没有藏龟拓本。可能因为龟甲骨质脆弱，不便多拓，所以只赠送他们卜骨拓本。因此，安大略博物馆这份拓本，既有龟甲，又有兽骨，当是最全的一份了……

安大略博物馆的《殷虚卜辞后编》原拓本分为九大册，每页一片，前六册为藏甲，后三册为藏骨，共二八一九片。其中有七片可以与其他片缀合，实为二八一二片。又有二片被撕去、二片伪刻、三片模糊不清，实为二八〇五片。由许进雄编纂成《殷虚卜辞后编》一书正式出版。

本书的精华是三、四期卜骨，不少有关卜问前一世祭祀的刻辞，可以从称谓判定时代。此书与《佚》相重一七片，又与《南明》一部分甲骨相重，书前附有《由〈明后〉对照〈南明〉》、《由〈南明〉对照〈明后〉》等二表，可以互相查找二书的重片。

《怀特氏等收藏甲骨文集》加拿大籍华裔学者许进雄纂辑，1979年加拿大多伦多安大略皇家博物馆影印出版，全书共收甲骨一九一五片，书后为释文。书前许进雄的序言，谈及1931年多伦多博物馆入藏怀履光大宗甲骨三〇〇〇片及入藏其他四家少量藏品和明义士一些藏品的情形。这些都是编纂《明藏》、《明后》等书"未及采用或可与本馆尚未出版之甲骨缀合者"。此书的编辑体例仍依上述著录明义士旧藏甲骨的体例。本书的释文一册中，在有关卜辞的简单释文后，还描述个别甲骨的长凿形态，并将保存较为完整的长凿，绘制简图附于拓本之后。书中所收甲骨，多为第一期武丁时之碎片，但有不少重要内容，如 B1915 是唯一的虎骨刻辞、B1919 是人头刻辞、B0959 文长且不多见、S0389 三期贞人何与一期贞人史共版等等。此外，B1464 的东行、上行，S1504 的中行，B1640 的右旅，B1581 的大行，B1901 的大左族，S0141 的最大计贝数字等等，为研究商代的军事、经济提供了重要材料。

有关明义士收藏我国殷墟甲骨文情况，第四章第二节已叙述，这里就不再重述了。总之，明义士收藏的我国殷墟甲骨文，大部分现留国内，主要为三处所藏，南京博物院二三九六片，山东省博物馆三六六八片，故宫博物院二〇三六四片。也有一部分流散加拿大，《明藏》及《安怀》所著录的甲骨，现藏加拿大多伦多博物馆约八七〇二片，主要就是明义士藏品，也有一部分为怀特氏旧物。加拿大收藏的殷墟甲骨文数量仅次于日本，在世界十二个收藏国中占第二位①。

《库方二氏所藏甲骨卜辞》 美国方法敛摹，白瑞华校，1935年12月商务印书馆石印摹本一册，共收甲骨一六八七片。书中所录甲骨，现藏英国苏格兰皇家博物馆七六○片，伦敦博物馆四八五片，美国卡内基博物馆四三八片，芝加哥飞尔德博物馆四片②。

《甲骨卜辞七集》 美国方法敛摹、白瑞华校，1938年美国纽约影印摹本出版，共收甲骨五二七片。书中收入以下七家所藏甲骨：天津新学书院二五片，原为王懿荣旧物；上海皇家亚细亚学会博物馆一九五片，现藏上海博物馆；柏根氏旧藏七九片，后归前济南广智院，现藏山东省博物馆；美国普林斯顿大学一一九片；德国卫礼贤旧藏，现归瑞士民俗博物馆七二片；临淄孙文澜所藏三一片，现归山东省博物馆、中国社会科学院历史研究所；伦敦皇家亚细亚学会六片③。

《金璋所藏甲骨卜辞》 美国方法敛摹、白瑞华校，1939年美国纽约影印摹本一册，共著录甲骨四八四片。原骨系英国金璋氏所藏，现藏英国剑桥大学。

以上三书著录的甲骨，都是美国人方法敛和英国人库寿龄在山东潍县购得。方法敛从1903年就开始购藏甲骨，"是欧美搜集和研究甲骨文字的第一人"④。有关库、方二氏购藏殷虚甲骨的情形，已见本书第四章第二节；关于《库》、《金》、《七》三书的编纂及辨伪情形，第九章第二节也已做过交代。经库、方二氏之手，流散到欧美各国的甲骨，近年也分别以拓本或照片著录发表，而且比《库》、《金》、《七》所著录的材料增加了很多。

著录美国所藏甲骨的著作，近年出版的主要有：

李　棪：《北美所见甲骨选粹考释》，香港中文大学《中国文化研究所学报》三卷二期，1970年。

严一萍：《美国纳尔森美术馆藏甲骨卜辞考释》，艺文印书馆，1973年。

---

① 参见胡厚宣《八十五年来甲骨文材料之再统计》；又胡厚宣《关于刘体智、罗振玉、明义士旧藏甲骨现状的说明》。

② 参见胡厚宣《五十年甲骨文发现的总结》，第25页；又陈梦家《殷虚卜辞综述》，第671页第45条。

③ 同上。

④ 胡厚宣：《〈五十年甲骨学论著目〉序》。

饶宗颐：《欧美亚所见甲骨录存》，《南洋大学学报》第四期，1970年。

周鸿翔：《美国所藏甲骨录》，美国加州大学1976年出版，共收录甲骨七〇〇片，由卡内基博物馆、哈佛大学皮巴地博物馆、哥伦比亚大学图书馆、圣·路易斯城市艺术博物馆、华盛顿弗里尔美术馆等十一处藏品选拓而成。本书一至四一三号与《库》九七一至一四〇八相重见，即卡内基博物馆所藏。

据调查，美国现共有二一个单位、九个私人藏家，共藏甲骨文一八八二片。藏有甲骨的单位是：

  哈佛大学皮巴地博物馆　九六〇片
  卡内基博物馆　四四〇片
  普林斯顿大学图书馆　一一五片
   又补遗　二四片
  哥伦比亚大学东亚图书馆　七三片
   又补遗　三六片
  大都会美术博物馆　二五片
  自然历史博物馆　二四片
  哈佛大学福格美术博物馆　一四片
  纳尔逊美术陈列馆　一二片
  圣·路易斯美术博物馆　七片
  夏威夷东西中心图书馆　七片
  旧金山亚洲艺术博物馆　五片
  历史与工艺博物馆　五片
  国会图书馆　四片
  加州大学人类学博物馆　四片
  普林斯顿大学艺术博物馆　三片
  丹佛艺术博物馆　三片
  耶鲁大学美术陈列馆　三片
  洛杉矶美术博物馆　二片
  西雅图艺术博物馆　二片
  加州大学东亚图书馆　一片

私人收藏甲骨的情形是：顾立雅　五〇片；星格　二五片；发纳　十五片；福斯特　五片；沙克来　二片；本奈　一片；吉德炜　一片；刘先（罗吉眉夫人）　一片；某女士　二片①。

著录英国所藏甲骨的著作有：

《欧美亚所见甲骨录存》　饶宗颐辑，1970年出版。

《英国所藏甲骨集》上编上、下册　李学勤、齐文心、艾兰（英）纂辑。此书是根据中英文化协定，将英国各家所藏甲骨全部墨拓编成，中华书局于1985年9月出版。上编上，下有序，前言、凡例和图版，收入英国现藏全部甲骨文资料（凡有一字以上者，都尽量收入），共著录甲骨二六四七片。本书所录甲骨，先行分期，分期采用五期分法。每期之内再按内容分为二十类，并有《分期分类目录》，将各期甲骨按页码号和片号与各分类相对应，便于查考。本书下编作有释文，并附录有材料来源表、与《库方》《金璋》等书著录对照表、部分摹本、甲骨文字的显微照片、索引等，一九八六年出版。本书所收甲骨，来自英国十一个公私藏家，即不列颠图书馆、皇家苏格兰博物馆、剑桥大学图书馆、不列颠博物院、牛津大学亚士摩兰博物馆、伦敦大学亚非学院珀西沃·大卫基金会和剑桥大学考古与人类学博物馆、维多利亚与阿尔伯特博物馆、柯文所藏（现已转赠中国社会科学院历史研究所）、孟克廉夫妇所藏、库克所藏等。

英国公私藏家所收甲骨，有不少原为库寿龄、方法敛、金璋等人早年收藏品，部分已陆续被著录过（计一六四九片）。如不列颠图书馆所藏，一部分收入《库方》1506至1688号。皇家苏格兰博物馆所藏，一部分收入《库方》1至760号。此外，饶宗颐《欧美亚所见甲骨录存》（1970年）也著录不列颠图书馆、剑桥大学图书馆和亚士摩兰博物馆所藏甲骨的拓本、照相共三十五片。还有不多的甲骨照片曾附于有关论文中发表过。但"本书所收英国所藏甲骨，绝大多数是未经著录或首次以拓本形式发表的"②。

多年来甲骨学界对英国所藏甲骨极为关心。再加上《库方》、《金》等书虽收入了不少重要材料，但所收既不是全部英国所藏，又时有误摹、伪片或有争议的甲骨收入，所以墨拓出版一部收入全部英国所藏甲骨就十分

---

① 参见胡厚宣《八十五年来甲骨文材料之再统计》。
② 参见《〈英国所藏甲骨集〉前言》，中华书局1985年9月版。

必要了。

《英藏》果然不负众望。首先，该书收入了很多重要材料。如《英藏》148 原骨已断为三块，现经缀合，是一版欧洲所藏最完整的武丁时龟腹甲①。《英藏》353 是一版较完整的武丁胛骨，虽然卜骨侧边因凿灼较甚而多与骨扇脱离，但此版骨侧边仍与肩扇相连，这在卜骨中是很难得的，对研究骨扇、侧边卜辞的关系有一定意义。其他的如《英藏》886 反面验辞记月食、《英藏》112 记祭刻辞、《英藏》1890 卜骨两面所刻结构奇异文字等等，都有重大价值。其次，一些以摹本发表的甲骨，失摹反面或骨臼、漏摹卜辞等情况时有发生，《英藏》拓本都予以补拓或纠正。其三，原著录时摹本有误，这次墨拓发表时予以更正，这对甲骨学商史研究更有意义。如著名的《库》310 妇好伐"羌"卜辞等即是，这条学者们反复引用的"辛巳卜，□，贞登妇好三千，登旅万，呼伐〔羌〕"卜辞，原是一块龟腹甲右甲桥下端内侧，摹本误以片左为原边。该片右沿甲桥齿纹折去一部分，所余笔画并不是"羌"字左角，而是"方"字左端。这条卜辞应为"辛巳卜，□，贞登妇好三千，登旅万，呼伐□方……"因此，学者们津津乐道的妇好以一万三千人征伐羌方之事也就不复存在了。其四，早期甲骨中的伪刻和疑难，仅据摹本还是不能解决的，只有审视实物才可以确定。《英藏》一书的编者，在这方面作了许多工作。更有意义的是，为展开讨论，还发表了《库》1506 大骨的彩色照片、拓本，并将于下编附有关甲骨照片及部分文字的显微照片，以供学术界深入进行辨伪和文字契刻研究②。

《英国所藏甲骨集》印制精美大方，内容丰富。著名甲骨学家胡厚宣先生在本书序中指出，此书出版，"这无疑是对甲骨学研究的一大贡献"。同时，《英藏》是中国学者和英国学者合作的产物，不仅加深了中、英两国学术界的友谊，也促进了中、英两国文化学术的交流。

英国甲骨的现藏状况，胡厚宣先生曾作过调查，为我们提供了宝贵的线索③。经过学者亲赴英国调查、墨拓，已知现藏的确切情况，共有甲骨

---

① 此片曾著录于方法敛《中国原始文字考》第 32 页（载《卡内基博物馆报告》1906 年第 4 期）。

② 参见《〈英国所藏甲骨集〉前言》；又齐文心《关于英藏甲骨整理中的几个问题》，《史学月刊》1986 年第 3 期。

③ 参见胡厚宣《八十五年来甲骨文材料之再统计》。

三〇八九片（包括伪片），分属十一处公私藏家，即：

  不列颠图书馆（原藏不列颠博物院，伦敦）　四八四片
  皇家苏格兰博物馆（爱丁堡）　一七七七片
  剑桥大学图书馆（剑桥）　六二二片
  不列颠博物院（伦敦）　一一四片
  牛津大学亚士摩兰博物馆（牛津）　三七片
  伦敦大学亚非学院珀西沃·大卫基金会（伦敦）　七片
  剑桥大学考古与人类学博物馆（剑桥）　二片
  维多利亚与阿尔伯特博物馆的私人藏品（伦敦）　二十片
  孟克廉夫妇旧藏（汉普夏）　二十一片
  柯文藏　四片
  库克藏　一片[①]

  其他一些国家收藏的甲骨，如法国，饶宗颐《巴黎所见甲骨录》（1956年）及雷焕章《法国所藏甲骨录》（1985年）已将其著录；瑞士所藏，已收入饶宗颐《海外甲骨录遗》（香港大学《东方文化》四卷一至二期，1957年、1958年）；前苏联所藏，胡厚宣《苏联国立爱米塔什博物馆所藏甲骨文字》（《甲骨学与殷商史》第三辑，上海古籍出版社即出）已将其著录。

  这些国家和另外一些地区收藏甲骨文的情形是：

  西德的西柏林民俗博物院　七一一片。法兰克福中国学院　一片。私人收藏　三片。以上西德公私共收藏甲骨七一五片。

  前苏联国立爱米塔什博物馆　一九九片。而莫斯科国立东方文化博物馆藏一七版完整龟甲，据胡厚宣先生1958年访问前苏联时鉴定，全为伪片。

  瑞典远东古物博物馆　一〇〇片。

  瑞士巴赛尔人种志博物馆　七〇片。某私人　二九片。公、私共收藏九九片。

  法国法京国家图书馆　二八片。归默博物院　一三片。策努斯奇博物

[①] 参见《〈英国所藏甲骨集〉前言》；又齐文心《关于英藏甲骨整理中的几个问题》。

院　九片。巴黎大学中国学院　四片。私人甘德茂　一〇片。以上公私藏家共九九片。

新加坡南洋大学李光前文物馆　二八片，李孝定《李光前文物馆所藏甲骨文字简释》（1976年）已将其著录并加以考释。

比利时皇家艺术博物馆　七片。

南朝鲜汉城大学博物馆　六片①。

以上收藏我国殷虚甲骨文的国家和地区共十二个，收藏总数二六七〇〇片左右。众所周知，由于过去我国半殖民地半封建的地位，不少珍贵文物（包括甲骨文）流散到国外，给我国文化学术事业造成了不可弥补的损失。现在，这些流散国外的甲骨基本都已发表，比我们以前所知的《库》、《金》、《七》著录的内容要丰富得多。特别是随着我国实行对外开放政策以来，不仅著录国外所藏甲骨的著作能够陆续传入国内，而且我国学者有的还能通过出国访问的机会，见到所在国所藏的甲骨实物。对外开放政策不仅对促进我国经济建设有很大意义，而且对我国甲骨学研究的发展也起了很大促进作用。

第四节　科学发掘甲骨的著录及现藏

《殷虚文字甲编》　董作宾编纂，1948年商务印书馆出版。全书共收入甲骨三九四二号（其中包括牛头刻辞一，鹿头刻辞二，鹿角器一）。书前有董作宾的自序和李济《跋彦堂自序》。

《甲编》一书的出版，历经了种种的磨难。自1928年开始第一次科学发掘殷墟，至1934年第九次科学发掘殷墟结束后，这一批举世瞩目的研究材料至1948年才得以面世，历时十四、五年之久。在此书迟迟未能出版期间，一些学者因不了解情况，责备发掘者将甲骨"秘藏椟中"、"包而不办"云云。董作宾在《甲编》自序中历数了他们纂辑《甲编》时的种种苦衷，相信"事实是足可以替我们辩白的"。原来，每次科学发掘所得甲骨，都及时加以整理、加固、传拓，1934年春的第九次科学发掘工作结束以后，当年冬天就已把第一至第九次发掘所得甲骨全部清拓完毕了。1935年春夏之间，初步完成了《甲编》的图版编排工作。1936年交由商

---

① 胡厚宣：《八十五年来甲骨文材料之再统计》。

务印书馆承印，至 1937 年春已印出八〇页图版的样稿。但 1937 年 7 月 7 日抗日战争爆发，上海失陷，在沪东印刷厂中的图版，因日军占领无法出版。1939 年又与商务印书馆达成协议，《甲编》一书在香港出版。书虽然已经印出，但连编者都还未见到，就毁于 1941 年 12 月日军入侵香港的战火中了。直到 1945 年抗日战争胜利以后，历史语言研究所迁回南京，1946 年才得以提出出版《甲编》之事，这就是 1948 年问世的《甲编》。前后三次出版，真可谓"好事多磨"了。在如此困难条件下，董作宾等学者不折不挠，忍辱负重，终于将此书出版，为甲骨学研究作出了巨大贡献。我们现在平心静气地看，他们当时的工作效率还是非常之高的。我们应当充分理解他们的处境和一心想把材料早日公布的心情。

《甲编》所著录的甲骨，既不分期，也不分类，而是依照出土的先后次序排列。之所以如此，是"为的显示这一批材料是经过科学发掘工作"而得到的。著录甲骨的编号之后又注明登记号，从左向右第一位数字表示发掘次数，第二位数字表示出土甲骨的种类（"〇"表示有字卜甲，"1"表示无字卜甲，"2"表示有字卜骨，"3"表示无字卜骨），第三位数字是甲骨的出土号。据此，我们在研究甲骨的出土情形或与遗迹、遗物的关系时，就可在发掘报告的遗址部分将其查明了。董作宾在《乙编》的序中列有《九次发掘殷墟所得甲骨文字出土时期数量地点与〈甲编〉图版拓本对照表》，可以参看①。

《甲编》李济《跋彦堂自序》，对董作宾自序中所谈第四次发掘的 E16 坑于第二期祖甲时塌陷，"废而不用"的问题提出了自己的意见。对董氏论断的"若说照断代的研究，这一坑所出的甲骨文字，没有比祖甲时代更晚的，因此也就联带地断定了，与甲骨同出的器物，也必然与它们同时"的"必然"提出了异议。指出："我们不能因为某一坑内出有某一时代的甲骨，也就断定其他的实物与甲骨同时；甲骨的存在，若运用得适当，只能给同坑出土的实物一个最早时代的限制；至于最晚时代的限制，单靠甲骨文的联系，是不够的"。这对我们依甲骨判定遗迹的年代（或依遗迹判定甲骨的年代），是很有启发的。

《殷虚文字乙编》上、中、下辑 董作宾编纂。上辑 1948 年、中辑 1949 年商务印书馆出版，下辑 1953 年台湾中央研究院历史语言研究所出

---

① 《甲编》坑位记录已发表，见石璋如《殷虚文字甲编的五种分析》。

版。1956年科学出版社将《乙编》下辑重印。本书共著录甲骨九一〇五号。《乙编》所收甲骨，由殷墟第十三次、第十四次、第十五次科学发掘所得一八四〇五片中选拓而成。书前有董作宾序。因此书所收材料和《甲编》一样为科学发掘品，故编辑体例与《甲编》相同。但正如董作宾在序中所指出的，"《乙编》所收材料，超过《甲编》的四倍以上；出土的坑位简单明晰；内容新颖而且丰富，研究的价值，也远在《甲编》之上"。参加此书编辑工作的还有屈万里、张秉权、李孝定等人。特别重要的是，《乙编》主要集中著录了第十三次发掘所得 YH127 坑的大批材料。众所周知，1936年 YH127 坑一七〇九六片甲骨的发现，是甲骨学史上的一大奇迹。关于此坑甲骨的重大学术价值，第四章第三节（下）已予叙述。此外，董作宾在本书序中提出了所谓"揭穿了文武丁时代卜辞的谜"，引起了甲骨学界一场持续多年的热烈争论。这一问题争论的进程及发展第八章第一节已经叙述。

《甲编》、《乙编》二书著录甲骨的缀合复原，先后出版的有关论著有郭若愚、曾毅公、李学勤的《殷虚文字缀合》，屈万里的《殷虚文字甲编考释》和张秉权《殷虚文字丙编》等书，详见本书第九章第三节。

《甲编》、《乙编》所著录的甲骨，现藏台湾的中央研究院历史语言研究所。该所所藏甲骨包括第一至第九次、第十三次至第十五次科学发掘所得全部二四九一八片，购自王伯沆旧藏六六二片，购自南京四五片，1938年调查所得一六片，所内人员检购五九片等几宗，共计二五七〇〇片[①]。

1930年河南省图书馆何日章两次发掘殷虚，共得甲骨三六五六片。关百益《殷虚文字存真》八集，每集著录一〇〇片（1931年）。孙海波《甲骨文录》（1938年）著录九三〇片。《存真》与《文录》二书没有甲骨出土编号，科学性远逊于《甲编》、《乙编》。这批甲骨共三六五六片，现藏台湾的历史博物馆。此外，台湾的中央图书馆还藏有甲骨七四四片，中央博物院藏有甲骨七九片，台湾大学考古人类学系藏甲骨一二片，私人收藏家庄尚严旧藏七片，金东溪旧藏四片，方豪旧藏二片（为王懿荣后人王福重所赠）。

以上台湾公私藏家共有甲骨三〇二〇四片[②]。

[①] 胡厚宣：《八十五年来甲骨文材料之再统计》注①。
[②] 同上。

《小屯南地甲骨》上、下册　中国社会科学院考古研究所编辑。上册一、二分册中华书局于 1980 年出版，下册一、二、三分册中华书局于 1983 年出版。上册为图版，下册为释文、索引及卜骨的钻凿形态等。此书共著录甲骨四六一二片（包括 1973 年小屯南地出土四五八九片及 1975 年至 1977 年在小屯一带零星采集二三片）。上册书前有凡例、前言、图版号及拓片顺序号目录表、龟甲统计表、背文统计表（骨、龟）等。书中著录的甲骨，按 1973 年出土时的单位，如灰坑（H）、房基（F）、墓葬（M）、探方（T）等为序纂辑。《小屯南地甲骨》下册的第一分册为释文，书前亦有凡例、引书引文目录等，释文后为第一分册勘误；第二分册为索引、摹本，包括索引凡例、部首、检字表、字词索引、隶定字词表、人名索引、地名索引、摹本号登记表及摹本图版等项。第三分册为钻凿图版，书前有《小屯南地甲骨钻凿形态》、钻凿统计表、骨面钻凿统计表、钻凿摹本拓本目录表及钻凿图版（摹本图版、拓本图版）等，最后是编者所写的后记。本书的编纂有以下几个特色：

一，按出土单位著录甲骨，这就在甲骨学史上第一次为我们提供了一批可与出土地层及有关遗物互相联系起来的科学资料，从而使甲骨文分期断代研究的考古学考察有了很大进展。董作宾早在 1933 年《甲骨文断代研究例》中就提出"坑位"是分期断代标准之一。但他所谓的"坑位"，并不是指出土甲骨的考古学层位关系，而是出土甲骨的大体方位——即"区"。《甲编》、《乙编》虽然按出土顺序号著录科学发掘甲骨，但解放前十五次发掘安阳殷墟的总报告迄今尚未发表，即使能据出土号将甲骨按单位集中[①]，但此坑的层位关系以及相伴出土遗物也很难据现已发表的材料查考清楚。而《屯南》一书著录的甲骨，则可以方便地查考出土单位及该单位的科学地层、共出陶器等遗物，据以进行分期研究。因而根据甲骨文本身的世系、称谓、贞人等项标准判断的时代，才能真正与科学地层的早、晚关系，作"观其全体"的研究。特别是《屯南》上第一分册的序言，全面论证了 1973 年安阳小屯南地甲骨发掘及整理经过、甲骨出土情况、地层堆积与甲骨分期，并对某些甲骨的分期和一些问题进行了全面论述。此文对学术界争论不休的所谓"文武丁卜辞之谜"和"历组"卜辞的时代等问题讨论的深入，起了相当的推动和促进作用。特别是关于武乙、

---

① 参见石璋如《殷虚文字甲编的五种分析》。

文丁卜辞的区分，比前人又有了前进。关于此，第八章第一节、第二节有详细叙述。

二，本书的释文和有关各种索引，为研究者提供了极大方便。众所周知，甲骨学者多数是据著录书中的拓本（或摹本）进行甲骨学研究的。有不少重要材料，常因拓摹不清或印制不精，往往关键的字模糊难辨，成了研究工作中的"拦路虎"。《甲编》一书，由于屈万里《甲编考释》的出版，学者在看不清拓本时，可据《甲释》辨明不清之处。而《乙编》一书，虽然张秉权《丙编考释》对每个缀合版都作有考释，使用时方便多了，但《乙编》仍有不少未被缀合的甲骨，模糊难辨，特别是甲骨学者常为其反面不清所苦。此外，不只训练有素的甲骨学者要利用甲骨材料，而且很多别的学科的学者也都在利用甲骨文材料去发掘我国古代的文化珍品。他们在没有释文的情况下，利用甲骨材料就更为困难了。而《屯南》图版出版才仅过三年，释文就已作出并出版了。特别是还编制了各种索引，极方便各个学科的研究者查考使用，这比《甲编考释》、《丙编考释》就要略高一筹了。我们应当感谢《屯南》一书编者所花费的巨大劳动。他们的劳动不仅有利于甲骨学研究，而且也有利于甲骨文材料的多学科利用。并且此书释文还可作为甲骨初学者的入门向导和标准教科书。

三，我们今天去古已远，甲骨的占卜和整治过程早已成了历史的遗迹。不少前辈学者据出土实物，对甲骨的钻凿制作过程和工艺进行过研究，他们的一些看法似已成不易之论。但1973年小屯南地甲骨的出土，使一些前人的成说受到了挑战。《屯南》一书的编者在整理甲骨实物的过程中，对卜骨上钻凿制作工艺及形制有了新的发现，从而比前一辈学者的有关论断前进了一大步。关于此，本书第五章第二节已做全面介绍，此处从略。特别是《屯南》下第三分册卷首的《小屯南地甲骨的钻凿形态》一文，是八十七年来关于钻凿制作工艺过程最全面、系统，也是最科学的论述。

四，甲骨上钻凿形态的观察研究，是甲骨文分期断代的一个新途径。过去，学者们多注意甲骨文字的研究和社会历史内容的考证，很少有人注意甲骨背面的钻凿。因此，甲骨著录书一般只发表甲骨的有卜辞部分，而将大量无字的钻凿部分略去了。郭若愚在钻凿未被人注意的情况下，于1953年出版的《殷契拾掇》二编上刊出了一些甲骨背面钻凿拓本，并在序中指出："我觉得做学术工作是严肃的、精密的，因此亦必须是负责的，根本不能忽视一点现象，而且要立刻说明，以供大家研究。"但他没有对钻凿形态做进一步的研究。全面、系统研究甲骨上的钻凿形态并据以进行分期断代的，是 1973 年许进雄的《卜骨上的凿钻形态》（台湾艺文印书馆）及 1979 年许进雄的《甲骨上钻凿形态的研究》（艺文印书馆）。此后，甲骨上的钻凿形态考察才引起甲骨学界的重视，国内也有人开始这方面的探索，发表了《甲骨的凿钻形态与分期断代研究》①。而《屯南》一书，"把凡是能看出钻凿形状的甲骨都作了统计，根据形状进行类型的划分。然后将其中钻凿较完整而清晰的甲骨作了墨拓，有的并画了图"，集中发表在《屯南》下第三分册里，提供学术界研究，这无疑将促进甲骨文分期断代研究的深入。

书中的《小屯南地甲骨的钻凿形态》一文，将 1973 年小屯南地所出甲骨的凿型分为六型（有的型内又可分为若干式），论述了凿型变化与甲骨分期断代的关系，并具体地论证了"从凿的型式上看，自组和午组甲骨是具有较多的早期特点"，这与根据地层、坑位和其他方面论证其为武丁时代是相符合的。而根据地层关系和卜辞内容对武乙、文丁卜辞的区分，也与从卜骨上凿型方面分析得出早、晚不同的结果是相合的。此文是目前国内学者关于钻凿形态与分期断代研究关系的较全面、系统的论述。

总之，《小屯南地甲骨》一书所著录的甲骨，其著录号与出土层位、钻凿形态、释文、有关索引等项浑然一体、互相呼应，给不同需要和从不同角度查找研究材料的学者提供了极大方便。而将甲骨的钻凿形态的拓本全部公布，并将凿、钻的制作工艺和钻凿的种种形态与分期断代相联系，对甲骨学断代研究的发展做出了一定的贡献。《屯南》一书比《甲编》和《乙编》二书前进了一大步。因此我们说，它是科学发掘所得甲骨的一部最科学的著录书。

第五节　集大成的著录——《甲骨文合集》及其编纂

自 1978 年起，郭沫若主编、胡厚宣总编辑的《甲骨文合集》由中华书局陆续出版，至 1982 年全部十三巨册出齐。这部集大成式的甲骨著录的出版，是解放以来学者全面集中、整理、刊布甲骨文材料所取得的丰硕成果。此书出版后，被誉为古籍整理工作的最大收获，受到了国家的表彰

---

① 于秀卿等，载《古文字研究》第六辑，中华书局 1981 年版。

和奖励①。

《甲骨文合集》一书，共著录甲骨四一九五六号。所收甲骨，先行分期，每期内再按内容做分类处理。书前有我国著名史学家尹达的前言和总编辑胡厚宣先生的序。扉页上列有《甲骨文合集》工作组成员的名单：

组长　胡厚宣

编辑　（以姓氏笔画为序）

王宇信　王贵民　牛继斌　孟世凯

胡厚宣　桂琼英　常玉芝　张永山

彭邦炯　杨升南　齐文心　肖良琼

应永深　谢济　罗琨

这些学者为编辑这部大型的甲骨资料汇编付出了巨大劳动。有人为此耗尽心力而去世，但奉献精神却永远留在人间，值得我们尊敬与怀念！

本书甲骨分期的处理"暂时仍采用董作宾先生五期分类的学说。只是董先生认为是第四期的所谓'文武丁时代之谜'的卜辞，我们认为应该属于早期，但早到什么时候，学术界仍有不同意见，所以我们把它们集中附在武丁期后边，以供学者进行讨论研究"②。对此，严一萍在《商周甲骨文总集》序中指出："在十万片甲骨中理出为'武丁时期附'的一部分，是要有'观其全体'的甲骨研究工夫，决不是随便'剪剪贴贴'可以做到的"，这对甲骨文分期断代研究的深入很有意义。《甲骨文合集》全书共五二四一页，十三个分册中，第一册至第六册为第一期，第七册为"附第一期"，第八册为第二期，第九册至第十一册为第三期和第四期，第十二册为第五期，第十三册为摹本。

本书的分期处理，仍有不少不足之处。诸如本书的"附第一期"甲组和第一期都有"王贞"卜辞。虽然根据两者特点判断，基本上可以分清，但仍有一些交叉；也有的与第四期少数卜辞交叉。期与期之间有某些过渡现象，但应根据主要的特征将其全部归入所应属的期别。第三、四期也有一些甲骨很难确指，但根据近人研究成果也做了分期，这对那些无称谓仅

---

① 柯办：《郭沫若〈甲骨文合集〉获奖》，《北京晚报》，1983年2月19日。本书发稿前夕，得知"吴玉章奖金"首次评奖已结束，《甲骨文合集》又获历史学特等奖人民币五千元。见周建明《"吴玉章奖金"首次评奖》，《人民日报》，1987年10月10日（第三版）。特此补记。

② 胡厚宣：《〈甲骨文合集〉序》。

据字体分期的甲骨，就可能有不准确之处①。

　　每期之内，再按卜辞内容分为四大类二十二小类。四大类为：一，阶级和国家。二，社会生产。三，科学文化。四，其他。二十二小类是：一，奴隶和平民。二，奴隶主贵族。三，官吏。四，军队、刑罚。五，战争。六，方域。七，贡纳。八，农业。九，渔猎、畜牧。十，手工业。十一，商业、交通。十二，天文、历法。十三，气象。十四，建筑。十五，疾病。十六，生育。十七，鬼神崇拜。十八，祭祀。十九，吉凶梦幻。二十，卜法。二十一，文字。二十二，其他。书中入录的许多版大骨，往往有各种不同内容的卜辞杂置其间，只从其一类入录当然是不全面的，但也只能采取根据主要内容处理的变通办法。全部内容的分门别类的科学分类，只有将来作事类索引时解决了。

　　《合集》一书的图版出版之后，还将要继续出版材料来源表、释文、选本及续集等。此外，还要出版几种《甲骨文合集丛刊》。目前，每册释文都已完成初稿，现正进行总校，1987年可望全部完成并交付出版。《甲骨文合集选本》正在抓紧编选。其他各项目，如《甲骨文合集来源表》等，也正在积极筹备。

　　《甲骨文合集》一书的编纂和出版，是我国科学研究事业发展的需要。首先，随着八十多年来甲骨学研究的发展，甲骨文中记载的我国商代社会历史文化资料对研究我国古代优秀文明愈益重要。且不说甲骨学者、历史学者和考古学者需要利用甲骨文材料进行自己的研究，就是语言学家，以及古代医学史、农学史、天文学史以及生物学史等方面的专家，也都需要从我国这一最古老而有系统的记载里去"溯本求源"，进行自己的研究。正如李学勤为拙著《建国以来甲骨文研究》一书所写的序中说的："甲骨学发展到现在，已经是一门比较成熟的学科，积累了大量的材料和文献，有自己的研究范围和课题。谁要研究中国古代的历史文化，就必须对甲骨学有一定的知识"。甲骨学已成为一门与多种学科有着密切联系的学科②。编辑这部《甲骨文合集》，将八十多年来出土的甲骨资料尽可能完全地提供给学术界，以供进行多学科研究，充分发掘我国历史上的文化珍品，是

---

　　① 参见《〈甲骨文合集〉编辑凡例》，第二页。
　　② 有关甲骨学与其他各学科的关系及重要性，参看本书第一章的第二节，及拙著《建国以来甲骨文研究》的第六章。

非常必要的。

其次，自1903年第一部甲骨著录书《铁云藏龟》出版以后，到《甲骨文合集》1978年出版以前，"著录甲骨文的书刊，单是专著，就有八十多种，论文五十多种，再加上有关参考的重出著录，也有五十多种，共有一百八十多种，著录甲骨，将近十万来片"[①]，对甲骨材料的公布和科学研究起了重大作用。但是，有不少著作，特别是早年出版的一些重要甲骨著录，出版较早，印数较少（三至五百部），还有不少是在国外出版，传入国内本来为数不多，本身就已成了珍本。一些书出版以后，"时一过往，难以寻觅。至于报刊论文发表的材料，不是印刷不清，就是缩小比例，搜集使用，就更不方便"。这种种情况，给研究者利用甲骨文材料带来了很大困难。不少大学或科学研究机构，所藏甲骨书籍稀如凤毛麟角，而重印各种著录，已不可能。为适应研究的需要，也急需出版一本资料齐备的《甲骨文合集》。

其三，大学或研究机构，使用材料时也感到很不方便。这是因为以前的一些甲骨著录书，或印刷不精，文字模糊难辨；或摹写失真，字体常有错误；有的为了分类，削足适履地将拓本分条剪割；有的墨本不全，只拓印了有字的部分，很难看出原骨的全貌；也有的将一骨的正反分开，俨如二骨，或再将骨臼另外排列。此外，各书著录的甲骨，往往互相重复，使材料显得庞芜。因此，对已著录的甲骨，进行一次全面的科学整理，出版一部科学性强的《甲骨文合集》，对甲骨学以及其他学科的发展，都是非常迫切的需要。

其四，虽然历年出版的各种甲骨著录已刊布了近十万片甲骨，但现分藏于国内二十五个省市自治区、四十个城市、九十五个机关单位、四十四个私人藏家的九万多片和台湾、香港的三万多片以及日、英、加拿大、美等十二个国家的二万多片，总计十五万片甲骨中，还有一些未被著录过。而且各单位还收藏有不少甲骨拓本，仅国内就有二七〇余种，近二〇万片之多。有的拓本，不但没有见诸著录，连原骨的下落也不可得知了。胡厚宣在《甲骨文合集》序中说："有的都还是一些很重要的材料。这些材料，在单位里，一般都被列为珍品或善本，没有经过拓印和整理，更是不好使用的"。尽可能地将那些尚未著录的材料公布，也是《合集》一书编纂目

---

① 胡厚宣：《〈甲骨文合集〉序》。

的之一。

编纂一部大型的甲骨资料总集不仅有以上种种必要性，而且也有了编成的各种条件。一百几十种甲骨著录书，可以千方百计地从国内、外购置到。国内、外公私所藏甲骨或拓本，通过多年的寻访，基本已掌握其线索。特别是国内公私藏家的甲骨实物，胡厚宣先生早在日本投降以后和解放初期两次专意访求，可以说甲骨文出土以后直到现在的藏家，胡厚宣先生一桩桩、一件件都早已了如指掌，烂熟于胸。这就为大规模地集中材料，提供了有利条件。

不少学者，如董作宾等人，早就有志于出版一部甲骨文总集。但限于种种条件，没有哪个个人能完成这样一部前无古人的著作。1956年国家制定十二年科学研究远景规划，提出落实编纂《甲骨文合集》这一大型科研项目。其后经过不少风风雨雨，时停时作，历二十多次春华秋实，终于在1978年编讫，并至1982年全部出版。关于此，第四章第四节（上）已做详细叙述。

由于甲骨文出土八十多年来，"这批研究商代社会历史的极为珍贵的史料，长期处于分散状态，未能充分发挥其应有作用"[①]，所以在编纂《甲骨文合集》时，第一步工作就是将甲骨文材料集中。首先，是把一百八十多种甲骨著录搜集齐备，并注明书名、片号，然后剪下制成卡片。与此同时，进行了校重、缀合、辨伪及同文集中等科学整理。其次，是广泛调查分散在全国各地的甲骨实物或拓本，如片数不多，便随时施拓或照相。如实物较多，则组织编辑组工作人员分期分批去各地集中墨拓。流散到国外的甲骨材料，也想尽办法搜集齐全。这些甲骨实物拓本和照片（包括摹本）搜集齐全以后，再将它们与著录过的材料相勘校。已著录但拓本不清的，都尽可能用原骨新拓本（或清楚的拓本照相）换下。用摹本著录的甲骨，有拓本的一律换用拓本。著录时把一骨的正、反、臼分开的，一律根据实物拓本将其集中在一起，作为一号处理。最后，再把这些著录过的材料和没著录过的材料，合在一起，进行校重、缀合和集中同文的一系列科学整理工作。

至今已出土的十五万片甲骨文，有的字数极少，且于研究无大意义；有的字迹模糊，研究时根本无法利用。《甲骨文合集》，既不是一本有片必

---

① 尹达：《〈甲骨文合集〉前言》，中华书局1982年版。

录的"全集",也不是一部只择其要者的"选本"。它应是一部基本上能囊括十五万片甲骨中对商代历史文化有研究价值的甲骨材料总集。因而在录入甲骨时,还须经过一番"去粗取精,去伪存真"的选片整理工作。"我们的原则是,凡是大片字多的当然入选。其有常见的词句,但卜辞齐全或比较齐全的,亦予以选收。其词句或文字常见,又残缺过甚者,则不予入选"①。这样,《合集》一书共著录了四一九五六号甲骨,约占全部十五万片甲骨的四分之一强。可以说,凡是有研究价值的材料,都已收入《甲骨文合集》一书之中了。有关《甲骨文合集》一书的校重、缀合、辨伪等科学整理工作所取得的超过前人的成就,第九章第一、二、三节有关部分已做介绍。

总之,"这样规模的较全面的学术资料工作,决非个人或少数人所能为力的"。"若不是我们这样一个社会主义的国家,没有党的正确领导,像这样一项大型的工作,无论如何是作不成的"②。

《甲骨文合集》一书的出版,是对八十多年来殷墟出土甲骨文的一个总结。虽然尚有一些传世的甲骨,诸如加拿大《怀特氏等收藏甲骨文集》和日本《东京大学东洋文化研究所藏甲骨文字》等没有来得及收入,但《合集》与以上二书和《小屯南地甲骨》等书一起,为学术界提供了极为齐备的殷墟甲骨资料。从此,改变了研究资料匮乏的局面,大大地促进了多种学科,特别是甲骨学和殷商史、考古学的发展。近年来,甲骨论著较《合集》出版以前,无论在数量方面还是在质量方面,都有较大的增长和提高。特别是随着《甲骨文合集》的出版,在国内形成了一股"甲骨热",不少有志于研究古代文化的青年人,再不为无由接触甲骨著录而苦恼,勇敢地向甲骨学这门号称"绝学"的深奥学问挑战。他们通过刻苦努力,不少人已走向成功。

在《甲骨文合集》编辑、出版过程中,也训练和培养了一支整理、研究甲骨文的队伍。参加《合集》一书编辑工作组的不少工作人员,当时还相当年轻,多数并没有学习过古文字学,对甲骨文是相当陌生的。在他们"进入这一工作的初期,曾感到烦琐,但工作进行到一定阶段时,就认识到它的每个环节都具有一定的学术性质,必须逐步掌握古史、考古、古文

---

① 尹达:《〈甲骨文合集〉前言》。
② 胡厚宣:《〈甲骨文合集〉序》。

字等各个方面必要的知识,才能处理手头的资料"。他们"从工作中认真学习,全面地检视了甲骨文字资料,从而取得了比较系统的认识。由于接触了大量资料,也发现了其中的某些问题。在编纂《合集》的同时,不少同志还选了专题,进行了必要的探索,写出了论文"。如今,这些当时的青年人,都已过了"不惑"之年,他们不仅成了训练有素的整理甲骨文资料的行家里手,还写出了不少甲骨论著,成为甲骨学界较为活跃的一支生力军。

此外,《合集》一书的出版,"不仅仅为古代社会研究提供了一部丰富的'资料汇编',更重要的是反映着社会主义的学风"。这就是把一大批经过科学整理的甲骨资料集中并公布,"使之成为学术工作者的共同财富"[①]。

因此,这部集大成的著录——《甲骨文合集》得到了国内外学术界的好评。它不仅为国家赢得了荣誉,也为今后甲骨学研究的进一步发展奠定了基础[②]。可以说,它继往开来,是一部甲骨学史上里程碑式的著作。

[①] 尹达:《〈甲骨文合集〉前言》。
[②] 赵诚:《〈甲骨文合集〉评介》,《光明日报》1983年1月31日。

第十一章
甲骨学与殷商史研究要籍

甲骨文资料只有经过著录出版以后，才得以从收藏家的书斋或考古家的研究室里走向学术界，使更多的人能接触它、研究它。甲骨学与殷商史等学科的研究和成就，正是随着甲骨著录书出版的不断增多而日益发展和取得的。自1899年殷墟甲骨文发现以来，甲骨学与殷商史研究所经历的三个阶段和所取得的进展，第四章已做过叙述。简言之，这八十七年甲骨学和殷商史研究，在识文字，断句读，分时期，考商史等几个方面取得了很大成就，不少前辈学者为我们留下了很多博大精深的研究著作。这些著作，不仅培养了几代甲骨学者，而且它们本身也和甲骨文一样，成为中华民族乃至全人类的共同文化财富。

继承前辈学者的甲骨学与殷商史研究成果，从前辈学者的著作中汲取营养，不仅对我们学习和研究甲骨学与殷商史是基础的工作，而且对开创甲骨学与殷商史研究的新局面也是很有意义的。

第一节 甲骨文字考释的专书

文字的释读，是甲骨学、殷商史研究的首要工作。正是由于八十七年来不少学者的苦苦追索，才从约四千多甲骨单字中，破译了近千个无争议并经常使用的字，从而使我们有可能了解这三千多年前遗留下来的珍贵史料所记载的商代社会历史情形。不少甲骨学者的文字考释著作，或开拓榛莽，或钩沉索赜，为甲骨学、殷商史的研究奠定了坚实的基础，现在对我们仍有重要的参考价值。

《契文举例》 孙诒让撰，1917年《吉金盦丛书》本一册，又1927年上海蟬隐庐石印本二册。

此书撰于《铁云藏龟》一书出版的第二年——1904年，孙氏序中所注"光绪甲辰十一月"，即是证明。但直到1916年，此书原稿才在上海被王国维发现，后方得出版。《契文举例》是甲骨学史上第一部研究著作。该书所据材料，仅《铁云藏龟》一书。正如孙诒让在序中所说，"顷始得此册，不意衰季睹兹奇迹，爱玩不已。辄穷两月力校读之"。他当时就认为"甲文多记卜事，一甲或数段，纵横反正，交错纠互无定例，盖卜官子弟时记识以备官成，本无雅辞奥义"。这是难能可贵的。孙诒让"就所通者略事甄述，用补有商一代书名之佚，兼以寻究仓后籀前文字流变之迹"，遂写成《契文举例》一书。

《契文举例》共分十章，即：

月日第一　　贞卜第二　　卜事第三
鬼神第四　　卜人第五　　官事第六
方国第七　　典礼第八　　文字第九
杂例第十

这是将甲骨文按内容进行分类的最早尝试。虽然今天看来，只要具有一定甲骨学知识，进行这样的分类并不困难，但在当时却属首创。有的学者指出："由书名《契文举例》及其章目来看，孙氏的卓识很了不起。因为刘鹗在早年尚称甲骨为龟版，对其用途不甚了然。而孙氏于契文内容已进行分类，进展是很大的"[1]。

毋庸讳言，《契文举例》一书所考释的文字，在今天看来，可取之处不多。但从历史的发展观点看，此书"在甲骨学史上荜路蓝缕，它的草创之功是不能抹煞的"[2]。

《殷虚书契考释》　罗振玉撰，1914年石印本一册，又1927年东方学会石印增订本三卷二册。

罗振玉在《殷虚书契》一书编讫出版后，就想"继是而为之考释"。这首先是因为甲骨文的"书既出，群苦其不可读也"[3]。其次是虽有个别学

---

[1]　肖艾：《甲骨文史话》，文物出版社1980年版，第37页。
[2]　王宇信：《建国以来甲骨文研究》，第14页。
[3]　罗振玉：《〈殷虚书契后编〉序》，1916年。

者如孙诒让开始对甲骨文字进行考释工作，但罗振玉认为他"惜未能洞析奥隐"①。因此罗振玉在 1910 年出版了《殷商贞卜文字考》一书以后，又集中全部精力，进行甲骨文字的考释工作，"遂成考释六万余言"，这就是《殷虚书契考释》一书。

罗振玉在考释文字时，是"由许书以溯金文，由金文以窥书契，穷其蕃变，渐得指归，可识之文遂几五百"。在文字考证的基础上，结合史籍，再考求商代典制，"所得则有六端"："一曰帝系"，罗振玉认为商朝"自武汤逮于受辛，史公所录为世三十，见于卜辞者二十有三"。虽然大丁未立，"而卜辞所载祀礼俨同于帝王"。而大乙、羊甲、卜丙、卜壬，"校以前史，并与此异"。至于"庚丁之作康祖丁，武乙之称武祖乙，文丁之称文武丁，则言商系者之所未知"。"二曰京邑"，他认为"商代迁都，前八后五，盘庚以前，具见书序"。但"小辛以降，众说多违"。认为安阳殷墟即为"亶甲城"，"今证之卜辞，则是徙于武乙去于帝乙"。"又史称盘庚以后，商改称殷，而遍搜卜辞，既不见殷字，又屡言入商。田游所至，曰往曰出，商独言入，可知文丁帝乙之世，国尚号商"。而"《尚书》曰戎殷，乃称邑而非称国"。"三曰祀礼"。"四曰卜法"。"五曰官制"。"六曰文字"。共考释并加以解说四八五字。至 1927 年又将其增订出版，《增订殷虚书契考释》增至五七一字。正如郭沫若所高度评价的，"甲骨出土后，其搜集保存传播之功，罗氏当居第一，而考释之功亦深赖罗氏"②。罗振玉《殷虚书契考释》及《增订殷虚书契考释》，在甲骨学史上占有重要地位。

《殷卜辞中所见先公先王考》、《续考》及《戬寿堂所藏殷虚文字考释》《先公先王考》及《续考》，王国维 1917 年发表，收入《学术丛书》及《观堂集林》卷九。我们在第四章第二节（下）已做过介绍，二文考证了甲骨文中所见殷代先公先王，堪称是"把甲骨学研究推向一个新阶段，标志着'文字时期'进入了'史料时期'"的重要论文。《戬寿堂所藏殷虚文字考释》一卷，是王国维 1917 年所作。此书在考先王，考礼制，考文字等方面发明颇多。正如郭沫若所说："王氏之学即以甲骨文字之研究为其主要的根干，除上所列四种之外（笔者按：即《先公先王考》、《续考》、《戬考》及《殷周制度论》），其它说礼制、说都邑、说文字之零作

---

① 罗振玉：《〈殷商贞卜文字考〉序》，1910 年。
② 郭沫若：《中国古代社会研究》，科学出版社 1955 年版，第 213 页。

更散见于全集中。谓中国之旧学自甲骨之出而另辟一新纪元,自有罗王二氏考释甲骨之业而另辟一新纪元,决非过论"[1]。

《甲骨文字研究》 郭沫若撰,1931 年大东书局石印本二册。1982 年科学出版社合《甲骨文字研究》、《殷契余论》、《安阳新出土的牛胛骨及其刻辞》等为一编,以《甲骨文字研究》为书名,作为《郭沫若全集》考古编第一卷出版。郭沫若在 1927 年大革命失败后,旅居日本。他为了阐述人类社会发展的共同规律,潜心研究中国古代社会史。他在搜集甲骨文资料的同时,"对于殷代的甲骨文字和殷周两代的青铜器铭文也就不得不进行研究"[2],"开创了为探讨古代社会的实际而研究古文字的道路"。1931 年出版的《甲骨文字研究》一书,就"是他研究甲骨文的第一个集子"[3]。郭沫若此书,不仅对断片缀合、残辞互补、缺刻横划、分期断代等方面多有发现,而且在文字考释方面也颇有创获。诸如他在《释祖妣》一文中,论定"祖妣为牝牡之初字,则祖宗崇祀及一切神道设教之古习亦可洞见其本源"。"盖上古之人本知母而不知父,则无论其父之母与父之父。然此有物焉可知其为人世之初祖者,则牝牡二器是也。故生殖神之崇拜,其事几与人类而俱来"。他对古籍记载的"燕之驰祖"、"齐之社稷"、"宋之桑林"与"楚之云梦"等作了精辟的考证,恢复了古代婚姻制度和母权时代的历史遗迹,使那些"视此事为不雅驯而讳莫如深"的"缙绅先生"们所不能(也不敢)想象的史迹得到了科学的解释。《释藉》一文论定"藉之初字,像人持耒耜而操作之形"。《释勿勿》指出甲骨文勿、勿"二者各不相干","殷代已有犁有笏"。《释五十》研究古代纪数。"数生于手。古文一、二、三、四作一二三四,此手指之象形也",认为"表数之文字自三、四以上不免发生变例"。我国"数字系统大抵即以四为界,由四之异体以至于九,则别为一系"。而"十之倍数,古文则合书"。"万与千之倍数亦合书"。"不足十百千之数,于文每加'又'"。并在《释七十》一文中说,七十亦合书,"十上而七下"。"九十之例迄今未现,其为殷文意必亦十上而九下,将来终必有出现之一日"。《释朋》一文,论证"贝朋之由颈饰化为货币,当在殷周之际"。《释岁》一文论述起初"岁"、

---

[1] 郭沫若:《中国古代社会研究》,第 213 页。
[2] 郭沫若:《〈金文丛考〉重印弁言》,人民出版社 1954 年版。
[3] 《郭沫若全集》考古编第一卷《说明》,科学出版社 1982 年版。

"戉"本一字，但"古人尊视岁星，以戉为之符征以表示其威灵，故岁星名岁"。由"岁星之岁始孳乳为年岁字"，以后岁与戉才进一步有所区别。《释支干》一文，对十二辰的起源进行了研究，"把它解释为起源自巴比伦的十二宫"等等。郭沫若《甲骨文字研究》一书，开辟了用历史唯物主义研究甲骨文字的新途径，在甲骨学史上占有重要地位。

《双剑誃殷契骈枝三编》 于省吾撰，初编 1940 年石印本一册。续编 1941 年石印本一册。三编 1944 年石印本一册。于省吾在此书序中说，"契学多端，要以识字为其先务。爰就分析点划偏旁之法，辅以声韵通假之方，瘳疑通滞，荟辑成编"。全书共收考释文章九十八篇。于省吾此书文字考释简练、精到、严谨，并将所释就之字再放到有关卜辞中去核校，做到了文从字顺。《骈枝》一书，在学术界有重大影响。

《甲骨文字释林》 于省吾撰，1979 年中华书局出版。本书上卷是将《双剑誃殷契骈枝三编》所收九十八篇论文加以删订（其中有的已重新写定，收入本书其他各卷），共存五十三篇而成。本书的中、下卷，一部分是经过删削的作者解放前所写《骈枝》四编中的文章，有十篇是重新改写的。另一部分是改写、改定的解放后在报刊上发表的一系列文字考释论文。全书共收入文字考释之作一百九十篇。《甲骨文字释林》一书是于省吾研究甲骨文字的总结。他在序中说，"专就甲骨文字来说，我所认识的字和对已识之字在音读、义训方面纠正旧说之误而提出新解，总共还不到三百"。"对于甲骨文中旧所不识之字，还拟加以新的解释者""约共二十余字"[①]，可惜没有来得及完成。于省吾先生的《甲骨文字释林》，考证并加以解说了"三百"个甲骨文字，为甲骨学的研究作出了重大贡献。需知，"截至现在为止，已发现的甲骨文字，其不重复者总数约四千五百个左右，其中已被确认的字还不到三分之一"呵[②]！

《积微居甲文说·卜辞琐记》 杨树达撰，中国科学院 1954 年出版。自序谓，"甲骨文者，殷商之文字也。欲识其字，必以《说文》篆籀彝器铭文为途径求之，否则无当也。甲文中已盛行同音通假之法。识其字矣，未必遽通其义也，则通读为切要，而古音韵之学尚焉，此治甲骨者必备之初步知识也。甲骨文所记者，殷商史实也。欲明其事，必以古书传记所记

[①] 于省吾：《〈甲骨文字释林〉凡例》，中华书局 1979 年版。
[②] 于省吾：《〈甲骨文字释林〉序》，中华书局 1979 年版。

殷周史实稽合其同异，始能有所发明，否则亦无当也。大抵甲骨之学，除广览甲片，多诵甲文，得其条理而外，舍是二术，盖不能有得也。就形以识其字，循音以通其读，然后稽合经传以明史实，庶几乎近之矣"。《积微居甲文说·卜辞琐记》一书就是这样做的。该书卷上说字的论文共三三篇，分识字、说义、说通读、说形等四类。卷下考史论文共二〇篇，分人名、国名、水名、祭祀、杂考等五项。《卜辞琐记》之部则收入考证四九条。因杨树达在研究时，"识字必依篆籀，考事则据故书，不敢凭臆立说"①，故书中所考文字及史事皆较允当，而且文字精练，至今仍有参考价值。

《耐林庼甲文说·卜辞求义》 杨树达撰，1954年群联出版社印行。本书《耐林庼甲文说》之部共收入六篇论文。而《卜辞求义》之部共考证甲骨文字二百一十多个，按二十八韵部排列。《卜辞求义》自序说，"治文字之学，以形课义，亦以义课形，务令形义二者吻合无间而后已。治金文，初据字以求义，继复因义以定字。余于古文字之研究重视义训如此。殷虚文字古矣，然既是文字，未有不表义者也"。此书所考文字及所论史实，不少至今仍有参考价值。

《殷虚文字记》 唐兰撰，1981年中华书局出版。唐氏此书，写于1934年，讲义本曾由北京大学石印。1978年中国科学院历史研究所（现属中国社会科学院）曾油印五百部。中华书局出版的《殷虚文字记》，较1934年讲义本增加了目录、补正，并将原讲义本上的眉批一并集中在书后的说明部分。唐兰在该书序中说，"考据之术，不贵贪多矜异，以照耀于庸耳俗目，朝树一义，夕已传布，流传既广，异说滋出，各相是非訾誉，使承学眩瞀，莫知所生，余颇惩焉。然余所识殷虚文字，较之昔人，几已倍之，而迟久未出，或又尤之。假日稍闲，因先写定若干字，以为此记"。共收入考释论文三二篇。此书与他的《天壤阁甲骨文存考释》一起，集中了他对甲骨文字的考释所得。此外，他的《古文字学导论》增订本（齐鲁书社，1981年）等专著也对文字理论和文字多有解说。

除上述文字考释专著以外，还有不少学者发表的考释文字论文，散见于国内各种报刊杂志，其中不少很有参考价值。国内发表这些文章较多的刊物是《考古》、《文物》、《考古学报》以及《考古与文物》、《中原文

---

① 杨树达：《〈卜辞琐记〉序》，中国科学院出版1954年版。

物》、《殷都学刊》等。此外，还有一些论文集（或不定期刊物），诸如《古文字研究》、《甲骨探史录》、《甲骨文与殷商史》、《古文字研究论文集》、《出土文献研究》等等。

还有一些甲骨著录附有释文（或考释）。这不仅可使著录拓本不清的缺陷得到弥补，而且这一工作本身对甲骨文字的研究也很有意义。此外，将著录甲骨拓本（或摹本）与有关考释认真地对照研读，也是初学者较快掌握一定甲骨单字，进而了解甲骨文内容的最好方法。较有参考价值的甲骨著录的释文（或考释）主要有郭沫若的《卜辞通纂考释》、《殷契萃编考释》，屈万里的《殷虚文字甲编考释》，张秉权的《殷虚文字丙编考释》，日本贝塚茂树的《京都大学人文科学研究所藏甲骨文字》（本文篇），加拿大许进雄的《明义士收藏甲骨》第二册（《明义士收藏甲骨释文篇》）、《怀特氏等收藏甲骨文集》释文部分，中国社会科学院考古研究所的《小屯南地甲骨》下册第一分册，姚孝遂、肖丁的《小屯南地甲骨考释》等。《甲骨文合集》一书的各册释文已由编辑组的学者分头做完，由胡厚宣主编、王宇信、杨升南总审校，由中国社会科学出版社1999年出版。

八十七年来，学者们考释甲骨文字的论著非常之多。但是，一些文字的说解，或由于方法的不正确，或由于材料的局限，往往众说纷纭，莫衷一是。因此，我们在学习、继承前辈学者的文字考释成果时，首先应注意吸收学术界的最新研究成果，以较为权威而正确的说法为依据。不然，就会感到一些文字的考释前后矛盾，使人莫知所从。郭沫若谆谆告诫我们说：

> 卜辞研究是新兴的一种学问，它是时常在变迁着的。以前不认识的事物后来认识了，以前认错了的后来改正了。我们要根据它作为社会史料，就应该采取"迎头赶上"的办法，把它最前进的一线作为基点而再出发。目今有好些新史学家爱引用卜辞，而却没有追踪它的整个研究过程，故往往把错误了的仍然沿用。或甚至援引错误的旧说以攻击改正的新说，那是绝对得不到正确的结论的①。

---

① 郭沫若：《十批判书》，科学出版社1956年版，第5页。

这对我们如何学习和继承前人的文字考释成果，是很有参考价值的。

第二节　甲骨学研究著作

与甲骨文字的考释同时，甲骨学者对甲骨学本身的一些规律，诸如分期断代、卜法文例等方面的研究也取得了很大进展。特别是1928年殷墟科学发掘甲骨文以后，甲骨学研究由"草创时期"进入全面发展时期，甲骨学的研究论著日益增多。我们这里只介绍几部较为重要的：

《甲骨文断代研究例》　董作宾撰，1933年发表在《庆祝蔡元培先生六十五岁论文集》上编（《史语所集刊》外编）。此文是甲骨学史上划时代之作，为甲骨学和商史研究奠定了基础。自此以后，二百七十三年的晚商甲骨文才犁然贯通为五个不同时期，我们才有可能认识和研究晚商各个不同时期政治、经济和文化的发展变化。由于论证缜密、科学，八十七年来文中所提出的分期断代"五期"说和"十项标准"，虽有小的修正，但基本原则一直行用不衰。关于此，第七章和第八章已有全面论述。

《甲骨断代问题》　严一萍[①]撰，1982年台湾艺文印书馆出版。有关自组卜辞的时代及所谓"历组"卜辞的讨论，我们在第八章第一节、第二节已做过介绍，近年国外也发表了不少有关讨论的文章。严一萍《甲骨断代问题》，就是对上述分期断代研究中这两个争论较大的问题的总回答。早在二十多年前，严一萍在写作《甲骨文断代研究新例》时，首先"用月食作定点，根据科学的天文学，使贞人宾的时代有了着落，修正了董先生的盘庚二十六年说，定在武丁十五年，决不是武丁晚期的"。其次，是"把所有扶的甲骨片，就我所能见的统统摹录起来，共有一四五版，分成四种不同的类型。使没有署贞人名的许多不同书体的卜辞，有人称为'自组'，有人称为'王族多子族'的，很正确的归属于文武丁时代"。又经过进一步研究，"共摹图三五二幅。整理的结果，不能不承认董彦堂先生的文武丁说是对的，大陆上盛道的自组早于宾组的说法，根本站不住脚。唯一修

[①] 1987年9月10日至16日在河南安阳召开中国殷商文化国际讨论会期间，日本大东文化大学前校长、著名学者池田末利教授见告：严一萍先生已于1987年8月病逝于美国内华达。诚如池田末利教授所言，严一萍先生对甲骨学研究的发展，是作出了不小贡献的。特补记于此，以寄大陆学人对他的悼念。1987年10月本书发稿前夕，作者谨志。

正董先生的是过去认为文武丁时代卜辞里，有一部分是武乙的"①。

《甲骨断代问题》全书由下列部分组成：序。一，前言。二，月食所引起的问题。三，甲骨的异代使用问题。四，上甲卅示与用侯屯。五，贞人跨越时代与历扶。六，贞人扶的书体。七，相同称谓的不同时代（甲、父；乙、母；丙、兄；丁、子）。八，后语。

本书全面论证了"𠂤组"卜辞应为文武丁时代，并论证了"贞人历与贞人扶的时间相近，贞人历是武乙时人，贞人扶在文武丁早年任职，正可以衔接"②。

这样专就分期断代研究中的某些问题（主要是论述文武丁卜辞的时代）进行全面研究而写成的专著，在国内外还是不多见的。特别是书中坚持并进一步论证董作宾的"文武丁时代"的看法，与不少学者的意见是针锋相对的。因此，就更值得我们重视并认真加以研讨。应该指出的是，本书《从月食所引起的问题》一章，对卜辞中可以确定的五次月食进行了"科学的天文学"研究，得出"这五个月食，最早的是西元前 1325 年，最晚的是西元前 1278 年，中间相隔四十八年，这是不能变动的数字，无论如何，这第一个月食，总是在武丁的早年"。从而论定了"问题之一是贞人宾的时代"，"1325 年的月食卜辞，贞人是宾。如果说贞人宾属于武丁晚期，那么武丁的元年应在何时？而盘庚迁殷至帝辛之亡，共几年？""如果只说'宾组是武丁晚期'，而'𠂤组比宾组早'，这样做，不能算是研究，而是百分之百的猜测"。"问题之二是书体风格"。这就是"在四十八年的长期经历中，并没有什么特殊变化。要不是所记月食的时间可考，简直看不出贞人宾与贞人争的书法有什么前后，也分不出贞人争前后书体有何两样。这就关系到贞人扶所写多样变化的书体，绝难安排在武丁时代"。"问题之三是贞人延续任职两代的情形"。"贞人争所记的八月乙酉月食在祖庚二年，二月癸未月食在祖庚三年。王死，贞人并没有跟着殉葬，必然继续任职，这情形在二、三期卜辞中也有发见"③。如此等等，严书以月食做定点，根据天文学进行研究以论证"宾"与"𠂤组"卜辞应非同时代。从这一方面着手进行分期断代研究，国内还没有人进行过。这一途径值得

---

① 严一萍：《〈甲骨断代问题〉序》，艺文印书馆 1982 年版。
② 严一萍：《甲骨断代问题》，艺文印书馆 1982 年版，第 85 页。
③ 参见严一萍《甲骨断代问题》第二章。

认真研究并做出论证。

此外,《甲骨断代问题》随文附图三五二纸,便于读者将书中的论述与所引甲骨对照,这也是值得效法的。目前不少有关分期断代研究的论文,附图极少,"读的时候,必须一一查对原书,这就增加很多困难"[①]。在讨论的时候,还要认真地研究卜辞的内容。不然,正如严氏所指出的,"林林总总,种种谬说,不一而足"[②]。这是我们在研究中应引起注意的。

《殷虚卜辞综述》 陈梦家撰,1956年科学出版社出版。本书由总论、文字、文法、断代上、断代下、年代、历法天象、方国地理、政治区域、先公旧臣、先王先妣、庙号上、庙号下、亲属、百官、农业及其他、宗教、身份、总结、附录等二十章组成,全书七十五万字。这是一部全面、系统地总结自甲骨文1899年发现,至1956年以前近六十五年研究成果的巨著。陈梦家在充分总结、利用前人研究成果的基础上,结合自己甲骨学研究的精深造诣,对甲骨文出土及其研究的经过、方法和内容等方面,特别是分期断代研究方面进行了科学论述。而且还在不少方面,较前人研究有所前进。因此,本书在国外几经翻印,而且国内也几经再版,在学术界有着巨大的影响。这部甲骨学研究百科全书式的巨著,继往开来,在甲骨学史上占有重要地位。关于此书的特点和贡献,我们在《建国以来甲骨文研究》一书第六五至七〇页作过评介,本书从略。

《殷墟卜辞研究》 日本岛邦男著,1958年出版。中译本1975年由台湾鼎文书局出版,译者温天河、李寿林。本书由《序论》及《本论》两部分组成。《序论》包括贞人补正、卜辞上父母兄子的称谓等内容。《本论》第一篇为殷室的祭祀,共分四章:第一章为先王先妣的五祀,第二章为禘祀,第三章为外祭,第四章为祭仪。《本论》第二篇殷代的社会共七章:第一章殷的地域,第二章殷的方国,第三章殷的封建,第四章殷的官僚,第五章殷的社会,第六章殷的产业,第七章殷的历法。本书也是总结甲骨学研究成果的巨著。上篇全面研究了甲骨文所反映的祭祀制度,特别是对周祭的论述颇为详密。"殷王室的宗庙祭祀里,有五祀与禘祀。五祀是按照五种祀典依序依例地祭祀先王和先妣的祭祀;禘祀是尊祀父王而及于五世先王的祭祀"。"于前者,可将祭祀的体系和先王先妣受祀的祀序从卜辞

---

① 严一萍:《〈甲骨断代问题〉再序》,艺文印书馆1982年版。
② 严一萍:《甲骨断代问题》,第1页。

中归纳出来，本此结论来修正《史记·殷本纪》的世系；同时把第二期和第五期的祀谱复原，根据这结果，证明帝乙在位二十年，帝辛在位三十一年"。此外，"宗庙外的祭祀，则是以祈求农业与战胜为主要目的，而来祭祀上帝、自然种、高祖神、先臣神。在这里把上帝的祭祀、诸神的神格、谛祀与郊祀、上帝和天等等问题都加以解释明白。更且关于祭仪问题，先讲明祭祀用语的意义，据此来考察内外两种祭祀的祭仪"。下篇则全面考察了商代社会情形，特别是方国、地理。"卜辞的五百四十二个地名中，根据可以得知两地间之行程日数的一〇五个地名，来考定殷的地域；在此地域的四周，例如武丁时有二十二个敌国，武丁曾予以讨伐；尤其是帝乙十年征伐盂方，帝辛八年、十年的征伐夷方，以及殷、周间的关系，都加以特别精密的论证"①。本书行文中插入表格、甲骨摹本及地图，在地图上还标明走向及日程，与正文的论述互相对照，对读者十分方便。《殷虚卜辞研究》一书，材料丰富、翔实，是作者根据他"在日本所能见到已经刊印出来拓本著录的全部"② 进行全面整理、研究而写出的一部巨著。

《殷墟卜辞研究》和《殷虚卜辞综述》一样，在甲骨学史上也占有重要的地位。难能可贵的是，这是一部外国学者写作的甲骨学煌煌巨著呵！此二书，各有侧重点。正如屈万里在《译本〈殷墟卜辞研究〉序》中所说，"大抵以涉及之范围言，则陈书为广博；以祭祀及舆地言，则岛氏之书为详赡。合二书而并观之，则民国丙申年以前甲骨刻辞研究之成果（岛氏书所收资料止于1956年），大要具是矣"。

《殷代贞卜人物通考》 饶宗颐撰，1959 年香港大学出版社出版。全书二十卷，上、下二册。卷一《前论》谈及殷代以前的占卜及卜用甲骨的分布、商代甲骨的属类、龟卜占书源流、占卜事类与《周礼》作龟之八命等等，将殷代占卜与古文献有关占卜相勘校。卷二《贞卜人物记名辞式释例》，则全面列举了卜辞的各种句型，还对"卜"、"贞"二字的字义做了考释。卷三至卷十七为《贞卜人物事辑》，将有关贞人占卜的卜辞内容进行了全面整理。卷二十为附录。书后还有补记及索引。索引有人名、地名、成语、祭名等项，并可据所列页码在书中找到上述各项内容。本书对当时所能见到的六十多种甲骨著录进行了全面的整理，是一部集大成式的著作。

---

① 《〈殷墟卜辞研究〉中译本自序》，鼎文书局 1975 年版。
② 同上。

《殷代贞卜人物通考》一书的作者，对甲骨文"研讨有年，窥测所得，窃以断代根底，在于卜人，分人研究，当务尤急。惟有比次其贞卜之文辞，钩稽相关之人物，则时代序次，庸有脉络之可寻，融会旁通，庶免枘凿之难入"。贞人是甲骨文分期断代研究的重要标准之一，殷墟出土的十五万片甲骨文中，有的记有贞人名，有的不记贞人名，有的为时王所卜。而有贞人名出现的甲骨，约占全部甲骨文的三分之一。本书"专从卜人记名之刻辞加以研究"，"使有卜人记名之刻辞得一综合之整理"。《殷代贞卜人物通考》提出了"分人研究法"，对分期断代研究和全面整理甲骨卜辞很有参考价值。

《商代史料——中国青铜时代的甲骨文》 美国吉德炜（David. N. Keightly）撰，1978年美国加州大学出版。全书共五章，第一章论述商代占卜过程；第二章论述卜辞的内容和结构；第三章全面介绍甲骨文研究和考释成果，包括所取得的成就、甲骨著录情况、甲骨字汇索引编纂情况以及概论、文献目录的出版等。此外，还介绍并讨论了卜辞的解读、通读甲骨残辞、如何全面研究甲骨上卜辞的各项内容等方面。第四章是有关甲骨断代问题的讨论。书中系统地介绍了董作宾分期断代理论并提出了自己的看法，将断代标准分为"内在标准"（祖先称谓、贞人、字体、刻辞、卜辞位置、边缘记事刻辞、序辞与后辞形式、卜兆、验辞、兆序和成套性、兆辞、事类与习用语等）、"甲骨形态标准"和"考古学标准"等三个方面。还介绍了"午组"、"子组"的争论并提出自己的看法，认为应是"王族"卜辞，不同意董作宾的"新、旧"派说。第五章论述了甲骨文不是唯一的商代史料，在铜、陶、骨、石、玉等材料上的文字以外，将来还有可能在丝、帛、竹、木等材料上发现商代文字。并认为不能将甲骨文作为商代"档案"，它只能反映商代思想的某些方面而不能包括商代社会的各个方面。此外，还对辨伪的方法与标准、拓本（摹本、照相）的制作方法作了介绍。本书附录的一至三项是有关甲骨鉴别、牛胛骨龟腹甲的比例、标本的尺寸等方面的内容。第四项和第五项主要是依据年代学研究成果和碳十四测定甲骨的绝对年代、见于各期的事类、习用语出现的规律等等。书中还有三十三幅插图和三十八个表格，书后附有引证甲骨著录书目及文献目录。《商代史料》对台湾、香港以及国外其他地区的甲骨学研究成果，做了较为全面的介绍，这一点对我们更有参考价值。

虽然西方学者诸如方法敛、库寿龄、金璋、明义士等人，很早就开始对我国甲骨学进行研究，但是用欧美文字写作的全面论述甲骨学的著作还是所见不多的。吉德炜这部《商代史料——中国青铜时代的甲骨文》，堪称西方甲骨学者总结甲骨学研究成果的第一部成功的著作。它不仅反映了西方甲骨学者研究的最新成就，而且对欧美一些国家了解和研究甲骨文这一古老华夏文明也将起到重大推动作用。正如美国著名考古学家、哈佛大学教授张光直在该书封底所指出的，"本书将受到学习中国古代历史文化的学生们的热情欢迎与感谢。作为西方第一部系统介绍商代甲骨刻辞的入门书，作为对于以任何语言撰写的同类著作来讲都是最完善的一部著作，《商代史料》在未来的岁月里将是这一领域里的一本标准教科书。同时，学习中国古代古典文献和古典宗教的学生们也会感到它是十分有用的"[①]。

《甲骨学》 严一萍撰，1978年台湾艺文印书馆出版。上、下册，一四三〇页，分为九章：第一章，认识甲骨与殷商的疆域；第二章，甲骨的出土传拓与著录；第三章，辨伪与缀合；第四章，钻凿与占卜；第五章，释字与识字；第六章，通句读与识文例；第七章，断代；第八章，甲骨文字的艺术；第九章，甲骨学前途之展望。虽然八十多年来甲骨学研究取得了很大进展，但一直没有一本系统而全面地论述甲骨学自身规律的专著，而严一萍的《甲骨学》一书，正是这样一部著作，填补了这方面的空白，为甲骨学的发展和甲骨学队伍的培养作出了贡献。正如严一萍在序中所说，"甲骨学的书，前人已经写了不少，但都是一般的叙述，没有一个人谈到应该怎样研究的。我这一本《甲骨学》，主要的就是要告诉读者，甲骨学是这样研究的"。《甲骨学》不仅可供学者研究时参考，而且对初学甲骨的人，也是很好的入门读物。本书论述详赡，插图丰富，便于参考。但此书严承师说（董氏的各项发明），对近年国内、外甲骨学研究所取得的成果和进行的讨论注意不够。因此，我们在参考、使用此书时，应充分注意近年国内、外甲骨学研究领域提出和解决的问题，以求全面了解甲骨学研究的状况。

第三节　商史与甲骨学史专著

甲骨学研究的发展，使学者们得以认识甲骨文这些"断烂朝报"上所

[①] 参见范毓周《戴维·N.凯特利的〈商代史料〉》，《中国史研究动态》1980年第12期。

记载的商代重要史实。从此，几千年来若明若暗的史料不足征的商代社会面貌逐渐被勾勒出来。而近九十年来甲骨学研究所走过的历程，也为我们积累了有益的经验。这些宝贵的经验也和甲骨文本身一样，成为全人类的共同财富。因此，前辈学者的一批有价值的商史和甲骨学史研究专著，也是我们在今后研究工作中必须借鉴和加以继承发扬的。

《中国古代社会研究》 郭沫若撰，1930年上海联合书店出版；又1947年群益出版社重印《郭沫若全集》本；又1954年人民出版社第一版本；又收入《郭沫若全集》历史编第一卷，1982年人民出版社出版。

1927年大革命失败以后，郭沫若为了宣传历史唯物主义的社会发展规律学说和"向搞旧学问的人挑战"①，在日本潜心研究中国古代史。这就是他1930年出版的《中国古代社会研究》一书写作的原委。他依据"人类社会的发展是以经济基础的发展为前提"，而"人类经济的发展却依他的工具的发展为前提"的唯物史观，对商代社会历史进行研究，发现"（一）中国的古物属于有史时期的只出到商代，是石器、骨器、铜器、青铜器，在商代的末年可以说还是金石并用的时期。（二）商代已有文字（三十年前在河南安阳县有龟甲骨板上契刻着的贞卜文字出现），但那文字百分之八十以上是象形图画，而且写法不一定，于字的构成上或倒书或横书，或左或右，或正或反，或数字合书，或一字析书。而文的构成上亦或横行或直行，横行亦或左读或右读，简直是五花八门。可以知道那时的文字还在形成的途中。（三）商代的末年还是以牧畜为主要的产业，卜辞中用牲之数每多至三百四百以上，即其证据。农业虽已发明，但所有的耕器还显然在用蜃器或石器，所以农业在当时尚未十分发达"。因而郭沫若当时曾认为"中国的历史是在商代才开幕，商代的产业是以牧畜为本位，商代和商代以前都是原始公社社会"②。

郭沫若在《中国古代社会研究》一书的第三篇《卜辞中的古代社会》部分，对甲骨文里所反映的商代社会从经济基础到上层建筑进行了全面的分析。他研究了甲骨文中所反映的商代渔猎、牧畜、农业、工艺、贸易等方面的史实，认为商代是"由畜牧业发展到农业的时期"。渔猎在商代"确已不视为主要的生产手段了"，进入了畜牧业最繁盛阶段，但农业还不

---

① 郭沫若：《〈金文丛考〉重印弁言》，人民出版社1954年版。
② 郭沫若：《〈中国古代社会研究〉导论》，人民出版社1954年版。

甚发达。"当时的青铜器已很发达"。与此同时，"石器骨器尚盛见使用"，"尤可注意者则殷虚中无铁器出现"，因此"殷虚时代还是考古学上所说的'金石并用时代'"。

商代这样的经济基础在上层建筑领域里的反映，"也呈出一种过渡时代的现象"。甲骨文里有许多"多父"、"多母"的记载，"实显然犹有亚血族群婚制存在"的反映。而"殷之先妣皆特祭"，"帝王称'毓'"和"兄终弟及"等制度，就是以母权为中心的痕迹。甲骨文里今王称王，而先王称"毓"（后），反映了女姓酋长曾一度活跃在历史舞台上。但商代社会私有财产已经产生，奴隶开始为私人所有，原始社会已开始瓦解。

郭沫若《中国古代社会研究》，是一部"划时期的作品"，在我国史学界"发生过相当大的影响"。特别是用历史唯物主义为指导研究甲骨文，开辟了我国史学研究的新天地。虽然在写作此书时，"在材料的鉴别上每每沿用旧说，没有把时代性划分清楚，因而便夹杂了许多错误而且混沌"，但本书所"用的方法是正确的"[①]。它与《甲骨文字研究》等书"辅车唇齿"，奠定了我国马克思主义历史科学的基础。其开创之功，是任何人也抹煞不了的。

《十批判书》 郭沫若撰，1945年重庆群益出版社初版；又1956年科学出版社第一版；又收入《郭沫若全集》历史编第二卷，1982年人民出版社出版。

随着文献材料、青铜器铭文的整理研究有了新的进展，特别是科学发掘甲骨文的增多和断代研究的趋于缜密，郭沫若研究中国古代社会也有了进展，他认为"是达到了能够作自我批判的时候"了。"十几年前认为殷代是原始公社末期的那种看法，当然要修正才行"。1944年郭沫若写成《十批判书》，其中的《古代研究的自我批判》一文，对商代社会性质加以重新认识，得出了"殷代是奴隶社会"的看法。此后，这一认识愈益被更多的材料所证实。1950年郭沫若在《十批判书》的《改版书后》中论断说，"在今天看来，殷周是奴隶社会的说法，就我所已曾接触过的资料看来，的确是铁案难移"。

《奴隶制时代》 郭沫若撰，1952年新文艺出版社出版；又1954年人民出版社第一版，1973年人民出版社第二版；又收入《郭沫若全集》历

[①] 参见郭沫若：《〈中国古代社会研究〉后记》，人民出版社1954年版。

史编第三卷，1984年人民出版社出版。

郭沫若在本书《读了〈记殷周殉人之史实〉》、《申述一下关于殷代殉人问题》、《奴隶制时代》等论文里，对商代是奴隶社会的看法做了进一步的论证。他对大量甲骨文材料和考古材料进行了科学分析后，论证说，"殷人的王家奴隶是很多的，私家奴隶也不在少数。'当作牲畜来买卖'的例子虽然还找不到，但'当作牲畜来屠杀'的例子是多到不可胜数了。主要的生产是农业，而从事农耕的众人是'畜民'中的最下等"，因而"殷代是奴隶社会是不成问题的"[1]。

《中国史稿》第一册 郭沫若主编，1976年人民出版社出版。本书全面而系统地体现了郭沫若对中国古代社会的看法。自1958年起，由郭沫若主编的《中国史稿》开始编写，1962年曾作为大学文科试用教材印行。《中国史稿》在唯物史观的指导下，把文献材料与考古学材料（包括甲骨、金文等文字材料）有机地结合起来，科学地恢复了中国古代社会面貌，为以后通史书的编写提供了范例。

《甲骨学商史论丛》初、二、三集 胡厚宣撰。初集共四册，1944年齐鲁大学国学研究所（四川成都华西坝）出版，初版二百部。二集上、下二册，1945年齐鲁大学国学研究所出版，初版二百部。三集全一册，即《甲骨六录》，1945年齐鲁大学国学研究所出版，初版二百部。

《论丛》初集一册有徐中舒序、高亨序、缪钺题辞、自序等。书中所收论文有《殷代封建制度考》、《殷代婚姻家族宗法生育制度考》、《殷非奴隶制度论》。初集二册所收论文有《殷代吾方考》、《殷代之天神崇拜》、《殷代年岁称谓考》、《"一甲十癸"辨》、《甲骨文四方风名考证》、《论殷代五方观念及中国称谓之起源》等。初集三册收入论文有《卜辞下乙说》、《殷人疾病考》、《殷人占梦考》、《武丁时五种记事刻辞考》等。初集四册论文有《殷代卜龟之来源》、《卜辞地名与古人居丘说》、《释死》、《厦门大学所藏甲骨文字》、《读〈曾毅公君殷虚书契续编校记〉》、《甲骨文发现之历史及其材料之统计》、《引用甲骨文材料简明表》等。初集四册共四十万言。

《论丛》二集上册有自序，书中收入《卜辞中所见之殷代农业》。下册收入论文《气候变迁与殷代气候之检讨》、《甲骨学绪论》、《甲骨学类目》

---

[1] 郭沫若：《奴隶制时代》，人民出版社1973年版，第25页。

等。二集上、下册共二十五万字。

《论丛》三集为《甲骨六录》，书前有自序，所录甲骨有中央大学所藏甲骨文字、华西大学所藏甲骨文字、清晖山馆所藏甲骨文字、曾和窬氏所藏甲骨文字、释双剑誃所藏甲骨文字等，共著录甲骨六七〇片，每片甲骨都附有摹本并作有考释。

胡厚宣《甲骨学商史论丛》初、二、三集，是他彻底整理殷墟甲骨文，拟撰写《甲骨文字学》及《商史新证》等一系列专著的"轫始之工作"。他研究甲骨文，"欲免断章取义，穿凿附会之嫌，则所见材料必多。于是乃发愤搜集所有国内外公私已否著录之材料，先做一总结之研究"。为此，他真是"十年以来，凡已出版之书，必设法购置；其未出版之材料，知其下落者，必辗转设法，借拓钩摹。国内国外，公私所藏，虽一片不遗，虽千金莫惜。而中央研究院先后发掘所得大版碎片近三万，以工作关系，玩之尤为熟悉。迄今所得见之材料，约七、八万片，以视全部材料，所差不过十之一、二或二、三而已"。他在当时所能见到的已出版的四十三种甲骨著录和尚未出版的二十二种甲骨拓本，特别是前中央研究院所藏科学发掘的大批甲骨材料的基础上，"对甲骨文字作一通盘总括之彻底整理"①，完成了《甲骨学商史论丛》。《论丛》不仅材料齐备，而且引用了不少当时人们所罕见的科学发掘材料，是一部集当时甲骨文之大成的巨著。

胡厚宣先生《论丛》一书涉及的商史范围较广。从上面所列篇目，就可以看出，不仅谈到了商代社会的经济基础农业生产，而且谈到了商代上层建筑如封建制度、婚姻家族、宗法生育、天神崇拜等方面。此外，对商代的天文历法、气象和医学等方面也做了深入研究。可以说，《论丛》一书涉及了商代政治、经济和文化的各个方面，是一部百科全书式的著作。书中的不少真知灼见，是在研究了大量甲骨文资料的基础上得出的。因此立论精当，历时常新，直到今天还很有参考价值，为我们的商史研究奠定了基础。

《论丛》在不少地方纠正了前人的旧说，如初集一册的《殷代焚田说》，推翻此前学者引卜辞焚字，"谓殷人为使用烧田耕作法"的成说，得出甲骨文"焚"字应为"殷人常烧草以田猎"的结论。其最有力的证据是

---

① 参见胡厚宣《〈甲骨学商史论丛〉自序》，齐鲁大学国学研究所1944年版。

《乙》2507。《卜辞下乙说》考定"下乙"为商王祖乙，为殷代名王，而非地名。《年岁称谓考》一文，列举卜辞称"岁"十二例，称"祀"三十三例，称"年"六例，证明商代岁、祀、年通称，从而纠正了罗振玉、董作宾等学者墨守《尔雅·释天》"夏曰岁，商曰祀，周曰年"，谓商代无年、岁之称的错误。

《论丛》还在不少方面有新的见解。如《殷代婚姻家族宗法生育制度考》，不仅论证了殷代早、晚婚姻制度的不同，还论证了商代已有宗法制度，已有求生典礼及生育之神，以及重男轻女的观念和子子命名的制度等。《殷代封建制度考》，论述了周代五等爵的来源、畿服说的演变。还论证了殷代制度与周代基本相近，周代各种制度当滥觞于商代。《五种记事刻辞考》及《卜龟之来源》，综合当时所能见到的有关五种记事刻辞进行全面研究，不仅解决了前人的争论，而且还考定了商代采集与贡纳龟骨的制度，以及商代的南北交通问题等等。《论丛》一书，不少论述发前人之所未发，使人耳目一新。

《论丛》一书，依据对甲骨文的整理研究，还证实了我国古书有不少是可信的。如《甲骨文四方风名考证》等文，不仅据《乙》4548＋4794＋4876＋5161论证了刘体智善斋旧藏四方风名大骨（《京》540）不伪，还论证了"自来多数学者所视为荒诞不雅驯之言"的《山海经》以及《夏小正》、《尧典》等，"其中有不少地方，亦确有远古史料之依据"[1]。

正因为如此，《甲骨学商史论丛》出版以后，曾获教育部"著作发明贰等奖"，奖金大洋八千元。日本立命馆大学文学部白川静教授1953年评价说，此书是"斯学（笔者按：指甲骨学）空前的金字塔式论文集，是继董先生《甲骨文断代研究例》之后又一划时代的著作"[2]。《古代殷帝国》（1957年出版）的撰写者之一，日本爱知大学教授内藤戊申评价说，它"不是通史，但几乎包含了殷代史的主要方面，确可称为殷代研究的最高峰。由于此书，一举而确定了胡氏在甲骨学界的地位，与王国维、董作宾先生并而成为三大甲骨学者之一"[3]。

胡厚宣先生《论丛》一书，直到今天还是国内外甲骨学者的必读参考

---

[1] 参见《〈论丛〉高亨序》。
[2] 白川静：《胡厚宣氏的商史研究》下篇，《立命馆文学》一〇三号，1953年，第56页。
[3] 《古代殷帝国》，第202页。

书。曾获日本最高国家学术功勋奖的京都大学贝塚茂树教授 1963 年在他所撰《神的诞生：中国史》一书的封首提要中说，他写此书的动机之一，就是由于"中国的甲骨学者胡厚宣发现了殷代四方神和四方风神的祈年祭卜辞"。《甲骨学商史论丛》在国内外享有极高声誉，日本、香港、台湾几经重印。

《商殷帝王本纪》 周鸿翔撰，1958 年香港出版。书前有饶宗颐序及作者自序。全书由四部分组成：（一）夏商周帝系比较表；（二）前论（包括商殷正名，卜辞所见商先公上甲以上无征说，王亥非振说，商殷诸王系年，卜辞所见商殷男女地位平等说，商殷诸王别名、配偶、在位年数及定都所在总表等五项）；（三）本纪；（四）附图：甲骨所见商殷帝系表。

本书主体部分为本纪。作者"于本纪但求简当，于注解则力求详尽。全书体裁，以司马氏《殷本纪》、皇甫氏《帝王世纪》及两本《纪年》为经，六艺、诸子、甲骨及他史籍以至近贤论著为纬。裁断他书，缀而为文"[①]。古代典籍中有关商代诸王的史料，基本囊括于其中。正如饶宗颐在本书序中所指出的，"其书以经传为主，而甄采甲骨资料及诸家新说，则取其戛然可信，犁然有当于人心者，以补旧乘所不及"，对商史研究有一定的参考价值。

《殷代地理简论》 李学勤撰，1959 年科学出版社出版。本书由以下几部分内容组成：第一章为殷、商与商西猎区。第二章为帝乙十祀征人方路程。第三章为殷代多方。附录有殷代王卜辞分类表等。

《殷代地理简论》，是新中国成立以来出版的唯一一本有关商代地理研究的专著。本书有以下几个特点。其一，首先在卜辞中找出相邻近或商王所经过地名的内在联系，然后对地名加以考释和排比。正如该书序言中所说，"本书中，我们试以安阳即殷这一肯定的事实为基点，联系论述殷代历史地理及有关历史事件"。前人研究殷代地理，往往单纯、孤立地就甲骨文地名的考释和现在的地名加以比附，或根据古文献记载的三代都邑来研究甲骨文的地名，往往南辕北辙，与甲骨文地名的实际不符。郭沫若在《卜辞通纂考释》中，对殷王田猎区"衣"地在河南沁阳附近及对嚻、衣、盂、雍等相邻四地进行考证，开创了运用地名之间的联系加以系统考

[①] 周鸿翔：《〈商殷帝王本纪〉自序》，1958 年。

订的方法。《简论》就是采用这一方法对殷代地名进行考证的。有人评介说，"从学术研究的路线方向来讲，本书努力的方向还是对的"①。其二，本书对大邑商西南部狩猎区域及一些有关地名，分为凡区、敦区、盂区、邵区进行联系论述，较为详细，确定了"这些猎区是东起今河南辉县，西至山西南隅及其以西，太行山以南，黄河以北"。这"是在前人研究的基础上，又为引申了一步"②。其三，书中还对一些问题进行了探索，如提出商末"十祀征人方"的应是帝乙而不是帝辛。还提出了狩猎区逐渐转为农田的变化，"盂是此区中最重要的地方，有卜受年的卜辞，所以也是一个农业区域"。古文字学家张政烺对此十分赞同，说："关于这个问题，我完全同意李学勤同志的意见。"③ 此外，书中还把武丁时期的重要敌国与商王朝的战争分为早晚不同的时期等等，都是很有意义的工作。虽然书中提出了一些新问题，但有的论述过于简略，有的没有进行论证。此外，将征人方所至的攸的地理位置考订在大散关一带，也与学者一般认为在淮河流域不同，其方位未免相去甚远。虽然如此，《简论》一书与陈梦家《殷虚卜辞综述》有关方国地理的章节都是研究商代地理较为有用的参考书。

《商周史料考证》 丁山撰，1960年龙门联合书局出版。全书十二章：第一章，殷虚考古之鸟瞰；第二章，洹滴与商虚；第三章，盘庚迁殷以前商族踪迹之追寻；第四章，盘庚迁蒙泽武丁始于小屯；第五章，神话时代商人生活之推测；第六章，传说时代的王号与传统；第七章，武丁之武功；第八章，武丁的内治；第九章，武丁以后的诸王积年；第十章，孝己康丁之间世系补证及其大事；第十一章，武乙死于河渭之间；第十二章标题空缺，考证了商末周初文丁至帝辛时的一些人物及史迹。

此书为丁山遗著。书中搜集了大量甲骨文、金文材料以及古文献中的记载，并旁及前人的解说，论述了商、周两代，特别是商代历史上的一些问题。虽然有关甲骨材料的解说略嫌陈旧了一些，但本书资料丰富，涉及范围较广，对商史研究有一定的参考价值。

《五十年甲骨文发现的总结》 胡厚宣撰，1951年商务印书馆出版。全书共八章，一、引言；二、甲骨文的命名；三、甲骨文的认识；四、甲

---

① 许艺：《〈殷代地理简论〉评介》，《考古》1959年第5期。
② 同上。
③ 张政烺：《卜辞裒田及其相关诸问题》，《考古学报》1973年第1期。

骨文出土的地方；五、甲骨文的搜购和流传；六、科学发掘的甲骨文字；七、战后甲骨文的出土和采访；八、五十年甲骨文出土的总计等等。

本书将1899年甲骨文出土以前的历史，和1899年以后的非科学发掘时期及1928年以后科学发掘时期出土的甲骨文及流传情况，作了详细介绍。此书及胡厚宣先生1984年发表在《史学月刊》第五期上的《八十五年来甲骨文材料之再统计》一文，是研究甲骨源流及甲骨学史的重要参考文献。

《甲骨学六十年》 董作宾撰，1965年台湾艺文印书馆出版。本书是在1955年出版的《甲骨学五十年》基础上增订再版的。有严一萍的后记、甲骨学五十年序、英译本编辑琐言。正文为：一，解题和概说；二，殷代文化宝库的开发；三，前期研究的经过；四，后期研究的进程；五，甲骨文材料的总估计；六，最近十年的甲骨学。书后的附录包括董作宾遗照、传略及殷墟发掘工作存真图片四十五幅。并将董作宾、胡厚宣所编《甲骨年表》及董作宾、黄然伟编《续甲骨年表》附于书后。《最近十年的甲骨学》一章，殷墟发掘工作存真图片，甲骨年表正、续是新增加的。

《甲骨学六十年》一书，详细叙述了甲骨文发现和发掘的历史，并对出土甲骨材料进行了总估计。特别重要的是，本书对甲骨学自1899年起至1955年这一段时间的研究进行了总结。并以1928年殷墟科学发掘工作为界，将甲骨学研究分为前后两期。前期研究的主要成就是字句的考释和篇章的通读，而后期主要成就是分期的整理和分派的研究。这是非常概括并准确的。本书还为今后的甲骨学研究指出了方向："瞻望甲骨学之前途，结集资料第一，次为缀合复原，又次为索引工具之编纂，而研究方法，除依旧分期、分类，而更注意于'分派'观察，进以时日，甲骨之学，庶几可能有正确之结论乎！"

书后的《甲骨年表》，是在1930年《年表》的基础上"增订重编"的，起自1899年，止于1936年。而《续甲骨年表》，则起自1937年，止于1961年。表中共分三栏，一栏为纪年，二栏为记事（包括甲骨文发现、流传及研究撰述情形），三栏为撰著（详列中外学者甲骨文专著及论文）。总计《甲骨年表》记事栏共录九十七条，撰著栏共录三三三条（订补原表记事栏二九条，撰著栏八四条）。1930年七月以后至1936年，原年表上没有，现增加记事栏二三条，撰著栏一八七条。《续甲骨年表》记事栏三六条，撰著栏五七二条。自1899年以来甲骨学研究的大事及撰述在《年表》

及《续年表》中都有所反映。

总之,《甲骨学六十年》是甲骨学大师董作宾对甲骨学研究六十年,特别是前五十年,所做高屋建瓴式的总结。甲骨学研究不少重大成就的取得,都和他本人有着密切的联系。正如严一萍在序中所说,"五十年来,经过无数学者的钻研努力,而能够提纲挈领建立起甲骨学体系的,惟有彦堂先生。第一,如果没有贞人的发现,就不能作断代的区分。第二,如果没有殷历谱的建立,就没有正确的殷商年代;也不会知道礼制上的新旧分派。今天十万片甲骨离不开这个体系;也就是甲骨已经有了成为一种专门学问的基础"。因此,《甲骨学六十年》一书,"对于学术界,将不仅是过去甲骨学研究的总报告,而更是今后研究甲骨学的里程碑"。

《建国以来甲骨文研究》 王宇信撰,1981年中国社会科学出版社出版,1982年重印。书前有胡厚宣序、李学勤序。全书共八章:第一章,建国前五十年甲骨文发现和研究的回顾;第二章,建国以来的甲骨文发现和著录;第三章,建国以来的甲骨文研究;第四章,建国以来的甲骨文研究和考古学;第五章,建国以来的甲骨文研究和历史学;第六章,建国以来的甲骨文研究和古代科学技术;第七章,郭沫若对甲骨文研究的卓越贡献;第八章,三十年来甲骨学的进展与我国甲骨文研究的展望。书后有附录,一为甲骨文主要著录及其通用的简称,二为建国以来甲骨文编年论著简目(1949年至1979年9月),三为建国以来甲骨文作者论著简目。

新中国成立以来,是我国甲骨学研究在历史唯物主义指导下,取得深入发展的时期。"本书就是为了概要介绍这一新时期甲骨文的发现和研究的重要成就而作"[1]。著名甲骨学家胡厚宣先生在此书序中说:"我们必须全面地继承前人研究的科学成果,并在前人研究的基础上不断有所发现,有所发明,有所创造,有所前进。随着《甲骨文合集》一书的出版和今后研究工作的深入,我们就十分需要对建国以来甲骨文研究做一全面的总结并对在哪些方面取得了科学的结论,哪些问题正在探索,哪些问题则刚刚提出等等有所了解"。认为"这本《建国以来甲骨文研究》,虽然不能说对三十年来甲骨文研究成果面面俱到,但甲骨学界所取得的主要成果及提出的一些主要问题基本已概括于该书之中"。"就从本书的内容方面来说,对研究甲骨学、古代史、考古学和科技史等方面的学者也有一定的参考价

---

[1] 王宇信:《建国以来甲骨文研究》,第2页。

值"。李学勤则在序中指出,"对于有志涉猎甲骨学这一园地的人们,王宇信同志这部书是很好的导游图,值得竭诚推荐。书中不仅对甲骨学近三十年的成果进行概括,而且提出了甲骨学研究未来方向,所以即使是对这门学科已经相当熟悉的读者,从这部书也可以得到很大的启发"。书后的论著简目,收入了从1949年至1979年国内出版的重要甲骨学论著,特别是将有关作者论著与胡厚宣先生《五十年甲骨学论著目》相接,为研究者提供了查阅时的方便。美国加州大学伯克利分校历史系教授吉德炜1982年在《哈佛大学亚洲研究杂志》四二卷一期上评价说,"《建国以来甲骨文研究》一书,为1949年以来甲骨学的研究作了非常宝贵的总结","具体包含了中国甲骨文研究的现状,条理清晰,颇有见地,书中论述精采,富有指导意义;它的文献目录是令人鼓舞的,我高度地评价这本书,并向读者推荐它"①。

《殷墟卜辞研究——科技篇》 温少峰、袁庭栋撰,1983年四川省社会科学院出版社出版。全书共分八章,分别论述甲骨文材料所反映的商代天文学、历法、气象学、农业、畜牧、交通与驿传、医学、手工业等方面所取得的成就。这本书结合自己的研究心得,综述近年甲骨文研究中所反映的殷代科学技术成果,"尽可能地将前辈师长与并世学人的重要成果加以概括,择善而从。在这一过程中,我们当然也不免要对许多问题提出我们的看法,揭示新材料,给以新的解决,并提出新问题"。"本书中引用了一千多条有关科技问题的卜辞材料,并进行了释读","目前卜辞中有关科技问题的重要材料应当说'大体如斯'了"。《殷墟卜辞研究——科技篇》,是目前唯一的一本专门论述商代科学技术成就的综述之作,它既反映了商代科学技术的发展,也反映了利用甲骨文材料研究古代科学技术史的进程,对研究我国古代科技史有一定的参考价值。

第四节 重要的工具书与入门著作

甲骨文工具书,是甲骨学科学成果的反映和总结,是甲骨学深入发展所需要的。甲骨学入门著作,则普及甲骨学知识,宣传学科本身的成就和

---

① 引自戴维·恩·凯特利《评〈建国以来甲骨文研究〉》,译文载《历史教学》1982年第11期。

价值，是培养和造就更多的甲骨学研究后备力量，保持甲骨学研究队伍的青春，和增强甲骨学研究队伍活力的重要保证。八十七年来，不少学者在这些方面做了不少工作，受到初学者的爱戴与尊敬。他们的有关著作，在甲骨学史上也应占有一定地位。

《甲骨文编》 中国科学院考古研究所编辑，1965年中华书局出版。本书是孙海波1934年出版的《甲骨文编》的改定本，内容有所增益，体例亦经改订。这次编辑出版，充分利用了已经著录的四一种甲骨书中所刊布的资料，正编共录定一七二三字（见于《说文》的有九四一字），附录共收入二九四九字，全书共计收入甲骨文单字四六七二个。可以说，所见甲骨文已经释定和未能释定的单字，基本已经齐备了。《甲骨文编》在文字的考释方面也采纳了很多新成果。虽然只有九〇〇多个字是可以确认的，但较原本只能辨认五六百字，已经增加了很多。本书正编所收单字，依《说文》部首顺序编为十四卷。正编之后为合文及附录（上、下）、检字等项。检字以隶定字笔画为序，并注明所见卷、页，便于查找。《甲骨文编》是目前收字较多，便于历史、考古学者研究查考的工具书。

《古文字类编》 高明编纂，1980年由中华书局出版。本书分为三编，第一编为古文字；第二编为合体文字；第三编为徽号文字。第一编分为四栏辑入文字，第一栏为商周时代的甲骨文；第二栏为商和西周时期的金文；第三栏为春秋、战国时代的石刻、竹简、帛书、载书、符节、玺印、陶文、货泉文等；第四栏为秦篆。所收文字主要为现已考定者，大体以时代先后顺序在各栏内排列，以便于观察每字在不同时期字体的演变。本编共收入单字三〇五六个。第二编为合体文字，分甲骨文、铜器铭文、盟书及其他刻辞三栏，共收合文三〇四种。第三编为徽号文字，分甲骨文、铜器铭文两栏，共收徽号五九八种。此外，书后还有引书目录、引器目录及以笔画为序编制的文字索引。

《古文字类编》，是一部综合先秦文字的很有价值的工具书。首先，该书收入可识之字已达三千，反映了近年考古发现新材料和研究的最新成果。如所周知，《甲骨文编》收入正编的可识字仅九百多个。《金文编》、《古玺文字征》、《古陶文䈞录》、《陶文编》等书收入可识的字共约二千三四百个。而《古文字类编》一书所收可识之字已超过了上述各书可识之字的总和，可以说本书是对古文字研究的总结性著作。其次，本书分栏分期编次不同时代、不同时期的古文字,这就"很自然地显现出许多汉字的发展过程和演变情况,可以从中总结许多带有规律性和普遍性的理论问题"①。

与《古文字类编》性质相近的书,还有徐中舒主编的《汉语古文字字形表》,线装本于 1980 年,标准本于 1981 年由四川人民出版社出版。

《甲骨文字集释》 李孝定编述,八册,1975 年台湾中央研究院出版。本书第一册为卷首,包括屈万里序、张秉权序、自序、凡例、正文目录、补遗目录、存疑目录、索引、诸家异说索引、后记及第一卷。第二册至第七册为正文二至十三卷。第八册为正文十四卷及补遗、存遗、待考各一卷。

本书与《甲骨文编》及《续甲骨文编》虽然所收文字皆依《说文》顺序编次,但前二书"但列各字异体,不著各家说解之辞",因此"学者欲究某字何以释某,初释其字者何人,至何人而成定谳,凡此,皆不克于二书得之也"②。《甲骨文字集释》,则将每一甲骨文字的有关各家解说详列于后,并加编者按语,从而解决了这一问题。

考释文字的论著,专书出版较少,且印数不多,很难寻觅。虽然论文发表较多,但散见各种报刊杂志,很难搜集齐备。《甲骨文字集释》将各种专书及散见于报刊的有关文字考释论文的要点广为收集,类次于有关文字之下,为研究者提供了极大方便。可以说,《甲骨文字集释》是一部集七十多年甲骨文字考释之大成的巨著。

总之,《甲骨文字集释》"定论歧说骈列,省检索之劳"。它"既可为初学者升堂之阶,又足为绩学商兑之资"③,将对甲骨学研究的发展产生巨大的影响。

但也应该指出,此书搜集各家的考释不够齐全,引摘各家说法亦有不少错字、丢句或出处遗漏处。这些,是使用此书时应该注意的。

《五十年甲骨学论著目》 胡厚宣编,1952 年中华书局出版,1983 年中华书局重印。书前有序言、略例。正文分为八类:发现、著录、考释、研究、通说、评论、汇集、杂著等。每类之中,又根据情况再分为若干

---

① 高明:《〈古文字类编〉序》,中华书局 1980 年版。
② 参见《〈甲骨文字集释〉屈万里序》,台湾中研院 1975 年版。
③ 同上。

项。本书自第一部甲骨著录《铁云藏龟》出版的1903年起至1949年为止，共收论著八七六种，其中专书一四八种，论文七二八种。涉及的中外甲骨学者二八九人，其中我国学者二三〇人，国外学者五九人。编有作者索引、篇名索引、编年索引等，据此可从不同角度查找有关论著出版情况。

此书总结了甲骨文1899年发现后五十多年间发表的有关论著，对甲骨学者、历史学者和考古学者很有参考价值，对初学者也是一本重要的工具书。

1949年至1979年的甲骨学论著目有王宇信《建国以来甲骨文研究》一书的附录二及附录三；肖楠的《甲骨学论著目（1949—1979）》（载《古文字研究》第一辑，中华书局，1979年）及本书之附录二《甲骨著录目》，附录三《新中国甲骨学论著目》，附录四《西周甲骨论著目》等。

《殷虚卜辞综类》 日本岛邦男编纂，1967年汲古书院出版，1971年增订出版，1979年增订版第二次印刷。

本书将六十三种甲骨著录中的卜辞逐条按内容分类编次，是一部大型的甲骨资料书。全书共确立一六四个部首，部首后的卜辞按时代顺序排列。部首凡经前人释定的，都注明汉字，并在其上标明该字在《甲骨文字集释》中所出现的页数，便于读者查找诸家对此字的说解。书后有检字索引、释字一览，可据所注页数查找书中所列卜辞全文。书后还有按笔画多少为序编制的汉字索引，每字下也都列有本书页数和《甲骨文字集释》页数，既可在本书中查找有关卜辞，又可在《集释》中查找各家对此字的考释。

《殷虚卜辞综类》一书，材料丰富，内容集中，索引方便，是一部对甲骨学和商史研究极有参考价值的大型工具书和资料书。

《殷墟甲骨文简述》 孟世凯著，1980年文物出版社出版。此书简明扼要地总结了八十多年来甲骨文发现和研究的情况，特别是甲骨文中所反映的阶级关系、农业畜牧业、田猎、气象、天文和历法、疾病等方面所取得的研究成果。本书对初学者了解甲骨文的发现情况和甲骨文的内容有一定的参考价值。

《甲骨文史话》 肖艾著，1980年文物出版社出版。本书概要地叙述了甲骨文发现和研究的历史，并介绍了王国维、罗振玉、董作宾、郭沫若、唐兰、于省吾、陈梦家、胡厚宣等前辈学者对甲骨学研究的贡献。文字简明流畅，叙述生动活泼，为初学甲骨者了解甲骨学史的入门读物。

《中国甲骨学史》 吴浩坤、潘悠著，1985年上海人民出版社出版。本书虽名为《中国甲骨学史》，但主要在于讲述甲骨学基本知识。正如胡厚宣先生在本书序言中所说："对于初学来说，要读通《合集》和掌握第一手珍贵史料，非要先认识甲骨文字和具备必要的甲骨学知识不可。现在要想学甲骨文的青年是那么多，就是苦于没有适当的参考书。陈梦家先生的《殷虚卜辞综述》是有一定见解和一定深度的一部巨著，可惜不少青年看不懂。吴浩坤、潘悠两同志编写的《甲骨学引论》，我看正可应青年学习甲骨文的急需"。

《古文字学初阶》 李学勤著，1985年中华书局出版。本书涉及古文字的各个学科，包括甲骨、金文、战国文字、简牍等方面的内容。还谈到了考释古文字的方法以及古文字的入门必读书目等。有专章介绍甲骨学的基础知识。特别是《十五个课题》一章，专门提出了甲骨学研究中应注意的几个问题，如"根据实物的观察，结合文献去揭示卜辞的文例"；"甲骨文的分期研究，目前讨论非常热烈"；"甲骨的缀合和排谱，也是整理工作不可缺少的环节，现在还有许多事情可做"；"商代历法的研究，很需要开展"；"卜辞地理的研究，应该从头做起，对过去的成果要重新加以审核"等等，不仅为初学者指出了今后研究的方向，而且也是甲骨学界应认真加以研究和探讨的重要课题。

此外，介绍甲骨学基础知识的论著还有：仁言（王宇信）的《殷墟甲骨文基础七讲》，连载于《殷都学刊》1985年第一至四期。游寿的《殷契选释》，1985年由黑龙江人民出版社出版。后一书选有甲骨卜辞辞条和甲骨摹本，并有释文，可互相参照。书后附有字形表，还将甲骨文与金文、说文古文及三体石经相对照。王明阁的《甲骨学初论》，1986年由黑龙江人民出版社出版。此书分总论、释字、解辞、考史等四部分，是作者"讲授有关甲骨学和古文字方面课程的讲稿"，"在边教学边修改的过程中增订而成的"①。此外，范毓周的《甲骨文》，1986年由人民出版社出版。这些论著，对甲骨初学者都有一定的参考价值。

---

① 王明阁：《〈甲骨学初论〉后记》，黑龙江人民出版社1986年版。

第十二章
甲骨学史上有贡献的学者及其研究特点

甲骨文自1899年发现迄今，已出土十五万片左右。甲骨学和殷商史的研究论著，已达二三千种之多。八十七年来研究甲骨文的中外学者，据统计，达四百人以上①。较有影响的学者是：

第一个十年（1899年—1909年），王懿荣、刘鹗、孙诒让和美国人方法敛等。

第二个十年（1910年—1929年），增加了罗振玉、王国维和日本人林泰辅、英国人金璋、加拿大人明义士等。

第三个十年（1929年—1930年），增加了王襄、商承祚、叶玉森、胡光炜、容庚、闻宥、丁山、董作宾等。

第四个十年（1930年—1939年），增加了郭沫若、束世澂、刘朝阳、吴其昌、唐兰、孙海波、朱芳圃、陈梦家、闻一多、金祖同、胡厚宣和美国人白瑞华、英国人吉卜生、苏联人布那柯夫等。

第五个十年（1940年—1949年），增加了于省吾、张宗骞、李旦丘、曾毅公、杨树达和德国人魏特夫格等②。

第六个十年（1950年—1959年），增加了管燮初、李学勤、赵锡元、姚孝遂、饶宗颐、严一萍、李棪、张秉权、金祥恒和日本贝塚茂樹、岛邦男、赤塚忠、白川静、池田末利、林巳奈夫、伊藤道治、松丸道雄等。

第七个十年（1959年—1969年），增加了裘锡圭③、林沄、李孝定、许进雄、黄然伟等。

---

① 胡厚宣：《〈甲骨文合集〉与商史研究工作》，《文史知识》1986年第5期。
② 以上据胡厚宣《〈五十年甲骨学论著目〉序言》，中华书局1952年版。
③ 笔名赵佩馨。

第八个十年（1970年—1979年）[1]，增加了高明、王宇信、张永山、杨升南、王贵民、孟世凯、肖艾、齐文心、肖楠、陈炜湛、曾宪通、徐锡台、陈全方和美国吉德炜、日本玉田继雄、南朝鲜尹乃铉、苏联刘克甫等。

第九个十年（1980年—现今），增加了肖良琼、谢济、彭邦炯、常玉芝、常正光、吴浩坤、潘悠、袁庭栋、温少峰等，以及一批后起之秀，诸如宋镇豪、范毓周、朱凤瀚、郑慧生、陈恩林、晁福林等。

不少前辈学者，为甲骨学的发展贡献了毕生的精力和智慧，他们的大量著作是甲骨学史上的一座座丰碑。他们所经历的道路和积累的丰富治学经验，值得我们认真借鉴和继承。只有更好地继承和发扬前辈学者给我们留下的这笔宝贵财富，我们在今后研究工作中才能少走弯路，收到事半功倍的效果，进一步提高研究水平，并通过不懈努力，开创甲骨学研究的新局面。

第一节　早年出土甲骨文的几位购藏家

这一时期包括了甲骨学研究的前三个十年，即从1899年殷墟甲骨文被认识以后，直到1928年大规模科学发掘殷墟甲骨文以前。有关这一时期甲骨文发现和甲骨学研究所取得的成就，第四章第二节已做介绍。我们在这一节介绍早期出土甲骨文的几位有贡献的收藏家。

王懿荣（1845年—1900年）

山东福山人。字正儒，号廉生。《清史稿·王懿荣传》："懿荣泛涉书史，嗜金石，翁同和[2]、潘祖荫并称其学"，他是我国著名的金石学家。殷墟甲骨文是他在1899年第一个认识并作为珍贵文物购藏的。

王懿荣于清朝光绪六年（1880年）考中进士，授翰林。他在《天壤阁杂记》中说："天下之地，青齐一带，河陕至汉中一路，皆古董坑也。

---

[1]　自1965年起，我国开始了"史无前例"的"革命"，不少国内学者被迫中断了研究工作，一切学术刊物均停刊。直至1972年，才在周恩来、郭沫若的关怀下恢复了停刊多年的《文物》、《考古》、《考古学报》。

[2]　翁同和（1830—1904年），清末大臣，维新派。曾为清光绪皇帝的师傅。戊戌变法时，为帝党领袖，维新派首领康有为就是他密荐给光绪帝的。

余过辄流连不忍去"。1881年、1882年他用为官之便,在山东、陕西、四川等地搜求文物。据说他路过陕西宝鸡时,曾到神庙中去祭祀神祇,希望神明保佑他获得珍贵文物。《王文敏公年谱》(即王懿荣年谱)记云:"公性嗜古。凡书籍字画,三代以来之铜器印章泉货残石片瓦,无不珍藏而秘玩之。钩稽年代,补证经史。搜先达所未闻,通前贤所未解"。王懿荣购求文物,"固未尝一日有巨资。处极困之时,则典衣以求之,或质他种以备新收,至是以居丧奇窘,抵押市肆至百余种。然不愿脱手鬻去也"①。正因为搜集和研究了很多古代文物,又经常与当时著名的金石学家陈介琪(簠斋)、潘祖荫、吴大澂②、胡石查等人一起切磋学术,王懿荣对文物鉴定和文字的考释有较高造诣。主要著作有《汉石存目》、《六朝石存目》、《王文敏公遗集》(八卷)等。正因为王懿荣对我国古代文物有精深的研究,因此1899年"估人"携甲骨至京师,"公审定为殷商故物,购得数千片,是为吾国研究殷墟甲骨文字开创之始"③。自此以后,殷墟甲骨文才从"龙骨"变成了珍贵的古代文化研究资料,避免了我国这一古代文物继续大量人为的毁灭。王懿荣鉴定和购藏殷墟甲骨文,对保护和发扬我国古代文化遗产和甲骨学的建立做出了重大贡献。

王懿荣不仅是一位著名学者,还是一位反抗帝国主义侵略的伟大爱国主义者。1894年甲午海战以后,日本占领朝鲜,出兵我国东北并占领旅顺。1895年1月,日本攻陷山东荣城,以全部海军包围威海卫。这时,五十一岁的王懿荣任南书房行走、国子监祭酒,"以回籍办理团练入奏"。他得到皇帝的批准后,"当即由京驰驿前往济南,会同山东巡抚商酌防务后,遄赴登州防次"④。但不久《马关条约》签订,清廷丧权辱国,与日本议和,王懿荣与日本侵略者决一死战的壮志未能实现。1900年八国联军进攻北京,作为办理京城团练大臣的王懿荣,见"大势已去",又于7月20日"翌晨传闻銮舆西狩",即慈禧太后与光绪皇帝已仓惶出逃至西安,遂决定以身殉国。他"吞金二钱不绝,复仰药仍不绝,遂入井"⑤而死,成为一

---

① 王崇焕(汉章)辑:《王文敏公年谱》,二十三年丁酉五十三岁条,《中和》四卷七期,1943年7月。

② 吴大澂(1835—1902年),清末著名金石学家、古文字学家,著有《说文古籀补》、《愙斋集古录》等。

③ 《王文敏公年谱》,二十五年己亥五十五岁条。

④ 《王文敏公年谱》,二十一年乙未五十一岁条。

⑤ 《王文敏公年谱》,二十六年庚子五十六岁条。

位视死如归的伟大爱国主义者[①]。

王襄（1876年—1956年）

祖籍浙江绍兴，世居天津。字纶阁。因获王懿荣旧藏中白旅簠，故别号簠室。王襄和王懿荣基本同时，是我国殷虚甲骨文的最早鉴定和购藏者之一[②]。

王襄七岁入塾，熟悉经文词章。二十岁以后，开始研究金石学。他工于篆书，精于篆刻，但主要精力用于甲骨文的搜购和研究方面。主要著作有《簠室古俑》（1909年）、《簠室殷契类纂》（1920年）、《簠室殷契征文》（1925年）、《古文流变臆说》（1961年，龙门联合书局）等。

王懿荣虽然最早鉴定并购藏甲骨，但1900年以身殉国，没有来得及对所藏甲骨进行全面研究，因而没有留下有关此学的论述。王襄则不仅有鉴定、购藏甲骨之功，还有著述传世，对甲骨学研究作出了一定的贡献。

首先，《簠室殷契类纂》是甲骨学史上的第一部字汇。此书于1920年出版，其后，才有几部字汇，诸如商承祚的《殷虚文字类编》（1923年）、朱芳圃的《甲骨学文字编》（1933年）和孙海波的《甲骨文编》（1934年）陆续出版。王襄的《簠室殷契类纂》一书，编入了他对甲骨文字的研究心得并吸收了当时文字考释的最新成果。此外，《簠室殷契类纂》，在每字之下，不仅释义，而且还引用整条卜辞作为辞例。既可使读者了解有关文字在卜辞中的位置和意义，还可使读者了解出现该字的卜辞所记载的商代社会历史内容。这就较其后出版的《殷虚文字类编》、《甲骨学文字编》、《甲骨文编》等书未引用全段卜辞作为辞例，对读者要方便得多了。《簠室殷契类纂》一书所开创的这一编辑体例，对后世大型工具书的编纂有一定的影响[③]。

其次，在甲骨文材料的公布方面，王襄也作出了贡献。1925年出版的《簠室殷契征文》一书，公布了他收藏的五千多片甲骨中的精品，为甲骨

[①] 参见赵洛《义不苟生——甲骨文的发现者王懿荣》，《文物天地》1984年第2期。《甲骨魂》（三集电视连续剧），安阳甲骨学会会员刘志伟编剧，即以王懿荣一生经历为素材，再现了他作为甲骨学者和民族英雄的伟大形象。此剧已在1987年9月召开的中国殷商文化国际讨论会上播放。

[②] 关于王襄鉴定和搜求甲骨文的情况，已见本书第二章，此处从略。

[③] 参见崔志远《王襄及其甲骨文研究》，《天津社会科学》1982年第5期。

学与殷商史的研究提供了一批资料。关于《簠室殷契征文》一书的特点及价值，我们已在第十章第二节叙述。

王襄早年家境清贫，但他千方百计购求殷墟甲骨文，并为保护我国这一古代文化珍品做出了不小的努力。他对这些省吃俭用集资收集来的甲骨文，真是视若掌上明珠，爱护备至。1934年王襄由湖北回天津时，将甲骨和其他什物交铁路局装箱运回津门。但在天津提取托运物品时，发现其他箱物都在，只有装甲骨的箱子不见了。这些凝聚了多年心血的"宝贝"不翼而飞，真使他焦急万分。后来辗转查找了五十多天，终于在张家口站找到了这箱甲骨。但箱子已经破损严重，里面甲骨也已被翻动得狼藉不堪。原来，铁路上负责托运行李的人以为此箱装有无算珍宝，但打开一看却是枯龟断骨。幸好他们不知甲骨文的珍贵，故又弃置，甲骨才幸免于劫。1937年抗日战争爆发以后，王襄失业在家，生活拮据。天津"大罗天"一带的古董商常去他家，游说他将甲骨卖给日本人，但王襄推说甲骨已存放内地。为了不使祖国珍贵文物流往国外，他宁肯卖衣服和家中什物维持生活，也不要日本人的"高价"。抗战胜利以后，北京藻玉堂书店的一位老板和几个学校的负责人到天津和他纠缠了一个多月，要购买他收藏的甲骨。虽然这时物价飞涨，但他仍不为重金所动，一口回绝了他们。王襄曾说过，"甲骨是祖国的瑰宝，现在没有新的发现，将来也不会发现的很多。卖给那些大学，都是外国建立的，将来也会流失异邦。等到中国人想研究就困难了！"

解放初期，直到1952年，王襄家中生活仍很困难。据说董作宾从美国来信，询问他是否有意将甲骨售与美国某大学，王襄也一口回绝了。1953年，王襄出任天津文史馆馆长，他将毕生搜购珍藏的甲骨文全部献给了国家。1956年，王襄以八十一岁高龄参加了中国共产党，由一个爱国主义知识分子，成为一名光荣的无产阶级革命战士[①]。王襄不仅在鉴定、搜集和刊布、研究甲骨文方面作出了贡献，他的爱国主义精神和走过的道路，对我们也是很有启示的。

刘鹗（1857年—1909年）

江苏丹徒人，原名孟鹏，字云抟；后更名鹗，字铁云，又字公约。别

---

① 参见王翁如《〈簠室殷契〉跋》，《历史教学》1982年第9期。

署洪都百炼生，1903年出版《老残游记》。"其书即铁英号老残者之游行，而历记其言论闻见，叙景状物，时有可观，作者信仰，并见于内，而攻击官吏之处亦多"。"历来小说皆揭赃官之恶，有揭清官之恶者，自《老残游记》始也"①，成为我国近代著名小说家。刘鹗也是颇有造诣的金石学家，出版了《铁云藏龟》、《铁云藏陶》（1904年）、《铁云藏封泥》等书。

刘鹗性嗜金石、碑帖、字画及善本书籍。1895年居上海，收购铜器，已"聚古器数十"②。1901年八国联军攻占北京后，社会秩序大乱，一些古物收藏家纷纷出手藏品，刘鹗收到鼎彝、碑帖、字画及善本书极多。特别是殷墟甲骨文发现以后，他大量购藏并进行研究，对甲骨学作出了重大贡献。

首先，刘鹗集中和保护了大量甲骨资料。1902年10月，王懿荣之子王翰甫为还清旧债，将王氏生前所藏甲骨大部分卖给了刘鹗。此外，刘鹗又收得方若所藏三〇〇片，经古董商赵执斋之手购得三千多片，刘鹗之子大绅亲往河南收得一千多片，前后共收得五千多片③，成为早期出土甲骨的著名收藏家。虽然刘鹗死后，甲骨分散很为零碎④，但他生前大批搜求甲骨，对甲骨文资料的保存和集中还是作出了重大贡献的。

其次，刘鹗积极刊布甲骨文资料，促进了甲骨学研究的发展。他1903年出版的《铁云藏龟》一书，是甲骨学史上的第一部著录。从此，甲骨文由只供少数学者观赏、摩挲的"古董"，变为广大学者研究的资料，扩大了甲骨文的流传范围，促进了甲骨学研究。虽然《铁云藏龟》一书出版较早，而且拓印不精，收入了一些伪品，但也收入了不少重要材料。直到现在，此书还是甲骨学研究的重要书籍。刘鹗率先将甲骨文材料拓印出版，在甲骨学史上有开创之功。

其三，在甲骨文的研究方面，刘鹗也提出了一些创见。甲骨文发现以后，学者们对其时代、出土地进行探索，刘鹗第一个提出甲骨文是"殷人刀笔文字"⑤。刘鹗筚路蓝缕，在甲骨学史上应占有一定的地位。

刘鹗还精于数学、医术、水利等自然科学。光绪十三年八月（1887

---

① 参见鲁迅《中国小说史略》，人民文学出版社1973年版，第260页。
② 罗振玉：《〈梦郼草堂吉金图〉序》，1917年—1918年。
③ 参见胡厚宣《五十年甲骨文发现的总结》，第22—23页。
④ 关于刘鹗1909年逝世后甲骨分散及著录情况，本书第十章第二节已介绍，可看。
⑤ 刘鹗：《〈铁云藏龟〉自序》，蟫隐庐出版社1903年版。

年）黄河于郑州决口，宽达五五〇多丈，久决不能合龙。刘鹗1888年参加治河工程，"短衣匹马，与徒役杂作，凡同僚不能为者，悉自任之"①，终于使黄河决口合龙，河水又回到正流。刘鹗治河有功，深得河督吴大澂赏识。刘鹗还是一位对近代资本主义文明较为敏感的人物，提倡修铁路、开矿山等"洋务"。他曾于1896年上书直隶总监，请求修建天津至镇江的津镇铁路。1897年外商组福公司，筹办开采山西矿产，刘鹗被聘为华方经理。刘鹗"近欲以开晋铁谋于晋抚，俾请于朝。晋矿开，则民得养而国可富也。国无素蓄，不如任欧人开之，我严定其制，令三十年而全矿路归我。如是，则彼之利在一时，而我之利在百世矣"②。这种主张还是很有见地的。此外，刘鹗还曾经经商、办工厂。1908年袁世凯等为报宿怨，罗织罪名，以"擅散太仓粟"及"浦口购地"为由，密电两江总督端方将刘鹗逮捕，并流放新疆。

所谓"擅散太仓粟"，事情是这样的：1900年八国联军攻陷北京后，由于战乱粮运阻塞，京津一带粮食奇缺。适逢刘鹗北上办账，他看到北京居民"道殣相望"，便商议赈济之事。当时"太仓"为俄国军队占领，欧洲人喜欢吃面粉烤制的面包却不爱吃米，刘鹗遂与俄军头目商买太仓米事。他"以贱价得之"，再卖给北京的居民。使京城的居民得以度日，"民赖以安"。这本来是救民于水火的大好事，却被一些清廷权贵指控为"擅散太仓粟"，成为刘鹗被流放新疆的重要"罪状"之一。与此同时，刘鹗在北京还设"瘗埋局"，收掩无主尸骸。著名的爱国侠士大刀王五，就是刘鹗收葬的。大刀王五是当时京城著名的义侠，他看到八国联军在北京无恶不作，便与其徒众数十人一起，专门打杀那些作恶的侵略军。1901年11月的某天，侵略军围住了石姓的宅院。正从此地经过的王五见义勇为，与侵略军展开格斗，杀死数十名侵略军。但终因寡不敌众，又身中数弹，王五被侵略军捉住。侵略军认为他是义和团"余党"，将他枪杀并野蛮地暴尸刑场。刘鹗收葬侠士王五之躯，表现了对爱国志士的同情。所谓"浦口购地"的原委是，刘鹗预见到浦口"来日必为商货吐纳地"，故与亲戚集资购买浦口一带土地。津浦铁路修建以后，浦口为终点。果不出刘鹗所料，浦口地价飞涨。浦口的一个官僚想强得刘鹗所购之地，但遭拒绝，因

---

① 蒋逸雪：《刘鹗年谱》，光绪十四年条，齐鲁书社1980年版。
② 蒋逸雪：《刘鹗年谱》，光绪二十三年条。

此怀恨在心，便与袁世凯等人勾结，陷害刘鹗为"汉奸"。1909年，刘鹗在新疆迪化（今乌鲁木齐）因患脑溢血病逝[①]。

总之，刘鹗不仅是近代较早把眼光注意到西方世界的中国人，而且还是小说家、金石学家。他博学多才，对我国古代文物颇有造诣，不仅能鉴定真伪，而且对文字也有一定研究。特别是他对甲骨文的搜集、刊布和研究，对甲骨学的发展作出了贡献。

第二节　罗振玉、王国维和"罗王之学"

罗振玉和王国维是对中国近代学术史产生重大影响的学者。郭沫若高度评价了罗、王的成就，"谓中国之旧学自甲骨之出而另辟一新纪元，自有罗王二氏考释甲骨之业而另辟一新纪元，决非过论"[②]。罗振玉和王国维培养和影响了一批学者。他们和他们的学生的研究成果，代表了殷墟科学发掘以前甲骨学研究的最高水平，因此草创时期的甲骨学研究又被称之为"罗王之学"。

罗振玉（1866年—1940年）

1866年生于江苏淮安。字叔蕴，又字叔言，号雪堂，又号贞松。因祖籍浙江上虞县永丰乡，又称上虞人、永丰乡人。罗振玉自五岁入塾读《毛诗》，十五岁读完《周易》、《尚书》等五经，十六岁中秀才。后屡试不第，曾在山阳刘氏、邱于蕃、刘鹗等人家中作教师。刘鹗子大绅曾从罗振玉读书，后罗振玉以长女妻之。罗振玉不仅熟读经史，而且涉猎训诂名物、金石文字等。1896年罗振玉在上海创立"农学社"，创设"农报馆"，介绍西方农业技术并在十年间翻译农业书刊百余种。为了培养日语翻译人才，他又于1898年创立"东文学社"，教授日文。1900年应湖广总督张之洞之请，赴湖北武昌主持农务局，兼农校监督。此后，罗振玉走上仕途并与清廷发生了联系。

1901年罗振玉主持武昌江楚编译局并创办《教育》杂志，后辞职归上海，又被张之洞、刘坤一派往日本考察教育。1902年被盛宣怀聘为上海

[①] 以上参见蒋逸雪《刘鹗年谱》。
[②] 郭沫若：《卜辞中的古代社会》，《中国古代社会研究》，人民出版社1954年版。

南洋公学虹口分校监督。1903年被两广总督岑春煊聘为教育顾问。1906年，经端方等人推荐，由地方被召进京师，在清政府学部任参事厅行走，后擢升为参事，直至1911年旅居日本。在此期间，曾往直隶、山西、山东、江西、安徽等省视察学务。在京居官期间，他常去厂肆收购古籍、铜器、碑帖、字画以及甲骨等。

1911年辛亥革命爆发，罗振玉以清朝遗臣自居，与王国维全家东渡日本。在日本期间，罗振玉专攻经史及金石学，编成《殷虚书契》、《殷虚书契菁华》、《殷虚书契后编》及《殷虚书契考释》等重要著作。1919年罗振玉从日本回国，寓居天津，继续从事著述。1924年应清废帝之召，入值南书房，清理宫中器物。当年11月冯玉祥发动"北京政变"，罗振玉与陈宝琛秘密护送溥仪出宫到日本使馆，1925年又秘密护送至天津日租界"张园"。罗振玉被清废帝任命为顾问，1929年移居旅顺，梦想借日本帝国主义势力"恢复清室"，参与策划成立伪满洲国，并在1933年出任伪满洲国监察院院长、满日文化协会常任理事。1934年伪满洲国改行帝制，罗振玉被邀为大典筹备委员会委员，受到"叙勋一位"封赏，成为出卖民族利益的"汉奸"。1937年6月罗振玉退休，1940年6月病死于旅顺。在此期间，罗振玉出版的著作主要有《贞松堂吉金图》三卷、《贞松堂集古遗文》二十卷及《三代吉金文存》二十卷等[①]。

罗振玉生活在我国学术史上新史料不断有重大发现的时期。殷墟甲骨文、敦煌写经及西部各地出土的汉晋木简、内阁大库元明档案、四裔碑铭、中州明器、齐鲁封泥以及大量出土的商周青铜器等等，为学术研究提供了重要的新资料。新的发现必然要促进新学科的兴起，这就给罗振玉提供了广阔的研究天地。特别是在甲骨学方面，罗振玉贡献很大。正如郭沫若所说："罗振玉的功劳即在为我们提供了无数的真实史料。他的殷代甲骨的搜集、保藏、流传、考释，实是中国近三十年来文化史上应该大书特书的一项事件"[②]。罗振玉对甲骨学研究所作出的贡献，主要是：

一，在甲骨文的搜集和收藏方面，罗振玉用力甚勤。他自1906年开始搜购甲骨，并通过古董商或直接派人去安阳购求甲骨，前后所获达三万

---

① 参见甘孺《永丰乡人行年录》（罗振玉年谱），江苏人民出版社1980年版；及杨升南《罗振玉传略》，《中国现代史学家传略》第三辑，山西人民出版社1983年版。

② 郭沫若：《〈中国古代社会研究〉自序》，人民出版社1954年版。

片，其中有不少稀世珍品。关于此，第三章第一节已做介绍。与此同时，罗振玉还有意识地搜集殷墟所出甲骨以外的其他文物，也为考古学研究保藏和积累了一批资料。

二，罗振玉在甲骨文资料的著录和公布方面，也做出了很大努力。第一部甲骨著录书《铁云藏龟》，就是罗振玉亲手墨拓甲骨并怂恿刘鹗出版的。他为了供学术界研究，还将自藏甲骨墨拓出版。他编纂的《前》、《后》、《续》、《菁》及《铁余》等书，不仅出版较早，而且印刷较精，直到现在仍对甲骨学研究很有价值。

三，罗振玉将甲骨文出土地考订为河南安阳小屯村，并确定小屯村即为殷代晚期都城，是他对甲骨学和殷商考古研究的重大贡献之一。其意义第三章第一节、第二节已做论述，此处从略。

四，罗振玉对甲骨文字的考释和篇章的通读也做出了很大贡献。他的《殷商贞卜文字考》，《殷虚书契考释》及《增订殷虚书契考释》出版，结束了甲骨文"书既出，群苦其不可读也"[1] 的局面。罗振玉《殷虚书契考释》等书在甲骨文字考释方面所取得的成就，"使甲骨文字之学蔚然成一巨观。读甲骨者固然不能不权舆于此，即谈中国古学者亦不能不权舆于此"[2]。

虽然罗振玉考释古文字的方法是"由许书以上溯古金文，由古金文以上窥卜辞"[3]，但他"既参证《说文》以释甲骨文，又不为《说文》所束缚，而能认出一批与《说文》字形不同的甲骨文，反过来纠正《说文》的谬误，这就比前人大大高出了一筹"。而罗振玉以前的学者，则不敢跨越《说文》一步[4]。这种创新精神，给后世学者以很大启示。

五，罗振玉开了用甲骨文资料研究商代历史之先河。他在《殷虚书契考释》一书中，通读了七六六条卜辞，并按内容分为八类。至《增订考释》出版时，已通读一三〇三条，按内容分为九类。正是他率先将甲骨文中的王名与《史记·殷本纪》中的王名勘校，"于刻辞中得殷帝王名谥十

---

[1] 罗振玉：《〈殷虚书契后编〉序》，1916 年。
[2] 郭沫若：《卜辞中的古代社会》。
[3] 罗振玉：《殷虚书契考释》，1914 年，第 76 页。
[4] 参见陈炜湛、曾宪通《论罗振玉和王国维在古文字学领域内的地位和影响》，《古文字研究》第四辑，中华书局 1980 年版。

余，乃恍然悟此卜辞者，实为殷室王朝之遗物"[1]。如此等等，为王国维写出《殷卜辞中所见先公先王考》及《续考》打下了基础。

罗振玉不仅对甲骨学的发展作出了贡献，而且涉猎较广，对汉晋简牍、敦煌写本与敦煌学、内阁大库档案、金石学与器物学、经学与古文字学等方面，都有很深的造诣和研究。他在这些方面也印行了许多有价值的著录和研究著作，为上述各学科的建立和发展奠定了基础[2]。

应指出的是，1911年辛亥革命爆发以后，罗振玉反历史潮流而动。特别是他晚年，不惜投靠日本帝国主义以复辟清王朝。这是应予批判的。但是，我们"对待罗振玉和王国维这样政治立场反动而学术上有贡献的人物，形而上学的方法是行不通的。不管其政治态度而全盘加以肯定，当然不行；根据其政治态度而完全加以否定，也同样不行。唯一的办法是面对事实，运用一分为二的方法实事求是地加以分析，非其所当非，是其所当是"[3]。这是我们全面评价罗振玉类型学者所应采取的正确态度。

王国维（1877年—1927年）

浙江海宁人。字静安，又字伯隅，号观堂、永观。我国近代著名的学者和史学、甲骨金石学家。

王国维二十二岁赴上海，在《时务报》任书记校对工作，并入罗振玉办东文学社习日文，深得罗振玉赏识。1901年随罗振玉赴武昌农学校任教。1902年在南洋公学虹口分校任职，并开始研究哲学。1903年任通州师范学校心理学、伦理学教师。1906年随罗振玉赴北京，任学部总务司行走等职。1911年与罗振玉一起东渡日本，专攻经学、小学、历史，还协助罗振玉整理、编辑、考订所藏大批甲骨、金石等文物。1916年王国维从日本回国，在上海为英国人哈同编《学术丛编》，兼任上海仓圣明智大学教授。1922年任北京大学研究所国学门通讯导师。1923年到北京后，清废帝溥仪任命他为清宫南书房行走。1925年被聘为清华研究院教授，1927年投颐和园昆明湖自杀。

王国维以自沉昆明湖为清王朝殉葬，表明了他政治上对革命的恐惧和

---

[1] 罗振玉：《〈殷商贞卜文字考〉自序》，1910年。
[2] 参见杨升南《罗振玉传略》。
[3] 参见陈炜湛、曾宪通《论罗振玉和王国维在古文字学领域内的地位和影响》。

仇视。但他在五十年的短暂一生中，给我们留下了学术著译六十多种，亲手批校的古籍近两百种，成为我国近代学术史上有巨大影响的学者。正如郭沫若所指出的："王国维研究学问的方法是近代的，思想感情是封建式的。两个时代在他身上激起了一个剧烈的阶级斗争，结果是封建社会把他的身体夺去了。然而他遗留给我们的是他的知识产品，那好象一座崔巍的楼阁，在几千年的旧学城垒上，灿然放出了一段异样的光辉"①。

王国维和罗振玉一样，对我国甲骨学的形成和发展作出了巨大贡献。首先，是在甲骨的著录方面，王国维编纂、姬佛佗具名的《戬寿堂所藏殷虚文字》一书，公布了刘鹗旧藏甲骨，为学术界提供了不少重要资料。

其次，王国维在甲骨文字的考释方面多有发明，不少论著直到现在还很有参考价值。他的《戬寿堂所藏殷虚文字考释》、《殷卜辞中所见先公先王考》、《续考》、《殷周制度论》以及其他一系列文字考释论著，代表了甲骨学研究草创时期的最高水平。而且王国维的考释文字方法，突破了中国"旧学"的藩篱而"另辟一新纪元"，对后世学者有深远的影响。他考释文字的方法是：

苟考之史事与制度文物，以知其时代之情况；本之《诗》、《书》，以考其文之义例；考之古音，以通其义之假借；参之彝器，以验其文字之变化；由此而之彼，即甲以推乙，则于字之不可识、义之不可通者，以俟后之君子，则庶乎其近之矣。②

其三，王国维用甲骨文材料研究商代历史和典章制度，极大地提高了甲骨文的学术价值。他的《殷卜辞中所见先公先王考》、《续考》等，不仅考释文字，而更重要的是考证商史，是把甲骨学研究推向一个新阶段的重要论文，标志着"文字时期"进入了"史料时期"。关于此，第四章第二节已做论述。

其四，王国维发凡启例，最早进行甲骨断片的缀合工作。他1917年缀合了《戬》1.10与《后上》8.14，从而发现甲骨文上甲至示癸的世次

---

① 郭沫若：《〈中国古代社会研究〉自序》。
② 王国维：《〈毛公鼎考释〉序》，《观堂集林》卷六，中华书局1959年版，第293页。

与《史记》所记不合，纠正了《史记·殷本纪》之误①。缀合工作不啻是甲骨文史料价值的再发掘，是甲骨学研究必须进行的基础工作。不少学者是在王国维的启示下，缀合甲骨取得了成绩，为甲骨学和商史研究提供了一批完整的资料。关于此，第九章第三节已做论述。

不宁唯是，王国维学识渊博，在其他不少学科，诸如金石学与古代史、小学与经学、宋元戏曲之学、流沙坠简与敦煌写经、西北史地及元史等方面都有不少建树，为我们留下了大量很有价值的著作②。

王国维之所以能在学术研究的不少领域都取得巨大成就，和罗振玉取得成功一样，也是和他生活的时代分不开的。首先，王国维生活的清末民初，西方资产阶级的先进科学技术已经传入我国。王国维从《农学报》和在东文学社时，就已接触到国外的农业科学技术，还钻研过数学、物理、化学等。1902年从日本回国后，钻研过康德、叔本华和尼采等人的哲学著作③。近代自然科学、西方哲学和社会科学，对王国维的科学研究产生了很大影响。"正因为他具有和当时一般封建学者的不同眼光，许多旧东西经过他用资产阶级观点分析研究，得出了封建学者所不能得出的新结论"④。其次，王国维生活的时代，也正是我国近代学术史上新史料不断发现的时代。这给罗振玉，同样也给王国维的研究提供了广阔的天地。特别是王国维1911年随罗振玉再度赴日本后，终止了哲学、宋元戏曲的研究，在罗振玉的提携下，专门进行我国古代文物和古史的整理研究，得以在不少领域取得了丰硕的成果。其三，王国维和罗振玉一样，全面继承了清代乾嘉学派的研究成果。但"乾嘉学派无论启蒙时期的几位大师，如顾炎武、阎若璩，或全盛时期的皖派戴震、段玉裁、王念孙王引之父子；吴派惠栋、王鸣盛、钱大昕，他们研究学问，都是从文献到文献，考证来，考证去，总离不开书本"⑤。而王国维则较这些前辈大师前进了一步，他不仅十分重视书本，而且还特别重视出土文物。他认为古文字、古器物学、经史之学是密切相关的，1925年在《古史新证》中提出了著名的"二重证据法"，即：

---

① 参见肖艾《王国维评传》，浙江文艺出版社1983年版，第103—108、135—147页。
② 参见周传儒《史学大师王国维》，《历史研究》1981年第6期；及肖艾《王国维评传》。
③ 参见肖艾《王国维评传》，第36—46页。
④ 参见袁英光《王国维》，《中国史学家评传》下，中州古籍出版社1985年版。
⑤ 肖艾：《王国维评传》，第152页。

> 吾辈生于今日，幸于纸上之材料外，更得地下之材料。由此种材料，我辈固得据以补正纸上之材料，亦得证明古书之某部分全为实录，即百家不雅驯之言，亦不无表示一面之事实。此二重证据法，惟在今日始得为之。

王国维既对我国古代典籍十分熟悉，又对传世及新出土的古代文物所见甚广，因此他能"将二者结合起来研究，于是别开生面，在中国学术史上揭开了新的一页"①。

王国维以他出众的才华和对学术研究的巨大贡献，早年深得罗振玉赏识，罗振玉为他治学创造了条件。王国维晚年又与当时在学术界很有影响的梁启超和陈寅恪等结为学术上的知己。"正是这'三巨头'把清华学术研究，导向航程，使新学问不断成长"②，在我国近代学术史上产生了巨大影响。

但也正是在这个时候，随着1927年革命军北伐消息传入北京，王国维以五十岁盛年于旧历五月初三日投昆明湖自尽，过早地结束了自己宝贵的学术生涯。关于王国维之死的原因，历来众说纷纭。有"殉清"说，有"罗振玉逼迫致死"说，等等。肖艾在《王国维评传》一书中进行了全面的分析，认为这些都不是构成王国维之死的主要原因。他认为，"叔本华的悲观主义的人生观，是王国维自沉的最根本的原因"。"叔本华的唯意志论，尼采的超人学说，更进一步加强加深王国维的自我意识"。因而他害怕革命的冲击，"他宁肯以死来卫护'人'的尊严。他宁肯拖着长辫死去，不愿活着被人强迫剪辫。资产阶级悲观主义、西方人文主义者的王国维最后就这样结束了他的一生"。

王国维不仅给我们留下了丰富而有价值的著作和宝贵的治学经验，他短暂的一生，也从反面给了我们很大的教育和启示。正如肖艾在《王国维评传》前言中所指出的："通过王国维的研究，使我进一步认识到，一个人活在世界上必须要有正确的世界观；一个学者更不能没有先进的理论作指导。否则，即使像王国维那样出类拔萃，最后还是走向自沉的道路，在学术研究上也划然中止，不可能跟着时代进步，取得更大更新的成功"。

---

① 参见陈炜湛、曾宪通《论罗振玉和王国维在古文字学领域内的地位和影响》。
② 肖艾：《王国维评传》，第191—205页。

这是十分深刻并值得我们深思的!

罗振玉和王国维不仅以自己的大量著作为甲骨学研究奠定了基础,而且还奖掖和提携了一批古文字研究的专门人材。关葆谦、柯昌济、商承祚为罗振玉的及门弟子。容庚、商承祚、董作宾、丁山为王国维任职北京大学研究所国学门时的研究生。余永梁、吴其昌、朱芳圃、卫聚贤、刘节、刘盼遂、戴家祥、周传儒、徐中舒等人是王国维任职清华大学研究院时的研究生。唐兰虽然没有直接在罗振玉、王国维门下受教,但也曾写信向罗振玉、王国维请教并得到指点。"就连被称为'异军'的郭沫若,也不能不受到罗、王的滋润和影响"[①]。郭沫若步入甲骨学堂奥,就是从罗振玉《殷虚书契考释》一书度得金针,得其门径的。关于此,第一章第三节已做过介绍。罗振玉、王国维继往开来,影响和造就了几代甲骨学者。因此,有学者又称这一时期的甲骨学研究为"罗王之学"。

第三节 甲骨文科学发掘时期有贡献的几位学者(上)

自1928年殷墟科学发掘工作开展以后,近代田野考古方法引入甲骨学研究领域。甲骨学研究进入了分时期、探商史的全面发展时期,取得了比罗王时代更为丰硕的成果。这些成就的取得,是与董作宾、郭沫若、唐兰、于省吾、胡厚宣等一批学者的创造性劳动分不开的。

董作宾(1895年—1963年)

河南南阳人。原名守仁,字彦堂,号平庐。六岁入塾读经史,十六岁肄业高级小学。自幼家境清贫,曾辍学经商,仍坚持自学。1915年肄业县立师范讲习所,后留校任教员。1922年入北京大学研究所国学门,从师王国维。1925年任福建协和大学国文系教授,后回河南任中州大学文学院讲师。1927年任北京大学研究所国学门讲师,后至广州任中山大学副教授。1928年前中央研究院历史语言研究所筹备处成立后,被聘为通讯员。1928年受命调查殷墟,并于同年主持第一次殷墟科学发掘工作。1932年被聘为专任研究员。他参加过历次殷墟科学发掘工作,还参与了其他各地的田野考古和调查工作。1934年任前古物保管委员会委员。1937年抗日战争爆

---

① 参见陈炜湛、曾宪通《论罗振玉和王国维在古文字学领域内的地位和影响》。

发后，殷墟科学发掘工作停止，董作宾随史语所辗转长沙、桂林、昆明、四川等地，在极端困难的条件下，仍著述不辍。1949 年 1 月去台湾，兼台湾大学文学院教授。1950 年任史语所所长，1963 年病逝于台湾[①]。

董作宾是我国甲骨学和考古学的主要奠基者之一。他知识渊博，涉猎广泛，包括古文字学、考古学、历史学、古年代学、地理学、文学艺术等学科。董作宾著作等身，留给我们专著十多种，论文二百多篇，现已由严一萍辑为《董作宾全集》甲、乙编共十二册出版（艺文印书馆，1977 年）。董作宾对甲骨学的发展做出了重大贡献，主要是在以下几个方面：

一，正是董作宾 1928 年 8 月亲赴河南安阳殷墟调查甲骨文出土情形，得出"甲骨挖掘之确犹未尽"的结论，才促成了前中央研究院历时十年之久的大规模殷虚科学发掘工作。这结束了甲骨文的"盗掘时期"，而开始了有组织的甲骨文"科学发掘时期"。科学发掘的甲骨文，由于有明确的坑位和相伴出的遗物，学术价值大大提高。同时，1928 年到 1937 年进行的十五次大规模科学发掘工作，还奠定了我国田野考古学的基础，并培养和造就了一批考古学专家。

二，董作宾是殷墟历次科学发掘工作的主持者（或重要成员）之一，亲自发掘和整理了大批甲骨文，为甲骨学和殷商史研究提供了大量科学发掘资料。科学发掘殷墟出土甲骨情形，第四章第三节已介绍，此处从略。

三，董作宾将殷墟科学发掘所得甲骨文辑为《殷虚文字甲编》和《殷虚文字乙编》出版，在刊布甲骨文材料方面做出了重大贡献。特别是《甲》、《乙》二书开创了著录科学出土甲骨文的新体例，为甲骨文的考古学考察提供了极大方便。《甲》书的出版，经历了种种曲折和磨难，董作宾等学者忍辱负重，历时十年，三次付版，终于将这批材料完整地提供给学术界。关于此，第十章第四节已做论述。

四，1933 年董作宾发表《甲骨文断代研究例》，这一甲骨学史上划时代的名著将甲骨学研究推向一个新阶段。董作宾断代研究的"五期"说及"十项标准"，虽然个别地方尚需进一步完善、修订，但五十多年来行用不衰，愈益证明它的体系缜密和科学。关于此，第七章、第八章已做论述。

五，董作宾对甲骨学的自身规律和不少基本问题，诸如甲骨的整治与占卜、甲骨文例、缀合与复原、辨伪等等方面，都作出了重要的贡献。现

---

① 参见严一萍《董作宾先生传略》，《甲骨学六十年》附录，艺文印书馆 1965 年版。

今具有严密规律的甲骨学之所以与"罗王之学"不可同日而语，究其源，还是董作宾等学者用近代考古学方法全面整理甲骨为我们奠定了基础。

六，董作宾还为我国古史年代学的研究作出了贡献。他以十个月的时间，利用甲骨文材料研究殷代历法，在1945年出版了《殷历谱》这一研究商代历法的巨著。其后，又完成了《西周年历谱》、《中国年历总谱》等著作。有的学者评价说："甲骨刻辞关于月日的记载虽然不少，但由于它们不联贯，不能恢复成某一年或二年的历谱。没有整齐的一两年的历谱，使很难拟出某个朝代的历法的具体内容"。《殷历谱》虽然收集了丰富的甲骨资料，"但其基础不坚强"。尽管如此，《殷历谱》一书"对殷代历法提供了可能利用的材料，提供了若干假设，是研究殷代历法所不可缺少的"专著[1]。

七，为甲骨学深入研究时期指出了方向。董作宾去台湾以后，虽然他"侧重于古史年代学的研究和撰述，在甲骨学方面也做了不少工作。但由于各方面的原因，使这位本来还可以大有作为的学者受到了一定限制"[2]。特别是这位卓越的考古甲骨学家自此离开了甲骨文的发祥地——殷墟的田野考古工作，使他离开了第一手新鲜资料，因而在甲骨学研究方面基本处于停滞状态。但董作宾仍然关心着国内外甲骨学研究的状况和未来的发展。他在《甲编》自序以及其他著作中，不止一次地提到发展今后甲骨学研究的设想。我们不嫌重复，再在这里引述如下："一，首先应该把材料集中，把所得十万甲骨，汇为一编；二，用分派、分期、分王的方法，整理全部材料；三，尽量拼合复原的工夫，把全部材料，化零为整；四，作成字典、辞典、类典等索引，以便从事各方面的研究；五，要应用隅反的原则从一鳞一爪中去推测殷代的文化"[3]，等等。现在，国内外不少甲骨学者已经完成或正在完成的许多工作，诸如《甲骨文合集》、《商周甲骨文总集》、《殷虚甲骨刻辞类纂》、《甲骨文字典》等等，正是当年董作宾所预见的有利于甲骨学发展的基本项目。

董作宾建立了甲骨学的科学研究体系，是甲骨学史上划时代的一代宗师。

---

[1] 陈梦家：《殷虚卜辞综述》，第223页。
[2] 参见陈建敏《董作宾后期的甲骨学研究》，《中国史研究动态》1981年第8期。
[3] 董作宾：《〈殷虚文字甲编〉自序》。

郭沫若（1892 年—1978 年）

四川乐山人。学名开贞，号尚武；又名沫若①，号鼎堂。三四岁能背诵古诗，1887 年（五岁）入塾，十四五岁时已熟读四书、五经、《左传》等。1905 年考入嘉定高等小学堂，1907 年至 1913 年就读于嘉定府中学、四川官立高等分设中学堂、成都高等分设中学堂、成都高等学校理科等。在 1909 年暑假，已读完《史记》及《皇清经解》等书。1913 年考入天津陆军军医学校。1914 年赴日本，就读于东京第一高等学校预备班医科，1915 年升入冈山第六高等学校，1918 年就读于九州帝国大学医科。1919 年因两耳重听，听课困难，遂产生"自己的学医是走错了路"的想法，创作了《女神》等划时代的诗篇。1923 年九州帝国大学医科毕业后，放弃医学而从事文学创作。1924 年 11 月回上海。1926 年就任广东大学文科院长，后参加北伐，任国民革命军总政治部宣传科长、秘书长、副主席、代理主席等职。1927 年大革命失败，郭沫若于 1928 年东渡日本，在千叶县市川市开始以历史唯物史观研究中国古代社会。他的《甲骨文字研究》、《中国古代社会研究》、《两周金文辞大系图录考释》、《殷周青铜器铭文研究》、《金文丛考》、《卜辞通纂》、《殷契粹编》等一系列在中国学术史上有重大影响的著作，就是在这一时期完成的。1937 年 7 月 7 日抗日战争爆发，他于同月回国参加反侵略斗争，任第三厅厅长。1938 年至重庆，在从事革命活动的同时，继续进行古史研究。这一时期，他又写出了《十批判书》、《青铜时代》、《历史人物》等重要学术著作。1947 年赴香港，1948 年赴东北解放区。新中国成立后，郭沫若历任政务院副总理兼文化教育委员会主任、中国科学院院长、哲学社会科学部主任、历史研究所所长等职。他在从事繁重的国务活动、科学文化和国际交往等工作的同时，仍对古代史和考古学进行深入研究，出版了《奴隶制时代》、《文史论集》等著作，并主编《中国史稿》、《甲骨文合集》等大型历史学、甲骨学著作。1978 年 6 月 12 日病逝于北京②。郭沫若大量蜚声中外的历史、考古学著作，将收入《郭沫若全集》一书的历史编及考古编出版。

---

① 四川乐山为大渡河（古名沫水）青衣江（古名若水）交汇处，郭沫若之名乃合二水古称。
② 参见龚济民、方仁念《郭沫若年谱》上、下，天津人民出版社 1982 年。及 1983 年版。

郭沫若才华横溢，知识渊博，在哲学社会科学的许多领域，诸如文学艺术、哲学、历史学、考古学、甲骨金文研究和马列主义著作、外国文艺作品的翻译介绍等方面，都作出了巨大贡献。郭沫若是继鲁迅以后的又一位我国无产阶级文化战士和文化战线上的又一面旗帜。郭沫若是我国和世界有名的作家、诗人和剧作家，又是一位在国内外享有盛誉的马克思主义历史学家、考古学家和古文字学家。

半个多世纪以来，郭沫若一直没有中断对甲骨文的研究。他"异军突起"，用马克思主义为指导，把古文字学和古史研究工作结合起来，开辟了史学研究的新天地。郭沫若对甲骨学与殷商史研究所作出的贡献是多方面的：

一，郭沫若致力于甲骨文资料的搜集和公布，推动了甲骨学和商史研究的发展。众所周知，郭沫若旅居日本时，就千方百计地寻访日本所藏甲骨，拟将各家所藏甲骨汇为一编出版，提供学术界进行研究。由于种种原因未能如愿，他才改变初衷，编成《卜辞通纂》和《殷契粹编》出版。前者选辑各家藏品之精萃，后者是选自一家所藏大宗甲骨中之精品。直到今天，上述二书对甲骨学和商史研究仍具有重要参考价值。关于二书的特点及贡献，第十章第二节已做叙述，这里不再重述。建国以后，郭沫若又主编了传世甲骨的集大成著录——《甲骨文合集》，为今后甲骨学的发展奠定了基础[①]。

二，郭沫若的甲骨文字考释也取得了很大成就。他继承并批判了汉学传统，精通古代典籍和各种古文字。因此，他在历史唯物主义指导下研究古文字，游刃有余，屡创新说，在不少地方超过了前人。郭沫若博大精深的文字考释新说，体现在蜚声中外的《卜辞通纂考释》、《殷契粹编考释》及《甲骨文字研究》等书中。

三，郭沫若对甲骨学自身的一些规律，诸如分期断代、断片缀合、残辞互补、卜法文例等方面的研究，也做出不少贡献。本书有关章节也已叙述[②]。

四，郭沫若以历史唯物主义为指导，利用甲骨文资料研究商代社会历

[①] 关于郭沫若对《甲骨文合集》一书编纂的贡献，参阅王宇信《建国以来甲骨文研究》，第169—170页；及本书第十章第五节。

[②] 并参见《建国以来甲骨文研究》，第171—175页。

史，奠定了我国马克思主义历史科学的基础。他的"划时代"著作《中国古代社会研究》、《十批判书》、《奴隶制时代》和主编的《中国史稿》等书，勾划出了我国马克思主义历史科学从不成熟阶段到成熟阶段的发展轨迹。

郭沫若在甲骨文、金文和古文字学等领域所取得的辉煌成就和他五十多年所走过的革命史学家的道路，对后世学人有很大启示。首先，他的历史唯物主义的甲骨金文和史学研究，是与祖国的命运和革命事业紧密联系在一起的。他在革命处于低潮时，"爰将金玉，自励坚贞"[1]，埋头研究诘屈聱牙、暴眼鼓睛的甲骨金文，是为了"向搞旧学问的人挑战"[2]，通过中国古代社会的研究，阐述人类共同的社会发展规律学说。郭沫若《中国古代社会研究》一书的出版，"有力地回答了各种奇谈异说，极大地鼓舞了处在徬徨歧途的革命者，尤其是青年一代，坚定了他们对马克思主义的信仰。这就是郭沫若在革命退潮时，以他的学术研究成果为革命事业所作的新的贡献"[3]。其次，郭沫若坚持用历史唯物主义指导自己的研究工作。他是我国第一个用历史唯物主义的立场、观点来指导古文字和古代史研究的学者。他的《中国古代社会研究》，力图以恩格斯的研究方法为指导，在体例上，也是效法《家庭、私有制和国家的起源》一书的。郭沫若的甲骨学著录，诸如《卜辞通纂》、《殷契粹编》直至他主编的《甲骨文合集》等书的分类，也都是力图以历史唯物主义为指导的。郭沫若在研究工作中高屋建瓴，取得了超越前人的成就。其三，郭沫若坚持史料与观点统一的科学精神。他一贯主张："掌握正确的科学的历史观点非常必要，这是先决的问题。但有了正确的观点，假使没有丰富正确的材料，材料的时代性不明确，那也得不出正确的结论"[4]。又说，"只有历史唯物主义的一般原理而没有史料，那是空洞无物的……没有史料是不能研究历史的"[5]。因此，他研究中国古代社会，一开始就十分注意史料的搜集和整理工作。他十分注意殷墟的考古发现，并注意甲骨学研究的最新成果。他主张以"最前进的一线"为基点，"迎头赶上"。但有了史料，还不等于历史科学研

---

[1] 郭沫若：《〈金文丛考〉扉页》人民出版社1954年版。
[2] 郭沫若：《〈金文丛考〉重印弁言》，人民出版社1954年版。
[3] 尹达：《郭沫若》，《中国史学家评传》下，中州古籍出版社1985年版。
[4] 郭沫若：《〈中国古代社会研究〉新版引言》，人民出版社1954年版。
[5] 郭沫若：《文史论集》，人民出版社1961年版，第8页。

究，这"好像炊事员手中有了鱼、肉、青菜、豆腐而没有烹调出来一样，不能算作已经做出了可口的菜"①。还必须用马克思主义的立场、观点和方法加以分析研究，用史料来具体阐明社会发展规律。其四，坚持实事求是，勇于自我批判。郭沫若回顾自己走过的史学研究道路时曾说："二十多年来我自己的看法已经改变了好几次，差不多常常是今日之我在和昨日之我作斗争"。"错误是人所难免的，要紧的是不要掩饰错误，并勇敢地改正错误"②。郭沫若曾不止一次地对自己早年关于商代社会性质的错误论断进行自我批判，说："隔了十几年，我自己的研究更深入了一些，见解也更纯熟了一些，好些错误已由我自己纠正。那些纠正散见于《卜辞通纂》、《十批判书》等书里面，尤其是《十批判书》中的《古代研究的自我批判》那一篇"③。"我诚恳地说一遍，责任实在是应该由我来负的。是我以前搞错了，把殷代定成金石并用时代和氏族社会末期"，"我希望朋友们实事求是，根据史实把那种不正确的判断丢掉"④。1964年秋郭沫若为胡厚宣师写的条幅："做学问总要采取批判的态度，实事求是，要占有资料，而不为资料占有"，对我们的研究工作很有教益和启示。

胡厚宣（1911年—1995年）

河北省望都县人。1934年北京大学史学系毕业后，入中央研究院历史语言研究所考古组，先从梁思永先生在河南安阳参加侯家庄西北冈王陵和同乐寨三层文化的发掘，继又做《殷虚文字甲编》的释文，并协助董作宾先生整理《殷虚文字乙编》的甲骨文字。1940年起任成都齐鲁大学国学研究所研究员、教授、中国文学系主任、历史社会学系主任。1947年任上海复旦大学历史系教授、中国古代史教研室主任。1956年调北京中国科学院历史研究所（现属中国社会科学院）任研究员、历史研究所学术委员会委员、先秦史研究室主任。1980年被聘为《东亚文明》期刊顾问委员会委员，1985年被加拿大多伦多大学东亚人文科学研究所聘为该所领导小组成员。

胡厚宣先生早年就读于河北保定培德中学第一班，受业于著名学者缪

---

① 郭沫若：《文史论集》，第8页。
② 郭沫若：《〈中国古代社会研究〉新版引言》。
③ 郭沫若：《〈中国古代社会研究〉后记》，人民出版社1954年版。
④ 郭沫若：《奴隶制时代》，人民出版社1973年版，第95—96页。

钺门下，深受赏识。中学毕业后，因品学兼优，母校每年以二百银元奖学金，资助他完成了北京大学预科（二年）和本科（四年）的六年学业。在北京大学上学时，中央研究院历史语言研究所的傅斯年、李济、董作宾、徐中舒、梁思永等都曾到史学系兼课。所以胡厚宣先生北京大学毕业后就进入了中央研究院历史语言研究所。五十多年来，胡厚宣先生勤于著述，勇于探索，撰有专著和论文130余种，其中不少饮誉海内外。胡厚宣甲骨学和殷商史研究的主要贡献是：

一，在集中、整理和刊布甲骨文资料方面，胡厚宣先生作出了超越前人的成绩，推动了甲骨学研究的发展。胡厚宣先生总编辑的《甲骨文合集》，是新中国成立以后，学术界集中、整理和公布甲骨材料方面取得的最大成功。这部集大成的甲骨著录，是甲骨学史上的里程碑式的著作。在编纂这部著录的过程中，胡厚宣先生为了调查和搜集全国各地的甲骨文收藏和拓本，餐风饮露，寝不暇暖，奔走于长江上下，大河南北，长城内外。这一工作，实际上早在抗日战争刚刚结束时，胡厚宣先生就已开始了。本书第四章第四节曾介绍胡厚宣先生战后寻访甲骨的情形，并指出他出版的《宁沪》、《南北》、《京津》等书，是以后大规模集中、整理、公布甲骨文材料的"序幕"。建国以后他利用假期到全国各地继续寻访甲骨，出版的《甲骨续存》一书，是以后大规模集中、整理、刊布甲骨材料的"准备阶段"。

随着我国对外开放，与外国学术交流加强，胡厚宣先生还认真考察国外甲骨的收藏情形。早在1958年，胡厚宣先生访问前苏联，观察、摹写了圣彼德堡爱米塔什博物馆所藏甲骨一九九片[①]。1981年去日本访问时，他专门去奈良的天理参考馆寻访所藏甲骨。原来，关于这里所藏甲骨各家说法不同。有的学者说藏有三五〇〇片，有的学者说藏有一〇〇〇片，也有的说没有那么多。经过胡厚宣先生对实物的清点，才搞清楚了确切数字是八〇九片。1983年胡厚宣先生赴美国讲学时，谢绝了参观令人眼花缭乱的大千世界的邀请，不去赌场观光和猎奇，为了搞清几片《美国所藏甲骨录》著录的文字模糊的甲骨，却去了卡内基博物院。在一个深如地下铁道的地下室内，陪同的女士打开了层层加锁的铁门铁柜，取出全部所藏甲

[①] 胡厚宣：《苏联国立爱米塔什博物馆藏甲骨》，《甲骨文与殷商史》第三辑，上海古籍出版社即出。

骨，让他一一摩挲鉴赏，整整用去了一天的时光。在家休星期天的馆长听说中国专家来了，连忙赶来热情招待……

经过这样坚持不懈的努力，胡厚宣先生对15万片甲骨的每一宗、每一片的来源、著录情况和现藏处所都烂熟于胸，因而《合集》一书能够达到郭沫若"尽可能把材料搜集齐全"的要求，为学术研究提供了最完备的传世甲骨的著录总集。

二，胡厚宣先生对甲骨学本身的规律，诸如卜龟来源、卜法文例、卜辞同文、卜辞杂例、记事刻辞、分期断代、残辞互补、辨伪缀合等方面，或有所发明，或有所匡谬。对董作宾的说法或有发展，或使之具体化和深入。这些，本书有关章节都已做过详细论述。

三，胡厚宣先生在甲骨著录的编纂体例方面，创造了纲目清晰、科学性强和使用方便的"先分期，再分类"的编辑体例。这对以后一些大型甲骨著录书的编纂和出版有很大影响。

四，胡厚宣先生利用甲骨文材料研究殷商史，解决了不少商代历史上的重要问题，诸如农业生产、奴隶暴动、宗法封建、方国战争、四方风名、图腾崇拜、历法气象等等。特别是他主张"旨在综合所有甲骨，作一全面的彻底整理，以期解决甲骨文中的一些问题"。也就是对丰富的甲骨文材料要"应用最科学的方法，去统计、分析、解释，作一种精密的研究"，"通盘全部的彻底整理"。这种研究方法，对后世学人有很大影响。他的《甲骨学商史论丛》等著作，就是他这一主张的具体实践。解放以后，胡厚宣先生"站在新的立场，应用新的观点方法，对甲骨文另作一番新的研究"[①]，在甲骨学和殷商史研究领域中又不断有新的创获。

五，胡厚宣先生为发展我国甲骨学研究事业，不负郭沫若生前要他"大力培养接班人"的嘱托，身体力行，努力培养甲骨文研究人才。他奖掖后进，对自学的青年鼓励指点，不少人在工作和学习中得到他的提携并已步入堂奥。他在总编辑《甲骨文合集》的工作过程中，对参加编辑组的青年人言传身教，并主编《甲骨文与殷商史》、《甲骨探史录》等不定期专刊，为发表他们的研究心得提供园地。经过二十多年的努力，他为历史研究所培养了一支在甲骨学界有一定影响的研究队伍。与此同时，他还培养了几批研究生，有的脱颖而出，如北京大学中文系教授裘锡圭等，已成

[①] 胡厚宣：《〈五十年甲骨学论著目〉序言》。

为国内外知名学者。

"胡君崛起四君后，丹甲青文弥复光"①。胡厚宣先生一生追求真理，追求甲骨，对甲骨学和殷商史研究作出了巨大贡献，被国内外学术界誉为继罗振玉、王国维、董作宾、郭沫若等前辈学者之后的甲骨学一代宗师。1951 年日本大阪私立大学教授佐藤武敏在《胡氏的近业》一文中曾预言："董作宾氏去台湾之后，一时感到台湾成了中国甲骨文研究的中心。然而中共方面也可以以胡厚宣氏为代表，可能今后他是中共方面甲骨文研究最有希望的人"②。1953 年日本立命馆大学白川静教授说："如今罗王已故，董、郭二氏的研究也碰到许多困难之际，胡氏在中共领导下实处于斯学第一人者的地位"③。胡厚宣先生果然不负众望，以他丰富的著述和总编辑集大成式的著录《甲骨文合集》一书，成为"中国甲骨学研究的第一人者"④ 和当之无愧的"国宝"⑤。

第四节　甲骨文科学发掘时期有贡献的几位学者（下）

陈梦家（1911 年—1966 年）

原籍浙江上虞，1911 年生于南京。1927 年十六岁时以同等学历考入中央大学法律系并开始诗歌创作，1931 年出版《梦家诗集》，成为新月派诗人。1932 年随闻一多赴青岛大学任教并开始研究古文字学。1933 年曾在安徽芜湖任中学语文教师。1934 年至 1936 年为燕京大学容庚教授古文字学研究生，此后研究古文字学和古代史。1937 年抗日战争爆发以后，陈梦家任教于清华大学（已迁至长沙），1938 年任西南联合大学（校址昆明）副教授，进行青铜器和《尚书》研究。1939 年应迁至昆明的北京图书馆之约，全面研究青铜器并研究古史。1944 年赴美国芝加哥大学讲授中国文字学，搜集了流散在美国、加拿大、英、法、瑞典、荷兰等欧美国家的我国古代青铜器。1949 年毅然放弃留美国定居的邀请，回国任教于清华大学，进行甲骨学研究。1952 年调至中国科学院考古研究所（现属中国社

---

① 陈子展：《题〈战后南北所见甲骨录〉》。"四君"，指郭沫若、董作宾、王国维、罗振玉。
② 载日本《甲骨学》一卷一号，第 23 页。
③ 白川静：《胡厚宣氏的商史研究》上篇，《立命馆文学》第一〇二号，第 51 页。
④ 松丸道雄：《日本现存的殷虚甲骨》，《朝日新闻》夕版，1981 年 8 月 21 日第 5 版。
⑤ 祝敏申：《国宝——记甲骨学家胡厚宣》，《人物》1983 年第 2 期。

会科学院），任研究员、考古所学术委员会委员等职。1966年因受"文革"迫害，含冤而死①。

陈梦家涉猎范围较广，不仅在甲骨学研究方面，而且在殷周青铜器、汉代简牍以及年代学等方面都有很深的造诣。陈梦家"能够按照考古学的要求发扬金石学的传统，尽可能科学地整理大量非发掘出土的资料，在某些方面达到超越前人的水平"②。

陈梦家自三十年代就开始研究甲骨学。在他调任考古研究所以后，更精心收集四万多片甲骨拓本，进行全面的综合整理，取得了很大成绩：

一，对甲骨文分期断代研究作出了新的贡献。陈梦家自1949年开始写作《甲骨断代学》（后收入《殷虚卜辞综述》《断代》上、下）。该文对董作宾分期断代"五期"说和"十项标准"做了补充和修正，深化为"九期"分法。特别是他提出"午组"、"𠂤组"、"子组"卜辞的说法并分析其时代应为武丁期，为学术界"文武丁卜辞之谜"的讨论作出了贡献。关于此，第七章第四节和第八章第一节已做过论述。

此外，陈梦家将殷墟卜辞中的贞人进行过较为彻底的整理，共发现贞人一二〇名，较董作宾《甲骨文断代研究例》所定贞人增多四倍，这就为更准确地断定甲骨文时代作出了新的贡献③。

二，陈梦家对甲骨文字的考释也作出了贡献，诸如他的《古文字中之商周祭祀》④、《商代的神话与巫术》⑤、《祖庙与神主的起源》⑥等等，直到今天仍然是研究古文字和古代礼制的很有价值的参考著作。

三，陈梦家还对甲骨学六十多年来的研究成果，进行了科学的总结。他1954年完成写作，1956年出版的《殷虚卜辞综述》一书，整理了前人和近人的各种成说，并根据掌握的甲骨文资料进行补充修正，综合地叙述了卜辞中的各方面重要内容。这部七十万字的煌煌巨著，"认真地总结了甲骨文研究和有关考古发现的客观情况，既可供专门研究者参考，又能为初学者指点门径，因而在国内外学术界有较大的影响，为甲骨学的普及和

---

① 参见周永珍《怀念陈梦家先生》，《考古》1981年第5期；及王世民：《陈梦家》，《中国史学家评传》下，中州古籍出版社1985年版。
② 同上。
③ 参见王世民《陈梦家》。
④ 载《燕京学报》1936年第19期。
⑤ 载《燕京学报》1937年第20期。
⑥ 载燕京大学《文学年报》1937年第3期。

提高发挥了积极作用"①。《殷虚卜辞综述》这部甲骨学史上百科全书式的重要著作的内容及贡献，第十一章第二节已做介绍，此处从略②。

陈梦家由一位有才华的诗人，成为在考古学、古文字学、古代史等许多领域都能融会贯通，自成体系的著名学者，与他数十年勤奋治学是分不开的。虽然他1957年"反右"后受到不公正对待，但忍辱负重，仍坚持不懈地进行研究工作，取得很多成果。此外，陈梦家善于汲取诸家之长以为己用，他在探索每个重要问题的时候，"都注意彻底弄清已有的研究成果，力求在前人的基础上前进和提高，常取得后来居上的效果"。他在详细占有资料的基础上，"要求自己的学术研究，逐步扩而大之，再大而化之，进而恢复一部信史"。他"为了总的目标需要触及什么领域，就彻底清理什么领域的已有资料和研究成果，大处着眼，小处著手，搞的都是全面性的综合研究，从来不在枝节问题上钻牛角尖"③。陈梦家大量有价值的著作和他宝贵的治学经验，已成为我国学术史上的宝贵财富。

唐兰（1900年—1978年）

浙江省嘉兴县秀水兜人，故自称秀水唐兰。号立厂，又作立庵、立盦。自幼家境清贫，曾就读于商业学校，后改习医学。1920年弃医学入无锡国学专修馆，治小学并研习群经。1929年在天津编《将来》月刊及《商报》文学周刊，同时研究古文字学。唐兰自学古文字成才，深得王国维称许："今世弱冠治古文字学者，余所见得四人焉，曰嘉兴唐立庵友兰……"④。"立庵孤学，于书无所不窥，尝据古书古器以校《说文解字》"⑤。1931年至沈阳参加《东北丛书》编写工作并在东北大学讲授《尚书》。"九·一八"事变后至北平（即北京）。1932年起任教（及兼职）于燕京大学、北京大学、北京师范大学、辅仁大学、清华大学、中国大学等，讲授《尚书》、金文及古籍新证、甲骨学、古文字学。1936年被聘为故宫博物院专门委员。1939年辗转至昆明，在西南联大中文系任教。1940年任北京大学文科研究所导师，1947年任北京大学教授、中文系主

---

① 参见王世民《陈梦家》。
② 并参见拙著《建国以来甲骨文研究》，第三章第五节。
③ 参见王世民《陈梦家》。
④ 其余三人为商承祚、容庚、柯昌济。
⑤ 王国维：《〈殷虚书契类编〉序》，1923年。

任。1952年调至故宫博物院，先后任设计员、研究员、学术委员会主任、陈列部主任、美术史部主任、副院长等职。

唐兰20世纪20年代打下坚实的学术基础并崭露头角，30年代在学术上日臻成熟，论著颇丰。40年代在较为困难的条件下，坚持治学，著述不辍。为了提高自己的学术研究水平，50年代以后，刻苦钻研马列主义经典著作，还自学俄文。70年代他在青铜器、竹简、帛书等方面发表了一系列有重大影响的论著，是他学术研究的高峰时期。

唐兰治学严谨，在古文字学、青铜器学、古代史、音韵学、文字改革等领域都很有建树。他著作等身，专著、论文达二百多种[1]。

唐兰对甲骨学的发展也做出了不小的贡献。他的《天壤阁甲骨文存》，为甲骨学研究提供了一批新鲜资料。更重要的是，本书的考释及《殷虚文字记》等论著，共考释甲骨文字一百多个，在文字的释读和研究方法等方面作出了贡献。

唐兰曾在《天壤阁甲骨文存》自序中说："余于卜辞文字致力最久，所释倍于前人"。还在《古文字学导论》自序中说过："前人所称已认识的文字不过一千，中间有一部分是不足信的；根据我个人的方法，所认识的字几可增至一倍"。唐兰不仅在释读甲骨文难字方面做出了成绩，更重要的是，他根据前人的经验和自己的研究心得，总结出了考释文字时辨明古文字形体的四种方法。他说："认清字形，是学者最需注意的，假如形体笔画，没有弄清楚，一切研究，便无从下手。认清字形的方法，首先要知道，文字的变化虽繁，但都有规律可循，不合规律的，不合理的写法，都是错误的"[2]。他总结出的四种方法是：

一，对照法（或比较法）。我国文字已有五千多年的历史，虽然蝉递之迹可见，但因经历几次变革，其间毕竟差异很大。"古文字和近代文字的差异，有时很多，《说文解字》一书，就是这两者中间的连锁。自然，严格说起来，这种连锁应属于小篆和六国古文的"。因为二者形体较近，因而自宋代以来，就有学者将铜器上的文字和小篆对照，进行文字的释定。罗振玉"由许书以上溯古金文，由古金文以上窥卜辞"，就是用的对照法。

二，推勘法。"有许多文字是不认识的，但由寻绎文义的结果，就可

---

[1] 参见曾礼《唐兰传略》，《中国当代社会科学家》第三辑，书目文献出版社1983年版。
[2] 唐兰：《古文字学导论》增订本，齐鲁书社1981年版，第161页。

以认识了"①。这就是根据古文献或已识古文字的成语，经过文句的勘校，确定未识字的意义。这一方法也自宋代就开始使用了。

三，偏旁分析法。把已识的古文字分拆为若干单体（即偏旁），"再把每一个单体的各种不同形式集合起来，看它们的变化；等到遇到大众所不认识的字，也只要把来分析做若干单体，假使各个单体都认识了，再合起来认识那一个字"②。这是自许慎开始，而孙诒让广为使用的方法。但要注意，"第一，得把偏旁认真确了。第二，若干偏旁所组合成的单字，我们得注意它的史料。假使这字的史料亡缺，就得依同类文字的惯例，和铭词中的用法等，由各方面推测。假如无从推测，只可阙疑"③。

四，历史考证法。在对文字的偏旁进行精密的分析以后，如果不能认识或仍存有疑问，"就得去追求它的历史。在这里我们须切戒杜撰，我们得搜集材料，找求证据，归纳出许多公例"。这就是对文字的"历史的考证"。

偏旁分析法是对文字进行横向分析，历史考证法则是对文字进行纵向研究。"这两种方法是古文字研究里的最重要部分，而历史考证法尤其重要"④。

正如陈梦家所评价的，"在辨明形体上，唐氏强调用分析法是正确的，他应用分析而认定的字确实是有贡献的"⑤。与此同时，唐兰还对范围了我国学术界二千多年的"六书"说提出了挑战。所谓"指事、象形、形声、会意、转注、假借"，实际是汉朝人对文字构成的看法，并不能反映汉以前古汉字的结构。但研究汉字理论的学者，一般都摆脱不了这一传统说法的束缚。唐兰根据甲骨文字的研究，在《中国文字学》第 75 页指出，所谓的"六书"，"从来就没有明确的界说，各人可有各人的说法。其次，每个文字如用六书来分类，常常不能断定它应属那一类。单以这两点说，我们就不能只信仰六书而不去找别的解释"。他在《古文字学导论》一书中提出了"三书"说，即：象形文字、象意文字、形声文字。"三书可以包括一切中国文字，只要把每一类的界限、特征弄清楚了，不论谁去分析，

---

① 唐兰：《古文字学导论》增订本，第 170 页。
② 参见唐兰：《古文字学导论》增订本。
③ 唐兰：《古文字学导论》增订本，第 186—187 页。
④ 同上书，第 197—198 页。
⑤ 陈梦家：《殷虚卜辞综述》，第 70 页。

都可以有同样的结果"①。唐兰 1935 年提出这一汉字理论新说,"用今天的眼光看,先生的文字理论可能还不够完备,但在当时不能不说是重大的突破"②。

正如古文字学家张政烺所指出的,"中国古文字学研究已有一两千年的历史,但很少理论性著作"。唐兰的《中国文字学》及《殷虚文字记》、《古文字学导论》等书,"是空前的,在今天仍很有用"③。唐兰的文字考释和古文字的理论研究,对古文字学(包括甲骨文)的发展和提高,有深远的影响。

于省吾(1896 年—1984 年)

辽宁海城人。字思泊,别号双剑誃主人④、泽螺居士、凤兴叟。七岁入私塾,十七岁入海城中学,1919 年毕业于沈阳国立高等师范。曾在安东县署编辑县志,后在奉天交通银行任职员。1920 年任西北筹边使文牍委员及奉天省教育厅科员兼临时省督学。1924 年任奉天省城税捐局局长。1928 年任奉天萃升书院院监。1931 年"九·一八"事变后移居北平,潜心研究古文物和古文字学。1932—1949 年,在辅仁大学、燕京大学、北京大学等校任教授或名誉教授,讲授古文字学。1952 年被聘为故宫博物院专门委员,1955 年被聘为东北人民大学(即今吉林大学)历史系教授,从事古文字和古文献的研究、整理工作⑤。1984 年病逝于长春,享年 88 岁。

于省吾治学严谨,在古文字考释、古代典籍考证及古史研究等方面成绩卓著。他六十多年的学术生涯,笔耕不辍,留给我们专著 18 种,论文 60 多篇。

在古文字研究方面,于省吾不仅在铜器铭文的考释、研究和重要铜器资料的公布等方面作出了贡献,而且对甲骨文的研究也取得了很大的成绩。首先,于省吾的甲骨文字考释成绩超过罗、王之后的同辈学者。于省吾《双剑誃契骈枝》初、二、三编,共考释文字一百多个,是同辈学者中

---

① 唐兰:《中国文字学》,上海古籍出版社 1979 年版,第 79 页。
② 参见朱德熙《纪念唐立厂先生》,《古文字研究》第 2 辑,中华书局 1981 年版。
③ 张政烺:《〈古文字学导论〉出版附记》,齐鲁书社 1981 年版。
④ 因曾得吴王夫差剑和少虞剑,故以"双剑誃"为斋名。
⑤ 参见《于省吾自传》,《中国现代社会科学家传略》第三辑,山西人民出版社 1983 年版。

的佼佼者。众所周知，甲骨文共有单字四千五百多个，一些易识的字，罗振玉、王国维等学者早已释出。剩下的一些字，释读难度较大。于省吾知难而进，孜孜以求，每有创获。他于1979年出版了总结自己考释文字成果的专著——《甲骨文字释林》，共考释前人所未识或已识而不知其造字本义的甲骨文字三百个左右，达到了当代古文字研究的高峰。于省吾在古文字研究方面能取得巨大成就，是和他运用科学的考释文字的方法分不开的。

于省吾"在清代汉学家用考据学所取得的某些优秀成果基础上"，"运用辩证法，对文字的点画或偏旁以及它和音义的关系"① 进行分析。他深刻地指出，"不应孤立地研究古文字，需要从社会发展史的角度，从研究世界古代史和少数民族志所保存的原始民族的生产、生活、社会意识等方面来追溯古文字的起源，才能对某些古文字的造字本义有正确的理解，同时也有助于我们去正确释读某些古文字资料"②。他的不少文字考释之作，就是这一考释文字新途径实践的示范③。于省吾还提出，"早期古文字中的独体象形字的某一部分带有声符是形声字的萌芽，但它与两个或两个以上的偏旁所构成的合体形声字是截然不同的"④。关于"独体形声字"的这一创见，对我们分析文字的结构很有启发。

于省吾在甲骨文字考释的广度和深度方面超过了前人。不仅他考释或加以解说的三百多个甲骨文字对我们很有参考价值，而且他将罗、王以来考释甲骨文字的方法加以继承并发展，对我们今后文字的考释工作将发生深远的影响。

其次，于省吾通过古文字考释研究商史，为恢复我国古代社会面貌作出了贡献。于省吾主张："研究古文字的主要目的，是为探讨古代史，尤其是探讨古代的阶级和阶级斗争史服务的。而且，中国古文字中的某些象形字和会意字，往往形象地反映了古代社会活动的实际情况，可见文字的本身也是很珍贵的史料"。他指出，甲骨文字字形本身，反映了商代统治者对民众的"人身蹂躏"、"捆缚"、"械具和囹圄"、"肉刑"、"火刑"、

---

① 参见于省吾《关于古文字研究的若干问题》，《文物》1973年第2期。
② 《于省吾自传》。
③ 参见拙著《建国以来甲骨文研究》，第55—56页。
④ 于省吾：《释羌、苟、敬、美》，《吉林大学社会科学学报》1963年第1期。

"陷人以祭"、"砍头以祭"、剖肠刳腹和裂肢体杀之等等①。他的《略论甲骨文"自上甲六示"的庙号及我国成文历史的开始》②、《殷代的交通工具和驲传制度》③、《商代的谷类作物》④、《从甲骨文看商代的农田垦殖》⑤、《释奴婢》⑥ 等等论文，则对我国成文历史的开始、我国古代的社会经济基础与上层建筑等方面做了创造性的探索。

于省吾在古文字和古史研究过程中，"进一步体会到古史研究单靠典籍是非常不够的"。虽然王国维已提出将地下资料和古代典籍互相参证的古史研究的"二重证据法"，较前辈学者前进了一大步，但于省吾认为这"还没有充分认识地下资料的重要性"。在于省吾看来，"地下资料和先秦典籍两者还应该有主辅之别，即以地下资料为主，典籍为辅，才能得出真正符合客观实际的结论。这主要是因为地下出土的古文字资料和其他考古资料是原封未动的最可靠的资料，这和辗转传讹不尽可据的典籍记载是有主辅之别的"⑦。这就较王国维更前进了一步。于省吾利用古文字材料勘校古代典籍，撰成《易经新证》、《论语新证》、《诸子新证》等书，把古籍整理提高到了一个新水平。

再次，于省吾积极培养甲骨学以及其他古文字的研究人材，为古文字学研究队伍的建设和发展作出了贡献。他在进行繁忙的研究工作的同时，不顾高龄，还努力培养接班人。他早在1955年、1966年就培养了两届研究生，现已成为活跃在古文字学界的有一定成就的学者。1978年以后，于省吾又招收了硕士研究生和博士研究生，继续为培养古文字学高级研究人材贡献力量。他还主办古文字学进修班并亲自授课，培训来自全国各大学、文物和研究单位的进修人员，给古文字学研究队伍增添了新的活力。

甲骨文科学发掘时期的一批有造诣的甲骨学家，通过辛勤劳动和艰苦探索，把甲骨学由"草创时期"推向了"发展时期"，甲骨学研究达到了一个新的高峰。他们承上启下，为下一阶段的甲骨学深入研究时期奠定了

---

① 参见于省吾《〈甲骨文字释林〉序》，中华书局1979年版。
② 载《社会科学战线》创刊号，1978年。
③ 载《东北人民大学人文科学学报》1955年第2期。
④ 载《东北人民大学人文科学学报》1957年第1期。
⑤ 载《考古》1972年第4期。
⑥ 载《考古》1962年第9期。
⑦ 《于省吾自传》。

坚实的基础。

第五节　新一代的甲骨学者和成长中的一代

　　从1949年新中国成立起至今，甲骨学研究又经历了它的第六个十年、第七个十年、第八个十年和即将结束的第九个十年。在这一新的时期，老一辈的甲骨学者老当益壮，不断推出力作。与此同时，他们言传身教，培养和造就了一批又一批的甲骨学者。新中国的甲骨学研究，较前五十年取得了长足的进步，进入了以马克思主义为指导的深入研究时期。关于此，第四章第四节已做论述。

　　现在，新一代的甲骨学者已成为不少方面的学科带头人。而一批有志于此学的青年人，也刻苦钻研，锲而不舍，在有造诣的学者关心和指导下，取得了和正在取得成功，甲骨学研究队伍的一代新人正茁壮成长。

李学勤（1933年—现在）

　　北京市人。1945年就读于北京汇文中学，1951年考入清华大学哲学系。由于对古文字学有浓厚兴趣，1954年大学没毕业便进入中国科学院考古研究所（现属中国社会科学院）研究甲骨学，同年入中国科学院历史研究所（现属中国社会科学院）研究思想史。1973年以后，研究重点由思想史转为古文字学、考古学和中国古代史，1975年参加了国家文物局组织的新出土帛书、竹简的整理工作。现任中国社会科学院历史研究所研究员、学术委员会委员、副所长，并成为国务院学位委员会评议组成员。

　　李学勤涉猎面广，在甲骨学、青铜器、战国文字和秦汉简帛以及先秦史等方面都有较高造诣。他勤于著述，发表《殷虚文字缀合》（与郭若愚、曾毅公合著，科学出版社，1955年）、《殷代地理简论》（科学出版社，1959年）、《东周与秦代文明》（文物出版社，1984年）、《古文字学初阶》（中华书局，1985年）等专著和论文多种，对古文字学领域的不少新的分支学科的建立和发展都作出了贡献。

　　李学勤在甲骨学研究领域取得的成绩，主要是：

　　一，在缀合甲骨方面做出了成绩。李学勤1950年开始研究甲骨文，很早就与曾毅公一起缀合了《乙编》一书的甲骨，后又收入郭若愚缀合的《甲编》材料，1955年合编为《殷虚文字缀合》一书出版，为学术界提供了一批较完整的科学发掘甲骨文资料。应注意的是，此书比根据原骨缀合的《殷虚文字丙编》的出版要早了二年左右。

二，对甲骨文分期断代研究的深入讨论作出了贡献。在学术界争论不休的"文武丁时代卜辞之谜"的讨论中，李学勤提出了《帝乙时代的非王卜辞》（《考古学报》，1958年第1期）的看法。虽然他把这批甲骨时代推断为第五期，并于1960年以后改变了这一看法，但他"指出一部分讨论中的甲骨是非王卜辞，并做了更详细的划分和整理"①，还是有益于分期断代研究讨论深入的。他近年根据深入研究的结果，又提出了《论𠂤组卜辞的一些问题》（《古文字研究》第三辑，中华书局1980年版），在同意学术界多已公认它们为"武丁时期的卜辞"的情况下，又提出了若干新问题，使这组卜辞的讨论更加深入。此外，他主张"甲骨和青铜器的研究，应当遵循考古学的方法，从分期分组入手"②。因为传统的"五期分法有其缺点，重要的一点是把甲骨本身的分组和王世的推定混在一起了，单纯以王世来分期，实际是认为一个王世只能有一种类型的卜辞。一旦发现同一王世有不同种类的卜辞时，便很难纳入五期的框架"③。因此，他在1977年提出了所谓"历组"卜辞时代应上移到"武丁晚年到祖庚时期"④的看法，其后又提出了将殷墟甲骨分为九组的设想，力图用"两系说"取代传统的分期断代法⑤。自此以后，甲骨学界对此展开了十多年的热烈争论，促进了甲骨学分期断代研究百家争鸣局面的形成。关于此，第八章第二节、第三节已做论述。

三，西周甲骨是甲骨学研究领域的一个新分支，李学勤对这门新分支学科的建立和发展作出了贡献。他第一个明确指出山西洪赵坊堆村出土有字甲骨为西周初期物，从而标志着西周甲骨探索阶段的结束和研究阶段的开始，完成了不认识到认识西周甲骨的飞跃⑥。其后，又通过陕西岐山凤雏和扶风齐家等地甲骨的研究，对西周甲骨的特征、文字的释读、性质及族属等问题发表了许多意见，为这门新学科的形成奠定了基础。关于此，

---

① 《李学勤自传》，《中国现代社会科学家传略》第三辑，山西人民出版社1983年版。
② 《李学勤自传》。
③ 李学勤：《小屯南地甲骨与甲骨分期》。
④ 李学勤：《论"妇好"墓的年代及有关问题》，《文物》1977年第11期。
⑤ 李学勤：《小屯南地甲骨与甲骨分期》。
⑥ 参见拙著《西周甲骨探论》，第14页。

将在本书下篇第十三章进行论述。

四，李学勤利用甲骨文材料研究商代历史和方国地理也取得了成功。他对商代亲族制度做了深入研究，指出亲族称谓的最复杂形式可包括区别字、亲称和日名三种成分，做出"日名有些象谥法，是死后选定的，和生日死日无关。祭祀日依日名而定，并不是日名依祭祀日而定"[①] 等论断。他的《殷代地理简论》一书，则是这方面目前唯一的专著。关于此书的内容及特点，我们在第十一章第三节已作论述。

五，李学勤等人编纂的《英国所藏甲骨集》（中华书局1985年版），墨拓了英国各家所藏我国殷墟甲骨文。该书的出版，为甲骨学和殷商史的研究提供了新鲜资料，在公布、整理甲骨文资料方面又作出了贡献。

李学勤正值五十多岁的盛年，已以他广博的知识和在古文字学研究不少领域所做出的建树而饮誉海内外。有人总结他治学成功的经验在于"勇敢、勤奋和会通"[②]。所谓"勇敢"，就是在学术研究工作中，不囿于旧说的探索精神。他在学生时代，"对有的书也并不是全部读懂，可贵就在于不管多难的书，他都敢于去啃它。啃不动的地方肯定会有的，如果你连碰都不敢碰它，那些即使你能懂的地方，不是也无缘去领略它吗？"李学勤治学，尊重权威，但不迷信权威。"如果一旦抓住了真理，还要敢于冒犯权威，敢于顶住传统的偏见"。李学勤在甲骨分期断代研究方面，不断提出新问题，深入探索，力图找出更合理的分期断代方案来取代传统的"五期"分法和"十项标准"。所谓"勤奋"，这是从事一切事业取得成功的重要条件。李学勤十六岁以后开始钻研古文字学，有时整个假期都去北京图书馆钻研甲骨文、金文。他在不长的时间内，几乎全部涉猎了北京图书馆所藏的甲骨、金石资料。青年时代的勤奋努力，为他以后的研究工作打下了坚实的基础。《殷虚文字缀合》的编纂占去了他两年多的时间，就在这段时间里，他还写出了不少有见地的论文。即使在今天，虽然行政事务、出国讲学访问、培养研究生和审阅中青年研究工作者的论文和专著等，占去了他很多宝贵的时间，他仍然进行研究，出国或去外地讲学归来，马上就又投入工作。他孜孜以求，锲而不舍，所以能够不断推出新作。这需要多么坚韧的毅力和勤奋精神呵！所谓"会通"，就是在历史唯

---

① 参见李学勤《论殷代的亲族制度》，《文史哲》1957年第11期。
② 忍言：《科学高峰、学术师承及其他——李学勤治学经验谈》，《读书》1981年第2期。

物主义指导下，把研究对象放到历史发展的总体中进行全面研究，从而得出科学的规律性的东西。正像有人说的，李学勤"学无专师"，但他"在长期治学的道路中，就特别注意对许多先辈名家的治学特点和专长，进行认真的揣摩，以期融而贯之，据为己有"。他主张考古与历史应有机地结合起来，"学考古的人，如果没有历史理论和文献知识，就会目无全牛，最大的能耐不过摆弄一些坛坛罐罐而已。对于出土的文物只有从一定理论高度去认识，从文献角度去印证，才能把一堆死的物变成活的社会"。而研究古文字，"要真正有所成就，还必须懂历史学、语言学和考古学"。"以为抱住一本《说文》，就能成为古文字学家，那识见还在清代学者的水准之下，充其量也只是个文物鉴赏家，等而下之，甚至不过是一附庸风雅的假古董罢了"①。

李学勤走过的研究道路和治学特点，对有志于古文字和古史学研究的人们，是有很大启示的。

裘锡圭（1935年—现在）

浙江慈溪县人。1952年考入复旦大学历史系，1956年大学毕业后考上研究生，从胡厚宣先生研读甲骨文与殷商史。同年胡厚宣先生调至北京，裘锡圭亦随胡厚宣先生入中国科学院历史研究所（现属中国社会科学院）。1960年研究生毕业后，裘锡圭任教于北京大学中文系。1974年参加国家文物局组织的整理银雀山竹简、云梦秦简、马王堆帛书等出土文献的工作。现任北京大学中文系教授、古文献研究室主任。

裘锡圭在古文字学的不少领域，诸如甲骨学、金文、战国文字、简牍等方面都很有造诣。此外，在历史学、考古学和语言学等方面也有相当的研究。他的论著严谨，涉及面广，功力深厚，深受前辈学者郭沫若、王力、胡厚宣、张政烺、朱德熙等人赞赏。由于他在古文字学研究不少方面都有所建树，现已成为国内外有较大影响的知名学者。裘锡圭在甲骨学研究方面的主要贡献是：

一，在文字考释方面，裘锡圭不断有所创获。他的《甲骨文中所见的商代五刑》（载《考古》1961年第2期。署名赵佩馨）、《读〈安阳新出土的牛胛骨及其刻辞〉》（载《考古》1972年第5期）、《甲骨文中的几种乐

---

① 以上参见忍言《科学高峰、学术师承及其他——李学勤治学经验杂谈》。

器名称》（载《中华文史论丛》第二辑，1980年）等专门考释文字的论文和其他一些有关铜器铭文考释的正文或注解，诸如《史墙盘铭解释》（载《文物》1978年第3期）等，对一些目前考释难度较大的甲骨文字进行解说，多为甲骨学界所接受。

二，在甲骨文的分期断代研究方面，裘锡圭也积极参加了争论。他"原来也相信历组卜辞为武乙文丁卜辞的传统说法，读了李文（笔者按：指李学勤《论"妇好"墓的年代及其有关问题》，《文物》1977年第11期）以后，经过认真的考虑，觉得不能不放弃旧说而改从李说"。他"顺着李文的思路做一些补充的论证"，写成《论"历组卜辞"的时代》一文①。文中对宾组出组和所谓"历组"卜辞中同见的人名进行了全面整理，并对二十项相同的占卜事类进行了对照，全面论述了"历组卜辞应该属于武丁、祖庚时期"。这对学术界关于"历组"卜辞年代的讨论，起了推动作用。

三，裘锡圭在殷商史研究方面也进行了有意义的探索。他的《关于商代的宗族组织和贵族平民两个阶级的研究》②，论述了商代社会存在由统治阶级族人组成的宗族组织，而"众"则指被排斥在宗族组织之外的平民。《甲骨卜辞中所见的"田"、"牧"、"卫"等职官的研究》③ 一文，论述了"'侯、甸、男、卫'这几种诸侯名称，都是由职官名称演变而成的"。"第一批具有诸侯性质的侯、甸、男、卫，是分别由相应的职官经历了一个发展过程而形成的。中央王朝应该是在承认了这种由职官发展而成的诸侯以后，才开始用'侯、甸、男、卫'等称号来封建诸侯，并把这些称号授予某些臣属方国的君主的"。《甲骨文中所见的农业》④一文，对商代的农作物、农业生产工具及农业生产过程做了较为全面的论述。

裘锡圭之所以能在学术研究中取得突出的成就，首先，与他的刻苦治学是分不开的。"衣带渐宽终不悔，为伊消得人憔悴"。三十多年来，裘锡圭对学问孜孜以求，有时达到了废寝忘食的地步。他在大学时代，时间抓得很紧，几乎没有睡过午觉或虚度过星期天。有些书买不起，诸

---

① 载《古文字研究》第六辑，中华书局1981年版。
② 载《文史》第十七辑，中华书局1983年版。
③ 载《文史》第十九辑，中华书局1983年版。
④ 载胡厚宣主编《全国商史学术讨论会论文集》。

如郭沫若的《两周金文辞大系图录考释》、《卜辞通纂》、《殷契粹编》以及罗振玉的有关文字考释著作等,他就一本本抄录。在做研究生时,他一边参加政治运动,一边坚持学习专业,几年间积累了六盒资料卡片。1976年唐山地震波及北京,他安之若素,依然在灯下研读。正是由于刻苦勤奋,他终于升堂入室,成为一位有影响的古文字学家[①]。其次,裘锡圭有严格的科学态度。他要求自己的知识面要广,诸如古代史、民族学、考古学、古器物学、文字学、音韵学、训诂学等方面都要懂。而且对我国古代典籍,诸如经书、史书、子书都要研读。就古文字学领域来说,他在甲骨文、金文、战国文字(货币、陶文、盟书、玺文)、秦汉文字等方面都有较高造诣。为了考证一个古文字,他总要搜集大量有关资料以及这个文字前后发展变化的各种旁证,因而每有立论,就考证精到,说服力强,为学术界所接受。他1961年发表了《甲骨文所见的商代五刑》一文,引起学术界注意。但此后十年,把精力全部放到钻研学问上,再也没有发表论文。他把《颜氏家训·勉学篇》"观天下书未遍,不得妄下雌黄"作为自己的座右铭,所以他十年不鸣,一鸣惊人。他坚实的基础和严谨的治学精神,很快就引起了国内外学术界的注意[②]。其三,裘锡圭有高度的科学事业心。他是为了研究中国古代史到古文字里去寻找资料,使古文字研究发挥最大的社会价值,而不是就古文字而研究古文字。正因为如此,他才能高屋建瓴,从全局的观点考察文字的变化发展,因而也就能举一反三,触类旁通。古文字研究为他的古史研究奠定了坚实的基础,而古史研究,又使他对所考释的古文字的社会环境有了深刻的理解。

此外,还有一批甲骨学者,或出版了甲骨学专著,诸如肖楠出版了《小屯南地甲骨》上、下册,肖艾出版了《甲骨文史话》,孟世凯出版了《殷墟甲骨文简述》,王宇信出版了《建国以来甲骨文研究》及《西周甲骨探论》等,温少峰、袁廷栋出版了《殷墟卜辞研究——科学技术篇》,姚孝遂、肖丁出版了《小屯南地甲骨考释》等,吴浩坤、潘悠出版了《中国甲骨学史》,李圃出版了《甲骨文选读》,王明阁出版了《甲骨学初论》等等;或发表了不少很有见地的论文,诸如王贵民、杨升南研究商代的军

[①] 参见晓江《刻苦治学的古文字学家》,《北京晚报》1981年4月6日。
[②] 参见骏征《锲而不舍,金石可镂》,《光明日报》1978年6月29日。

事制度①，林沄把甲骨分期断代"两系"说具体化②，张永山研究商代阶级关系③，罗琨研究商代传说时代④，谢济研究甲骨文分期断代⑤，齐文心研究商代的监狱设置⑥，常玉芝研究商代的祭祀制度⑦，彭邦炯研究商代的邑制⑧，等等。这些专著和大批论文，为甲骨学的深入研究作出了贡献。

与此同时，甲骨学研究的一代新人也在茁壮成长。在十年浩劫期间，我国科学文化事业曾遭受严重摧残，古文字学领域也不能例外。一代宗师郭沫若曾为此担心并采取了一定的措施。在科学的春天到来以后，甲骨学研究队伍青黄不接的现象有所改变。不少老一辈的学者，在研究和整理自己著作的同时，还大力培养接班人。近年有一批硕士、博士研究生毕业，充实了甲骨学研究队伍，并带来了新的活力。他们已步入堂奥，并在学术舞台上崭露峥嵘。

这批甲骨学研究队伍中的新人有着可喜的特点，这就是：一，起点高。这些新人一般都经历了生活的种种磨难，不少人在逆境中刻苦自学，较早地开始了甲骨文等古文字的研究。此外，他们又都得到了有影响的甲骨学专家的指导，在研究生阶段就打下了较为坚实的基础。他们中不少人又都掌握了一种（或两种）外语，能够及时了解国外同行的研究成果和动向。二，推出新作快，由于经过系统而严格的科学训练，所以他们在研究生毕业时都写出了质量较高的毕业论文。参加工作以后，在担任教学和科研工作的过程中，每有体会，辄写成篇。不少他们发表的作品，受到了好评。三，涉及面广。他们的研究工作，逐渐涉及近年甲骨学和商史研究较为薄弱或尚没有人触及的领域，诸如商代的天文历法、家族形态、军事制度、祭祀活动等等方面。而且不少论著立意清新，出手不凡。《甲骨文合集》、《小屯南地甲骨》等大型甲骨著录的出版，改变了研究资料不足的局面，为他们全面搜集资料打下了基础；前辈学者的努力，把甲骨学研究推

---

① 杨升南：《商代军队略论》，《甲骨探史录》。王贵民：《就殷虚甲骨文所见试说"司马"职名的起源》，《甲骨文与殷商史》。
② 林沄：《小屯南地发掘与殷虚甲骨断代》，《古文字研究》第九辑。
③ 张永山：《论商代的"众人"》，《甲骨探史录》。
④ 罗琨：《殷虚卜辞中的高祖与商人的传说时代》，《全国商史学术讨论会论文集》。
⑤ 谢济：《试论历组卜辞的分期》，《甲骨探史录》。
⑥ 齐文心：《殷代的奴隶监狱和奴隶暴动》，《中国史研究》1979年第1期。
⑦ 常玉芝：《关于周祭中武乙文丁等的祀序问题》，《甲骨文与殷商史》。
⑧ 彭邦炯：《商代"作邑"蠡测》，《甲骨探史录》。

向了一个新的高度,而他们善于继承前人的研究成果,所以能在前人的基础上取得新的前进。

与这批经过严格训练的甲骨学新秀一道,在全国各地还有不少自学成才者,他们是甲骨学研究队伍的雄厚后备力量。在甲骨文的故乡——河南安阳,1986年还成立了专门的甲骨学会,定期交流学术体会,切磋研究心得。他们还创办刊物《甲骨学研究》,为发表自己的新作提供园地。

甲骨学研究的新一代正在茁壮成长。可以预料,在不久的将来,甲骨学研究队伍成长中的新一代,将如群星灿烂,成为甲骨学研究的专门家。

下篇

小　　引

从上篇有关各章节的论述，我们可以看到，甲骨学已成为一门相当成熟的学科。

我们通常所说的甲骨学，是以殷墟出土的甲骨文为研究对象。因此，人们长期以来形成了一个传统的观念，即所谓甲骨学，就是对殷墟甲骨文的研究。

"周因于殷礼"。代殷而起的周王朝，还有没有甲骨文？商朝灭亡，"失国霾卜"，甲骨文是否就不复存在和使用了呢？学者们很早就在思索着这些问题。

还是在1940年，就有人发表了《陕西曾发见甲骨之推测》[①]的文章，根据山东城子崖遗址发现一块陶片上刻有"齐人网获六鱼一小龟"[②]的文字，推测在河南安阳殷墟小屯村以外，也还会有"甲骨和近于甲骨文字遗物的发现"。并特别指出，在陕西还应有周人甲骨的发现。理由是：其一，"在历史上，可以找到显明的证据。如《诗·大雅·文王之什·绵》：'周原膴膴，堇荼如饴；爰始爰谋，爰契我龟'。《绵》是周民族的史实……大约在殷民族亡灭之前，已经和周人常有往来，彼此交通，周民族学得了殷人占卜的方法，于是在周原一带也利用龟来占卜了。周民族是并未有它固有的文字做基础的；周民族的'契'刻卜辞，和用龟的方法，完全是从殷民族那里学去的"。其二，"我们拿《水经注》所记高陵县（属陕西西安府境）发见'背文负八卦古字'的龟和《大雅》'考卜维王，宅是镐京，维龟正之'的话相引证，知道在陕西西安府附近曾有发见卜辞的可能（这种卜辞大半恐属于周民族），这似乎已不完全是我们的推测了"。

[①] 作者何天行，载《学衡》第一辑，1940年（上海）。
[②] 傅斯年等：《城子崖》，中央研究院历史语言研究所1934年版，第72页。

虽然此文的"推测"颇有见地，但限于条件，陕西周原及西安等周代遗址没有进行过有计划的科学发掘工作，因而1899年殷墟甲骨文发现以后，几十年间也没有出土过一片西周甲骨。因此，学者们的甲骨学研究，一直着眼于殷墟所出的15万片甲骨文，对西周甲骨一直不甚了了。

新中国成立以后，随着大规模经济建设的发展和考古发掘工作的全面展开，各地不断有西周甲骨出土。特别是1977年春在陕西岐山凤雏宫殿基址西厢二号房内窖穴H11、H31内出土的大批甲骨，把西周甲骨的研究推向了一个新阶段。由于西周甲骨不断发现，在甲骨学研究领域内逐渐形成了一门新的分支学科——西周甲骨学。自此以后，甲骨学的研究范围扩大了，打破了凡谈甲骨则必殷商的这一传统看法，甲骨学研究更加深入了。

今天的甲骨学，既应包括对殷墟甲骨文的研究，也应包括对西周甲骨文的探索。本书的下篇，就专门对西周甲骨学进行论述。

第十三章
甲骨学研究的一门新分支学科

——西周甲骨学的形成

西周甲骨学这一新的分支学科的形成，与全国各地西周甲骨不断出土密切相关。此外，经过几十年对殷墟甲骨的观察和研究，学者们对古代占卜的程序和内容也有了较为深刻的理解和认识。在对殷墟甲骨研究的基础上去认识新发现的西周甲骨文，自然是驾轻就熟，可以少走不少的弯路。新中国建立以来的三十七个年头，西周甲骨研究经历了它发展道路上的萌芽时期、形成时期，进入了深入研究时期，已经成为一门独立的分支学科。

第一节 西周甲骨的发现

西周甲骨学主要以周代遗址出土的卜用有字龟甲和兽骨（也包括无字龟甲和兽骨）为研究对象。历年全国各地出土有字西周甲骨的情形是：

1951年，陕西邠县发现一块牛肩胛骨的上部，背面施钻灼十三处，正面呈兆。这一肩胛骨背面修整的很薄，钻处大而浅，灼痕较少，但未切臼角①。

1952年，河南洛阳东郊泰山庙遗址东侧窖穴H2内发现方凿龟版，残存龟腹甲的上部②。"其特色是方形的钻和长方形的凿结成一个低洼的正方形，凿则更深一点。这个钻凿与那个钻凿之间，保留了几乎等宽的狭长

---

① 陈梦家：《殷虚卜辞综述》，第25—26页。
② 郭宝钧、林寿晋：《1952年秋季洛阳东郊发掘报告》，《考古学报》第九册，1955年。

条，成方形界于钻凿之外之上。近顶端处钻一圆孔，未透过"[1]。此外，1975年至1979年洛阳北郊北窑铸铜遗址的发掘中，"共出土卜甲（骨）约数十版（片）之多，但完整者甚少。卜甲一般为龟之腹甲制作，边缘经过修整，往往两端尾角各钻有一小圆穿孔，'凿'和'钻'均为方形，排列整齐"。"卜骨一般是用牛肩胛骨制作，边缘经过修整，一块骨版上一般钻有两排或三排密集的圆形'钻'"[2]。据初步统计，洛阳北窑铸铜遗址共发现三十块卜用甲骨，"其中龟腹甲十六块，甲桥六块，背甲二块，牛胛骨十一块，未见有其他骨料的"。1983年在北窑遗址以北1.5公里处的西周灰坑中，还采集到一块龟背甲和甲桥[3]。龟腹甲两面都经过削磨，甲骨经过掏挖。凿孔对称，方凿较浅，其外侧有长于凿的条形纵槽，有灼痕，正面兆枝指向中间千里路。也有的如T25H238：1甲首正中有一长方浅穴，在浅穴下方两方凿左右并列，而纵槽开在方凿内侧，故灼后兆枝向外。T3H83：14+T3H90：3+T3H83：8为腹甲下少半部；其上有较为完整的左甲桥。甲桥与背甲相连处锯痕光平，上下角尖切去，边缘磨平，内面磨光。甲桥背面为纵列两行方凿，纵横施于方凿外侧（只第二横列的右凿纵槽例外），兆枝相对。背甲剖开拓者，甲首及较厚处依背甲弧面削薄，正面经刮磨，外缘与甲桥相连处锯痕平直。方凿纵槽，施灼处兆枝向外。未锯开的整背甲修治粗糙，方凿小而深，灼后兆枝向中间千里路；胛骨都经修整，骨臼背面削去一半，切去臼角，两面修磨光滑。钻孔正圆，孔壁垂直，纵槽在孔底外侧，灼后兆枝朝中间方向[4]。

  1954年，山西洪赵县坊堆村（现属洪洞县）周代遗址出土的"卜骨在地下已碎裂很厉害，一块破得不能全部复原，另一块出土时也碎成若干片。经修复后才知道这两块卜骨用的左右两个牛胛骨。应该注意的地方，在两个卜骨正面的下部的中央同一个地方都有一个浅浅的圆窝"。较完整的胛骨，"两面及周围都经过打磨，但比较粗糙，所以表面留有许多纵的摩擦痕迹。骨的背面削去约三分之一，靠近臼处有钻窝十六个，不规则的排成三至四行；在中下部靠左又有钻窝五个，纵列一行"。在圆窝的底部正中或稍偏，刻有纵纹一道。而灼痕就在刻纹附近，但不很明显。卜骨的

---

[1] 陈梦家：《殷虚卜辞综述》，第26页。
[2] 《1975—1979年洛阳北窑西周铸铜遗址的发掘》，《考古》1983年第5期。
[3] 赵振华：《洛阳两周卜用甲骨的初步考察》，《考古》1985年第4期。
[4] 参见赵振华《洛阳两周卜用甲骨的初步考察》。

正面，相当钻窝的位置呈现卜兆，并在骨正面刻文字一行八个文字①。

1956年，在陕西西周腹地丰镐遗址张家坡发现了有字甲骨。其中一片卜骨是"用牛肩胛骨制成，大部已残，现存者为肩胛骨之柄部"。骨的"背面靠一边有圆形钻孔三个，其中一个已残"。"靠一边有凿一道，与骨长同方向，极细，不及0.1厘米宽。灼痕不显。正面均有卜兆。在卜兆附近有刻划极细的文字两行。一行与骨长同方向，一行与骨宽同方向"②。还有一片是"用兽类的肢骨做成的，制作较粗。残存两个圆孔，在骨面上，相当于钻孔的部位，刻有笔道很细的近似文字的记号"③。另一片上也刻有类似文字的记号④。这里还发现无字卜甲，一般背面都经过修磨，并在背面施有方凿，槽底外侧凿一条细沟，凿孔排列整齐。也有的兽骨因较薄，不施钻凿而直接施灼。也有的龟甲未施凿，而直接在龟甲的正面施灼。总计1955年至1957年在张家坡遗址共发现卜骨二五片，卜甲一〇片⑤。

1975年，北京昌平白浮西周墓葬中出土了一批甲骨。墓葬M2在人骨的左上方发现数十片残碎卜甲，均为龟腹甲和背甲。甲片都经过修磨，方凿。其中有两片刻有文字；另一墓葬M3的椁室右侧中部也出土了百片左右的龟腹甲和背甲。卜甲背面都经过修磨整治，施有方形凿，凿孔排列整齐，上有灼痕。也有的卜甲上刻有文字⑥。

1977年，陕西岐山凤雏建筑基址西厢二号房窖穴H11和H31内出土了成批西周甲骨。窖穴H11"开口于建筑基址3B层，这一层堆积有大量红烧土、三合土和墙皮"。窖穴呈长方形，"上段四壁为夯土（属于房屋的夯土台基），高1.3米，下段为生土，高0.6米，说明窖穴打破了房屋台基，时代应晚于房屋台基"⑦。而窖穴H31的"窖口上部堆积与H11相同，窖口亦开口于3B层夯土台基。窖内地层堆积，由口往下深0.48米为红烧土块和'三合土'墙皮等，下压夹有红烧土碎粒的灰褐色土，厚1.05米，内含甲骨和蛤蜊等文物。这层下边是淤土，厚0.2米。淤土下为生土"⑧。

---

① 畅文斋、顾铁符：《山西洪赵县坊堆村出土的卜骨》，《文物参考资料》1956年第7期。
② 《长安张家坡村西周遗址的重要发现》，《文物参考资料》1956年第3期。
③ 见《沣西发掘报告》，文物出版社1963年版，第111页。
④ 参见张亚初、刘雨《从商周八卦数字符号谈筮法问题》插图，《考古》1981年第2期。
⑤ 参见《沣西发掘报告》，第111页。
⑥ 参见《北京地区的又一重要考古收获》，《考古》1976年第4期。
⑦ 参见《陕西岐山凤雏村发现周初甲骨文》，《文物》1979年第10期。
⑧ 参见陈全方《陕西岐山凤雏村西周甲骨文概论》，《古文字研究论文集》1982年5月。

这两个窖穴共出土卜甲和卜骨一七二七五片，以卜甲为多，约一六三七一片。卜骨较少，约六七八片。其中有字甲骨共二八九片。甲骨都经过整治，"卜甲几乎全系方孔，有圆孔者极少，方孔一般呈长形，平底浅孔，在孔的底部一侧凿一条细槽"。"所有方孔大小有别"，但"也有钻凿圆孔的卜甲，为数极少"。而"卜骨皆钻圆孔，其孔壁有垂直与错叠两种"，其"孔内底部约三分之一处有槽"①。

1979年，位于周"岐邑"手工业作坊和平民区范围内的扶风县云塘齐家遗址，在属西周中期的灰坑H3、H4内也有甲骨发现，并在遗址采集到卜用甲骨，共发现有字甲骨六件，无字甲骨近二十件。这里发现的"卜骨和卜甲都是先经修整然后钻凿和施灼的。卜骨是先把牛肩胛骨的骨臼和中脊部分锯割掉，使骨壁变薄，与肩胛扇取平，有的还加锉磨，然后在整修好的骨面上钻直径1.3至1.5厘米的圆窝。又在窝底靠外的一侧凿一竖槽，把灼出的兆纹控制在朝中间的方向。钻孔排列似无规律，由骨臼附近到肩胛扇都有。卜辞大都刻在正面，有的守兆，分刻在卜兆附近；有的远离卜兆，刻在骨臼附近或肩胛扇中脊两侧。有由肩胛扇一端向骨臼一端竖刻。也有横刻的，但不见从骨臼一端向肩胛扇一端竖刻的"。而"卜甲是先把龟腹甲里面铲挖平整，顺两边甲桥凿几行竖槽，再用平口凿或半圆凿自里而外向凿槽内侧铲去，使甲版变薄"。"铲出的凿孔也就有方有半圆。也发现个别凿孔是圆的"。甲骨上的文字刻在卜兆附近，"从两边向中缝对刻"。卜骨的灼点很小，烧灼较轻。而卜甲灼点较大，烧灼较重②。

总之，历年各地出土的西周甲骨，扩大了甲骨学者的研究范围，使他们把眼界放宽到殷墟甲骨文以外。特别重要的是，上述出土西周甲骨的遗址中，有五处出土了有字甲骨。这就是山西洪赵坊堆村出土一片，共8字。陕西长安张家坡出土三片，合文5字。北京昌平白浮出土四片，共11字（这批材料尚未全部整理公布，可能还有有文字的甲骨）。陕西岐山凤雏出土二八九片，共计903字，合文12个。扶风齐家出土六片，共102字。以上五处已公布的西周有字甲骨共三〇二片，总字数1041个。

西周有字甲骨的出土，为研究西周早期的历史提供了弥足珍贵的史

---

① 参见陈全方《陕西岐山凤雏村西周甲骨文概论》；及《岐山凤雏村两次发现周初甲骨文》，《考古与文物》1982年第5期。
② 参见《扶风县齐家村西周甲骨发掘简报》，《文物》1981年第9期。

料，并促进了西周甲骨学这一新分支学科的形成。虽然如此，我们还应看到：历年出土的西周有字甲骨与殷墟出土甲骨文相比，毕竟数量太少了。因此，各地所出西周无字甲骨，对我们观察其整治、使用以及甲骨的特征等就具有特殊重要的意义。我们现在所形成的对西周甲骨的认识，就是通过对上述各遗址出土的西周有字甲骨和无字甲骨、西周腹心地区出土甲骨和边远地区所出甲骨的互相比勘、补充而综合研究得出来的。也正由于西周甲骨出土数量较少，研究的难度也就更大。因而今天对西周甲骨的认识和看法，还有待今后出土新材料的不断验证和深化，这是我们应该注意的。

第二节　西周甲骨研究的几个阶段

自1899年至1949年的五十多年当中，学者们的主要精力是放在殷墟甲骨文的研究方面，再加上西周甲骨一片也没有发现过，所以西周甲骨的研究还没有被提到日程上来。

1950年春天，在河南安阳殷墟范围内的四盘磨村西地SP11内发现了卜骨，主持发掘的学者注意到"内有一块卜骨横刻三行小字，文句不合卜辞通例"[①]。这说明，学者已开始考虑，在通常的甲骨卜辞外，是否还有其他性质的甲骨刻辞的问题。

陕西邠县和河南洛阳所出卜用甲骨，学者们虽然看到了它们的整治与殷墟甲骨有所不同，但直到1954年还把邠县所出甲骨推断为"可能是北殷遗物"。而洛阳所出卜用甲骨，则"根据历史记载，周武王灭商以后，周公成王迁殷民于成周近郊，当有西周初期的殷人遗址。殷人遗址可以有殷代物，也可以有西周初物"[②]。因而推断其为殷亡以后，属于周初迁洛邑的殷遗民之物。虽然时代已非商朝，但仍把它们看做是与殷墟甲骨为一个系统。

1954年山西洪赵坊堆村有字甲骨文发现以后，为学者们提供了整治和文字契刻与殷墟甲骨文完全不同的例证。这就使学者们得以明确地提出，在殷墟甲骨以外，还存有时代应晚于殷代的甲骨文。有的学者认为，坊堆

[①] 郭宝钧：《1950年春殷墟发掘报告》，《中国考古学报》第五册，1951年。
[②] 陈梦家：《解放后甲骨的新资料和整理研究》。

村所出甲骨"可能属于春秋或较晚的东西。洪赵春秋时为赵简子采邑，应是晋或赵的遗物"①。李学勤则根据伴出铜器、陶器等遗物进行研究，并"由字形判断它的时代"，指出卜骨上的"止"、"疾"、"贞"字形较殷墟甲骨文时代要晚。但"周以下的'疾'字中人横已经变成一横；'贞'字下部的'鼎'已经变成'贝'字形。此骨'疾'字人形仍然保存，'贞'字的'鼎'还没有完全变成'贝'形，与散氏盘'贞'字最为相近"。因而指出，"认为是春秋战国时代的，实在失之太晚"。李学勤第一个指出坊堆所出甲骨，"应当是西周的"②。陈梦家也注意到坊堆村"遗址出了很多西周的青铜器"，定这里所出卜骨为殷末周初物③。

山西洪赵有字西周甲骨的发现，打破了凡谈甲骨则必殷商的传统看法。特别是1956年又在西周中心地区丰镐遗址张家坡的西周地层中发现了三片有字甲骨，说明坊堆出土有字西周甲骨绝不是偶然、孤立的现象。学者们认识了西周甲骨以后，再回过头来对以往出土的一些与殷墟甲骨作风不尽相同的甲骨进行再认识，也得出了陕西邠县所出甲骨"可能是殷末周初之物"的看法。洛阳所出甲骨，其钻凿形态以及近顶端钻一未穿透的圆孔，"这种形制显然是很进步的，其时代要稍晚一点"，也应是"殷末周初"④的遗物。

从1950年学者提出存在与殷墟甲骨通例不合的卜辞这一问题起，到1956年李学勤明确指出山西洪赵坊堆村所出甲骨为西周时期遗物，学者们探索了五六年之久。从不认识到认识西周甲骨文，这是甲骨学研究领域的一个突破，从而展开了甲骨学者的研究思路。因此我们称这一阶段的研究，为西周甲骨学的草创时期，或称之为"萌芽时期"。

西周甲骨被认识以后，随着有字甲骨发现的增多和材料的不断公布，研究进入了第二阶段，也就是西周甲骨学的发展时期。这一时期，北京昌平、陕西岐山凤雏、扶风齐家等地都不断出土甲骨；特别是凤雏所出有字甲骨，不仅数量多，而且内容丰富，学者研究的重点，自然放到了岐山凤雏所出甲骨文上面。这一时期学者对西周甲骨研究所取得的成果主要是在以下几个方面：

---

① 畅文斋、顾铁符：《山西洪赵县坊堆村出土的卜骨》，《文物参考资料》1956年第7期。
② 李学勤：《谈安阳小屯以外出土的有字甲骨》，《文物参考资料》1956年第11期。
③ 陈梦家：《殷虚卜辞综述》，第28页。
④ 同上书，第26、28页。

一　材料的及时公布

自1956年11月西周甲骨被认识以后，每有新的甲骨出土，便及时地将消息或材料发表，提供给学术界进行研究。丰镐地区张家坡遗址1955年至1957年大规模发掘所得甲骨，已在1962年文物出版社出版的《沣西发掘报告》（第111页）中公布。北京昌平白浮周初燕国墓中所出甲骨，也在1976年《考古》第4期上发表。中外学术界瞩目的1977年春在周人发祥地——周原凤雏出土的一万七千多片甲骨，在1979年《文物》第10期上，就已刊出了总计二八九片有字甲骨中的三一片。其余的有字甲骨，陆续发表在徐锡台的《陕西岐山县凤雏村发现周初甲骨文》、《探讨周原甲骨文中有关周初的历法问题》（均载《古文字研究》第一辑，中华书局1979年）、《周原卜辞十篇选释及断代》（载《古文字研究》第六辑，中华书局1981年），陕西周原考古队的《岐山凤雏村两次发现周初甲骨文》及徐锡台的《周原出土卜辞选释》（均载《考古与文物》1982年第3期）等简报和论文中。《岐山凤雏村两次发现周初甲骨文》及《周原出土卜辞选释》二文所公布有字甲骨摹本较历次公布为多，但除去与上述几批已公布的相同重见片和该二文互相重见一片以外，实际新刊出摹本七六纸，还不是凤雏所出二八九片的全部。1982年5月作为《四川大学学报丛刊》第十辑出版的《古文字研究论文集》上刊出的陈全方《陕西凤雏村西周甲骨文概论》，才将岐山凤雏H11、H31所出全部有字甲骨二八九片①，经过"反复查对校正"后，分十类发表。陈氏此文为学术界提供了全部凤雏甲骨中的有价值材料，促进了西周甲骨向深入研究阶段发展，受到了国内外学术界的重视和好评，日本林巳奈夫教授编的《古史春秋》第一辑已将该文刊载②。

就在岐山凤雏所出有字甲骨文分批公布的过程中，扶风齐家村也在1979年发现了甲骨，这批材料已于1981年出版的《文物》第9期以《扶风县齐家村西周甲骨发掘简报》为题全部公布。

西周有字甲骨的及时公布，促进了研究工作的开展。今天西周甲骨学研究之所以能取得成绩，首先应归功于我们的考古学家发现并及时公布了

---

① 陈文中云：凤雏全部有字甲骨为二九二片，但我们发现公布的摹本中有二片自重，附录部分五十片实为四九片，因此实为二八九片。

② 日本京都朋友书店，1984年6月。

材料，我们应当感谢他们的辛勤劳动！

二　文字的释读

为了认识西周甲骨刻辞的性质及所反映的社会历史内容，每批甲骨材料公布的同时及公布以后，都有学者进行文字和内容的考释，这是将这批珍贵史料应用于商周史研究的必要工作。文字的考释是西周甲骨研究第二阶段的主要工作之一。各家对历年出土西周甲骨文字的考释和解说，拙著《西周甲骨探论》（中国社会科学出版社1984年版）第二篇《西周甲骨汇释》已作全面汇辑。我们可以看到，虽然诸家对多数文字的说解基本接近，但也有不少文字由于先后公布摹本的差异和精确度的不同，以及解说各家见仁见智，还存有很大分歧。

三　周原所出甲骨的时代及族属问题的探索

在历年各地出土西周有字甲骨中，以陕西周原岐山凤雏遗址为最多，内容也最为丰富，搞清周原凤雏所出甲骨的时代及其族属，是利用这批材料将周初历史的研究建立在科学基础之上的关键工作。虽然在这一时期没有专门论述西周甲骨的时代和族属的文章发表，但一些简报、考释论著的字里行间，也反映出学术界对周原凤雏所出甲骨的时代和族属有着不同的看法。主要有下述几种意见：

（一）周原甲骨（主要指凤雏所出）不是周族而是商王室的。"绝大部分是商王室的卜辞"，"很可能是在殷商末年商纣王时，掌握占卜的卜人投奔周人时，携带过去的"。但"也必须承认周原甲骨中也还有一小部分卜甲，确乎是属于周人的"，其"时代应略晚于商王室卜辞"①。

（二）"周原甲骨绝大部分都是文王时代遗物"，但"也应有成王遗物在内"②。

（三）周原甲骨从字体和内容看，"似可分为前后两期"，即武王克商以前和克商以后③。持这种看法的有徐锡台④、李学勤和王宇信⑤。李学勤等并进一步指出，其中还应有"确实的帝辛卜辞"⑥。此后，李学勤更进一

---

① 王玉哲：《陕西周原所出甲骨文的来源试探》，《社会科学战线》1982年第1期。
② 徐中舒：《周原甲骨初论》，《古文字研究论文集》，1982年5月。
③ 《陕西岐山凤雏村发现周初甲骨文》。
④ 徐锡台：《周原出土的甲骨文所见人名、官名、国名、地名浅释》，《古文字研究》第一辑，中华书局1979年版。
⑤ 李学勤、王宇信：《周原卜辞选释》，《古文字研究》第四辑，中华书局1980年版。
⑥ 同上。

步论断"凤雏甲骨的年代上起周文王，下及康、昭"①。陈全方在《陕西岐山凤雏村西周甲骨文概论》（《古文字研究论文集》）中也持这种看法。

（四）周原甲骨最早"当属于周文王早期，或王季晚期作品"，即相当于"殷墟卜辞第三、四期，属于廪辛、康丁、武乙时卜辞"②。

上述种种分歧，说明西周甲骨时代和族属问题还应该在下一阶段进行全面的深入研究。正如有的学者所说，"认为是周族人的甲骨，就可以把商亡之前商、周两族关系说成是极为亲密；若说是商族王室的甲骨，就可以把它说成是商周敌对的物证。真是一字之异，则千里是谬。所以这个问题不解决，便使一大批极为珍贵的史料，完全变为无法利用的古董"③。

四　西周甲骨的特征及与殷墟卜辞关系的认识

学者们根据对当时所能见到的周原凤雏和齐家等地出土较完整有字甲骨和无字甲骨的观察，并在逐渐认识西周甲骨的整治、钻凿形态、卜法及文字契刻等方面的一些规律的基础上，总结出西周甲骨的基本特征，并将西周甲骨与殷墟甲骨相比较，认为"商周甲骨有许多根本的差别，应该认为两种不同传统的卜法。西周甲骨不是殷墟甲骨的直接延续"④。笔者则认为，西周甲骨与殷墟甲骨有许多共同性，这"正说明它们是一脉相承的"。西周甲骨的种种特征，"规定了它与殷墟甲骨的不同本质。这些特征不是独创的，而是早在殷人那里就始露端倪，加以继承和发展而形成，是时代进步性的表现"⑤。

五　对甲骨上一种异形文字讨论的深入

1950年春天，殷墟四盘磨遗址出土甲骨上刻有文句不合卜辞通例的由数字组成的异形文字。1956年在丰镐遗址出土的西周甲骨上，又发现了同类性质的异形文字，引起了学者们的注意。唐兰最早对这些异形文字进行了探索，认为这些由一到八数字组成的一种"特殊形式的文字"，"可能是曾经住过现丰、镐地域的一个民族（例如古丰国之类）的文字"⑥。李学勤则在1956年第一个提出了"这种纪数的辞和殷代卜辞显然不同，而使

---

① 李学勤：《西周甲骨的几点研究》，《文物》1981年第9期。
② 徐锡台：《周原卜辞十篇选释及断代》，《古文字研究》第六辑，中华书局1981年版。
③ 王玉哲：《陕西周原所出甲骨文的来源试探》。
④ 参见李学勤《西周甲骨的几点研究》。
⑤ 参见王宇信《西周甲骨探论》，第157—174页。
⑥ 唐兰：《在甲骨金文中所见的一种已经遗失的中国古代文字》，《考古学报》1957年第2期。

我们想到《周易》的'九''六'"①的看法。虽然这一说法很有见地，但因当时这种异形文字发现不多，因而没有引起学术界的注意。此外，郭沫若②、裘锡圭③等学者也对这些"异形文字"，从中国文字发展史的角度进行过探索。

周原凤雏和齐家西周甲骨中这类异形文字的再次发现，愈益引起更多的学者探索其奥秘的兴趣。1978年11月张政烺在吉林省长春市举行的中国古文字学术讨论会上，提出这种由数字组成的符号是"八卦"的看法④，其后，他又对历年出土铜器、甲骨上出现的三十二例这类异形文字做了全面研究，论证了这类奇字就是"易卦"，其说以《试释周初青铜器铭文中的易卦》为题，发表在《考古学报》1980年第4期上，从而使学术界探索多年的"奇"字之谜得到了突破。在此基础上，又发表了徐锡台、楼宇栋的《西周卦画探源》⑤及《西周卦画试说》⑥，张亚初和刘雨的《从商周八卦数字符号谈筮法》⑦，管燮初的《商周甲骨和青铜器上的卦爻辨识》⑧等论文。管燮初在文中指出："古代易卦的用途一是占筮记录，二是表意符号。占筮纯属迷信。易卦表达意思，其作用相当于上古结绳而治的结绳，不是文字"。"卦爻表达意思，不与语言的词汇、语法结合，直接同思想联系。卦爻是语言文字之外的一套表意符号"。因此，这一时期对西周甲骨异形文字的研究，"对探索《易》的起源及文化史、思想史都有很大意义"⑨。

六　商周历史文化的考索

众所周知，我国古代典籍中有关周初史迹记载很少。而西周甲骨，特别是周原凤雏所出甲骨，内容较为丰富，被人们称道为"继殷墟商代甲骨文后的又一重要发现"。虽然历年有很多铜器铭文出土，但"大都是记载

---

① 李学勤：《谈安阳小屯以外出土的有字甲骨》。
② 郭沫若：《古代文字之辩证的发展》，《考古学报》1972年第1期。
③ 裘锡圭：《汉字形成问题的初步探索》，《中国语文》1978年第3期。
④ 参见李学勤《古文字学术讨论会与古文字学的发展》，《中国史研究动态》1979年第3期。
⑤ 载《中国考古学第一届年会论文集（1979年）》，文物出版社1980年版。
⑥ 载《中国哲学》第三辑，1980年。
⑦ 载《考古》1981年第2期。
⑧ 载《古文字研究》第六辑，中华书局1981年版。
⑨ 参见李学勤《西周甲骨的几点研究》一文的《卜与筮的关系》一节。

诸侯大臣的活动情况，对王室的活动只是有所涉及，而这批甲骨文有不少直接记载了周初王室最高统治阶层的政治情况，为研究商周之际的历史提供了珍贵材料，这是迄今我国发现的金文中所没有的"[1]，因而就弥足珍贵了。

学者们研究了灭商以前的商周关系。有人认为"周人的受封于商，可能是在太公诸盩时代"。"在周原甲骨中，有一片上的卜辞可以为上述说法提供有力的证据"[2]。也有人指出，"公亶父时代，殷周关系，全属空白。其见于记载者始于王季历"。而"周原甲骨凡称王的卜辞皆指王言"。对周原出土甲骨中的四条进行了考释，论述了"殷周关系所以达到长期稳定的原因"，是"文王时代周之事殷处处都要通过盟誓之言，作为周不叛殷的保证"[3]。也有人将周原卜甲所记周人祭祀殷王太甲、文武帝乙和殷王在帛地狩猎的卜辞与《国语·鲁语》的记载相印证，"证实武王灭商以前的西周为殷的附属国，是殷在西方的一个侯国"[4]。但有学者认为，"周原甲骨文实是殷商末年商王室的卜辞，其中的'王'是商王，很可能是帝辛"。因而"这些卜辞内容根本与周族无任何瓜葛，更涉及不到商周关系的密切不密切了"。"主持占卜的贞人是掌握甲骨的，他们的投奔周族，必然也会载其甲骨档案，挟以俱来。这就是在周原发现的大批商王室甲骨的主要来源"[5]。

周原出土甲骨中还有不少方名和地名，对商末周初方国地理的研究很有价值。在公布材料的一些简报中，不少已随文做了考证。也有专门的考证论著发表，如顾铁符的《周原甲骨文"楚子来告"引证》[6]，对周初与楚的关系做了研究，论证了"楚子来告"的刻辞，"就是鬻熊投奔西周的原始记录"。缪文远的《周原甲骨所见诸方国考略》[7]，则对周原甲骨中出现的蜀、楚、巢、微等方国地名的地理位置及与周人的关系作了专门的论证。周原出土甲骨上出现的这些方名，"反映了周初和它四周方国的关系及其势力"。出现的山川地名，"说明周人自从古公亶父迁到岐邑之后，其势力发展很快，到周文王时已征伐了西北、西南的一些诸侯小国，为周武

---

[1] 陈全方：《陕西岐山凤雏村西周甲骨文概论》。
[2] 参见范毓周《试论灭商以前的商周关系》，《史学月刊》1981年第1期。
[3] 徐中舒：《周原甲骨初论》。
[4] 陈全方：《陕西岐山凤雏村西周甲骨文概论》。
[5] 王玉哲：《陕西周原所出甲骨文的来源试探》。
[6] 载《考古与文物》1981年第1期。
[7] 载《古文字研究论文集》，1982年5月。

王联合这些国家共同举兵灭商奠定了基础"①。

周原甲骨上出现的一些官名，也有不少学者进行考证，对研究商、周官制很有意义。还有学者指出，甲骨中出现的与殷不同的"月相"记时法，"体现了周人对天体运行规律独特的认识，说明周文化发展有它自己的个性，早在武王克商前就有了自己的历法知识"②。

如此等等，西周甲骨的研究在这一阶段取得了较大的进展。学术界对文字的考释作了大量工作，对内容和分期、甲骨的特征和族属等方面进行了深入的探索，对西周甲骨的认识不断深化，有可能利用这批材料进行商周社会历史和文化的研究。因此我们说，这一阶段已由西周甲骨研究的"萌芽时期"，进入了"形成时期"。而在1982年5月陈全方《陕西凤雏村西周甲骨文概论》一文将H11、H31有字甲骨全部公布以后，西周甲骨研究开始进入了第三阶段——全面深入研究时期。

在这已经开始的新阶段，研究正在向全面综合分析材料和加深对西周甲骨的认识方面前进。已如前述，西周甲骨（特别是周原凤雏所出）是分批零散公布的。学者们依据不同时期见到的不完全材料进行研究，这就难窥全豹，不可避免地要出现某些错误或不全面之处。现在，根据已公布的全部材料，对过去的一些看法进行认识和再认识，必然有所修正或补充。此外，在第二阶段一些已经提出的问题，现在在全面综合材料的基础上，会逐渐解决和深入，一些新的问题也会逐渐被发现和提出。

在这一已经开始了的时期，有的学者继续对周原出土甲骨的特征和年代进行研究，如李学勤在《人文杂志》1986年第1期发表了《续论西周甲骨》一文。该文从西周甲骨的形制、辞例、斯字的考证等几方面研究，认为"'斯……'或'尚……'这样以命令副词开首的句子，绝不是问句。这表明，西周卜辞都不是问句"。声明"我们在《几点研究》③ 文中，认为有些是问句，有些不是，这看法是错误的，现在应该更正"。并认为H11：1、H11：82、H11：84、H11：112等四片"都是王卜辞"。"它们的卜法是周人系统的，又有两片提到'方伯'，所以我们还是把它们划为周的卜辞"。也有人对甲骨刻辞做进一步考释，主要论文有徐锡台《周原

---

① 陈全方：《陕西岐山凤雏村西周甲骨文概论》。
② 同上；及徐锡台《探讨周原甲骨文中有关周初的历法问题》，《古文字研究》第一辑，中华书局1979年版。
③ 即李学勤：《西周甲骨的几点研究》。

齐家村出土西周卜辞浅释》①和《周原出土卜辞选释》②，孙斌来《对两篇周原卜辞的释读——兼论西伯昌称王的问题》③，等等。

在西周甲骨的族属问题方面，也有专论发表。问题的讨论由前一时期笼统的周原甲骨"殷人所有说"或"周文王时周人所有说"，逐渐缩小了讨论对象的范围。高明《略论周原甲骨文的族属》④一文认为，"起码是其中载有殷王先祖名号的那部分卜辞，族属尚未完全解决"。指出，周原甲骨文的族属，"既不能单纯从祖先名号决断，也不能从出土地点确定"。他从周原甲骨的特征、载有殷王名号甲骨的时代、武王伐纣前的殷商关系、卜辞的内容及背景等几方面考察，论述了族属问题争议较大的几片甲骨应"都是周文王被囚居于殷时所贞卜，在周原卜辞中有一部分是随同文王归周时，从殷带回周原的"。并赞成"周族不可能在自己的老家周原建造商族先祖宗庙，祭祀商族的始祖成汤；更不会向商族的先祖太甲祈求保佑"，等等。

在商周历史文化的研究方面，陈全方对西周甲骨中的河山、人物、官职、动物、月相计时、八卦等方面的内容，在其所著《概论》论述的基础上加以归纳，补充了一些新的意见，撰成《周原新出卜甲研究》一文，发表在《西周史研究》(《人文杂志》丛刊第二辑)上。也有人对西周甲骨中的方国，如古巢国的地望，进行了专门的考证⑤。也有学者从古文字学、历史学、考古学、民族学等方面综合研究，对周原甲骨中所见"蜀"字进行了考证⑥。唐嘉弘在《试谈周王和楚君的关系——读周原甲骨"楚子来告"札记》⑦一文中，根据古文献和民族学材料，论证了"'楚子'并非表示楚国君为'五等爵禄制'中的子爵"。"'楚子'当为周人的养子部落的首领或酋豪"。"周原甲骨H11：83和H11：14似可通释为：楚的首领（楚伯）在一个秋天来到西土，拜会周文王。在另一个秋天（可能经过加入式后），作为养子部落的酋豪——'楚子'来拜会父后周王，有所告请"。

---

① 载《西周史研究》，1984年8月。
② 载《出土文献研究》，文物出版社1985年版。
③ 载《考古与文物》1986年第2期。
④ 载《考古与文物》1984年第5期。
⑤ 崔思棣、崔恒升：《古巢国地望考辨》，《安徽大学学报》1984年第4期。
⑥ 林向：《周原卜辞中的"蜀"——兼论"早期蜀文化"与岷江上游石棺葬的族属之二》，《考古与文物》1985年第5期。
⑦ 载《文物》1985年第7期。

为了把建国后"三十多年来西周甲骨的发现和研究成果做一总结,并谈一些我们的看法,为下一阶段的研究做些承上启下的工作",1984年4月王宇信出版了《西周甲骨探论》一书。书中首先介绍了三十多年来西周甲骨的发现和研究情况,其次是将历年各家有关文字的考释汇集在一起,以"方便读者在研究时参考比较,并了解西周甲骨文字考释已达到的水平,从而得到一定的启示"。此外,书中对当前学术界争论较多的问题,诸如西周甲骨的特征、西周甲骨与殷墟甲骨的关系、西周甲骨的分类与用途、西周甲骨的分期及其科学价值、今后研究中尚需深入探索的问题等等,做了专门论述。还将各地所出西周有字甲骨汇摹在一起。并附有重要文字索引及论著简目等。李学勤在该书序中评价说:此书"一方面对各家研究西周甲骨的论作加以综合总结,另一方面又深入钻研,提出自己的见解。特别是通过'王'字字形演变的分析,对西周甲骨试行分期,将殷墟甲骨用字形演变进行分期这一行之有效的方法移用于西周甲骨,尤其是有启发意义的工作"[①]。

我们可以看到,在已经开始的西周甲骨研究新阶段,学者们的研究正从零碎的材料向全面综合材料的方向努力。前一阶段的没有充分论证、研究的课题,逐步展开,进行深入的专题研究,向着深度和广度前进。

第三节 西周甲骨的特征及与殷卜辞的关系

在西周甲骨研究的第一阶段,即1956年以前,研究的重点在于完成从不识西周甲骨到认识西周甲骨的飞跃,还没有来得及对西周甲骨的特征及与殷卜辞的关系等方面进行探索。在西周甲骨研究的第二阶段(即1956年至1982年5月),随着各地发现有字甲骨的增多,对西周甲骨特征的认识及与殷卜辞关系的研究提到了日程上。

周原凤雏出土甲骨虽然多达一万七千多片,但卜甲都很碎小,而且主要为龟腹甲,使我们对卜甲的观察受到了局限。1979年扶风齐家出土的甲骨,则有一版有字龟腹甲仅缺甲桥和甲尾(H3〔2〕:1)。这版较完整的龟腹甲,使我们对甲骨刻辞在龟甲上的分布情形、与卜兆的关系、龟甲的整治与凿的形态、灼痕等有了较为整体的认识。此外,齐家还出土了较为

[①] 杨升南:《一本研究西周甲骨继往开来的著作》,《社会科学评论》1985年第8期。

完整的有字卜骨，也使我们认识到周人卜用胛骨的整治、凿钻形态、灼痕和文字的分布情形。以对周原甲骨的认识为基础，扩而大之，与历年各地出土的西周有字甲骨和无字甲骨相印证、补充，学者们基本上总结出了西周甲骨与殷墟甲骨的不同特征，这就是：

一　甲骨的整治方面

卜用甲骨主要是龟腹甲。一般两面都经过刮磨平整。甲首都经过掏挖，并留有宽厚的边缘，因此"一望可知与殷墟、济南大辛庄等地商代卜甲不同"。《文物》1981年第9期图版一·1〔H3（2）：1〕的正面和反面照片可供参考。周原出土卜甲的这种整治作风，还见于1952年河南洛阳泰山庙西周遗址出土的半版龟腹甲。此卜甲的甲首亦经掏挖。此外，"其中央有一浅圆穴。同样的圆穴也见于齐家村H3的无字甲。在周原其他地点，还出土过类似的卜骨"①。《考古》1985年第4期第375页图二·10及第376页四·3发表的线图及照片可供参考。洛阳还出土一块卜甲（T3H83：14＋T3H90：3＋T3H83：8），为腹甲下半部及甲尾并连接较完整的左甲桥，为我们补充了腹甲下部及甲桥的整治情形。这一腹甲的下部也削磨平整，厚薄一致。甲桥与背甲相连处是锯开的，锯痕光平，甲桥上下角尖削去，边缘削平，内面磨光。洛阳还出土卜用背甲，有的沿中脊对剖为二，甲首及中脊较厚处依背甲弧面削薄，正面经刮磨，外缘与甲桥相连处锯痕平直。也有背甲未剖而整体使用，仅在背面较厚处稍加刮磨，修治粗糙②。北京昌平白浮出土的背甲，"有的保留着完整的背甲，说明它不是象殷墟背甲那样对剖为二"③。

卜骨主要材料是牛胛骨。一般"先把牛胛骨的骨臼和中脊部分割锯掉，使骨壁变薄，与肩胛扇取平，有的还加锉磨"④。周原齐家NH1：1胛骨未切臼角，其骨臼处削去一半。齐家采：94、80FQN采：112等都是肩胛骨的上部，骨臼修治与此相同。沣西张家坡有字西周甲骨，骨臼和背面的修治与齐家所出基本相同。其他一些遗址出土的无字卜用胛骨，如陕西邠县、洛阳西周铸铜遗址等地所出西周卜骨，也都经过整治。而殷墟卜用

---

① 李学勤：《西周甲骨的几点研究》；及赵振华：《洛阳两周卜用甲骨的初步考察》，《考古》1985年第4期。

② 赵振华：《洛阳两周卜用甲骨的初步考察》。

③ 据李学勤：《续论西周甲骨》，《人文杂志》1986年第1期。

④ 李学勤：《西周甲骨的几点研究》。

胛骨，整治时都切去臼角，这是与周人甲骨不同的。但洛阳所出卜骨有的也"臼角切除，两面修磨光滑"①。

二 钻凿形态方面

西周卜甲一般是方凿，排列整齐、密集。个别的也有圆凿，如齐家H3〔2〕：2。周原卜甲的方凿基本上是"分组排列"，"从残存卜甲看，大体以三个为一组"。凿孔之间，横距小，纵距大。排列以横组者为多，以纵为组者少②。在凿的靠外部有一道较深的竖槽。各地所出有文字卜甲，如周原凤雏、齐家、北京白浮等地凿型均如此作。各地所出无字卜甲，如洛阳泰山庙、北窑铸铜遗址以及周原凤雏、齐家、北京昌平白浮所出，上面的凿型也是如此作。因此，卜甲作方凿应是西周时的普遍作风。洛阳出土卜甲甲桥上纵列两排凿孔，竖槽凿于方凿外侧，"除自上而下第二横列之右凿槽外，其余皆靠近甲桥左右两缘"③。

胛骨一般是在修整好的背面施圆钻，然后在窝底靠外部刻一竖槽，"呈所谓猫眼状"④。钻孔排列不规整，上从骨臼之下，下到肩胛扇附近都有分布。西周卜用胛骨上的这种圆钻，不仅齐家、凤雏、坊堆村、沣西等地出土有字卜骨如此，而且陕西邻县、洛阳等地所出无字卜用胛骨也是如此。

三 灼与兆

甲骨的整治、钻凿和施灼，都是为了控制正面所呈现卜兆的走向，借以判断吉凶。历年各地所出西周甲骨的整治、钻凿形态等方面作风一致，因而施灼后正面所呈现的兆纹，也必然会显示出共同的作风。卜甲方凿，凿外侧有一竖槽，因而灼后竖槽部分必然呈现出兆干，而内侧部分则呈现向内的兆枝。卜甲上的灼痕较大，呈焦黑状。较完整的龟甲，如齐家H3〔2〕：1背面有方凿三十五个，左右两边的兆枝都朝向中间的"千里路"。洛阳北窑甲桥上的卜兆也"兆枝相对，类似于左右对贞"⑤。牛胛骨则灼灸较轻，灼处一般呈黄褐色小圆点。由于圆钻之内的靠外侧刻有竖槽，故灼后竖槽部分裂为纵向兆干，靠内部较薄部分裂为横向的兆枝。因而兆干在

---

① 赵振华：《洛阳两周卜用甲骨的初步考察》。
② 徐锡台：《周原出土甲骨的字型与孔型》，《考古与文物》1980年第2期。
③ 赵振华：《洛阳两周卜用甲骨的初步考察》。
④ 李学勤：《西周甲骨的几点研究》。
⑤ 赵振华：《洛阳两周卜用甲骨的初步考察》。

外，兆枝向内。齐家卜骨 NH1〔3〕：1、采：94、80F QN 采：112 等胛骨，兆枝相对。洛阳等地出土卜用胛骨灼后也是如此。

四　刻辞胛骨一般以骨臼一方为下

西周有字胛骨一般以骨臼一方为下，与殷墟胛骨通常以骨臼一方为上的作风完全相反。张政烺在研究 1956 年张家坡出土上刻两行小字（一行与骨长同方向，一行与骨宽同方向）的卜骨时第一个发现了这一现象。他指出，"殷墟卜骨使用胛骨皆骨臼向上，张家坡、四盘磨带奇字的肩胛骨则不同，皆骨臼向左，以便左手把持，右手刻字。可知 1 是正着刻的（按：即简报谓与骨长同方向者：五一一六八一。此文字走向是上方为骨扇，下为骨臼）"①。周原齐家出土的刻辞卜骨 T1（4）：1、NH1（3）：1、采：108（背）、80FQN 采：112 等都是以骨臼一方为下，骨扇一方为上的。而采：94、采：108（正）都为横刻。西周刻辞胛骨"有由肩胛扇一端向骨臼一端竖刻，也有横刻的，但不见从骨臼一端向肩胛扇一端竖刻的。以肩胛扇一端为上，骨臼一端为下，可能是西周甲骨的一个特征"②。但也不排除有特例存在，"坊堆村卜骨的特殊处，是它以骨臼为上，与其他西周卜骨相反"③。

五　文字

西周甲骨上的文字一般都很少，而且字迹纤小，需要放大几倍才能辨识清楚。不仅周原，而且远离周原的北京昌平有字西周甲骨也是如此。周原出土卜甲上的文字基本上是竖长方形④。周原齐家村较为完整而且字数较多的卜用龟甲和兽骨的出土，才使我们对文字与卜兆的关系有了较为清楚的认识。齐家卜甲 H3（2）：1 六条刻辞分别布于相关兆枝的一侧，这种"顺着兆枝的走向，也就是朝着腹甲中线'千里路'横向纵行，这是商代卜辞没有见过的"⑤。有字卜骨，如采：94 的几条刻辞，也有的分布于兆枝一侧，在殷墟卜辞中也是没有见过的。

综上所述，西周甲骨形成了自己的特征。特别是卜甲和卜骨的钻凿形态方面，无论有字的还是无字的，无论是在周人的发祥地还是远离王畿的

---

① 张政烺：《试释周初青铜器铭文中的易卦》，《考古学报》1980 年第 4 期。
② 《扶风齐家村西周甲骨发掘简报》，《文物》1981 年第 9 期。
③ 李学勤：《西周甲骨的几点研究》。
④ 徐锡台：《周原出土甲骨的字型与孔型》，《考古与文物》1980 年第 2 期。
⑤ 李学勤：《西周甲骨的几点研究》。

边远地区，基本已成"定制"，显示出西周甲骨与殷虚甲骨不同的独特作风。但也应当承认，西周甲骨毕竟出土数量较少，而且完整者不多，因而全面认识西周甲骨的特征有一定困难。随着今后新材料的出土和研究的深入，现在所认识到的西周甲骨特征会不断得到补充和验证。

也正是因为西周甲骨形成了自己的特征，所以有的学者认为"西周甲骨不是殷墟甲骨的直接延续"①。但是，正如有的学者的研究表明，周人与商人很早就发生了联系②。而且"周因于殷礼"，灭商以后的周王朝又全面地继承了商王朝在政治、经济和文化等方面的全部遗产。在利用甲骨进行占卜方面也不会例外。而出土的甲骨也证明，西周甲骨与殷墟甲骨有着一定的共同性。这种共同性表现在以下几个方面：

首先是在甲骨出土情况方面。殷代甲骨虽然郑州也有少量发现，但主要是晚商都城河南安阳小屯村所出。西周甲骨类似，主要出土于周人早期活动中心周原遗址和西周政治、经济和文化的中心丰镐遗址，其他一些远离中心地区的北京、山西等地虽也有发现，但数量不多。殷墟甲骨有的出土于宫殿区，在宫殿基址之下或打破宫殿基址的灰坑里，如甲十二基址上窖 D42、打破乙七基址的 H17 等都出土甲骨③。而周原凤雏建筑基址西厢二号房窖穴 H11、H31 也出土了西周卜甲一万七千多片。在遗址以外，殷墟墓葬 M331 中，有甲骨出土（《乙》9099）④。藁城台西村商代墓葬 M14、M56、M100 中，在二层台的位置上每墓出土卜骨三片⑤。而西周甲骨，在北京昌平白浮西周墓 M2、M3 内也有出土。商代甲骨不少是"散佚"或"废弃"的，但也有有意的"存储"，如本书上篇第四章第三节（下）所介绍的 YH127 坑出土的大量甲骨。1973 年发掘的安阳小屯南地窖穴 H62、H99 等也都是有意识地将经过整治的甲骨或未经整治的卜用材料集中放置在一起⑥。周原凤雏窖穴 H31、H11 集中出土了大量甲骨，当也是有意识的"存储"。

其次，在钻凿形态方面。虽然在殷虚甲骨中还没有发现像西周甲骨那

---

① 李学勤：《西周甲骨的几点研究》。
② 范毓周：《试论灭商以前的商周关系》。
③ 石璋如：《建筑遗存》（遗址的发现与发掘：乙编），第七章《基址的时代》，表一二七，1959 年台湾。
④ 李济：《记小屯出土之青铜器》，《中国考古学报》第三册，1938 年。
⑤ 《河北藁城台西村商代遗址发掘简报》，《文物》1979 年第 6 期。
⑥ 《1973 年安阳小屯南地发掘简报》。

样施以方凿的情况，但在卜骨上施用圆钻却不乏其例。这种"圆钻里边包含长凿"的形式，严一萍著《甲骨学》（艺文印书馆 1978 年版）第 546、559 页曾举出若干例。尽管圆钻的形制、钻法、工具可能与周原甲骨不完全相同，但说明西周甲骨的这种圆钻当早在武丁时代就已开了先河。西周卜骨上兆枝相对，而商代卜骨虽然一般左胛骨上兆枝全向左，右胛骨上兆枝全向右，但也有一些胛骨在同一钻处两边施灼，骨面上呈相反兆枝的现象。商代的卜甲，卜兆通常是以中间"千里路"为中心，左右对称（但个别也有兆枝相反的情况，严一萍《甲骨学》第 542—546 页有几版武丁时代卜甲的例子可参看）。西周卜甲上的兆枝也是朝向中间的千里路，左右对称的。

其三，在文字与辞例方面。从现已发表的全部有字西周甲骨看，大部分单字在殷墟甲骨文中就已使用。西周甲骨文中出现新单字，只不过是随时代前进有所增创而已。就文字结构看，西周甲骨文字不是属于另外一个新的造字系统。西周甲骨文字沿兆枝一侧走向千里路，这与殷墟卜辞不同，但西周甲骨刻辞一般都守兆，这与殷墟卜辞与一定的卜兆有密切关系是一致的。西周甲骨文的卜问之辞不多，多为记事之作。但就卜辞来说，凤雏 H11：1 有前辞、贞辞，H11：84 有贞辞，这种辞例在殷墟甲骨文中是最常见的。至于记事刻辞，在殷墟甲骨文中也可以找到相同的辞例[①]。西周甲骨上的异形文字（有学者认为是易卦，我们认为不过是筮数），在殷墟四盘磨出土的甲骨上也有发现。此外，西周有字卜骨以骨臼一方为下，骨扇一方为上；在殷墟甲骨中也有这样的例子，如《殷虚文字甲编》789、2858、2878、2902 等等。

其四，在甲骨分埋方面。周人和殷人一样，龟甲和牛胛骨都用于占卜。但我们可以看到，北京昌平白浮、陕西岐山凤雏出土的有字甲骨以龟甲为主，而坊堆、沣西、齐家等地出土有字甲骨以牛胛骨为主。特别是凤雏 H11、H31 所出 17000 多片甲骨中，牛胛骨所占比例甚小。北京昌平白浮墓中所出全为龟甲。这种甲骨分埋的情形在殷墟遗址也可以看到。著名的 YH127 坑出土 17000 多片甲骨中，胛骨只有八片，其余全为龟甲。1971 年小屯西地一号探沟中集中出土卜骨二十一片，1973 年小屯南地的 H99、H62 等灰坑中也集中出土卜骨。这种甲骨分埋的现象，并不说明占卜时只

[①] 李学勤：《续论西周甲骨》。

用卜甲（或卜骨）一种卜材。"经过研究证明，有不少与YH127坑的龟甲同时占卜的同文胛骨，散见各种著录中，龟甲的集中发现只说明它们不与骨放在一起"[①]。西周甲骨的卜毕处理，也与殷墟甲骨的"甲骨分埋"是基本相近的。

值得注意的是，作为重要特征的西周甲骨钻凿形态（龟甲方凿与胛骨圆钻中的竖长槽），在殷墟甲骨文第一期武丁时代就可以找到它的"祖型"。上述西周甲骨与殷墟甲骨的许多共同点，说明它们是一脉相承的。

第四节　西周甲骨的分期

将西周甲骨进行分期断代，是利用这批材料研究周初历史的基础工作。周原凤雏和齐家有字甲骨大量出土和公布以前，西周甲骨都是零星出土，很难分期断代。在此之后，分期断代研究才有可能进行。特别是凤雏所出甲骨，不仅数量多，而且内容丰富，因而学者们把分期断代研究的重点放在凤雏窖穴H11、H31所出的有字甲骨上。虽然迄至目前，系统论述分期断代的文章所见不多，但有关西周甲骨的简报、考释文章，字里行间也透露了学术界的种种不同看法。本章的第二节对此已做过介绍。

我们认为，西周甲骨（主要是周原甲骨）基本可分为三个不同的时期，即文王时期（主要是凤雏所出文王"受命"前、"受命"后，及与文王同时的帝乙、帝辛卜辞）、武成康时期（包括凤雏及洪赵坊堆村所出甲骨）、昭穆时期（包括周原齐家及北京昌平白浮所出）。

虽然西周甲骨形成了自己的特征，但与殷虚甲骨还是一脉相承的。"殷鉴未远"。殷虚甲骨分期断代种种行之有效的方法，对我们探索西周甲骨分期仍有很大启示。我们的西周甲骨分期研究，是从下述几个方面进行的：

一　西周甲骨中"王"字的变化是探索分期的一把钥匙

我们在对周原凤雏遗址所出二八九片有字甲骨和齐家出土六片有字甲骨进行考察后，发现没有一个像殷墟甲骨文中一以贯之的"世系"可以作为分期断代研究的核心，也不可能据西周甲骨中不存在的贞人、称谓进行

[①] 李学勤：《西周甲骨的几点研究》。

西周甲骨的分期断代工作。因而，西周甲骨似乎成了互无内在联系的一团"浑沌"。但是，西周甲骨中却有一个经常出现，而且字形又富于变化的"王"字。一般说来，这些有"王"字出现的甲骨，不仅字数较其他无"王"字出现的甲骨多，而且内容也较为重要。将"王"字的横向差异和纵向变化考订清楚，对我们进行甲骨的分期断代和利用这批甲骨研究周初历史是很有意义的。

周原甲骨中共有二十九片出现了"王"字。根据各"王"字形的不同，我们可将其分为四种类型，即：

Ⅰ型　王　　王字写作三横一竖，与殷墟甲骨文第五期王字写法相同。

Ⅱ型　王　　王字写作上二横平直，下一横略斜，竖划与上下横相抵。

Ⅲ型　王　　王字写作上二横平直，下一横略呈弧状，一竖划自第二横与第三横中间部分分岔，交于第三横上。

Ⅳ型　王　　王字写作上二横平直，第三横略呈弧状，一竖划自第二横下分岔与第三横相交。

第Ⅰ型"王"字片有：H11：112、H11：82、H11：84、H11：174、H11：1、H11：48、H11：38、H11：233、H11：72、H11：189等。第Ⅱ型"王"字片有：H11：167、H11：191、H11：246、H11：136、H11：80等。第Ⅲ型"王"字片有：H11：132、H11：14、H11：3、H11：261、H11：113、H11：100、H11：11、H11：60、H11：75+126、H11：133、H11：134、H11：210等。第Ⅳ型"王"字片有：齐家NH1〔3〕：1、采：94等。

周原甲骨上出现"王"字的各片，各家所定时代不同。为研究者比较方便，我们将《西周甲骨探论》（简称《探论》）、《陕西岐山凤雏村西周甲骨文概论》（简称《概论》）及《周原卜辞十篇选释及断代》（简称《十篇选释》）所定时代列为《岐山凤雏甲骨文所见诸"王"时代表》如下。

出现Ⅰ型"王"字的甲骨，根据片上所记事类，如"彝文武丁升……文武丁豊……"（H11：112、四七、9）[①]、"……文武……晋周方伯……"

[①] 此为拙著《西周甲骨探论》号。为便于读者查找甲骨摹本及诸家对该片甲骨的有关考释，我们在书中编制了三位一体的编号，即：H11：112为甲骨摹本出土编号，四七为汇释编号，9为该书摹本顺序号。以下同此，不再注。

岐山凤雏甲骨文所见诸"王"时代表

片号	字形	型式	内　容	《概论》所定时代	《十篇选释》所定时代	《探说》论定时代
H11:112	王	I型1式	彝文武丁必，贞王翌日乙酉其秦……文武丁豊……沉卯……左王	约文王时（与殷帝乙、帝辛时相当）	文王晚期（与殷帝乙、帝辛时相当）	帝乙
H11:82	王	I型1式	……文武……王其卲帝……天毁囧周方白，由正，亡左……王受又又	约文王时（与殷帝乙、帝辛时相当）		帝乙
H11:84	王	I型1式	贞王其秦又大甲，册周方白，盍，由正不左，于受又又	约文王时（与殷帝乙、帝辛时相当）	文王晚期（与殷帝乙、帝辛时相当）	帝乙
H11:174	王	I型1式	贞王其曰用胄，叀口胄于秦，受囟不妥王		文王晚期（与殷帝乙、帝辛时相当）	帝乙
H11:1	王	I型1式	癸巳彝文武帝乙宗，贞王其卲呪成唐萭䅒，叀二毋其彝血牡三，豚三，由又正	约文王时期（与殷帝乙、帝辛时相当）		帝辛
H11:48	王	I型2式	王其口 兹用 既吉 渭渔			文王受命前
H11:38	王	I型2式	王卜			同上
H11:233	王	I型2式	其王			同上
H11:72	王	I型2式	王用			同上
H11:189	王	I型2式	曰吉 其五 正王受			同上
H11:167	王	II型1式	王贞			文王受命前后
H11:191	王	II型1式	……王……			同上

续表

H11:246	玉	Ⅱ型1式	王用……			文王受命前后
H11:136	玉	Ⅱ型2式	今秋王囚克往密	文王时期(约与帝乙、帝辛时相当)		文王受命后
H11:80	玉	Ⅱ型2式	王其往密山异	文王时期(约与帝乙、帝辛时相当)	文王早期(与殷廪辛康丁武乙时相当)	同上
H11:132	玉	Ⅲ型	王會叒	成王		成王
H11:14	玉	Ⅲ型	楚囚乞今秋来囟于王其则	成王	文王早期或王季晚期(与殷廪辛康丁武乙相当)	成王
H11:3	玉	Ⅲ型	王隹田至于帛衣王田	文王时期	同上	武成康时期
H11:261	玉	Ⅲ型	禹王彡			同上
H11:113	玉	Ⅲ型	辛未王其逐戏呪……之酱			同上
H11:100	玉	Ⅲ型	其从王……	《两次发现》定成王时		同上
H11:11	玉	Ⅲ型	……巳其彔赓彔父陟		文王早期,王季晚期(与殷廪辛康丁武乙相当)	同上
H11:61	玉	Ⅲ型	王身			同上
H11:75+126	玉	Ⅲ型	……王其			同上
H11:133	玉	Ⅲ型	丁卯王在 三宰			同上
H11:134	玉	Ⅲ型	弱巳 王卯(?)			同上
H11:210	玉	Ⅲ型	王 其五牛			同上
齐家NH₁(3):1	玉	Ⅳ型	王吕戍牧单呪豚卜	《简报》定昭穆时代		昭穆时期

（H11：82、四〇、14）、"王其求又大甲，晋周方伯……"（H11：84、七、12）、"贞王其曰用胄……"（H11：174、四六、8）等，我们在《西周甲骨探论》一书第四篇考证应为帝乙时商人物。"癸巳彝文武帝乙宗，王其……"（H11：1、一、13）片应为帝辛时商人物。"王其囗 兹用 既

吉　渭渔"（H11：48、七三、15）片，应为文王"受命"前的周人物。虽然Ⅰ型"王"字都写作三横一竖，但商人甲骨与周人甲骨的"王"字又有细微差别。Ⅰ型1式商人的"王"字第三横略呈弧状，而Ⅰ型2式周人的"王"字第三横平直。这种差异反映了殷、周两族的不同。

出现Ⅱ型王字的甲骨，王字字型也稍有不同。或第三横略斜，或近第三横处稍出一小杈与直竖斜交（需放大方显），故又可细分为Ⅱ型1式及Ⅱ型2式。其时代，我们根据甲骨上"今秋王斯克往密"（H11：136、六九、24）、"王其往密山"……"（H11：80、六九、24）等内容考证，所记当是周文王"受命"以后伐密须之事，与商纣王帝辛时代相当。Ⅰ型1式、Ⅱ型1式、Ⅱ型2式的"王"字变化，反映了周文王"受命"前后的不同。Ⅱ型1式的"王"字是Ⅰ型1式与Ⅱ型2式"王"字的过渡环节。周人甲骨"王"字的这种不同，正是因为时间早晚而产生的纵向变化。

文王时期殷甲骨与周甲骨字型比较表

字型	字形	王世	片　号	事类	字型	字形	王世	片　号	事类
Ⅰ型1式	王	帝乙	H11:84、H11:82、H11:112、H11:174	文武丁必文武帝国祝	Ⅰ型1式	王	文王受命前	H11:38、H11:48、H11:72、H11:189、H11:233	王……渭渔
		帝辛	H11:1	文武帝乙宗	Ⅱ型1式	王	文王受命后	H11:167、H11:191、H11:246	
					Ⅱ型2式	王		H11:136、H11:80、	王……往密

出现Ⅲ型"王"字的甲骨，我们根据"王酓蓁"（H11：132、二九、25）、"楚伯乞……王其则"（H11：14、四八、28）等片内容考证，应为周人成王前后物。其他一些有Ⅲ型王字出现的甲骨所载事类极为简单，不易判明其具体王世。但Ⅲ型王字既然与Ⅱ型王字有区别，又与时代明确之Ⅳ型昭、穆时期之王字有区别，这就规定了它的上限绝不会早到Ⅱ型王字的文王时，而下限也不会晚于Ⅳ型王字的昭穆时期，我们将它笼而统之地定为武成康时代物，相去不会甚远。

出现Ⅳ型"王"字的甲骨，虽然据所载史迹不易判明其时代，但根据甲骨出土地层，"此件标本不应晚于穆王时期，这与灰坑的地层关系也大体相符"①。

因此我们可以看出，周原甲骨上出现的"王"字有横向的不同，即Ⅰ型1式与Ⅰ型2式的差异，这反映了殷周两大民族的不同；也有纵向的不同，即Ⅰ型2式→Ⅱ型1式→Ⅱ型2式→Ⅲ型→Ⅳ型的发展变化，这是周人甲骨时代不同的演化。这些变化，与甲骨上所反映的历史事件是相一致的，绝不是偶然的巧合。西周甲骨的横向差异与纵向变化，如下表所示：

周原甲骨王字字形演化表

字型\项目	字型	时代	备考
Ⅰ	王1式 王2式	文王（受命前）	Ⅰ型1式为帝乙、帝辛甲骨，与文王时期相当
Ⅱ	王1式↓王2式	文王（受命后）	
Ⅲ	↓王↓	武成康	
Ⅳ	王	昭穆	

这样，我们就可以根据"王"字的字型变化，将西周甲骨中一批重要材料的时代判明了。

二　根据甲骨所载史迹判断时代

西周甲骨是周初历史的"大事记"。周初不少重大历史事件，都在西周甲骨上有所反映②。将周原甲骨上所载史迹与古文献结合起来进行考证，可以将一部分没有"王"字出现的甲骨的时代确定下来。根据甲骨所载史迹及近人成说，可以确定为文王时期的甲骨有：

H31：5（五、200），H11：31（七〇、60），
H11：68（一二、57），H11：110（一三、56），
H11：232（七五、232）等。

武、成、康时期的甲骨有：

H11：4（二、46），H11：117（三五、61），

---

① 《扶风齐家村西周甲骨发掘简报》。
② 拙著：《西周甲骨探论》第五篇。

H11：20（三、65），H11：37（三三、43），
H11：116＋75（九一、41），H11：278（九五、42），
H31：2（一、288），H31：3（三、289），
H11：9（八、66），H11：115（九三、77），
H11：27（六、68），H11：102（六六、69），
H11：42（八七、107），H11：83（九、47），
H11：8（二〇、74），H11：164（八五、76），
H11：15（三二、37），H11：50（一七、38），
H11：45（一六、39），H11：86（八九、40），
H11：22（一五、44）等①。

为学者使用方便，我们将各片主要内容及各家所定时代列表于后。

三　西周甲骨的字形书体与甲骨分期

字形和书体，是对殷虚甲骨中一些世系、称谓、贞人和事类不明的残碎卜辞进行分期断代的有效依据。西周甲骨多很碎小，一些片上所载史迹无法考定，也不具备"王"字，可否将殷虚甲骨分期断代使用的书体和字形的考察方法移用于西周甲骨呢？

西周甲骨，除了我们指出的"王"字字形颇富变化以外，其他各字很难找出早晚变化的规律。想用字形的变化来进行西周甲骨时代的区分是很困难的。

西周甲骨书体上的变化是有的。由"王"字变化和所载史迹确定了时代的西周甲骨有五四片左右，我们可以以这五四片左右的甲骨为依据，进行书体分析。

有Ⅰ型1式"王"字和Ⅰ型2式"王"字出现的几片甲骨，时代基本都属文王时期（或与之相同的帝乙、帝辛时期），总的书体作风都"严整、谨饬"。但仔细观察、品味，仍可发现它们有一定细微的差别。除了"王"字的差异以外，Ⅰ型1式"王"字出现的甲骨，字体显得柔弱。而Ⅰ型2式"王"字出现的甲骨，文字行款不规整，字体刚劲有力并显得生硬。这正反映了族别，即殷民族与周民族甲骨的不同。

Ⅱ型1式"王"字甲骨、Ⅱ型2式"王"字甲骨和另外几片无"王"字甲骨，基本上都属于文王"受命"后的文王后期。这一时期的文字书体

---

① 每片的具体考证，拙著：《西周甲骨探论》第四篇第二节。

更显得刚劲有力，实开了武、成、康时期"劲遒、豪放"之先河。

Ⅲ型"王"字甲骨以及其他无"王"字的武成康时期甲骨①，文字书体劲遒、豪放，但其间也还有某些细微的不同。即：

岐山凤雏甲骨文时代表

片号	内　容	《探论》所定时代	《概论》所定时代	《两次发现》所定时代	《十篇选释》所定时代
H31:5	密白(斯)郭(城)	文王受命后	文王时代		
H11:31	于密	同上	同上	文王时代	
H11:68	伐蜀	文王时代	同上		
H11:110	征巢	同上	成王时代		
H11:232	其于伐獻(胡)	同上	同上	文王时代	
H11:4	其徵楚卒贲师武受夐	武王时代	同上		
H11:117	祠自蒿(镐)于周	成王时代	武、成时代		
H11:20	祠自蒿(镐)于壹	同上	文王末武王初		
H11:37	咸(邯)叔弗用兹夐	武王时代	武、成时代	武王时代	
H11:116+175	咸(邯)叔族	同上	同上	同上	
H11:278	咸(邯)叔	同上	同上	同上	
H31:2	唯衣,鸡(冀)子来降,其执暨其史	同上	同上	同上	
H31:3	馘其五十人,隹,白(斯)亡咎	同上	同上	同上	
H11:9	大出于河	同上	疑成王时代		
H11:115	……于商其會者	同上	成王时代	武王时代	文王晚(与殷帝乙帝辛相当)
H11:27	于洛	成王时代	文王时代	成王时代	
H11:102	见工于洛	同上	成王时代	同上	
H11:42	新邑……延……用牲	同上	同上	同上	
H11:83	曰今秋楚子来告父后哉	同上	同上	同上	文王晚(与殷帝乙帝辛相当)
H11:8	六年史手(呼)宅商西	同上	同上	同上	

---

① 见前《岐山凤雏甲骨文所见诸"王"时代表》及《岐山凤雏甲骨文时代表》。

续表

H11:164	……凯商	武成时代	文王时代		
H11:15	大保今二月往	武成康时代	疑成王时代	成王	
H11:50	大保	同上	约武成康时代		
H11:45	毕公	同上	文王时代		
H11:86	毕公	同上	疑武成时代		
H11:22	虫(崇)白(伯)	同上	文王时代		

表中论著简称 注

《概论》——《陕西岐山凤雏村西周甲骨文概论》，
　　　　　《古文字研究论文集》，一九八二年。

《两次发现》——《岐山凤雏村两次发现周初甲骨文》
　　　　　　《考古与文物》第三期，一九八二年。

《十篇选释》——《周原卜辞十篇选释及断代》，《古文字研究》第六辑，一九八一年。

《探论》——《西周甲骨探论》，一九八四年。

有显得较为严整、谨饬的，如 H31：2（一、288），H31：3（三289），H11：83（九、47）等；

有显得刚劲、粗犷的，如 H11：37（三三、43），H11：8（二〇、74）等；

有略呈圆润、飘逸的，如 H11：11（六五、26），H11：135（一四四、146）等。

虽然目前我们尚不能进一步判断这三种书体风格之早晚，但"略呈圆润、飘逸的"第三种，实开了齐家所出昭、穆时代甲骨书体之先河，或比前二种书体略晚。

第Ⅳ型"王"字出现的甲骨及其同时甲骨，字体显得圆润、飘逸。主要以扶风齐家和昌平白浮所出甲骨为代表。

根据甲骨书体作风，我们可以判定一些甲骨的时代。H11：237（一八三、10）片和 H11：168+268（一六一、11）等片，与Ⅰ型1式"王"字出现之 H11：174（四六、8）片书体作风一致，当为帝乙时物。H11：130（四三、116）片书体作风也与有Ⅰ型1式"王"字出现之甲骨相同，当也为同时之物①。

周原凤雏出土二九九片有字甲骨，除去文字不能辨识的四九片，实际有字可识者仅二四〇片左右。这二四〇片甲骨中，根据上文三个方面的分析，文王时期（包括同时的帝乙、帝辛时期）甲骨共有二三片（据"王"字判定一五片、据事类判定五片、据书体判定三片），其余大部分都应为武成康时代物②。而不是有的学者所论断的，"绝大部分都是文王时代遗物"。文王时代的二三片甲骨中，帝乙、帝辛甲骨只有八片，这说明凤雏甲骨主要为周人之物，而不是有学者所说的"绝大部分是商王室卜辞。"

西周甲骨（主要是周原凤雏甲骨）的分期断代研究，是一件较为复杂但又非常有意义的工作。因材料较少和研究的侧重点不同，学者们对西周甲骨分期的意见很不一致。随着今后研究的深入和新材料的继续发现，一定会取得更为明确的认识。

---

① 拙著：《西周甲骨探论》，第四篇第三节。
② 拙著：《西周甲骨探论》，第四篇。

第十四章
周原出土的商人庙祭甲骨

周原凤雏窖穴 H11、H31 有字甲骨的大量出土，引起了国内外学术界的极大兴趣。第十三章第二节曾谈到学者们对周原甲骨的时代和族属的不同看法。为了展开本章的论题，有必要在这里将一些学者有关西周甲骨族属的看法，再做较为详细的介绍：

一 周原甲骨多为商族所有说。王玉哲认为，周原凤雏所出甲骨不是周族的，"绝大部分是商王室的卜辞"。但他也同时指出，"必须承认周原甲骨中也还有一小部分卜甲，确乎是属于周人的"，其"时代应略晚于商王室卜辞"①。

二 周原甲骨为周族所有说。周原考古队首先提出，这批甲骨应属于周人，并指出："从文字和内容看，似可分为前后两期"，即"武王克商以前"和"武王克商以后"。还特别指出，"H11：1 记载周人祭祀殷人的先帝文武帝乙，H11：84 记载周人求佑于殷人的先帝太甲，说明周确实是殷的附属国，但附属国祭祀宗主国的祖宗，这在文献记载中是没有见过的"②。持周原甲骨周人所有说的学者还有徐锡台③、陈全方④等。

三 周原甲骨多为周人遗物，但也有商人物。李学勤赞成"凤雏甲骨的年代上起周文王，下及康、昭，包括了整个的西周前期"⑤，多数应为周人遗物。但指出，"周原这一坑甲骨的时代和性质等方面都是相当复杂的，

---

① 王玉哲：《陕西周原所出的甲骨文来源试探》。
② 《陕西岐山凤雏村发现周初甲骨文》。
③ 徐锡台：《周原出土的甲骨文所见人名、官名、国名、地名浅释》，又《周原卜辞十篇选释及断代》。
④ 陈全方：《陕西岐山凤雏村西周甲骨文概论》。
⑤ 李学勤：《西周甲骨的几点研究》。

今后还需要综合全部材料，细心地作出判断"。我国古代文献的记载表明，"祭祀的原则是'神不歆非类，民不祀非族'，所谓'非我族类，其心必异'，周虽是商朝的诸侯国，也没有必要（或可能）去祭祀商王的祖先"。他认为一些甲骨"是确实的帝辛卜辞"，"这些卜辞都是在占卜后移来周原的"①。但他1986年在《人文杂志》第1期上发表的《续论西周甲骨》又认为，"它们的卜法是周人系统的，又有两片提到'方伯'，所以我们还是把它们划为周的卜辞"。

四　徐中舒虽然认为周原所出甲骨为周人所有，但认为其"绝大部分都是文王时代遗物"，"也当有成王遗物在内"。他不赞成李学勤的分析，认为，"文王在周原建立殷王宗庙，在旧史中也有此事例。《史记·秦本纪》记秦昭王五十三年（公元前二五三年）'韩王入朝，魏举国听令'。此时魏已沦为秦之属国，委质于秦，'称东藩，筑帝宫，受冠带，祀春秋'。此虽战国纵横策士之言，（一见于张仪说韩王，一见于苏秦说魏王）也是他们耳闻目睹的事实。《后汉书·匈奴传》说：'匈奴岁有三龙祠，常以正月、五月，九月戊日祭天神，兼祀汉帝'。汉宣帝时匈奴降汉，当在三龙祠兼祀汉帝。这和周文王在周原建立殷王庙，在这里与周大臣杀牲受盟，又有什么不同呢？"②

周原凤雏甲骨材料部分公布以后，学者对其族属问题展开争论，分歧较大。1982年5月周原凤雏H11、H31有字甲骨全部公布以后，学者们对其绝大部分应为周人所有，基本上取得了一致的看法。争论的范围日趋缩小，逐渐集中到涉及商王宗庙名和祭祀商人祖先的甲骨，即H11：1（一、13），H11：84（七、12），H11：112（四七、9），H11：82（四〇、14）等片上。这类甲骨数量不多，因涉及商王宗庙名和祭及商人祖先，我们不妨称之为周原出土的"庙祭"甲骨。

周原所出甲骨中，有没有商人的东西？关键在于如何认识庙祭甲骨上出现的商王宗庙名、受祭商先王名和周方伯等。换句话说，也就是周人能否在岐邑为商王立庙并祭及商人祖先。

高明在《略论周原甲骨文的族属》（载《考古与文物》1984年第5期）一文中，认为"周族不可能在自己的老家周原建造商族先祖的宗庙，

---

① 李学勤、王宇信：《周原卜辞选释》。
② 徐中舒：《周原甲骨初论》。

祭祀商族的始祖成汤；更不会向商族的先祖太甲祈求保佑"。认为上述族属有争议的卜辞，"它们都是周文王被囚居于殷时所卜，在周原卜辞中有一部分是随周文王归周时，从殷带回周原的"。虽然我们不同意高明周原庙祭甲骨为周人所有物的说法，但他不赞成周原立商王庙并祭祀商人先王的看法是与我们相同的①。

我们认为，周原庙祭甲骨确为商人之物。下文拟从古代礼制、甲骨刻辞本身及所祭的王名等方面进一步予以说明。

第一节　商周时代的祭祀制度与祭祀异姓

要辨明周原出土庙祭甲骨的族属，首先要对我国商周奴隶制时代的祭祀制度做进一步的考察②。

《左传·僖公》十年载，"晋侯改葬共大子。秋，狐突适下国，遇大子。大子使登仆而告之曰：'余吾无礼，吾得请于帝矣。将以晋畀秦，秦将祀余'。对曰：'臣闻之，神不歆非类，民不祀非族'"。《正义》解释说，"皆谓非其子孙，妄祀他人父祖，则鬼神不歆享之"。

《左传·僖公》三十年，卫成公梦见康叔对他说，夏人的祖先相夺了对他的祭祀。卫成公要祭祀夏人之祖相，大臣宁武子不同意，说："鬼神非其族类，不歆其祀"。

《国语·周语》记惠王十五年，丹朱之神降于莘，内史过"使太宰以祝史帅狸姓，奉牺牲粢盛玉帛往献焉"。韦昭注，"狸姓，丹朱之后也。神不歆非类，故帅以往也"。

以上事实说明，我国古代一族（姓）是不能祭祀外族（异姓）的祖先的。虽然春秋时代宗法制度已遭到严重破坏，但人们仍抱着古制不放。商周时代的宗法制度，当比春秋时还要严格。《说文》云："宗，尊祖庙也"。《白虎通·宗庙》说："宗者，尊也。庙者貌也，象先祖之尊貌也"。宗庙祭祀是宗法制度的重要组成部分。《国语·周语》："商人禘舜而祖契，郊冥而宗汤"。"周人禘喾而郊稷，祖文王而宗武王"。商、周是不同的民

---

① 拙者：《西周甲骨探论》第三篇、第四篇有关论述。
② 我们在《周原卜辞选释》一文，王玉哲在《陕西周原所出的甲骨文来源试探》一文曾有所述及。

族，当然只能各自祭祀自己的祖先。

"天子建德，因生以赐姓，胙之土，而命之氏"①。"选建明德，以藩屏周"②。周天子把自己的子弟封为诸侯，而各国"诸侯立家，卿置侧室，大夫有贰宗、士有隶子弟"③。周天子以嫡长子继位，是"大宗"，永为天下共主。各国诸侯为众子，是"小宗"。但诸侯在其国内对卿大夫而言，则为"大宗"。周天子就是这样通过血缘关系，裂土授民，把自己的子弟分封在外。又通过宗法祭祀活动，加强大宗"天下共主"的地位和对小宗的控制。宗法制度与分封制度是互为表里的。

宗庙祭祀是有一套严格制度的。《左传·襄公》十二年记载，"同姓于宗庙（即所出王之庙），同宗于祖庙（诸侯始封君之庙），同族于祢庙（即父庙，同族即高祖以下）。是故鲁为诸姬临于周庙，为邢凡蒋茅胙祭临于周公之庙"。因为以上六国都为周公庶子，所以以鲁国始封君周公之庙为祖庙。为了维护周天子天下大宗的特殊地位，诸侯是不能立王庙的。《礼记·郊特牲》载，"诸侯不敢祖天子，大夫不敢祖诸侯"。注谓："鲁以周公之故，立文王庙"。疏谓："正义曰，'知鲁得立文王庙者，案襄十二年秋，吴子寿梦卒，临于周庙礼也。注云：周庙谓文王庙也。'此经云'诸侯不敢祖天子'，而文二年《左传》云：宋祖帝乙，郑祖厉王。'大夫不敢祖诸侯'，而庄二十八年《左传》云：凡邑有宗庙先君之主曰都。与此文不同者，此据寻常诸侯大夫，彼据有大功德者……"周代各国诸侯中，只有鲁国既是文王所出，又有大功德于西周王朝，所以才得到特许，在国内破例地立有周庙——文王之庙。郑国是厉王所出，所以立有王庙。如果诸侯没有功德，也未得到周天子的特许而立王庙，那将是"非礼"的。由此可见，周代同姓诸侯都不能随便在国内为王立庙，作为异姓的周人，在周原的岐邑为商王立庙，不仅没有必要，也是不可能的。这就排除了周原出土的庙祭甲骨是周人在岐邑为商王立庙并举行对商王祭祀时占卜之物的可能性。

《左传·襄公》十二年说，"凡诸侯之丧，异姓临于外"。异姓诸侯只能在城外，向其"国"而哭之，是没有资格进入宗庙祭祀的。不仅如此，

---

① 《左传·隐公》八年。
② 《左传·定公》四年。
③ 《左传·桓公》二年。

就连司空见惯的会盟活动,也要恪守"异姓为后"[1]的原则。可见,宗法血缘关系支配着商周奴隶社会的一切政治活动。"非我族类,其心必异"[2]。与商王异姓的周文王,当然也不可能进入商朝都城的宗庙里参加祭祀商先王的典礼。更何况商周两大民族结下深仇,周文王曾一度处在商纣王帝辛的系累之中呢?因此,周文王能在商王宗庙里举行占卜的说法,也是缺乏文献依据的。

前已述及,为了论证周原出土的庙祭甲骨为周人所有,有的学者持"周原立商王庙"说。认为"文王在周原建立殷王宗庙,在旧史中也有此事例",并在学术界产生了一定的影响。他们的依据主要有两点,我们不妨考察一下这些依据是否真有道理。

"周原立商王庙"说的重要依据之一,是《后汉书·南匈奴列传》"匈奴俗,岁有三龙祠,常以正月、五月、九月戊日祭天神。南单于既内附,兼祠汉帝"。我们认为,这条材料并不足以说明周人在"周原立商王庙"。首先,这里存在着社会发生变动后与社会发生变动前的不同。与此同时,作为上层建筑的宗法制度及其内容也会随之发生变化。汉宣帝时南匈奴"兼祠汉帝",距商末周初已有一千多年。在此期间,中国社会早已发生了重大变动。商周以来的血缘宗法制度经过春秋时期的兼并战争,再加上家族的繁衍和宗族内部与宗族之间的斗争,受到了很大的削弱和破坏。春秋时,不少国家出现了像"晋无公族"[3]那样的局面,天子、诸侯、大夫、士的地位发生了变化。进入战国时期以后,各国相继变法,我国步入封建社会。这时,国王与臣子的关系已不复是大宗、小宗的宗法血缘关系,分封制已为郡县制所取代,世卿世禄制也为领取俸禄并可随时罢免的官吏所代替。秦统一中国的战争又进一步扫荡了宗法制残余,并在秦汉以后形成了高度中央集权的封建专制的官僚机构。虽然汉初也封"同姓"为王,但与商周时期宗法血缘制度下的诸侯已不可同日而语了。他们杂置郡县之间,由中央王朝为其配备大傅、丞相乃至二千石以上的官吏,诸侯王终至不能处理国事。汉武帝的"推恩令",更使诸侯嫡子封地日狭,成了由郡县辖制的"列侯"。宗法制度破坏,祭祀制度及其内容也随之发生了

---

[1] 《左传·隐公》十一年。
[2] 《左传·成公》四年。
[3] 《左传·宣公》二年。

变化。汉惠帝继位以后,"令郡国诸侯各立高祖庙,以岁时祭"①。"高祖庙"纯粹成了中央王朝的象征,与商周时"诸侯不敢祖天子,大夫不敢祖诸侯"的礼制大不相同了②。

此外,南匈奴"既内附"以后与"既内附"之前也有不同。如所周知,南匈奴之所以"兼祀汉帝",是因为匈奴统治阶级为争夺单于的宝座而发生了内部矛盾,分裂为南北单于。南单于比为得到汉中央王朝的支持,才表示"愿永为藩蔽,捍御北虏"的。他在东汉建武二四年(公元四八年)得到汉帝承认,自立为呼韩邪单于。而在南单于"内附"以前,《汉书·匈奴传》也有每年五月,匈奴"大会龙城,祭其先、天地、鬼神"习俗的记载,但并不祭汉帝。在整个西汉一朝,匈奴经常窜扰汉朝边境,时有大规模兵戎之事发生,根本不承认西汉中央王朝政权。持"周原立商王庙"说学者所据《后汉书·南匈奴传》这条材料,只能说明在宗法制度已不复存在的封建社会地方政权对中央王朝的承认,不能用以证明依靠宗法血缘关系加强自己统治的周人,会在周原的岐邑为异族统治者商王立庙并祭祀商王。

"周原立商王庙说"的另一重要依据,是《战国策·魏策一》所载二事:一为苏秦为赵"合纵",说服魏王不要与秦联合,"夫魏,天下之强国也。大王,天下之贤主也。今乃有意西面而事秦,称东藩,筑帝官,受冠带,祠春秋,臣窃为大王愧之"。二为张仪为秦"连横",说服魏王与秦联合,魏王表示"称东藩,筑帝宫,受冠带,祠春秋"。据缪文远在《战国策考辨》(中华书局1984年版)第213页考证:"据《苏秦传》,说魏在秦取魏雕阴之年,即显王三十六年"。《战国策·魏策一》所记苏秦为赵"合纵"说魏王"与当时的情势绝不相符,一、显王三十六年,秦尚未称王,何以魏乃于此时'称东藩,筑帝宫'? 二、上年魏齐方会徐州相王,二国平分霸业,此时安得'有意西面事秦'?"又同书第213—214页考证:张仪说魏王,应发生在"秦攻败韩将申差之年,即慎靓四年(公元前三一七年)"。《战国策·魏策一》所记此事"通体背于史实,举其大者,约有四端……魏王'请称东藩,筑帝宫'。秦称帝在赧二十七年(公元前二八

---

① 《史记·高祖本纪》。
② 参见金景芳《古史论集》,齐鲁书社1981年版,第111—141页;及田昌五:《古代社会断代新论》,人民出版社1982年版,第88—101页。

八年），在此后二十九年，去张仪之死已二十二年（依《史记·六国表》），与此章所言年世差互甚多"。因此，《战国策·魏策一》所谓"称东藩"、"祠春秋"云云是不足为据的，当然不能用以佐证周人在周原为商王立庙并举行祭祀商王祖先的典礼。

《左传·僖公》二十一年记载说，"崇明祀，保小寡，周礼也"。如果说周人为异姓立庙，那是通过分封一些"先圣王"之后来实现的。如封神农之后于焦，黄帝之后于祝，帝尧之后于蓟，帝舜之后于陈，大禹之后于杞。商亡之后，曾"封纣子武庚禄父，以续殷祀"。武庚叛乱被诛以后，又"以微子开代殷后，国于宋"①。这种礼制一直延续到春秋后期，如《左传·僖公》二十一年说，"任、宿、须句、颛顼，风姓也，实司太皞有济之祀"。邾人灭须句，成风请求鲁僖公帮助须句子复国，说："若封须句是崇皞济而修祀纾祸也"。这与一些学者所说的周人在周原为商王立庙并祭祀商先王的性质是完全不同的。

根据以上对古代礼制和宗法制度的分析，可知不仅周人不可能在周原为商王立庙并祭祀商人先王，而且周文王也不可能进入殷都的商王宗庙参与对商王的祭典并占卜。因此，我们认为，周原出土的庙祭甲骨，应是属于商族而不是周人的。

第二节　周原出土庙祭甲骨诠释及其族属（上）

周原出土庙祭甲骨 H11：82（四〇、图 14）、H11：84（七、图 12）、H11：112（四七、图 9）、H11：1（一、图 13）等片刻辞（例图 117），曾有不少学者进行过考证。学者间不仅对其文字，而且对其族属的看法有很大分歧②。下文谈谈我们的意见。

第一片（H11：82、四〇、图 14）

　　　　□□〔彝〕文武……王其卲禘……天□叒，晢周方伯……囟正亡左……王受又又。

---

① 《史记·周本纪》。
② 参阅拙著《西周甲骨探论》第二篇。

本辞"文武"前后均残，但以"彝文武丁必"（H11：112、四七、图9）及"癸巳彝文武帝乙宗"（H11：1、一、图13）辞例例之，"文武"之前当缺"干支彝"三字，"文武"之后可能残去一"必"字或"帝乙宗"三字。"必"亦作"秘"，"甲骨文以必或秘为祀神之室"①。"文武"，据研究，殷墟卜辞"对文丁则称文武丁，还单称文武、文，又称文武帝，共四称"②。我们认为此"文武"应是文丁，而"文武〔必〕"应为文丁之庙（至于残处为什么不是"文武〔帝乙宗〕"的理由，我们将在后面第四节说明）。"卯"，即"邵"，邵和"禘"都是祭名。"煭冊"，冊即"古典字。指简册言之"③，典与冊通，煭亦与册字通用（为减少刻字，以下用典字代替），如殷虚甲骨文有：

　　乙卯卜，争，贞沚戬称册，王从伐土方，受有佑。（《续》3·10·2、《簠征》36）

　　壬申卜，殷，贞□□祸，称典乎从……（《前》7·6·1）

　　□申卜，□贞侯□称典……（《京》1380）

殷墟甲骨文常见"称册"之辞，岛邦男《殷虚卜辞综类》第 422 页、454页所列甚详，此处不赘举。所谓"称册"，多与征伐有关。于省吾《双剑誃殷契骈枝》续编《释称册》一文考证说，"称，谓述说也。册，谓册策也"。即征伐方国时，"必先称述册命也"。殷墟甲骨文多有"称册，冊某方"之例，如：

　　……〔沚〕戬称册。冊吾〔方〕……敦卒，王从受有佑。（《前》7·25·1）

　　□戌〔卜〕，殷，贞〔沚〕戬称册，冊土〔方〕……王从……（《粹》1098）

此处之"冊"字，胡厚宣师谓："其义实同于伐。其言冊方者，除本辞'冊吾'之外，亦言'冊土方'，盖犹言伐吾伐土方也"④。于省吾谓："其

---

① 于省吾：《释必》，《甲骨文字释林》，中华书局 1979 年版。
② 常玉芝：《说文武帝》。
③ 于省吾：《释冊》，《甲骨文字释林》，中华书局 1979 年版。
④ 胡厚宣：《殷代吾方考》，《甲骨学商史论丛》初集二册。

于征伐言冊某方，以及祭祀于人牲和物牲言冊者，并非冊告之义"。"冊从册声，古读册如删，与刊音近字通，俗作砍"①。因此，H11：82（四〇、图 14）本辞之"天□典，冊周方伯"与上引殷墟卜辞文例完全相同，所记应是称册受命，征伐周方伯之事。

我们通读全辞可以看出：本辞中的"王"，是主持祭典之人，是主体。而周方伯，是被冊伐的对象。很清楚，王与周方伯绝不会是同一人。作为被征伐对象的周方伯，绝不可能置身于商王宗庙中，并当着商王的面，公然从容占卜自己将要被商王征伐之事。因为占卜和契刻文字有一套复杂的程序，非片刻之功所能完成。

第二片（H11：84、七、图 12）

贞王其求又大甲，冊周方伯，蠱，囟正不左，于受又又。

此片之"蠱"字，因字迹临摹不清，各家所释不一。有学者认为是"粮食类"祭品，有学者认为是周方伯私名，详见拙著《西周甲骨探论》第二篇汇释所辑。高明认为"此字分上下两部"，考证为"势"字。释此为威胁商王朝安全之势力或形势。认为此片"省略的贞者当为周文王，在他被囚禁于殷的时候，闻知殷纣祈求太甲，并诅咒自己的时候，故进行占卜，贞问殷纣王这一行为，对西方和自己是否有害，能否受到保佑"②。

这条卜辞不具贞人，这种辞例在殷墟甲骨中是常见的。这个不具名的卜者，为王占卜两件事，其一是求又大甲，其二是冊周方伯。有关冊字的解释，我们已在前边谈过，此处不再重述。而王对太甲举行求又之祭的目的，正是为了让先王大甲保佑王本人在征伐周方伯的战争中取得胜利，即"囟正不左，于受又又"。很显然，这个不具名的贞人在占卜时，完全是站在"王"的立场上，即希望王在对大甲举行求又之祭后，征伐周方伯能取得"受又又"的成功。这位能祭殷人先王大甲、并能征伐周方伯的王，必然只有商王才能胜任。而那个被省略其名的贞人，也绝不会是周文王本人。因为很难想象即将被征伐的周文王，会希冀并贞问商王在对自己进行征伐时会得到好结果。此外，"王"在这条刻辞中是主体，他能主持"求

---

① 于省吾：《释冊》，《甲骨文字释林》，中华书局 1979 年版。
② 参见高明《略论周原甲骨文的族属》，《考古与文物》1984 年第 5 期。

又"祭典和征伐周方伯之事。而周方伯则是客体，是商王征伐的对象。王与周方伯不同，这也排除了他们是同一人的可能。

高明文中认为殷墟卜辞"贞王㞢望乘从伐巴方，帝受我又"（《乙》3787）的句型与本辞相同，这一点我们并不赞同。即使算是句型基本相同，也决不能证明 H11：84（七、图 12）本辞被省略的贞人应就是周文王。我们对《乙》3787 辞的理解是，辞中省略了贞人，句中的"王"应是辞中的主体，他"从"望乘，即"率领"① 望乘，目的是为"伐巴方"。他卜问是希冀得到上帝授予"我"以护佑。这个我，正是站在商王朝立场上代王占卜的贞人，希望在伐巴方的战争中，上帝能授予我〔王〕或我〔商王朝〕护佑。而不能把《乙》3787 辞说成被省略了的贞人是站在巴方的立场上，当他闻知商王率领望乘要伐巴方时，进行占卜，希望上帝授予"我"〔巴方〕护佑。因此，这一类型的句子，也只能说明被省略的贞人是站在商王朝立场上并代时王卜问的，而不能佐证 H11：84 本辞被省略了的贞人，是站在与商王朝敌对立场上的即将被征伐的周方伯。

辞中之"囟"即"斯"，在此处做指示代词用。它在全辞中表示"王其求又大甲"及"册周方伯"两层意思完成以后，即可得出"不左，于受又又"的结果（本章第三节将从文法上进行分析）。因此，也不能把 H11：84 本辞解释为，在"殷王祈求太甲保佑，诅咒周方伯之势以威胁殷王的安全"的条件或原因下，反而会得出"西方能受到保佑"的结果。若此，从逻辑上也是解释不通的。

第三片（H11：112、四七、图 9）

彝文武丁必，贞王翌日乙酉其求称▱……文武丁豊……汎卯……左，王□□□。

"文武丁"即商王文丁。"彝文武丁必"，即居处于商王文丁的宗庙。"▱"即中字。唐兰谓："然则中本旂旗之类也"。"然中虽有九斿、六斿、四斿之异，当以四斿者为最古"。"盖古者有大事，聚众于旷地，先建中焉。群众见中而趋附，群众来自四方，则建中之地为中央矣。列众为阵，建中之酋长或贵族，恒居中央，而群众左之右之见中央之所在，即知为中

---

① 杨树达：《释从犬》，《积微居甲文说》，中国科学院 1954 年版。

央矣。然则中本徽帜，而其所立之地，恒为中央，遂引申为中央之意，因而引申为一切之中。后人既习用中央等引申之义，而中之本义晦。徽帜之称，仍假常以称之"①。

旗是有不同等级和名目的。《周礼·春官·司常》云，"王建大常，诸侯建旗，孤卿建旃，州里建旟，县鄙建旐，遂车载旌，斿车载旞"。按质料及所画徽帜的不同，又各有其专名。即"日月为常，交龙为旂，通帛为旃，杂帛为物，熊虎为旗，鸟隼为旟，龟蛇为旐，全羽为旞，析羽为旌"。H11：112（四七、图9）片之"称🗝"，即金文卫盉铭之"称旂"。唐兰谓"是举旗，与建旗意义相近"②。车和旗，是商周奴隶主贵族等级和身份的重要标志之一。《周礼·春官·司常》职云："司常掌九旗之物名，各有属，以待国事……及国之大阅，赞司马颁旗物，王建大常，诸侯建旗……"。王所建的旗叫"大常"，诸侯所建的旗叫"旗"，从王以下各级奴隶主各建其旗。

何时才"建旗"呢？《周礼·夏官·司马》"中秋，教治兵，如振旅之阵，辨旗物之用，王载大常，诸侯载旗……"。"中冬，教大阅"。注云："春辨鼓铎，夏辨名号，秋辨旗物，至冬大阅简军实，凡颁旗物，以出军之旗则如秋，以尊卑之常则冬司常左司马时也"。而所谓"大阅"，《春秋穀梁传》桓公六年说："大阅者何？阅兵车也。修教明谕，国道也。平而修戎事，非正也"。集解谓："礼因四时田猎以习用戎事，存不忘亡，安不忘危之道。平谓不因田猎，无事而修之"。奴隶主统治阶级四时田猎，一个重要目的是为了训练军队。中秋教治兵，为了演习出兵，要颁建旗物。中冬教大阅，和中秋一样，所颁旗物如出军之制。可以看出，建旗往往和军事行动有密切关系。《周礼·春官·司常》："凡军事，建旌旗。及致民，置旗，弊之"，也说明了这一点。

此外，王和各级奴隶主贵族因不同需要，在特制的车上也要建旗。一是在祭祀时，《周礼·春官·司常》云："凡祭祀，各建其旗"。注云："王祭祀之车则玉路。"疏谓："偏据王而言，云乘玉路则建大常。经云'各建其旗'，则诸侯以下所得路各有旗"。二是王与诸侯会同或巡守时也

---

① 参见唐兰《殷虚文字记》，中华书局1981年版，第52—54页。
② 唐兰：《陕西省岐山县董家村新出西周重要铜器群铭辞的译文和注释》，《文物》1976年第5期。

要各建其旗。即"会同宾客，亦如之，置旌门"。注谓："宾客朝觐宗遇，王乘金路。巡守兵车之会，王乘戎路，皆建大常"。疏云："齐仆云'掌驭金路以宾'。又齐右亦云'会同宾客前齐车'。齐车亦金路。朝觐宗遇即会同……知巡守兵车之会王乘戎路者，以其同是军事，故知亦皆乘戎路也。知皆建其大常者，此大阅礼。王建大常，即知巡守兵车之会皆建大常也……"因此，H11∶112（四七、图9）片之"贞王翌日乙酉其求称▆"，记的是王建大常之旗的典礼。因为占卜的贞人（虽未具名）能居处在商王文丁的宗庙之中，所以他必然是站在商王朝立场上代王卜问的卜者，因而辞中的王也就必然是商王而不会是周文王。至于这个商王是帝乙抑或帝辛，我们将在下面第四节考证。

有人可能会问：《周礼》成书较晚，这种严格的颁旗物之制当为较晚时事，西周早期或商末是否如此？我们认为有可能如此。《史记·周本纪》记商朝被灭后，"武王持大白旗以麾诸侯"，并"以黄钺斩纣头，悬大白之旗"。将纣之二嬖妾"斩以玄钺，悬其头小白之旗"。此事正与《周礼·春官·巾车》"建大白以即戎，以封四卫"之制相合。注云："即戎，即谓兵车。四卫，四方诸侯守卫者，蛮服以内"。但武王建大白似与《周礼·夏官·司马》所记的中秋教治兵和中冬教大阅时的王建大常之旗相矛盾。故《巾车》疏解释说："殷之正色者，或会师或劳师。不亲将，故建先王之正色异于亲自将"。或解释说，《周本纪》武王用大白而不用大常是因为"时未有周礼，故武王虽亲将，犹用大白也"。其实，殷末帝乙、帝辛与周文王基本同时，后世的旗制早在商朝应已滥觞。虽然文献中语焉未详，但甲骨文中的"▆"和"事"字已经向我们透露了商代出兵打仗要用旗帜的情事。有人考证甲骨文"事"字本意，认为，"事字从中带斿，正与卜辞中字结构同"。"事字和中字都是聚众之意，但也有区别。中是建旗以聚众，旗是静止的。事是手举旌旗，象征旗在移动中。战争时，用旌旗以指挥军队进退，不能插在地上固定不动，故用手举。所以，事字表示征战时举旗以导众"[1]，这是很有道理的。周武王伐纣时之所以建的是太白之旗，是因为他当时还身为商王朝的诸侯，承认商王朝的共主地位。虽然敢出兵伐纣，但尚未易车服，改正朔，使用的还是商朝的旗制，因而用大白

---

[1] 参见杨升南《卜辞"立事"说》，《殷都学刊》1984年第2期；又胡厚宣《殷代的史为武官说》，《全国商史学术讨论会论文集》，1985年。

旗就不足为怪了。"周因于殷礼"。灭商以后，周人继承了商王朝的礼制并加以发展，因而武王在尚为商朝诸侯时，建大白之旗伐纣的史实也就如实地保留在《周礼·巾车》职中。而后儒把武王伐商时尚为诸侯的身份与伐商后身为天子的身份混为一谈，从大一统的封建君臣关系看，《巾车》职的王建大白与《司常》职的王建大常的矛盾不好解释，遂用武王时"未有周礼"来自圆其说。

如果武王伐纣时尚无"周礼"（按：实为商札）中有关旗制的规定，何以他能在灭商后马上就能颁发旗物呢？如"分鲁公以大路大旂"。注谓："鲁公，伯禽也。此大路金路，锡同姓诸侯车也。交龙为旂，周礼同姓以封"。又如"分康叔以大路，少帛、綪茷、旃旌"。疏谓："正义曰，'《周礼·司常》云：通帛为旃，杂帛为物'。郑玄云，'通帛谓大赤，从周正色，无饰。杂帛者，以帛素饰其侧。白，殷之正色'。大赤是通帛，知少帛是杂帛也"。"……知綪茷是大赤，大赤即今之红旗……盖王以通帛、杂帛并赐卫也。然则大赤亦是旃也，于綪茷之下更言旃者，茷言旂尾，旃言旂身"[1]。这说明，周初早就有一套车旗制度，但这不过是身为方伯、诸侯的周武王，仍沿用商王朝颁发诸侯的车旗制度罢了。商朝灭亡，周武王从诸侯一跃为天子，旗制自然会升格为天子颁旗物的规格，他的属国就成了诸侯，这不过是商王朝颁发周方伯旗制的翻版而已。不然，为何武王伐纣时尚无"周礼"，而伐纣后一夜之间就有了一整套颁旗物的制度了呢？这套制度后来经过完善化、复杂化，就成了《周礼》书中的一整套车旗制度。

"豐"字见于殷墟甲骨文，郭沫若谓："豐当读为醴"[2]。《说文》云："醴，酒。一宿孰也"。段注："礼经以醴敬宾曰醴宾"。H11：112（四七、图9）之"……文武丁豐"，即对商王文丁行酒醴之祭。

"……左王……"此二字前后均残，但以H11：82（四〇、图14）之"……囚正亡左……〔王〕受又又"和H11：84（七、图12）之"囚正不左，于受又又"例之，此处不能径释为"左王"，而应在"左"与"王"中间断读，"〔囚正亡〕左，王〔受又又〕"或"〔囚正不〕左，王〔受又又〕"。

---

[1] 《左传·定公》四年（《十三经注疏》本，中华书局1980年版）。
[2] 郭沫若：《殷契粹编考释》，科学出版社1965年版，第232页。

H11：112（四七、图9）全辞大意是：居处在商王文丁宗庙里卜问：王在未来的乙酉日求祭并举行建大常之旗的仪式……向商王文丁行酒醴之祭……杀剖了〔祭牲〕……〔这些事情做完〕很好，王〔会受到保佑吧〕？

此辞中的商王文丁庙是不能立在周原的，周人也不会向商先王文丁行酒醴之祭，这就排除了辞中的"王"是周文王——即周方伯的可能性。此外，根据我们上面的考证，只有王才能建"大常"。而周文王当时尚为西伯，虽然《史记·周本纪》云："西伯盖即位五十年……谥为文王，改法度，制正朔矣"。但正义说："《易纬》云，'文王受命，改正朔，布王号于天下'。郑玄信而用之，言文王称王，已改正朔布王号矣。按：天无二日，土无二王，岂殷纣尚存而周称王哉？若文王自称王改正朔，则是功业成矣，武王何复云大勋未集，欲卒父业也？《礼记·大传》云，'牧之野武王成大事而退，追王太王亶父、王季历，文王昌'。据此文乃是追王为王，何得文王自称王改正朔也？"因此，H11：112（四七、图9）片有资格"称𠃊"即建"大常"的王，只能是商王而不可能是周文王。

本片刻辞从内容分析，应是商王朝之物。

第三节　周原出土庙祭甲骨诠释及其族属（下）

第四片（H11：1、一、图13）

　　　　癸巳彝文武帝乙宗，贞王其邵吼成唐〔𪓐〕、槃，及二女。其彝血牡三、豚三，囟又正。

本辞之"文武帝乙宗"，即商王帝乙之庙。帝乙为帝辛（纣王）之父，既已立庙，当为死后帝辛即位之后。有关本片文字，许多学者已有考释，详见拙著《西周甲骨探论》第二篇所列。此片的族属，有学者据"周原立商王庙"说并释"囟"为"西"字，谓"西又正"指周大臣，认为此片应为周人物。并把本片刻辞解读为：站在周族立场上的贞人，"在周原岐邑所建的商王帝乙庙中，卜问：周文王祭祀商王朝的先祖成唐及两个配偶，并杀牲为盟，在殷王祖先神明监临下与周大臣同吃血酒"，似乎可以说得过去。但据本章第一节考证，古文献所记载的古代礼制，否定了周人在"周原立商王庙"并祭祀商族祖先的可能性，因此，本片也就不能这样释读，不能断为周族之物。

我们认为本辞所记，应是代商王占卜的贞人（此贞人不具其名），癸巳日居处于帝乙宗庙中卜问，所问之事是：商王帝辛祭祀成唐，二嬖妾参与其事，杀了三头公羊和三头小猪做祭牲，上述各事（即"斯"字所代表的）完成之后，能得到保佑（或安定）否？

高明是不赞成"周原立商王庙"说的。但他也释"囟"为"西"，并对 H11：1 片刻辞"从句法分析，仍是一主从复合句，与前句（按指 H11：84）不同点是，在主句谓语贞字之前，增加了一些状语，以说明贞卜的时间和地点"。"但主语——贞者仍然被省略了。贞卜的事情，即动词贞的直接宾语，当为最后的短句'西又正'。但是，在什么原因和背景下而问周族的老家西方有无安定呢？即贞的间接宾语所云：'贞王其邵呎成唐，纛祝及二女，其彝血牪三、豚三'"。以上语法关系的分析，可表述如下：

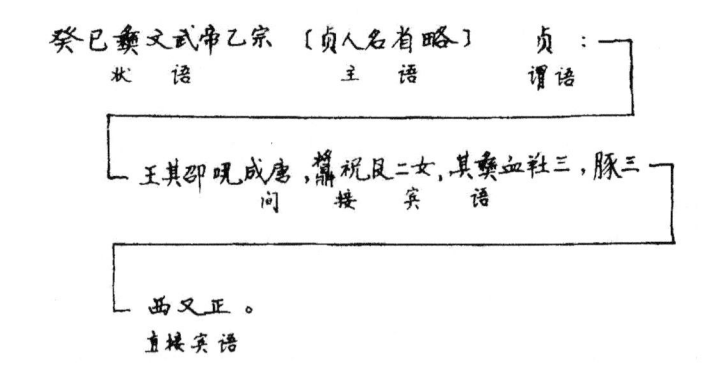

因此高明认为此片是贞问"西有正"，即"主要贞问周族老家西方有无安定"，所以应是"周文王被囚于殷时所贞卜"①。

从语法关系方面研究甲骨刻辞，是很有意义的工作。正如陈梦家所指出的："甲骨出土以后，学者们纷纷去考释单字，很少留意到文法的研究。我们以前已屡次谈到，脱离了文法，我们不能正确的认识单字，也无法考验所认识单字的正确性"②。但是我们不同意上述高明对 H11：1 刻辞所进

---

① 参见高明《略论周原甲骨文的族属》。
② 参见陈梦家《殷虚卜辞综述》，第 85 页。

行的语法分析。因为一条完整的卜辞，通常由叙辞、命辞、占辞、验辞等几部分组成，但各部分却时有省略。叙辞所记的是占卜的时间和贞人。贞人代时王卜问之事是命辞。命辞并不是贞人本身所要做某事的预卜，因此主体不是贞人（除去王自贞者）。叙辞一般都程式化，但可省略。命辞虽可省略，但不能全部略去，否则就不成其为卜辞了。因此，我们的理解，"命辞"不是贞人自己（视为主语）贞（视为谓语）：关于自己某事的结果（视为宾语）。命辞是不与叙辞，即"贞人"和卜问动词"贞"字发生主语——谓语——宾语的语法关系的。命辞构成一句完整而独立的话，本身是相对独立的。因此，研究甲骨卜辞语法结构的学者，也是多就命辞本身的语法结构进行分析的。一些分析甲骨文语法结构的著作，如管燮初《殷墟甲骨刻辞的语法研究》（中国科学院出版，1953年）的《句法》部分、陈梦家《殷虚卜辞综述》第三章《文法》部分等，就是这样分析的。

我们认为 H11：1（一、图 13）片的"癸巳彝文武帝乙宗，贞"是叙辞，不是这次卜问的内容，因而这一程式化的刻辞不与下面的命辞发生主语、谓语的语法关系。从"王其……"至句末的"囟有正"是命辞，分析语法关系应从这里进行。辞中的"王"是句中的主语，全辞内容由两个并列短句组成，即短句一、王其……〔又并列（一）、（二）、（三）个短句〕，短句二、其彝血……短句二主语王字省略，与短句一共用。全辞的语法关系可图解如下：

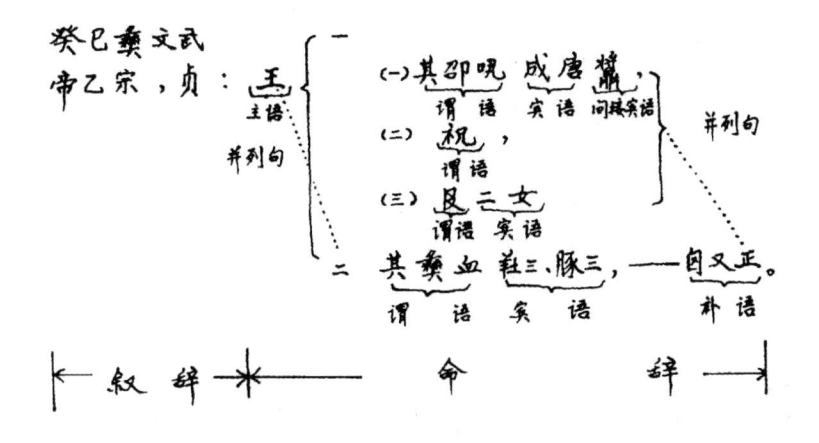

[图示]

以上语法分析表明，辞中"囟又（有）正"本身就是一个短句。"囟"即斯，为主语。"有（又）正"是谓语。这个短句在全辞中主要补充说明"〔王〕其彝血……"这个动作完成以后的情况,是短句二的补语。短句一与短句二为并列句,因此"囟有正"当也与短句一有一定的补语关系。"囟"即"斯",斯即"此也",为指示代名词①,表示短句一、二的各事完成以后,即受到护佑(或好结果)。因此,它不是"动词贞的直接宾语"。如释该字为"西",认为是西方周侯,这一段刻辞里就会既有不具名的贞人主语,又有王,再加上"西"——西方周侯,是否一个人?谁是句中的主体?语法关系是不好分析的。此外,据 H11：174（四六、图8）,"臱"与"囟"共见一辞,我们在《西周甲骨探论》第二一三页已指出"可证二字确非一字",因此"囟"也不能释为"臱"字。

很显然,居处在商王帝乙庙的这个不具名的贞人,应是商王朝的卜人。从情理上说,站在商王朝立场上的贞人是不会为周族祈求"西又正"的。因此,本辞这个被省略其名的贞人,既不是句中的主语,也不会是周文王。这与我们在第一节所得出的周文王不能进入商王庙,也不能祭祀商先王的看法是相一致的。本片时代明确,应为商末帝辛时所卜。

第四节　周原出土庙祭甲骨的时代

通过上两节对刻辞内容的诠释和族属的分析,可知周原出土庙祭甲骨 H11：82（四〇、图14）、H11：84（七、图12）、H11：112（四七、图9）、H11：1（一、图13）等都是商王朝物,其时代应为殷墟甲骨文第五期帝乙、帝辛时期,与周文王（包括灭商前的周武王）基本同时。这是根据庙祭甲骨上出现的文丁庙名、帝乙庙名、成唐、大甲等先王和商王所要征伐的"周方伯"等因素判定的。

殷墟甲骨文第五期数量较多,但何者为帝乙卜辞,何者为帝辛卜辞很难分清,一般都将其统称为"乙辛卜辞"。多年来,学者们在区分帝乙、帝辛卜辞方面进行了认真的探索。这已在第八章第四节叙述。周原凤雏出土的庙祭甲骨 H11：1（一、图13）是确定无疑的帝辛时物,这使我们增加了对第五期卜辞中帝辛甲骨的认识。

那么,其余三片,即 H11：82（四〇、图12）、H11：84（七、图12）、H11：112（四七、图9）究竟是帝乙还是帝辛时物呢?

---

① 杨树达：《词诠》,中华书局1965年第2版,第322页。

第十四章　周原出土的商人庙祭甲骨　347

　　首先，从刻辞文字书体作风上看，此三片较为挺直，似出自一人手笔，与文字书体作风较为圆润的 H11：1（一、图 13）有明显的不同。

　　其次，从刻辞所记事类方面看，三片内容也较为接近。H11：82（四〇、图 14）有"朅周方伯"，H11：84（七、图 12）有"囗典，朅周方伯"，即要征伐周方伯——文王。据文献记载，商末帝乙、帝辛时商王朝与周人交绥只有帝乙时，即"二年，周人伐商"①。商王文丁十一年杀了周文王之父季历，文丁也在同年死去，其子帝乙即位。周族文王为报父仇，在帝乙二年，不顾国力，匆忙出兵攻打商王朝。商王帝乙对周人的进攻有什么反应？文献中无记载，周原出土的商人庙祭甲骨为我们补充了这一史实。即商王帝乙面对周人的进攻，连忙祭祀祖先大甲，卜问朅伐周方伯之事会顺利否。H11：82（四〇、图 14）"囗囗〔彝〕文武……"残损，我们认为应为"囗囗〔彝〕文武〔必〕"，即文丁之庙，而不能是"囗囗〔彝〕文武〔帝乙必（或宗）〕"。这样就得到了合理的解释。因为文献中没有关于帝辛时与周方伯——文王打仗的记录，因此此片所记"囗囗〔彝〕文武〔必〕"，"……囗典，朅周方伯"必为帝乙二年对"周人伐商"反击之事，此片应为帝乙时物，故称其父文丁之庙为"文武〔必〕"或"文武〔宗〕"。如果是"文武〔帝乙必（或宗）〕"，那就应是商王帝乙死后，由其子帝辛所立父庙。但文献上只有关于帝辛与周武王打仗的记载，因此不可能是"文武〔帝乙宗（或必）〕"。

　　H11：112（四七、图 9）的"文武丁必"即商王文丁之庙。居处于文丁之庙，帝乙、帝辛都有可能。因此光凭庙名还不能确定此片为帝乙抑或为帝辛时物。但此片上的文字字体与上述二片基本一致，当与"朅周方伯"的战事有关，故应为帝乙时物。这样本片之王"称🏳"即建大常，也可以得到合理的解释。

　　《周礼·夏官·司马》大司马职"若大师，则掌其戒令……及致，建大常，比军众，诛后至者"。注云："大师，王出征伐也"。疏谓："以上文大师王亲御六军，故司马用大常致众。若王不亲，则司马自用大旗致之"。正因为商王帝乙举行庙祭，要朅伐周方伯，所以又在文丁之庙举行建大常之旗的典礼，亲率军出征，以反击周方伯的进犯。这就是 H11：112（四七、图 9）王"称🏳"的原因。从文献记载来看，没有关于周方

---

　　①　范祥雍：《古本竹书纪年辑校订补》，上海人民出版社 1962 年版，第 23 页。

伯参与商王帝乙、帝#举行的教治兵和大阅的史料，也没有关于周文王参与商王帝乙、帝辛的祭祀或会同活动的记载，只有关于帝乙二年周人伐商的史实，所以为反击周人入侵，建大常之旗以率军的商王，应是帝乙而不是帝辛。

此外，H11：237（一八一、图10）之"叀三冑"、H11：174（四六、图8）之"贞王其自用冑，叀……冑，乎奏，受……凶不妥王"、H11：168+268（一六一、图11）之"叀二冑"等片文字书体风格与上述三片接近，也应为帝乙时物。而辞中关于"用冑"和"×冑"的记载，也正与商王帝乙建大常，亲率军征伐周方伯的战事有关。《说文》云："冑，兜鍪也"。段注："古谓之冑，汉谓之兜鍪，今谓之盔"。殷代头盔为铜质，安阳殷虚王陵一〇〇四号大墓曾发现"数以百计的铜盔层，就其纹饰来分，至少约在六、七种以上"①。这几片甲骨上有关用冑的记载，应与帝乙时征伐周方伯的刻辞为同时所卜。铜盔是重要的防护装备，非一般奴隶兵士可得。商王出兵征伐周方伯，遣将于庙，颁发兜鍪，对他们表示关怀嘉勉以激励士气，正是上述有关"冑"字记载甲骨所反映的史实。

值得注意的是，周原出土庙祭甲骨所祭的殷先王主要是唐、大甲和文丁。殷墟甲骨文中，有不少商王朝与各方国交战的记录。一般说来，以第一期武丁时期征伐方国为最多，《甲骨文合集》第三册予以集中收录。第五期帝乙、帝辛征夷方卜辞也较为集中，其他各期所见征伐卜辞不多。

舌方为第一期武丁时的强大方国之一，对商王朝为患最烈，胡厚宣师《殷代舌方考》一文有专门论述。舌方直至武丁晚期才被平定②。胡厚宣先生谓："殷人既知舌方内侵，恐惧怖虑，常祷告于先祖，其祷告之祭，曰告，曰求，曰旬"，"皆祷告请求之祭也"③。我们翻检殷墟卜辞，殷人在舌方入侵时，行告请之祭以求保佑的先公先王有上甲、报乙、示壬、唐、大丁、大甲、祖乙等。土方也是武丁时对商王朝构成强大威胁的方国之一，当在武丁晚叶前期被平定④。土方入侵，殷人行告请之祭以求护佑的先公先王有上甲、唐等。方入侵时，还"求方于大乙"（《前》1·3·1），大

---

① 胡厚宣：《殷虚发掘》，第83页。
② 拙作：《武丁期战争卜辞分期之尝试》，《甲骨文与殷商史》第三辑，上海古籍出版社1991年版。
③ 胡厚宣：《殷代舌方考》，《甲骨学商史论丛》，初集二册。
④ 拙作：《武丁期战争卜辞分期之尝试》。

乙即是唐。还有个别的方国入侵，行祭于很少的几个先王，如茺方，"……茺方于大甲"（《乙》6686）。𢀛方，"畐𢀛方"于大丁、大甲等先王（《前》1.4.7 及《乙》6686）。此外，第四期还有召方来，"告于父丁"（《甲》810 及《京人》2520）者，此父丁即是康丁。其他许多方国入侵，行告请之祭于先公先王的卜辞就再也不见了。我们可以看出，上述交战时被行告求之祭的先公先王中，祭于唐的共有三个方国（舌方、土方、方），祭于大甲的也有三个方国（舌方、茺方、𢀛方）。我们发现，此二王在各王中，征伐时受告请之祭所涉及的方国是最多的。可知他们在殷人征伐方国的战争中有着特殊的作用和地位。

王国维曾特意提出："惟告祭者乃称唐，不知何故"①。"汤有七名而九征"②。唐即"大乙（天乙）、成、唐（汤）、成汤（成唐）、履等不同名称"③。关于成唐和大甲，《殷虚卜辞综述》第 409—412 页、第 375—376 页介绍颇详，我们于此不再罗列。他们是殷代大有作为的名王，在一定意义上，成为殷人心目中的战争胜利之神。因此，在帝乙时，要伐周方伯，就要"求又大甲"（H11：84、七、图 12）。在商王帝乙举行建大常典礼时，祭"文武丁"（H11：112、四七、图 9）即文丁，也是因为文丁曾杀死文王之父季历，故其子文王伐商时，帝乙祭文丁是为了冀求文丁的英灵能震慑或为祟于来犯的周人。

至于 H11：1（一、图 13），虽然所记目的不详，但我们据辞中祭"成唐"的记载和成唐在征伐方国时的地位与作用，推测此片亦当与战事有关。具体地说，可能为帝辛时武王伐纣（即"东观兵"或"以东伐纣"），商王帝辛对周人大规模军事行动所做出反应的记录④。

周原出土庙祭甲骨出现商先王成唐、大甲等绝不是偶然的。这不仅证明了这些甲骨应为商王朝物，而且也是我们分析刻辞内容得出的这些庙祭甲骨应与商末帝乙、帝辛时的军事行动有关的重要佐证。

---

① 王国维：《殷卜辞中所见先公先王考》，《观堂集林》，第 429 页。
② 《太平御览》卷八十三引《纪年》。
③ 陈梦家：《殷虚卜辞综述》，第 410 页。
④ 拙作：《周原出土庙祭甲骨商王考》，中国古文字学术研究会第六届年会论文（《考古与文物》1988 年第 2 期）。

第五节　对周原出土商人庙祭甲骨的几点认识

综上各节所述，我们可以对周原出土商人庙祭甲骨得出以下几点初步认识：

一，根据古代文献中有关宗法和祭祀制度的记载，周人不可能（也没有必要）在周原为商王立庙并祭祀殷人祖先。这是商周奴隶制血缘宗法关系所决定的，直至春秋时代还保留着这一"古制"。战国时期以后，随着奴隶制的瓦解和封建制度的确立，奴隶制的宗法血缘关系遭到彻底破坏，祭祀制度和内容也发生了深刻的变化。不能用后世的礼制去分析在周原出土的商人庙祭甲骨。

二，从刻辞内容分析，庙祭甲骨也是商王朝帝乙、帝辛时物，而不是周文王居殷时所卜。对H11：1（一、图13）刻辞的语法分析所得结论也是如此。而周原出土庙祭甲骨中对商朝名王成唐和大甲的祭祀，不仅说明这些甲骨为商人物，也是这些庙祭甲骨与商末周初两族战争有关的有力佐证。

三，因此，周原出土商人庙祭甲骨为我们提供了重要史料。首先，帝乙时期的H11：112（四七、图9）、H11：82（四〇、图14）、H11：84（七、图12）等庙祭甲骨和有关用"冑"的刻辞，即H11：237（一八三、图10）、H11：174（四六、图8）、H11：168+268（一六一、图11）等片，为我们再现了帝乙二年商人与周人一场战争的史迹。即：帝乙二年，周人（文王）伐商。商王帝乙闻讯后，连忙在"文武丁"（即文丁）的宗庙里举行祭祀先王大甲及文丁的典礼，祈求这些能征善战先王的在天之灵保佑征伐周方伯的战争能取得胜利。商王帝乙决定亲征，建大常之旗以致兵众。与此同时，商王还对参与此役的将领颁赐甲冑，以示慰勉……

其次，有关帝辛时期商、周之间的决战，文献记载周人的行动较详，如《史记·周本纪》载，"九年，武王上祭于毕，东观兵，至于孟津"；二年以后，武王"遂率戎车三百乘，虎贲三千人，以东伐纣"。有关商王帝辛对周人军事行动有何反应却语焉不详。而帝辛时的庙祭甲骨H11：1（一、图13）为我们补充了这一史实，即：在周武王第一次"东观兵，至于孟津"，或二年后"以东伐纣"的时候，商纣王闻讯，于癸巳日在其父帝乙宗庙中占卜，并对英武的先王成唐举行祭祀，希望这位战神能对平定周人叛乱予以保佑。此片还可与其他周人甲骨所记伐商之事互相补充①。更具体地说,帝辛庙祭甲骨H11：1（一、图13）与武王伐纣的关系当更密切一些。周武王正式伐纣,是"十一年十二月戊午,师毕渡盟津",至"二月甲子昧爽,武王朝至于商郊牧野",其间共67天。癸巳日商纣王祈求成唐保佑而举行祭祀时,距武王师渡孟津的戊午日已四十六天,距甲子日决战还差三十一天左右。

四,既然周原出土庙祭甲骨不是周人之物,也不是文王居殷时所卜而带回周原的,那么商人庙祭甲骨为什么在周原出土？王玉哲认为,"可能是在殷商末年商纣王时,掌握占卜的卜人投奔周人时,携带过去的"②。我们也曾指出,"这些卜辞都是在占卜后移来周原的"③。周人灭商后,夺取了商王朝的一切权力、财富和奴隶。《史记·周本纪》云："命南宫括、史佚展九鼎保玉"。《逸周书·世俘》："凡武王所俘商玉亿有百万"。因此,作为战利品,把记有周人奇耻大辱的这些商朝档案劫回周原,对胜利了的周人是很有意义的。既可发泄往日的不共戴天之仇,一洗耻辱；又可作为胜利的纪念品,传之子孙,使他们不忘"小邦周"创业之艰辛。还有一种更大的可能是,这些为商王朝占卜的贞人就是周族人。因为当时周族是商王朝的附属国,承认商王朝的宗主权。在商朝,诸侯国"对商王室在军事上和经济上的负担是相当重的"，"在经济上的榨取也是多方面的：既要贡入奴隶,牲畜,各种玩好之物,又要为王室耕种藉田,还要致送一定的谷类产品"④。甚至"包括让小国贡士"，"还要派遣贞人"。例如"祖庚祖甲时的贞人黄和帝乙、帝辛时的贞人黄都是来自黄国",二期至五期有一百多年的时间,都有贞人黄在王朝供职,不会是一个人,可能是世袭贞人之职⑤。因此,周族有人入朝充当贞人,当也是完全可能的。当然,他们既然入朝充当贞人,就必须站在商王朝和商王的立场上进行卜问,俨然王朝的一员而不能再代表周方国行事。商周两族战事起,他们只能代商王向成唐、太甲等祈求护佑商朝胜利。这就是出自周人之手的庙祭甲骨却卜问征

---

① 拙著：《西周甲骨探论》,第265—266页。
② 王玉哲：《陕西周原所出的甲骨文来源试探》。
③ 李学勤、王宇信：《周原卜辞选释》。
④ 杨升南：《卜辞中所见诸侯国对商王室的臣属关系》,《甲骨文与殷商史》,上海古籍出版社1983年版。
⑤ 齐文心：《商殷时期古黄国初探》,《古文字研究》第十二辑,中华书局1985年版。

伐周方伯等事的原因所在。从这个意义上说，庙祭甲骨还应是商中央王朝之物，而不能说是周人的。但因出自周族入朝的卜人之手，这些甲骨也就不可避免地保留周族的作风，诸如甲骨整治的方凿和圆钻等等，与一般的殷墟甲骨有所不同。也正因为他们是商中央王朝的贞人，占卜时必须用殷制，故庙祭甲骨上刻写的是卜辞，同于殷墟甲骨而不同于周人甲骨上的记事文字①。这些来自周方国并任职于商中央王朝的贞人，自然熟知他们所卜各片的利害关系及其藏处，因此，在武王灭商以后，他们献出这批甲骨并随武王返回故国是顺理成章的事情。如此这般考证后，这批甲骨在周原出土，也就可以得到合理的解释了。

当然，有关周原出土商人庙祭甲骨还有很多争论。但我们相信，随着今后研究的深入和新材料的发现，将来一定会取得较为一致的看法。

---

① 关于此，我们将另撰专文《周原甲骨刻辞行款的初步分析》（《人文杂志》1988 年第 3 期）。

第十五章
今后的西周甲骨学研究

西周甲骨学是新中国成立以后在甲骨学研究领域形成的一门新分支学科，标志着我国甲骨学研究的深入。虽然近四十年来西周甲骨的研究取得了不少成绩，但今后还有不少问题需要做进一步的深入研究。这就是：

一，在西周甲骨的著录方面。科学地著录西周甲骨，是进行研究的基础工作。建国以后，在山西洪赵坊堆村、陕西沣西张家坡、北京昌平白浮村、陕西岐山凤雏、扶风齐家村等地不断出土甲骨，但至今还没有一部较为理想的著录全部所出西周甲骨的著作出版。虽然拙著《西周甲骨探论》第六篇《西周甲骨摹聚》将历年各地出土有字西周甲骨做了集中，但限于条件，只能依据发表过的摹本汇集。陈全方《陕西岐山凤雏村西周甲骨文概论》和严一萍《商周甲骨文总集》，所收或是凤雏，或是凤雏、齐家所出，而不是全部。这样，在研究时就不可避免地会遇到以下问题：其一，摹本比例不一。西周甲骨文字纤细，须放大多倍方能辨识。在发表时虽经过放大处理，但摹本比例不一，这就使研究者无从划分甲骨文字的字型并对甲骨有一定的认识和比较。其次，文字的摹写失真。西周甲骨发表时以摹本为主（也有时附有少量放大照片），放大临摹时，文字点划有的摹写失真。因此有的同一甲骨摹本，或前后发表时文字互有差异，或有的关键文字摹写不尽相同，给研究造成了很大困难，不少争论和分歧往往由此引起。究其原因，一是临摹者的水平不同，故摹本的精确度互有差异。二是文字纤细，再加上甲骨表面的锈垢去除未尽，致使一些文字的笔画不显。

因此，编纂一部著录各地出土有字西周甲骨的总集，成了当务之急。近九十年来著录殷墟甲骨文材料的实践，为我们提供了有益的经验。董作宾一再提倡将一块甲骨的照片、拓本、摹本三种一起著录。西周甲骨出土数量不多，藏品也相对集中，著录时应考虑将摹本与照片二位一体编纂。

西周甲骨文字过于细小，用墨拓是不可能显示文字的。而在临摹时，又往往会出现误摹之处。照片比较准确，但有时笔画不显。因此，我们在著录西周甲骨时，可以将放大比例一致的摹本和照片编为一书，以资研究者互相勘校，增加材料的准确性。此外，著录西周甲骨的专书，还应包括山西、沣西、北京等地所出有字甲骨。这在当前不难办到。我们亟盼这样一部包括各地所出全部有字西周甲骨的科学著录书早日出版。

二、文字的考释需要进一步深入。文字的考释和篇章的通读，是我们利用西周甲骨研究商周历史的前提。学者们在这方面做了大量工作，拙著《西周甲骨探论》第二篇《西周甲骨汇释》就集中反映了近年西周甲骨文字的考释成果。但是我们也看到，同一片甲骨上的刻辞或一些关键的字，学者们的说解往往大相径庭。所以会出现这种情况，除了学者们研究的角度和对西周甲骨文的性质，即是卜辞还是记事文字，以及随之而来的行款（左行或右行）的理解不同外，还有一个重要原因，就是所据摹本的精确度不同。因此，出版放大比例一致的摹本、照片二位一体的"标准本"，将会使文字的考释工作前进一大步。

三、对西周甲骨的认识还需要进一步深化。经过近四十年来的研究，学者们完成了对西周甲骨由不知到知的飞跃，对西周甲骨的特征、与殷卜辞的关系、时代及族属和内容等方面有了较为明确的认识。但是，还有不少问题需要深入研究并有待新出土甲骨材料补充和验证。历年各地所出甲骨，卜骨比较完整，虽然数量较少，但对卜骨特征的认识已较为明确。卜甲出土数量较多，但都比较碎小，较完整的有字卜甲只有齐家出土的一版（H3〔2〕：1、一、300）。学者们依据此甲并辅以其他无字卜甲，得以总结出西周卜甲的特征，但对于刻辞分布规律的认识还很不深入。就是西周甲骨文本身的性质，即这些刻辞全是"卜辞"，抑或包括卜辞及与占卜有关的记事文字的问题，也才刚刚提出，有待深入认识[①]。西周甲骨中的异形文字，如第十三章第二节所述，是"八卦"还是"筮数"，也还存有不同的看法。我们认为，"西周甲骨上的六位数字，当为揲蓍六次的总记录"，可以称之为"筮数"。但"西周甲骨上的筮数还没有《易经》上那样严格的卦名"。"即使这些筮数就是阴阳爻，但距离创造出易卦以乾卦为

---

① 参见拙著《西周甲骨探论》，第174—178页；又李学勤《续论西周甲骨》；拙作：《周原甲骨刻辞行款的初步分析》，《人文杂志》1988年第3期。

首的六十四卦名恐怕还要有一段距离"。这是因为在商末周初，人们的头脑中还没有"天、地"对立的观念，因而不可能如此严整地将这些筮数称为乾、坤等卦名。此外，《周易》六十四卦每卦由六爻构成。以阴、阳对立观念为核心的阴爻、阳爻排列组合的不同，构成六十四卦不同的卦象。但商末周初，阴、阳对立的观念和天、地对立的观念一样，也还没有出现。"所以《易经》中把爻以阴、阳命名，或称之为代表阴阳'九'、'六'等数字，亦当为较晚'阴阳说'盛行的战国之世。因此，殷末周初的筮数，恐怕还没有达到《庄子·天下篇》所谓的'《易》以道阴阳'的发展阶段"[1]。西周甲骨上的"筮数"与占蓍有关，它们的作用与占卜时的卜兆是相同的。卜兆是占卜时判断吉凶的依据，而筮数是占筮时判断吉凶的依据。当然，对西周甲骨上的这种异形文字的研究，还需要进一步深入。

四，西周甲骨的分期及族属的研究还需要深入探索。我们在第十三章和第十四章有关部分，曾概要介绍了学者们对西周甲骨分期和族属问题的种种争论，这说明问题还没有得到很好的解决。我们在第十三章探讨了西周甲骨的分期，在第十四章对周原出土商人庙祭甲骨作了分析，但这只是初步的工作，还需要进一步深入研究和出土更多的新材料进行验证。特别是周原出土商人庙祭甲骨的整治，在钻凿形态方面为什么与殷墟甲骨有明显的不同，还需要做出更合理的解释。总之，为了充分发挥西周甲骨文这批珍贵材料对商周史研究的作用，加强对分期和族属的研究是十分必要的。

利用甲骨上的钻凿形态变化进行殷墟甲骨文分期断代研究，是近年国外[2]和国内[3]学者进行分期断代研究的新途径。1973年小屯南地出土甲骨文的钻凿拓本，也已集中在《小屯南地甲骨》下册著录，对分期断代研究的多角度探索起了一定促进作用。而西周甲骨的钻凿形态，还没有人进行系统研究。希望今后出版较为完整、标准的西周甲骨著录时，能像《小屯南地甲骨》下册一样，把钻凿形态较完整的材料提供给学术界，以便从多种途径对西周甲骨的分期进行探索。

---

[1] 参见拙著《西周甲骨探论》，第178—185页。
[2] 许进雄：《卜骨上的钻凿形态》，艺文印书馆1978年版。
[3] 于秀卿等：《甲骨的钻凿形态与分期断代研究》，《古文字研究》第六辑，中华书局1981年版。

五、西周甲骨，特别是凤雏H11、H31所出有字甲骨，内容较为丰富，涉及周初历史、商周关系、周与一些方国关系、历法、官制等方面。可以说，西周甲骨文是周初历史的"大事记"[①]。但由于对甲骨性质、族属、分期断代等问题，学者们的看法不同，往往同一片甲骨却得出不同的结论。因此，结合铜器铭文、考古材料、《尚书》以及其他古文献材料研究西周甲骨文，研究周初历史，也是今后研究工作应当加强的一个重要方面。

六、西周甲骨文文字细小，契刻或清秀圆润，或刚劲有力，有很高艺术价值，是我国微雕艺术之祖。如此纤细、娴熟的文字是怎样契刻的？使用什么工具？等等，都是值得深入探索的。这对我国微雕史、书法史的研究很有意义。

总之，西周甲骨的研究正方兴未艾。今后我们要付出更多的劳动，进行创造性探索，使这门新的学科进一步完善起来。

---

① 参阅拙著《西周甲骨探论》，第259—270页。

第十六章
甲骨文与甲骨书法

近年来，由于《甲骨文合集》、《小屯南地甲骨》等大型甲骨著录书的出版和甲骨文知识的普及，在我国形成了一股不大不小的甲骨"热"。不少书法家已不满足于传统的篆、隶、行、草，而广大人民群众的欣赏要求和发扬祖国优秀文化遗产的责任感也促使书法家创新，因而不少书法家开始涉足甲骨文书法和篆刻。在全国各地，涌现出一批甲骨书法篆刻家。

甲骨文书法，即指今人用毛笔书写的甲骨文字，是我国墨苑里的一朵奇葩。由于这一独特的艺术形式与甲骨文研究有着密切的联系，因此这本《甲骨学通论》也对甲骨文与甲骨书法提出一些看法。

第一节 中国文字的发展和甲骨书法小史

不少谈书法史的著作往往把中国文字发展史与书法史混而为一。我们是不赞成这种看法的。我们认为，文字的产生，主要是为了使用。而书法，则是为了欣赏，是艺术创造活动。人们都会写字，但会写字的人并不都是书法家。而书法家，不仅会写字，而且能汲取历代流传下来的不同字体书法的精华，在艺术实践中结合自己的气质进行升华和再创造。

我国文字出现很早。相传黄帝时"其史仓颉，又象鸟迹，始作文字"[1]。《易·系辞》："上古结绳而治，后世圣人易之以书契"。在文字产生以前，有一个漫长的无文字的时期。这时期的先民们，或刻木为记，或结绳而治，把事情记载下来。随着社会的发展，人类创造了文字。大约在距今五千多年前，我国文字开始形成。有的学者认为，仰韶文化出土陶器

---

[1] 《群书治要》卷十一注引。

上的刻划符号就是最早的文字。近年，陕西西安半坡遗址、临潼姜寨遗址、甘肃秦安大地湾遗址、河南淅川下王冈遗址等处都发现了不少刻划符号，这些符号多刻在器物口沿等显要的位置，而且每件器物上多为一种记号，不同地方出土陶器上的符号有时竟基本相同。郭老指出："刻划的意义至今虽未阐明，但无疑是具有文字性质的符号，如花押或者族徽之类"，"彩陶上的那些刻划记号，可以肯定地说就是中国文字的起源，或者中国原始文字的孑遗"①。

比仰韶文化时代略晚的山东大汶口文化遗址中，如宁阳堡头村、莒县凌阳河、诸城前寨等地都发现了文字。唐兰认为这已经是较为成熟的文字。大汶口文化分布地区正是我国古代东夷少昊族活动的地区，因此他认为从那时起，距今大约六千多年我国已进入阶级社会，即有文字记载的文明社会②。但考古资料表明，女性在当时还占有一定地位，社会发展尚未超越军事民主阶段——即野蛮时期高级阶段。仅仅那几个文字，还不能记载成文史。因此，大汶口文化时期出现的文字，是呼唤文明社会即将到来的曙光。

夏代（公元前21世纪至公元前16世纪）是我国历史上第一个奴隶制王朝。夏王朝活动的地域主要在今豫西、晋南一带。近年这一地区的龙山文化晚期和二里头文化的发现，使对夏文化的探索有了眉目。值得特别提出的是，在河南登封告城镇王城冈遗址里发现了一个"𠂇"（即共）字，时代介于大汶口文化的文字和殷墟甲骨文的中间阶段。虽然发现不多，但可以预料，夏代文字将来一定还会不断发现。

商朝晚期（公元前14世纪至公元前11世纪）的殷墟甲骨文，是我国目前发现的最早的有系统的文字，也是比较成熟的文字。在商朝铜器上，殷墟（即商朝晚期）前期还多无文字或只有一二个字。而到了殷墟晚期，文字增多，有达三十字左右者。如著名的郘其卣、戍嗣子鼎等，就是字数较多的铜器。其他如陶器、玉器、骨器、石器，有的也刻有文字。在殷墟以外的商代遗址，如郑州二里冈曾出土商代有字卜骨③，河北藁城台西、江西清江等地也发现了商代陶文。

---

① 郭沫若：《古代文字之辩证的发展》。
② 唐兰：《从大汶口文化的陶器文字看我国最早文化的年代》，《大汶口文化讨论文集》，齐鲁书社1979年版。
③ 裴明相：《略谈郑州商代前期的骨刻文字》，《全国商史学术讨论会论文集》。

直到西周时期（公元前 11 世纪至公元前 771 年）还有甲骨文存在，这就是近年在山西洪赵坊堆村，北京昌平白浮，陕西沣西张家坡、岐山凤雏和扶风齐家等地出土的西周甲骨。但西周时期大量存世的文字材料，是铸造在铜器上的金文。文字最多的铜器首推《毛公鼎》，达 497 字之多。

西周灭亡以后，我国进入了春秋战国时期。这是我国奴隶制社会逐步为封建制社会所取代的社会大变动时期。西周铜器多为王朝铸造，列国器所见不多。春秋以后，列国器大增，文字也日益富有地方性，有秦器、楚器、晋器、齐鲁器等。进入战国时期以后，真是语言异声，文字异形，各地区之间差别很大。除金文外，这时期的文字材料还有陶文、兵器刻文、钱币、玺印、竹简、石刻等。

公元前 221 年秦始皇统一中国后，采取了一系列巩固统一的措施，其中重要的一项就是"书同文字"。通过行政措施，定小篆为通行文字，各地行用的不同字体文字——六国古文被废止了。小篆的偏旁部首较为规范化，传世的琅琊刻石，乃李斯所篆，是秦篆的代表作。

汉朝以后，在秦朝隶书的基础上，逐渐形成便于书写的汉隶。经过南北朝，到了唐朝，文字笔画削减了隶书的蚕头燕尾，变得比较匀称，布局规整，楷书成为通行的文字。

中国文字是向简化和便于书写方向前进的。小篆以前的文字，都可以叫做古文字，因为除了古文字学家，很少有人能认识它们。而书法，并不是为了实用，主要是作为艺术品欣赏。所谓"法"，即法则、规范、效法。不能说，商代只有商王和少数几个卜人能见到的卜辞就是书法创作。也不能说商代卜人教弟子捉刀代笔刻写甲骨文就是有意识地把文字书写作为一种艺术实践。金文也是这样，主要用于称颂贵族和祭祀祖先，也有的纯属"物勒工名"，用以考察做器者劳绩的好坏。当然，在今天看来，甲骨文、金文十分古朴、劲遒，具有永恒的艺术魅力，堪称"书法"之祖。但毕竟与我们今天有意识作为艺术创作的书法不同。如果从广义方面来理解书法，秦始皇靠行政命令统一文字，刻石纪功，并令李斯写《仓颉篇》，赵高写《爰历篇》，胡毋敬写《博学篇》，要全国人民以此为范本，推行小篆，可以作为我国书法之始。

奴隶社会"学在王官"，只有少数贵族才有享受教育的权力。进入封建社会以后，文化下移，不少地主阶级（包括贫士）有了学习文化知识的机会。随着文化的普及以及碑碣、刻石的流行，人们对文字书写审美观念增强，才有了把文字书写作为艺术品欣赏的要求，也就为一些人专门研究书法艺术准备了条件。汉代以后，不少著名的书家把名字也附刻于他们书写的碑刻上，表明已开始有意识地把书法作为一种艺术实践看待了。隋朝以后，为供书法学习需要，"法帖"流行。特别是唐朝以后椎拓技术发展，不少书法名家的作品广为流传，促进了书法艺术的发展。因此，文字产生的历史，比作为艺术品鉴赏的书法历史要悠久得多。

甲骨文距今已有三千多年，是古文字学家研究我国文字源流的最早而有系统的资料，在我国的文字学史上占有重要地位。而且甲骨文里保存了不少商代政治、经济和科学技术等方面的宝贵资料，也是历史学家和古代科技史家研究的第一手资料。但用毛笔书写甲骨文，书写时并讲究执笔、用笔、点画、结构、章法等，作为一种书法艺术来看待，那是1921年罗振玉等学者集甲骨文字书写楹联以后的事情。自此，在甲骨学研究的基础上，出现了甲骨书法这朵墨苑新花。但对书法艺术领域的篆、隶、行草等等丰富多彩的作品来说，甲骨书法是个小兄弟。

甲骨书法的出现，与甲骨学研究的草创阶段的完成是分不开的。甲骨文字经过释读，才有可能出现把甲骨文字作为艺术品看待的甲骨书法。甲骨文是卜辞，是用刀契刻而成的，主要用于记录商王室占卜之事。而甲骨书法，是今人用毛笔书写，有时集字书写诗词，有时集字书写楹联，是为了欣赏或陶冶性情，与三千多年前商代甲骨文的实用性大不相同。甲骨书法与甲骨学的研究水平是密切相关的，甲骨学研究的不断发展，促进了甲骨书法艺术水平的提高。

最早出现甲骨书法作品是在1921年左右。著名学者罗振玉在研究之余，首先集甲骨文字用毛笔写成楹联。他自己曾说："取殷契文字可识者，集为偶语。三日夕得百联，存之巾笥，用佐临池"[1]，后于1921年以《集殷虚文字楹帖》为书名付印。其后章钰、高德馨、王季烈等人，也集甲骨文字为楹联。1927年罗振玉将自己和其他三人作品集为《殷虚文字楹帖汇编》出版，共收400余联，四言、五言、六言至十言不等。此书1985年以《集殷虚文字楹帖》为书名由吉林大学出版社放大重印。

1928年殷墟科学发掘工作展开以后，甲骨学研究完成了草创阶段向成熟阶段的飞跃。在这一段期间内的甲骨书法艺术作品，基本上是由下述两

---

[1] 罗振玉：《集殷虚文字楹帖跋》，贻安堂影印本，1921年。

部分人创作的：

一部分是非甲骨学者。1928年丁辅之出版了《商卜文字集联》，1937年出版了《观水游山集》。1937年简琴斋也出版了《甲骨集古诗联》上编等。因为他们不懂甲骨文，所写的文字或都为方笔，或像行书，而且集错的字也时有发现。

以上罗、章、高、王、丁、简诸氏的作品，由严一萍汇为一编，1969年集为《集契汇编》一书，台湾艺文印书馆出版。此外，1974年台湾还出版了石叔明、林翰年编《甲骨文与诗》，文字犹如刀削斧刻，失去了甲骨文的韵味。因为作者既不懂甲骨文，也没有摹写过甲骨拓本，所以写出了不像甲骨文的甲骨书法。

另一部分是甲骨学家。著名的甲骨学家董作宾先生，不仅对甲骨学的发展作出了重大贡献，而且还对甲骨书法颇有研究。据严一萍《甲骨学》第八章《甲骨文字的艺术》介绍，董作宾曾在前中央研究院历史语言研究所所长傅斯年先生逝世时，用甲骨文字撰写了四百多字的长篇挽联。

1950年汪一庵为所集董作宾、汪一庵书法的《集契集》一书稿本作序，1960年10月《集契集》发表在《中国文字》第1期上。1976年日本欧阳可亮据稿本重新书写，以欧阳可亮、董作宾、汪一庵三人名义由日本春秋书院出版《集契集》，全书共有对联182幅、诗91首、词77阙、令6首，共356篇。董、汪、原《集契集》稿本1978年10月由严一萍在艺文印书馆出版。严版集词八七阙，其他与欧阳版相同。由于董作宾作为著名学者的声望和他甲骨书法的造诣，居然有人仿写董作宾的甲骨书法。此外，台湾学者严一萍的甲骨书法，也有一定的造诣。国内的一些甲骨学家，如商承祚、唐兰、于省吾等前辈对甲骨书法也有精深的研究。因为写的不多，故他们的墨宝更为珍贵。但可惜的是，至今也没有人对他们的墨宝进行搜集和整理。

近年来，甲骨书法或篆刻作品时有出现。1984年10月，在河南安阳市曾举办"殷墟笔会"和"甲骨文还乡书法展览"，推出了一些较为优秀的甲骨书法作品。

与各种传统书体相比，甲骨书法只不过才有六十几年的历史，甲骨书法家的队伍还比较小，甲骨书法也还有一个取得广大人民群众接受的过程，但作为书法艺术的一个新品种，必将取得自己应有的地位和赢得广大人民群众的喜爱。

第二节　写好甲骨书法的准备工作

　　书法是一种综合性的艺术。一幅优秀的书法作品，给人以美的享受，陶冶人们的性情和激发人们对祖国优秀文化的热爱。书法这种艺术形式，有人说它有着图画的功能，这就是所谓的"书画同源"论。诚然，在文字产生的时候，许多象形文字就是对现实生活中许多事物的极形象、生动的概括。虽然经过发展变化，文字与现实的事物愈来愈远。但一幅书法作品本身，就是一幅优美的画卷，而且能收到美术作品所不能达到的艺术效果。书法家依靠点和线的变化，写出了书体各异的令人陶醉的作品，于无声处，使人们领受到变化多端的旋律。特别是甲骨文，直划和横划的变化，构成了隽永的文字。将这三千多年前的"殷人刀笔"文字在今天用笔（或刀）发扬光大，需要我们的甲骨书法（或篆刻）家具有一定的基本功。

　　首先，甲骨书法家要有一定的文学修养。好的书法作品，不仅字要写得好，而且内容也要不落俗套，给人以一个新的境界。这样的书法艺术作品，才能达到陶冶情操的目的。很难想象一幅书法很好，但内容很糟的作品能得到人们喜爱。内容如何，反映了书法家的爱好、修养和情操。而要作出有意义的、催人向上的对联或警句，书法家必须具有一定的文学素养和道德修养。对生活热爱，观察细致，触景生情，豪兴大发，所得的联珠妙语才能给人以启迪和教育。我国古代许多著名的哲人和诗人给我们留下了丰富的哲理名言和不朽的诗篇，千百年来在人民群众中广为传诵。不少书法家以此为题材，创作了很多为广大人民群众喜闻乐见的作品。一些优秀的文学作品，不仅能陶冶广大人民群众的情操，而且也使书法家本人的思想和创作境界更为高尚。

　　其二，甲骨书法艺术作品像一座巍峨的大厦，书法家像大厦的设计师，他选择（或创作）的表达他志趣的诗联是大厦的设计图，所集的甲骨文字就是建造大厦所需的砖瓦。因此，今天的甲骨书法家要有一定的甲骨学基础，要认识一定数量的甲骨文字。

　　甲骨文目前已释出二千字左右，为大多数人所承认的才一千字左右。甲骨书法家继承和吸收前辈学者考释甲骨文字的现有成果是不难办到的。此外，还有一些工具书，如孙海波的《甲骨文编》，高明的《古文字类编》，徐中舒主编的《汉语古文字字形表》等，可以从这些工具书中去集甲骨字。

　　但是，光靠从工具书集字进行书法创作是远远不够的。甲骨书法家还应粗通甲骨文。郭沫若的《卜辞通纂》和《殷契粹编》二书可作为识字入门书，认真加以通读，就能掌握相当一批甲骨单字，比光背诵《甲骨文编》的收效要大的多。有志于甲骨书法的同志，不妨一试，此二书将会使你终生受益！还有一部李孝定纂辑的《甲骨文字集释》，汇集各家对甲骨文字的考释，也可参考。

　　其三，要看和临摹一些甲骨拓本。有一些甲骨书法家，从甲骨字典上集下一些甲骨字，就开始书法创作。由于他们没有看过、或没有临摹过甲骨拓本，不知道甲骨文字的刀法和文字在通篇的行款和布局。所以他们的甲骨书法，极少甲骨文的韵味。我们应吸取他们的教训，在掌握一定的单字，并知如何使用工具书去集字以后，还要摹挲拓本（如能见到原骨，那是最好不过的了）。甲骨文是用刀契刻而成，而我们的甲骨书法是用毛笔书写的。这就要反复体会用毛笔如何表现出刀刻的风格，而又具有毛笔的笔意。用书法家的行话来说，先要"入帖"，即写的字尽量和甲骨拓本上的字一样。但又要"出帖"，进行再创造，形成自己的风格。最近出版的集大成式的甲骨著录——《甲骨文合集》和《小屯南地甲骨》二书可供摹挲参考。此外，还要懂得一些有关甲骨文例的知识[①]。

　　如此等等。初步掌握了以上几个方面的基本知识，就可进行甲骨书法创作了。

第三节　精益求精，将甲骨书法艺术提高一步

　　"艺无止境"。我们所说的将甲骨书法艺术提高一步，不仅限于文字书写与甲骨文形似，更重的是甲骨书法作品要合情、合理。

　　1984年10月参加安阳"殷墟笔会"时，参观了大会举办的书法展览，见到展出的一些优秀甲骨书法作品。但不容否认，也有一些甲骨书法作品连著名的甲骨学权威看后都连说"读不懂"，更何况一般的读者呢？还有一些名为甲骨书法，但写得与篆文无异，表明这些书家对甲骨文的"刀法"全然不知。我们认为，要想进一步提高甲骨书法艺术水平，就必须了

[①] 参见仁言《殷墟甲骨文基础七讲》，《殷都学刊》1985年第1—4期。

解甲骨文不同时期有不同书体，也要懂得甲骨文字字形的偏旁分析和从别的文字中借字的道理，这样才能写出合情、合理的甲骨书法作品。

一　要合情

甲骨文是商朝晚期盘庚迁殷至纣之灭，八世十二王、二百七十三年之物。在这一段时间里，由于贞人的不同和岁月的流逝，甲骨文字形、书体是有发展变化的。可以分为武丁时期、祖庚祖甲时期、廪辛康丁时期、武乙文丁时期、帝乙帝辛时期。这五个不同时期的甲骨文，字形、书体各有其特点。我们的甲骨书法家在自己的书法作品中，要能将甲骨文不同时期字形、书体的特点反映出来，这就是要合乎甲骨文当时之情。

在1928年殷墟科学发掘甲骨文以前，学者们研究的主要目标是文字的考释和篇章的通读，273年的晚商甲骨文被看做一团"浑沌"，没有理出一个条贯。限于甲骨学当时的研究水平，这一时期的甲骨书法当然不可能反映出甲骨文字不同时期书体、字形的不同。多是按集句内容的要求，根据有限的工具书，如《殷虚书契考释》等将文字集在一起。这样写出的书法作品，自然是不同时期的字体杂陈在一起。很显然，这不符合甲骨文字发展变化的情理，难免产生"假"的效果。甲骨学发展到今天，已能准确地将每一片甲骨分期甚至分"王"，我们的甲骨书法家不能再停留在初期甲骨书法家那样的水平上，把"辈分"不同的甲骨字胡乱地集在一起。

我们在这里还要谈一下与甲骨篆刻有关的甲骨造伪问题。随着甲骨文的售价日昂，也产生了伪造甲骨以求厚利的问题。在甲骨发现初期，造伪者把不同时期的甲骨字杂凑成篇，而且不成辞例。随着甲骨学研究的进步，甲骨学者很容易就辨认出这些假片。造伪者又录下成篇甲骨上的刻辞，通篇移刻，显得非常逼真。但造伪者不懂甲骨文例，甲骨学者也能识破。现在，也有一些人用甲骨文篆刻印章或仿刻甲骨，这也可以说是在制造假"甲骨"吧。甲骨仿刻已成为篆刻领域的一朵新花。对甲骨篆刻者来说，也存在一个"合情"的问题，不使假的甲骨使人再产生假的感觉，而要使人在假甲骨上感受到"真"甲骨的韵味。

总之，甲骨书法要通过笔写出刀意而不失笔力，要再创造出神似的"甲骨"字。甲骨篆刻，要传"真"，要能以假乱真，不能进行再创造。否则，就会成为地地道道的"假"甲骨了。甲骨书法篆刻家要想自己的创作达到合甲骨文之情的艺术效果，就必须对甲骨文的分期断代知识有一定的了解。

董作宾《甲骨文断代研究例》把甲骨文分为五个不同时期，他指出了五期文字书体的不同，即：第一期雄伟，第二期谨饬，第三期颓废，第四期劲峭，第五期严整。如果我们的甲骨书法篆刻家能反复体会这些不同，一定会创作出更符合甲骨文本身之情的优秀作品。

二　要合理

所谓"合理"，就是我们现代人书写的"甲骨文"要有三千多年前甲骨文的韵味。也就是要使自己的书法作品从所集的文字到文字的结构、气势与真正的甲骨文字神似。为达到这样的效果，必须注意下述三个方面：

首先要使自己的甲骨书法符合甲骨文的笔意。甲骨文五个不同时期的不同书体作风，是由文字契刻时奏刀的不同，即点划的差异所决定的。

甲骨文又被学者称为"殷人刀笔文字"，也有称之为"契文"的。"刀笔文"也好，"契文"也好，都说明甲骨文不是用笔，而是用刀契刻在龟甲、兽骨上的文字。而"刀笔"，就是安阳殷墟出土的青铜刻刀或玉刻刀。当时应主要是用青铜刀契刻甲骨文字。

董作宾等学者认为甲骨文是先写后刻的。但据大量出土甲骨文材料，先写后刻的是极少数。多数是贞人随手刻来，并不先写上墨底。这已为近人进行的甲骨模刻实验所证明。要想刻出甲骨文的神韵，表现出各期不同的书体作风，必须对甲骨文字刻划的顺序及刀法进行分析、体会。有人在进行仿刻甲骨实验时，仔细观察甲骨文字下笔的先后，再按顺序奏刀，刻出的"甲骨"字与真甲骨文字极其相近。这对我们的甲骨书法篆刻家有很大的启示。

我们了解了甲骨文契刻的方法和奏刀的先后，就可以在书写时用笔体现出刀法来。有的甲骨书法家不了解这一点，笔画粗细一致，写出了小篆体的甲骨。也有的写出了"行书"体的"甲骨"字，失去了甲骨篇章的严谨、肃穆。也有的甲骨书法家不了解甲骨书法毕竟是书法而不是契刻，只强调刀法，用毛笔写出剑拔弩张的"甲骨"字，失去了甲骨文笔意的流畅、妩媚。我们书写"甲骨文"，既要写出"刀"法的劲峭，又要表现出笔意的沉静。所以在临摹甲骨时，不仅要注意每个字的笔画和笔画的结构，还要十分注意把刀法和笔法结合起来，形成自己的独特风格。

其次是要合理地使用"甲骨"字。不少学者对甲骨文字的考释作了许多工作，但由于时间早晚的不同和所见资料多少的不同，往往一字异说，使初学者莫知所从。早年学者考释文字，因限于资料，往往孤立地对文字进行解说，而没有综合全部资料进行论证，不能做到文从字顺。或把考释文字比做"射覆"——即猜谜，虽有一些文字猜对了，但有不少释错。我们今天的甲骨书法家在集字的时候，应以文字考释的最新成果为准。我们发现，不少甲骨书法作品将前人释错并已放弃的释读，为适应集字的需要重新集来，因此作品中错字连篇，几乎使人不能属读。这是不了解甲骨文字释读八十七年来不断前进，不断发展，日益缜密的结果。考释文字较多而且比较正确的学者有郭沫若、于省吾、唐兰等人，他们的《卜辞通纂考释》、《殷契粹编考释》、《甲骨文字研究》、《甲骨文字释林》、《殷虚文字记》等书可供我们集字时参考。此外，反映文字考释成果的字典，如《甲骨文编》、《古文字类编》等在集字时也很有使用价值。

其三，虽然不少甲骨文字已被释读出来，但数量毕竟有限。还有不少的字只知其义，不可得其音读。在四千多个单字中，目前无争议的可识字仅有一千多个。而这一千多个单字，多和商王的活动，如祭祀、征伐、游田、吉祸等有关，涉及的范围较为狭窄，用以表达我们今人的思想是远远不够的。

因此，在用甲骨书法表达我们当代人的志趣和寄寓时，必须注意到甲骨文字较少这一特点。我们在创作或选择文句时，最好应考虑到哪些字可以在甲骨文中集齐，尽量避免创作出（或选择）不易集齐甲骨文字的文句。虽然如此，我们所创作的诗篇或偶句中（或选先哲名句、名诗），还可能有集不到的甲骨文字。遇到这样的情况，我们只得适当地"造"一些甲骨字或"借"一些甲骨字。

"造"字要合理，即我们所造的"甲骨字"要符合甲骨文字的偏旁结构，要用偏旁分析法合理地"造"出一些甲骨字，而不能硬将前人释错的字拿来充数。分析偏旁是考释文字的一种行之有效的方法，宋代就已开始使用了。如宋人分析"秉"字谓"从又从禾"，又即手，以手取禾即秉字本意。清人孙诒让《契文举例》一书也常用此法分析文字。在书法创作缺字时，就可根据文字的偏旁分析造出一些合理的"甲骨"字来。唐兰的《古文字学导论》一书对文字偏旁分析有精辟论述，甲骨书法家为造字合理，可翻阅此书。

当然，有一些字用偏旁分析法也"造"不出来，那我们就只好去"借"了。首先要从与甲骨文时代较近的金文中去借。如果金文中也没有，再从战国时代的货贝文、玺印文、兵器刻文或陶文中去借。但有一点务必十分注意，就是要把"借"来的字经过改造，即用甲骨书法的特点写出来。

无论"造"字，或是"借"字，都是万不得已而为之，不能在书法作品中出现太多。顾名思义，甲骨书法还应是以集原有的甲骨文字为主。如果我们的甲骨书法，不仅作风表现了甲骨文古朴的神韵，而且所集的"甲骨字"也合情合理，那就是一幅成功的作品了。此外，甲骨文毕竟去今已远，多数人是难以辨识的。因此甲骨书法作品上还应附写释文，以减少欣赏者不识字之苦。这样，既可使甲骨书法的欣赏者领略劲遒、奇妙的书法艺术，还能通过欣赏书法，体会到书法家所寄托的思想、寓意，从而受到启发教益，并与书法家产生共鸣。因此我们主张在甲骨书法上加释文，这是使甲骨书法艺术不胫而走，赢得更多欣赏者所不可缺少的工作。

虽然甲骨文是一种古老的文字，但甲骨书法在书法史上却是一朵最年轻的新花。我国历代书法家给我们积累了大量的优秀篆，隶、行、草书法珍品，可供我们借鉴。十五万片甲骨文，又为我们提供了甲骨书法最好的"法帖"。这些，为甲骨书法融篆、隶、行、草的优秀遗产为一炉，为把甲骨书法提高到一个新的水平提供了条件。我们相信，甲骨书法一定会发扬光大，在我国墨苑中大放异彩！

第十七章
甲骨学研究一百年

　　自1899年殷墟甲骨文被王懿荣鉴定并作为珍贵文物而有意识收藏以来①，迄今已经经历了一百个年头。作为中国和世界文化艺术珍品的甲骨文，自它被发现之日起，就引起了国内外学术界的瞩目。中国一批优秀的学者和欧、美、日等不少国家和地区有造诣的汉学家，钻研甲骨文锲而不舍，献出了毕生的精力。经过几代人的努力，蕴藏在这些"断烂朝报"中的古代社会奥秘被逐一"发掘"出来，从而使"文献不足"的商代历史研究柳暗花明，进入了一个全新的阶段。今天的甲骨学，已是积累了大量的研究资料，形成了严密的规律并有自己的研究对象和课题的一门成熟学科，它和语言学、历史学、考古学、古代科学技术史研究有着密切的关系②，成为一门"国际性"的学问。

　　近百年来的甲骨学研究，已经历了它发展道路上的"草创时期"（1899—1928年）、"发展时期"（1928—1937年）和研究的"深入时期"（1949年至今）。前辈学者开拓榛莽，钩深索赜，取得了丰硕的成果。他们的著作也和甲骨文本身一样，成为我们应该借鉴和继承的宝贵文化财富。因此，回顾百年来前辈学者所取得的成就，发扬和光大他们勇于探索、不断进取的优良传统，展望未来的研究前景，对促进我们"后来者"的深入研究和把甲骨学推进到新的一百年的繁荣是很有意义的。

---

　　① 关于殷墟甲骨文发现的时间和它的第一个发现者，学术界一度曾有争议。我们对此曾进行了认真考证，还以1899年王懿荣为发现甲骨文第一人为确，详见王宇信《关于殷墟甲骨文的发现》，《殷都学刊》1984年第4期及崔志远《关于殷墟甲骨文发现的通信》，《殷都学刊》1985年第2期。

　　② 参见王宇信《建国以来甲骨文研究》，第四、五、六章，中国社会科学出版社1981年版。

第一节　甲骨学研究的草创时期（1899—1928年）

甲骨学研究的"草创时期"，指自 1899 年甲骨文被发现购藏起至 1928 年史语所科学发掘安阳殷墟这一段时间。因王懿荣鉴定甲骨文为古代文化珍品，昔日"每斤才值数钱"的"龙骨"身价倍增，一下变成了每字值银"二两五钱"的古董。小屯村民为谋厚利，争相私挖甲骨出售。为了与 1928 年史语所科学发掘甲骨文时期相区别，故称这一期间为"私人挖掘"或"盗掘"时期。王懿荣、王襄、刘鹗、罗振玉等一批学者，先后通过古董商之手或派人去安阳坐地收购，获得了大批甲骨文，其情况是：

王懿荣所得	约一千五百片
刘　鹗所得	约五千片
王　襄、孟定生所得	约四千五百片
罗振玉所得	约三万片
其他各家所得	约四千片

与此同时，不少外国人也开始搜购甲骨文，其中很多被转卖到外国，诸如美、英、德各大博物馆都有购入。外国人搜购甲骨文的情况是：

库寿龄、方法敛所得	约五百片
日本人所得	约一万五千片
明义士所得	约三万五千片

以上"私人挖掘"时期共获殷虚甲骨文十万片[①]。

由于文献失载，关于殷墟甲骨文及其时代，学者们一开始是茫然无知的。经王懿荣、刘鹗、罗振玉等学者的悉心考索，至 1910 年左右，甲骨文为商代遗物便为多数学者所承认了[②]。而甲骨文出土地，罗振玉 1908 年查明为安阳小屯村。在此基础上，罗振玉在 1910 年《殷商贞卜文字考》中辨明小屯村为"武乙之虚"，为以后殷商考古学的发端和甲骨文的分期断代研究奠定了基础。因此学者认为，把"甲骨出土的地点考证出来"，是"罗振玉的主要成就"之一[③]。

[①] 胡厚宣：《殷墟发掘》，学习生活出版社，第 36 页；及胡厚宣：《八十五年来甲骨文材料之再统计》，《史学月刊》1984 年第 5 期。
[②] 王宇信：《建国以来甲骨文研究》，中国社会科学出版社 1981 年版，第 3—5 页。
[③] 戴家祥：《甲骨文的发现及其学术意义》，《历史教学问题》1957 年第 3 期。

甲骨文资料的著录出版，是甲骨学研究的基础工作。1903年刘鹗出版了甲骨学史上第一部著录书《铁云藏龟》，从而使更多的古文字学家得以进行研究，扩大了甲骨文的流传范围。自此，甲骨文从少数学者书斋里秘不示人的"古董"，变成了可资学术研究的"金石"资料。其后，一些甲骨著录书，诸如罗振玉的《殷虚书契》、《殷虚书契精华》、《铁云藏龟之馀》、《殷虚古器物图录》，姬佛佗《戬寿堂所藏殷虚文字》，明义士《殷虚卜辞》，林泰辅《龟甲兽骨文字》，王襄《簠室殷契徵文》，叶玉森《铁云藏龟拾遗》，罗福成《传古别录》二集等陆续出版。以上各书，共收录甲骨九九一九片。"发表的材料，虽然只占全部出土甲骨文字的十分之一，但重要材料，已经公布不少，这对开展甲骨文的研究，有很大作用。"①

这一时期学者们筚路蓝缕，在甲骨学的研究方面也取得了一定的成就。首先，就是孙诒让、罗振玉、王国维、叶玉森等学者在文字的考释和篇章的通读方面作出了不少发凡启例，创通阃奥的贡献。

《铁》书出版以后，著名学者孙诒让据以研究、考证，在1904年就写出了甲骨学史上第一部研究著作《契文举例》（该书稿1916年在上海发现，1917年出版）。我们现在考释甲骨文字以《说文》为证，以金文互证的方法，"在孙氏《契文举例》中，基本上都应用上了。这就是《契文举例》可贵之所在"②。

虽然如此，直到1913年《殷虚书契》出版以后，学术界还鲜有人对甲骨文内容进行研究。罗振玉深感"书既出（按：指《前》），群苦其不可读也"③，于是他"发愤为之考释"④，写成了六万多字的《殷虚书契考释》。书中考定帝王二十二、先妣十四、人名七十八、地名一九三、文字四八五个。1919年罗振玉又将此书增订出版。罗振玉的甲骨文字考释，是"由许书以上溯古金文，由古金文以上窥卜辞"的。但他"既参证《说文》以释甲骨文，又不为《说文》所束缚，而能认出一批与《说文》字形不同的甲骨文，反过来纠正《说文》的谬误，这就比前人大大高出了一筹"⑤。

---

① 胡厚宣：《殷墟发掘》，第37页。
② 肖艾：《第一部考释甲骨文的专著——〈契文举例〉》，《社会科学战线》1978年第2期。
③ 罗振玉：《殷虚书契序》。
④ 罗振玉：《殷虚书契后编序》。
⑤ 陈炜湛、曾宪通：《论罗振玉和王国维在古文字领域内的地位和影响》，《古文字研究》第四辑，中华书局1980年版。

经过学者们的努力探索，可识之字日益增多。特别《殷虚书契考释》和《增订考释》出版以后，基本上可以通读卜辞文句了。一些字典性工具书，诸如叶玉森《殷虚书契前编集释》、王襄《簠室殷契类纂》、商承祚《殷虚文字类编》等也相继问世，反映了这一时期的文字考释成果。

其次，在文字考释的基础上，进一步研究商史。王国维不仅在甲骨文字的考释方面做出了贡献，而且对商周礼制、都邑、地理等方面研究都做出了创造性的贡献。特别是他1917年所写的《殷卜辞中所见商先公先王考》及《续考》两篇甲骨学史上的著名论文，把甲骨学研究由"文字时期"推向了"史料时期"。王国维考证了甲骨文中出现的商先公先王和父、兄之名，论证了《史记·殷本纪》所载"有商一代先公先王之名，不见于卜辞者殆鲜"，因而司马迁《史记》所载商史是可信的。但他根据《后上》8·14与《戬》1·10的缀合，也纠正了《殷本纪》中个别商王世次的错误，从而大大地提高了甲骨文的学术价值。与此同时，开了后来甲骨缀合课题之先河。

应该指出的是，王国维在研究时不仅十分注重古代文献，而且对地下出土文物更为重视。他1925年在《古文新证》中提出了著名的"二重证据法"，对我国的古史研究产生了深远的影响。

第二节　甲骨学研究的发展时期（1928—1937年）

这一时期，指自1928年10月开始至1937年6月暂告一段落的史语所主持科学发掘殷墟甲骨文时期及其以后的一段时间。史语所在安阳殷虚先后进行十五次大规模科学发掘，历时十年之久，获得了大批科学发掘所得甲骨文和大量遗迹、遗物等珍贵考古资料。而近代田野考古方法的引入，使甲骨学研究突破了传统金石学和史料学的局限，取得了全面的发展。

自1899年甲骨文被发现以后，出土日益增多。但与此同时，小屯村民私挖甲骨与盗墓挖宝无异，使与甲骨文共存的遗迹、遗物等重要现象受到了严重破坏。而大量甲骨文的流往国外，也引起了有识之士的焦虑。中研院史语所立所伊始，鉴于"甲骨既尚有遗留，而近年出土者又源源不绝。长此以往，关系吾国古代文化至巨之瑰宝，将为无知土人私掘盗卖以尽。迟之一日，即有一日之损失，是则由国家学术机关以科学方法发掘之，实为刻不容缓之图"①。

因此自1928年10月开始由史语所在安阳殷墟科学发掘甲骨文，出土了大批有科学记录的甲骨文资料。其中第一次至第九次科学发掘工作共得甲骨文六五一三版，而第十三次至第十五次科学发掘工作共得甲骨文一八四〇五版。河南省图书馆也在其间进行过两次发掘，共得甲骨三六五六版。

应该大书特书的是，第十三次发掘期间（1936年6月12日）YH127坑一七〇九六片甲骨的发现。这批甲骨不仅数量多，而且内容丰富②，对甲骨学研究的发展起了推动作用，是甲骨学史上的一次重大发现。

在甲骨文的著录方面，这一时期开创了甲骨学与考古学相结合的著录新体例。这样的甲骨著录书，不仅"单就文字学方面看法，自然和以前著录的许多甲骨文字书籍，有同样的价值，只是读者可以绝对地信任它没有一片伪刻罢了"。更重要的是，"如果从考古学的眼光看法，就和以前的甲骨文字书籍大大地不同了。它们每一片都有它们的出土小史，它们的环境和一切情形都是很清楚的"③。第一次至第九次发掘所得甲骨，由董作宾编为《殷虚文字甲编》出版，其中所收甲骨，是"按照着他们出土的先后次序排列的"。"若研究出土情形，或与遗址遗物关系，则需查登记号"就可一目了然；第十三次至十五次发掘所得甲骨，董作宾辑为《殷虚文字乙编》出版，其编纂体例与《甲编》同。《甲》、《乙》二书的出版，为甲骨学研究的全面发展奠定了基础。

这一时期的甲骨学研究也取得了突破性成就，这就是1933年董作宾《甲骨文断代研究例》这篇名文的发表。自1928年第一次科学发掘以后，学者从三处不同地方出土的甲骨发现有"字形之演变，契刻方法与材料之更异"的变化，便开始了"把每时代的卜辞，还它个原有时代"的探索。董作宾从1929年第三次发掘的"大连坑"受到启示，第一个提出："贞人"说，为分期断代研究打下了基础。董作宾在《断代例》中，按世系、称谓、贞人、坑位、方国、人物、事类、文法、字形、书体等十项标准，

---

① 董作宾：《民国十七年试掘安阳小屯报告书》，《安阳发掘报告》第一期。
② 董作宾：《殷虚文字乙编序》。又胡厚宣：《殷墟发掘》，第99—101页。
③ 董作宾：《殷虚文字甲编自序》。

把殷虚甲骨文划分为五个不同时期。从此，罗、王以来把甲骨文作为晚商二百七十三年史料的一团"浑沌"，被犁然划分为早晚不同的五期，从而有可能探索甲骨文所记史实、礼制、祭祀、文例等方面的发展变化，把商代各王历史的研究建立在更为科学的基础之上。因此，《断代例》的发表，"是甲骨文研究中的一件划时代大事"①。

YH127坑成批甲骨的出土和其他大量科学发掘所得甲骨文，大大开阔了学者们研究甲骨文的视野。过去，传世甲骨大多支离破碎，学者们据此难以窥知甲骨的"全豹"。而现在，仅YH127坑就出土完整龟甲三百余版，再加上缀合的材料就更多了。因此学者们思路大开，与分期断代研究一起，甲骨学其他方面的研究，诸如卜法文例②、记事刻辞③、卜辞同文④、卜辞杂例⑤等等有关甲骨学自身规律的研究，也取得了较大的进展。

与此同时，胡厚宣先生"综合所有甲骨，作一全面的彻底整理"。他以殷墟发掘所得甲骨整理为契机，研究商代方国、农业、气候、婚姻家族、封建制度、天神崇拜等方面，出版了《甲骨学商史论丛》一书，不少根据大量甲骨文新资料所得出的结论，直到现在仍很有参考价值。

唐兰使用偏旁分析法考释甲骨文字，发现颇多。于省吾、杨树达、张政烺等学者也屡有新说。而陈梦家对商代祭祀、王名、神话与巫术等方面进行研究，取得了成绩。特别是郭沫若异军突起，天才加勤奋，奠定了我国历史唯物主义历史科学的基础。郭沫若的《卜辞通纂》、《殷契粹编》二书，不仅为甲骨文的搜集和流传作出了贡献，而且二书的文字考释和他的《甲骨文字研究》等著作中有不少震聋发聩、石破天惊之笔，得到了国内外学术界的承认（包括反对过他的人），为文字的考释作出了巨大的贡献。可以毫不夸大地说，郭沫若的甲骨学论著，不仅是学者们研究时案头必备的参考，而且使不少初学者由此度得金针，成为入门的工具，影响了一代又一代的甲骨学者。此外，郭沫若用甲骨文研究商史，他的"划时

---

① 王宇信：《建国以来甲骨文研究》，第20页。
② 董作宾：《商代龟卜之推测》，《安阳发掘报告》第一期。又《骨文例》，《集刊》七本一分。胡厚宣：《甲骨学绪论》，《论丛》二集二册。
③ 胡厚宣：《武丁时五种记事刻辞考》，《论丛》初集三册。
④ 胡厚宣：《卜辞同文例》，《集刊》五本。
⑤ 胡厚宣：《卜辞杂例》，《集刊》八本三分。

代"著作《中国古代社会研究》及其后的《十批判书》、《奴隶制时代》和他主编的《中国史稿》等商史著作,勾画出中国唯物史观指导下的历史科学从不成熟阶段逐渐趋于成熟的发展轨迹,成为中国新史学的一代宗师①。

通过郭沫若、董作宾等为代表的一批学者的大力开拓,这一时期的甲骨学研究得到了全面的发展,成为一门成熟的学科。

第三节 甲骨学研究的深入时期(1949年至今)

自1949年新中国成立至今,中国的甲骨学研究在前两个时期已取得成就的基础上,又有了新的深入。其主要表现是科学发掘甲骨文的不断出土和在集中、整理、公布材料方面取得了成功。而甲骨学研究方面,诸如分期断代、文字考释等方面也较前有了深入。特别是周原甲骨的发现和展开的讨论,在甲骨学研究领域,形成了一门新的分支学科。与此同时,对甲骨学史和甲骨学研究的不断总结等等,也提出和解决了不少新的研究课题。

(一)科学发掘甲骨文的不断出土和包容时空的扩大

自1950年春天起,中国科学院考古研究所(现属中国社会科学院)就恢复了安阳殷墟的科学发掘工作,四十六年来基本没有中断过有计划的研究工作②,出土了大批遗物和遗迹,包括不少科学发掘的甲骨文。在安阳殷墟以外的商代遗址和一些周代遗址,历年也陆续有科学发掘甲骨文出土。

在安阳殷墟,不仅在中心区小屯村附近不断出土甲骨,而且在其以外地区,继新中国成立前在后冈、侯家庄南地等处之后,又在后冈、四盘磨西地、大司空村等处发现了商代甲骨文③。而以小屯南地和另一新地点花园村东地为最多。

1973年小屯南地一批甲骨的出土,是继YH127坑甲骨大发现之后的

---

① 王宇信撰:《甲骨文研究》(收入林甘泉主编:《郭沫若与中国史学》,中国社会科学出版社1992年版)。
② 杨锡璋:《殷虚发掘大事年表》,《考古》1988年第10期。
③ 王宇信:《建国以来甲骨文研究》,第26—29页。

又一次大批出土，共计卜骨、卜甲七一五〇片。其中卜甲一一〇片（有刻辞者六十片），卜骨七〇四〇片（有刻辞的四七六一片），未加工的牛胛骨一〇六片（有刻辞的四片），刻字牛肋条骨四片①。这批甲骨不仅出土数量较多，而且有科学地层依据。"值得注意的是，在少数灰坑中，甲骨集中地大量出土，似是有意识的贮存"。还有专门存放骨料的窖穴发现②。这批甲骨的时代，以三、四期为多，也有少量一期和五期之物。刻辞的内容也很丰富，包括祭祀、天象、田猎、旬夕、农业、征伐、王事等方面。其中有不少新的内容，诸如贞人名、方国名、有关军旅编制、天文、百工等方面的材料和一些过去没有见过的字、辞等等③；另一次重大甲骨发现是1991年在花园村东地、南地。花园村东地窖穴（H3）内共出土卜甲一五五八片，上有刻辞者五七四片（腹甲五五七片，背甲十七片）。卜骨二十五片，上有刻辞者五片。共计得刻辞甲骨五七九片。值得注意的是，此坑以大版龟甲为多，完整者达七五五版，而有刻辞的整龟甲近三百版，占有字甲骨总数的百分之五十。而半版以上的大块甲骨，几占总数的百分之八十，每版字数不一，少者一二字，多者达二百字，一般为数十字。内容涉及面较狭，主要为祭祀、田猎、天气、疾病等，尤以祭祖先为多。常用字的写法及风格与"宾组"有别，但与午组、子组、自组卜辞有相近之处，应为武丁时王室贵族的有意储存。花园村南地墓（M99）填土中出卜骨三十五片、卜甲二十二片，其中有字者仅卜骨五片，属午组卜辞④。这批甲骨的出土，引起了国内外学者的注意。

在殷虚以外的商代遗址，如郑州也发现了商代有字甲骨。有学者认为是第四期武乙、文丁时物⑤，也有学者认为应是二里冈中商时期之物⑥。更为重要是，近年在河南郑州电校又发现二块有字骨⑦。

此外，在河南洛阳泰山庙、山西洪赵坊堆村、陕西长安沣西、北京昌平白浮、陕西岐山凤雏和齐家等地，陆续有西周甲骨文出土。以上五处遗

---

① 《一九七三年安阳小屯南地发掘简报》，《考古》1975年第1期。
② 《新中国的考古发现与研究》，及《小屯南地甲骨序言》，中华书局1980年版，第245页。
③ 陈邦怀：《〈小屯南地甲骨〉中所发现的若干重要史实》，《历史研究》1982年第2期。
④ 《一九九一年安阳花园庄东地、南地发掘简报》，《考古》1993年第6期。
⑤ 李学勤：《谈安阳小屯以外出土的有字甲骨》，《文物参考资料》1956年第11期。
⑥ 裴明相：《略谈郑州商代前期的骨刻文字》，《全国商史学术讨论会论文集》，1985年。
⑦ 《郑州商城考古新发现与研究》，中州古籍出版社1993年版，第177页。

址共出土有字甲骨三〇二片，总字数达一〇四一个①。其中最重要的是1977年陕西周原凤雏建筑基址的成批发现甲骨文。在凤雏建筑基址西厢二号房窟穴H11和H31内共出土卜甲、卜骨一七二七五片，其中有字甲骨二八九片。甲骨都经过整治，"卜甲几乎全系方孔，有圆孔者极少，方孔一般呈长方形，平底浅孔，在孔的底部一侧凿一细槽"。而"卜骨皆钻圆孔，其孔壁有垂直与错叠两种"。"孔内底部约三分之一处有槽"②。此外，在90年代初，河北邢台南小汪遗址发现有字西周甲骨，共十一字③。1995年10月，北京琉璃河燕都遗址又有西周甲骨的重要发现，三片甲骨中以刻有"成周"者为最重要④。据悉，北京房山镇江营也出土西周"筮数"胛骨⑤。西周甲骨的在各地出土，不仅为史料较少的西周史研究提供了弥足珍贵的资料，而且为甲骨学领域里新分支学科的形成打下了基础。

　　早于殷墟甲骨文的原始社会时期的甲骨契刻符号（或曰文字）也有出土。1987年河南舞阳贾湖裴李冈文化遗址，出土了刻符龟甲，有的刻划则与甲骨文中的"目"、"曰"等字形相近⑥。陕西长安花楼子客省庄二期文化遗址中，出土骨刻符号十九件，有的甲骨刻符也与殷墟甲骨文相近⑦。这些甲骨刻符的发现，为我们研究中国文字的起源提供了新线索。而1996年山东桓台史家遗址岳石文化木构器物祭祀坑发现的有字卜骨，则为研究夏商时期的东夷文字和占卜契刻源流提供了新线索⑧。

　　如此等等。甲骨不仅在殷墟和殷墟以外各地点有不断出土，而且发现了更早的甲骨刻符，使我们长期形成的"殷墟甲骨"观念，在时间和空间上扩大了范围。

---

① 王宇信：《西周甲骨探论》，中国社会科学出版社1984年版，第20页。
② 陈金方：《陕西岐山凤雏村西周甲骨文概论》，《古文学研究论集》，1982年。又《岐山凤雏村两次发现周初甲骨文》，《考古与文物》1982年第5期。
③ 《邢台南小汪周代遗址西周遗存的发掘》，《文物春秋》1992年增刊。
④ 《北京琉璃河遗址的发掘又获重大成果》，《中国文物报》1997年1月12日。
⑤ 见《北京文博》1998年第4期，封二。
⑥ 《河南舞阳贾湖新石器时代遗址第二至六次发掘简报》，《文物》1989年第1期。
⑦ 郑洪春、穆海亭：《陕西长安花楼子客省庄二期文化遗址发掘》，《考古与文物》1988年第五、六期合刊；及《镐京西周宫室》（西北大学出版社1995年版），第39—40页，及有关彩版、图版、图、拓本可供研究参考。
⑧ 《桓台史家遗址发掘获重大成果》，《中国文物报》1979年5月18日。

（二）甲骨文材料的集中、整理及刊布方面取得了成功

1980年，中国社会科学院考古研究所编《小屯南地甲骨》上册由中华书局出版，下册一、二、三分册于1983年出版。此书将1973年小屯南地出土甲骨收入，共编为四六一二号。所收甲骨按出土单位著录，这就为我们提供了一批可与地层及有关遗物互相联系的科学资料。虽然《甲》、《乙》二编按出土顺序号著录甲骨，但旧中国十五次发掘殷墟总报告尚未出版，即使能据出土号将甲骨按单位集中[①]，但此坑的层位关系及相伴出遗物也很难据现已刊出的零碎材料查考清楚。又何况当时的所谓"层位"多为深度层，而不是考古层位学的地层。《屯南》一书还把能看出钻凿形态的甲骨作了统计，还作了划分类型的整理，并对钻凿甲骨进行墨拓或画图，集中发表在下册三分册中，为研究甲骨整治和考察钻凿形态提供了宝贵资料。《屯南》一书所录甲骨，与出土层位、钻凿形态、释文及各项索引浑然一体，给不同需要和从不同角度查找资料提供了极大便利，这就比《甲》、《乙》二编前进了一步。因而"它是科学发掘所得甲骨的一部最科学的著录书"[②]。而《殷虚文字乙编补遗》（1995年）的出版，为《乙编》甲骨的继续缀合提供了全面资料。

一些传世甲骨也继续整理公布。李亚农《殷契摭佚续编》（1950年）、郭若愚《殷契拾掇》（1951年）、《殷契拾掇二编》（1953年）、胡厚宣《战后宁沪新获甲骨集》（1951年）、《战后南北所见甲骨录》（1951年）、《战后京津新获甲骨集》（1954年）、《甲骨续存》（1955年）、董作宾《殷虚文字外编》（1956年）、陈邦怀《甲骨文零拾》（1959年）等书相继出版，公布了不少重要甲骨文资料。

应该指出的是，胡厚宣教授在著录和刊布甲骨材料方面作出了贡献，他的《宁》、《南》、《京》、《续存》四书，"共著录甲骨一三八一四片，占殷虚所出全部十多万片甲骨的十分之一强"。

而他开创的先行分期再行分类的编纂体例，纲举目张，眉目清晰，"为以后科学地编辑甲骨文作出了示范"[③]。

[①] 据石璋如：《殷虚文字甲编的五种分析》，1982年。
[②] 王宇信：《一部科学的甲骨著录》，《人文杂志》1987年第3期。
[③] 王宇信：《建国以来甲骨文研究》，第37页。

郭沫若主编、胡厚宣总编辑的《甲骨文合集》，自1978年开始出版至1982年全部十三巨册出齐，是一部集七十年来出土甲骨文之大成式的著作。它的出版，标志着中国甲骨学者在这一时期全面集中、整理和公布材料方面取得了成功。此书的出版，被誉为新中国古籍整理工作的最大收获，多次受到国家的表彰和奖励①。

《合集》共收甲骨四一九五六片，先行分期，每期内再按内容作分类处理。特别是将一批学术界争议较大的甲骨集中著录在第七册（第一期附）中，为分期断代的深入研究提供了集中的资料。正如学者所指出的，"在十万片甲骨中理出为'武丁期附'的一部分，是要有'观其全体'的甲骨研究工夫，决不是随便'剪剪贴贴'可以做到的"②。《合集》一书，集中了分藏国内二十五个省市自治区四十四个私人藏家和九十五个机关单位的九万多片、台湾和香港的三万多片以及日、美、英、加拿大、韩等十二个国家和地区的二万多片，总计十五万片以上甲骨材料的拓本、照片、摹本或著录书，按一定的标准从中选出四一九五六片著录。在整理材料时，从六十多种著录书中，"共校出重片六千多片，重片次达一万四千多。这是一项繁琐而艰巨的工作，它的完成，可以说对旧著录书作了一次清算"③。与此同时，《合集》还精心缀合碎片。已故桂琼英先生"在前人已经做过的基础上尽量继续加以拼合，所以所得就较前人为多"④。"总计拼合不下两千余版，单《殷虚文字》甲、乙两编，就拼合了一千版以上。"⑤在《合集》中，还选换了所能进行墨拓的甲骨新拓本。而没条件新拓的甲骨，则从著录书的拓本中选其较完整和清晰者。此外，还将一骨的正、反、臼以及同文的卜辞（或成套）集中在一起。如此等等，做了大量科学整理工作。因此，《合集》的出版，为甲骨学的继续深入研究奠定了基础⑥，它继往开来，是甲骨学史上里程碑式的著作。

严一萍曾用"名归主人之办法"，即按甲骨藏家编纂《甲骨集成》。但

---

① 柯办：《郭沫若〈甲骨文合集〉》获奖，《北京晚报》1983年2月19日。又，周建明：《吴玉章奖金首次评奖》，《人民日报》1987年10月10日。
② 严一萍：《商周甲骨文总集序》，艺文印书馆1985年版。
③ 王贵民：《一部大型的甲骨文资料汇编——〈甲骨文合集〉》，《中国史研究动态》1979年第9期。
④ 胡厚宣：《郭沫若同志在甲骨学上的巨大贡献》，《考古学报》1978年第4期。
⑤ 胡厚宣：《甲骨文合集序》。
⑥ 赵诚：《〈甲骨文合集〉评介》，《光明日报》1983年1月31日。

此书"只出版一册,就没有继续。然而完成甲骨全集的心志,始终不懈。现在有了《甲骨文合集》作基础,这个愿望很容易达成,只要改正《合集》的缺点,增加其他没有收集的资料,再加上我的缀合,总在一起,就是一本比较完全的甲骨文总集了"①。1985 年,他的《商周甲骨文总集》十六巨册出版。此书基本上是将《合集》一书,再加上《屯南》、《怀特》等书合为一编而成的。1996 年 6 月,天津古籍出版社印行了胡厚宣《甲骨续存补编》,全书七卷,列公私藏家一二六名之下,凡一八八三六片甲骨。1998 年齐鲁书社出版了刘敬亭《山东省博物馆精拓甲骨文》,共收甲骨一九七〇片。而 1999 年,《甲骨文合集补编》由语文出版社出版,共收甲骨一万三千多片。而《瑞典斯德哥尔摩古物陈列馆藏甲骨》由中华书局出版,收入甲骨几十片。如此等等,可以说《合集》、《合集补》等书,为一百年出土的甲骨作了总清理。

甲骨文材料的集中、整理和公布的成功,为甲骨学和商史研究的深入打好了基础。

(三) 甲骨学研究的深入

这一时期的甲骨学研究,不少方面有了深入和进展。在分期断代研究方面:

1 是关于董作宾提出的"文武丁时代卜辞的谜"的深入讨论。参加这一讨论的有陈梦家《殷虚卜辞综述》(第四章之四节、七节、八节)、李学勤《帝乙时代非王卜辞》(《考古学报》1958 年第 1 期)、《小屯丙组基址与扶卜辞》(《甲骨探史录》,1982 年),姚孝遂《吉林大学所藏甲骨选释》(《吉林大学社会科学学报》1963 年第 4 期)、谢济《武丁时另种类型卜辞分期的研究》(《古文字研究》第六辑)、肖楠《安阳小屯南地发现的"𠂤组卜甲"》(《考古》1976 年第 4 期)、《小屯南地甲骨前言》等等。这批争议较大的甲骨,随着讨论的深入和新证据的不断增多,目前国内学者认为其时代应提前至第一期武丁时的看法已趋一致②。特别是 1973 年小屯南地 T53(4A)地层的分析,为"𠂤组"卜辞为武丁晚期提供了有力的

---

① 严一萍:《商周甲骨文总集序》。
② 严一萍仍坚持其为"文武丁时代",见《商周甲骨文总集序》。

证据①。

2 是对所谓"历组"卜辞时代的争论和武乙、文丁卜辞的细区分。以1977年殷虚妇好墓的发现为契机,李学勤提出要拆穿分期断代的又一个"谜团",即所谓"历组"卜辞不是董作宾所划分的第四期武乙、文丁时物,而应是"武丁晚年到祖庚时代的卜辞"②。学术界对此展开了热烈的讨论。持赞成意见的论著,主要有裘锡圭《论"历组卜辞"的时代》(《古文字研究》第六辑)、李学勤《小屯南地甲骨与甲骨分期》(《文物》1981年第6期)、李先登《关于小屯南地甲骨分期的一点意见》(《中原文物》1982年第2期)、彭裕商《也论历组卜辞的时代》(《四川大学学报》1983年第1期)、林沄《小屯南地发掘与殷墟甲骨断代》(《古文字研究》,第九辑)等等。与上述意见针锋相对,仍认为"历组卜辞"应是第四期武乙、文丁时代,学者发表的论作主要有肖楠《论武乙文丁卜辞》(《古文字研究》第三辑)、罗琨张永山《论历组卜辞的年代》(同上论文集)、谢济《试论历组卜辞分期》(《甲骨探史录》)、《小屯南地甲骨序言》、曹定云《论武乙、文丁卜辞》(《考古》1983年第3期)、肖楠《再论武乙文丁卜辞》(《古文字研究》第九辑)、陈炜湛《"历组卜辞"的讨论与甲骨文断代研究》(《出土文献研究》)、张永山《小屯南地一版卜骨辨析》(《考古与文物》1989年第1期)等等。讨论一度颇为热烈,但"双方尽管争论得很激烈,但很少讨论'历组卜辞'的核心——真正有贞人历的卜辞。有的文章干脆把它们抛在一边,却大谈'历组卜辞'的各种特点,与宾组、出组的异同等等"。因而陈炜湛建议讨论时"具体地分析一下历贞的卜辞,以期先在'小范围'内取得较为一致的意见,显然是非常必要的"。

但在这场不了了之的讨论中,却完成了对第四期武乙、文丁卜辞的细区分。肖楠依据1973年小屯南地"发掘得的地层关系,使我们第一次有可能将武乙卜辞与文丁卜辞初步区分开来"③,从而给学者们提供了切实的断代线索。而方述鑫《殷墟卜辞断代研究》(台湾文津出版社1992年版)则是传统分期的总结。而吴俊德《殷墟第三、四期甲骨断代研究》(台湾艺文印书馆1999年1月),则重申了历组卜辞应属第四期,并对传统的第

---

① 《一九七三年安阳小屯南地甲骨发掘简报》。
② 李学勤:《论"妇好"墓的年代及有关问题》,《文物》1977年第11期。
③ 肖楠:《再论武乙、文丁卜辞》,《古文字研究》第九辑,中华书局1984年版。

三、四期卜辞断代进行了深入阐述。

3 对甲骨断代新方案的有益探索。董作宾的《断代例》提出的十项标准和五期分法，虽然还有一些可修订之处，但几十年的断代实践证明是可行的。但他自己却"郑重的声明：这不是断代研究成功后的一篇结论"。他1945年出版的《殷历谱》，又首先提出了"新派"、"旧派"的观点，并主张"此种新观察，须打破旧日余分卜辞为五期之见解，而别自树立一标准也"①。虽然不少学者研究甲骨文中祭祀、方国等方面的发展变化，但还没有人专门用"旧派"、"新派"的方法去整理甲骨文的。

与所谓"历组"卜辞时间前提一起，李学勤又提出殷虚王室卜辞在演进上的"两系"说。林沄在《小屯南地甲骨发掘与殷虚甲骨断代》中对李说加以具体化，从而构筑了断代的新方案。但"两系"说依文字的"型式学"分析进行分组（或类），标准往往因人而异。此外，各"组"划分过细而不免繁琐，不仅使人难于得其要领，而且在时间上也上续下延，互相交叉而难于断开。因而在研究的实践中，难于驾驭十五万片甲骨的全般。就是"两系"说的倡导者本人，在整理《英藏》时，也仍然采用的是"五期"分法。因此，"两系"说自1978年提出以后，至今还是停留在理论的探索上。前不久，"两系说"构筑成功了断代研究的体系。1991年黄天树出版了《殷墟王卜辞的分类与断代》（台湾文津出版社），从理论上加以阐述。1994年彭裕商出版了《殷墟甲骨断代》（中国社会科学出版社）、1996年李学勤等出版了《殷墟甲骨分期研究》（上海古籍出版社）等等，就是较系统阐述"两系"说的力作。

4 在甲骨文字的考释方面，也有了进一步深入。首先，是有一批严谨精到，立论颇有创见的名篇问世，诸如胡厚宣论商代鸟图腾②、张政烺释卜辞裒田③等等。特别是于省吾1979年出版了他总结性著作《甲骨文字释林》，此书将他解放前"所写的甲骨文字考释，大加删订，和解放以后所写的甲骨文字，汇集在一起，共一三〇篇"，由中华书局出版。《释林》一书"对新识的字和已识之字在音读、义训方面纠正旧说之误而提出新

---

① 董作宾：《殷历谱绪言》，史语所专刊，1949年版。
② 胡厚宣：《甲骨文商族鸟图腾的遗迹》，《历史论丛》第一辑。又《甲骨文所见鸟图腾的新证据》，《文物》1977年第2期。
③ 张政烺：《卜辞裒田及其相关诸问题》，《考古学报》1973年第1期。

解",共考释文字三百多个①,对甲骨学研究作出了贡献。裘锡圭1992年由中华书局出版的《古文字论集》,收入了他自1988年9月以来所撰写的研究先秦秦汉的文字和文字资料的绝大部分论文,其中有关甲骨文字的研究论文四十余篇。其中的一些篇章,还收入了1994年河南教育出版社出版的《裘锡圭自选集》中。刘桓也出版了《殷契新释》(河北教育出版社1989年版)、《殷契存稿》(黑龙江教育出版社1992年版)。应该指出的是,于省吾为我们开辟了考释文字的新途径,其文字考释在深度和广度方面超过了前人②。

其次,一些大型甲著录的释文(或考释)出版,适应了多学科学者利用甲骨材料的需要。过去有的学者著录甲骨,多是先抛材料,而释文"留俟后日",实为无日完成。现在一些大型甲骨著录出版后,释文也随之作出。《屯南》下册(即释文第一、二、三分册)于1985年印行,姚孝遂、肖丁《屯南考释》也在同年出版。此外,姚、肖《殷墟甲骨刻辞摹释总集》一书,将《合集》、《屯南》、《英藏》、《东大》、《怀特》等书著录甲骨按片摹出各辞原篆并做出释文,依类部居,集为上、下两册于1988年出版。胡厚宣主编的《甲骨文合集释文》,也由中国社会科学出版社出版,该书由原担任《合集》编辑的学者分册释定,皆依据《合集》原稿进行释文,因而《合集》一些印刷模糊的拓片,在释文中得到了补救。与此同时,国内外十分关心的《合集》四一九五六片甲骨的来源(包括重见著录)及现藏,现已编竣《合集来源表》。该书也已由中国社会科学出版社出版,并先行向国外发行。

再次,是一些甲骨文工具书和字典也编纂出版。1934年出版的孙海波《甲骨文编》,经增订、补充后,1956年由中华书局出版。1980年高明出版了《古文字类编》(中华书局),李孝定《甲骨文字集释》也曾在内地翻印。饶宗颐《甲骨文通检》(一至四)自1989年至1995年出版发行。于省吾主编,姚孝遂、赵诚、王宇信、王贵民、谢济等八名学者参加编纂的《甲骨文字诂林》一书,收入了九十年来各家关于文字的考释五百万字,1996年由中华书局出版发行,是文字考释的集大成之作。其他的文字书籍,如孟世凯1987年出版了《甲骨学小辞典》、赵诚1988年出版了

---

① 于省吾:《甲骨文字释林序》,中华书局1979年版。
② 参阅王宇信《建国以来甲骨文研究》,第53—57页。

《甲骨文简明辞典》等。此外，沈培1991年出版了《殷墟甲骨卜辞语序研究》、张玉金1994年出版了《甲骨文虚词词典》、李圃1995年出版了《甲骨文文字学》等。甲骨著录释文的及时完成和有关字典、词典的编纂出版，反映了这一时期文字研究的深入。

5 西周甲骨的发现和研究，是新中国甲骨学研究的重大收获之一。学者们对西周甲骨的族属、特征、文字、分期、地理、官制、商末的殷周关系等方面的讨论，得以形成了甲骨学研究领域的新分支学科，打破了凡谈甲骨则必殷商的传统观念。不少甲骨学者和考古学家，诸如徐中舒、张政烺、王玉哲、李学勤、高明、徐锡台、陈全方、周原考古队、王宇信、杨升南等，都发表过专论，为西周甲骨这一新分支学科的建立作出了贡献。张政烺《试释周初青铜器铭文中的易卦》（《考古学报》1980年第4期），使学术界探索多年的"奇字之谜"取得了突破[1]。1984年，王宇信出版了《西周甲骨探论》。此书"一方面综述各家研究西周甲骨的成果，另一方面，通过深入钻研，在一些问题上又有自己独到的见解"[2]。此书台湾某出版社曾翻印，在中国和法国都发表过书评[3]。作者在此基础上，对学术界争议较大的问题，又进一步阐述了自己的看法，发表的论述有：《试论周原出土的商人庙祭甲骨》[4]、《周原出土庙祭甲骨商王考》[5]、《周原甲骨刻辞行款的初步分析》[6]、《周原庙祭甲骨"啻周方伯"辨析》[7]、《周原出土庙祭甲骨来源刍议》[8]等。邢台西周甲骨出土后，在新材料的基础上，又发表了《周原甲骨卜辞行款的再认识和邢台西周卜辞的行款走向》（《华夏考古》1995年第2期）等，从各个方面论证了周原出土甲骨中应有一部分为商王朝遗物。饶有兴味的是，安阳殷墟发现的"易卦卜甲"，"在整治方法、钻凿形态、字体风格等方面都有别于殷代而近于西周"，但

---

[1] 王宇信：《建国以来甲骨文研究》第三章第一节"甲骨文中一种'异形文字'的发现及研究"。
[2] 刘一曼、郭振禄：《甲骨文书籍提要》，书目文献出版社1988年版，第171—173页。
[3] 捷溺：《周朝时期的甲骨文》，《亚洲日志》1986年第3—4期。
[4] 《中国史研究》1988年第1期。
[5] 《考古与文物》1988年第2期。
[6] 《人文杂志》1988年第3期。
[7] 《文物》1988年第6期。
[8] 《史学月刊》1988年第1期。

比一般的西周卜甲要早①。这为我们主张周人曾有人在商王朝充当贞人、周原出土商人庙祭甲骨当为周灭商后移往周原之物提供了新证据②。此外，陈全方1988年出版的《周原与周文化》、徐锡台1990年出版的《周原甲骨文综述》，则公布了周原甲骨的放大摹本及照片；朱岐祥1997年出版了《周原甲骨研究》（学生书局）。曹玮2002年出版的《周原甲骨文》（世界图书出版公司），为研究周原甲骨的最权威版本。如此等等。虽然西周甲骨研究取得一批成果，但还有不少问题，需要继续深入讨论。

（四）甲骨学史和甲骨学研究的总结著作

随着甲骨学研究的不断深入和取得了不少成就，一些总结性著作和有关甲骨学史研究的论著也陆续问世。1956年，陈梦家出版了《殷虚卜辞综述》，是全面而系统地总结自甲骨文发现至1956年以前近五十年来甲骨学研究的一部巨著。陈梦家在总结、论述甲骨学成就时，还以自己的精深造诣，对甲骨学的各个方面都进行了精辟的论述，特别是分期断代方面提出了不少创见。因此，"《综述》这部75万字的巨著，自出版以来直到现在还在国内外学术界有着巨大的影响"③；1978年，严一萍出版了《甲骨学》一书，该书宏篇巨制，达1430页之多，此书也"是一部总结近八十年来关于甲骨学本身规律的研究——甲骨学的全面综述之作"，"对学习和研究甲骨学的人，还是很有参考价值的"④；1988年，台湾编译馆出版了张秉权的《甲骨文与甲骨学》一书，此书不仅论述了甲骨学的自身规律，而且总结了甲骨文中的商代社会历史，包括天文气象与历法、人名地名与方国、先公先王与世系、祭祀巫书与宗教信仰、政治与官制、农业与社会、田游与征伐、人口疆域与文化的接触面、技术与工业等方面，是一部全面总结甲骨学与甲骨文研究的重要著作；1989年，王宇信在中国社会科学出版社出版了《甲骨学通论》，全书五十万字，分上、下两篇。上篇专论殷墟甲骨，下篇则论述了甲骨学的新分支学科——西周甲骨。《通论》一书，力图充分反映九十年来甲骨学研究所取得的成就，并把甲骨学的基本理论、方法和重要学术问题的提出、解决及尚待解决问题的来龙去脉交代清

---

① 肖楠：《安阳殷虚发现"易卦"卜甲》，《考古》1989年第1期。
② 王宇信：《周原出土庙祭甲骨来源刍议》，《史学月刊》1988年第1期。
③ 王宇信：《建国以来甲骨文研究》，第65—70页。
④ 同上书，第103页。

楚。胡厚宣在《序》中说，此书"从发现到研究，从卜法到文例，从断代到分期，从辨伪到缀合，从文字到历史，无不全面论述。并论及近年周原发现之西周甲骨，亦颇详瞻"。此书出版后，《中国社会科学》、《考古》、《考古与文物》、《中原文物》、《殷都学刊》等报刊都有学者发表书评。

这方面的著作，还有孟世凯《殷墟甲骨文简述》（1980年）、王宇信《建国以来甲骨文研究》（1981年）、吴浩坤、潘悠《中国甲骨学史》（1985年）、王明阁《甲骨学初论》（1986年）、陈炜湛《甲骨学简论》（1987年）、马如森《殷虚甲骨文引论》（1993年）等等。并有一批古文字学论著出版，如林沄《古文字研究简论》（1986年）、高明《中国古文字学通论》（1987年）、裘锡圭《文字学概要》（1988年）等等。最近，姚孝遂主编《中国文字学史》（吉林文史出版社）也于1995年面世。

有关甲骨学史方面，也发表了不少论文和专著。对甲骨学史上的重要学者，如郭沫若、董作宾、罗振玉、王国维、于省吾、唐兰等前辈学者所取得的成就和研究特点，诸如胡厚宣等人论郭沫若[1]、陈炜湛和杨升南等人论罗振玉[2]、王宇信论胡厚宣[3]等等，对有贡献的甲骨学家进行了科学的评价。还有一批专著出版，如肖艾《甲骨文史话》（1980年）、《王国维评传》（1983年）等。此外，最近又出版了吕伟达《甲骨文之父王懿荣》（1995年）、谢宝成《郭沫若评传》（1996年）、刘烜《王国维评传》（1996年）、张永山等《罗振玉评传》（1997年）等等；胡厚宣出版了《五十年甲骨文发现的总结》、《殷墟发掘》、《五十年甲骨学论著目》及《八十五年来甲骨文材料之再统计》[4]、《关于刘体智、罗振玉、明义士旧藏甲骨现状之说明》[5]、《大陆现藏之甲骨文字》[6]等；濮茅左《甲骨学与商史论著目录》（1899年至1987年）于1991年出版，宋镇豪《百年甲骨学论著目》也于1999年出版；董作宾出版了总结性著作《甲骨学五十年》、《甲骨学六十年》等等。此外，1988年郭振录、刘一曼出版了《甲骨文书籍提要》，对近二三七种著作进行了介绍。

---

[1] 前引胡厚宣《考古学报》文。及《郭沫若与中国史学》，中国社会科学出版社1992年版。
[2] 前引陈炜湛文及杨升南：《罗振玉传略》，《中国现代社会科学家传略》第三辑。
[3] 《甲骨文与殷商史》第三辑。
[4] 《史学月刊》1984年第5期。
[5] 《殷都学刊》1985年第1期。
[6] 载《史语所集刊》六十七本四分，1996年12月。

第四节　甲骨学研究国际学术交流的加强

甲骨学研究所取得的成就，是国内外学者共同努力的结果，甲骨学已成为一门国际性学问。中国新时期改革开放的加强，也促进了中国和外国学者间的学术合作与交流。

早年流散到国外的甲骨文，过去曾不断以摹本或照片刊出。近年来，不少甲骨经墨拓出版。日本各家所藏甲骨，基本都已分别著录在贝塚茂树的《京人》（1959年）、松丸道雄的《东大》（1983年）、伊藤道治的《天理》（1987年）及荒木日吕子《中岛玉振旧藏甲骨》（1996年）等书中；英国各家所藏甲骨，著录在李学勤等人编纂的《英藏》（1985年）书中；美国各家所藏甲骨，由周鸿翔墨拓出版了《美藏》（1976年）；加拿大所藏甲骨，由许进雄编为《安明》（1972年）、《明后》（1972年）、《怀特》（1979年）等书出版；法国各地所藏甲骨，雷焕章博士墨拓编为《法藏》（1985年）出版。而其所编《德、荷、瑞、比所见一些甲骨录》，也于1997年出版；前苏联所藏甲骨，胡厚宣以摹本收入《苏、德、美、日》（1988年）一书出版。可以说，流散世界各地的甲骨，都以拓本（个别以摹本）形式结集出版，为甲骨学研究增加了一批重要内容和精确的新材料。

应该指出的是，近年国外出版的甲骨著录，或将拓本、照片（包括一骨的正、反）编在一起出版，如《东大》、《天理》等；或将放大照片与摹本（包括一骨正、反）编为一起出版，如《法藏》。这就向甲骨学宗师董作宾所倡导的编辑拓本、摹本、照片"三位一体"的著录前进了一大步①。

很多外国学者，发表了不少颇有见地的甲骨学商史研究论文和出版了内容翔实的专著。其中为我们所熟知的著作，日本贝塚茂树主编的《古代殷帝国》等，岛邦男《殷墟卜辞研究》、《殷虚卜辞综类》等；白川静《甲骨文集》、《甲骨金文学论丛》、《甲骨文之世界》等，池田末利的《殷虚书契后编释文稿》、《中国古代宗教史研究》（制度与思想）等，伊藤道治《古代殷王朝》、《中国古代王朝之形成》、《中国古代文化研究》等，

---

① 董作宾：《殷虚文字乙编摹写本示例》，《中国文字》1960年第1期。

亦塚忠《中国古代的宗教与文化》等,玉田继雄编纂了《甲骨关系文献序跋集成》等,松丸道雄和高嶋谦一出版了《甲骨文字字释综览》(1993年)等;加拿大许进雄出版了《殷卜辞中五种祭祀研究》等;美国 D. V. 凯特利(吉德炜)出版了《商代史料》等,周鸿翔出版了《商殷帝王本纪》等。据周教授告之,他全面论述甲骨文契刻(包括伪刻及仿刻)的大著即将出版;韩国尹乃铉出版了《商王朝研究——甲骨文的应用》、《商周史》等。国外学者的大量著作和论文,为甲骨学的发展作出了贡献。国内不少刊物,也发表了外国学者的论文或译文,或对有关国家的研究情况进行介绍。关于韩国学术界的研究情况,中国学者最早就是通过郑麒来《南朝鲜的中国上古史研究》(《中国史研究》1989 年第 3 期)得知的。国外学者的研究成果及其方法,值得我们中国同行参考和借鉴。1996 年,韩国学者还在汉城召开了"甲骨文国际学术讨论会",并有中国、日本、加拿大等国学者出席。这次会议的成功召开,反映了韩国甲骨学研究正在兴起。

与此同时,外国学者对中国甲骨学商史学界的研究也颇为关心和注意。每有新的发现,国外都及时予以报道。不少中国学者的著作,被译为外文出版或发表书评。孟世凯的《殷墟甲骨文简述》已在日本翻译出版,而陈全方《陕西岐山凤雏村西周甲骨文概论》,也被译为日文刊于《古史春秋》第一辑(朋友书店 1984 年版)。日本《东方》杂志(五十二期,1985 年 7 月)发表了全面介绍西周甲骨发现和研究的文章。常玉芝《商代周祭制度》一书,《东洋学报》(七十一卷第三、四号,1990 年 3 月)发表有池田末利长篇书评。美国《古代中国》(Early China 11—12)发表夏含夷对《西周甲骨探论》的书评,和李学勤、凯特利、王宇信、范毓周等关于西周甲骨讨论的文章。法国《亚洲日志》(gournal Asiatique 3—4,1986)也发表长篇评论《探论》的文章;此外,近年国外学术界对卜辞是否问句提出了质疑,并引起较大反映。裘锡圭也赞成应是"叙述句"的意见,率先在《中国语文》(1988 年第 1 期)上发表了《关于殷墟卜辞的命辞是否问句的考察》一文,与裘教授等看法针锋相对,王宇信发表《申论殷墟卜辞的命辞为问句》(《中原文物》1989 年第 2 期),陈炜湛发表《论殷墟卜辞命辞的性质》(《夏商文明研究》,中州古籍出版社 1995 年版)展开讨论。美国夏含夷专门组织李学勤、裘锡圭、王宇信、范毓周等中国学者和外国学者在《古代中国》(T13,1989)展开笔谈讨论。此外,《哈佛大学亚洲杂志》（四十二卷一期）也发过凯特利评介《建国以来甲骨文研究》的文章。

不仅如此，各国学者间切磋交流学术的机会也更为增多。《英国所藏甲骨录》，就是中国和英国学者合作的成果。而《合集释文》输入电脑，中国社会科学院与香港中文大学合作于 1996 年 7 月开始进行并于 1999 年完成；一些关于古文字研究的会议，如 1979 年广州、1980 年成都、1981 年太原、1988 年长春召开的古文字学年会都有来自日本、欧美各国和我国港台地区的学者参加。而中国殷商文化学会组织了多次大型国际学术会议并出版了一批反映当前研究水平的文集，诸如 1978 年安阳会议论文出版了《殷墟博物苑苑刊》（中国社会科学出版社 1989 年版）。1989 年安阳甲骨文发现九十周年论文，已集中在《中原文物》（1990.3）、《史学月刊》（1990.4）、《殷都学刊》（1990.2）上专辑刊出。1991 年洛阳夏商文明研讨会论文，已编成《夏商文明研究》（中州古籍出版社 1995 年版）。1993 年南昌会议论文，集中发表在《南方文物》1994 年第 1 期和第 2 期专号上。而 1995 年北京会议的论文，已于 1996 年正式出版了专辑。1997 年山东桓台会议论文集和 1998 年河北邢台会议论文集，也于 1999 年正式出版。随着甲骨文发现一百周年的到来，台湾已经在 1998 年 5 月召开了"甲骨文发现一百周年学术研讨会"①。而在 1999 年甲骨文发现一百周年的时候，由中国社会科学院历史研究所、考古研究所、中国殷商文化学会等单位发起的一次高规格、高水平的国际学术会议。海内学者的踊跃参加，"甲骨文发现一百周年国际学术研讨会"，一定会把甲骨学研究推向新世纪的水平。

山川异域，同研甲骨。不同国籍、不同语言的学者，甲骨文成了他们共同的文字。学者间的争论和评介，交流和切磋，推动了甲骨学研究的全面深入。

第五节　甲骨学研究的展望与思考

虽然近百年来甲骨学研究取得了长足的进步，但还有不少课题需要我们在新时期完成。《合集》等大型著录书和一批大型工具书的完成，不仅

---

① 杨升南：《"甲骨文发现一百周年学术研讨会"在台湾师大和史语所召开》，《中国史研究动态》1998 年第 8 期。

为更深入的研究奠定了基础，也使不少学者从繁琐的资料工作中解脱出来，从而有可能集中更多的精力和时间投入创造性的研究工作中去。这就是"前人栽树，后人乘凉"的真谛。

为了适应多学科学者发掘中国古代优秀文明遗产的需要，在大型著录书的释文、考释的基础上，还应对甲骨文进行分门别类的整理，编纂诸如有关农业、畜牧业、田猎、战争、祭祀、天文历法、方国、人物等等方面的类典和事典。饶宗颐《殷商贞卜人物通考》（1959年）就在这方面为我们提供了范例。彭邦炯《商代农业资料选集考辨与研究》（连载于《农业考古》1988年第2期至1994年第3期并在1998年由吉林文史出版社出版）、杨升南《甲骨文法律文献译注》（载《中国珍稀法律典籍集成》甲编第一册，科学出版社1994年版）等就是后继之作。

甲骨学方面的一些问题，诸如"历组"卜辞、"两系"说以及还有更完善的方案可取代董氏《断代例》否？自组及午组究为第一期的哪一阶段、有否帝辛卜辞及什么是帝辛卜辞等，还需我们继续探索。

在文字考释方面，虽然近百年来取得了很大成绩，但全部甲骨文四千多单字中，目前仅释出无争议的一千多个。因此，今后在这方面还需花更多的力量去突破难点。几次出现"破译全部甲骨文字"的有轰动效应的种种"新"方法，在"轰动"过后，并没有使真正的文字考释工作有所前进。我们希望，一些报刊应认真核实，而不应不负责任地造出一个又一个的"新闻"和泡沫！

西周甲骨学的研究有了很大进展，但还有不少问题需要继续探索和更多出土材料的证明[①]。

甲骨文是商史研究的基础，学者们结合考古学、民族学材料进行研究，取得了很多有创见的成果。在研究较为薄弱的商代军制、官制、家族形态、传说时代、方国地理、社会生活方面，近年出版的常玉芝《商代周祭制度》（1987年）、彭邦炯《商史探微》（1987年）、朱凤瀚《商周家族形态研究》（1990年）、杨升南《商朝政治制度》（《中国政治制度史》，1991年）、《夏商周军制》（《中国古代军制史》，1992年）、陈恩林《先秦军事制度研究》（1991年）和郑杰祥《商代地理概论》（1994年）、常玉芝《殷商历法研究》（1998年）等著作，使这方面的研究有了加强。但与

---

① 王宇信：《西周甲骨探论》，第五篇。

多年投入力量较多的政治、经济史研究相比，显然上述诸方面还需投入较多的力量。就是从前投入力量较多的一些方面，也还需要不囿于旧说，重新加以全面探讨，杨升南1992年出版的五十二万字《商代经济史》和彭邦炯1997年的《甲骨文农业资料考辨与研究》等就颇引人注意。宋镇豪1994年出版了《夏商社会生活史》，从而使商代历史的研究拓宽到社会生活的研究方面。因此，从多方位、多角度对商史进行研究，在新的一百年撰写出一部大型的科学性强的殷商史专著，是我们甲骨学商史界的重要课题。老一辈学者声声唤的一部大型《殷商史》，新的一百年里是应面世的时候了！就在本书第三次重印的校对过程中，十一卷本《殷商史》终于在2010年由中国社会科学出版社版了！

近代田野考古学方法引入甲骨学研究领域，使甲骨学研究产生了一次飞跃。而把现代科学技术手段引入甲骨学领域，必将使甲骨学商史研究发生全新的变化。虽然使用电子计算机缀合甲骨取得了一定成功，但远不适应甲骨学商史研究手段现代化的要求。中国社会科学院与香港中文大学合作把《合集释文》输入电脑数据库的工程基本结束，将对甲骨学科研手段现代化发生重大影响。在甲骨学研究的哪些领域可以引进现代化技术，又如何引入？是值得我们放在甲骨学发展的战略地位，群策群力，加以认真探索的。而"夏商周断代工程"，为我们提供了自然科学与社会科学多学科联合攻关的成功经验与范例。此外，我们中国学者也希望与世界各国有志于此的学者合作，开发这一新的领域！

任重而道远。我们今天有了较为齐备的甲骨文资料，有前辈学者留下的宝贵学术遗产和值得借鉴的治学经验。我们相信，在新的一百年里，通过学者们创造性的探索和坚韧不拔的努力，一定会再创甲骨学研究的新辉煌！

甲骨学百年华章数九千
　　几代大师凝心力
新世纪十万殷契溯文明
　　辈出名家再辉煌。

这就是我们对以往一个世纪以来甲骨学研究的回顾和对已经到来的新一百年甲骨学研究的展望。

第十八章
论1978年以后甲骨学研究进入了"全面深入"的新阶段

自1899年殷墟甲骨文发现以后,至今已有一百多年了。由于甲骨文在发掘中国古代优秀文化传统和在世界文明史上的重要地位,所以自它发现起,就引起中国和世界各国一批颇有造诣的汉学家的重视,并成为一门国际性的学问。

一百多年来的甲骨学研究,经历了两大发展时期,即"前五十年"(1899—1949年)[1]和"后五十年"(1949—1999年)。由于各时期的研究呈现出明显的继承性和阶段性,所以甲骨学者又把它分作三个阶段,即研究的"草创阶段"(1899—1927年)、"发展阶段"(1928—1949年)[2]和"深入发展时期"(1949—1999年)。[3] 由于中国和世界各国几代学者的探索与追求,甲骨学研究在它发展道路上的不同阶段都取得了骄人的成绩。对此,学者已有不少百年总结的专著出版[4]。

但是,把甲骨学的"后五十年"作为一个"深入研究时期",这与"前五十年"划为"草创阶段"和"发展阶段"相比而言,似显时间过长而没有能体现出其发展过程中的阶段性。根据我们的研究,这"后五十年"的甲骨学发展,无论从资料的掌握和课题的广度、深度方面,还是从研究方法和手段的科学化方面,都已呈现出明显的阶段性特点。因此,将其只作为一个"深入发展时期",是不能反映"后五十年"的甲骨学研究

---

[1] 董作宾:《甲骨学五十年》,台湾艺文印书馆1956年版。又,胡厚宣:《五十年甲骨文发现的总结》,商务印书馆1951年版。
[2] 胡厚宣:《五十年甲骨学论著目》序言,中华书局1952年版。
[3] 王宇信:《甲骨学通论》,中国社会科学出版社1989年版,第91页。
[4] 王宇信、杨升南等:《甲骨学一百年》,社会科学文献出版社1999年版。

经过怎样"全面"深入而走向了一百年辉煌的。

对此，我们一直在进行思考，并多次谈过我们的意见："我们可以把1978年以后看成是1949年以后'深入研究时期'的甲骨学商史研究'全面深入研究阶段'。"① 虽然我们在文物出版社"廿世纪考古发现与研究丛书"（近百种选题）编委会的约稿《商周甲骨文》② 一书中，已把"后五十年"分为研究的"深入阶段"（1949—1978年）和"全面深入阶段"（1978—1999年）的体系进行了书稿的撰写，但从未对如此分"阶段"的依据进行系统论述。今天，就此问题写出专文，以就正于专家同好，这对百年甲骨学发展史的研究，应是有所裨益的。

第一节　甲骨学研究资料匮乏局面的根本改观

众所周知，甲骨文资料是甲骨学研究的基础。而1978年以后，在"甲骨文的材料集中、整理和刊布方面取得了成功"③。

首先，是在传世甲骨的著录方面。郭沫若主编的《甲骨文合集》，自1978年开始出版并于1982年全书13巨册出齐，共收入甲骨41956片。此书所收甲骨，集中了分藏于内地25个省市自治区44个私人藏家和95个研究机构、大学和博物馆所收藏的9万多片甲骨，香港、台湾的3万多片甲骨，以及日本、美国、英国、加拿大、德国、比利时、荷兰、瑞典、瑞士、法国、新加坡、俄罗斯、韩国等13个国家的2万多片甲骨，约计15万片甲骨材料的拓本、照片、摹本或著录书中，按一定标准精选而成的。而从当时所能见到的60多种著录书中，"共校出重片六千多片，重片次数达1万多。这是一项繁琐的工作。它的完成，可以说对旧著录书作了一次清算"④。因此，《甲骨文合集》的出版，"为甲骨学的继续深入研究奠定了基础，它继往开来，是甲骨学史上的里程碑式著作"⑤。

在《甲骨文合集》收集资料和近年新公布材料的基础上，中国社会科

---

① 王宇信、杨升南主编：《甲骨学一百年》，社会科学文献出版社1999年版，第12页。
② 王宇信、徐义华：《商周甲骨文》，文物出版社2006年版。
③ 王宇信：《甲骨学通论》（增订本），中国社会科学出版社1999年版，第467页。
④ 王贵民：《一部大型的甲骨文资料汇编——〈甲骨文合集〉》，《中国史研究动态》1979年第5期。
⑤ 王宇信：《甲骨学通论》（增订本），第470页。

学院"甲骨学一百年"课题组的学者彭邦炯、谢济、马季凡等,又把1.5万片左右甲骨资料编为《甲骨文合集补编》,书中还将王宇信、杨升南整理的"殷墟以外遗址出土甲骨"(包括周原甲骨,山西甲骨,沣西甲骨,邢台甲骨,北京琉璃河、昌平、镇江营、郑州甲骨以及桓台、舞阳出土甲骨等)作为"附录"收入《补编》之中,于1999年由语文出版社出版。可以说,《合集》与《合集补》互为表里,相互补充,是百年出土甲骨的总集成。

与此同时,《甲骨文合集释文·来源表》也于1999年由中国社会科学出版社出版。《释文》是由《合集》的编纂者依据原稿本所作,其拓本较印成书后字迹要为清晰,故释文较为准确,并反映了当代甲骨文文字考释的水平。而《来源表》是《合集》所收41956片甲骨的"履历表",其著录、重见及现藏情况一目了然,是胡厚宣教授及编辑者多年积累与心血的结晶。现在把这些"秘藏"多年的散乱资料整理出版,受到众多探秘并期盼使用这批资料的学者们欢迎。[1] 而《补编》的释文、来源表等也随书同时公布,改变了以往先出著录,而释文则"以俟"遥遥无期"来日"的局面。这些大型著录释文的及时完成,不仅对甲骨学者,而且对多学科学者利用甲骨文材料也是极为方便的。

甲骨材料的整理,不仅要做大量的去重、辨伪工作,还有一项重要的工作,即对这些"身首异处"的"断烂朝报"进行缀合复原也是必不可少的。而经过整理的这些"重归一堂"的完整甲骨,使"不少看来并无太大意义的残碎甲骨,在复原后产生了使人意想不到的学术价值"[2]。《合集》对缀合工作就非常重视,"在前人已经做过的基础上尽量继续加以拼合,所以所得就较前人为多","总计不下两千余版。单《殷虚文字》甲、乙两编,就拼合了一千版以上"[3]。但是,正如多年致力于缀合工作的学者所说,"甲骨缀合此一工作是不可能有结束的一天,具有无限性"[4]。1999年蔡哲茂出版了《甲骨缀合集》,将多年致力于缀合的成果汇为一编。书中还附有多种著录书的缀合"号码表",不仅使学者可以方便地了解《合集》的缀合情况,而且还可了解《合集》以外的著录书,诸如《屯南》、

---

[1] 胡厚宣主编:《甲骨文合集释文·来源表》,中国社会科学出版社1999年版。
[2] 王宇信:《甲骨学通论》(增订本),第234页。
[3] 郭沫若主编:《甲骨文合集》,中华书局1982年版。
[4] 蔡哲茂:《甲骨缀合集》自序,1999年版。

《英藏》等书的缀合情况。因此，蔡哲茂的"《甲骨缀合集》不但对蔡先生自己的缀合成果来说是一部集大成的著作，对迄今为止整个学术界的甲骨缀合成果来说，也是一部集大成的著作"①。不仅如此，蔡君2000年8月在四川"三星堆文明暨纪念三星堆遗址发现七十周年国际学术研讨会"期间说过，他对100年来各家缀合成果进行总检讨的更大型甲骨缀合总集已将完成并不久可望面世。②

其次，是科学发掘甲骨的科学著录。1928年殷墟科学发掘以后，出土了大批有科学记录的甲骨，已收入《殷虚文字甲编》和《殷虚文字乙编》二书之中。虽然1949年以后，安阳殷墟屡有甲骨出土，但以1973年小屯南地甲骨出土为大宗。1980年出版了《小屯南地甲骨》（上册一、二分册），1983年出版了下册（第一、二、三分册）。《屯南》一书"所著录的甲骨，与出土层位、钻凿形态、释文及各项索引浑然一体，给不同需要和从不同角度查找资料提供了极大便利，因此就比《甲》《乙》二编前进了一步"③。我们评价此书堪称"科学发掘所得甲骨的一部最科学的著录"。此外，1991年殷墟花园庄东地出土近600片有字甲骨也引起学者注意，这批甲骨在整理过程中，于1998年台湾出版的《纪念甲骨文发现一百周年学术研讨会论集》已率先公布十几版，而1999年《考古学报》第3期上，也公布近二十版。现在，已出现台湾学者专就花园庄东地甲骨进行研究的论作，涉及行款及文字的释读④。

虽然1928—1937年殷墟科学发掘所得甲骨，基本已著录在《甲编》《乙编》二书之中，但仍有一部分片小、字少的甲骨未予收录。"原本考古出土的资料凡是有价值者，无论其价值大小都应当整理发表，何况甲骨。"因此，锺柏生编纂的《殷虚文字乙编补遗》，"将第十三次至第十五次的有字甲骨，去除《殷虚文字乙编》所刊载的剩下来的材料，全数收录在本书中"，并于1995年出版。本书还作有"《乙补》甲骨出土坑层表"、《乙编》与《丙编》"拓本号对照表"、《乙补》与《丙编》"拓本编号对照表"等几种著作互查的表格。可以说，"至此殷墟发掘第十三次至十五次

---

① 蔡哲茂：《甲骨缀合集》裘锡圭主序，1998年7月版。
② 蔡哲茂：《甲骨缀合续集》已于2004年8月由台湾文津出版社出版，共缀合甲骨185组。
③ 王宇信：《甲骨学通论》（增订本），第648页。
④ 《殷墟花园庄东地甲骨》已于2004年由云南人民出版社出版。

的甲骨原始材料全部发表完毕。后续缀合工作仍要继续努力"①。因此，《乙补》的出版，不仅为缀合工作提供了大量材料，而且还为《乙编》《丙编》的利用和勘校提供了极大方便。

1949年以后，一段时间内出现了甲骨著录极难见到的窘境。且不说前五十年出版的著录书，"由于出版较早，印数较少（三至五百部）。还有不少是在国外出版，传入国内本来为数不多，本身就已成了珍本"②。再加上世事沧桑和社会动荡，留传下来已所剩无几。就是后五十出版的几部甲骨著录，诸如《南北》《宁沪》《京津》《续存》《拾掇》《零拾》等，也往往是"时一过往，难以寻觅。至于报刊论文发表的材料，不是印刷不清，就是缩小比例，搜集使用，就更不方便"了③。不少著名大学或研究所、图书馆，所藏甲骨书籍稀如凤毛麟角，更不用说这一时期不少地方新建的大学或图书馆了。因此，甲骨学研究资料的匮乏，使甲骨学的发展和研究队伍的建设受到了很大的局限。

而1978年《甲骨文合集》的出版，是"对八十多年来出土甲骨文的一个总结"④。此书再加上《东京》、《天理》、《怀特》、《英藏》和《屯南》等几部书，"为学术界提供了极为齐备的殷墟甲骨资料。从此，改变了研究资料匮乏的局面，大大地促进了多种学科，特别是甲骨学和殷商史、考古学的发展"。随着《合集》的出版，"在国内形成了一股'甲骨热'，不少有志于研究古代文化的年青人，再不为无由接触甲骨著录而苦恼，勇敢地向甲骨学这门号称'绝学'的深奥学问挑战。他们通过努力，不少人已走向成功"⑤。

第二节　甲骨学研究课题向广度和深度的拓展

1949年以后的甲骨学研究，并不像甲骨学大师董作宾所说的那样，即"此学颇形冷落"⑥。虽然有种种曲折和不尽如人意之处，但甲骨学者矢志

---

① 锺柏生：《殷虚文字乙编补遗》前言，1955年版。
② 王宇信：《甲骨学通论》，第281页。
③ 郭沫若主编：《甲骨文合集》序，中华书局1982年版。
④ 王宇信：《甲骨学通论》，第284页。
⑤ 同上。
⑥ 董作宾：《甲骨学六十年》，《中国现代学术经典·董作宾卷》，河北教育出版社1996年版，第290页。

不渝，仍把研究推向了"深入发展"时期，并取得了成就。关于此，《建国以来甲骨文研究》对1949—1979年甲骨学所取得的成就进行了总结。美国著名甲骨学家戴维·恩·凯特利（汉名吉德炜）指出："这本书对几乎所有重要问题都做了新的有价值的介绍或再介绍。具体地包含了中国甲骨文研究的现状，条理清晰，颇有见地，书中论述精彩，富有指导意义；它的文献目录是令人鼓舞的。"① 此书与《甲骨学五十年》相互衔接，互为补充。可以毫不夸大地说，1949年以后的甲骨学研究，在"前五十年"的基础上，进入了"深入发展时期"，并取得了新成就。

而1978年以后的甲骨学研究，又比1949—1978年在研究课题的广度和深度方面，有了很大拓展，其成就表现在：

一　分期断代研究方面

首先，是董作宾先生提出的"文武丁卜辞之谜"，经过深入讨论后，取得了较为一致的认识。虽然陈梦家自1949年、日本贝塚茂树和伊藤道治自1953年就与董作宾进行了讨论，先后还有一些学者参与其中，但直到70年代中期以后，讨论才形成高潮。虽然如此，讨论取得较为一致并明确为"武丁时期"的结论，是在1980、1983年《小屯南地甲骨》（上、下册）出版以后。不仅如此，更有学者进一步指出了"𠂤组卜辞应为武丁早、中期之物"②。与此同时，在这场讨论中，还完成了武乙、文丁卜辞的细区分③，从而使断代研究更为深入。

其次，是关于"历组卜辞"时代的大讨论。以1977年殷墟妇好墓的发现和研究为契机，李学勤提出传统上作为第四期武乙时代的"历组卜辞"，时间应前提，即应是"武丁晚年到祖庚时代"④之物。学者对此展开了热烈而持久的讨论。⑤ 这场历时十余年的论战，虽然没有取得一致的意见，但使断代研究有了深入。坚持"传统说"的学者，对"历组卜辞"的认识更为全面、深入，完成了专著《殷墟卜辞断代研究》⑥ 和《殷墟

---

① 戴维·恩·凯特利：《评〈建国以来甲骨文研究〉》，赵功民译，《历史教学》1982年第11期。
② 彭裕商：《殷墟甲骨断代》，中国社会科学出版社1994年版。
③ 肖楠：《论武乙、文丁卜辞》，《古文字研究》第8辑，中华书局1980年版。
④ 李学勤：《论"妇好"墓的年代及有关问题》，《文物》1977年第11期。
⑤ 双方论战情况，可参见《甲骨学通论》（增订本）第472页所列篇目。
⑥ 方述鑫：《殷墟卜辞断代研究》，台湾文津出版社1992年版。

三、四期甲骨断代研究》①等专著；而主张"历组卜辞"时间前提的学者，在辩论中进一步丰富和完善了自己的论据，并向前推进一步，提出了殷墟王室卜辞演进上的"两系说"。彭裕商《殷墟甲骨断代》（中国社会科学出版社1994年版），李学勤、彭裕商《殷墟甲骨分期研究》（上海古籍出版社1996年版），黄天树《殷墟王卜辞的分类断代》（台湾文津出版社1991年版）等专著，就是他们对"历组卜辞"系统、全面看法的代表作。

其三，是构筑甲骨断代新方案有益探索。董作宾先生的《甲骨文断代研究例》虽然自1933年至今行用不衰，但他并不"满意"于此，又提出了他自认为可以使甲骨学研究进入到"峰回路转，柳暗花明的意境"中的"分派研究"新方案。他1945年在《殷历谱》中第一次提出"新、旧派"以后，多年来"不惮烦琐，推出讨论，希望大家多多的予以注意"②。但与《断代例》提出时学者们的热烈响应相反，多年来很少有人对"新旧、派"方法加以深入讨论或使用。而"特别是通过近年的讨论，将所谓'文武丁卜辞之谜'真正'揭穿'以后，一批董氏曾感到'困惑'的甲骨前移至武丁时代，董氏所藉以立论'复古'的'文武丁时代'卜辞已不复存在，因此新派、旧派说之基础已从根本上动摇了"③。

李学勤等学者在"历组卜辞"应时间前提的讨论中，进一步提出殷墟王室卜辞演进的"两系说"，并结合考古地层学的证据和文献学的研究，使其丰富完善，构筑了断代研究的新方案，其学说的精髓体现在上文所列的几部著作中。虽然目前有不少学者对此新方案并不首肯，认为仍停留在理论探索阶段，其实用性可操作性不强，难于统驭10万片甲骨④等，但毕竟把断代研究引向了深入，其创新精神还是颇为可贵的。

此外，有无第五期帝辛时代卜辞和什么是盘庚时代卜辞，也有学者进行了追踪。但其说不成体系，尚无规律性的东西可寻，仍难从10万片甲骨中区分出一批盘庚及帝辛时代卜辞。但这些探索表明，学者们向断代研究中的"难点"问题又前进了一大步。

---

① 吴俊德：《殷墟三四期甲骨断代研究》，台湾艺文印书馆1999年2月版。
② 董作宾：《为书道全集详论卜辞时代之区分》，《中国现代学术经典·董作宾卷》，河北教育出版社1996年版，第530页。
③ 王宇信、杨升南：《甲骨学一百年》，第176页。
④ 《甲骨学一百年》对此方案曾提出"疑问"和讨论，见此书第181—184页。

二 甲骨文字的考释方面

甲骨文字的释读，是甲骨学商史研究的重要基础性工作。可以说，后一个五十年要比"前一个五十年"取得了更多的研究成果。关于此，宋镇豪主编《百年甲骨学论著目》（语文出版社1999年版）有全面反映。宋镇豪指出："50年代以来，甲骨文字研究进入全面审视的第三阶段，大体说来，五六十年代甲骨文字考释的论作数量是以台湾方面为多，70年代晚后以来在大陆甲骨学界数量大增，有的一年竟能超过200篇（种）以上者，仍显出经久不衰之势。"[①] 因此，就甲骨文字的考释方面来说，也呈现出1978年前后阶段性的不同。1978年出版的于省吾《甲骨文字释林》和1992年出版的裘锡圭《古文字论集》，代表了新阶段文字考释的最新水平。特别"应该指出的是，于省吾为我们开辟了考释文字的新途径，其文字考释在深度和广度方面超过了前人"[②]。

尤为有意义的是，作为90年来甲骨文字考释集大成之作在这一阶段完成。中国1996年出版了于省吾主编的《甲骨文字诂林》，而日本松丸道雄、高嶋谦一于1994年出版了《甲骨文字字释综览》等。这些甲骨文字考释总结性的巨著继往开来，可以说，它们是甲骨文字考释发展的里程碑。

1978年以后，甲骨文字的考释成果异彩纷呈，是与此后新出现一批较专业性的刊物（或专集）分不开的。在1978年以前，由于刊物较少，或限于排字困难，学者们发表考释文字的著作十分困难。连一些权威学者都在编辑的要求下，不得不把隶定字、冷僻字、甲骨字尽量减少，甚至用A、B、C代表以"尽量减少刻字"，发表论作颇费周折，更不用说名气尚不大的中青年学者们了。1978年以后，原来的老刊物《考古》《文物》《考古学报》加增了古文学论作的版面，又出现了多家以发表甲骨文论作著称的刊物。诸如《殷都学刊》（河南安阳，1979年对国内外发行至今）、《中原文物》《华夏考古》《考古与文物》等。另有成系列的论文集，诸如《古文字研究》（中华书局，已出版27辑）、《甲骨学与殷商史》（上海古籍出版社，已出一、二、三辑及新版一、二辑）、《夏商周文明研究》（中

---

① 王宇信、杨升南：《甲骨学一百年》，第160页。
② 王宇信：《甲骨学通论》（增订本），第474页。

国殷商文化学会,已出一至九辑)、《出土文献研究》(已出一、二、三、四、五辑)等。这一批新出现的学术苑地,既推出了不少高质量的甲骨新作,也为学术界培养了一批甲骨学新人,其意义是不可估量的。因此,就从学术苑地来说,也显示出后50年的研究,可分1978年以前和以后两个阶段的不同。

三 甲骨学研究和甲骨学史科学总结的加强

学者指出:"甲骨学之所以能在不足百年的时间里跻身国学行列,除了学者通过兢兢业业的钻研显露出甲骨的价值之外,也与一些学者不断总结研究成果,指出研究方向,从而促进研究水平的提高分不开的。"[1] 在甲骨学"深入研究时期"的后50年,较大型的总结性著作有1956年陈梦家出版的《殷虚卜辞综述》,内容涉及到文字、断代、年代、历法天象、方国地理、先公旧臣、先王先妣、百官、农业、宗教等12个方面,可谓包罗万象,把65年"广义的"甲骨学研究全景式地呈现出来。而1978年台湾出版的严一萍《甲骨学》巨著,则是一部"系统而全面论述甲骨学自身规律"[2] 的"狭义的"甲骨学专著。遗憾的是,此书严承师说(即着力阐述董氏的各种发明),而对"国内、外甲骨学研究所取得的成果和进行的讨论注意不够"[3]。

此外,还有从"狭义的"甲骨学角度,对前50年进展进行总结的著作,这就是董作宾1956年由台湾艺文印书馆出版的《甲骨学五十年》。而王宇信1980年出版的《建国以来的甲骨文研究》,则对1949年以后,直到1978年以前的甲骨学研究进展进行了总结,将1949年以后的研究作为"深入研究"时期,就是此书第一次提出的。

随着1978年《甲骨文合集》的出版,研究课题的深度和广度又有新的拓展,而研究论文的数量也大有增加,因而一批对90多年甲骨学研究进行再一次总结的著作出版了。学者们的总结性著作,多从历史考古学角度入手,而从语言文字学角度进行总结的论述,就相对显得薄弱。1987年陈炜湛出版的《甲骨学简论》颇具特色,该书从语言文字学方面着眼的论

---

[1] 张永山:《甲骨学》,《国学通览》,群众出版社1996年版,第411—488页。
[2] 王宇信:《甲骨学通论》(增订本),第301页。
[3] 同上。

述较多。特别是对 80 年来出版的 7 部甲骨文字典，作了"各有所长，各有所短"的分析，对今后字典的编纂有指导意义。他还指出，"六书理论对甲骨文基本上还是适用的"。此外，对热烈讨论的"历组卜辞"争论，也发表了明确的意见，他不赞成"历组卜辞"时间前提。经他认真的整理、研究，尖锐地指出："'历组卜辞'的说法本身能否成立，也值得商榷。"此外，1983 年出版的马如森《殷墟甲骨文引论》，"应就是较为着意从语言文字学方面进行总结的一部甲骨学通论"①。特别是该书上编第八章"甲骨文字"，赞成并介绍了孙常叙教授倡导的古文字造字规则的"新六书"理论，即："象物、象事、象意、假借、形声、转注。"②而该书的"下编"为"可识字形音义简释"，共收入 1050 个单字是很有意义的。应该说，从语言文字学角度对甲骨学成就进行总结的著作，所见不多，甲骨学者今后应注意、总结与研究。而甲骨文的语言学研究，应大力加强。

1978 年以后，从历史考古学角度，对甲骨学进行再一次总结的著作出版了几部，而老一辈学者张秉权 1988 年出版的《甲骨文与甲骨学》应给以特别的注意。该书"以广阔的视野和深刻的见解，为我们回答了三个方面的主要问题，即'一、甲骨文是怎样发现的，发掘至今，收获多少？二、甲骨学是什么？它是怎样发展出来的？三、九十年来的甲骨学研究成果，是些什么？我自己又做了些什么？'"③。基本与此书同时，1989 年《甲骨学通论》出版了（增订本于 10 年以后，即 1999 年 8 月面世）。该书对 90 多年来甲骨学研究的进展，"从发现到研究，从卜法到文例，从断代到分期，从辨伪到缀合，从文字到历史等，无不全面论述。并论及近年周原新发现之西周甲骨，亦颇详瞻"④。该书"下篇"专论西周甲骨，学者认为："《甲骨学通论》系统性拓展甲骨学的一大贡献，就是敏锐而及时地提出了西周甲骨学的命题。"⑤

甲骨学研究的发展，虽然经历了"草创时期"（1899—1928 年）、"发展时期"（1928—1949 年）和"深入研究时期"（1949—1999 年），并取

---

① 王宇信、杨升南：《甲骨学一百年》，第 427 页。
② 马如森：《甲骨学引论》，东北师大出版社 1993 年版，第 685 页。
③ 张秉权：《甲骨文与甲骨学》序，台湾编译馆 1988 年版。
④ 王宇信：《甲骨学通论》胡厚宣序，1989 年。
⑤ 宋镇豪：《甲骨学的科学总结和系统开拓——评王宇信〈甲骨学通论〉》，《中原文物》1989 年第 4 期。

得很大的进展，但自1931年"甲骨学"一名出现以后，给甲骨学做出科学界定却是1988年以后的事了。

1988年9月《甲骨文与甲骨学》给甲骨学做科学界定说：

> 甲骨学研究的是甲骨文，但并不限于甲骨文字，凡是和卜用甲骨以及卜辞所涉及的一些有关的事项，都在研究的范围之列。

基本与此同时，1989年6月《甲骨学通论》说：

> 应该明确的是，甲骨文并不是甲骨学。甲骨文只是商朝后期遗留下来的珍贵文物和史料，它的科学价值，只有随着甲骨学研究的发展，才愈益为人们所认识。
>
> 而甲骨学，是以甲骨文为研究对象的专门学科，是甲骨文自身固有规律系统和科学的反映。正是由于甲骨学的不断发展，这些"断烂朝报"中所蕴藏的古代社会奥秘才被学者一一窥破。因此，我们不能把甲骨文与甲骨学混为一谈。

上述二书给"甲骨学"所做出的科学界定，"是自1931年'甲骨学'一名提出，50多年来学者们在甲骨学初步形成以后，对甲骨、甲骨文和甲骨学研究日益'深入'和'全面'，认识更加明确和深化的结果"。而"'甲骨学'的科学界定，使甲骨学研究更加自觉而避免盲目性"①。不仅如此，前不久有学者更进一步提出所谓"狭义的甲骨学"，即较为严格论述甲骨和甲骨文自身规律的研究。而所谓"广义的甲骨学"，就是不限于甲骨文自身，凡是和卜用甲骨以及卜辞所涉及有关成果都在其中②的包括"狭义"和"广义"甲骨学的概念。这表明，人们对"甲骨学"的认识又深化了一步。

自1978年以后，由于环境的宽松和强调历史地科学地评价前人，对有贡献的甲骨学家成果和经验的总结与研究也逐步提上了日程。"在甲骨

---

① 自1931年"甲骨学"一名提出，至1988年对"甲骨学"进行科学界定的发展过程，可参见《甲骨学一百年》第18—19页论述。

② 李学勤：《甲骨学一百年的回顾与前瞻》，《文物》1998年第1期。

学形成和发展的一百多年历史上，许多前辈大师的鸿文巨著也和甲骨文一样，字字珠玑，成为值得借鉴和继承的人类共同文化遗产。而他们所经历的道路和积累的经验，也发人深省，激励和鼓舞着后学者创造甲骨学新一百年研究的再辉煌"①。不仅专门评介甲骨学家的文章和"小传"性的文章常见于各种刊物，而且有关研究甲骨学家的专著，就有1983年肖艾著《王国维评传》（文物出版社），1996年刘恒著《王国维评传》（江西百花洲文艺出版社），1995年吕伟达著《甲骨文之父王懿荣》（山东画报出版社），1996年谢宝成著《郭沫若评传》（江西百花洲文艺出版社），1997年出版的张永山、罗琨著《罗振玉评传》（同上出版社）和2000年8月出版的方辉著《明义士和他的藏品》（齐鲁书社）等。而《甲骨学一百年》则对几代甲骨学家进行了全面并将其放在甲骨学史应有位置上进行了评价。有意义的是，找出了"这些在甲骨学发展史上不同时代和阶段的大师，却有其成功的共同之处"。因而该书的一大成功之处就在于"充分认识和总结经几代学者研究实践考验的成功经验，将成为推动我们新世纪甲骨学研究取得更大成绩的'共同财富'"②。

　　不宁唯是，甲骨学研究不同时期出版的总结性著作，反映了当时的研究水平，并为下一时期的研究指明了方向。被誉为甲骨学研究世纪性总结的《甲骨学一百年》，也于1999年8月问世。此书写作目的明确，即"为继承国内外学者所取得的成就并使之发扬光大，并使今后的甲骨学研究从理论上、方法上、规律上的探索更为自觉而避免盲目性，从而通过创造性的探索和艰苦的劳动，取得新世纪甲骨学研究的再辉煌，有必要在新世纪来临之际，对百年来的甲骨学研究进行科学的总结"③。此书出版以后，颇受海内外学者的重视和好评。台湾著名学者锺柏生认为，此书是继陈梦家《殷虚卜辞综述》之后的又一部重要著作。有此二书，百年甲骨学发展及成果尽收眼底④。而甲骨学家朱岐祥则认为，此书对今后甲骨学研究有里程碑的意义。⑤ 美国学者也在其刚出版专著的序论中，向西方学术界推荐

---

① 王宇信、杨升南：《甲骨学一百年》，第335页。
② 同上书，第379页。
③ 王宇信、杨升南：《"甲骨学一百年"成果总序》，1999年2月。
④ 锺柏生：《评介〈甲骨学一百年〉》，《中国文字》新24期，台湾艺文印书馆1999年12月版。
⑤ 朱岐祥：《评〈甲骨学一百年〉》，《中国文字》新25期，台湾艺文印书馆2000年版。

此书。此书已由韩国庆星大学何永三教授译竟，并于2011年在韩国首尔出版了五卷本。①

为了把学者们百年来的探索与追求，开拓与创新的成果全面展现给学术界，我们在《百年甲骨学论著目》（1899—1999）的基础上，编纂了《甲骨文献集成》40大卷，全书几千万字。一些出版早或不易见到的中、外文著作，或散见地方刊物而不易见到的论作，均按原作影印收入书中，巴蜀书社已于2001年4月出版发行。我们相信，宋镇豪主编的《甲骨文献集成》将大大推动新世纪的甲骨学研究，并受到海内外学者的欢迎。

四　西周甲骨分支学科的形成，扩大了甲骨学的研究范围

虽然在1959年西周甲骨即被李学勤所识别②，并先后在沣西张家坡、洛阳泰山庙、洪赵坊堆村、昌平白浮等地屡有出土，但西周甲骨研究形成高潮，并使之成为甲骨学研究领域新分支学科——西周甲骨学，却是在1977年陕西岐山凤雏村宫殿基址西厢二号房内的灰坑发现1.7万片甲骨以后。随着1979年《文物》第10期将其中有字甲骨289片中的31片的公布，西周甲骨的研究才开始引起甲骨学界的重视。随着材料的陆续公布，学者们对西周甲骨的认识也逐渐全面和深化。而以陈全方教授1982年《陕西凤雏村西周甲骨文概论》把H11、H31全部有字甲骨289片一次性公布为标志，西周甲骨进入了深入研究阶段。

西周甲骨的研究，20多年来取得了长足的进步。学者们或考释其文字，或考证其时代与族属，或探索其分期与特征，或研究其职官与商周关系，或辩证其行款与释读等，进行了多角度、全方位的研究与探索，已形成"甲骨学研究的一门新分支学科——西周甲骨学"③。现在，学者们已把研究的重点放在字数较多、内容较为重要的4版甲骨上。"这类甲骨数量不多，因涉及商王宗庙名和祭及商人祖先，我们不妨称之为周原出土的'庙祭'甲骨"④。不少著名甲骨学者都对"庙祭甲骨"发表了意见，但众说纷纭，莫衷一是。与此有关的族属与分期问题也各持己见，人言言殊⑤。

---

① 王宇信：《韩文版〈甲骨学一百年〉序言》，《殷都学刊》2010年第4期。
② 李学勤：《谈安阳小屯以外出土的有字甲骨》，《文物参考资料》1956年第11期。
③ 《甲骨学通论》（增订本）第十三章标题即此。
④ 王宇信：《甲骨学通论》，第411页。
⑤ 《甲骨学一百年》第八章（第290—327页）有专门的介绍和评介得失，请参看。

这反映了研究的深入与学术的繁荣。

有关西周甲骨研究的专著也陆续出版。1984年出版的王宇信《西周甲骨探论》，还把历年各地出土西周甲骨与周原甲骨汇为一编。而1988年出版的陈全方《周原与周文化》，则将甲骨摹本与照相对照公布。1990年出版的徐锡台《周原甲骨文综论》，也将摹本与照相同时公布①。1997年，台湾静宜大学朱岐祥教授出版的《周原甲骨文研究》，则将陈氏、徐氏的摹本逐号一同刊出。之所以如此，是因周原甲骨文字小如粟米，需放大5倍方能显识。因学者将甲骨放大临摹时，往往字迹点画不一，影响了文字的准确释读和对内容的理解。《合集补编》则作为"附录"，将所能见到的三种摹本（即陈氏、徐氏和周原文管所晒蓝本）一并刊出，以便于学者研究时比勘、分析，并做有释文，以供研究者参考。为推进西周甲骨研究，"夏商周断代工程"办公室委托曹玮教授，按相同比例将周原甲骨放大照相并已整理完毕，近期即可出版。相信此书的面世，将会使西周甲骨一些争议较大的难题有所突破②。此外，近年河北邢台③、北京房山琉璃河、镇江营等地又有西周甲骨出土，对卜辞行款的走向识读④和周初燕都城址的始建年代推定⑤等，都是很有价值的。

如此等等，西周甲骨的成批发现和研究，形成了甲骨学研究领域的新分支学科——西周甲骨学，打破了凡谈甲骨则必殷商的传统认识，一下子使甲骨学的研究从时间上和空间上扩大了许多。而随着新发现地点和出土材料的增多，也使西周甲骨学的研究不断有所深化和再认识。而这些，都

---

① 徐锡台教授为老一代的考古学者，周原甲骨的发现者之一，任职于陕西省考古研究所，并为中国殷商文化学会理事。自20世纪80年代以来，王宇信常与徐教授出席殷商文明国际学术研讨会，并向他请教、切磋。1999年5月在山东烟台"纪念王懿荣发现甲骨文100周年国际研讨会"告别后，一直未能再见面。2000年4月下旬，忽闻徐先生在出席"岐山周文化节"时脑溢血症突发不治，余不禁泪下语噎。在韩国写文至此，徐先生乘鹤去已一年矣！徐先生可谓鞠躬尽瘁，把生命都献给了周原。研究西周甲骨学者，都不会忘记徐先生开创性的贡献！2001年4月24日晚于大真大学记。

② 曹玮：《周原甲骨文》，由世界图书出版公司2002年版。

③ 《邢台南小汪周代遗址西周遗存的发掘》，《文物春秋》1992年增刊（河北）。

④ 王宇信：《周原甲骨卜辞行款的再认识和邢台西周卜辞的行款走向》，《华夏考古》1995年第2期。

⑤ 雷兴山：《北京琉璃河遗址新出卜甲浅识》，《中国文物报》1997年3月30日。又：《琉璃河遗址1996年度发掘简报》，《文物》1997年第6期。北京房山镇江营出土西周甲骨彩色照片，发表在《北京文博》1997年第4期封二上。

是1978年以后进行的①。

第三节　甲骨学研究方法和手段愈益与当代科技发展同步

甲骨文虽然很古老，但甲骨学却很年轻。甲骨学研究手段和方法也亟须与当代科技发展同步。如所周知，"19世纪末殷墟甲骨文发现之时，正是'西学东渐'，中国传统文化遭受冲击和挑战的时候，一批甲骨学者处变不惊，紧随时代的步伐，汲取西方自然科学和社会科学中的精华，在研究中取得了超越乾嘉时代的成就"②，从而使甲骨学研究达到"草创阶段"的"识文字、断句读"和"说礼制、探商史"的高峰。而1928年殷墟科学发掘以后，正是甲骨学一代宗师董作宾把西方近代田野考古学方法引入甲骨学研究领域，因而"从安阳县小屯村殷墟的地面下发掘出来"了"甲骨文字的断代方法"③，这就凿破鸿蒙，分273年一团"浑沌"的晚商甲骨划在五个早晚不同的时期之中，把甲骨学研究推向了"发展阶段"的高峰。

因此，我们曾多次指出："把现代科技手段引入甲骨学领域，必将使甲骨学商史研究发生全新的变化"。并呼吁学者们思考："在甲骨学研究的哪些领域可以引进现代化技术，又如何引入？是值得我们放在甲骨学发展的战略地位，群策群力，加以认真探索的。"④

在甲骨学研究后50年的"深入研究时期"，1973年美国学者周鸿翔等人开始进行电脑缀合甲骨的实验，1974年中国学者童恩正等人也开始进行这方面的尝试。但因"存在用人工录制标本信息工作量较大、缀合的准确率不高等缺陷，因此，目前主要还是靠甲骨学者广博的甲骨学知识和丰富的经验以及良好的记忆力去缀合甲骨"⑤。如致力于缀合甲骨多年并取得丰

---

① 自2003年以来，陕西岐山周公庙遗址又有大批西周甲骨的新发现，见《岐山周公庙遗址去年出土大量西周甲骨材料》（载《中国文物报》2009年2月20日）及《周公庙遗址新出土西周甲骨专家座谈会在北京召开》（载《中国文物报》2009年3月18日）。
② 王宇信、杨升南：《甲骨学一百年》，第380—383页。
③ 董作宾：《为书道全集详论卜辞时代之区分》，《中国现代学术经典·董作宾卷》，第528页。
④ 王宇信：《甲骨学研究九十年》，《史学月刊》1989年第4期。
⑤ 王宇信：《甲骨学通论》（增订本），第233页。

硕成果的蔡哲茂君就不仅是靠电脑,而靠的是整理"同文卜辞"。而另一位缀合也颇有所得的常玉芝教授,靠的是她对"周祭卜辞"文例、文句规律的熟悉。

但是,1978年以后,情况就有了很大变化,其表现是在研究方法方面主要有:

一、更加注意考古学成果及方法。中国的考古学,已进入它的"黄金时代",因而甲骨学者更加强调甲骨学今后的发展一定要进一步以考古学为基础。首先是考古"地层学"的科学依据。1973年,小屯南T53④A出土甲骨的科学地层,为"文武丁时代卜辞之谜"的解决和"历组卜辞"的讨论提供了坚实的证据。其次,是以考古"地层学"为基础的考古遗物研究"类型学"的方法,被"两系说"的学者引入甲骨学字型研究领域。虽然他们的"类型学"概念还需深入讨论,但"类型学"成为他们构筑断代新方案的基础之一,是无可置疑的。

二、是对甲骨文进行"全方位"研究的加强。前辈大师董作宾多次强调要对甲骨进行"观其全体"的研究。但是,他当时强调的"全体",只是一版甲骨正面有字的"全体",而甲骨反面就没有人进行过认真整理、研究过,充其量还是一块甲骨的"半体"。虽然早在1953年郭若愚《殷契拾掇》著录过几版甲骨反面的钻凿,直到1973年,许进雄开始注意到反面钻凿的重要性,但他关于钻凿研究的总结性著作《甲骨上的钻凿形态研究》发表是在1979年。1981年以后,中国大陆才有人注意甲骨反面的研究工作,而1983年出版的《小屯南地甲骨》下册第三分册,共收甲骨反面的钻凿拓片共421版,并进行了系统、全面的分型分式的断代研究。应该说,这是甲骨学史上第一部与甲骨文字一起,全面著录甲骨反面的钻凿形态并加以研究的著录,为学者从多方面、多角度研究甲骨提供了最全面的信息。

不只如此,《1973年小屯南地发掘报告》[①] 还把这次发掘所得无字甲骨发表,并对反面的钻凿形态进行了整理研究。因此,甲骨学者逐步把对甲骨的观察移到有字甲骨的反面,再进一步注意到无字甲骨和无字甲骨的反面,这才真正实现了对甲骨进行"观其全体"的研究。不仅使科学发掘甲骨(包括传世甲骨)充分发挥其研究价值,而且也使甲骨学的研究范围

---

① 《1973年小屯南地发掘报告》,载《考古学集刊》第9辑,科学出版社1995年版。

一下子就扩大了许多。

三、最新科技手段的利用。首先，是电脑贮存信息量大的功能得到了开发。我们已经谈过，1978年以前尝试用电子计算机缀合甲骨并不成功，可谓无果而终。但此路不通，可另寻他途。学者们利用电脑贮存信息量大且方便的功能，1978年以后，南京的甲骨学者把甲骨文字输入电脑。中国社会科学院历史所的甲骨学者，把《合集》来源表输入电脑。近年，香港大学中国文化研究所与历史研究所合作，成功的把《合集释文》转入电脑古文字资料库。台湾历史语言研究所也建立了古文字电脑资料库，成功大学还召开了电脑与现代资讯工程研讨会等。现在一些单位还利用互联网，做到资料、信息共享。中国社会科学院、台湾"中研院"史语所、河南安阳市人民政府有专门的甲骨学网页。据悉，一些个人还建立了网页，如历史研究所宋镇豪教授、林欢博士和河南安阳日报社的刘志伟等。电脑资讯方面的巨大潜力，将愈益被甲骨学者所利用。

其次，是其他高科技手段也被引用到甲骨学研究领域。为了推定商积年，1996年启动的"夏商周断代工程"，还对甲骨文的年代进行了碳-14常规测定及加速器质谱仪（AMS）测定。从206版有称谓，或地层关系明确，或时代较为明确的龟甲、兽骨上取样测定。众所周知，加速器质谱仪（AMS）技术先进，取样少（0.1毫克即可）而不伤害甲骨文物，测年准确（±24年），得出数据快。自1990年澳大利亚学者首先提出用此法对甲骨测年后[1]，一直没有实际进行。这次成功地提取了甲骨样品，并正式测定。从这个意义上说，甲骨文年代"传统的'分期研究'和殷墟甲骨文演进'两系说'的新方案之间的种种争论和分歧，经过现代科学技术的验证，应该是'殊途同归，折衷一是'了"[2]。

再次，现代天文学成果，引入甲骨学年代推定。如所周知，武丁时甲骨文有5次月食记录。但其发生具体年代，从1940年董作宾开始推定起，直到今天，已先后有15位学者进行过年代推定，得出的年代是公元前1373至公元前1180年之间，时间跨度为200多年。而武丁在位才59年，盘庚迁殷后的晚商，也不过273年，可见这多种说法距历史实际还很远。而"夏商周断代工程"，用现代天文学手段对五次月食进行计算，得出了

---

[1] ［澳］格勒斯派：《商代甲骨年代测定》，《中原文物》1990年第3期。
[2] 王宇信、杨升南：《甲骨学一百年》，第192页。

较为可信的年代范围,"再与碳-14质谱加速仪测算出的年代相勘校,就会得出较为可信的年代数据"① 了。目前,举世瞩目的"断代工程"已经结项,其成果《夏商周断代工程1996—2000年成果报告》(简本)已由世界图书出版公司2000年10月出版。

四、多学科联合攻关,推动甲骨学研究全面现代化。在科学技术飞速发展的今天,时代也要求甲骨学研究现代化。这就意味着甲骨学研究不仅要与人文科学的多学科,诸如历史文献学、民族学、宗教学、考古学、语言学等多学科研究相结合,而且还要与当代自然科学,诸如天文学、气象学、农业学和物理学等多种学科的研究相结合。这是因为"当前科学发展的迅速和科学分工的精细,再由一个人进行跨学科的研究愈益困难",但可以组织多学科联合攻关。"夏商周断代工程"对殷墟甲骨测年就是一个开始。而"断代工程"的成功,"就是组织社会科学家和自然科学家联合攻关的成功范例。它不仅对夏商周年代学研究有重大推动,而且也为甲骨学研究的现代化提供了可资借鉴的经验"②。

第四节　1978年后涌现出的大量论作,显示出甲骨学研究"全面深入"的阶段性

从本文以上各节的论述,我们可以看出,1978年以后的甲骨学研究,无论是从甲骨资料匮乏的局面得到根本改观,还是从研究课题的深度、广度的扩展以及研究方法、手段愈益与现代科技发展同步方面看,都取得了比此前30多年甲骨学研究更具有标志意义的阶段性成果。

正因为如此,1978年以后甲骨学论作数目大增。我们不妨列出一组数字,就不难发现1978年以后,确实要比此前的"深入研究阶段"更要"全面深入"一步了。

据《建国以来甲骨文研究》附录二"建国以来甲骨文编年论著简目"(1949—1979.9)统计,这30多年中国大陆学者共发表甲骨论著315种左右。

再据《甲骨学通论》附录三"新中国甲骨学论著目"　(1949—

---

① 王宇信、杨升南:《甲骨学一百年》,第193页。
② 同上书,第383页。

1986.12）统计，1949 年至 1986 年中国大陆学者共发表甲骨论著 1152 种左右，减去 1979 年 9 月以前的 315 种，那么仅 1979 年 9 月以后至 1986 年 12 月中国大陆学者就发表论作 737 种左右。这七年间论著数量是前一时期（30 年）的 2 倍，与甲骨学研究"前五十年"（1899—1949）论著总和的 876 种接近。可以看出，中国大陆的甲骨学研究在 1978 年以后发展之快。

上述二书"目录"所收论作，仅限于中国大陆的学者，如果加上港、台地区和欧美及亚洲各国甲骨学者的论作，数量就会更多。

据濮茅左 1991 年出版的《甲骨学与商史论著目录》统计，1899—1987 年近 90 年来，海内外共发表甲骨学论作 8600 种左右。

而肖楠《甲骨学论著目录》（1949—1979）统计，1979 年以前 30 年来，海内外共发表论著 1080 种左右。再加上前 50 年发表的 876 种，至 1979 年共发表 2000 种左右。因此，据濮氏至 1987 年 8600 种减去 1979 年前的 2000 多种，即 1979—1987 年近 10 年为 6000 多种（濮氏所收目录，虽略显宽泛，我们已在另文指出过，但仍可参考）。

据 1999 年宋镇豪出版的《百年甲骨学论著目》统计，百年来海内外学者共发表论作一万零几百种，如减去濮氏 1987 年以前的 8600 种，则 1987—1999 年近 10 年间，学者发表论作近 2000 种。正如宋氏所说，"1987 年以后至 1998 年，仅 10 多年间就发表甲骨学商史论作 2000 多种，平均每年发表近 200 种，可见近年甲骨学商史研究的繁荣"①。

以上甲骨论作统计数字表明，1978 年以后甲骨论作数量逐年创新纪录。对此，我们曾指出：自 1978 年《合集》出版以后，"改变了研究资料匮乏的局面，大大地促进了多种学科，特别是甲骨学和殷商史、考古学的发展。近年来，甲骨学论著较《合集》出版以前，无论在数量方面，还是在质量方面，都有较大的增长和提高"②。

第五节　我们的建议

基于上述理由，我们认为 1978 年以后的甲骨学研究在 1949 年以后的

---

① 王宇信、杨升南：《甲骨学一百年》，第 398—399 页。
② 王宇信：《甲骨学通论》（增订本），第 284 页。

"后五十年"总体发展阶段中，即在前一阶段"深入研究"（1949—1978年）的基础上又进入了一个"全面"深入研究的新阶段。因此，我们郑重吁请治甲骨学和甲骨学史的朋友们考虑我们的意见，即：

百年甲骨学研究可分"前五十年"（1899—1948年）和"后五十年"（1949—1999年）；

前五十年可划分为"草创阶段"（1899—1927年）和"发展阶段"（1928—1948年）（实际学术界早已行用）；

而"后五十年"研究可划分为"深入阶段"（1949—1978年）和"全面深入阶段"（1978—1999年）。

而所谓"全面深入阶段"开始的标志，就是1978年集大成著录《甲骨文合集》的问世。

第十九章
世界文化遗产殷墟的保护、弘扬与构建和谐社会

在2006年7月13日，中国河南安阳殷墟被第30届世界文化遗产大会列入"世界文化遗产名录"。这是世界人民对我国保护殷墟作为晚商都城遗址完整性的肯定，也是世界人民对殷代都城文化——殷商文化的典型概括——在推动和影响世界文明进程所起巨大作用和贡献的承认。殷墟"申遗"的成功，标志着殷墟遗址及其深厚的文化底蕴进入了全面弘扬的新阶段。

殷墟文化的全面弘扬，是几代甲骨学家、考古学家、历史学家和当地原住民保护殷墟，寻觅殷墟，重构殷墟和再现殷墟辉煌的八十多年探索、发现与研究的总结，也是殷墟保护和研究新一阶段的开始。因此，殷墟被列入"世遗名录"，也给我们学术界提出了今后如何进一步全面弘扬殷墟文化和如何构建殷墟所在地的和谐社会，并使殷墟原住民也享受到"申遗"成功成果等的重大课题。

第一节 八十年来殷墟（晚商都城）遗址经历了重构、再现辉煌和全面弘扬的几个阶段

殷虚（古人居丘为"虚"）是我国商代（公元前16世纪—公元前11世纪）晚期都城，是商王朝的政治、经济、文化中心。商代都城集中体现了商代社会生产和经济发展的最高水平，是整个商王朝社会生产力和科学技术发展的典型体现和概括。因此，世界文化遗产殷墟，展示的是商王朝晚期都城遗址的文化。在考古学家的学术术语中，殷墟文化与殷都文化是同义语。殷墟的重构、再现辉煌和殷墟文化的全面弘扬，经历了八十多年

的考古发现与研究工作。如果再加上以 1899 年甲骨文发现为契机对殷墟的寻觅，那就经历了一百多年，才迎来了今天的殷墟被列入"世遗名录"的成功和今后殷墟文化的全面弘扬时期。

一　殷墟的寻觅时期（1899—1910 年）

公元前 1046 年，周武王率庸、蜀、羌、髳、微、纑、彭、濮等八个部族的联军，在"二月甲子昧爽"与"亦发兵七十万人距武王"的商纣王在商郊牧野决战，"纣兵皆叛纣"。"纣走，反入登于鹿台之上，蒙衣其殊玉，自燔于火而死。"（《史记·周本纪》）昔日"车行酒，马行炙"的"宫中九市"和倾宫、瑶台成为一片废墟①。就在商王朝灭亡后的第二年，被封在朝鲜的商贵族箕子"朝周"路过此地时，"感宫室毁坏，生禾黍"。十分感伤的箕子作《麦秀之歌》，"殷民闻之，皆为流涕"②。商都这座废墟，到战国和秦汉之际还有人依稀记起，但隋唐时这片空旷的土地已沦为墓地。自明朝小屯开始立村，但昔日这里曾是"酒池肉林"的商朝都城所在地，已不复有人知晓。小屯村民世代日出而作，日入而息。小屯村成为华北平原上普普通通的"蕞尔一邑"，再也无人提起。

随着 1899 年甲骨文在小屯村被发现和学者们对其出土地的追寻，被历史泥土尘封的殷虚逐渐显露出来。甲骨文发现 10 年以后的 1908 年，罗振玉才"访知贞卜文字出土之地为洹滨之小屯"③，这座普通的华北村落小屯村才开始走上学术界的前台并声名大躁。随着罗振玉所见甲骨文材料的增多和研究的深入，1910 年他在《殷商贞卜文字考》序中，考订出出土商代甲骨的小屯村应为"武乙之虚"。4 年以后，罗振玉又于 1914 年进一步考证出"洹水故虚，旧称亶甲。今证之卜辞，则是徙于武乙去于帝乙"④，则小屯村一带更明确为晚商武乙、文丁、帝乙三王时期的都城了。此后，又经过王国维、郭沫若、陈梦家、胡厚宣等学者的研究，安阳殷墟确定为"盘庚迁殷至纣之灭，二百七十三年不复徙都"⑤的晚商都城。从此，安阳小屯村与殷墟互为表里，并融为一体。小屯村一带的地下，埋藏

---

① 《御览》卷 83 引《帝王世纪》。
② 《史记·宋微子世家》。
③ 罗振玉：《殷虚古器物图录》序，1916 年版。
④ 罗振玉：《殷虚书契考释》自序，1914 年版。
⑤ 《史记·殷本纪》正义引《帝王世纪》。

着深厚底蕴的殷墟文化和一座三千年前的王都。

如此等等，历史上消失了的晚商都城的寻觅，前后历时十一年之久，从而为考古学家在这里对殷墟及殷墟文化的重构、再现辉煌和全面弘扬打下了坚实的基础。

殷都发现的10多万片甲骨文，是殷商史研究的第一手珍贵资料。为了搜集更多的甲骨文，特别是科学发掘所得甲骨文的一切信息，"就殷商文化全体说，有些问题都是文字中所不能解决，而就土中情形可以察得出的"①。与此同时，中国考古学尚处起步阶段，殷墟这一时代已考明的商代都城遗址的发掘工作就有着特殊的意义。"就殷墟论，吾等已确知其年代，同时并知其他铜器石器出土。年来国内发掘古代地方，每不能确定年代……如将此年代确定之墟中所出器物，为之审定，则其他陶器杂器，可以比较而得其先后。是殷墟知识不啻为其他古墟知识做量度也。"② 因此，自1928年10月13日开始，中央研究院开始在河南安阳小屯村进行了大规模的考古发掘工作，至1937年因抗战爆发而暂告结束。殷墟的发掘工作历时十年之久，先后进行了15次大规模的科学发掘工作，取得了丰硕的成果；1949年以后，中国社会科学院的考古学家又进行了持续的考古工作。可以毫不夸大地说，几十年以来，殷墟的保护和发掘、研究工作取得了辉煌的成就。大批的研究论文和总结性著作，诸如《殷墟的发现与研究》（科学出版社1994年版）、③ 刘一曼《殷墟考古78年》④ 等，所列殷墟历年发掘和研究的重大成果尤详，为我们展示了这几十年来殷墟文化发掘和研究的连续性和阶段性。所以我们说，甲骨文的发现，为殷墟都城遗址的考古发掘提供了契机。

二 殷商都城文化的重构（1928—1937年）

1928年10月，殷墟大规模的科学发掘工作在小屯村以北与洹河以南一带开始。考古发掘过程中，考古学家认识到"出字骨的小屯只是殷都的一个特别的区域，要定商都的范围，只可用陶片定。若以陶片为标准，我

---

① 李济：《现代考古学与殷墟发掘》，《安阳发掘报告》第2期，1930年。
② 傅斯年：《本所发掘安阳殷墟之经过》，《安阳发掘报告》第2期，1930年。
③ 中国社会科学院考古研究所编著：《殷墟的发现与研究》，科学出版社1994年版。
④ 刘一曼：《殷墟考古78年》，《中国文化遗产》2006年第3期。

们至少可以说商都的面积远超过现在小屯的领土之外"。① 再现三千多年前商代都城的遗迹，成了殷墟考古发掘的主要目的。

1928—1937 年的考古发掘工作，在小屯村一带不仅发现了大批甲骨文，特别是 1936 年 10 月发现了 YH$_{127}$ 甲骨窖藏坑 17000 多版甲骨，而且更重要的是发现了许多遗迹遗物。在洹水以南，发现了建筑基址 53 座。其中甲组基址 15 座，乙组基址 21 座，丙组基址 17 座。在建筑基址周围，还发现了与基址有关的遗迹和遗物。据学者研究，甲组建筑基址为商王的生活、居住区，乙组建筑基址为商王处理政务和宗庙区，而丙组建筑基址为商王朝社坛。如此等等，小屯村北的建筑基础群，应是商王朝都城的核心；而在洹水以北的侯家庄西北岗，1934—1935 年的殷墟第 10 次、11 次、12 次发掘工作，再加上 1949 年以后的继续发掘，在这里共发现大墓 14 座，其中西区 4 条墓道者 7 座、单墓道 1 座、假墓 1 座，共 9 座。而在东区，4 墓道者 1 座，2 墓道者 3 座、单墓道者 1 座，共 5 座。这里应是商王的墓地，四墓道者应为商王墓，而二墓道、一墓道应为商王的亲近者或近侍。如此等等，这里应是商朝王陵区。

特别应提到的是，在此期间对后岗的发掘。1931 年第 4 次发掘殷墟时，考古学家在安阳后岗发现了"三叠层"，即殷商文化层、龙山文化层、仰韶文化层叠压的重要现象，从而确定三种古代文化的考古发展序列。学者们再把这种现象结合 1930 年对山东城子崖遗址龙山文化夯土城址的经验进行分析、研究，纠正了殷墟发掘以来的大水"漂没说"，这"标志着殷墟遗址历史考古学'地层学'的形成"。② 1934 年第 9 次殷墟发掘时，学者们再次发掘了后岗并发掘出一座带南、北两条墓道的大墓。这次发掘，给考古学家以重大启示。前辈学者石璋如曾说："给我们以巨大的启示和肯定的信念，认识安阳这个地方不仅是殷都所在，而且也有为殷陵所在的可能。从此便精心调查，到处寻找，洹北侯家庄西北岗殷代墓地的发现与发掘，便是这个种子的萌芽。"③

如此等等，小屯村一带商代宗庙、宫殿基址的发现和侯家庄西北岗商代王陵区的面世，使昔日商代都城的核心被考古学家重构了起来，并为下

---

① 李济：《后冈十八年秋季发掘之经过及其重要发现》，《安阳发掘报告》第 2 期，1930 年。
② 张岂之主编：《中国近代史学学术史》，中国社会科学出版社 1996 年版，第 499 页。
③ 石璋如：《河南安阳后冈的商墓》，《历史语言研究所集刊》第十三本，1934 年。

一阶段丰富其文化内涵,发现并充实殷代都城的配套设施,再现殷都的辉煌打下了坚实的基础。

三　殷商都城文化的再现辉煌（1949—2006年）

1949年以后的殷墟发掘工作,既与1928年的殷墟发掘工作有继承性,又有新时期工作重点的不同,因而又显出其阶段性。所谓工作重点不同,是殷墟的核心区宫殿宗庙区和王陵区的大规模考古工作基本结束,接着是在商代都城的核心区周边,去发掘和发现都城的各种相应配套设施。可以说,殷墟中心区的宗庙、宫殿和侯家庄的王陵区是昔日殷都骨骼,而1949年以后的考古新发现和深入研究,则是为昔日的殷都再造了血肉和灵魂,从而使一座消失了三千多年商朝都城功能配套齐备,再现其昔日殷都文化的全貌。具体说：

1. 中小贵族和平民遗迹的发现。殷墟作为王都,不仅在宫殿宗庙区居住着商王,在核心区以外还应生活着贵族和平民。1949年以后,贵族和平民居址屡有发现,诸如小屯西北、四盘磨、白家坟、大司空村等地都发现了平民居住的小型房基和墓葬。1997年白家坟东南发现了51座建筑基址,当为族邑遗存。2001—2002年,在小屯南的北徐家桥发掘出一座"四合院"式建筑群,中心建筑群分6排南北纵向排列,每排4—5组,当为王室贵族的官邸。2003年孝民屯商代村落遗址发现半地穴式房基27组（套）,每组（套）内有单、二、三、四间不同形式,房基内还有土台和灶。2004年又在大司空村发现由15座基址组成的一组建筑群,以"四合院"为中心,前后有三进院落,东西有二个以上配院。其中心建筑北侧护坡地面还摆有夔龙、凤鸟图案,当为族群宗庙。

2. 殷墟不仅在侯家庄一带埋有殷王,而且生活在殷都的贵族平民也应埋葬于殷墟。1971年、1991年在后岗两次发掘墓葬68座,其中二条墓道大墓4座,一条墓道大墓1座,应为西北岗以外的又一处王室墓地。此外,1976年在小屯又发现一座王室贵族墓——妇好墓。不仅如此,还发现多处的"族墓地"。1969—1977年在殷墟西区发现上千座墓葬,经整理研究,可分8区,每区内又可分组。不同墓区内葬俗及铜器铭文、陶器组合又有所不同,应为不同族的族墓地。平民墓发现多处,在后岗、郭家庄、梅园庄、刘家庄、大司空村、新安庄、戚家庄等遗址都有发现。

3. 作为商王朝都城,不仅发现有统治阶级政治活动的遗迹,而且也发现了经济生活的遗存。在殷墟，发现了铸铜遗址4处，诸如苗圃北地、孝民屯、薛家庄、小屯东北地等。其中的苗圃北地遗址，出土陶范万件以上。而孝民屯铸铜作坊发现了取土坑、范泥澄滤池、土范晾晒坑等和青铜铸造间、浇铸台等，总面积达1.5万平方米；制骨作坊也有发现，大司空村遗址出土大量骨笄，北辛庄遗址发现骨料坑和制骨工具；制玉作坊在小屯北地发现，房址F_{10}、F_{11}内出土一批石料和磨石残块、玉石雕刻等。而多年寻找不得的制陶作坊和商代窑址，也终于在前不久被发现。如此等等，殷墟遗址各种作坊的发现，丰富了对商朝都城经济生活的认识。

4. 完整贵族墓的发现，加深了对商代奴隶主丧葬制度的认识。1949年以前发掘的殷王大墓多数被盗，所剩遗物无几。而1949年以后，在殷墟发现了几座完整的贵族墓葬，是殷墟发掘史上的大事。1976年发掘的妇好墓，仅青铜器就殉有460多件，其中有铭者190件，而有"妇好"、"好"字铭文者达109件。这就为学者将铭文与甲骨文和文献相结合，研究武丁之妻妇好的活动和墓葬断代提供了依据，并为商代青铜器断代研究提供了一批标准器。1990年郭家庄160号墓也保存得十分完整，共出土随葬品353件，其中青铜礼器41件，并有"亚址"铭文。2000—2001年，又在小屯村东地发掘了一座保存完整的54号墓，出土青铜器有391件之多，其中青铜礼器39件，有的铜器上还有"亚长"铭文。此外，54号墓还出土精美玉器210件。

5. 1949年以后的考古发现，使学者对宫殿、宗庙区和殷王陵区的认识、研究更加深入和全面。特别是1988—1996年发掘小屯村东的呈"凹"字形三座大型基址，被称为"丁组基址"或统编为54号基址，是新中国考古学家在殷墟首次发掘宫殿基址的重大收获[①]。又，杜金鹏《殷墟宫殿区建筑基址研究》（科学出版社2010年版）对殷墟54座建筑基址研究有了新突破，从而使人们走出"迷宫"，一座座宏伟建筑被科学地模拟复原出来，"四合院"式的宫殿、宗庙被画龙点睛式地论证为左祖、右社、前朝、后寝，从而恢复了当年商王朝政治核心的社会功能。此外，20世纪70年代在小屯西地钻探出一条长800米、宽7—21米的北端通向洹水的大沟，2004年又对大沟西段进行了发掘。经学者研究，此大沟在殷墟文化二、三期之际，曾作为环壕使用，对保卫宫室、宗庙有重要意义。2005年

---

① 《安阳殷墟小屯建筑遗存》已于2010年由文物出版社出版。

对小屯东北地大面积钻探发现,在乙组基址西侧和丙组基址的西北侧,应为宫殿、宗庙区的池苑,面积达4.5万平方米。其北部接通洹水,最深处距今地表12米以上。池苑遗迹的发现,为宫殿、宫庙区布局的深入研究增加了新内容。此外,1976年、1978年在王陵区发现了祭祀场,并发掘了曾出后母戊大鼎的大墓,从而对王陵区布局、范围有了新的认识,并使对人殉、人性的认识有了新的前进。[①]

八十多年来的殷墟发掘工作,重构了昔日王都并使其再现辉煌。在此期间,出土青铜器万件以上,著名的后母戊大鼎代表了青铜时代的高峰。而历年出土的玉器达2600件以上,对商代社会意识形态和艺术、工艺水平等研究很有意义。大量的精美骨器、白陶等,巧夺天工。特别是殷墟出土的大量陶器,成为殷墟文化考古编年的指示器,并成为殷墟以外商代遗址的断代标尺。自殷墟科学发掘以来所得近3万片甲骨文,为自1899年甲骨文发现以来10多万片传世甲骨的研究注入了新活力。特别是1936年发现的YH_{127}甲骨窖藏1.7万片甲骨和1973年小屯南地甲骨、1991年花园庄东地H_3甲骨,极大地推动了甲骨学和殷商史研究的前进。

经过几代学者的发现、探索和总结,在小屯一带的殷都范围内,再现了昔日殷都的格局;而大批遗物的出土,展现了殷墟文化的丰厚底蕴。因此,殷墟遗迹和遗物的发现与研究,再现了昔日晚商都城的辉煌。

四 殷墟文化的全面弘扬阶段(2006年至今)

殷墟发掘八十多年来,学者们的发掘、研究、探索和发现,终于在当今小屯村一带的土地下,再现了当年殷都文化的辉煌。

人民群众创造了历史文化,人民群众也需要历史文化建设自己的精神家园。灿烂的殷墟文化从学者的书斋走向人民大众,把学者的考古发掘和研究成果变为人民群众喜闻乐见的休闲享受,并通过忠于历史和富有创意的"文化景观",把殷墟的都城文化展现给更多的人去认识、去品味、去感悟、去传播,人民大众能参与其中并与历史考古学家互动,从而达到殷墟文化的最好保护和弘扬。

1987年殷墟博物苑的兴建,就遗址的保护、考古重大成果的展示和文化景观的设置等,进行了有益的探索并取得了成功。1999年在安阳召开的

---

① 以上参阅刘一曼《殷墟考古78年》,《中国文化遗产》2006年第3期及同期有关文章。

"纪念甲骨文发现一百周年"国际学术研讨会上,上百名国际知名专家发出了殷墟申报世界文化遗产的动议。在安阳市领导、人民群众和考古学家的共同努力下,在殷墟博物苑的基础上,模拟复原出宫殿、宗庙区、王陵区与殷墟博物馆等一批园林式的文化景观,再现三千年前辉煌的殷都文化,吸引众多的海内外游人去参观。

安阳殷墟以其保护的完整性和学术地位的重要性及其研究的可持续发展性,在2006年7月13日被联合国科教文组织第30届世界文化遗产大会列入世界文化遗产名录,这标志殷墟保护和研究新阶段——全面弘扬时期的开始。

第二节 弘扬殷墟文化的几点思考

殷墟顺利地被列入"世界文化遗产名录",是世界人民对我国八十多年来保护殷墟、发掘和研究殷墟,并在小屯村一带寻觅三千多年前消失了的殷都,重新构建殷都并再现当年殷都辉煌和深厚文化底蕴的考古实践的充分肯定。殷墟的"申遗"成功,标志着殷墟文化全面弘扬新阶段的开始,并向考古学者和殷墟的管理者提出了新的课题,是值得我们认真思考并切实加以解决的。

一 殷墟的继续发掘和研究,就是最好的弘扬

应该说,殷墟申遗的成功,是与八十年来的考古发掘和研究工作分不开的。几代考古学者的辛勤劳动,使殷墟的科学资料得以积累,课题得以提出并深化,认识得以修正与创新,终于在"麦秀渐渐"的商都废墟上,再现了昔日的辉煌。殷墟这座世界文明宝库,还有许多宝物和遗迹需要我们去发现、去研究。八十年来考古发掘出来的不少遗迹、遗物,也还需要我们再认识和加以全方位的研究。殷墟地下的遗宝和学问是无限的。2008年夏天,殷墟又有新的重大发现,即在殷墟的南部地区,苗圃一带发现了陶窑作坊,从而使八十年来殷墟的制陶研究有了突破并不断有新的重大发现。[①] 此外,2002年,在小屯南地又出土有字甲骨228片。2010年,殷墟又发现一座墓葬,出土铜器及弓形器上有铭文"吾"字,另出一方铜印,

---

① 岳占伟等:《殷墟首次发现重要的商代制陶作坊区》,《中国文物报》2008年10月15日。

此印为科学发掘以来第一次出土品,上亦有"舌"字,此字为第一期武丁贞人名。此外,刘忠伏教授于 2005 年发掘出一枚骨柶,虽镶嵌绿松石多已脱落,但文字清晰,文为"壬午王送于召塁,征田于麦彔,隻兕。亞易……"① 等。不仅如此,殷墟各种人文景观展示的科学性,也为当年的发掘资料提供的科学依据。殷墟宫殿、宗庙区和王陵区的各种人文景观,就是严格按照考古报告提供的信息复原的,不仅保证了殷墟"申遗"要求的真实性,也为世界各国保护考古大遗址提供了借鉴。因此,殷墟的继续考古发掘和研究,就是对世界文化遗产的最好保护和弘扬。

二 殷墟文化的全面弘扬,才能充分发挥世界文化遗产的社会效益

殷墟文化作为一个整体,应全面加以弘扬。为了世界文化遗产的申报工作,殷墟遗址目前只是展现其文化的核心部位——宫殿、宗庙区与王陵区及与此配套的辅助景观,诸如妇好墓、甲骨碑廊、车马坑展室,以及殷墟博物馆的出土精品陈列等,还有不少工作需要做:

其一,在宗殿、宗庙区和王陵区,今后还有加强文物景观的展示和增加其他点缀的必要。特别是王陵区,显得空旷而内容单薄,实有进一步细化和充实打造的需要。申遗成功不是殷墟弘扬的固定化,而是要在此基础上,不断加以充实、提高,并不断把最新考古成果提供给殷墟的造访者。

其二,目前"世遗"的核心区——宗庙、宫殿和王陵区,作为殷墟文化的整体展示还不尽如人意。宗庙、宫殿区游人如织,而王陵区则门庭冷落,形成鲜明对比。一般来殷墟的访问者,只知有宗庙、宫殿区的雄伟壮丽,而不知还有王陵区的古朴苍凉。之所以如此,是因为洹水横亘两区中间,使来访者望河兴叹,不经绕路之苦就不能领略殷墟文化的另一半。

不仅自然的原因,即一条洹河把殷墟文化分成两半,限制了人们从总体上认识殷商文化,而且还设置两个管理机构,又人为地把殷墟分成了两半。宗庙、宫殿区管理处与王陵区管理处各自为政,其机构本身就不能做出从总体上全面保护、管理和弘扬殷墟文化的规划,并采取切实的措施,努力使两区紧密地联系在一起,而小团体利益的驱动,使整体的殷墟文化

---

① 参见《中国书法全集》(1 甲骨文),荣宝斋出版社 2009 年版,第 364—369 页之《甲骨学年表》及《原色作品选页》6。

进一步遭受割裂而不能全面弘扬。早日克服从整体上弘扬殷墟文化的自然和人为的障碍，是需要管理殷墟的上级主管部门切实加以解决的。①

其三，殷墟文化的全面弘扬，还应涵盖遗址中心区及其周边世代守护殷墟、并立于殷墟土地上的村落，诸如小屯村、侯家庄村、武官村等。这些村落由于附近的重大考古发现而闻名全世界。以宗庙、宫殿区所在地小屯村命名的成果有：

《小屯·殷虚文字甲编》

《小屯·殷虚文字乙编》（上、中、下、补遗）

《小屯·殷虚文字丙编》（上、中、下）

《小屯南地甲骨》上册（第一、二分册）

《小屯南地甲骨》下册（第一、二、三分册）

《小屯·第一本·丁编　甲骨坑层之一附图》

《小屯·第一本丁编　甲骨坑层之一·一至九次出土甲骨》

《小屯·第一本丁编　甲骨坑层之二》（上、下册）

《小屯·第一本·乙编·遗址的发现与发掘·殷虚墓葬之一·殷墟建筑遗存》

《小屯·第一本·丙编·遗址的发现与发掘·殷虚墓葬之一·北组墓葬》

《小屯·第一本·丙编·遗址的发现与发掘·殷虚墓葬之二·中组墓葬》

《小屯·第一本·丙编·遗址的发现与发掘·殷虚墓葬之三·南组墓葬附北组墓葬补遗》

《小屯·第一本·丙编·遗址的发现与发掘·殷虚墓葬之四·乙区基址上下的墓葬》

《小屯·第一本·丙编·遗址的发现与发掘·殷虚墓葬之五·丙区墓葬》（上、下）

《小屯·第二本殷虚文字甲编释文》

以王陵区所在地侯家庄命名的大型考古报告集有：

《侯家庄第二本·1001号大墓》

---

① 据悉，此问题已得到解决，即两个单位合并为殷墟管理处统一管理。而连接两岸的桥，正在规划并待有关主管部门的批准。

《侯家庄第三本·1002 号大墓》
《侯家庄第四本·1003 号大墓》
《侯家庄第五本·1004 号大墓》
《侯家庄第六本·1217 号大墓》
《侯家庄第七本·1500 号大墓》
《侯家庄第八本·1550 号大墓》
《侯家庄第九本·1400、1443、1127 号大墓》

如此等等，商代都城遗址范围内建起的一座座村落，诸如小屯、侯家庄等，以其地下丰富的遗迹在世界学术史上留下了光辉的篇章。殷墟遗址核心区的一些村落，已与殷墟融为一体。因此殷墟文化的弘扬，也应包括明代以来与殷墟共生的村落风情与民俗的弘扬，当代村落与殷墟遗址上的商代文化景观，当代的社情民风与商代的历史氛围交相辉映，相得益彰，人们在不自觉之中跨越了时空隧道，在古今穿越中实现了博大精深殷商文化的弘扬。

如何使这些在商王朝都城的废墟上生长出来的现代村落，与那些从村落周边层叠堆积的历史泥土下挖出来的商王朝都城，交相辉映，互为表理，并有机地联系在一起，使之再现辉煌，充分发挥其利用价值并产生最大社会效益，也应是摆在殷墟管理决策者和学者面前的重要研究课题和系统工程。

第三节　殷墟文化的弘扬与构建和谐社会

殷墟遗址的保护与殷墟文化的弘扬，不仅是学者和安阳当地历任领导者的责任和使命，殷墟保护区内的人民群众也做出了重大贡献和牺牲，这是我们不应忘记的。殷墟文化的弘扬与构建和谐社会，是地方领导当局和文物主管部门一切工作的出发点和加强执政能力的归结点。

一　殷墟原住民保护和弘扬殷墟文化的贡献

1899 年甲骨文被王懿荣发现以后，小屯村民开始私挖甲骨，并经古董商之手转卖给甲骨学家研究。虽然挖掘方法不科学，但毕竟使大批甲骨幸免作为"龙骨"被入药煎服的厄运，推动了甲骨学"草创时期"研究的发展。在中国田野考古学尚未诞生的 19 世纪初，我们过多地指责小屯民众私掘甲骨文"不科学",未免有苛求前人之嫌。须知,1928年10月中央研究院在第1次发掘殷墟时,由于发掘人员"对现代考古学都没有任何实践经验"①,所以使用"轮廓求法""集中求法""打探求法"都不能奏效后,只得使用"村人经验"方才奏效。可以说发掘"与私人挖掘甲骨无甚大别,只不过是由官方学术团体,即公家挖甲骨而已"②。我们应以历史的发展眼光看问题,对1928年前小屯村民私挖甲骨应予以客观的评价。在1928年以后的殷墟重构阶段,殷墟当地居民积极地参加考古工作,动辄出动二三百人。他们与考古学家一起排除了土匪的干扰,保护了珍贵出土的文物,并结下了深厚友谊。1949年以后的殷墟再现辉煌阶段,殷墟当地居民继续配合考古研究所的发掘工作。在1978年以后,全国各地"要致富,盗古墓",恶性破坏文物现象屡有发生的时候,殷墟一带从未发生盗掘文物事件。恰恰相反,殷墟当地民众积极保护文物。1973年小屯南地甲骨,就是当地村民发现后,保护好现场并报告考古队的。而2000年末小屯54号墓的发现,也是由于居民报告而免于被盗的。不仅如此,为了殷墟申遗的成功,殷墟当地的民众"舍小家,为国家",保证了殷墟环境整治工作的顺利进行。如此等等,殷墟当地民众又为殷墟的"申遗"成功做出了贡献。

二 殷墟文化的全面弘扬与当地村落的和谐发展

殷墟申报"世遗"的成功,是殷墟文化保护和全面弘扬新阶段的开始。所谓"全面弘扬",近期可在现有的"遗产"范围内加以细化和适当增加文化景点,即把最新考古成果展示出来。但我们认为,在现有条件之下,首先应使王陵区和宗庙、宫殿区有机地统一在一起,消除从总体上弘扬殷墟文化的自然和人为的障碍。

使殷墟宫殿、宗庙区和洹北王陵区的自然障碍消除并不困难,即在洹河上架设一桥或设立通行措施,从而使访问者难以逾越的"小堑"——洹水——变通途。在参观了宗庙、宫殿区以后,访问者即可方便地过河去领略王陵区的氛围,这才能使访问者较全面地感受殷墟文化;而人为障碍的消除也不困难,即把两个管理处合并为一个统一的管理机构,这不仅对殷

---

① 李济:《安阳》,中国社会科学出版社1990年版,第41页。
② 张岂之主编:《中国近代史学学术史》,中国社会科学出版社1996年版,第478页。

墟现阶段的全面弘扬有利，而且对将来殷墟保护区的扩展、从总体规划的制定上，也会从殷墟文化的全面展示与弘扬的整体着眼较多，而不会是各区自行规划，各行其事。其实，在洹水上架一便桥，也不会使遗址遭受多少破坏，只不过是人们想做，却没有人去做罢了！

在自然与人为的全面弘扬殷墟文化的障碍扫除以后，殷墟王陵区和宫殿宗庙区的统一管理和两区环境的整治，殷墟核心区原住民村落的问题自然要提上议事日程。把这些村落逐一拆掉，这是管理者借整治环境为名，使一批在学术史上闪光的村名消失，是在毁灭殷墟的历史。而制造新"无人区"的后果，不仅使历史上的殷墟成了从天而降，失去了现实村落的依托和真实环境，还会因拆迁遗留的问题而"上访"不断，既伤害了群众的感情，又留下了无穷的麻烦，我们认为这是不可取的做法。而管理者的管理水平和心为民所系的执政能力，体现在洹水以北的王陵区和洹水以南的宫殿、宗庙区统一后，如何使殷墟核心区的民众享受到"申遗"成功的果实。如何在全面弘扬殷墟文化的大前提下，使这些村落融入遗址的展示景点之中。村落的改造、利用，要与殷墟全面展示与弘扬有机地联系起来。要发挥其在殷墟中心区的区位优势，成为访问者休憩、购买殷商文化纪念品、享受殷墟美食的绝好去处。因此，将新农村的建设与殷墟文化的全面弘扬相结合，并和谐发展，是殷墟文化发展新阶段提给殷墟管理者和决策部门应切实加以解决的重要课题。

第四节　殷墟文化的弘扬与当地群众的福祉

在殷墟"申遗"成功不久，2006年11月17日国家文物局公布了《世界文化遗产保护管理办法》，这就为世界文化遗产的保护、管理与利用提供了法律依据。《办法》第十五条中说："在参观游览区内设置服务项目，应当遵循公平、公正和公共利益优先的原则，并维护当地居民利益。"

如何"维护当地居民利益"，是殷墟"申遗"后应做的一篇大文章和系统工程，也是殷墟管理者和决策者学习、实践科学发展观，为当地群众谋福祉，使其享受殷墟"申遗"成功果实的大事。

多年来，殷墟当地居民为保护殷墟做出了巨大的奉献和牺牲。但是，文化遗产是国家的，首先国家应投入一定的资金和采取必要的措施加以保护。可是，有关主管部门发布的多是保护的法令，主要是限制当地居民

"不宜动土",实际上是把保护的责任和成本都推给了当地群众。在各种法令的限制下,当地群众的土地利用和经济的发展受到了很大的制约。据调查,遗址保护区居民群众的收入较周边地区差了一大截,形成了越守着"宝物"近就越穷的怪圈。值得庆幸的是,殷都区的领导高瞻远瞩,看到并意识到了这一问题,想方设法从财政中挤出资金,发给保护区内民众人均10元(月)的补助。虽然杯水车薪,但毕竟想到了民众,我们向他们致敬!文物主管部门不能光讲保护而不投入,不能把保护的必要投入都推给当地民众。现在,在中央十三届三中全会《推进农村改革和发展的若干重大问题决定》精神的指引下,文物主管部是到了给文物保护区居民必要的补贴的时候了!要补偿居民多年为国家保护文物而受到的损失。

我们希望,文物主管部门和专家学者们,在我们为殷墟"申遗"成功和殷墟文化弘扬新阶段到来而欢呼和喜悦的时候,不要忘记为守护殷墟做出奉献和牺牲的当地群众的利益和福祉!他们应该得到必要的补偿和回报,这也是构建和谐社会的保障!

2008 年 10 月 25 日

附 录

附录一
甲骨学大事记

（1899—1999 年）

1899 年

王懿荣在北京第一个鉴定并开始购藏甲骨文。

王襄与孟定生也在天津开始购藏甲骨文。

1900 年

秋，王懿荣以身殉国。

1901 年

1902 年

刘鹗购入王懿荣所藏甲骨。

罗振玉在刘鹗家始见甲骨文并为之墨拓。

1903 年

第一部甲骨著录书《铁云藏龟》出版。

美国长老会驻潍县宣教士方法敛和英国浸礼会驻青州宣教士库寿龄为上海亚洲学会博物馆购得甲骨四百片。

1904 年

孙诒让撰甲骨学史上第一部研究著作《契文举例》。

冬，小屯村民于村北朱姓地中大肆挖掘甲骨文。

美国人方法敛及英国人库寿龄、驻潍县牧师柏尔根、英国人赫布金、德国人威尔茨等在潍县、青岛等地搜购我国甲骨文。

1905 年

1906 年

1907 年

罗振玉研究甲骨文,已"渐能寻绎其义",但"犹未及笺记"。(《〈前〉自序》)

1908 年

罗振玉访知甲骨文确切出土于河南安阳小屯村。

1909 年

春,小屯村张家地出土大批甲骨。

日本人林泰辅开始研究甲骨文,为日本第一位研究甲骨文的学者。

7月,刘鹗卒于迪化(即今乌鲁木齐)。

1910 年

6月,罗振玉《殷商贞卜文字考》出版,他考知河南安阳小屯村为商朝"武乙之虚"。

1911 年

罗振玉派其弟罗振常等赴河南安阳小屯村收购甲骨文,所获甚伙。《菁》书所收四大版即为此次所得精品。

冬,罗振玉举家赴日本。王国维同行。

1912 年

罗振玉在日本整理所藏甲骨文。

1913 年

罗振玉《殷虚书契》在日本出版。

1914 年

英国驻安阳长老会牧师,加拿大人明义士开始在安阳小屯村收藏甲骨。

罗振玉《殷虚书契菁华》出版。

1915 年

罗振玉《殷虚书契考释》出版。

春,罗振玉从日本回国,至河南安阳踏访殷虚遗址。

1916 年

罗振玉《殷虚书契后编》及《殷虚文字待问编》出版。

1917 年

王国维《殷卜辞中所见先公先王考》及《续考》等划时代著作发表。

春，明义士《殷虚卜辞》出版。此书为西方学者所编第一部甲骨著录书。

12月，林泰辅《龟甲兽骨文字》出版。此书为日本学者所编第一部甲骨著录书。

1918年

4月，林泰辅来中国并至河南安阳小屯村考察，为踏访殷墟的第一位日本甲骨学者。

1919年

1920年

华北大旱，小屯村民在村北大肆挖掘甲骨。

12月，王襄《簠室殷契类纂》出版。

1921年

1922年

1923年

春，小屯村中张家菜地出土甲骨。

7月，商承祚《殷虚文字类编》出版。

12月，叶玉森《殷契钩沉》出版。

1924年

小屯村人筑墙发现一坑甲骨，为明义士购得。

7月，叶玉森《说契》及《研契枝谭》出版。

1925年

小屯村人在村前路旁挖掘，得甲骨数筐，其大胛骨尺余。这批甲骨多为上海古董商购得，后归刘体智。

8月，王国维《古史新证》出版。

9月，王襄《簠室殷契征文》出版。

1926年

小屯村民在村中张家菜地挖得大批甲骨，后为明义士购得。

1927年

5月3日上午，王国维自沉于北京颐和园昆明湖，时年50岁。

1928年

春，北伐军作战安阳。战事结束后，小屯村民在村前路旁及麦场前树林中大规模挖掘甲骨。所得甲骨多卖给上海、开封古董商。

2月，郭沫若《卜辞中之古代社会》发表。

8月，前中央研究院历史语言研究所派董作宾赴河南省安阳小屯村，调查甲骨出土情形。

10月，前中央研究院历史语言研究所派董作宾主持安阳小屯村科学发掘甲骨文工作。此为中国考古学史上著名的十五次大规模科学发掘殷墟之始。

1929年

3月，第二次科学发掘殷墟工作开始。

8月，董作宾《商代龟卜之推测》发表。

10月，第三次科学发掘殷墟工作开始。

河南省何日章发掘殷墟二月余。

1930年

3月，何日章再赴安阳殷墟发掘，先后又两次开工。

5月，郭沫若《中国古代社会研究》出版。

8月，郭沫若《甲骨文字研究》出版。

1931年

3月，第四次科学发掘殷墟工作开始。

6月，董作宾《大龟四版考释》发表。

11月，第五次科学发掘殷墟工作开始。

1932年

4月，第六次科学发掘殷墟工作开始。

10月，第七次科学发掘殷墟工作开始。

1933年

1月，董作宾《甲骨文断代研究例》发表，此文为甲骨学史上划时代名作。

5月，郭沫若《卜辞通纂》在日本出版。

9月，罗振玉《殷虚书契续编》出版。

10月，叶玉森《殷虚书契前编集释》出版。

同月，第八次科学发掘殷墟工作开始。

11月，陈晋《龟甲文字概论》出版。

12月，朱芳圃《甲骨学文字编》出版。

同月，郭沫若《殷契余论》出版。

1934 年

3月，第九次科学发掘殷墟工作开始。

同月，叶玉森逝世。

10月，孙海波《甲骨文编》出版。

1935 年

7月，董作宾《骨文例》发表。

1936 年

3月，第十三次科学发掘殷墟工作开始。此次有 YH127 坑一万七千多片甲骨的重大发现。

9月，第十四次科学发掘殷墟工作开始。

1937 年

3月，第十五次科学发掘殷墟工作开始。

4月，郭沫若《殷契粹编》出版。

同月，董作宾、胡厚宣《甲骨年表》出版。

1938 年

美国方法敛摹、白瑞华校《甲骨卜辞七集》出版。

1939 年

4月，唐兰《天壤阁甲骨文存》出版。

1940 年

5月，罗振玉病逝。

6月，于省吾《双剑誃殷契骈枝》出版。

同月，曾毅公《甲骨缀存》出版，是为第一本甲骨缀合专书。

10月，日本梅原末治《河南安阳遗宝》出版。

1941 年

4月，于省吾《双剑誃殷契骈枝续编》出版。

1942 年

1943 年

5月，于省吾《双剑誃殷契骈枝三编》出版。

1944 年

3 月，胡厚宣《甲骨学商史论丛》初集一、二、三、四册出版。

1945 年

4 月，董作宾《殷历谱》出版。

同月，胡厚宣《甲骨学商史论丛》二集一、二册出版。

7 月，胡厚宣《甲骨六录》出版，收入《甲骨学商史论丛》三集。

1946 年

7 月，胡厚宣《战后平津新获甲骨集》出版，放入《甲骨学商史论丛》四集。

1947 年

1948 年

4 月，董作宾《殷虚文字甲编》出版。

1949 年

3 月，董作宾《殷虚文字乙编》上、中辑出版。

1950 年

春，中国科学院考古研究所恢复中断多年的殷墟科学发掘工作，此后历年不断。

是年，曾毅公《甲骨缀合编》出版。

同年，《文物参考资料》创刊（1959 年改名为《文物》）。

1951 年

3 月，胡厚宣《五十年甲骨文发现的总结》出版。

4 月，胡厚宣《战后宁沪新获甲骨集》出版。

10 月，日本《甲骨学》杂志出版，是为国外第一家专门发表甲骨学论著的刊物。

11 月，胡厚宣《战后南北所见甲骨录》出版。

是年，《中国考古学报》复刊（后改名《考古学报》）。

1952 年

1 月，胡厚宣《五十年甲骨学论著目》出版。

6 月，郭沫若《奴隶制时代》出版。

1953 年

3 月，日本贝塚茂树、伊藤道治《甲骨文断代研究法的再检讨》发表。

12月，董作宾《殷虚文字乙编》下辑出版。

1954年

3月，胡厚宣《战后京津新获甲骨集》出版。

5月，杨树达《积微居甲文说·卜辞琐记》出版。

11月，杨树达《耐林廎甲文说·卜辞求义》出版。

是年，山西洪赵坊堆村出土有字西周甲骨。

1955年

1月，《考古通讯》创刊（自1959年改名《考古》）。

4月，郭若愚、曾毅公、李学勤《殷虚文字缀合》出版。

5月，胡厚宣《殷墟发掘》出版。

7月，董作宾《甲骨学五十年》出版。

12月，胡厚宣《甲骨续存》出版。

秋，河南省郑州市发现商代城址。

1956年

4月，陕西长安县沣河西岸西周遗址进行大规模科学发掘工作，发现有字西周甲骨。

7月，陈梦家《殷虚卜辞综述》出版。

9月，丁山《甲骨文所见氏族及其制度》出版。

12月，周谷城《古史零证》出版。

1957年

3月，甲骨学家明义士逝世。

8月，张秉权《殷虚文字丙编》上辑一出版（全书共上、中、下三辑六册，至1972年出齐）。

12月，日本贝塚茂树《古代殷帝国》出版。

1958年

7月，日本岛邦男《殷墟卜辞研究》出版。

11月，周鸿翔《商殷帝王本纪》出版。

1959年

3月，日本贝塚茂树《京都大学人文科学研究所藏甲骨文字》图版篇出版。

5月，李学勤《殷代地理简论》出版。

11月，饶宗颐《殷代贞卜人物通考》出版。

是年，石璋如《建筑遗存》（小屯乙编：遗址的发现与发掘）出版。

1960 年

1月，董作宾《中国年历总谱》上、下出版。

3月，日本贝塚茂树《京都大学人文科学研究所藏甲骨文字》本文篇出版。

10月，河南偃师二里头遗址发现大面积夯土建筑遗存。

同月，台湾《中国文字》杂志创刊。

1961 年

11月，屈万里《殷虚文字甲编考释》出版。

12月，《新中国考古收获》出版。

1962 年

10月，梁思永、高去寻《第一○○一号大墓》出版。

11月，朱芳圃《殷周文字释丛》出版。

1963 年

8月，日本白川静《殷·甲骨文集》出版。

是年，甲骨学一代宗师董作宾逝世。

1964 年

10月，陈梦家《殷虚卜辞综述》在日本影印出版。

12月，日本池田末利《殷虚书契后编释文稿》出版。

1965 年

5月，郭沫若《殷契粹编》重印出版。

6月，董作宾《甲骨学六十年》出版。

同月，李孝定《甲骨文字集释》出版。

7月，梁思永、高去寻《第一○○二号大墓》出版。

9月，中国科学院考古研究所编辑《甲骨文编》出版。

1966 年

4月，梁思永、高去寻《第一○○三号大墓》出版。

7月，日本伊藤道治《古代殷王朝之谜》出版。

9月，古文字学家陈梦家逝世。

1967 年

11 月，日本岛邦男《殷虚卜辞综类》出版。

1968 年

6 月，许进雄《殷卜辞中五种祭祀的研究》出版。

7 月，梁思永、高去寻《第一二一七号大墓》出版。

1969 年

7 月，日本白川静《说文新义》开始陆续出版。

是年，周鸿翔《卜辞对贞述例》出版。

1970 年

3 月，梁思永、高去寻《第一〇〇四号大墓》出版。

4 月，日本白川静《汉字》出版。

是年，石璋如、高去寻《殷虚墓葬之一》（小屯丙编：遗址的发现与发掘）出版。殷虚墓葬之一至五（北组墓葬、中组墓葬、南组墓葬、乙区基址上下的墓葬、丙组墓葬上、下）分别于 1970 年、1972 年、1973 年、1976 年、1980 年出版。

1971 年

9 月，马宗芗《甲骨地名通检》出版。

12 月，考古研究所安阳工作队在小屯西地发现牛胛骨卜骨二〇版，有文字的十版。

1972 年

2 月，日本白川静《甲骨文之世界》出版。

是年，许进雄编《殷虚卜辞后编》出版。

同年，许进雄编《明义士收藏甲骨文集》出版。

同年，李达良《龟版文例研究》出版。

1973 年

3 月，河南安阳小屯南地发现甲骨五千多片，为解放后出土最多的一批。

8 月，许进雄《卜骨上的钻凿形态》出版。

11 月，河北藁城台西商代遗址发现一把铁刃铜钺。

12 月，日本白川静《甲骨金文学论集》出版。

1974 年

5 月，许进雄《骨卜技术与卜辞断代》出版。

是年，梁思永、高去寻《第一五〇〇号大墓》出版。

1975 年

3 月，北京昌平白浮西周墓出土有字甲骨。

6 月，严一萍《甲骨缀合新编》出版。

是年，严一萍《甲骨集成》一出版。

1976 年

5 月，周鸿翔《美国所藏甲骨录》出版。

7 月，河南安阳殷墟发现"妇好墓"，出土大批铜器、玉器等珍贵文物。

是年，梁思永、高去寻《第一五五〇号大墓》出版。

1977 年

3 月，日本赤塚忠《中国古代的宗教与文化——殷王朝的祭祀》出版。

4 月，陕西岐山凤雏宫殿基址西厢二号房内窖穴出土西周甲骨一万七千多片。

7 月，中国社会科学院考古研究所与中国历史博物馆联合召开关于殷墟五号墓（即妇好墓）的座谈会。

11 月，李学勤发表《论"妇好"墓的年代及有关问题》一文，提出"历组"卜辞时代的争论。

同月，《董作宾全集》甲、乙编共十二册出版。此书是甲骨学史上的重要文献。

是年，李济《安阳》（英文版）出版。

1978 年

6 月，甲骨学一代宗师郭沫若逝世。

2 月，严一萍《甲骨学》上、下册出版。

10 月，郭沫若主编、胡厚宣总编辑《甲骨文合集》第二册出版。全书共十三册，至 1982 年 12 月出齐，是甲骨学史上里程碑式的著作。

11 月，中国古文字学术研究会在长春市举行，中国古文字学术研究会成立。

是年，美国吉德炜《商代史料——中国青铜时代的甲骨文》出版。

1979 年

1 月，古文字学家唐兰逝世。

6 月，于省吾《甲骨文字释林》出版。

8月,《古文字研究》创刊。

10月,《文物》开始公布陕西岐山凤雏出土有字西周甲骨。

11月,中国古文字学术研究会第二届年会在广州举行。

是年,许进雄《怀特氏等收藏甲骨文集》出版。

冬,陕西扶风齐家村发现有字西周甲骨。

是年,著名考古学家李济逝世。

1980年

9月,中国古文字学术研究会第三次年会于山西太原召开。

是年,中国社会科学院考古研究所编《小屯南地甲骨》上册一、二出版。

1981年

3月,王宇信《建国以来甲骨文研究》出版。

5月,唐兰《殷虚文字记》增订本出版。

9月,中国古文字学术研究会第四届年会于四川成都召开。

同月,《文物》公布陕西扶风齐家出土有字西周甲骨。

1982年

5月,陈全方《陕西岐山凤雏村西周甲骨文概论》全部公布了有字西周甲骨二八九片,促进了西周甲骨的深入研究。

9月,商文明国际讨论会在美国夏威夷召开。

是月,石璋如《殷虚文字甲编的五种分析》发表,公布了《甲编》所收甲骨的坑位。

1983年

3月,日本松丸道雄《东京大学东洋文化研究所藏甲骨文字》图版篇出版。

同月,古文字学家容庚逝世。

同月,《甲骨文与殷商史》出版。

7月,著名考古学家尹达逝世。

9月,美国张光直《中国青铜时代》在北京出版。

同月,国际中国古文字研讨会在香港召开。

是年,中国社会科学院考古研究所编《小屯南地甲骨》下册一、二、三出版。

1984 年

4 月，王宇信《西周甲骨探论》出版。

7 月，古文字学家于省吾逝世。

8 月，中国古文字学术研究会第五届年会于陕西西安召开。

10 月，全国商史学术讨论会于河南安阳召开。

12 月，《殷都学刊》公开发行，辟有《殷商文化研究》专栏。

1985 年

1 月，武汉大学将甲骨文输入电子计算机。

5 月，中国社会科学院考古研究所《新中国的考古发现与研究》出版。

6 月，著名考古学家夏鼐逝世。

同月，《出土文献研究》出版。

8 月，姚孝遂、肖丁《小屯南地甲骨考释》出版。

9 月，李民《夏商史探索》出版。

10 月，杨育彬《河南考古》出版。

12 月，吴浩坤、潘悠《中国甲骨学史》出版。

是年，严一萍《商周甲骨文总集》出版。

1986 年

5 月，《人民日报》报道陕西西安出土一批史前时期甲骨文。

8 月 2 日，《人民日报》报道巢湖发现一批西周甲骨。

同月，《中国大百科全书》考古学卷出版。

9 月，中国古文字学术研究会第六届年会于山东烟台地区长岛县召开。

同月，林沄《古文字研究简论》出版。

是年，《英国所藏甲骨集》出版。

1987 年

2 月，伊藤道治《天理大学附属天理参考馆甲骨文字》出版。

9 月，中国殷商文化国际讨论会在安阳召开，国内外学者一百二十名参加会议，提交论文一〇七篇。中国殷商文化学会宣告成立。会长胡厚宣，副会长田昌五、李学勤、李民、邹衡、郑振香。秘书长田昌五，副秘书长王宇信（常务）、杨升南、李绍连、聂玉海。

1988 年

2 月，姚孝遂等《殷墟甲骨刻辞摹释总集》出版。

3月，胡厚宣《苏德美日所见甲骨集》出版。

8月，"纪念殷墟发掘六十周年座谈会"在河南安阳市召开，出席会议的有四十位国内外知名学者。

9月，张秉权《甲骨文与甲骨学》出版。

1989年

1月，姚孝遂等《殷墟甲骨刻辞类纂》出版。

6月，王宇信《甲骨学通论》出版。

8月，《殷墟博物苑苑刊》出版。

"纪念殷墟甲骨文发现九十周年国际学术研讨会"在河南安阳市召开，海内外一百二十名学者出席。

是年，王贵民《商周制度考信》出版。

1990年

5月，《殷墟甲骨文发现九十周年国际学术研讨会专辑》（殷商史）（《史学月刊》1990年第3期）出版。

8月，朱凤瀚《商周家族形态研究》出版。

9月，《殷墟甲骨文发现九十周年国际学术研讨会专辑》（甲骨学）（《中原文物》1990年第3期）出版。

1991年

1月，著名古文字学家徐中舒教授逝世。

8月，《甲骨文与殷商史》第三辑出版。

"夏商文明国际学术研讨会"在河南洛阳市举行，海内外一百二十名著名学者出席。

中国殷商文化学会增选理事：高明、商志𧫚、王宇信。

9月，河南安阳殷墟花园庄东地窖穴H3内有大批甲骨发现，其中有刻辞者五七九片，是继1936年YH127甲骨窖藏之后的又一次重大发现。

1992年

10月，裘锡圭《古文字论集》出版。

12月，杨升南《商代经济史》出版。

是年，河北邢台南小汪有字西周甲骨公布。

1993年

8月，"郑州商城与殷商文明国际学术研讨会"在河南召开。

"中国南方青铜器暨殷商文明国际学术研讨会"在江西南昌召开。

李民《殷商社会生活史》出版。

10月，"第二届国际中国古文字学研讨会"在香港中文大学召开。

1994年

9月，"纪念甲骨文发现九十五周年国际学术研讨会"在河南安阳召开。

是年，松丸道雄、高嶋谦一《甲骨文字字释综览》出版。

宋镇豪《夏商社会生活史》出版。

《中国南方青铜器暨殷商文明国际学术研讨会专辑》（《南方文物》1994年第1、2期）出版。

1995年

4月，著名甲骨学家胡厚宣教授逝世。

8月，"北京建城三〇四〇年暨燕文明国际学术研讨会"在北京房山召开，一百一十名海内外学者出席。

中国殷商文化学会增选理事：李伯谦、雷从云、杨升南、李绍连、杨育彬、齐心。推选会长：田昌五。

《夏商文明研究——'九一洛阳夏商文明国际学术研讨会专集》出版。

是年，钟柏生《殷虚文字乙编补遗》出版。

1996年

5月，于省吾主编《甲骨文字诂林》出版。

6月，"国际甲骨学术讨论会"在韩国汉城淑明女子大学召开。

中国学者裘锡圭、王宇信、蔡哲茂，加拿大学者许进雄应邀出席。韩国、中国古文字学会成立。《古文字学论集》（第一辑，甲骨学特辑），韩国东文选出版。

9月，《于省吾教授百年诞辰论文集》出版。

11月，北京房山琉璃河燕都城址内发现三片有字西周甲骨，其中一片刻有"成周"二字。

12月，李学勤等《殷墟甲骨分期研究》出版。

是年，胡厚宣《甲骨续存补编》出版。

荒木日吕子《中岛玉振旧藏甲骨》出版。

1997年

3月，《北京建城三〇四〇年暨燕文明国际学术研讨会专辑》出版。

8月，'1997年山东桓台中国殷商文明国际学术研讨会召开，近百名海内外知名学者出席。

中国殷商文化学会增选高英民、高大伦教授为理事。

11月，第三届中国古文字学研讨会在香港中文大学召开。

是年，雷焕章《德荷瑞比所见一些甲骨录》出版。

1998年

5月，"甲骨文发现一百周年学术讨论会"在台湾台北召开。

8月，"'98河北邢台中国商周文明国际学术研讨会"召开，一百二十名海内外学者出席。

　　中国殷商文化学会增选理事：王巍、宋镇豪、尹盛平、秦文生、栾丰实、孙敬明。增选学会副会长：王宇信。

9月，"殷墟发掘七十周年国际学术研讨会"在河南安阳召开，一百二十名国内外学者出席会议。

10月，《徐中舒先生百年诞辰纪念文集》出版。

1999年

4月，"甲骨文发现一百周年学术研讨会"在南京召开。

5月，"王懿荣发现甲骨文一百周年学术研讨会"在山东烟台市召开。

8月，"甲骨文发现一百周年国际学术研讨会"在河南安阳市召开。中国社会科学院历史研究所、考古研究所、中国殷商文化学会、安阳市人民政府等单位发起。

《甲骨学一百年》出版。

是年，《甲骨文合集补编》出版。《百年甲骨学论著目》出版。《甲骨文合集释文》出版。《殷商文明研究——'97年山东桓台中国殷商文明国际学术研讨会文集》（《管子学刊》增刊）出版。《夏商周文明研究——'98河北邢台中国商周文明国际学术研讨会论文集》出版。

附录二
甲骨文著录目及简称

刘　鹗：《铁云藏龟》，抱残守缺斋石印本六册，1903年10月。
　　　　又1931年蟫隐庐石印本合《铁云藏龟之余》共六册。　　《铁》
罗振玉：《殷虚书契》，《国学丛刊》石印本三期三卷，1911年。
　　　　又1913年影印本四册。1932年重印本四册。　　《前》
罗振玉：《殷虚书契菁华》，1914年10月。又重印本一册。　　《菁》
罗振玉：《铁云藏龟之余》，《眘古丛编》影印本一册，1915年1月。又1927年重印本。又1931年蟫隐庐石印本附《铁云藏龟》书后共六册。　　《铁余》
罗振玉：《殷虚书契后编》，影印本一册，1916年3月。又《艺术丛编》第一集本。又重印本。　　《后》
罗振玉：《殷虚古器物图录》，影印本一册，1916年4月。又《艺术丛编》第一集本。又翻印本。　　《殷图》
明义士：《殷虚卜辞》，上海别发洋行石印本一册，1917年3月。
　　　　《明》
姬佛佗：《戬寿堂所藏殷虚文字》，《艺术丛编》第三集石印本，1917年5月。又单行本与王国维《戬寿堂所藏殷虚文字考释》合二册。
　　　　《戬》
林泰辅：《龟甲兽骨文字》，日本商周遗文会影印本二册，1921年12月。又北京富晋书社翻印本二册。　　《龟》
叶玉森：《铁云藏龟拾遗》，影印本一册，1925年5月。又翻印本一册。
　　　　《铁遗》
王　襄：《簠室殷契征文》，天津博物院石印本四册，1925年5月。
　　　　《簠》

董作宾：《新获卜辞写本》，石印本与《新获卜辞写本后记》合一册，
　　　　1928 年 11 月。又载《安阳发掘报告》第一期，1929 年。
　　　　《新》
罗福颐：《传古别录》第二集，影印本一册，1928 年出版。　　《传古》
董作宾：《大龟四版考释》，《安阳发掘报告》第三期，1931 年 6 月。
　　　　《四版》
中村不折：《书道》第一卷，日本书道院，1931 年。　　《书道》
关百益：《殷虚文字存真》，河南省博物馆拓本一至八集各一册，1931 年 6
　　　　月。　　《真》
原田淑人：《周汉遗宝》，日本帝室博物馆 1932 年版。　　《周汉》
商承祚：《福氏所藏甲骨文字》，金陵大学中国文化研究所，1933 年 4 月。
　　　　《福》
容　庚、瞿润缗：《殷契卜辞》，哈佛燕京学社石印本，1933 年 5 月。
　　　　《契》
郭沫若：《卜辞通纂》，日本东京文求堂石印本，1933 年 5 月。
　　　　又日本朋友书店 1977 年重印。又科学出版社 1983 年版。
　　　　《通》
董作宾：《释后冈出土的一片卜辞》，《安阳发掘报告》第四期，1933 年 6
　　　　月。　　《后冈》
王子玉：《甲骨文》，载《续安阳县志》，1933 年 8 月。
罗振玉：《殷虚书契续编》，影印本六册，1933 年 9 月。　　《续》
商承祚：《殷契佚存》，金陵大学中国文化研究所影印本，1933 年 10 月。
　　　　《佚》
吉卜生：《上海亚洲文会博物馆藏甲骨卜辞》，1934 年《中国杂志》二十
　　　　一卷六号，《商代之象形文字》一文所附。　　《沪亚》
黄　濬：《邺中片羽初集》，北京尊古斋影印本二册，1935 年 2 月。
　　　　《邺初》
金祖同：《郼斋藏甲骨拓本》，上海中国书店石印本，与《殷虚卜辞讲话》
　　　　合一册，1935 年 2 月。　　《郼》
方法敛、白瑞华：《库方二氏藏甲骨卜辞》，商务印书馆 1935 年 12 月版。
　　　　《库》
黄　濬：《衡斋金石识小录》，北京尊古斋影印本二册，1935 年。《衡斋》

白瑞华：《殷虚甲骨相片》，美国纽约影印单行本，1935年。　　《相》
明义士：《柏根氏旧藏甲骨文字》，《齐大季刊》六十七期，1935年。又齐鲁大学国学研究所单行本一册，1935年。　　《柏》
顾立雅：《中国的诞生》，1936年。　　《诞》
董作宾：《安阳侯家庄出土之甲骨文字》，《田野考古报告》第一册附摹本拓本，1936年8月。　　《侯》
郭沫若：《殷契粹编》，日本东京文求堂石印本，1937年5月。又科学出版社1965年5月版。　　《粹》
白瑞华：《殷虚甲骨拓片》，美国纽约影印单行本一册，1937年。　　《拓》
黄　濬：《邺中片羽二集》，北京尊古斋影印本二册，1937年8月。　　《邺二》
孙海波：《甲骨文录》，河南通志馆1938年1月版。又艺文印书馆1958年重印本。　　《录》
方法敛、白瑞华：《甲骨卜辞七集》，美国纽约影印单行本，1938年。　　《七》
唐　兰：《天壤阁甲骨文存》，北京辅仁大学1939年4月版。　　《天》
李旦丘：《铁云藏龟零拾》，上海中法出版委员会1939年5月版。　　《铁零》
金祖同：《殷契遗珠》，上海中法出版委员会1939年5月版。　　《珠》
曾毅公：《殷契缀存》，齐鲁大学国学研究所出版1939年11月版。　　《缀存》
方法敛、白瑞华：《金璋所藏甲骨卜辞》，美国纽约影印单行本一册，1939年。　　《金》
孙海波：《诚斋殷虚文字》，北京修文堂书店影印本，1940年2月。　　《诚》
李孝定：《中央大学藏甲骨文字》，石印摹写本，1940年8月。　　《中》
于省吾：《双剑誃古器物图录》，影印本二册，1940年11月。　　《双图》
梅园末治：《河南安阳遗宝》，日本影印本一册，1940年。　　《宝》
李旦丘：《殷契摭佚》，来薰阁书店影印本，1941年1月。　　《摭》
何　遂：《叙圃甲骨释要》，影印本一册，1941年。　　《叙圃》

黄　濬：《邺中片羽三集》，北京尊古斋影印本，1942年1月。　　《邺三》

胡厚宣：《厦门大学所藏甲骨文字》，载《甲骨学商史论丛》初集四册，1944年3月。　　《厦》

于省吾：《双剑誃殷契骈枝三编》附图，1944年5月。　　《骈三》

胡厚宣：《甲骨六录》，成都齐鲁大学国学研究所专刊之一，1945年7月。又收入《甲骨学商史论丛》第三集。　　《六》

怀履光：《骨的文化》，石印本，1945年。　　《骨》

胡厚宣：《战后平津新获甲骨集》，成都齐鲁大学国学研究所专刊之一、二册，1946年5月、7月。　　《平》

胡厚宣：《战后殷虚出土的新大龟七版》，上海《中央日报》《文物》周刊22—31期，1947年2月。　　《七版》

金祖同：《龟卜》，上海温知书店影印本一册，1948年1月。　　《龟卜》

董作宾：《殷虚文字甲编》，商务印书馆1948年4月版。　　《甲》

董作宾：《殷虚文字乙编》上、中辑，商务印书馆，上辑1948年10月，中辑1949年3月。下辑，台湾中研院史语所1953年12月版。又科学出版社1956年版。　　《乙》

李旦丘：《殷契摭佚续编》，中国科学院1950年9月版。　　《摭续》

曾毅公：《甲骨缀合编》，修文堂书店1950年版。　　《缀》

胡厚宣：《战后宁沪新获甲骨集》，北京来薰阁书店1951年4月版。《宁》

郭若愚：《殷契拾掇》，上海出版公司1951年8月版。　　《掇一》

胡厚宣：《战后南北所见甲骨录》，北京来薰阁书店1951年11月版。《南》

郭宝钧：《1950年春殷虚发掘报告》，《中国考古学报》第五册，1951年。

郭若愚：《殷契拾掇二编》，上海出版公司1953年3月版。　　《掇二》

《河南郑州二里冈又发掘出"俯身葬"人骨二具和有凿痕龟甲一片》，《文物参考资料》1953年第10期。

胡厚宣：《战后京津新获甲骨集》，群联出版社1954年3月版。　　《京》

郭若愚、曾毅公、李学勤：《殷虚文字缀合》，科学出版社1955年4月版。《缀合》

胡厚宣：《甲骨续存》，群联出版社 1955 年 12 月版。　　《续存》
董作宾、严一萍：《殷虚文字外编》，艺文印书馆 1956 年 6 月版。
　　　　《外》
饶宗颐：《日本所见甲骨录》，《东方文化》三卷一期，1956 年 6 月。
　　　　《日见》
陈梦家：《殷虚卜辞综述》附图，科学出版社 1956 年 7 月版。　　《综述》
饶宗颐：《巴黎所见甲骨录》，香港大宏雕刻印刷公司 1956 年 12 月版。
　　　　《巴》
董作宾：《汉城大学所藏大胛骨刻辞考释》，《史语所集刊》二十八本下册，1957 年 5 月。　　《汉城》
张秉权：《殷虚文字丙编》上辑一，台湾中研院史语所 1957 年 8 月版。上辑二，1959 年 10 月；中辑一，1962 年。中辑二，1965 年；下辑一，1967 年。下辑二，1972 年。　　《丙》
河南省文化局文物工作队第一队：《一九五五年秋安阳小屯殷墟的发掘》，《考古学报》1958 年第 3 期。
饶宗颐：《海外甲骨录遗》，香港大学《东方文化》四卷 1—2 期，1957—1958 年。　　《海》
严一萍：《中国画谱殷商编》，艺文印书馆 1958 年 9 月版。
青木木菟哉：《书道博物馆所藏甲骨文字》，载日本《甲骨学》六、七、八、九、十，1958—1964 年。　　《书博》
贝塚茂树：《京都大学人文科学研究所藏甲骨文字》图版篇，京都大学人文科学研究所 1959 年 3 月版。　　《京人》
陈邦怀：《甲骨文零拾》，天津人民出版社 1959 年 9 月版。　　《甲零》
松丸道雄：《日本散见甲骨文字搜汇》一、二、三、四、五、六，载日本《甲骨学》七、八、九、十、十一、十二，1959—1980 年。（中译本第一——五部分发表在《古文字研究》第三辑，中华书局 1980 年 11 月版。第六部分发表在《古文字研究》第八辑，中华书局 1983 年 2 月版。刘明辉译）　　《日汇》
中国科学院考古研究所安阳发掘队：《一九五八——九五九年殷虚发掘简报》，《考古》1961 年第 2 期。
屈万里：《殷虚文字甲编考释》附图，中央研究院历史语言研究所，1961

年6月。　　《甲释》

姚孝遂：《吉林大学所藏甲骨选释》，《吉林大学社会科学学报》1963年第4期。　　《吉大》

金祥恒：《国立中央图书馆所藏甲骨文字》，《中国文字》第十九、二十册，1966年。　　《中图》

伊藤道治：《故小川睦之辅氏藏甲骨文字》，日本京都《东方学报》第三十七册，1966年3月。　　《小川》

白瑞华校：《方法敛摹甲骨卜辞三种》（《库》、《金》、《七》），艺文印书馆1966年版。

李棪：《棪斋甲骨展览》，《香港中文大学联合书院十周年校庆》，1966年。

伊藤道治：《大原美术馆所藏甲骨文字》，日本仓敷考古馆《研究集报》第四号，1968年1月。　　《大原》

李棪：《卜辞贞人何在同版中之异体》，香港中文大学《联合书院学报》1969年第5期。　　《何异》

李棪：《联合书院图书馆所获东莞邓氏旧藏甲骨》，香港中文大学《联合书院学报》1969年第7期。　　《邓联》

李棪：《北美所见甲骨选粹》，香港中文大学《中国文化研究所学报》第3卷，1970年第2期。　　《北美》

刘体智辑：《善斋藏契萃编》，艺文印书馆1970年10月版。　　《善斋》

饶宗颐：《欧美亚所见甲骨录存》，《南洋大学学报》1970年第4期。《欧美亚》

伊藤道治：《藤井有邻馆所藏甲骨文字》，日本京都《东方学报》第四十二册，1971年3月。　　《藤井》

伊藤道治：《桧垣元吉氏藏甲骨文字》，《神户大学文学部纪要》Ⅰ，1972年1月。　　《桧垣》

中国社会科学院考古研究所：《一九七一年安阳后冈发掘简报》，《考古》1972年第3期。

郭沫若：《安阳新出土的牛胛骨及其刻辞》，《考古》1972年第2期。《安新》

许进雄：《明义士收藏甲骨文集》，加拿大皇家安大略博物馆1972年版。《安明》

许进雄：《殷虚卜辞后编》，艺文印书馆 1972 年版。　《明后》

严一萍：《美国纳尔森美术馆藏甲骨刻辞考释》，艺文印书馆 1973 年 1 月版。　《纳尔森》

胡厚宣：《临淄孙氏旧藏甲骨文字考辨》，《文物》1973 年第 9 期。《临孙》

沈之瑜：《介绍一片伐人方的卜辞》，《考古》1974 年第 4 期。

中国社会科学院考古研究所安阳工作队：《一九七三年安阳小屯南地发掘简报》，《考古》1975 年第 1 期。　《七三安》

严一萍：《甲骨缀合新编》，艺文印书馆 1975 年 6 月版。　《缀新》

严一萍：《铁云藏龟新编》，艺文印书馆 1975 年 7 月版。　《铁新》

周鸿翔：《美国所藏甲骨录》，美国加利福尼亚大学 1976 年版。　《美藏》

李孝定：《李光前文物馆所藏甲骨文字简释》，南洋大学李光前文物馆《文物汇刊》第二号，1976 年。　《李》

严一萍：《甲骨缀合新编补》，艺文印书馆 1976 年版。　《缀补》

伊藤道治：《关西大学考古学资料室藏甲骨文字》，《史泉》五十一号，1977 年。　《关西》

郭沫若主编：《甲骨文合集》第二册，中华书局 1978 年 10 月版。第三册，1978 年 12 月。第四册，1979 年 8 月。第五册，1979 年 10 月。第六册，1979 年 12 月。第七册，1980 年 8 月。第八册，1981 年 1 月。第九册，1981 年 6 月。第十册，1981 年 12 月。第十一册，1982 年 1 月。第十二册，1982 年 6 月。第十三册，1982 年 12 月。第一册，1982 年 10 月。　《合集》

渡道兼庸：《东洋文库所藏甲骨文字》，东洋文库中国史研究委员会，1979 年 3 月。　《东文》

许进雄：《怀特氏等收藏甲骨文集》，加拿大皇家安大略博物馆，1979 年。《怀特》

胡厚宣：《释流散到德国的一片卜辞》，《郑州大学学报》1980 年第 2 期。

徐锡台：《西德瑞士藏我国殷虚出土的甲骨文》，《人文杂志》1980 年第 5 期。　《西瑞》

中国社会科学院考古研究所：《小屯南地甲骨》上册一、二，中华书局 1980 年版。下册一、二、三，中华书局 1983 年版。　《屯南》

安阳市博物馆：《安阳博物馆馆藏卜辞选》，《中原文物》1981年第1期。
　　　　　　《安博》
李先登：《孟广慧旧藏甲骨选介》，《古文字研究》第八辑，中华书局1983年版。　　《孟》
胡振祺等：《山西省文物工作委员会收藏的甲骨》，《古文字研究》第八辑，中华书局1983年2月版。　　《山西》
松丸道雄：《东京大学东洋文化研究所藏甲骨文字》图版篇，东京大学东洋文化研究所1983年3月版。　　《东化》
伊藤道治：《国立京都博物馆藏甲骨文字》，神户大学《文化学年报》第三号，1984年。　　《京都博》
伊藤道治：《黑川古文化研究所藏甲骨文字》，神户大学《文化学年报》第三号，1984年。　　《黑川》
严一萍：《商周甲骨文总集》，艺文印书馆1985年版。　　《总集》
雷焕章：《法国所藏甲骨录》，台北光启出版社1985年版。　　《法藏》
李学勤等：《英国所藏甲骨集》，中华书局1986年版。　　《英藏》
肖　楠：《小屯南地甲骨缀合篇》，《考古学报》1986年第3期。　　《屯缀》
沈之瑜：《甲骨卜辞新获》，《上海博物馆刊》第三辑，上海古籍出版社1986年4月版。　　《上新》
伊藤道治：《天理大学附属天理参考馆甲骨文字》，天理时报社出版1987年2月版。　　《天理》
胡厚宣：《苏德美日所见甲骨集》，四川辞书出版社1988年版。　　《苏德美日》
胡厚宣：《苏联国立爱米塔什博物馆藏甲骨文字》，(《甲骨文与殷商史》第三辑)，上海古籍出版社1991年版。　　《爱米塔什》
钟柏生：《殷虚文字乙编补遗》，历史语言研究所1995年版。　　《乙补》
胡厚宣：《甲骨续存补编》，天津古籍出版社1996年版。　　《续补》
荒木日吕子：《中岛玉振旧藏甲骨》，创荣出版（株），1996年。　　《中岛》
雷焕章：《德荷瑞比所藏一些甲骨录》，利氏学社1997年版。　　《德荷瑞比》
刘敬亭：《山东省博物馆精拓甲骨文》，齐鲁书社1998年版。　　《山博》

彭邦炯等:《甲骨文合集补编》,语文出版社 1999 年版。　《合集补》
齐文心等:《瑞典斯德哥尔摩古物陈列馆藏甲骨》,中华书局 1999 年版。
　　　　《瑞斯》

附录三
新中国甲骨学论著目

（1949—1986年）

1949年

吴　泽：《古代史》（殷代奴隶制社会史），长风书店1949年8月版。又棠棣出版社1952年2月四版修订本。

高去寻：《殷虚出土的牛距骨刻辞》，《中国考古学报》第四册，1949年12月。

董作宾：《〈殷虚文字甲编〉自序》，《中国考古学报》第四册，1949年12月。

1950年

李亚农：《殷契摭佚续篇》，中国科学院，1950年5月。

曾毅公：《甲骨缀合编》，1950年。

胡厚宣：《古代研究的史料问题》，（上海）商务印书馆1950年6月版。

高景成：《〈殷虚文字甲编〉略评》，《光明日报》1950年4月2日，《学术》第3期。

王西徵：《殷代矢射考略》，《燕京学报》第三十九期，1950年12月。

1951年

胡厚宣：《战后宁沪新获甲骨集》，来熏阁书店1951年4月版。

胡厚宣：《战后南北所见甲骨录》上、下，来熏阁书店1951年版。

郭若愚：《殷契拾掇》第一编，来熏阁书店1951年版。

胡厚宣：《五十年甲骨文发现的总结》，（上海）商务印书馆1951年2月版。又1952年1月再版。

徐中舒：《论殷代社会的氏族组织》，《成都工商导报星期增刊》1951 年 1 月 7 日。

高景成：《论甲骨金文中演变发展的几个例子》，《光明日报》1951 年 3 月 17 日。

胡厚宣：《美日帝国主义怎样劫掠我们的甲骨文》，《大公报》1951 年 4 月 27 日《史学周刊》。又《进步日报》1951 年 4 月 27 日。

陈梦家：《甲骨断代学》甲篇，《燕京学报》第四十期，1951 年 6 月。又收入《殷虚卜辞综述》，科学出版社 1956 年版，第 135—139 页、第 367—399 页。

张政烺：《古代中国的十进制氏族组织》，《历史教学》二卷三期，1951 年 9 月。

张政烺：《古代中国的十进制氏族组织》，《历史教学》二卷四期，1951 年 10 月。

张政烺：《古代中国的十进制氏族组织》，《历史教学》二卷六期，1951 年 12 月。

蒙文通：《对殷周社会研究提供的材料问题》，《成都工商导报增刊》1951 年 10 月 21 日。

杨绍萱：《论对于殷代史料的研究态度》，《新建设》三卷五期，1951 年。

陈梦家：《甲骨断代与坑位——甲骨断代学丁篇》，《中国考古学报》第五册，1951 年。又收入《殷虚卜辞综述》，科学出版社 1956 年版，第 139—172 页。

李亚农：《殷契杂释》，《中国考古学报》第五册，1951 年。

郭宝钧：《1950 年春殷虚发掘报告》，《中国考古学报》第五册，1951 年。

南京博物院：《本院新获卜辞喜讯》，《南博旬刊》第三十七期，1951 年。

1952 年

胡厚宣：《五十年甲骨学论著目》，中华书局 1952 年 1 月版。又 1983 年 9 月重印。

郭沫若：《奴隶制时代》，新文艺出版社 1952 年版。又人民出版社 1954 年第 1 版。又科学出版社 1956 年版。又人民出版社 1973 年 5 月第 2 版。又收入《郭沫若文集》第十七卷，人民出版社 1963 年版。又收入《郭沫若全集》历史编第三卷，人民出版社 1984 年 8 月版。

郭沫若：《甲骨文字研究》，人民出版社 1952 年 9 月第 1 版。又科学出版社 1962 年 11 月新 1 版。又收入《郭沫若全集》考古编第一卷，科学出版社 1982 年版。

衣　人：《商代的青铜器与甲骨文字》，《新闻日报》1952 年 12 月 24 日。

1953 年

董作宾：《殷虚文字乙编》下辑，科学出版社 1953 年 3 月版。

郭若愚：《殷契拾掇》第三编，来熏阁书店 1953 年版。

管燮初：《殷虚甲骨刻辞的语法研究》，中国科学院出版 1953 年 10 月版。

陈梦家：《殷代卜人篇——甲骨断代学丙篇》，《考古学报》第六册（第一、二分合刊），1953 年 12 月。又收入《殷虚卜辞综述》，科学出版社 1956 年版，第 173—206 页。

《河南郑州二里冈又发掘出"俯身葬"人骨二具和有凿痕龟甲一片》，《文物参考资料》1953 年第 10 期。

1954 年

胡厚宣：《战后京津新获甲骨集》，（上海）群联出版社 1954 年 3 月版。

郭沫若：《中国古代社会研究》，人民出版社 1954 年 9 月第一版。又科学出版社 1960 年 2 月新 1 版。又人民出版社 1976 年 10 月版。又人民出版社 1977 年 11 月第 2 版。又收入《郭沫若全集》历史编第一卷，人民出版社 1982 年 9 月版。

杨树达：《积微居甲文说·卜辞琐记》，中国科学院 1954 年 5 月版。

杨树达：《耐林顾甲文说·卜辞求义》，（上海）群联出版社 1954 年 11 月第 1 版。又（上海）群联出版社 1955 年 1 月第二次印刷。

陈　刚：《龙骨——中国文字的变化》，《光明日报》1954 年 3 月 17 日。

安金槐：《一年来郑州市的文物调查发掘工作》，《文物参考资料》1954 年第 4 期。

懿　恭：《我们最早的书：甲骨文——龟册》，《文物参考资料》1954 年第 5 期。

罗福颐：《关于殷墟甲骨文的一般知识》，《文物参考资料》1954 年第 5 期。

陈梦家：《解放后甲骨的新资料和整理研究》，《文物参考资料》1954 年第 5 期。

王承祒：《论殷代的直接生产者——释羌释众》，《文史哲》1954 年第 6 期。

陈梦家：《商王庙号考——甲骨断代学乙篇》，《考古学报》第八册，1954年。又收入《殷虚卜辞综述》，科学出版社1956年版，第401—446页。
陈梦家：《甲骨补记》，《文物参考资料》1954年第12期。
周纲仁：《关于〈文参〉误解甲骨文寅字和兆文的两点意见》，《文物参考资料》1954年第12期。

1955 年

郭若愚、曾毅公、李学勤：《殷墟文字缀合》，科学出版社1955年4月版。
胡厚宣：《甲骨续存》上、下，（上海）群联出版社1955年12月版。
胡厚宣：《殷墟发掘》，（上海）学习生活出版社1955年5月版。
李亚农：《殷代社会生活》，上海人民出版社1955年6月版。
又收入《欣然斋史论集》，上海人民出版社1962年版。
又收入《李亚农史论集》，上海人民出版社1979年版。
胡厚宣：《殷代农作施肥说》，《历史研究》1955年第1期。
杨向奎：《释不玄冥》，《历史研究》1955年第1期。
王承祒：《试论殷代的"奚"、"妾"，"反"的社会身份》，《北京大学学报》1955年第1期。
于省吾：《殷代的交通工具和驲传制度》，《东北人民大学人文科学学报》1955年第2期。
杨向奎：《释"旒"、释"单"、释"襘"》，《山东大学学报》二卷，1955年第2期。
王承招：《对于〈试论殷代的直接生产者——释羌释众〉的几点补充意见》，《文史哲》1955年第4期。

1956 年

陈梦家：《殷虚卜辞综述》，科学出版社1956年版。
闻一多：《古典新义》（闻一多全集选刊二），古籍出版社1956年6月版。
丁　山：《甲骨文所见氏族及其制度》，科学出版社1956年9月版。
于省吾：《殷代的奚奴》，《东北人民大学人文科学学报》1956年第1期。
胡厚宣：《释殷代求年于四方和四方风的祭祀》，《复旦学报》1956年第1期。
束世澂：《夏代和商代的奴隶制》，《历史研究》1956年第1期。
徐宗元：《甲骨文字杂考》，《福建师范学院学报》1956年第1期。

徐喜辰：《商殷奴隶制特征的探讨》，《东北师范大学史学集刊》1956 年第 1 期。

马汉麟：《关于甲骨卜旬的问题》，《南开大学学报》1956 年第 1 期。

王玉哲：《试论商代"兄终弟及"的继统法与殷商前期的社会性质》，《南开大学学报》1956 年第 1 期。

孙海波：《从卜辞试论商代社会性质》，《开封师院学报》创刊号，1956 年。

柯纯卿：《甲骨文分类研究的商榷》，《中国史学会济南分会会刊》1956 年第 2 期。

马汉麟：《论武丁时代的祀典刻辞》，《南开大学学报》1956 年第 2 期。

赵光贤：《商族的上帝与祖先》，《争鸣》第 2 期，1956 年 12 月。

朱培仁：《甲骨文所反映的上古植物水分生理学知识》，《南京农学院学报》1956 年第 2 期。

周宗岐：《殷虚甲骨文中所见口腔疾病考》，《中华口腔科杂志》第三号，1956 年。

赵锡元：《试论殷代的主要生产者"众"和"众人"的社会身份》，《东北人民大学人文科学学报》1956 年第 4 期。

刘启益：《略谈卜辞中"武丁诸父之称谓"及"殷代王位继承法"——读陈梦家先生〈甲骨断代学〉四篇记》，《历史研究》1956 年第 4 期。

斯维至：《关于殷周土地所有制问题》，《历史研究》1956 年第 4 期。

李学勤：《征人方新谱》，《历史学习》第 5 期，1956 年（油印本）。

平　心：《甲骨文及金石文考释》初稿，《华东师大学报》1956 年第 4 期。

朱本源：《试论殷代生产资料的所有制形式》，《历史研究》1956 年第 6 期。

许顺湛：《对〈夏代和商代的奴隶制〉一文的意见》，《历史研究》1956 年第 6 期。又收入《商代社会经济基础初探》，河南人民出版社 1958 年 10 月版。

明　生：《我国甲骨的散失》，《文物参考资料》1956 年第 8 期。

李学勤：《谈安阳小屯以外出土的有字甲骨》，《文物参考资料》1956 年第 11 期。

1957 年

唐　兰：《古文字学导论》，1957 年 4 月，中国科学院历史研究所第一所据 1935 年北大讲义翻印。又齐鲁书社 1981 年版。

胡厚宣：《释"余一人"》，《历史研究》1957 年第 1 期。

于省吾：《商代的谷类作物》，《东北人民大学人文科学学报》1957 年第 1 期。

懿　恭：《漫谈甲骨文字的书法》，《文物参考资料》1957 年第 1 期。

赵锡元：《谈〈从卜辞试论商代社会性质〉》，《史学集刊》1957 年第 1 期。

七　大：《甲骨文中的"众"是不是奴隶？》，《学术月刊》1957 年第 1 期。

胡淀咸：《释众臣》，《安徽师范学院学报》1957 年第 1 期（第 1 期原名《科学研究》，从 1957 年第 2 期改名为《安徽师范学院学报》）。

胡淀咸：《释比》，《安徽师范学院学报》1957 年第 1 期。

程耀芳：《释夏》，《史学工作通讯》1957 年第 1 期。

唐　兰：《在甲骨金文中所见的一种已经遗失的中国古代文字》，《考古学报》1957 年第 2 期。

孙海波：《介绍甲骨文》，《史学月刊》1957 年第 2 期。

赵锡元：《关于殷代的"奴隶"》，《史学集刊》1957 年第 2 期。

徐连城：《甲骨文中所见殷代的地域组织》，《山东大学学报》1957 年第 2 期。

于省吾：《从甲骨文看商代社会性质》，《东北人民大学人文科学学报》，1957 年第二、三期合刊。

戴家祥：《甲骨文的发现及其学术意义》，《历史教学问题》1957 年第 3 期。

赵锡元：《读〈甲骨文中的众是不是奴隶？〉》，《光明日报》1957 年 3 月 14 日。

宋　衍：《商代的公社农民和奴隶问题》，《历史教学问题》1957 年第 3 期。

李学勤：《评陈梦家〈殷虚卜辞综述〉》，《考古学报》1957 年第 3 期。

罗　平、唐云明：《关于殷代的商品交换和货币》，《河北日报》1957 年 5 月 29 日。

胡厚宣：《说贵田》，《历史研究》1957 年第 7 期。

赵锡元：《关于〈夏代和商代的奴隶制〉一文中所引用的甲骨文材料》，

《历史研究》1957 年第 10 期。

李学勤：《论殷代亲族制度》，《文史哲》1957 年第 11 期。

游修龄：《殷代的农作物栽培》，《浙江农学院学报》第二卷第 2 期，1957 年 12 月。

1958 年

许顺湛：《商代社会经济基础初探》，河南人民出版社 1958 年 10 月版。

唐　兰：《关于商代社会性质的讨论》（对于省吾先生《从甲骨文看商代社会性质》一文的意见），《历史研究》1958 年第 1 期。

李学勤：《帝乙时代的非王卜辞》，《考古学报》1958 年第 1 期。

平　心：《甲骨文金石文札记》，《华东师大学报》1958 年第 1 期。

胡小石：《读契札记》，《江海学刊》1958 年第 1 期。

胡小石：《读契札记》（续），《江海学刊》1958 年第 1 期。

平　心：《甲骨文金石文札记》二，《华东师大学报》1958 年第 3 期。

河南省文化局文物工作队第一队：《1955 年秋安阳小屯殷墟的发掘》，《考古学报》1958 年第 3 期。

于省吾：《驳唐兰先生〈关于商代社会性质的讨论〉》，《历史研究》1958 年第 8 期。

王玉哲：《试述殷代的奴隶制度和国家的形成》，《历史教学》1958 年第 9 期。

1959 年

陈邦怀：《甲骨文零拾》（附考释），天津人民出版社 1959 年版。

李学勤：《殷代地理简论》，科学出版社 1959 年版。

谢承侠：《中国养马史》，科学出版社 1959 年 4 月版。

陈邦怀：《殷代社会史料征存》，天津人民出版社 1959 年 9 月版。

王国维：《观堂集林》（附别集），中华书局 1959 年 6 月版。又 1961 年 6 月北京第三次印刷。

赵锡元：《评于省吾教授研究历史的观点、方法》，《吉林大学人文科学学报》1959 年第 2 期。

于省吾：《对赵锡元同志〈评于省吾教授研究历史的观点、方法〉一文的几点意见》，《吉林大学人文科学学报》1959 年第 2 期。

蒋维松：《𠂤的疑问》，《山东大学学报》（中国语言文学版）1959 年第 3 期。

李　瑾：《殷代甲骨刻辞中"夒方"地理释证》，《人文杂志》1959年第4期。
许　艺：《〈殷代地理简论〉评介》，《考古》1959年第5期。
姚孝遂：《关于〈殷代甲骨刻辞中"夒方"地理释证〉一文的商榷》，《人文杂志》1959年第6期。
郭沫若：《由周初四德器的考释谈到殷代已在进行文字简化》，《文物参考资料》1959年第7期。又收入《文史论集》，人民出版社1961年1月版。
李学勤：《关于甲骨的基础知识》，《历史教学》1959年第7期。又收入《中国通史参考资料》（古代部分，第一册），中华书局1962年4月版。
胡厚宣：《殷卜辞中的上帝和王帝》上，《历史研究》1959年第9期。
胡厚宣：《殷卜辞中的上帝和王帝》下，《历史研究》1959年第10期。
于省吾、陈世辉：《释庶》，《考古》1959年第10期。
于省吾：《略论图腾与宗教起源和夏商图腾》，《历史研究》1959年第11期。
赵锡元：《对〈试论殷代的奴隶制度和国家的形成〉一文的意见》，《历史研究》1959年第11期。
欧阳海：《关于殷代已在进行文字简化种种》，《文物》1959年第12期。

1960年

丁　山：《商周史料考证》，上海龙门联合书局1960年版。
姚孝遂：《"人牲"和"人殉"》，《史学月刊》1960年第9期。

1961年

丁　山：《中国古代宗教与神话考》，（上海）龙门联合书局1961年2月。
中国科学院考古研究所安阳发掘队：《1958—1959年殷墟发掘简报》，《考古》1961年第2期。
赵佩馨：《甲骨文中所见的商代五刑——并释刖剢二字》，《考古》1961年第2期。
陈世辉：《甲骨文与科学史的编写》，《光明日报》1961年3月15日。
夏　渌：《人头骨上的刻辞》，《羊城晚报》1961年8月11日。
夏　渌：《我国最早的施肥记录》，《羊城晚报》1961年9月19日。
王春瑜、张占成：《我国古代农田施肥简述》，《历史教学》1961年第10期。

《胡厚宣谈甲骨学的研究工作》,《光明日报》1961年12月3日。
《胡厚宣谈商史研究》,《文汇报》1961年12月28日。

1962年

中国科学院考古研究所编:《沣西发掘报告》,文物出版社1962年版。

朱芳圃:《殷周文字释丛》,中华书局1962年11月。

吕振羽:《殷周时代的中国社会》,生活·读书·新知三联书店1962年版。

何兹全主编:《中国通史参考资料》(古代部分,第一册),中华书局1962年4月版。

管燮初:《甲骨文"唯字"用法的分析》,《中国语文》1962年第6期。

李　瑾:《共工不死——甲骨文中的共工族及其他》,《羊城晚报》1962年7月13日。

平　心:《商代彗星的发现》,《文汇报》1962年8月7日。

于省吾:《释奴、婢》,《考古》1962年第9期。

平　心:《从姘妊与商国的关系看殷代社会性质》,《学术月刊》1962年第11期。

平　心:《奭字略释》,《中华文史论丛》第一辑,1962年。

平　心:《卜辞金文中所见社会经济史实考释》,《中华文史论丛》第一辑,1962年。

平　心:《释好》,《中华文史论丛》第一辑,1962年。

平　心:《好之同族字》,《中华文史论丛》第一辑,1962年。

平　心:《王亥即伐鬼方之震》,《中华文史论丛》第一辑,1962年。

1963年

于省吾:《释羌、苟、敬、美》,《吉林大学社会科学学报》1963年第1期。

赵却民:《甲骨文中的日月食》,《南京大学学报》(天文学)1963年第1期。

《甲骨的书》,《北京日报》1963年1月10日。

姜亮夫:《汉字结构的基本精神》,《浙江学刊》1963年第1期。

余鸿业:《也谈汉字结构——与姜亮夫先生商榷》,《浙江学刊》1963年第2期。

吴绵吉:《徐宗元作有关甲骨,金文研究的报告》,《厦门大学学报》1963年第2期。

姚孝遂：《论甲骨刻辞文学》，《吉林大学社会科学学报》1963 年第 2 期。

林　声：《记彝、羌、纳西族的"羊骨卜"》，《考古》1963 年第 3 期。

洪笃仁：《卜辞合文商榷》，《厦门大学学报》1963 年第 3 期。

于省吾：《释尼》，《吉林大学社会科学学报》1963 年第 3 期。

辽河雁：《甲骨文》，《辽宁日报》1963 年 4 月 14 日。

姚孝遂：《吉林大学所藏甲骨选释》，《吉林大学社会科学学报》1963 年第 4 期。

胡厚宣：《殷代农作施肥说补证》，《文物》1963 年第 5 期。

陈世辉：《殷人疾病补考》，《中华文史论丛》第四辑，1963 年 10 月。

1964 年

林　声：《云南永胜县彝族（他鲁人）"羊骨卜"的调查和研究》，《考古》1964 年第 2 期。

徐喜辰：《"藉田"即"国"中"公田"说》，《吉林师大学报》1964 年第 2 期。

邹　衡：《试论殷墟文化分期》，《北京大学学报》1964 年第 4、5 期。

黄载君：《从甲文、金文量词的应用，考察汉语量词的起源与发展》，《中国语文》1964 年第 6 期。

胡厚宣：《甲骨文商族鸟图腾的遗迹》，《历史论丛》第一辑，中华书局 1964 年 9 月版。

1965 年

郭沫若：《殷契粹编》（附考释），科学出版社 1965 年再版。

孙海波：《甲骨文编》，中国科学院考古研究所编辑，中华书局 1965 年 9 月版。

杨建芳：《安阳殷墟》，中华书局 1965 年 6 月版。

张政烺：《释甲骨文俄、隶、蕴三字》，《中国语文》1965 年第 4 期。

林　沄：《说"王"》，《考古》1965 年第 6 期。

1966 年

陈邦怀：《甲骨文"䖵"字试释》，《中国语文》1966 年第 1 期。

1972 年

郭沫若：《出土文物二、三事》，人民出版社 1972 年 8 月版。

郭沫若：《安阳新出土的牛胛骨及其刻辞》，《考古》1972 年第 3 期。又收入《出土文物二、三事》，人民出版社 1972 年版。

夏　鼐：《我国古代蚕、桑、丝、绸的历史》，《考古》1972 年第 2 期。

郭沫若：《古代文字之辩证的发展》，《考古》1972 年第 3 期。

于省吾：《从甲骨文看商代的农田垦殖》，《考古》1972 年第 4 期。

裘锡圭：《读〈安阳新出土的牛胛骨及其刻辞〉》，《考古》1972 年第 5 期。

胡厚宣：《殷代的蚕桑和丝织》，《文物》1972 年第 12 期。

1973 年

张政烺：《卜辞裒田及相关诸问题》，《考古学报》1973 年第 1 期。

胡厚宣：《殷代的刵刑》，《考古》1973 年第 2 期。

于省吾：《关于古文字研究的若干问题》，《文物》1973 年第 2 期。

俞伟超：《铜山丘湾商代社祀遗址的推定》，《考古》1973 年第 5 期。

胡厚宣：《临淄孙氏旧藏甲骨文字考辨》，《文物》1973 年第 9 期。

王宇信、陈绍棣：《关于江苏铜山丘湾商代祭祀遗址》，《文物》1973 年第 12 期。

1974 年

张景贤：《中国奴隶社会》，中华书局 1974 年 11 月版。

沈之瑜：《介绍一片伐人方的卜辞》，《考古》1974 年第 4 期。

胡厚宣：《中国奴隶社会的人殉和人祭》下篇，《文物》1974 年第 8 期。

肖　纯：《安阳殷虚又出土一批甲骨文》，《光明日报》1974 年 12 月 6 日。

1975 年

顾维勤：《从考古资料中看商周奴隶社会的阶级压迫》，中华书局 1975 年 12 月版。

中国科学院考古研究所安阳工作队：《一九七三年安阳小屯南地发掘简报》，《考古》1975 年第 1 期。

徐中舒：《甲骨文中所见的儒》，《四川大学学报》1975 年第 4 期。

燕　耘：《商代卜辞中的冶铸史料》，《考古》1975 年第 5 期。

王贵民：《井田制的实质及其辩护士的嘴脸》，《中山大学学报》1975 年第 6 期。

1976 年

郭沫若：《中国史稿》第一册，人民出版社 1976 年 7 月版。

河南省安阳市文化局：《殷墟——奴隶社会的一个缩影》，文物出版社 1976

年版。
胡厚宣：《甲骨文所见殷代奴隶的反压迫斗争》，《考古学报》1973 年第 1 期。
贾谷文（即王宇信等）：《商品货币与殷商奴隶制》，《考古》1976 年第 1 期。
江　鸿（即李学勤）：《盘龙城与商朝的南土》，《文物》1976 年第 2 期。
肖　楠：《安阳小屯南地发现的"自组卜甲"——兼论"自组卜辞"的时代及其相关问题》，《考古》1976 年第 4 期。
裘锡圭：《说"玄衣朱襮裣"——兼释甲骨文虣字》，《文物》1976 年第 12 期。

1977 年

北京大学物理系《中国古代科学技术大事记》编写小组：《中国古代科学技术大事记》，人民教育出版社 1977 年 1 月第 1 版。
杨锡璋、杨宝成：《从商代祭祀坑看商代奴隶社会的人牲》，《考古》1977 年第 1 期。
胡厚宣：《甲骨文所见商族鸟图腾的新证据》，《文物》1977 年第 2 期。
王宇信、张永山、杨升南：《试论殷墟五号墓的"妇好"》，《考古学报》1977 年第 2 期。
童恩正、张陛楷、陈景春：《关于使用电子计算机缀合商代卜甲碎片的初步报告》，《考古》1977 年第 3 期。
沈文倬：《叚与藉》，《考古》1977 年第 5 期。
于豪亮：《说"引"字》，《考古》1977 年第 5 期。
《安阳殷墟五号墓座谈纪要》，《考古》1977 年第 5 期。
于省吾：《利簋铭文考释》，《文物》1977 年第 8 期。
《天津文博单位鉴选出一批重要文物》，《光明日报》1977 年 10 月 23 日。
李学勤：《论"妇好"墓的年代及有关问题》，《文物》1977 年第 11 期。
王宇信：《释九十》，《文物》1977 年第 12 期。

1978 年

中国社会科学院历史研究所：《永远激励我们前进的榜样》，《人民日报》1978 年 6 月 27 日。
尹　达：《革命精神，永世常存》，《光明日报》1978 年 6 月 24 日。
胡厚宣：《郭老对于甲骨学的重大贡献》，《光明日报》1978 年 6 月 26 日。

夏　鼐：《太岱巍然天下仰，文星没矣宇中悲——怀念郭沫若同志》，《人民日报》1978年6月30日。
于省吾：《忆郭老》，《理论学习》1978年第4期。
夏　鼐：《郭沫若同志对于中国考古学的贡献——悼念郭沫若同志（1892年—1978年）》，《考古》1978年第4期。
斯　维：《郭沫若同志在古文字学和古史研究上的卓越贡献》，《思想战线》1978年第4期。
胡厚宣：《郭沫若同志在甲骨学上的巨大贡献》，《考古学报》1978年第4期。
《文物》编辑部：《德业巍巍，典范长存——回忆郭老在文物考古战线的事迹》，《文物》1978年第9期。
周谷城：《怀念郭老》，《中华文史论丛》第八辑，1978年10月。
商承祚：《缅怀郭沫若同志》，《中华文史论丛》第八辑，1978年10月。
胡厚宣：《沉痛悼念尊敬的郭沫若同志》，《中华文史论丛》第八辑，1978年10月。
沈之瑜：《郭沫若同志在甲骨学方面的重大贡献》，《中华文史论丛》第八辑，1978年10月。
唐　兰：《殷虚文字记》，1978年，中国社会科学院历史研究所据1934年石印本翻印。又中华书局1981年5月版。
于省吾：《略论甲骨文"自上甲六示"的庙号以及我国成文历史的开始》，《社会科学战线》创刊号，1978年。
赵锡元：《评〈中国史稿〉在奴隶制形成问题上的某些混乱》，《社会科学战线》创刊号，1978年。
肖　艾：《释"𠂤"》，《社会科学战线》1978年第2期。
肖　艾：《第一部考释甲骨的专著——〈契文举例〉》，《社会科学战线》1978年第2期。
郑伟章：《从骨臼刻辞看殷虚甲骨的管理方法与我国图书目录的起源》，《湘潭大学学报》1978年第2期。
管燮初：《说𢆶》，《中国语文》1978年第3期。
裘锡圭：《汉字形成问题的初步讨论》，《中国语文》1978年第3期。
张政烺：《甲骨文"肖"与"肖田"》，《历史研究》1978年第3期。
张雪明：《释"尼田"——与张政烺同志商榷》，《武汉大学学报》1978年第 4 期。
胡淀咸:《甲骨文研究》（二则），《安徽师大学报》1978 年第 4 期。
孟世凯:《谈谈甲骨文中有关蚕桑的真伪资料》，《地理知识》1978 年第 5 期。
徐中舒、王宇信等：《关于利簋铭文考释的讨论》，《文物》1978 年第 6 期。
肖远强:《郭沫若历史著作年表》，《社会科学战线》增刊，1978 年 12 月。
郭沫若主编：《甲骨文合集》第二册，中华书局 1978 年 10 月版。
郭沫若主编：《甲骨文合集》第三册，中华书局 1978 年 12 月版。

1979 年

北京大学历史系考古教研室商周组编写：《商周考古》，文物出版社 1979 年 1 月版。
胡小石:《说文古文考》上、下，中国社会科学院历史研究所据南京大学图书馆藏本翻印，1979 年。
张政烺:《关于肖田问题——答张雪明同志》，《武汉大学学报》1979 年第 1 期。
齐文心:《殷代的奴隶监狱和奴隶暴动——兼甲骨文"圉"、"戎"二字用法的分析》，《中国史研究》1979 年第 1 期。
冀淑英:《中国古代书籍的发展》《北图通讯》1979 年第 1 期。
赵锡元:《试论中国奴隶制形成和消亡的具体途径》，《吉林大学学报》1979 年第 1 期。
王宇信：《试论殷墟五号墓的年代》，《郑州大学学报》1979 年第 2 期。
塞　峰：《"𤈦"字剩义——有关刖足几个文字的解释》，《南京大学学报》1979 年第 2 期。
尹　达：《郭老与中国古代社会研究——纪念郭沫若同志逝世一周年》，《中国史研究》1979 年第 2 期。
徐连城：《释寻侯》，《山东大学文科论文集刊》第二辑，1979 年。
王宇信：《甲骨文"田猎"之"田"与农田的田字不能混读》，《北方论丛》1979 年第 3 期。
陈显泗：《殷代的车舆及其用途》，《郑州大学学报》1979 年第 3 期。
汪宁生：《释臣》，《考古》1979 年第 3 期。
胡厚宣：《编好〈甲骨文合集〉，向建国三十周年献礼》，《中国史研究》

1979年第3期。

陈福林：《试论殷代的众、众人与羌的社会地位》，《社会科学战线》1979年第3期。

王宇信：《周代的甲骨文》，《中国史研究》1979年第3期。

李学勤：《古文字学术讨论会与古文字学的发展》，《中国史研究动态》1979年第3期。

胡淀咸：《试论殷代用铁》，《安徽师大学报》1979年第4期。

陈显泗：《殷代后期都城——殷及殷虚》，《郑州大学学报》1979年第4期。

唐　兰：《"蔑曆"新诂》，《文物》1979年第5期。

王明阁：《对卜辞中"王其田"的几点看法》，《北方论丛》1979年第5期。

于省吾：《甲骨文字释林》，中华书局1979年6月版。

裘锡圭：《殷墟甲骨文研究概说》，《中学语文教学》1979年第6期。

河北省文物管理处台西考古队：《河北藁城台西村商代遗址发掘简报》，《文物》1979年第6期。

肖　楠：《略论"午组卜辞"》，《考古》1979年第6期。

裘锡圭：《谈谈古文字资料对古汉语研究的重要性》，《中国语文》1979年第6期。

郭沫若主编：《甲骨文合集》第四册，中华书局1979年8月版。

《甲骨文合集》（介绍），《人民画报》1979年第8期。

新华社：《老干部邢一清捐献一批文物》，《人民日报》1979年8月18日。

新华社长春专讯：《迅速改变古文字科研工作的落后状况》，《古文字研究》第一辑，中华书局1979年8月版。

《吉林大学古文字学术讨论会纪要》，《古文字研究》第一辑，中华书局1979年8月版。

古文字研究室：《古文字研究工作的现状及展望》，《古文字研究》第一辑，中华书局1979年8月版。

曾宪通、陈炜湛：《试论郭沫若同志的早期古文字研究》，《古文字研究》第一辑，中华书局1979年8月版。

唐　兰：《殷虚文字二记》，《古文字研究》第一辑，中华书局1979年8月版。

张政烺：《释它示——论卜辞中没有蚕神》，《古文字研究》第一辑，中华书局 1979 年 8 月版。

胡厚宣：《说我王》，《古文字研究》第一辑，中华书局 1979 年 8 月版。

裘锡圭：《说"弜"》，《古文字研究》第一辑，中华书局 1979 年 8 月版。

姚孝遂：《契文考释辨证举例》，《古文字研究》第一辑，中华书局 1979 年 8 月版。

姚孝遂：《商代的俘虏》，《古文字研究》第一辑，中华书局 1979 年 8 月版。

林　沄：《从武丁时代的几种"子卜辞"试论商代家族形态》，《古文字研究》第一辑，中华书局 1979 年 8 月版。

岛邦男：《禘祀》，《古文字研究》第一辑，中华书局 1979 年 8 月版（译者赵诚，本文原为日本岛邦男著《殷虚卜辞研究》第一篇第二章《禘祀》，第 177—189 页）。

前川捷三：《介绍著录明义士旧藏甲骨的新刊二书》，《古文字研究》第一辑，中华书局 1979 年 8 月版。（刘锐译自日本《甲骨学》第十一号，1976 年）。

肖　楠：《甲骨学论著目录》（1949—1979），《古文字研究》第一辑，中华书局 1979 年 8 月版。

王贵民：《一部大型的甲骨文资料汇编——〈甲骨文合集〉》，《中国史研究动态》1979 年第 9 期。

李士平：《读郭沫若同志的〈中国古代社会研究〉》，《四川大学学报丛刊》第一辑，1979 年。

祝敏申：《今日中国之古文字学——〈中国古文字学史〉序言》，《古文字》1979 年第 1 期。

陈建敏：《卜辞夏迹寻踪》，《古文字》1979 年第 1 期。

叶运升：《释戚、畜》，《古文字》1979 年第 1 期。

吴旭民：《一九七二年——九七六·六古文字学论文目录》（国内甲骨、金文部分），《古文字》1979 年第 1 期。

王宇信（仁言）：《甲骨名片选读（〈菁〉2 或〈通〉512）——释初中〈中国历史〉第一册甲骨文插图》，《历史教学》1979 年第 9 期。

郭沫若主编：《甲骨文合集》第五册，中华书局 1979 年 10 月版。

裘锡圭：《解放以来古文字资料的发现和整理》，《文物》1979 年第 10 期。

沈之瑜：《说"至"》，《文物》1979年第11期。
文物编辑委员会：《文物考古工作三十年》，文物出版社1979年11月版。
李学勤：《论美澳收藏的几件商周文物》，《文物》1979年第12期。
郭沫若主编：《甲骨文合集》第六册，中华书局1979年12月版。

1980年

陈炜湛：《甲骨文字辨析》，《中山大学学报》1980年第1期。
韦　戈：《中国古文字学术研究会在广州举行第二届年会》，《中山大学学报》1980年第1期。
王宇信：《商代的马和养马业》，《中国史研究》1980年第1期。
胡厚宣：《释流散到德国的一片卜辞》，《郑州大学学报》1980年第2期。
王庆祥：《古文字学与古史研究》，《社会科学战线》1980年第2期。
高　明：《略论汉字形体演变的一般规律》，《考古与文物》1980年第2期。
夏　渌：《卜辞中的天、神、命》，《武汉大学学报》1980年第2期。
陈玉崑：《漫话干支》，《史学月刊》1980年第2期。
王　显：《读〈说毕〉以后》，《中国语文》1980年第2期。
单周尧：《甲骨文中的毕》，《中国语文》1980年第2期。
徐中舒：《西周利簋铭文笺释》，《四川大学学报》1980年第2期。
肖　兵：《示与"大石文化"》，《辽宁大学学报》1980年第2期。
裘锡圭：《甲骨文中的几种乐器名称——释庸、豊、鞀》，《中华文史论丛》第二辑，1980年。
裘锡圭：《释万》（《甲骨文中的几种乐器名称》附篇），《中华文史论丛》第二辑，1980年。
杨升南：《〈尚书·甘誓〉"五行"说质疑》，《中国史研究》1980年第2期。
范毓周：《中国古文字学术研究会一九七九年年会》，《中国史研究动态》1980年第2期。
胡厚宣：《殷代的冰雹》，《史学月刊》1980年第3期。
王贵民：《就甲骨文所见试说商代的王室田庄》，《中国史研究》1980年第3期。
陈炜湛：《读〈美国所藏甲骨录〉》，《学术研究》1980年第3期。
孟世凯：《殷墟甲骨文研究的发展》，《河南文博通讯》1980年第3期。

王宇信：《试论郭沫若同志的甲骨文商史研究》，《人文杂志》1980 年第 3 期。又《新华月报》文摘版，1980 年第 10 期。
陈炜湛：《郭沫若〈释五十〉补说》，《中华文史论丛》第三辑，1980 年。
裘锡圭：《释秘》，《古文字研究》第三辑，中华书局 1980 年 11 月版。
李学勤：《关于自组卜辞的一些问题》，《古文字研究》第三辑，中华书局 1980 年 11 月版。
肖　楠：《论武乙、文丁卜辞》，《古文字研究》第三辑，中华书局 1980 年 11 月版。
张永山、罗琨：《论历组卜辞的年代》，《古文字研究》第三辑，中华书局 1980 年 11 月版。
姚孝遂：《〈殷虚卜辞综类〉简评》，《古文字研究》第三辑，中华书局 1980 年 11 月版。
贾　平：《读〈殷虚文字甲编考释〉》，《古文字研究》第三辑，中华书局 1980 年 11 月版。
松丸道雄：《散见于日本各地的甲骨文字》，《古文字研究》第三辑，中华书局 1980 年 11 月版（刘明辉译自日本《甲骨学》杂志第七、八、九、十、十一期。东由校）。
宋文薰：《李济博士的逝去》，《考古学参考资料》第三、四辑合刊，文物出版社 1980 年版。
赵锡元：《论商代的继承制度》，《中国史研究》1980 年第 4 期。
郑杰祥：《商汤都亳考》，《中国史研究》1980 年第 4 期。
李　民：《〈尚书〉所见商代之农业》，《山西大学学报》1980 年第 4 期。
徐中舒：《〈汉语古文字字形表〉序》，《四川大学学报》1980 年第 4 期。
童恩正：《谈甲骨文伐字并略论殷代的人祭制度》，《四川大学学报》1980 年第 4 期。
《中国古文字研究会召开第三届年会》，《四川大学学报》1980 年第 4 期。
潘　悠：《甲骨学研究述评》，《华东师范大学学报》1980 年第 4 期。
王宇信：《甲骨学三十年与我国甲骨文研究的展望》，《郑州大学学报》1980 年第 4 期。又《新华文摘》1981 年第 5 期。
贾谷文：《〈建国以来甲骨文研究〉即将由中国社会科学出版社出版》，《河南文博通讯》1980 年第 4 期。
贝塚茂树：《关于甲骨文分期断代的几个问题》，《外国研究中国》四，中国社会科学出版社1980年5月版（冯佐哲、谢齐据《京都大学人文科学研究所藏甲骨文字》本文篇《序论》摘译）。

刘　锐：《介绍岛邦男近著〈殷虚卜辞综类〉》，《外国研究中国》四，中国社会科学出版社1980年5月版。

《中国古文字学术研究会第二届年会纪要》，《古文字研究》第四辑，中华书局1980年12月版。

胡厚宣：《甲骨文"家谱刻辞"真伪问题再商榷》，《古文字研究》第四辑，中华书局1980年12月版。

于省吾：《甲骨文"家谱刻辞"真伪辨》，《古文字研究》第四辑，中华书局1980年12月版。

裘锡圭：《甲骨文字考释》，《古文字研究》第四辑，中华书局1980年12月版。

夏　渌：《学习古文字散记》，《古文字研究》第四辑，中华书局1980年12月版。

刘宗汉：《释七、甲》，《古文字研究》第四辑，中华书局1980年12月版。

陈永正：《释󰀀》，《古文字研究》第四辑，中华书局1980年12月版。

常玉芝：《说文武帝——兼略述商末祭祀制度的变化》，《古文字研究》第四辑，中华书局1980年12月版。

姚孝遂：《古文字的形体结构及其发展阶段》，《古文字研究》第四辑，中华书局1980年12月版。

高　明：《古文字的形旁及其形体演变》，《古文字研究》，第四辑，中华书局1980年12月版。

陈炜湛：《卜辞文法三题》，《古文字研究》第四辑，中华书局1980年12月版。

陈炜湛、曾宪通：《论罗振玉和王国维在中国古文字学领域内的地位和影响》上，《学术研究》1980年第5期。

陈炜湛、曾宪通：《论罗振玉和王国维在中国古文字学领域内的地位和影响》下，《学术研究》1980年第6期。

徐锡台：《西德、瑞士藏我国殷墟出土的甲骨文》，《人文杂志》1980年第5期。

朱　活：《齐鲁考辨》，《齐鲁学刊》1980年第5期。

康　殷：《说帝》，《南开学报》1980年第5期。

肖　艾：《甲骨文史话》，文物出版社 1980 年 6 月版。

天　戈：《北京出土文物》，北京出版社 1980 年 7 月版。

贾谷文：《一部集大成的甲骨著录——〈甲骨文合集〉》，《文汇报》1980 年 8 月 1 日。

郭沫若主编：《甲骨文合集》第七册，中华书局 1980 年 8 月版。

新华社北京讯：《〈甲骨文合集〉陆续分册出版发行》，《光明日报》1980 年 8 月 7 日。

史　研：《〈甲骨文合集〉出版》，《北京日报》1980 年 9 月 5 日。

王国维：《观堂书札》，《中国历史文献研究集刊》第一集，1980 年 9 月。

蔡凤书：《读贝塚茂树〈中国古代之再发现〉》，《中国史研究动态》1980 年第 9 期。

中国社会科学院考古研究所：《小屯南地甲骨》上册，中华书局 1980 年 10 月版。

仁　言：《甲骨名片选读之二》，《历史教学》1980 年第 10 期。

邹　衡：《夏商周考古学论文集》，文物出版社 1980 年 10 月版。

齐吉祥：《商代奴隶主贵族的残酷统治》，《历史教学》1980 年第 10 期。

高明编著：《古文字类编》，中华书局 1980 年 11 月版。

孟世凯：《殷虚甲骨文简述》，文物出版社 1980 年 11 月版。

许顺湛：《中国奴隶社会》，河南人民出版社 1980 年 11 月版。

范毓周：《戴维·N·凯特利的〈商史史料〉》，《中国史研究动态》1980 年第 12 期。

伍林陈：《中国古文字研究会第三届年会纪要》，《中国史研究动态》1980 年第 12 期。

友：《〈建国以来甲骨文研究〉一书即将出版》，《历史教学》1980 年第 12 期。

陈振中：《殷周的耒耜》，《文物》1980 年第 12 期。

中国社会科学院考古研究所编著：《殷墟妇好墓》，文物出版社 1980 年 12 月版。

徐中舒主编：《汉语古文字字形表》，四川人民出版社 1980 年版。

于省吾：《关于商周时代对于"禾""积"或土地有限度的赏赐》，《中国考古学会第一次年会论文集（一九七九）》，文物出版社 1980 年 12 月版。

1981 年

郭沫若主编：《甲骨文合集》第八册，中华书局 1981 年 1 月版。

唐　兰：《古文字学导论》增订本，齐鲁书社 1981 年 1 月版。

胡厚宣：《再论殷代农作施肥问题》，《社会科学战线》1981 年第 1 期。

闻　宥：《释年——兼论古文字释读诸问题》，《社会科学战线》1981 年第 1 期。

汪宁生：《从原始记事到文字发明》，《考古学报》1981 年第 1 期。

安阳市博物馆：《安阳博物馆馆藏卜辞选》，《中原文物》1981 年第 1 期。

徐喜辰：《释南》，《东北师大学报》1981 年第 1 期。

范毓周：《试论灭商以前的商周关系》，《史学月刊》1981 年第 1 期。

魏东枝：《我国最古的一部书——介绍殷代甲骨〈月令〉》，《图书馆工作与研究》1981 年第 1 期。

郑慧生：《中学〈中国历史〉（第一册）龟甲卜辞插图浅释》，《史学月刊》1981 年第 1 期。

朱德熙：《纪念唐立厂先生》，《古文字研究》第二辑，中华书局 1981 年 1 月版。

茂　田：《甲骨文与刘鹗》，《北京晚报》1981 年 1 月 11 日。

《甲骨文研究后继乏人》，《报刊文摘》第五十六期，1981 年 1 月 20 日。

胡厚宣：《记故宫博物院新收的两片甲骨卜辞》，《中华文史论丛》第一辑，1981 年。

沈之瑜、郭若愚：《〈戬寿堂所藏殷虚文字〉补正》，《上海博物馆馆刊》第一辑，1981 年 7 月。

陈邦怀：《卜辞日月有食解》，《天津社会科学》1981 年第 1 期。

胡淀咸：《释史》，《中国古代史论丛》第一辑，福建人民出版社 1981 年 6 月版。

于省吾：《释皇》，《吉林大学学报》1981 年第 2 期。

张亚初、刘雨：《从商周八卦数字符号谈筮法的几个问题》，《考古》1981 年第 2 期。

彭邦炯：《并器、并氏与并州》，《考古与文物》1981 年第 2 期。

朱凤瀚：《殷虚卜辞中的"众"的身分问题》，《南开学报》1981 年第 2 期。

忍　言：《科学高峰、学术师承及其他——李学勤治学经验杂谈》，《读书》

1981年第2期。

晁福林：《释"由"》，《史学评林》1981年第3期。

文焕然、何业恒：《中国珍稀动物历史变迁的初步研究》，《湖南师院学报》（自然科学版）1981年第2期。

毛树坚：《甲骨文中有关野生动物的记述——中国古代生物学探索之一》，《杭州大学学报》1981年第2期。

滕：《〈建国以来甲骨文研究〉出版》，《人民日报》1981年2月23日。

王宇信：《建国以来甲骨文研究》，中国社会科学出版社1981年3月版。

文一编：《〈殷虚甲骨文简述〉出版》，《光明日报》1981年3月24日。

肖楠：《试论卜辞中的"工"与"百工"》，《考古》1981年第3期。

王贵民：《勇于创新，独辟蹊径——试论郭沫若早期的甲骨文字研究》，《人文杂志》1981年第3期。

王宇信：《〈西德、瑞士藏我国殷虚出土的甲骨文〉考辨》《人文杂志》1981年第3期。

夏渌：《释弜——张宗骞〈卜辞弜、弗通用考〉的商榷》，《武汉大学学报》1981年第3期。

杨潜斋：《释冥攸》，《华中师院学报》1981年第3期。

王宇信：《试读〈安阳市博物馆藏甲骨文字〉》，《中原文物》1981年第3期。

徐中舒：《〈汉语古文字字形表〉序》，《辞典研究丛刊》三，四川人民出版社1981年8月版。

《甲骨文字典》编纂小组：《甲骨文字的一字多形问题》，《辞典研究丛刊》三，四川人民出版社1981年8月版。

贾双喜：《最大的肩胛骨》，《人民日报》1981年3月3日。

洪文焘：《〈小屯南地甲骨〉上册出版》，《光明日报》1981年3月24日。

中国社会科学院考古研究所安阳工作队：《安阳小屯村北的两座殷代墓》，《考古学报》1981年第4期。

史任：《〈小屯南地甲骨〉上册（第一、二分册）》，《考古》1981年第4期。

李学勤：《论殷墟卜辞的"星"》，《郑州大学学报》1981年第4期。

李伯谦、郑杰祥：《后李商代墓葬族属试析》，《中原文物》1981年第4期。

王明阁：《从卜辞中"田"的记载看殷代土地王权所有制》，《北方论丛》1981年第4期。

柳曾符：《释"习卜"》，《中国语文》1981年第4期。

晓　江：《刻苦治学的古文字学家》，《北京晚报》1981年4月6日。

牧　牧：《"美"字意味着勤劳》，《北京晚报》1981年4月9日。

唐　兰：《殷虚文字记》，中华书局1981年5月版。

李学勤：《小屯南地甲骨与甲骨分期》，《文物》1981年第5期。

商承祚：《我和古文字学》，《书林》1981年第5期；又转载于《新华文摘》1982年第2期。

周永珍：《怀念陈梦家先生》，《考古》1981年第5期。

周晦若：《甲骨文中有关蚕丝的记载》，《中国纺织科技史资料》第五集，1981年。

郭沫若主编：《甲骨文合集》第九册，中华书局1981年6月版。

李　圃编：《甲骨文选读》，华东师大出版社1981年6月版。

郑振香、陈志达：《论妇好墓对殷虚文化和卜辞断代的意义》，《考古》1981年第6期。

张忠如：《〈说"引"字〉质疑》，《考古》1981年第6期。

周传儒：《史学大师王国维》，《历史研究》1981年第6期。

张懋镕、秦建明：《释"东"及与"东"有关之字》，《人文杂志》1981年第6期。

郑慧生：《卜辞中贵妇的社会地位考述》，《历史研究》1981年第6期。

李学勤：《谈自学古文字》，《文史知识》1981年第6期。

冯　人：《考古学家李济传略》，《晋阳学刊》1981年第6期。

连劭名：《甲骨文"茍"及相关的问题》，《北京大学学报》1981年第6期。

郑慧生：《殷商名称的由来》，《历史教学》1981年第7期。

史苏苑：《商朝国号浅议》，《历史教学》1981年第7期。

陶　礼：《〈甲骨文选读〉即将出版》，《光明日报》1981年7月20日。

陈建敏：《董作宾后期的甲骨学研究》，《中国史动态研究》1981年第8期。

务　石：《简介一本研究甲骨学的参考书》，《联合书讯》第13期，1981年8月15日。

凤　子：《雨中千叶——访郭老故居》，《光明日报》1981年8月16日。

刘国清：《"美"字考略》，《学术月刊》1981年第10期。

新华社电：《新西兰友人路易·艾黎赠送山丹县人民三千多件历史文物》，《光明日报》1981年9月30日。

于省吾：《释鬲、隶》，《史学集刊》1981年10月。

蔡运章：《释"聎"》，《中原文物》特刊，1981年10月。

浩　庆：《古文趣字》，《北京晚报》1981年11月28日。

于省吾：《释中国》，《中华学术论文集》，中华书局1981年11月版。

伍仕谦等：《中国古文字研究会第三届年会纪要》，《古文字研究》第六辑，中华书局1981年11月版。

罗福颐：《我对古文字的点滴认识》，《古文字研究》第六辑，中华书局1981年11月版。

胡厚宣：《重论"余一人"问题》，《古文字研究》第六辑，中华书局1981年11月版。

姚孝遂：《甲骨刻辞狩猎考》，《古文字研究》第六辑，中华书局1981年11月版。

林　沄：《甲骨文中的商代方国联盟》，《古文字研究》第六辑，中华书局1981年11月版。

常正光：《殷历考辨》，《古文字研究》第六辑，中华书局1981年11月版。

肖　楠：《试论卜辞中的师和旅》，《古文字研究》第六辑，中华书局1981年11月版。

张政烺：《释甹》，《古文字研究》第六辑，中华书局1981年11月版。

管燮初：《商周甲骨和青铜器上的卦爻辨识》，《古文字研究》第六辑，中华书局1981年11月版。

胡淀咸：《甲骨文字考释二则》，《古文字研究》第六辑，中华书局1981年11月版。

张亚初：《甲骨金文零释》，《古文字研究》第六辑，中华书局1981年11月版。

夏　渌：《学习古文字随记二则》，《古文字研究》第六辑，中华书局1981年11月版。

邰　笛：《卜辞考释数则》，《古文字研究》第六辑，中华书局1981年11月版。

黄锡全：《甲骨文"屮"字试探》，《古文字研究》第六辑，中华书局1981年11月版。

沈建华：《甲骨文释文二则》，《古文字研究》第六辑，中华书局1981年11月版。

赵　诚：《甲骨文字的二重性及其构形关系》，《古文字研究》第六辑，中华书局1981年11月版。

陈炜湛：《甲骨文异字同形例》，《古文字研究》第六辑，中华书局1981年11月版。

伊藤道治：《有关语词"叀"的用法问题》，《古文字研究》第六辑，中华书局1981年11月版。

裘锡圭：《论"历组卜辞"的时代》，《古文字研究》第六辑，中华书局1981年11月版。

谢　济：《武丁时另种类型卜辞分期研究》，《古文字研究》第六辑，中华书局1981年11月版。

于秀卿、贾双喜、徐自强：《甲骨的钻凿形态与分期断代研究》，《古文字研究》第六辑，中华书局1981年11月版。

松丸道雄：《甲骨文伪造问题新探》，《古文字研究》第六辑，中华书局1981年11月版。

张宝昌：《甲骨文中的人体知识》，《中华医史杂志》十一卷四期，1981年。

寒　峰：《中国古文字研究会召开第四届年会》，《中国史研究动态》1981年第12期。

郭沫若主编：《甲骨文合集》第十册，中华书局1981年12月版。

1982年

郭沫若主编：《甲骨文合集》第十一册，中华书局1982年1月版。

于省吾：《释日》，《郑州大学学报》1982年第1期。

罗　琨、张永山：《家字溯源》，《考古与文物》1982年第1期。

赵　铨、钟少林、白荣金：《甲骨文字契刻初探》，《考古》1982年第1期。

杨升南：《商代称"殷"的由来》，《历史知识》1982年第1期。

史为乐：《谈地名学与历史研究》，《历史研究》1982年第1期。

李　瑾：《卜辞前辞语序省变形式统计——兼评"非王卜辞"说》，《重庆师院学报》1982 年第 1 期。

刘敦愿：《中国古代的啄木鸟》，《农业考古》1982 年第 1 期。

周恒明：《养蚕起源问题的研究》，《农业考古》1982 年第 1 期。

赵克刚：《㑒……形义解》，《重庆师院学报》1982 年第 1 期。

杨文山：《释𡆥、𡇈》，《河北师范大学学报》1982 年第 1 期。

杨升南：《是幼子继承制，还是长子继承制》《中国史研究》1982 年第 1 期。

唐云明：《河北藁城商代农业概述》，《农业考古》1982 年第 1 期。

李　民：《说洛邑、成周与王城》，《郑州大学学报》1982 年第 2 期。

王玉哲：《殷商疆域史中的一个重要问题——"点"和"面"的概念》，《郑州大学学报》1982 年第 2 期。

王贵民：《从殷虚甲骨文论古代学校教育》，《人文杂志》1982 年第 2 期。

洪家义：《白字新释》，《南京大学学报》1982 年第 2 期。

李　荣：《唐兰〈古文字学导论〉增订本介绍》，《中国语文》1982 年第 2 期。

殷焕先：《〈古文字学导论〉读后》，《中国语文》1982 年第 2 期。

侯镜昶：《论甲骨刻辞语法研究方向——评〈殷虚甲骨刻辞的语法研究〉》，《语言文字研究专辑》上（《中华文史论丛》增刊），上海古籍出版社 1982 年 2 月版。

李　瑾：《汉语殷周语法问题探讨——王力〈汉语史稿〉中册先秦语法分析的商榷》，《语言文字研究专辑》上（《中华文史论丛》增刊），上海古籍出版社 1982 年 2 月版。

陈邦怀：《〈小屯南地甲骨〉中所发现的若干重要史料》，《历史研究》1982 年第 2 期。

夏　渌：《中华民族的根——释"帝"字的形义来源》，《武汉大学学报》1982 年第 2 期。

西代锡：《从甲骨文所见试论殷代的农业经济》，《湘潭大学学报》1982 年第 2 期。

包明廉：《〈甲骨文合集〉年内出齐》，《文汇报》1982 年 3 月 8 日。

曹定云：《殷代的"卢方"》，《社会科学战线》1982 年第 2 期。

王翁如：《王襄复叶葒渔书》，《天津社会科学》1982 年第 2 期。

陈炜湛：《释𡆧》，《中山大学学报》1982 年第 2 期。

顾德融：《中国古代人殉、人牲者的身份探析》，《中国史研究》1982年第2期。

郑杰祥：《"甘地"考辨》，《中国史研究》1982年第2期。

张培瑜等：《中国早期的日食记录和公元前十四至公元前十一世纪日食表》，《南京大学学报》（自然科学版）1982年第2期。

李学勤、唐云明：《河北藁城台西甲骨的初步考察》，《考古与文物》1982年第3期。

郭振禄：《三十年来日本研究甲骨学的概况》，《考古学参考资料》五，文物出版社1982年3月版。

李先登：《关于小屯南地甲骨分期的一点意见》，《中原文物》1982年第3期。

张凤喈：《商周政体初探》，《社会科学研究》1982年第3期。

陈　旭：《商代农耕与农业生产状况》，《郑州大学学报》1982年第3期。

王俊杰：《论商周的羌与魏晋南北朝的羌》，《西北师院学报》1982年第3期。

冯佐哲：《对〈史学大师王国维〉一文的几点补正》，《历史研究》1982年第3期。

王贵民：《"卫服"的起源和古代社会的守卫制度》，《中华文史论丛》第三辑，1982年。

邓少琴、温少峰：《论帝乙征"人方"是用兵江汉》上，《社会科学研究》1982年第3期。

王世民：《李济先生的生平和学术贡献》，《考古》1982年第3期。

张光直：《李济著〈安阳〉一书评介》，《考古学参考资料》五，文物出版社1982年3月版。

赵锡元：《再论商代"众人"的社会身份》，《吉林大学社会科学学报》1982年第4期。

黎　虎：《殷都屡迁原因试探》，《北京师范大学学报》1982年第4期。

王宇信：《试论子渔其人》，《考古与文物》1982年第4期。

宋镇豪：《读赤塚忠著〈中国古代的宗教和文化〉》，《中国史研究动态》1982年第4期。

弘　毅：《罗福颐先生学术活动简介》，《考古》1982年第4期。

陈建敏：《甲骨学研究的进展》，《社会科学》1982年第4期。

张桂光：《古文字考释四则》，《华南师院学报》1982年第4期。
邓少琴、温少峰：《论帝乙征"人方"是用兵江汉》下，《社会科学研究》1982年第4期。
徐中舒、唐嘉弘：《论殷周的外服制》，《先秦史论文集》（《人文杂志》增刊），1982年5月。
胡厚宣：《重论"余一人"问题》，《古文字研究论文集》（《四川大学学报丛刊》第十辑），1982年5月。
李学勤：《重新评价中国古代文明》，《先秦史论文集》（《人文杂志》增刊），1982年5月。
田昌五：《中国奴隶制的特点和发展阶段问题》，《先秦史论文集》（《人文杂志》增刊），1982年5月。
徐喜辰：《商周奴隶社会史若干问题论纲》，《先秦史论文集》（《人文杂志》增刊），1982年5月。
斯维至：《封建考略》，《先秦史论文集》（《人文杂志》增刊），1982年5月。
杨升南：《对商代人祭身分的考察》，《先秦史论文集》（《人文杂志》增刊），1982年5月。
张永山：《商代"众人"身分补正》，《先秦史论文集》（《人文杂志》增刊），1982年5月。
张广志：《商代奴隶社会说质疑》，《先秦史论文集》（《人文杂志》增刊），1982年5月。
方述鑫：《甲骨文口形偏旁释例》，《古文字研究论文集》（《四川大学学报丛刊》第十辑），1982年5月。
常正光等：《甲骨文字的一字多形问题》，《古文字研究论文集》（《四川大学学报丛刊》第十辑），1982年5月。
张勋燎：《"七"、"十"考》，《古文字研究论文集》（《四川大学学报丛刊》第十辑），1982年5月。
伍仕谦：《甲骨文考释六则》，《古文字研究论文集》（《四川大学学报丛刊》第十辑），1982年5月。
常正光：《"辰为商星"——释辰、莀、辳》，《古文字研究论文集》（《四川大学学报丛刊》第十辑），1982年5月。
常正光：《殷历考辨》，《古文字研究论文集》（《四川大学学报丛刊》第十辑），1982年5月。

陈复澄：《文字的发生分化释例之一——释大、天、夫、太》，《古文字研究论文集》（《四川大学学报丛刊》第十辑），1982年5月。

彭裕商：《卜辞中的"土"、"河"、"岳"》，《古文字研究论文集》（《四川大学学报丛刊》第十辑），1982年5月。

王　辉：《殷人火祭说》，《古文字研究论文集》（《四川大学学报丛刊》第十辑），1982年5月。

彭裕商、黄孝逸：《释小甲》，《古文字研究论文集》（《四川大学学报丛刊》第十辑），1982年5月。

林　沄：《于省吾教学和科研成果概述》，《中国当代社会科学家》第一辑，书目文献出版社1982年5月版。

方国瑜：《"古"之本文为"苦"说》，《北京师范大学学报》1982年第5期。

郭沫若：《我与考古学》，《考古》1982年第5期（原文写于1936年，发表在《生活学校》第一卷第2期）。

郭沫若主编：《甲骨文合集》第十二册，中华书局1982年6月版。

晓　甲：《介绍〈建国以来甲骨文研究〉》，《考古》1982年第5期。

崔志远：《王襄及其甲骨文研究》，《天津社会科学》1982年第5期。

许建伟：《卜辞"叠田"新解》，《学术研究》1982年第5期。

宋镇豪：《甲骨文断片缀合之一例》，《人文杂志》1982年第6期。

王宇信：《郭沫若与甲骨文合集》，《学习与研究》1982年第6期。

韩连琪：《殷代的社会生产和奴隶制特征》，《文史哲》1982年第6期。

周传儒：《周传儒自传》，《中国当代社会科学家》第二辑，书目文献出版社1982年6月版。

赵　诚：《甲骨文资料的搜集、整理和出版》，《古籍整理出版情况简报》第九十三期，1982年8月10日。

王　襄（遗稿）：《簠室殷契》，《历史教学》1982年第9期。

王翁如：《〈簠室殷契〉跋》，《历史教学》1982年第9期。

胡厚宣：《甲骨文合集的编辑内容》，《历史教学》1982年第9期。

胡厚宣：《郭沫若同志在甲骨学上的巨大贡献》，《甲骨探史录》，三联书店1982年9月版。

张政烺：《殷虚甲骨文羡字说》，《甲骨探史录》，三联书店1982年9月版。

李学勤：《小屯丙组基址与"扶"卜辞》，《甲骨探史录》，三联书店1982年9月版。

王宇信：《甲骨文贞人"专"时代的审定》，《甲骨探史录》，三联书店1982年9月版。

谢　齐：《试论历组卜辞的分期》，《甲骨探史录》，三联书店1982年9月版。

罗　琨：《商代人祭及相关问题》，《甲骨探史录》，三联书店1982年9月版。

张永山：《论商代的"众人"》，《甲骨探史录》，三联书店1982年9月版。

彭邦炯：《卜辞"作邑"蠡测》，《甲骨探史录》，三联书店1982年9月版。

王贵民：《说御史》，《甲骨探史录》，三联书店1982年9月版。

杨升南：《略论商代军队》，《甲骨探史录》，三联书店1982年9月版。

寒　峰：《甲骨文所见的商代军制数则》，《甲骨探史录》，三联书店1982年9月版。

齐文心：《"六"为商之封国说》，《甲骨探史录》，三联书店1982年9月版。

王宇信、杨宝成：《殷虚象坑和"殷人服象"的再探讨》，《甲骨探史录》，三联书店1982年9月版。

郭沫若主编：《甲骨文合集》第一册，中华书局1982年10月版。

肖　玉：《商文化国际讨论会在檀香山举行》，《光明日报》1982年10月16日。

平势隆雄：《一九八〇年日本的中国古代史研究》上，《中国史研究动态》1982年第10期。

胡厚宣：《纪念郭老九十诞辰，深入开展甲骨学商史的研究工作》，《文物》1982年第11期。

戴维·恩·凯特利：《评〈建国以来甲骨文研究〉》，《历史教学》1982年第11期（赵功民译）。

朱启新：《从甲骨文字看殷商时期的教育》，《教育研究》1982年第11期。

郭沫若主编：《甲骨文合集》第十三册，中华书局1982年11月版。

塞　峰：《商文化国际讨论会在美举行》，《中国史研究动态》1982年第12期。

钟　轩：《〈甲骨文合集〉今年底全部出齐》，《北京晚报》1982年12月14日。

1983年

中国社会科学院考古研究所编：《小屯南地甲骨》下册，中华书局1983年版。

钟　轩：《〈甲骨文合集〉已全部出齐》，《光明日报》1983年1月1日。

宋镇豪：《近年来中国社会科学院历史研究所先秦史研究概况》，《先秦史研究动态》1983年第1期。

杨宝成、杨锡璋：《从殷墟小型墓看殷代社会的平民》，《中原文物》1983年第1期。

王宇信：《西周甲骨的发现与研究》，《史学月刊》1983年第1期。

龚济民：《关于郭沫若为金祖同殷契著作所写的序文》，《天津师专学报》1983年第1期。

耕　夫：《王亥经商》，《河北财贸学院学报》1983年第1期。

张　之：《殷都何时成为殷墟》，《中原文物》1983年第1期。

王克林：《甲骨文中所见"凤"方与舜、夏、秦人的关系》，《贵州民族研究》第一辑，1983年。

曹锦炎：《论卜辞中的示》，《吉林大学研究生论文集刊》第一辑，1983年。

裘锡圭：《卜辞"异"字和诗、书里的"式"字》，《中国语言学报》1983年第1期。

葛英会：《甲骨文与金文》，《自修大学》1983年第1期。

张寿康：《甲骨刻辞和吉金铭文的修辞举例》，《天津师专学报》1983年第1期。

彭裕商：《也说历组卜辞的时代》，《四川大学学报》1983年第1期。

晏炎吾：《释"单"》，《华中师院学报》1983年第1期。

杨潜斋：《释"虹"、"冒母"》，《华中师院学报》1983年第1期。

李　瑾：《卜辞"王妇"名称所反映之殷代构词法分析》，《重庆师院学报》1983年第1期。

白宝田：《商代"沚国"位置考》，《大庆师专学报》1983年第1期。

赵　诚：《〈甲骨文合集〉评介》，《光明日报》1983年1月31日。

徐喜辰：《商代公社及其相关诸问题》，《松辽学刊》1983年第1—2期。

陆思贤：《对甲骨文中舞蹈的若干认识》，《舞蹈论丛》一，1983年。
李　零：《为〈说"引"字〉释疑》，《古文字论集》一，1983年。
陈汉平：《释甲骨文嘉字》，《古文字论集》一，1983年。
黄奇逸：《甲金文中王号生称与谥法问题的研究》，《中华文史论丛》第一辑，1983年。
李学勤：《试论孤竹》，《社会科学战线》1983年第2期。
王世民：《西周春秋金文中的诸侯爵称》，《历史研究》1983年第2期。
李　瑾：《卜辞"王妇"名称所反映之殷代构词法分析》续，《重庆师院学报》1983年第2期。
肖　艾：《马克思主义与甲骨文研究》，《湘潭大学社会科学学报》1983年第2期。
夏　渌：《荆楚名原初探——卜辞荆方考》，《中南民族学院学报》1983年第2期。
张恩言：《说商刑》，《中州今古》1983年第2期。
方　超：《武王伐纣的心理宣传和鼓动》，《大众心理学》1983年第2期。
贾义炳：《商代女将军妇好》，《文史知识》1983年第2期。
谷　松：《〈甲骨文合集〉全部出齐，规划小组致函该书编辑组表示祝贺》，《古籍整理出版情况简报》第101期，1983年2月1日。
柯　半：《郭沫若〈甲骨文合集〉获奖》，《北京晚报》1983年2月19日。
何金松：《释"亚"》，《中国语文》1983年第2期。
海萌辉：《从新石器时代的刻划符号谈"指事"在"六书"中的次第》，《郑州大学学报》1983年第2期。
祝敏申：《国宝——记甲骨学家胡厚宣》，《人物》1983年第2期。
李澍庸：《甲骨金石古书方言字义联》，《河南师大学报》1983年第2期。
朱德熙：《古文字考释四篇》，《古文字研究》第八辑，中华书局1983年2月版。
李先登：《孟广慧旧藏甲骨选介》，《古文字研究》第八辑，中华书局1983年2月版。
胡振祺：《山西省文物工作委员会收藏的甲骨》，《古文字研究》第八辑，中华书局1983年2月版。
岛邦男：《卜辞上父母兄子之称谓》，《古文字研究》第八辑，中华书局1983年2月版。

松丸道雄：《日本散见甲骨文字搜集》，《古文研究》第八辑，中华书局1983年2月版。
岛邦男：《贞人补正》，《古文字研究》第八辑，中华书局1983年2月版。
前川捷三：《关于午组卜辞的考察》，《古文字研究》第八辑，中华书局1983年2月版。
商承祚：《关于王国维先生之死》，《晋阳学刊》1983年第3期。
陈邦怀：《记商玉版甲子表》，《天津社会科学》1983年第3期。
王贵民：《晚商中期的历史地位》，《中国史研究》1983年第3期。
李　民：《〈禹贡〉、冀州与夏文化探索》，《社会科学战线》1983年第3期。
杨宝成：《商代纪年新议》，《史学月刊》1983年第3期。
夏　渌：《古文字奴隶名称补遗》，《武汉大学学报》1983年第3期。
郭若愚：《纠正殷武丁时期杀伐二千六百五十六人的一件史实》，《上海师范学院学报》1983年第2期。
曹定云：《论武乙、文丁祭祀卜辞》，《考古》1983年第3期。
杨升南：《〈甲骨探史录〉出版》，《中国史研究动态》1983年第3期。
钟　志：《商亳考》，《中州今古》1983年第3期。
周文康：《商人名称源于商丘说质疑》，《北京商学院学报》1983年第3期。
郑　光：《释䵼》，《中原文物》1983年第3期。
徐光烈：《试释甲骨刻辞中的"此"》，《重庆师院学报》1983年第3期。
濮茅左：《卜辞释序分析二例》，《中原文物》1983年第3期。
张政烺：《殷契䚄田解》，《甲骨文与殷商史》，上海古籍出版社1983年3月版。
李学勤：《释多君多子》，《甲骨文与殷商史》，上海古籍出版社1983年3月版。
裘锡圭：《说卜辞的焚巫尪与作土龙》，《甲骨文与殷商史》，上海古籍出版社1983年3月版。
寒　峰：《商代"臣"的身份缕析》，《甲骨文与殷商史》，上海古籍出版社1983年3月版。
罗　琨：《"高宗伐鬼方"史迹考辨》，《甲骨文与殷商史》，上海古籍出版社1983年3月版。

杨升南：《卜辞所见诸侯对商王室的臣属关系》，《甲骨文与殷商史》，上海古籍出版社 1983 年 3 月版。

王贵民：《就殷虚甲骨文所见试说"司马"职名的起源》，《甲骨文与殷商史》，上海古籍出版社 1983 年 3 月版。

曹定云：《"亚弜"、"亚启"考》，《甲骨文与殷商史》，上海古籍出版社 1983 年 3 月版。

孟世凯：《商代田猎性质初探》，《甲骨文与殷商史》，上海古籍出版社 1983 年 3 月版。

常玉芝：《关于周祭中武乙文丁等的祀序问题》，《甲骨文与殷商史》，上海古籍出版社 1983 年 3 月版。

常　弘：《释橐和蠹》，《甲骨文与殷商史》，上海古籍出版社 1983 年 3 月版。

崑　苍：《殷虚卜辞有用羌于农业生产的记载吗?》，《甲骨文与殷商史》，上海古籍出版社 1983 年 3 月版。

张政烺：《释甲骨文尊田及土田》，《中国历史文献研究集刊》第三辑，1983 年。

王庆祥：《关于古文字学的若干问题——访我国著名古文字学家于省吾教授》，《学术研究丛刊》三，1983 年。

曾　礼：《唐兰传略》，《中国当代社会科学家》第三辑，书目文献出版社 1983 年 3 月版。

于省吾：《释百》，《江汉考古》1983 年第 4 期。

宋镇豪：《甲骨文"九十"合书例》，《中原文物》1983 年第 4 期。

李裕民：《伊尹的出身及其姓名考辨》，《山西大学学报》1983 年第 4 期。

杨文山：《〈尚书·高宗肜日〉疏议——兼论商朝武丁时期的"殷道复兴"》，《河北师范大学学报》1983 年第 4 期。

郑杰祥：《卜辞所见亳地考》，《中原文物》1983 年第 4 期。

周文康：《武王伐纣年代考》，《徐州师范学院学报》1983 年第 4 期。

胡厚宣：《关于商周史学习问题》，《文史知识》1983 年第 5 期。

王克林：《晋国探源》，《地名知识》1983 年第 5 期。

侯　敏：《"我其已宾，乍帝降若"试释》，《北方论丛》1983 年第 5 期。

康　殷：《古文字学新论》，荣宝斋 1983 年 5 月版。

刘蕙孙：《从古文字"亳"字探讨郑州商城问题》，《考古》1983 年第 5 期。

张政烺：《妇好略说》，《考古》1983年第6期。
裘锡圭：《关于商代的宗族组织和贵族平民两个阶级的研究》，《文史》第十七辑，中华书局1983年6月版。
陈复澄：《咸为成汤说》，《辽宁文物》第5期，1983年6月。
曹定云：《论族字异构和"王族"合方》，《考古与文物》1983年第6期。
李静生：《纳西东巴文与甲骨文的比较研究》，《云南社会科学》1983年第6期。
宋镇豪：《评介张光直著〈商代文明〉》，《中国史研究动态》1983年第6期。
肖　艾：《王国维评传》，浙江文艺出版社1983年7月版。
王庆祥：《于省吾谈中国古文字研究》，《百科知识》1983年第7期。
黄　烈：《郭老在史学上的贡献》，《中国史研究动态》1983年第7期。
叶桂生、刘茂林：《五年来关于郭沫若史学的评论与研究》，《中国史研究动态》1983年第7期。
胡庆钧：《郭沫若与凉山彝族的研究》，《学术月刊》1983年第7期。
薛　池：《郭沫若研究学术座谈会在京举行》，《中国史研究动态》1983年第7期。
程亦军：《一部文化巨著的诞生——访〈甲骨文合集〉总编辑胡厚宣》，《光明日报》1983年7月24日。
于省吾：《释两》，《古文字研究》第十辑，中华书局1983年7月版。
张政烺：《殷契臼字说》，《古文字研究》第十辑，中华书局1983年7月版。
陈世辉：《释戠——兼说甲骨文不字》，《古文字研究》第十辑，中华书局1983年7月版。
蔡运章：《释肩》，《古文字研究》第十辑，1983年7月。
夏　渌：《学习古文字琐记二则》，《古文字研究》第十辑，中华书局1983年7月版。
洪家义：《令命的分化》，《古文字研究》第十辑，中华书局1983年7月版。
孙常叙：《假借形声和先秦文字的性质》，《古文字研究》第十辑，中华书局1983年7月版。
赵　诚：《古文字发展过程中的内部调整》，《古文字研究》第十辑，中华书局 1983 年 7 月版。

张亚初：《殷虚都城与山西方国考》，《古文字研究》第十辑，中华书局 1983 年 7 月版。

沈之瑜：《释"琮"》，《上海博物馆馆刊》第 2 期，上海古籍出版社 1983 年 7 月版。

于省吾：《释"茧"》，《上海博物馆馆刊》第 2 期，上海古籍出版社 1983 年 7 月版。

沈之瑜、濮茅左：《套卜大骨一版考释》，《上海博物馆馆刊》第 2 期，上海古籍出版社 1983 年 7 月版。

濮茅左：《"贞"字探源》，《上海博物馆馆刊》第 2 期，上海古籍出版社 1983 年 7 月版。

张政烺：《妇好略说补记》，《考古》1983 年第 8 期。

郑振香：《妇好墓出土司巧母铭文铜器的探讨》，《考古》1983 年第 8 期。

裘锡圭：《甲骨卜辞中所见的"田""牧""卫"等职官的研究》，《文史》第十九辑，中华书局 1983 年 8 月版。

黄　烈：《郭沫若在史学上的贡献》，《人民日报》1983 年 8 月 29 日。

余长安：《他拄着双拐向上攀登》，《光明日报》1983 年 8 月 18 日。

黄　波：《让生命变得更有价值》，《光明日报》1983 年 8 月 22 日。

张光直：《中国青铜时代》，三联书店 1983 年 9 月版。

戴家祥：《王静安先生与甲骨文字学的发展》，《王国维学术研究论集》一，华东师范大学出版社 1983 年 9 月版。

刘　征：《有感于吃甲骨文》，《光明日报》1983 年 9 月 24 日。

肖家琼：《卜辞中的"立中"与商代的圭表测影》，《科技史文集》第十辑，1983 年。

沈　抗：《甲骨学史上的"四堂"》，《文史知识》1983 年第 10 期。

黄展岳：《殷商墓葬中人殉人牲的再考察》，《考古》1983 年第 10 期。

杨锡璋：《商代的墓地制度》，《考古》1983 年第 10 期。

李先登：《也谈甲骨文的发现》，《光明日报》1983 年 11 月 5 日。

王宇信：《商王朝的内外职官》，《文史知识》1983 年第 11 期。

王贵民：《"吕"非耜形新探》，《农业考古》第 2 期，1983 年 12 月。

彭邦炯：《商代卜螽说》，《农业考古》1983 年 12 月第 2 期。

范毓周：《殷代的蝗灾》，《农业考古》1983 年 12 月第 2 期。

徐云峰：《武丁时代稻谷生产中的一次旱灾》，《农业考古》1983年12月第2期。

夏麦陵：《殷商牛耕说献疑》，《农业考古》1983年12月第2期。

温少峰、袁庭栋：《殷墟卜辞研究——科技篇》，四川省社会科学院出版社1983年12月版。

郑慧生：《甲骨卜辞所见商代天文、历法与气象知识》，《中国古代史论丛》第八辑，福建人民出版社1983年12月版。

张舜徽：《王国维与罗振玉在学术研究上的关系》，《王国维学术研究论集》，华东师范大学出版社1983年版。

于省吾：《于省吾自传》，《中国现代社会科学家传略》，山西人民出版社1983年12月版。

李学勤：《李学勤自传》，《中国现代社会科学家传略》，山西人民出版社1983年12月版。

杨升南：《罗振玉传略》，《中国现代社会科学家传略》，山西人民出版社1983年12月版。

1984年

杨　宽：《殷代的别都制度》，《复旦学报》1984年第1期。

徐中舒：《怎样考释古文字》，《先秦史研究动态》1984年第1期。

张培瑜、卢　央、徐振韬：《试论殷代历法的月与月相的关系》，《南京大学学报》1984年第1期。

范毓周：《最近十年来国内殷商史研究鸟瞰》，《先秦史研究动态》1984年第1期。

尤仁德：《古文字研究札记四则》，《考古与文物》1984年第1期。

郑慧生：《"殷正建未"说》，《史学月刊》1984年第1期。

王光镐：《商代无楚》，《江汉论坛》1984年第1期。

石　子：《甲骨文的发现》，《北京晚报》1984年1月30日。

陈炜湛：《甲骨文研究的过去、现状及今后的展望》，《古文字研究》第九辑，中华书局1984年1月版。

肖　楠：《再论武乙、文丁卜辞》，《古文字研究》第九辑，中华书局1984年1月版。

林　沄：《小屯南地发掘与殷虚甲骨断代》，《古文字研究》第九辑，中华书局1984年1月版。

夏含夷：《释"御方"》，《古文字研究》第九辑，中华书局 1984 年 1 月版。

高嶋谦一：《问"鼎"》，《古文字研究》第九辑，中华书局 1984 年 1 月版。

许进雄：《甲骨文所发现的牛耕》，《古文字研究》第九辑，中华书局 1984 年 1 月版。

高　明：《武丁时代"贞娩卜辞"之再研究》，《古文字研究》第九辑，中华书局 1984 年 1 月版。

姚孝遂：《牢、宰考辨》，《古文字研究》第九辑，1984 年 1 月版。

大会秘书组：《中国古文字研究会第四届年会纪要》，《古文字研究》第九辑，中华书局 1984 年 1 月版。

徐云峰：《稻作史的一项珍贵史料——介绍一则卜辞》，《中国农史》第一辑，1984 年。

杨升南：《卜辞"立事"说》，《殷都学刊》1984 年第 2 期。

徐喜辰：《"众"、"庶人"并非奴隶论补证——兼说商周农民多于奴隶亦为奴隶社会问题》，《东北师大学报》1984 年第 2 期。

陈邦怀：《记商小臣腐玉》，《天津社会科学》1984 年第 2 期。

王光镐：《甲文楚字辨——兼论正、足不同源》，《江汉考古》1984 年第 2 期。

夏　渌：《古史祖妣日名考》，《中南民族学院学报》1984 年第 2 期。

冯良珍：《释肱》，《山西大学学报》1984 年第 2 期。

张恩言：《国宝罹难录——殷虚司母戊方鼎出土前后》，《中州今古》1984 年第 2 期。

沈东成：《伊尹墓》，《中州今古》1984 年第 2 期。

李德勤：《商殷学校蠡谈》，《中州今古》1984 年第 2 期。

赵　洛：《义不苟生——甲骨文的发现者王懿荣》，《文物天地》1984 年第 2 期。

范毓周：《释"王"》，《西北大学学报》1984 年第 2 期。

刘昭瑞：《释甲骨文腥胜二字》，《河南师大学报》1984 年第 2 期。

陈建敏：《甲骨文金文所见商周工官工奴考》，《学术月刊》1984 年第 2 期。

陈复澄：《殷墟卜辞中的"入乙"》，《考古与文物》1984 年第 2 期。

李学勤：《干支纪年和十二生肖起源新证》，《文物天地》1984 年第 3 期。

陈炜湛：《甲骨文所见第一人称代词辨析》，《学术研究》1984 年第 3 期。

玉　华、柯　华：《著名甲骨文专家胡厚宣来校讲学》，《郑州大学学报》1984 年第 3 期。

夏　渌：《说孔解孟——附释一组有关吃小孩的文字》，《字词天地》1984 年第 3 期。

陈炜基：《"万"字是蝎子的象形》，《字词天地》1984 年第 3 期。

罗春初：《说复关》，《文史知识》1984 年第 3 期。

姜亮夫：《古文字学》，浙江人民出版社 1984 年 4 月版。

王宇信：《西周甲骨探论》，中国社会科学出版社 1984 年 4 月版。

胡厚宣：《论殷人治疗疾病之方法》，《中原文物》1984 年第 4 期。

胡厚宣：《全国商史学术讨论会闭幕词》，《中原文物》1984 年第 4 期。

胡厚宣：《关于〈殷虚书契考释〉的写作问题》，《社会科学战线》1984 年第 4 期。

郭若愚：《试论殷代简册的使用及其他》，《上海师大学报》1984 年第 4 期。

王宇信：《关于殷墟甲骨文的发现》，《殷都学刊》1984 年第 4 期。

杨升南：《从〈尚书·盘庚〉三篇看商代的政体》，《郑州大学学报》1984 年第 4 期。

宋镇豪：《释"痦"》，《殷都学刊》1984 年第 4 期。

夏麦陵：《考古所见商代的乐舞》，《中原文物》1984 年第 4 期。

郑慧生：《从商代无嫡妾制度说到它的生母入祀法》，《社会科学战线》1984 年第 4 期。

晁福林：《试论殷代的王权与神权》，《社会科学战线》1984 年第 4 期。

邹　衡：《偃师商城即太甲桐宫说》，《北京大学学报》1984 年第 4 期。

孟世凯：《安阳小屯与甲骨》，《中州今古》1984 年第 4 期。

陆思贤：《释甲骨文中的"巫"字》，《内蒙古师大学报》1984 年第 4 期。

惠　德：《郭沫若速解甲骨文之秘密》，《文摘报》1984 年 4 月 20 日。

罗福颐：《罗振玉的学术贡献》，《中国语文研究》1984 年第 5 期。

胡厚宣：《八十五年来甲骨文材料之再统计》，《史学月刊》1984 年第 5 期。

王贵民：《上古重食水产杂议》，《中国烹饪》1984 年第 5 期。

马如森：《释"若"》，《东北师大学报》1984 年第 5 期。

徐锡台：《殷虚卜辞中"夏"字考》，《人文杂志》1984年第5期。

李先登：《关于甲骨文最初发现情况之辨证》，《天津师大学报》1984年第5期。

袁庭栋：《我国何时食牛奶》，《中国烹饪》1984年第5期。

仁　言：《大放异彩的地下"档案库"——漫谈甲骨文》，《文物天地》1984年第5期。

陈炜湛：《古文字与篆刻》，《字词天地》总第五期，1984年。

李学勤：《古文字学的基础工作》，《文史哲》1984年第6期。

李　瑾：《论"非王卜辞"与中国古代社会之差异》，《华中师院学报》1984年第6期。

郑慧生：《商代卜辞四方神名、风名与后世春夏秋冬四时之关系》，《史学月刊》1984年第6期。

秦永龙：《释"丽"》，《东北师范大学学报》1984年第6期。

张汉之：《古文字琐记》，《考古与文物》1984年第6期。

傅同欣：《古代刻文记事》，《天津社会科学》1984年第6期。

戴家祥：《戴家祥自传》，《中国当代社会科学家》第六辑，书目文献出版社1984年6月版。

孟世凯：《甲骨文所见商周关系再探讨》，《西周史研究》(《人文杂志》丛刊第二辑)，1984年8月。

张明华：《探索殷商物质文明的尝试——喜读〈殷虚卜辞研究：科技篇〉》，《读书》1984年第10期。

沙文汉：《中国奴隶制度的探讨》，上海社会科学院出版社1984年10月版。

李　午、夏　渌：《卜辞中南方各民族史料偶拾》，《楚史论丛》，湖北人民出版社1984年10月版。

梁　晴、聂玉海：《商史学术讨论会在安阳召开》，《光明日报》1984年10月30日。

宋镇豪：《甲骨文研究》，《中国百科年鉴（1984年）》，中国大百科全书出版社1984年版。

宋镇豪、刘　翔：《中国古文字研究会第五届年会概述》，《中国史研究动态》1984年第11期。

1985 年

胡厚宣：《关于刘体智、罗振玉、明义士旧藏甲骨现状的说明》，《殷都学刊》1985 年第 1 期。

李国正：《"臣"字新论》，《厦门大学学报》1985 年第 1 期。

聂玉海：《〈史记·殷本纪〉中一条史料的辨正》，《殷都学刊》1985 年第 1 期。

徐锡台：《殷墟出土的一些病类卜辞考释》，《殷都学刊》1985 年第 1 期。

仁　言：《殷墟甲骨文基础七讲》，《殷都学刊》1985 年第 1—4 期。

张钧成：《殷商林考》，《农业考古》1985 年第 1 期。

卫　斯：《从甲骨文看商代养猪技术》，《农业考古》1985 年第 1 期。

徐锡台：《我国商周时期农作物种类的研讨》，《农业考古》1985 年第 1 期。

王贵民：《中国早期精神文明一瞥》，《历史教学问题》1985 年第 1 期。

陈公柔、周永珍、张亚初：《于省吾先生在学术方面的贡献》，《考古》1985 年第 1 期。

杨新平、张治安：《全国商史学术讨论会综述》，《中州今古》1985 年第 1 期。

史树青：《无敄鼎的发现及其意义》，《文物》1985 年第 1 期。

王贵民：《申论契文"雉众"为陈师说》，《文物研究》1985 年第 1 期。

洪家义：《古文字杂记》，《文物研究》1985 年第 1 期。

卫　斯：《从甲骨文材料中看商代的养牛业》，《中原文物》1985 年第 1 期。

孙心一：《访甲骨学专家胡厚宣教授》，《中州学刊》1985 年第 1 期。

宋镇豪：《甲骨学商史论著目（一九八一年）》，《先秦史研究动态》1985 年第 1 期。

中央人民广播电台：《武汉大学将甲骨文输入计算机》，《光明日报》1985 年 1 月 13 日。

李学勤：《甲骨学基础知识》，《文史知识》1985 年第 1 期。

李学勤：《甲骨文发现八十五周年》，《博览群书》创刊号，1985 年 1 月。

李学勤：《小臣缶方鼎与箕子》，《殷都学刊》1985 年第 2 期。

崔志远：《关于殷虚甲骨文发现的通信》，《殷都学刊》1985 年第 2 期。

陈　旭：《河南古代青铜冶铸业的兴起》，《中州今古》1985 年第 2 期。

潘锡庆：《从甲骨文字中考中国商业的起源》，《江苏商论》1985 年第 2 期。

晁福林：《评〈甲骨文合集〉》，《中国史研究》1985 年第 2 期。

冯　涛：《罗振玉与甲骨学》，《人文杂志》1985 年第 2 期。

郑慧生：《商代宗法溯源》，《郑州大学学报》1985 年第 2 期。

齐文心：《关于商代称王的封国君长的探讨》，《历史研究》1985 年第 2 期。

李学勤：《考古发现与中国文字起源》，《中国文化研究集刊》二，复旦大学出版社 1985 年 2 月版。

刘起釪：《谈〈高宗肜日〉》，《全国商史学术讨论会论文集》（《殷都学刊》增刊），1985 年 2 月。

斯维至：《汤涛雨桑林之社和桑林之舞》，《全国商史学术讨论会论文集》（《殷都学刊》增刊），1985 年 2 月。

赵　诚：《商代社会性质探讨》，《全国商史学术讨论会论文集》（《殷都学刊》增刊），1985 年 2 月。

洪家义、王贵民：《从意识形态看商代社会状况》，《全国商史学术讨论会论文集》（《殷都学刊》增刊），1985 年 2 月。

徐锡台：《商周文化的几点异同》，《全国商史学术讨论会论文集》（《殷都学刊》增刊），1985 年 2 月。

杨升南：《汤放桀之役中的几个地理问题》，《全国商史学术讨论会论文集》（《殷都学刊》增刊），1985 年 2 月。

陈　旭：《商代手工业者》，《全国商史学术讨论会论文集》（《殷都学刊》增刊），1985 年 2 月。

王　珍：《试论商代的商业和货币》，《全国商史学术讨论会论文集》（《殷都学刊》增刊），1985 年 2 月。

李绍连：《人殉人祭与商周奴隶制》，《全国商史学术讨论会论文集》（《殷都学刊》增刊），1985 年 2 月。

戴志强、郭胜强：《试论帝乙、帝辛时期殷都未迁》，《全国商史学术讨论会论文集》（《殷都学刊》增刊），1985 年 2 月。

田　涛：《谈朝歌为殷纣帝都》，《全国商史学术讨论会论文集》（《殷都学刊》增刊），1985 年 2 月。

陈恩林：《商代军队组织略论》，《全国商史学术讨论会论文集》（《殷都学胡厚宣：《殷代的史为武官说》，《全国商史学术讨论会论文集》（《殷都学刊》增刊），1985年2月。

裘锡圭：《甲骨文中所见的商代农业》，《全国商史学术讨论会论文集》（《殷都学刊》增刊），1985年2月。

肖　艾：《卜辞文学再探》，《全国商史学术讨论会论文集》（《殷都学刊》增刊），1985年2月。

裴明相：《略谈郑州商代前期的骨刻文字》，《全国商史学术讨论会论文集》（《殷都学刊》增刊），1985年2月。

朱凤瀚：《论商人诸宗族与商王朝的关系》，《全国商史学术讨论会论文集》（《殷都学刊》增刊），1985年2月。

罗　琨：《殷虚卜辞中的高祖与商人的传说时代》，《全国商史学术讨论会论文集》（《殷都学刊》增刊），1985年2月。

范毓周：《说"我母"》，《全国商史学术讨论会论文集》（《殷都学刊》增刊），1985年2月。

宋镇豪：《试论殷代的记时制度》，《全国商史学术讨论会论文集》（《殷都学刊》增刊），1985年2月。

肖良琼：《商代的都邑邦鄙》，《全国商史学术讨论会论文集》（《殷都学刊》增刊），1985年2月。

陈建敏：《论午组卜辞的称谓系统及其时代》，《全国商史学术讨论会论文集》（《殷都学刊》增刊），1985年2月。

孟世凯：《甲骨学的发展与商史研究》，《全国商史学术讨论会论文集》（《殷都学刊》增刊），1985年2月。

彭金章、晓　田：《试论偃师商城》，《全国商史学术讨论会论文集》（《殷都学刊》增刊），1985年2月。

游　寿：《殷契选释》，黑龙江人民出版社1985年3月版。

罗振玉篆：《集殷虚文字楹帖》，吉林大学古籍研究所整理，1985年3月。

杨升南：《从殷虚卜辞中的"示"、"宗"说到商代的宗法制度》，《中国史研究》1985年第3期。

成文魁：《奇妙的歌棒》，《文物天地》1985年第3期。

杨文山：《商代的"井方"与"祖乙迁于邢"考》，《河北学刊》1985年第3期。

谭　凤：《出土甲骨小记》，《纵横》1985年第3期。
蒋至静：《释中国》，《内蒙古社会科学》1985年第3期。
陈汉平：《释纂、纂、馈、缵、瓒》，《人文杂志》1985年第3期。
郑慧生：《释家》，《河南大学学报》1985年第4期。
袁英龙：《王国维》，《中国史学家评传》下，中州古籍出版社1985年4月版。
尹　达：《郭沫若》，《中国史学家评传》下，中州古籍出版社1985年4月版。
王世民：《陈梦家》，《中国史学家评传》下，中州古籍出版社1985年4月版。
蔡尚思：《王国维的学问、思想及死因》，《历史研究》1985年第4期。
朱长超：《从古文字看原始思维及其发展》，《上海社会科学院学术季刊》1985年第4期。
李　民：《释"其在祖甲"》，《殷都学刊》1985年第4期。
聂玉海：《卜辞中"众"与周之"国人"比较》，《殷都学刊》1985年第4期。
王仲殊：《夏鼐先生传略》，《考古学报》1985年第4期。
范毓周：《牧野考》，《中州今古》1985年第4期。
谢励武：《郭沫若与中日文化交流》，《史学月刊》1985年第4期。
王宇信：《一部反映我国商史研究最新成果的好书》，《史学月刊》1985年第4期。
陈志达：《妇好墓及其相关问题》，《考古与文物》1985年第4期。
唐嘉弘：《略论夏商周帝王的称号及国家政体》，《历史研究》1985年第4期。
罗益群：《殷商时期白种人在中原的足迹考》，《河北学刊》1985年第4期。
贝塚茂树著，杨升南译：《评甲骨文断代研究的字体演变观》，《殷都学刊》1985年第4期。
徐鸿修：《商周青铜器铭文概述》，《文史哲》1985年第4期。
李学勤：《古文字学初阶》，中华书局1985年5月版。
中国社会科学院考古研究所编：《新中国的考古发现与研究》，文物出版社1985年5月版。

张钰哲、张培瑜：《殷周天象和征商年代》，《人文杂志》1985年第5期。
湖南师大学报编：《杨树达诞辰百周年纪念集》，湖南教育出版社1985年5月版。
李学勤：《商代的四风与四时》，《中州学刊》1985年第5期。
詹鄞鑫：《释甲骨文"久"字》，《中国语文》1985年第5期。
夏　渌：《释甲骨文春夏秋冬》，《武汉大学学报》1985年第5期。
王宇信：《〈全国商史学术讨论会论文集〉出版》，《光明日报》1985年5月15日。
郭胜强、郭万青：《殷虚漫话》，河南人民出版社1985年6月版。
高建国：《从甲骨文看商代科学技术》，《北京科技报》1985年6月15日。
徐华西：《家乡人怎样看待王国维》，《光明日报》1985年6月16日。
詹鄞鑫：《读〈小屯南地甲骨〉札记》，《考古与文物》1985年第6期。
胡厚宣：《记日本东京都大学考古研究室所藏一片牛胛骨卜辞》，《考古与文物》1985年第6期。
王慎行：《用勤奋和毅力叩开古文字奥秘的大门》，《河北学刊》1985年第6期。
周永珍：《殷代"韦"字铭文铜器》，《出土文献研究》，文物出版社1985年6月版。
张政烺：《庚壶释文》，《出土文献研究》，文物出版社1985年6月版。
连劭名：《甲骨文"玉"及相关问题》，《出土文献研究》，文物出版社1985年6月版。
陈汉平：《古文字释丛》，《出土文献研究》，文物出版社1985年6月版。
徐中舒：《怎样考释古文字》，《出土文献研究》，文物出版社1985年6月版。
宋镇豪：《甲骨文"出日"、"入日"考》，《出土文献研究》，文物出版社1985年6月版。
裘锡圭：《甲骨卜辞中所见的逆祀》，《出土文献研究》，文物出版社1985年6月版。
胡厚宣：《卜辞"日月又食"说》，《出土文献研究》，文物出版社1985年6月版。
陈炜湛：《"历组卜辞"的讨论与甲骨文断代研究》，《出土文献研究》，文物出版社1985年6月版。

郑慧生：《从商代的先公和帝王世系说到他的传位制度》，《史学月刊》1985 年第 6 期。

李先登：《夏代有文字吗？》，《文史知识》1985 年第 7 期。

姚孝遂、肖　丁：《小屯南地甲骨考释》，中华书局 1985 年 8 月版。

杨升南：《一本研究西周甲骨继往开来的著作》，《社会科学评论》1985 年第 8 期。

彭　林：《释弜》，《考古》1985 年第 8 期。

李　民：《夏商史探索》，河南人民出版社 1985 年 9 月版。

杨育彬：《河南考古》，中州古籍出版社 1985 年 10 月版。

张政烺：《殷虚甲骨文中所见的一种筮卦》，《文史》第二十四辑，中华书局 1985 年 10 月版。

商承祚：《我与容希白》，《古文字研究》第十二辑，中华书局 1985 年 10 月版。

马国权、孙稚雏：《容庚先生在学术上的贡献》，《古文字研究》第十二辑，中华书局 1985 年 10 月版。

张振林：《希白师治学道路初探》，《古文字研究》第十二辑，中华书局 1985 年 10 月版。

张政烺：《释因蕴》，《古文字研究》第十二辑，中华书局 1985 年 10 月版。

裘锡圭：《释殷虚甲骨文的"远"、"𢕕"（迩）及有关诸字》，《古文字研究》第十二辑，中华书局 1985 年 10 月版。

赵　诚：《诸帚探索》，《古文字研究》第十二辑，中华书局 1985 年 10 月版。

姚孝遂：《读〈小屯南地甲骨〉札记》，《古文字研究》第十二辑，中华书局 1985 年 10 月版。

陈炜湛：《"侯屯"卜骨考略》，《古文字研究》第十二辑，中华书局 1985 年 10 月版。

齐文心：《商殷时期古黄国初探》，《古文字研究》第十二辑，中华书局 1985 年 10 月版。

伊藤道治：《卜辞中"虚词"之性格——以宙与隹之用例为中心》，《古文字研究》第十二辑，中华书局 1985 年 10 月版。

于省吾：《释古文字中的翏字和工册、弜册、豆册》，《古文字研究》第十二辑，中华书局 1985 年 10 月版。

林　沄：《豐豐辨》，《古文字研究》第十二辑，中华书局 1985 年 10 月版。
李京华：《从读侦探小说到破释古文字——记著名古文字学家裘锡圭》，《博览群书》1985 年第 12 期。
张亚初：《对妇好之好与称谓之司的剖析》，《考古》1985 年第 12 期。
马执斌：《我国植棉始于夏商时期》，《北京晚报》1985 年 12 月 30 日。
吴浩坤、潘　悠：《中国甲骨学史》，上海人民出版社 1985 年 12 月版。

1986 年

王明阁：《甲骨学初论》，黑龙江人民出版社 1986 年 1 月版。
胡厚宣：《记香港大会堂美术博物馆所藏一片牛胛骨卜辞》，《中原文物》1986 年第 1 期。
罗继祖：《大云书库藏书、搜集、破坏、整理、归宿记略》，《社会科学战线》1986 年第 1 期。
马世之：《商族图腾崇拜及其名称的由来》，《殷都学刊》1986 年第 1 期。
何幼琦：《试论帝乙、帝辛纪年》，《殷都学刊》1986 年第 1 期。
欧阳可亮：《甲骨还乡之愿》，《殷都学刊》1986 年第 1 期。
胡厚宣：《泰州博物馆所藏甲骨文字辨伪》，《殷都学刊》1986 年第 1 期。
詹鄞鑫：《释甲骨文"彝"字》，《北京大学学报》1986 年第 1 期。
刘　亮：《从甲骨文看周人对凤的崇拜》，《文博》1986 年第 1 期。
李　民：《开拓殷商史研究的新局面》，《殷都学刊》1986 年第 1 期。
胡厚宣：《开展专题研究，为写好商史创造条件》，《殷都学刊》1986 年第 1 期。
严　强、度　伟：《甲骨入藏山东记》，《文物天地》1986 年第 1 期。
黄奇逸：《释沃丁、盘庚》，《考古与文物》1986 年第 1 期。
唐钰明：《卜辞"我其巳宾乍帝降若"解》，《中山大学学报》1986 年第 1 期。
李伯谦：《异族族系考》，《考古与文物》1986 年第 1 期。
沃兴华：《论殷周时代的上帝崇拜与祖先崇拜》，《中国史集刊》第一辑，江苏人民出版社 1986 年版。
郑若葵：《释"卫"》，《考古》1986 年第 2 期。
谢　济：《试说郭沫若〈殷契余论〉对甲骨学的贡献》，《殷都学刊》1986 年第 2 期。
郑慧生：《商代的农耕活动》，《农业考古》1986 年第 2 期。

荆三林：《试论殷商源流》，《郑州大学学报》1986年第2期。
方述鑫：《说甲骨文"入"字》，《四川大学学报》1986年第2期。
杜廼松：《深切思念唐兰先生》，《文物天地》1986年第2期。
曹定云：《试论殷墟侯家庄一〇〇一号墓墓主》，《考古与文物》1986年第2期。
赵　诚：《近几年的古文字研究》，《中国语文天地》1986年第2期。
夏麦陵：《殷代能炼铁吗?》，《史学月刊》1986年第2期。
刘　桓：《从甲骨文到石鼓文》，《文物天地》1986年第2期。
尤仁德：《商代玉鸟与商代社会》，《考古与文物》1986年第2期。
李光霁：《商朝政制中的神权、族权与王族》，《历史教学》1986年第2期。
沃兴华：《漫谈甲骨文》，《历史教学问题》1986年第2期。
傅永和：《汉字的起源》，《语文导报》1986年第2期。
肖　楠：《〈小屯南地甲骨〉缀合篇》，《考古学报》1986年第3期。
齐文心：《关于英藏甲骨整理中的几个问题》，《史学月刊》1986年第3期。
胡厚宣：《甲骨入藏山东补记》，《文物天地》1986年第3期。
王宇信：《新中国的建立与甲骨学的深入研究时期》，《殷都学刊》1986年第3期。
陈炜湛：《汉字古今谈》，《语文建设》1986年第3期。
崔志远：《甲骨文无"仁"字辨》，《考古与文物》1986年第3期。
聂玉海：《试谈〈尚书·盘庚〉中的"众"》，《殷都学刊》1986年第3期。
田　璞：《从甲骨卜辞看殷商时代的神话传说》，《殷都学刊》1986年第3期。
张培瑜：《殷墟卜辞历法研究综述》，《先秦史研究动态》1986年第3期。
王章焕、曾祥芹：《甲骨卜辞——中国最早的文章形态》，《殷都学刊》1986年第3期。
郭青萍、郭胜强：《卜辞句法结构研究刍议》，《殷都学刊》1986年第3期。
谢　济：《郭沫若〈卜辞通纂〉对甲骨学的巨大贡献》，《郭沫若研究》二，文化艺术出版社1986年3月版。
李　瑾、曹毓英：《殷代辽东"房"邑地理考》，《华中师大学报》1986年第 3 期。

沈之瑜：《甲骨卜辞新获》，《上海博物馆馆刊》第 3 期，上海古籍出版社 1986 年 4 月版。

戴家祥：《"社"、"杜"、"土"古本一字考》，《上海博物馆馆刊》第 3 期，上海古籍出版社 1986 年 4 月版。

杨升南：《武丁时行"年中置闰"的证据》，《殷都学刊》1986 年第 4 期。

朱　桢：《贞人非卜辞契刻者》，《殷都学刊》1986 年第 4 期。

王贵民：《商朝官制及其历史特点》，《历史研究》1986 年第 4 期。

朱凤瀚：《关于殷墟卜辞中的周侯》，《考古与文物》1986 年第 4 期。

夏　渌：《"小子"释义补正》，《中国语文》1986 年第 4 期。

李绍连：《建国以来商史研究论述》，《中州学刊》1986 年第 4 期。

王贵民：《试论商代的社会和政权结构》，《中州学刊》1986 年第 4 期。

陈汉平：《古文字释丛》，《考古与文物》1986 年第 4 期。

宗　东：《汉字漫谈》，《电大教学》1986 年第 4 期。

方述鑫：《甲骨文字考释两则》，《考古与文物》1986 年第 4 期。

祝鸿熹：《汉字繁简散论》，《电大教学》1986 年第 4 期。

彭锦华：《沙市周梁玉桥甲骨的初步研究》，《考古》1984 年第 4 期。

范毓周：《息器、妇息与息国》，《郑州大学学报》1986 年第 4 期。

苏民生等：《西安出土一批原始时期甲骨文》，《光明日报》1986 年 5 月 1 日。

新华社：《西安出土迄今最早的甲骨文》，《文汇报》1986 年 5 月 1 日。

新华社：《陕西发现原始先民甲骨文》，《新民晚报》1986 年 5 月 2 日。

胡厚宣：《〈甲骨文合集〉与商史研究工作》，《文史知识》1986 年第 5 期。

韩康信：《殷商居民的种族》，《文史知识》1986 年第 5 期。

晁福林：《殷墟卜辞中的商王名号与商代王权》，《历史研究》1986 年第 5 期。

于承武：《释"大"》，《天津社会科学》1986 年第 5 期。

施谢捷：《释蘁》，《考古与文物》1986 年第 5 期。

童稼霖：《古朴遒劲数甲骨》，《苏州报》1986 年 5 月 18 日。

刘志伟：《安阳甲骨学会成立》，《安阳日报》1986 年 5 月 30 日。

刘一曼、郭振禄、温明荣：《考古发掘与卜辞断代》，《考古》1986 年第 6 期。

刘志伟：《唯使家乡声更蜚——访〈殷墟漫话〉一书作者郭胜强》，《安阳日报》1986年6月23日。

杨升南：《商代的都邑》，《文史知识》1986年第6期。

宋镇豪：《先秦时期是如何记时的》，《文史知识》1986年第6期。

洪宝森：《以甲骨文入印之第一人》，《周末报》1986年6月7日。

胡厚宣：《〈英国所藏甲骨集〉序》，《甲骨文与殷商史》第二辑，上海古籍出版社1986年6月版。

常玉芝：《"祊祭"卜辞时代的再辨析》，《甲骨文与殷商史》第二辑，上海古籍出版社1986年6月版。

谢　济：《祖庚祖甲卜辞与历组卜辞的分期》，《甲骨文与殷商史》第二辑，上海古籍出版社1986年6月版。

肖良琼：《卜辞文例与卜辞的整理和研究》，《甲骨文与殷商史》第二辑，上海古籍出版社1986年6月版。

赵　诚：《甲骨文词义系统探索》，《甲骨文与殷商史》第二辑，上海古籍出版社1986年6月版。

杨升南：《"殷人屡迁"辨析》，《甲骨文与殷商史》第二辑，上海古籍出版社1986年6月版。

林小安：《殷武丁臣属征伐与行祭考》，《甲骨文与殷商史》第二辑，上海古籍出版社1986年6月版。

彭邦炯：《从甲骨文的"秄"字说到商代农作物的收割法》，《甲骨文与殷商史》第二辑，上海古籍出版社1986年6月版。

范毓周：《甲骨文月食纪事刻辞考辨》，《甲骨文与殷商史》第二辑，上海古籍出版社1986年6月版。

宋镇豪：《甲骨文牵字说》，《甲骨文与殷商史》第二辑，上海古籍出版社1986年6月版。

刘克甫：《再论"弜"字》，《甲骨文与殷商史》第二辑，上海古籍出版社1986年6月版。

朱鸿元：《青铜刀契刻甲骨文字的探讨》，《甲骨文与殷商史》第二辑，上海古籍出版社1986年6月版。

项　北：《甲骨卜辞校正〈史记〉所载商代世系之误两例》，《甲骨文与殷商史》第二辑，上海古籍出版社1986年6月版。

云　居：《甲骨文中的几个最大数字》，《甲骨文与殷商史》第二辑，上海古籍出版社 1986 年 6 月版。

谌　岚：《释"众作藉不丧"》，《甲骨文与殷商史》第二辑，上海古籍出版社 1986 年 6 月版。

林　沄：《无名组卜辞中父丁称谓研究》，《古文字研究》第十三辑，中华书局 1986 年 6 月版。

林小安：《武乙文丁卜辞补正》、《古文字研究》第十三辑，中华书局 1986 年 6 月版。

彭裕商：《非王卜辞研》，《古文字研究》第十三辑，中华书局 1986 年 6 月版。

张亚初：《商代职官研究》，《古文字研究》第十三辑，中华书局 1986 年 6 月版。

吉德炜：《中国正史之渊源：商王占卜是否一贯正确？》，《古文字研究》第十三辑，中华书局 1986 年 6 月版。

夏含夷：《早期商周关系及其对武丁以后商王室势力范围的意义》，《古文字研究》第十三辑，中华书局 1986 年 6 月版。

伍仕谦：《怎样认识甲骨文字》，《古文字研究》第十三辑，中华书局 1986 年 6 月版。

姚孝遂：《〈殷契粹编〉校读》，《古文字研究》第十三辑，中华书局 1986 年 6 月版。

徐中舒：《怎样研究中国古代文字》，《古文字研究》第十五辑，中华书局 1986 年 6 月版。

于省吾：《释从天从大从人的一些古文字》，《古文字研究》第十五辑，中华书局 1986 年 6 月版。

裘锡圭：《释求》，《古文字研究》第十五辑，中华书局 1986 年 6 月版。

戴家祥：《"社"、"杜"、"土"古字本一字考》，《古文字研究》第十五辑，中华书局 1986 年 6 月版。

孙常叙：《释冒母》，《古文字研究》第十五辑，中华书局 1986 年 6 月版。

刘　钊：《释㠱》，《古文字研究》第十五辑，中华书局 1986 年 6 月版。

张桂光：《古文字中的形体讹变》，《古文字研究》第十五辑，中华书局 1986 年 6 月版。

赵　诚：《甲骨文虚辞探索》，《古文字研究》第十五辑，中华书局 1986 年 6 月版。

晁福林：《甲骨文考释两篇》，《语言文字研究专辑》下，上海古籍出版社1986年6月版。

裘锡圭：《说"嵒"、"严"》，《语言文字研究专辑》下，上海古籍出版社1986年6月版。

陈炜湛：《释甲骨文"妻"、"盥"二字》，《语言文字研究专辑》下，上海古籍出版社1986年6月版。

姜亮夫：《"示"、"社"形义说》，《语言文字研究专辑》下，上海古籍出版社1986年6月版。

郑振香：《试论殷虚文化分期及其相关问题》，《中国考古学研究》，文物出版社1986年8月版。

温明荣、郭振禄、刘一曼：《试论卜辞分期中的几个问题》，《中国考古学研究》，文物出版社1986年8月版。

殷涤非：《商周考古简编》，黄山书社1986年8月版。

王慎行：《商代穴居考》，《中国历史博物馆馆刊》总第8期，1986年。

刘志伟：《独于集古爱殷商——记在胡厚宣先生家里作客》，《安阳日报》1986年8月4日。

陈振濂：《空间美的确立——甲骨文艺术》，《光明日报》1986年8月5日。

孟世凯：《明义士收藏甲骨受骗记》，《古今掌故》1986年8月。

金　林：《寻觅王文敏公的踪迹》，《安阳日报》1986年8月9日。

范毓周：《甲骨文》，人民出版社1986年9月版。

林　沄：《古文字研究简论》，吉林大学出版社1986年9月版。

王玉哲：《鬼方考补正》，《考古》1986年第10期。

晁福林：《评介〈小屯南地甲骨〉》，《考古》1986年第10期。

刘兴隆：《甲骨文集句简释》，中州古籍出版社1986年11月版。

汪宁生：《彝族和纳西族的羊骨卜——再论古代甲骨占卜习俗》，《文物与考古论集》，文物出版社1986年12月版。

1987年以下略，可参阅：濮茅左：《甲骨学与商史论著目录》，上海古籍出版社1991年版。宋镇豪、常耀华：《百年甲骨学论著目》，语文出版社1999年版。

附录四
西周甲骨论著目

（1951—1999 年）

1951 年

郭宝钧：《1950 年春殷墟发掘报告》，《中国考古学报》第五册，1951 年。

1954 年

陈梦家：《解放后甲骨的新资料和整理研究》，《文物参考资料》1954 年第 5 期。

1955 年

山西省文物管理委员会：《山西洪赵县坊堆村古迹址墓葬群清理简报》，《文物参考资料》1955 年第 4 期。

郭宝钧、林寿晋：《一九五二年秋季洛阳东郊发掘报告》，《考古学报》第九册，1955 年。

1956 年

陕西省文物管理委员会：《长安张家坡村西周遗址的重要发现》，《文物参考资料》1956 年第 3 期。

陈梦家：《殷虚卜辞综述》，科学出版社 1956 年 7 月版，第 25—26 页。

畅文斋、顾铁符：《山西洪赵县坊堆村出土的卜骨》，《文物参考资料》1956 年第 7 期。

李学勤：《谈安阳小屯以外出土的有字甲骨》，《文物参考资料》1956 年第 11 期。

1957 年

唐　兰：《在甲骨金文中所见的一种已经遗失的中国古代文字》，《考古学报》1957 年第 2 期。

1963 年

中国科学院考古研究所：《沣西发掘报告》，文物出版社 1963 年 3 月版。

1972 年

郭沫若：《古代文字之辩证的发展》，《考古学报》1972 年第 1 期。又《奴隶制时代》，人民出版社 1973 年 5 月版，第 244—370 页。

1976 年

北京市文物管理处：《北京地区的又一重要考古收获》，《考古》1976 年第 4 期。

1977 年

《洛阳发现西周前期青铜器铸造遗址》，《文物特刊》第 35 期，1977 年 8 月 15 日。

《我省周原地区发现一万多片西周甲骨》，《陕西日报》1977 年 10 月 17 日。

新华社：《陕西周原地区发现一万多片西周早期甲骨》，《光明日报》1977 年 10 月 17 日。

新华社：《陕西周原地区发现西周早期甲骨》，《人民日报》1977 年 10 月 19 日。

1978 年

裘锡圭：《汉字形成问题的初步探索》，《中国语文》1978 年第 3 期。

《陕西出土一万余片周初甲骨》，《文物特刊》第 43 期，1978 年 3 月 15 日。

严一萍：《甲骨学》，艺文印书馆 1978 年版，第 93 页。

1979 年

李学勤：《古文字学术讨论会与古文字学的发展》，《中国史研究动态》1979 年第 3 期。

陈全方：《陕西周原考古的新收获》，《光明日报》1979 年 7 月 25 日。

罗哲文：《周初甲骨文的发现》，《人民画报》1979 年第 8 期。

徐锡台：《探索周原甲骨文中有关周初的历法问题》，《古文字研究》第一辑，中华书局 1979 年 8 月版。

徐锡台：《周原出土的甲骨文所见人名、官名、方国、地名浅释》，《古文字研究》第一辑，中华书局 1979 年 8 月版。

周原考古队：《陕西岐山凤雏村发现周初甲骨文》，《文物》1979 年第 10 期。

文物编辑委员会：《文物考古工作三十年》，文物出版社 1979 年 11 月版。

1980 年

庞　朴：《枚卜新证》，《历史研究》1980 年第 1 期。

严一萍：《周原甲骨》，《中国文字》新一号，艺文印书馆 1980 年 3 月版。

徐锡台：《周原出土甲骨的字型与孔型》，《考古与文物》1980 年第 2 期。

宇　信：《周代的甲骨文》，《中国史研究》1980 年第 3 期。

张政烺：《试释周初青铜器铭文中的易卦》，《考古学报》1980 年第 4 期。

李学勤、王宇信：《周原卜辞选释》，《古文字研究》第四辑，中华书局 1980 年 12 月版。

《扶风县发现甲骨文》，《文汇报》1980 年 9 月 7 日第二版。

辛向东：《扶风县发现西周甲骨文》（并附图），《陕西日报》1980 年 9 月 16 日。

徐锡台、楼宇栋：《西周卦画探源——周原卜甲上卦画初探》，《中国哲学》第三辑，1980 年。

徐锡台、楼宇栋：《西周卦画探源——周原出土卜甲上卦画初探》，《中国考古学会第一次年会论文集（1979）》，文物出版社 1980 年 12 月版。

1981 年

顾铁符：《周原甲骨文"楚子来告"引证》，《考古与文物》1981 年第 1 期。

单　昕：《周原出土甲骨片水垢清除》，《考古与文物》1981 年第 1 期。

范毓周：《试论灭商以前的商周关系》，《史学月刊》1981 年第 1 期。

张亚初、刘雨：《从商周八卦数字符号谈筮法的几个问题》，《考古》1981 年第 2 期。

王宇信：《建国以来甲骨文研究》，中国社会科学出版社 1981 年 3 月版，第 30—34、49—53 页。

陕西周原考古队：《扶风县齐家村西周甲骨发掘简报》，《文物》1981 年第 9 期。

李学勤：《西周甲骨的几点研究》，《文物》1981 年第 9 期。

管燮初：《商周甲骨和青铜器上的卦爻辨识》，《古文字研究》第六辑，中华书局 1981 年 11 月版。

徐锡台：《周原卜辞十篇选释及断代》，《古文字研究》第六辑，中华书局 1981 年 11 月版。

田宜超：《"王曰我枝单曷勿卜"解》，《古文字研究》第六辑，中华书局 1981 年 11 月版。

1982 年

王玉哲：《陕西周原所出甲骨文的来源试探》，《社会科学战线》1982 年第 1 期。

王宇信：《西周史话》，中国青年出版社 1982 年 1 月版。

陕西周原考古队、周原岐山文管所：《岐山凤雏村两次发现周初甲骨文》，《考古与文物》1982 年第 3 期。

李学勤、唐云明：《河北藁城台西甲骨的初步考察》，《考古与文物》1982 年第 3 期。

徐锡台：《周原出土卜辞选释》，《考古与文物》1982 年第 3 期。

徐中舒：《周原甲骨初论》，《古文字研究论文集》（《四川大学学报丛刊》第十辑），1982 年 5 月。

缪文远：《周原甲骨所见诸方国考略》，《古文字研究论文集》（《四川大学学报丛刊》第十辑），1982 年 5 月。

陈全方：《陕西岐山凤雏村西周甲骨文概论》，《古文字研究论文集》（《四川大学学报丛刊》第十辑），1982 年 5 月。

赵　诚：《甲骨文资料的搜集、整理和出版》，《古籍整理出版情况简报》第 93 期，1982 年 8 月 10 日。

何汉南：《周易爻辞考释》，《陕西省文博考古科研成果汇报会论文选集》，1982 年 11 月。

1983 年

陈全方：《周原甲骨所见国名补释》，《古文字论集》一（《考古与文物丛刊》第二号），1983 年。

徐锡台：《周原出土卜辞试释》，《古文字论集》一（《考古与文物丛刊》第二号），1983 年。

张　辛：《周原考古对研究西周历史的意义》，《自修大学》1983 年第 2 期。

谢求成：《"八卦"和〈易经〉新探》，《学术月刊》1983 年第 2 期。

肖良琼：《周原卜辞和殷虚卜辞之异同初探》，《甲骨文与殷商史》，上海古籍出版社 1983 年 3 月版。
杨升南：《卜辞所见诸侯国对商王室的臣属关系》，《甲骨文与殷商史》，上海古籍出版社 1983 年 3 月版。
徐中舒：《数占法与〈周易〉的八卦》，《古文字研究》第十辑，中华书局 1983 年 7 月版。

1984 年

沈长云：《评鬻熊为火师说》，《江汉论坛》1984 年第 1 期。
王宇信：《西周甲骨探论》，中国社会科学出版社 1984 年 4 月版。
曾发展、景　凡：《陕西旬邑县崔家河遗址调查记》，《考古与文物》1984 年第 4 期。
崔恩棣、崔恒升：《古巢国地望考辨》，《安徽大学学报》1984 年第 4 期。
刘　亮：《我国最早的微型刻字陕西岐山县出土的西周甲骨文》，《书法》1984 年第 4 期。
高　明：《略论周原甲骨文的族属》，《考古与文物》1984 年第 5 期。
周苏平：《周原甲骨文》，《历史知识》1984 年第 5 期。
刘荣庆：《周原甲骨文》，《人文杂志》1984 年第 5 期。
宝鸡市考古工作队：《陕西武功郑家坡先周遗址发掘简报》，《考古》1984 年第 7 期。
任周芳：《宝鸡西周考古发现》，《西周史研究》（《人文杂志》丛刊第二辑），1984 年 8 月。
徐锡台：《周原齐家村出土西周卜辞浅释》，《西周史研究》（《人文杂志》丛刊第二辑），1984 年 8 月。
陈全方：《周原新出卜甲研究》，《西周史研究》（《人文杂志》丛刊第二辑），1984 年 8 月。
刘宝才、周苏平：《西周史料述要》，《西周史研究》（《人文杂志》丛刊第二辑），1984 年 8 月。
毕　琦：《米中藏世界，发上有文章——访自学成才的金石微刻艺术家刘义林》，《北京晚报》1984 年 12 月 16 日。
《陕西发现大批周朝甲骨文》，《新华文摘》1984 年第 12 期。

1985 年

徐锡台：《周原出土卜辞选释》，《出土文献研究》，文物出版社 1985 年版。

徐锡台：《我国商周时期农作物种类的研讨》，《农业考古》1985年第1期。
温广义：《西周初期的龟卜与〈周易〉的成书》，《内蒙古师大学报》1985年第1期。
王继全：《周原遗址述略》，《先秦史研究动态》1985年第1期。
陈全方：《周原出土陶文研究》，《文物》1985年第3期。
徐锡台：《西周陶文试释》，《人文杂志》1985年第3期。
赵振华：《洛阳两周卜用甲骨的初步考察》，《考古》1985年第4期。
常　武：《周原》，《文博》1985年第4期。
张钰哲、张培瑜：《殷周天象和征商年代》，《人文杂志》1985年第5期。
林　向：《周原卜辞中的"蜀"》，《考古与文物》1985年第6期。
唐嘉弘：《试谈周王和楚君的关系——读周原甲骨"楚子来告"札记》，《文物》1985年第7期。
杨升南：《一部研究西周甲骨继往开来的著作》，《社会科学评论》1985年第8期。
夏含夷：《〈周易〉乾卦六龙新解》，《文史》第二十四期，中华书局1985年10月版。
德州地区文化局文物组：《山东济阳刘台子西周墓地第二次发掘》，《文物》1985年第12期。

1986年

李学勤：《续论西周甲骨》，《人文杂志》1986年第1期。
孙斌来：《对两篇周原卜辞的释读——兼论西伯昌称王的问题》，《考古与文物》1986年第2期。
刘楚堂：《陕西扶风齐家村牛骨刻辞西周谚语新解》，《殷都学刊》1986年第3期。
王宇信：《西周甲骨的发现、研究及其学术价值》，《文史知识》1986年第5期。
曹基础：《八卦的"秘密"》，《文史知识》1986年第5期。
王宇信：《西周甲骨述论》，《甲骨文与殷商史》第二辑，上海古籍出版社1986年6月版。
新华社：《巢湖出土一批西周甲骨》，《人民日报》1986年8月3日。
徐锡台：《试释周原卜辞中的❖字》，《古文字研究》第十三辑，中华书局

1986年6月版。

连劭名：《读周原出土的甲骨刻辞》，《古文字研究》第十三辑，中华书局1986年6月版。

1987年

罗西章、王均显：《周原扶风地区出土西周甲骨的初步认识》，《文物》1987年第2期。

杨升南：《周原甲骨族属考辨》，《殷都学刊》1987年第4期。

1988年

王宇信：《试论周原出土的商人庙祭甲骨》，《中国史研究》1988年第1期。

王宇信：《周原出土商人庙祭甲骨来源刍议》，《史学月刊》1988年第1期。

李学勤：《周文王时期卜甲与商周文化关系》，《人文杂志》1988年第2期。

王宇信：《周原出土庙祭甲骨商王考》，《考古与文物》1988年第2期。

王宇信：《周原庙祭甲骨"䚋周方伯"辨析》，《文物》1988年第6期。

1989年

葛志毅：《周原甲骨与古代祭祀考辨》，《史学月刊》1989年第4期。

肖　南：《安阳殷墟发现"易卦"卜甲》，《考古》1989年第7期。

曹定云：《殷墟四盘磨"易卦"卜甲研究》，《考古》1989年第7期。

田昌五：《周原出土甲骨中反映的商周关系》，《文物》1989年第10期。

1990年

李学勤：《再谈洪洞坊堆村有字卜骨》，《文物季刊》1990年第1期。

徐锡台：《周原甲骨文综述》，三泰出版社。

1991年

林小安：《从甲骨刻辞论先周起源》，《考古与文物》1991年第2期。

1992年

《邢台南小汪周代遗址西周遗存的发掘》，《文物春秋》1992年特刊。

1993年

李学勤：《邢台新发现的西周甲骨文》，《中国文物报》1993年3月7日。

庞怀清：《周原甲骨文》，《文博》1993年第6期。

1994 年

王宇信：《说邢台西周甲骨"其事"》，《中原文物》1994 年第 4 期。

田昌五：《周原出土甲骨文中反映的商周关系》，《考古学研究》（陕西）1994 年。

1995 年

王宇信：《周原甲骨卜辞行款的再认识和邢台西周卜辞行款的走向》，《华夏考古》1995 年第 2 期。

1996 年

谭步云：《读王宇信先生〈周原出土商人庙祭甲骨来源刍议〉等文后的思考》，《考古与文物》1996 年第 3 期。

1997 年

《北京琉璃河遗址发掘又获重大收获》，《中国文物报》1997 年 1 月 12 日。

雷兴山等：《北京琉璃河遗址新出卜甲浅识》，《中国文物报》1997 年 3 月 30 日。

《琉璃河遗址 1996 年度发掘简报》，《文物》1997 年第 6 期。

朱歧祥：《周原甲骨研究》，台湾学生书局 1997 年 7 月版。

裘锡圭：《释西周甲骨文的"䎽"字》，《第三届国际中国古文字学研讨会论文》，香港中文大学中国文化研究所 1997 年 10 月版。

1998 年

王　晖：《周原甲骨属性与商周之际祭礼的变化》，《历史研究》1998 年第 3 期。

1999 年

王宇信：《邢台南小汪西周甲骨出土的意义》，《史学月刊》1999 年第 1 期。又收入《夏商周文明研究——'九八河北邢台商周文明国际学术研讨会论文集》，科学出版社 1999 年版。

曹定云：《邢台西周卜辞事周初召公占卜考——兼论周原卜辞"䎽曰"》，《夏商周文明研究——'九八河北邢台商周文明国际学术研讨会论文集》，科学出版社 1999 年版。

1998 年以前论著目录，曹玮《周原甲骨文》（世界图书出版公司 2002 年版）之《周原甲骨文论著目录》亦可参看。

例　图

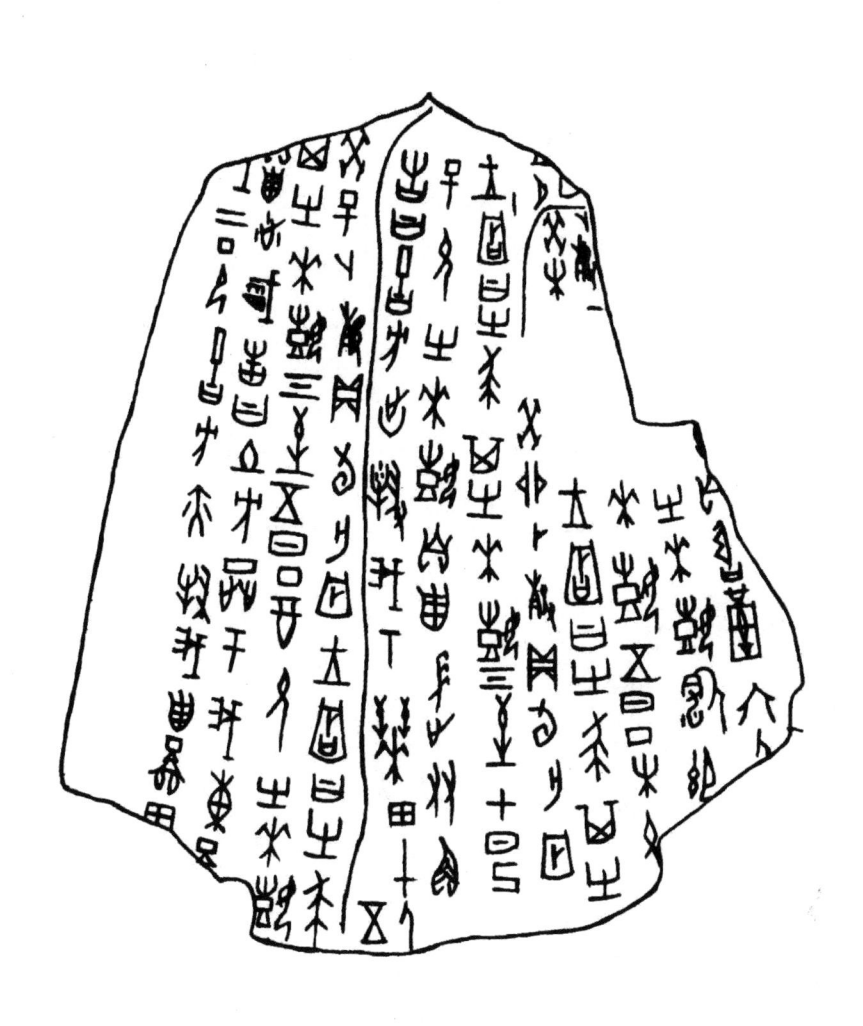

图 1

图 2

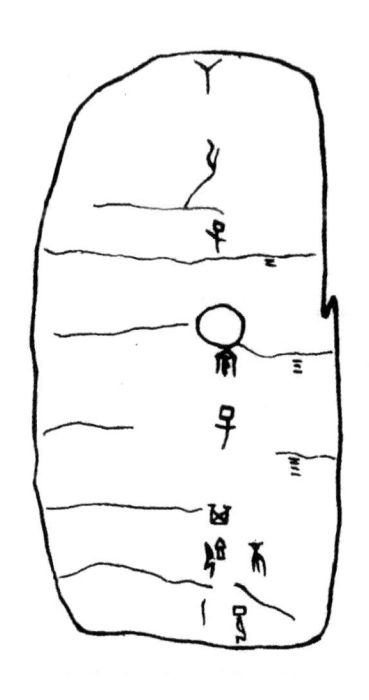

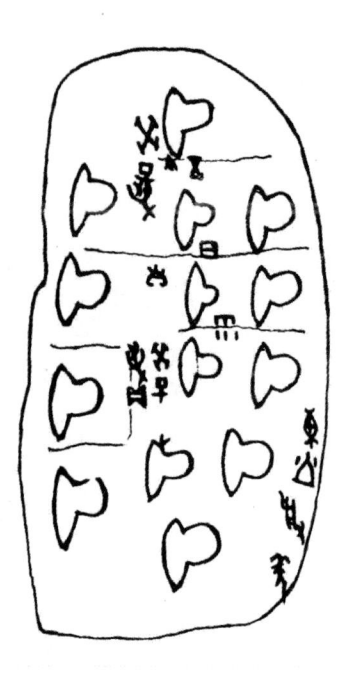

图 3　用刀挖刻凿示意

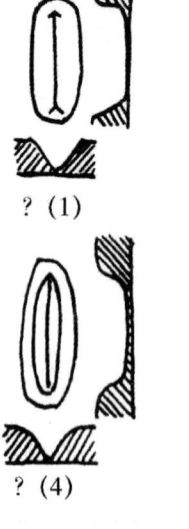

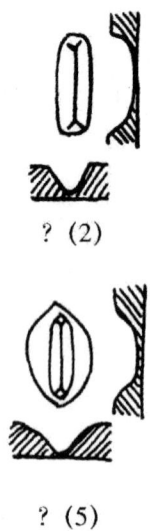

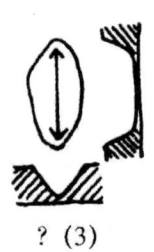

? (1)
? (2)
? (3)
? (4)
? (5)

? (1) 2166
? (2) 2666
? (3) 2307
? (4) 728
? (5) 3183

例　图　515

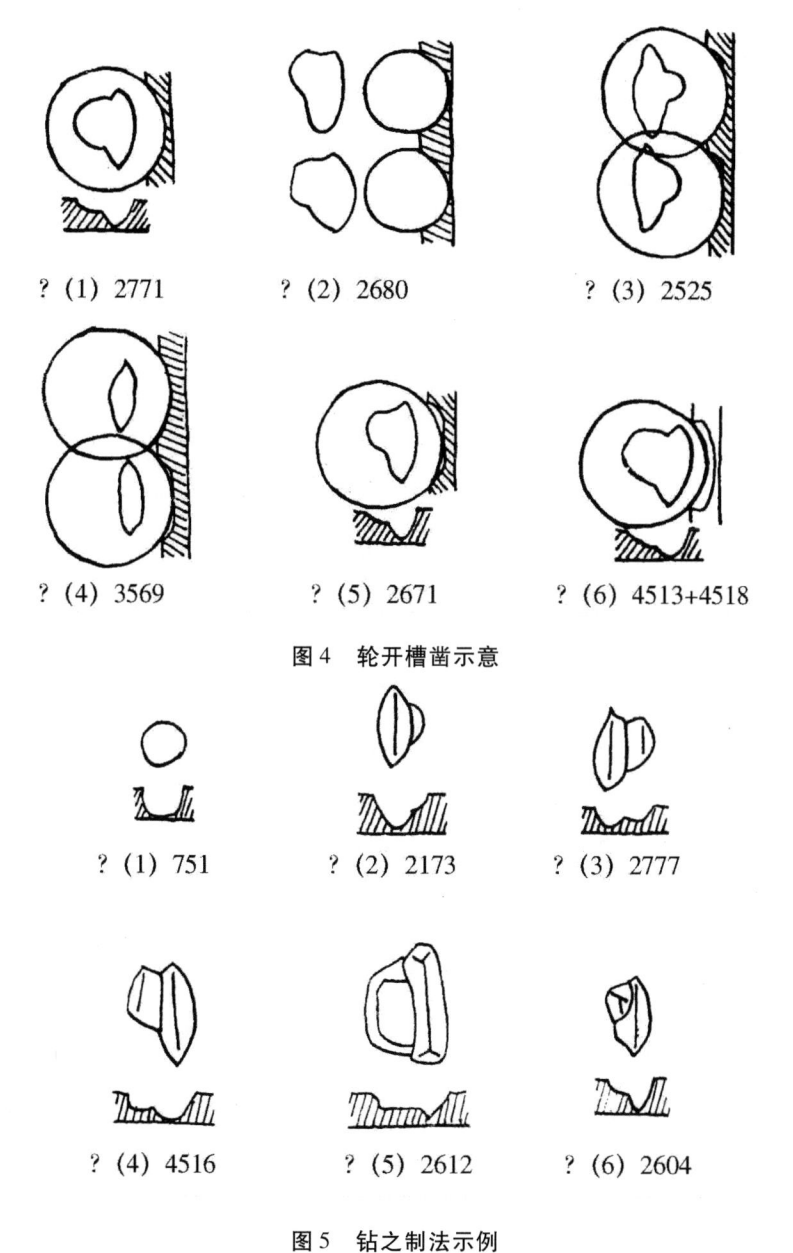

? (1) 2771　　　? (2) 2680　　　? (3) 2525

? (4) 3569　　　? (5) 2671　　　? (6) 4513+4518

图 4　轮开槽凿示意

? (1) 751　　　? (2) 2173　　　? (3) 2777

? (4) 4516　　　? (5) 2612　　　? (6) 2604

图 5　钻之制法示例

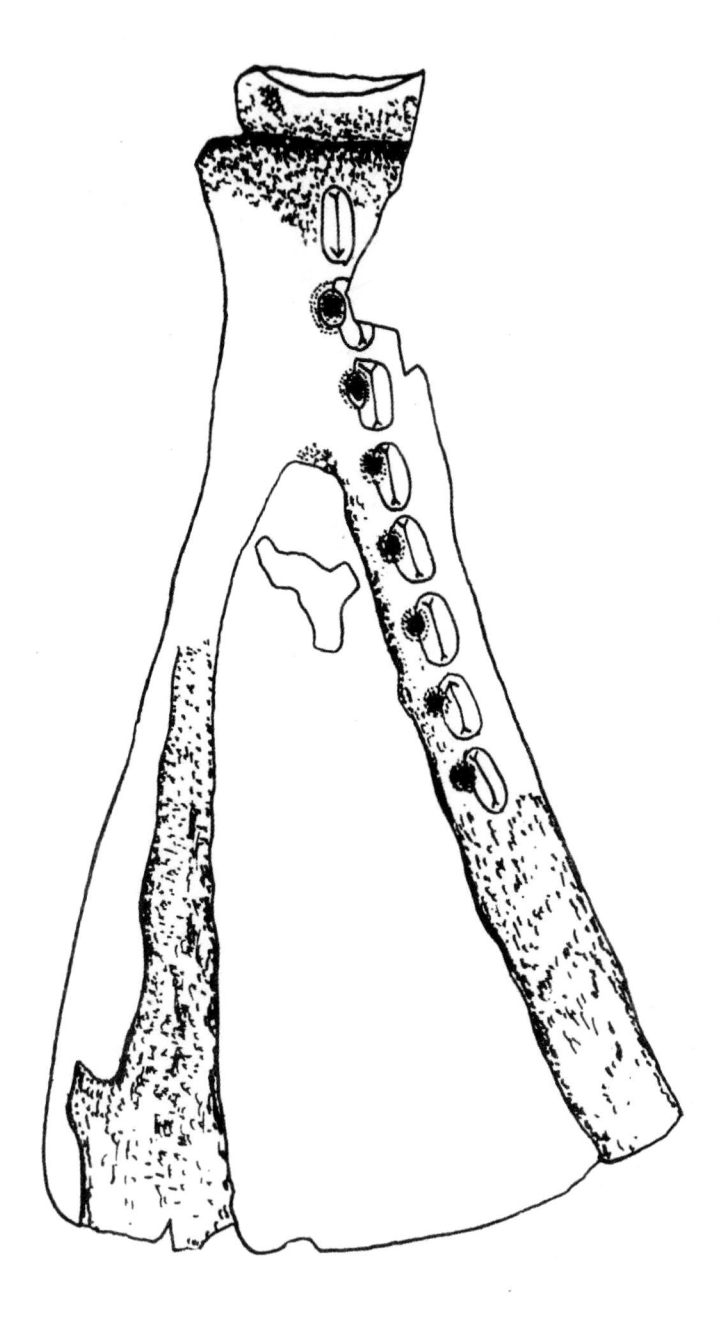

图 6

例　图　517

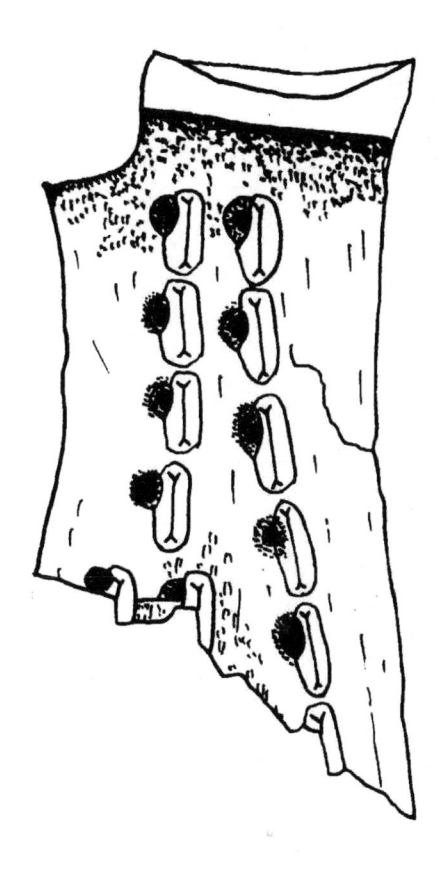

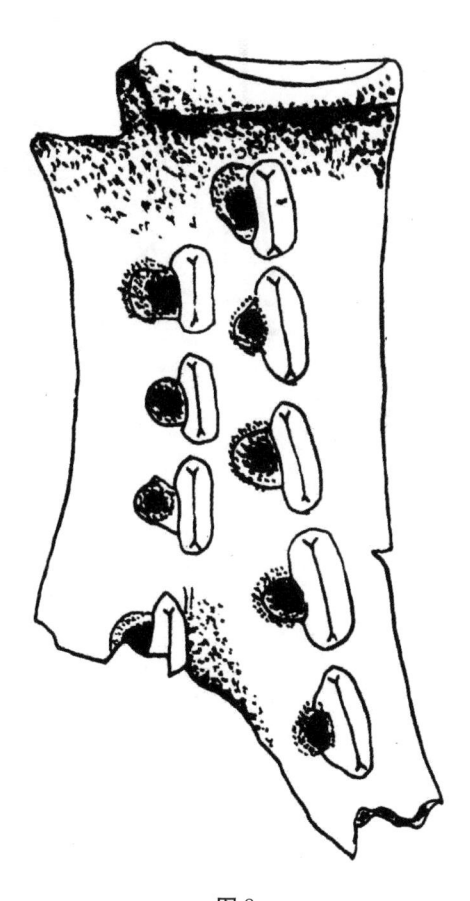

图 7

图 8

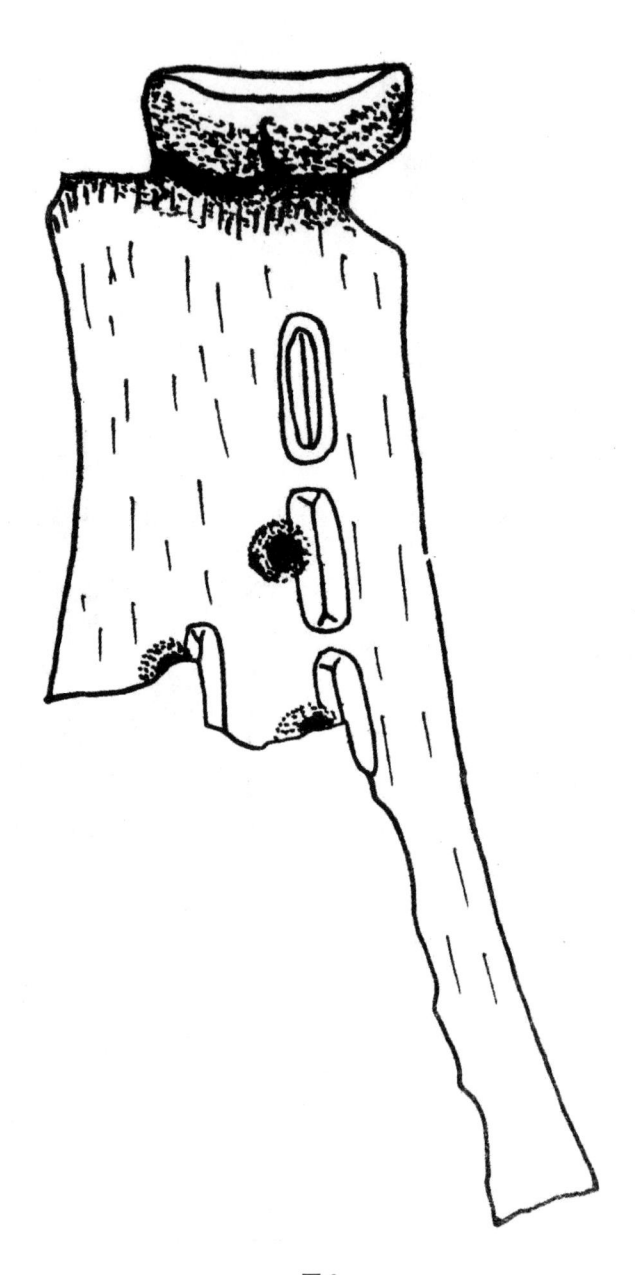

图 9

图 10

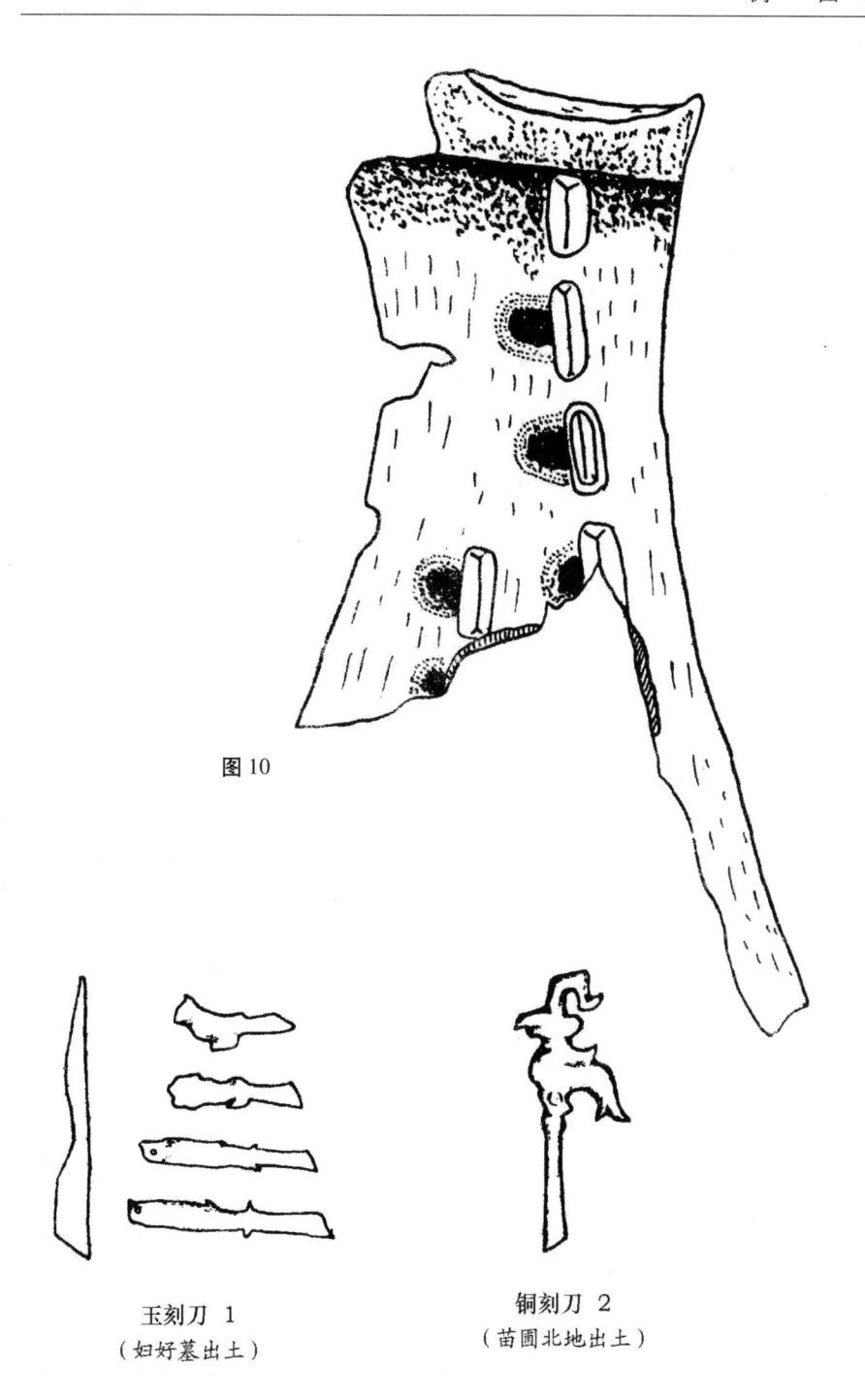

玉刻刀 1
（妇好墓出土）

铜刻刀 2
（苗圃北地出土）

图 11

520　甲骨学通论·例图

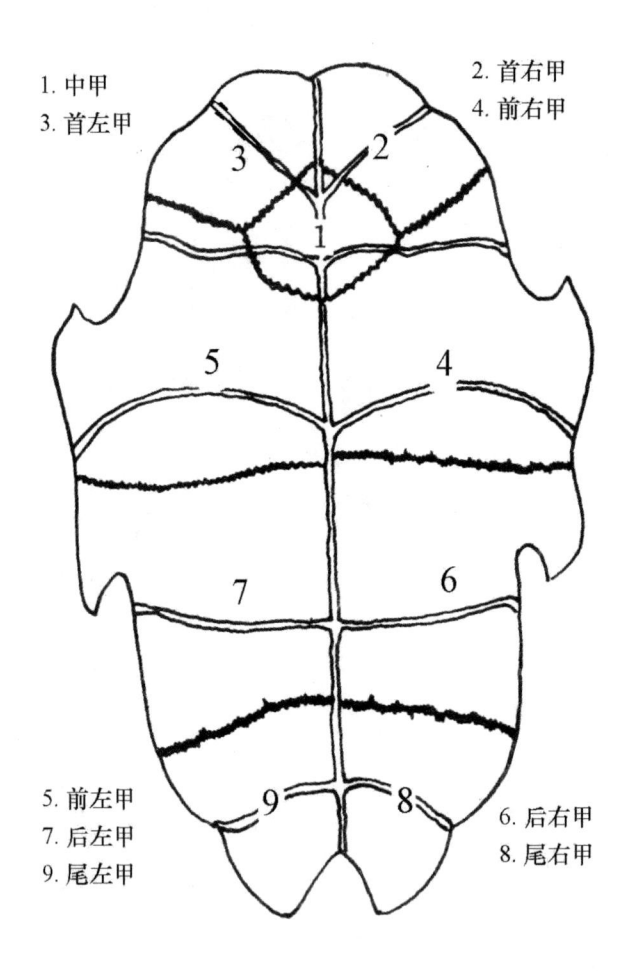

1. 中甲
3. 首左甲

2. 首右甲
4. 前右甲

5. 前左甲
7. 后左甲
9. 尾左甲

6. 后右甲
8. 尾右甲

图 12

例　图　521

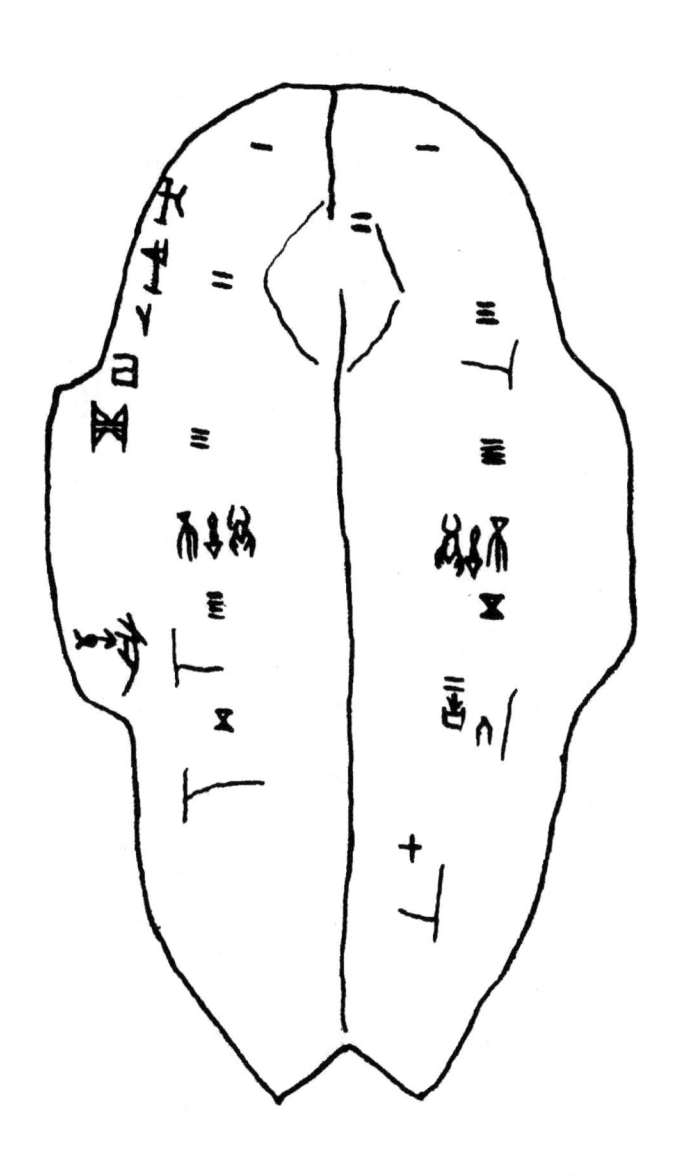

图 13

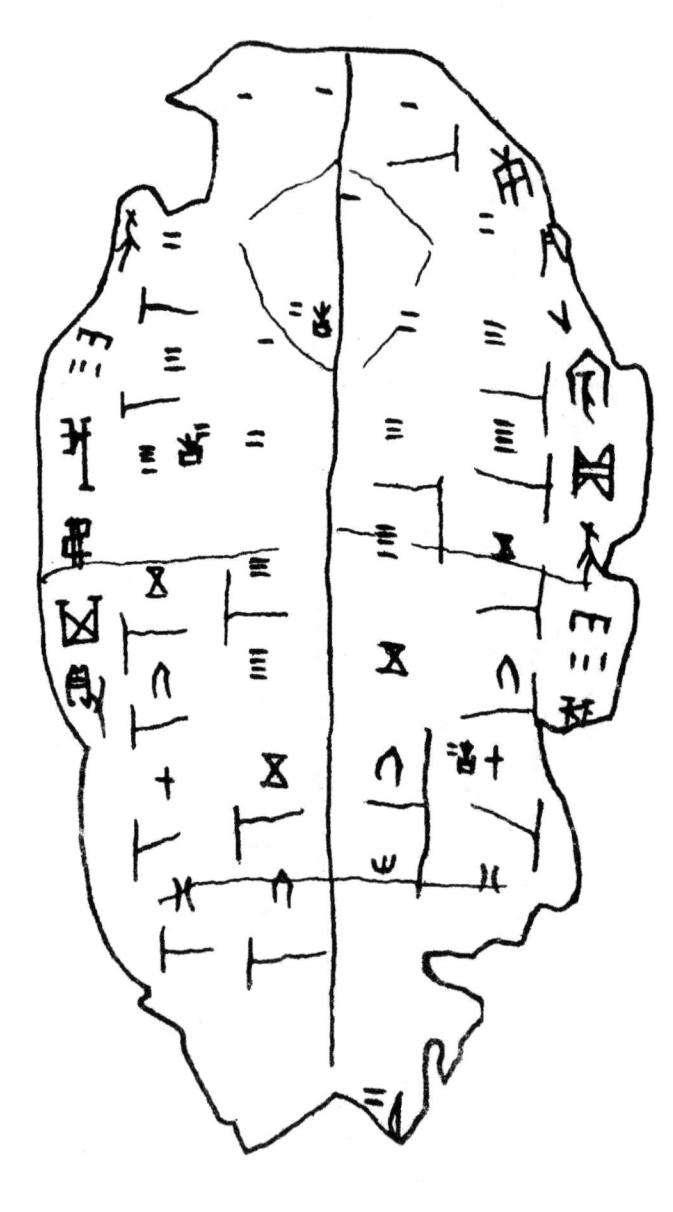

图 14

例 图 523

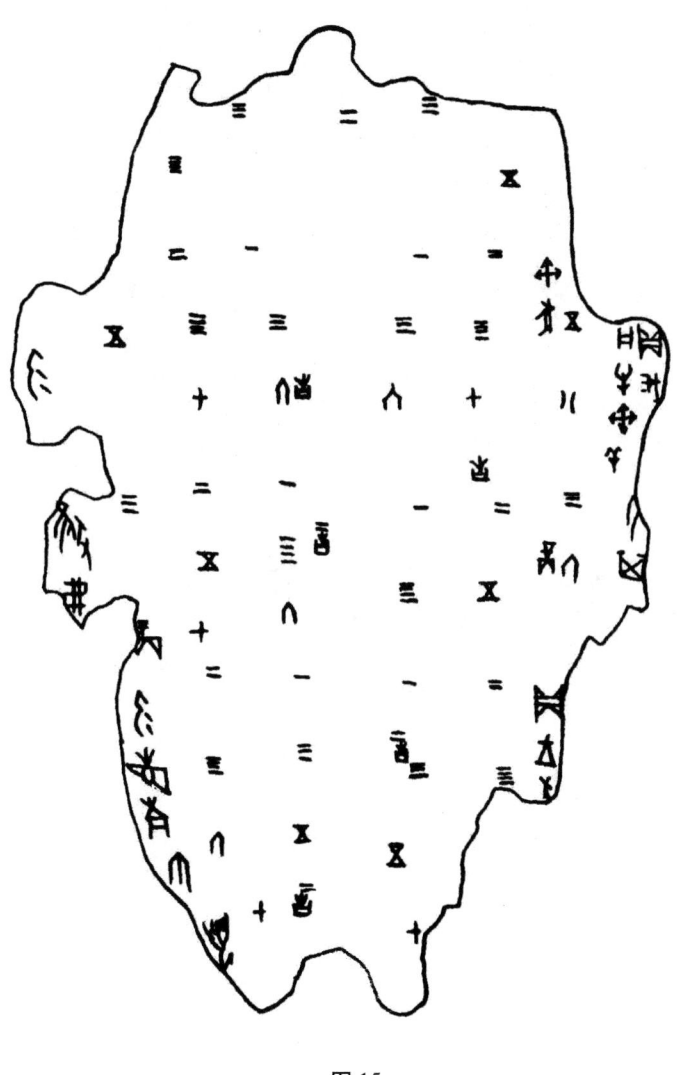

图 15

图 16

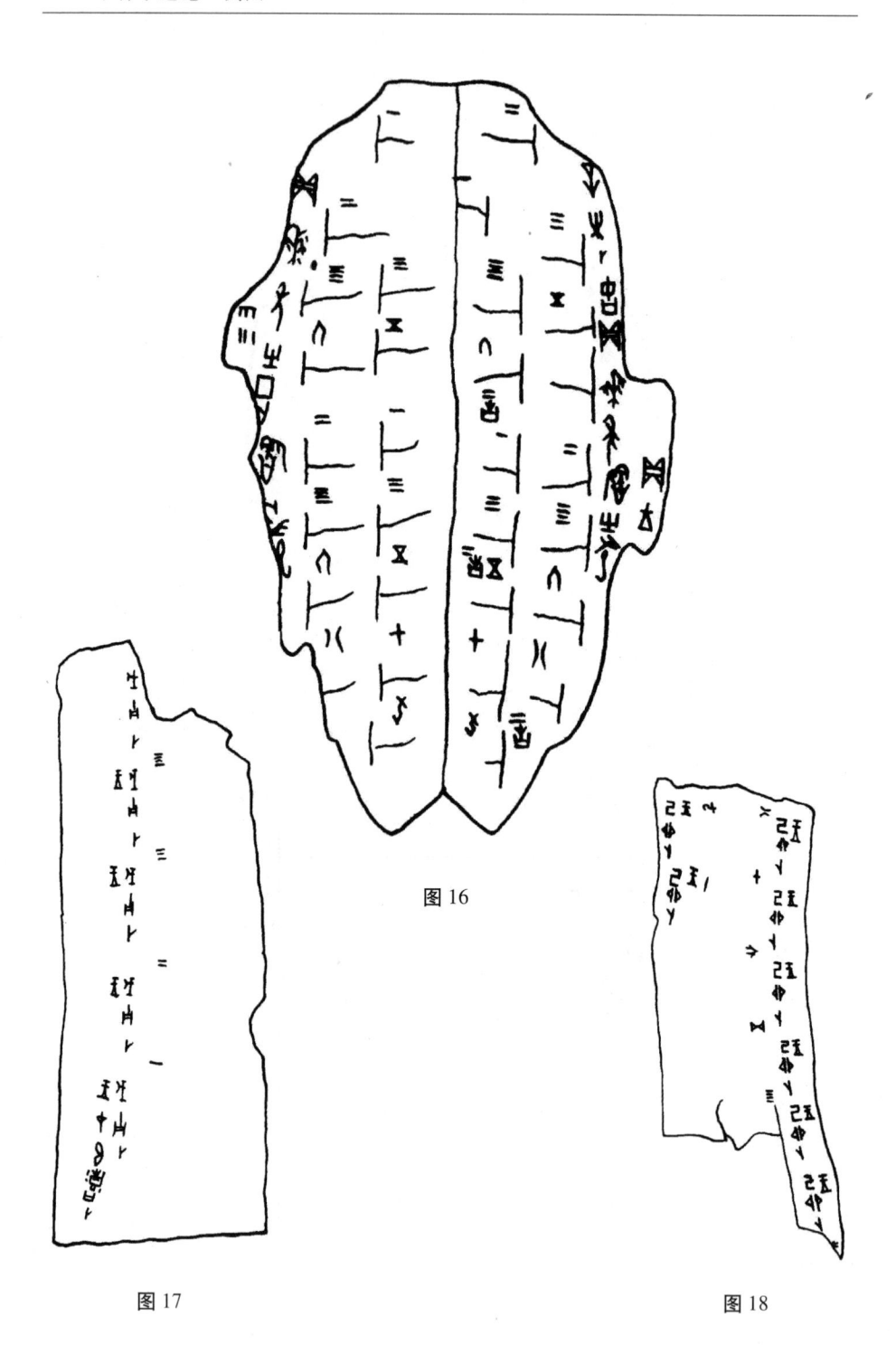

图 17

图 18

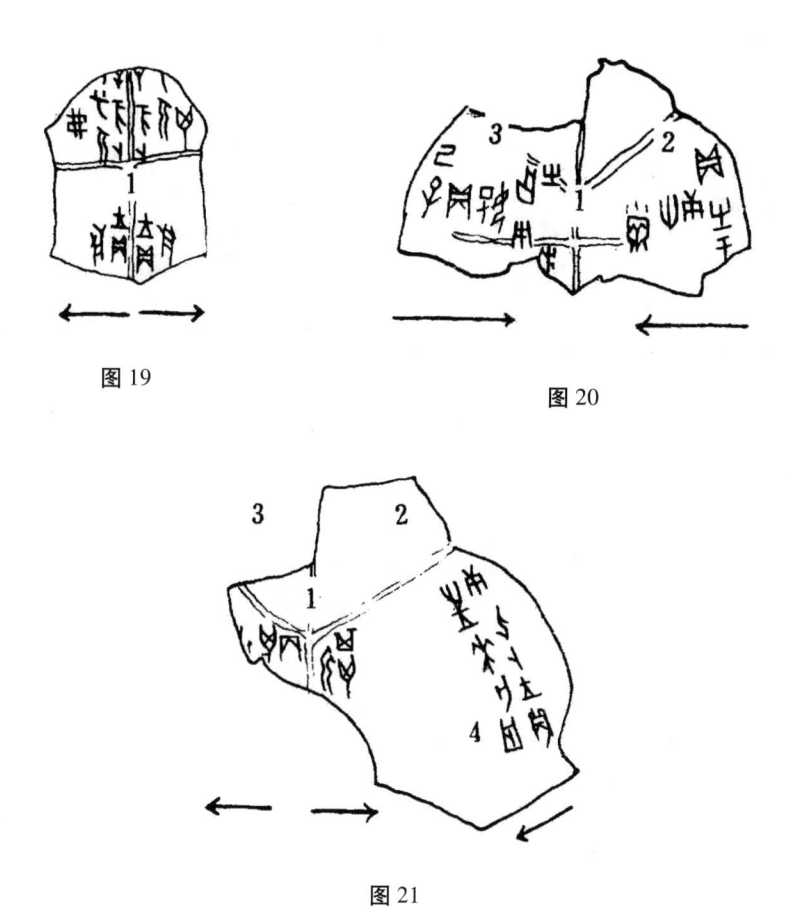

例　图　525

图 19

图 20

图 21

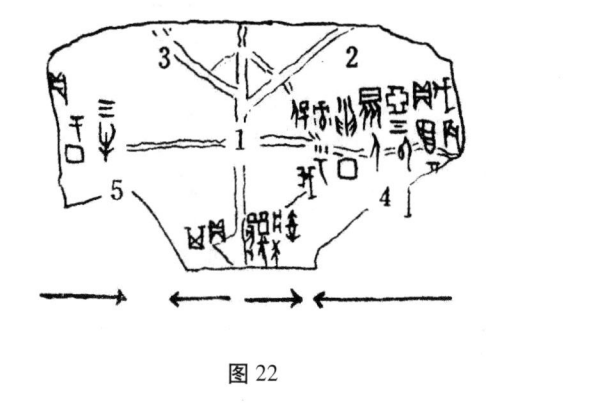

图 22

图 23

图 24

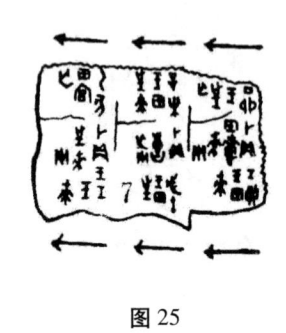

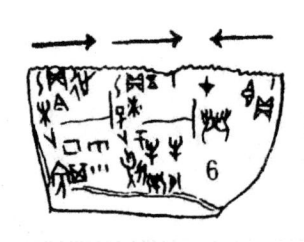

图 25

图 26

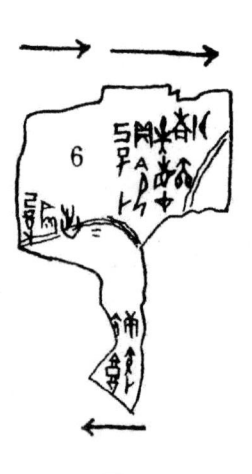

图 27

图 28

例　图　527

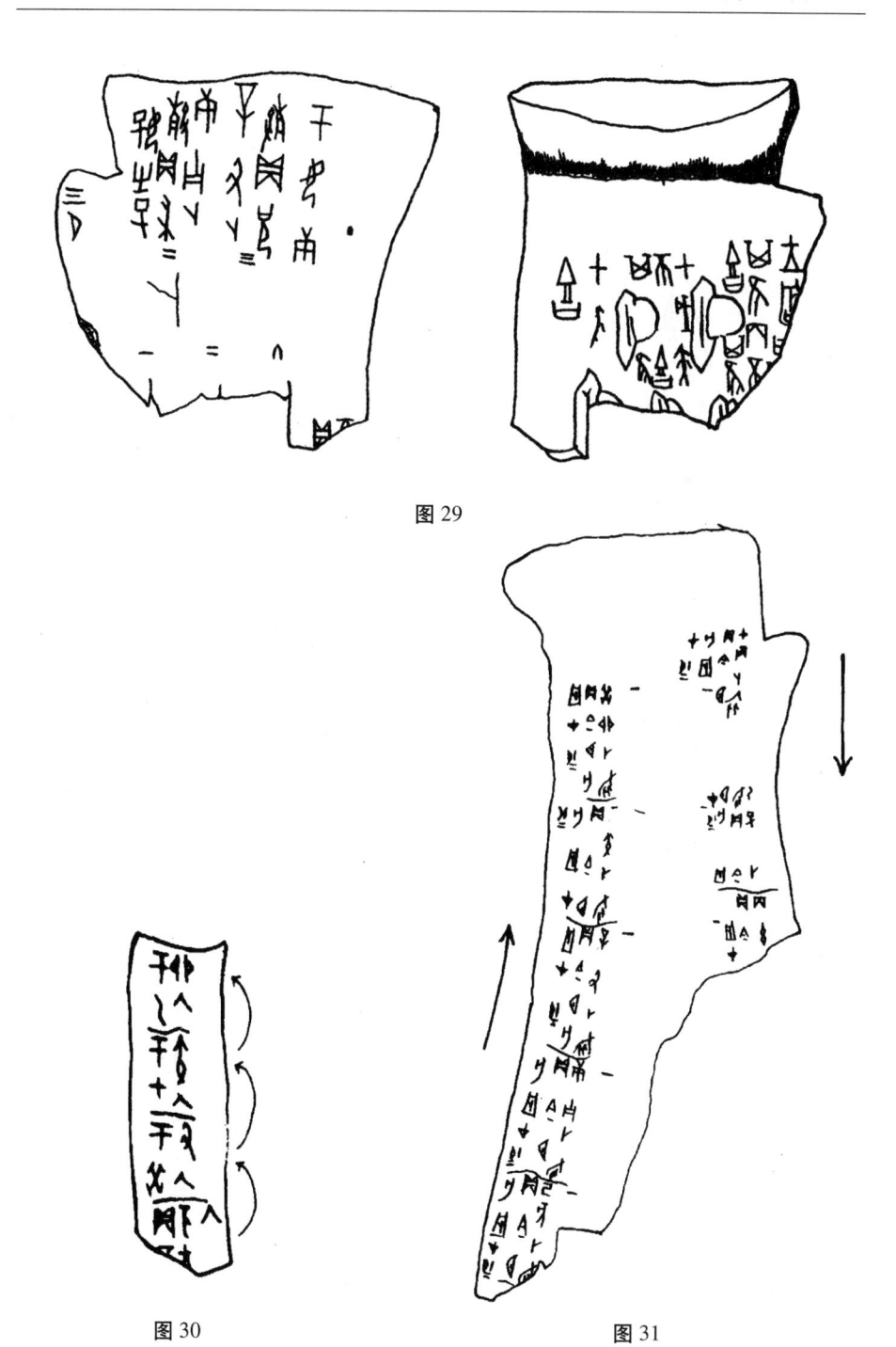

图 29

图 30

图 31

528 甲骨学通论·例图

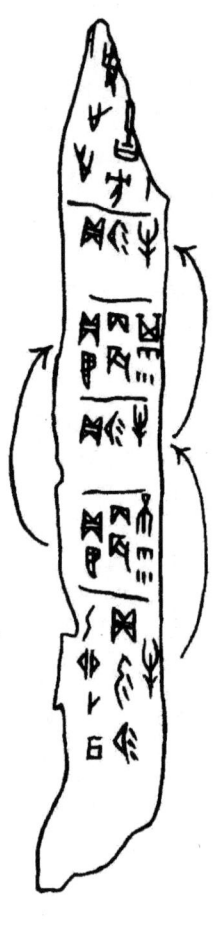

图 32

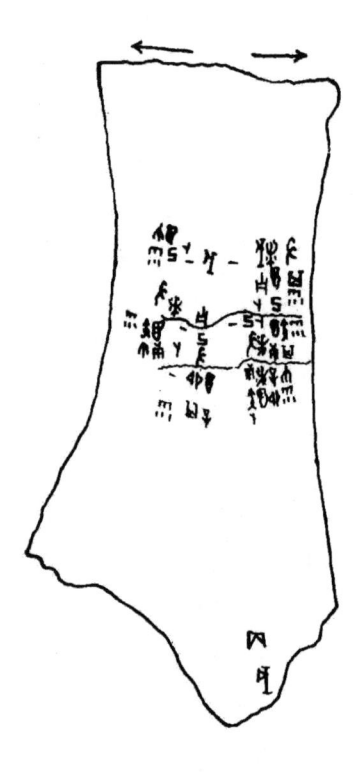

图 33

例 图 529

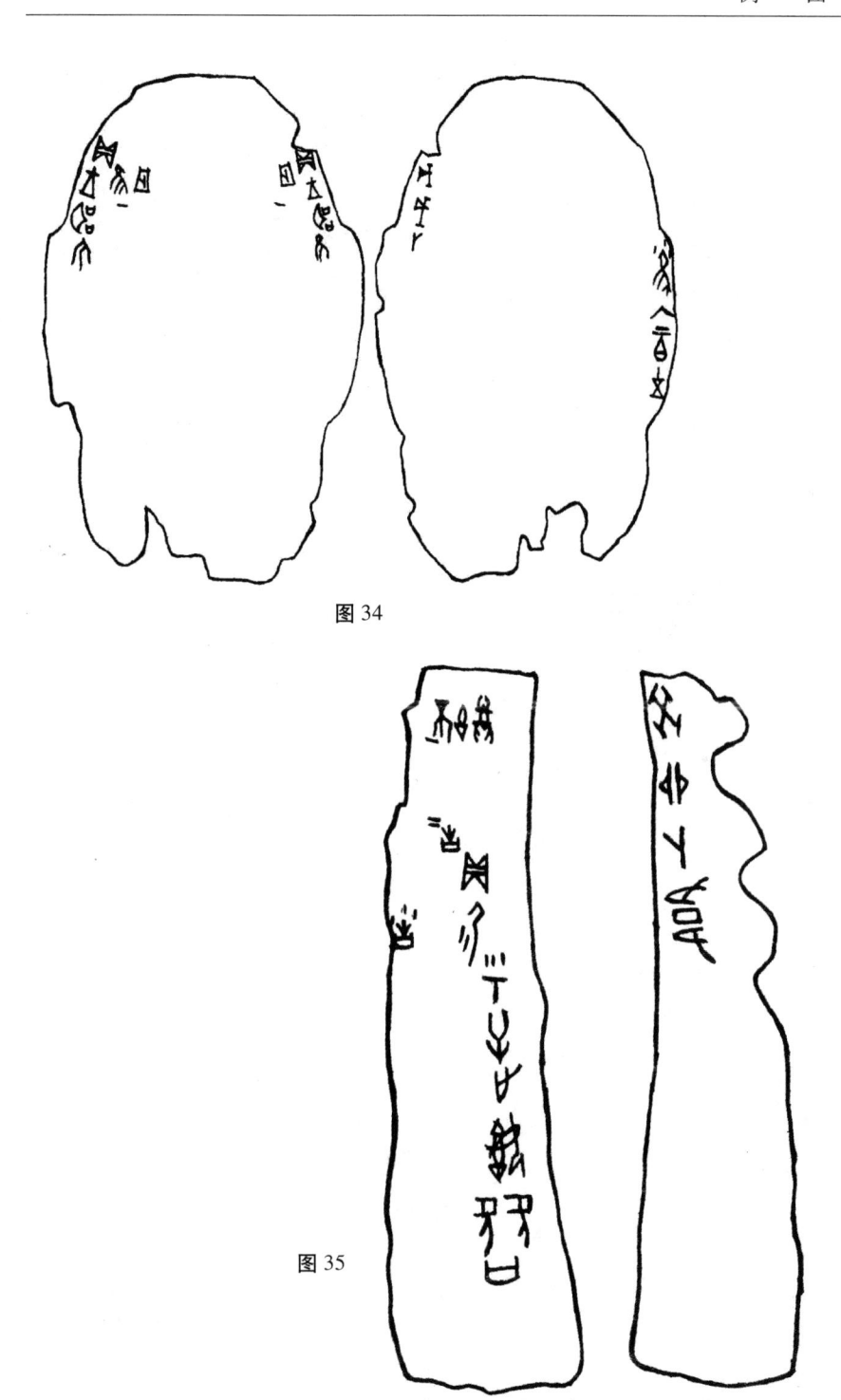

图 34

图 35

530 甲骨学通论·例图

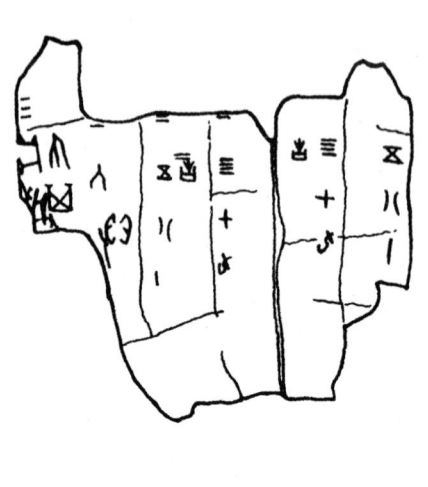

图 36

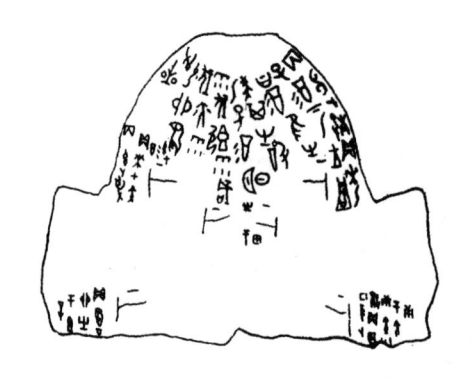

图 37

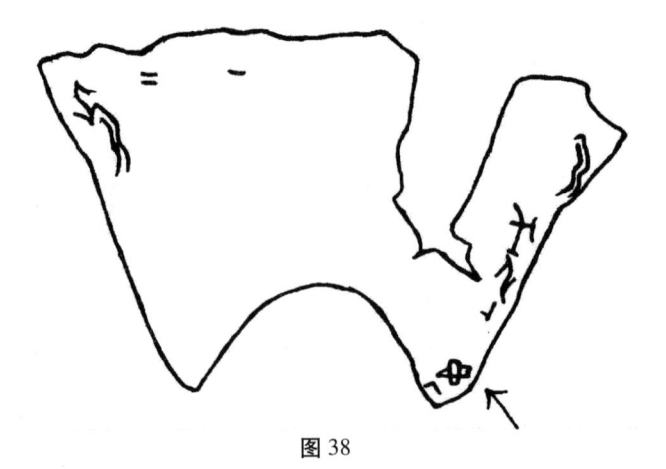

图 38　　　　　　　　　　　　　图 39

图 40

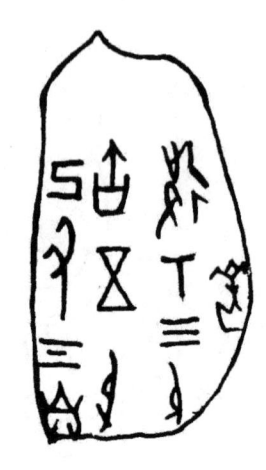

图 41

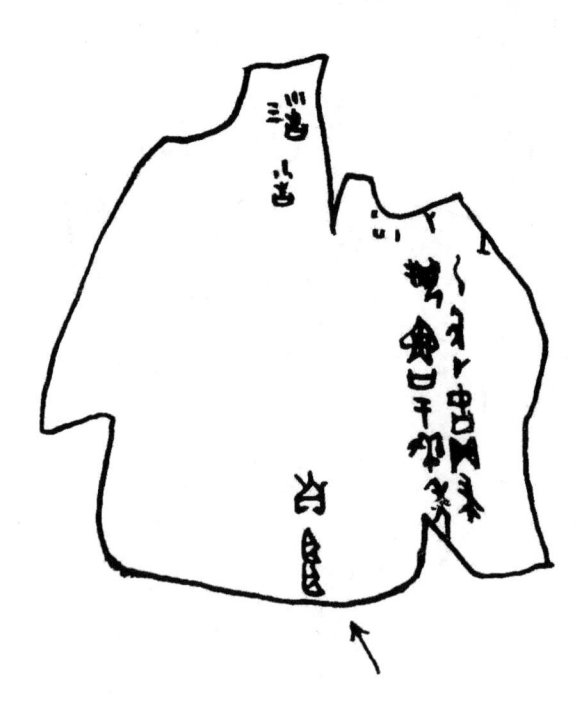

图 42

图 43

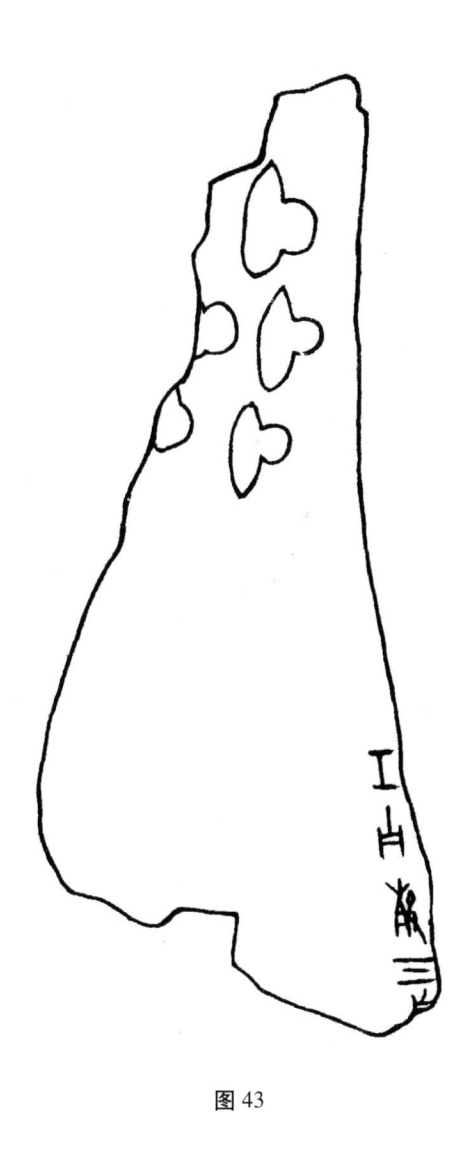

图 44

图 45

图 46

图 47

图 48

图 49

例　图　535

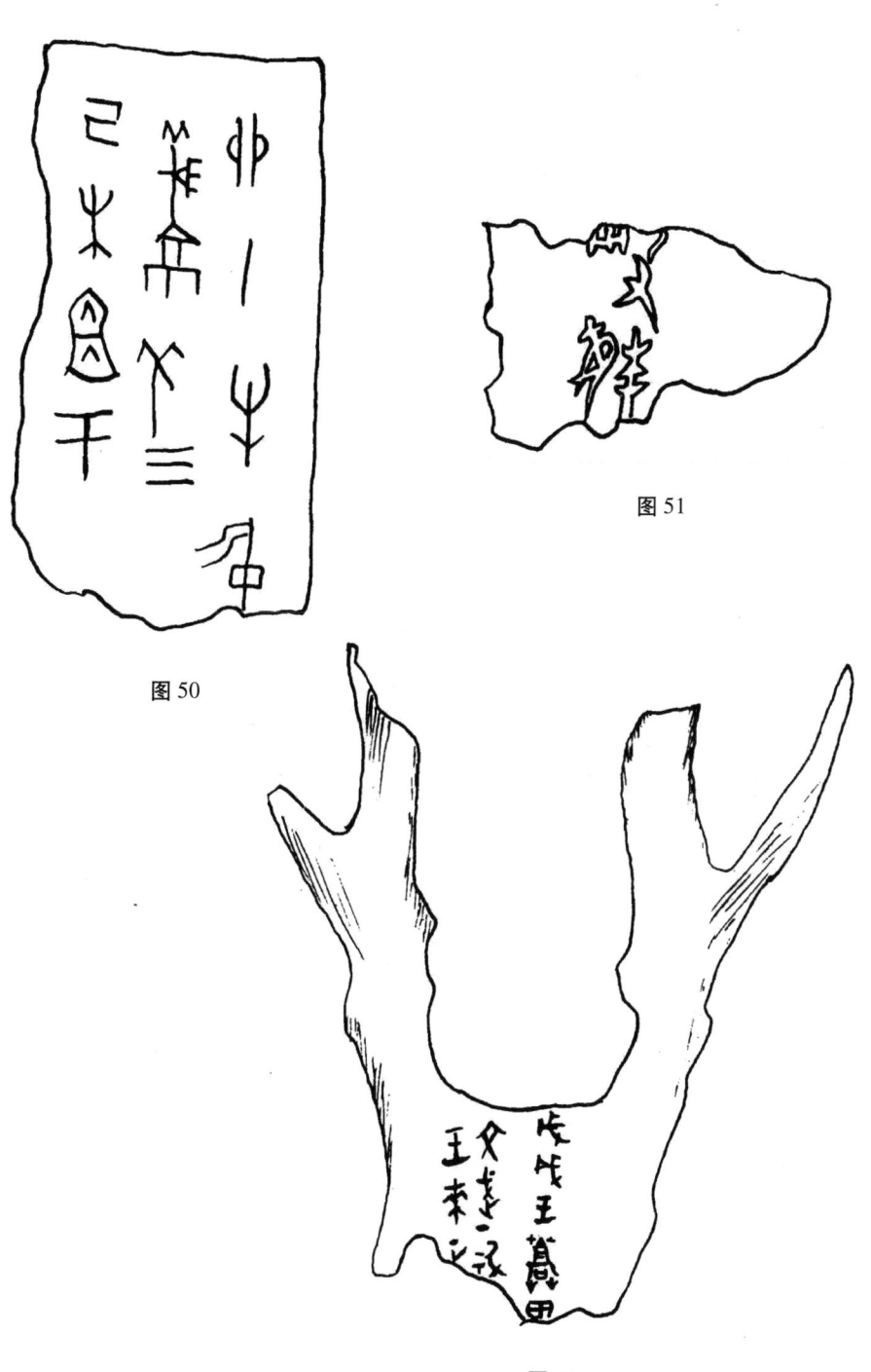

图 50

图 51

图 52

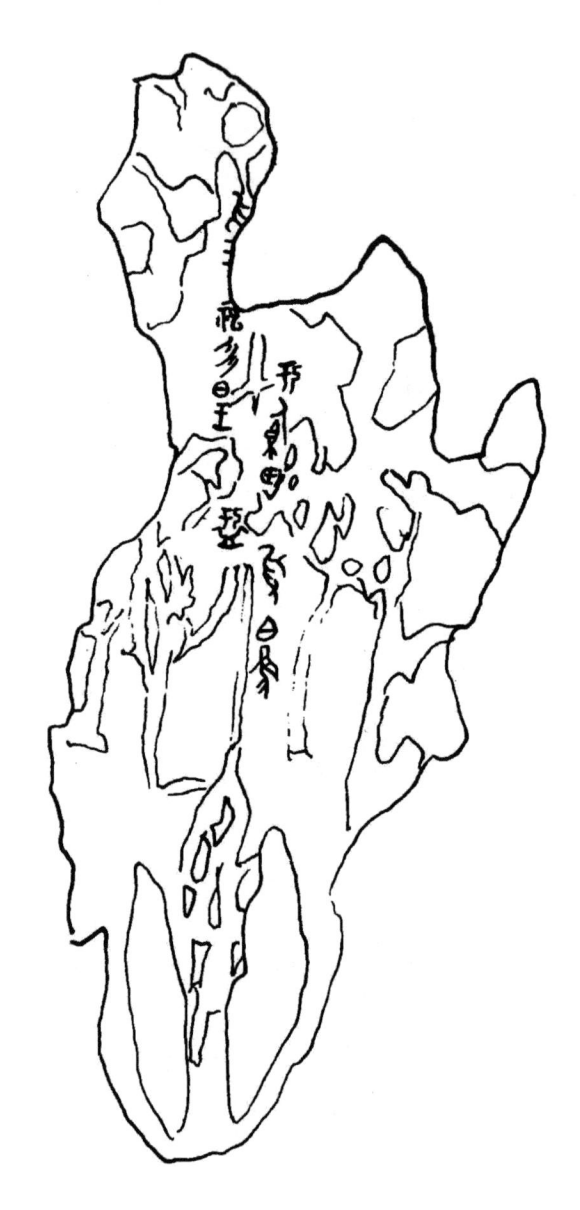

图 53

例　图　537

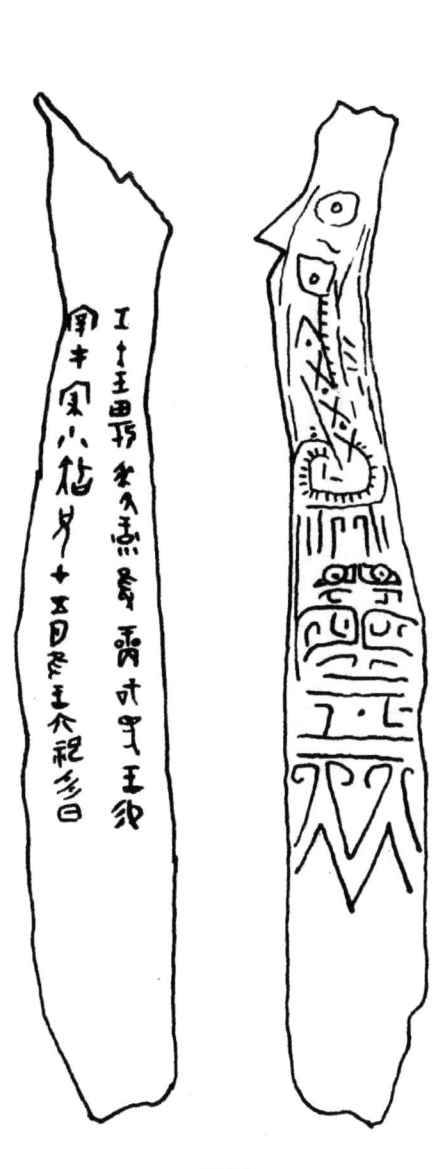

图 54　　　　　　　　　　　　图 55

538　甲骨学通论·例图

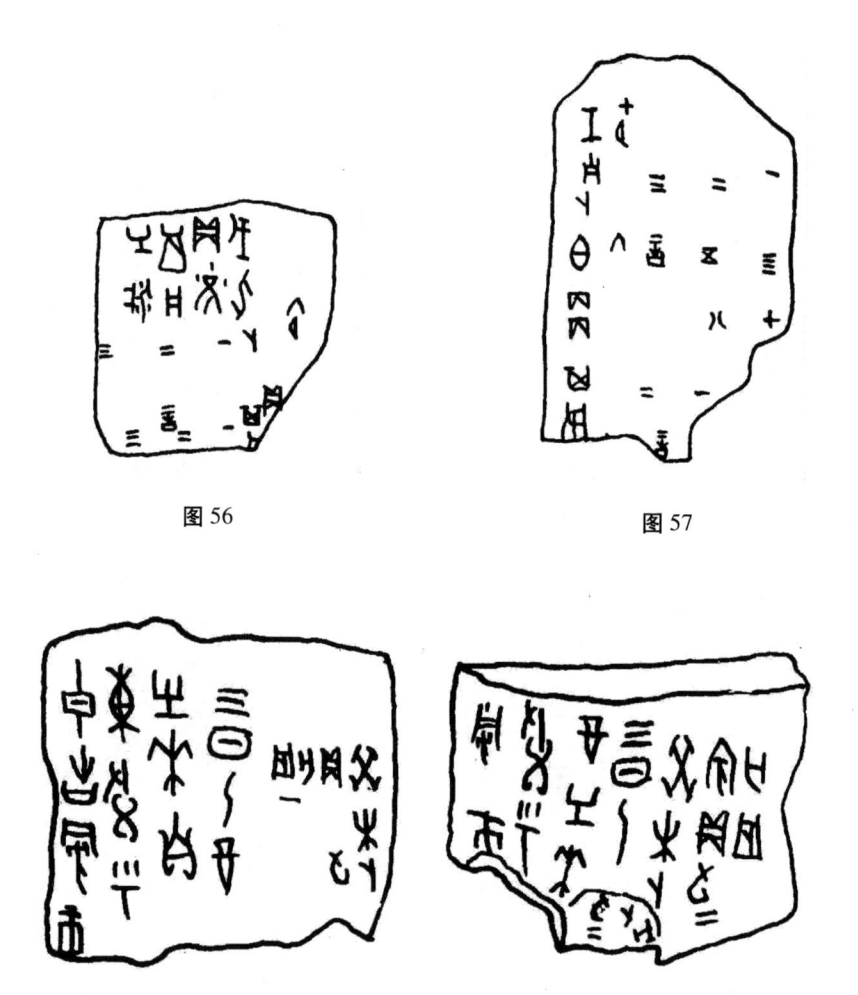

图 56

图 57

图 58

图 59

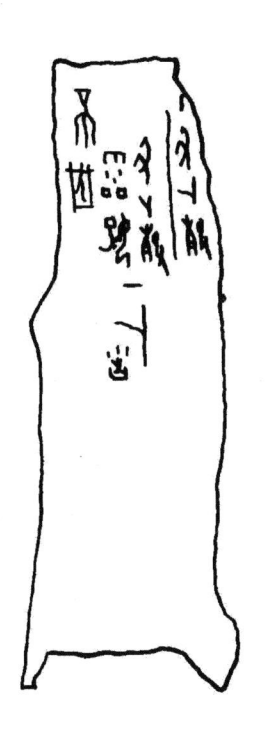

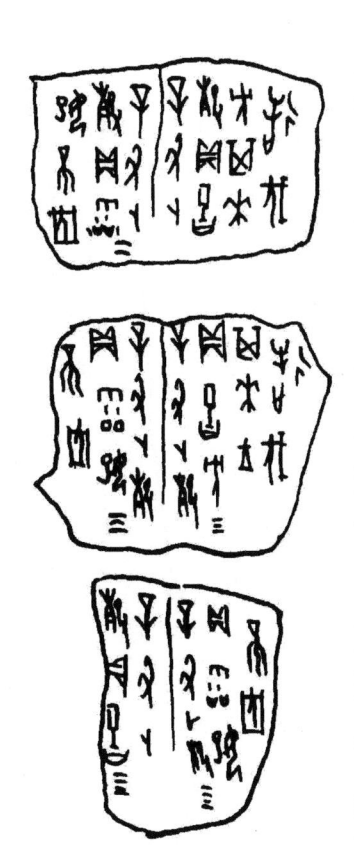

图 60

540 甲骨学通论・例图

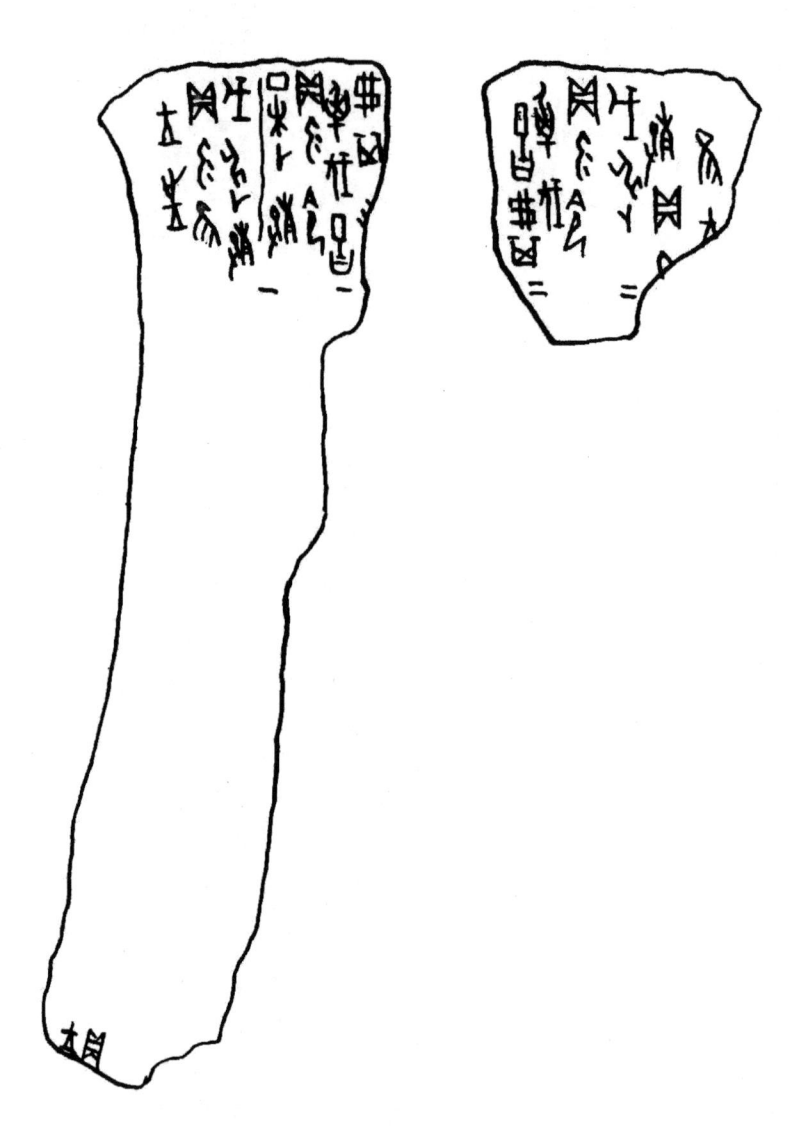

图 61

图 62

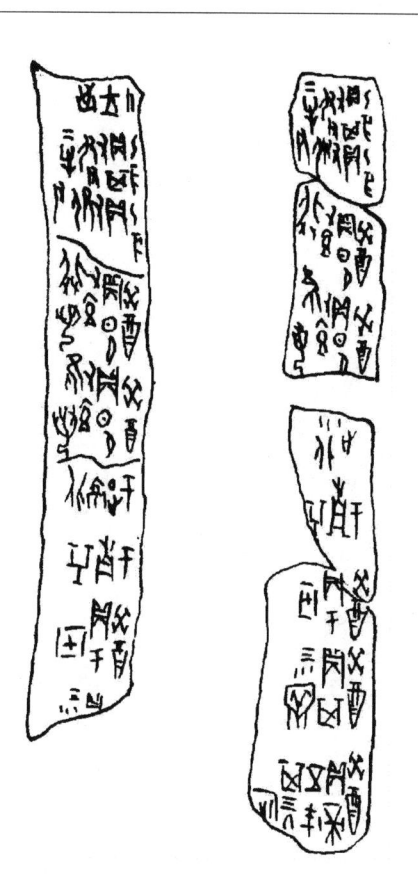

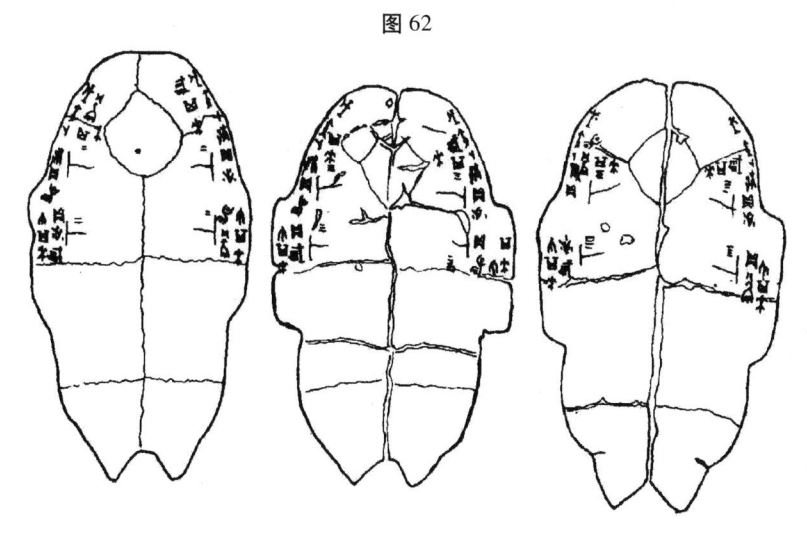

图 63

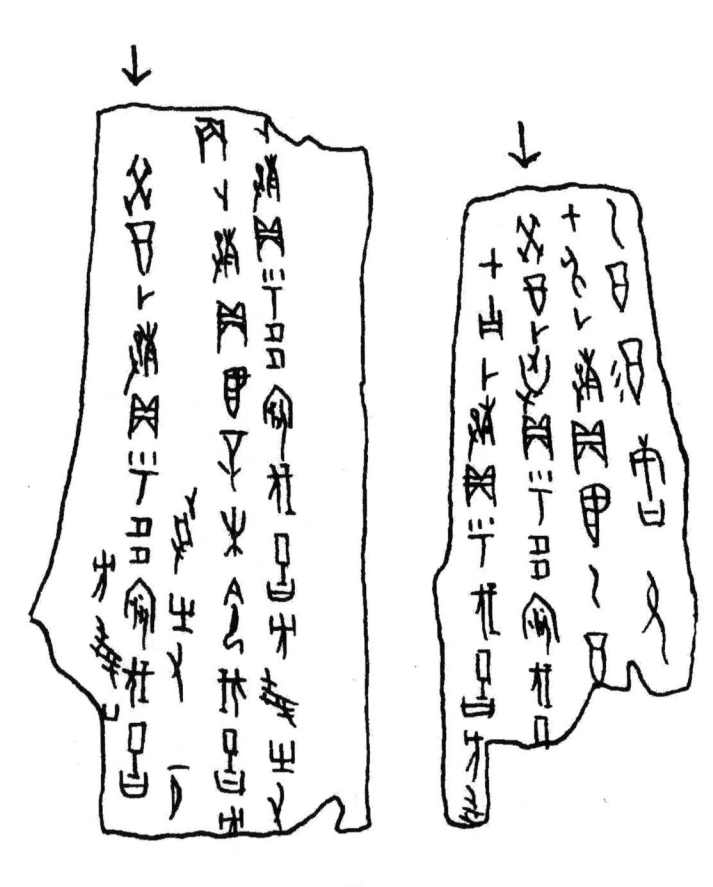

图 64

例　　图　543

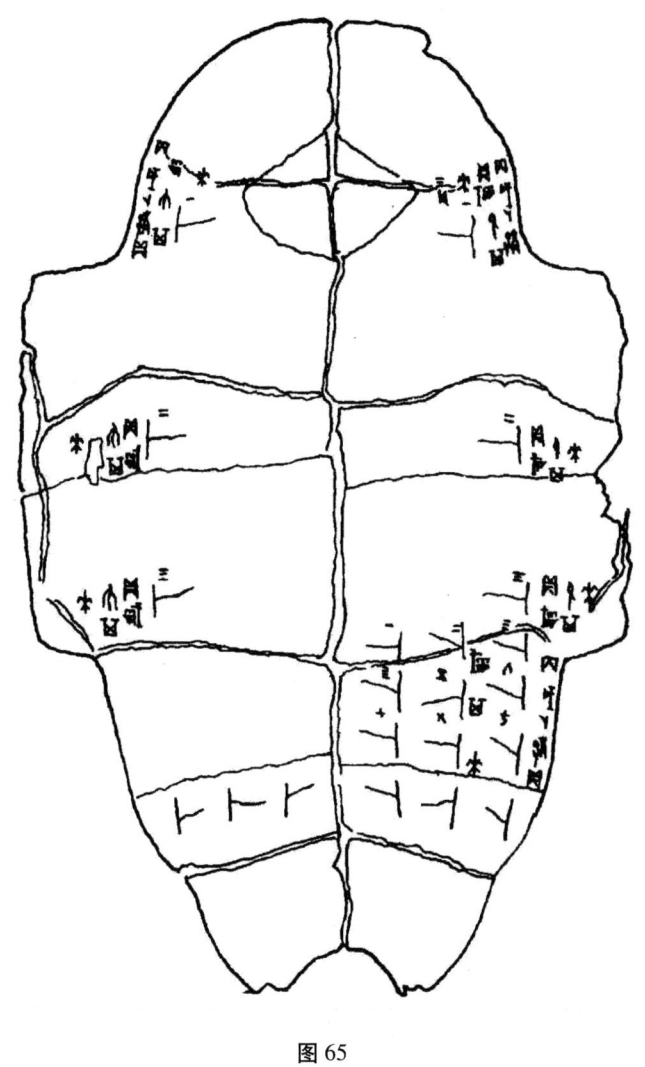

图 65

图 66

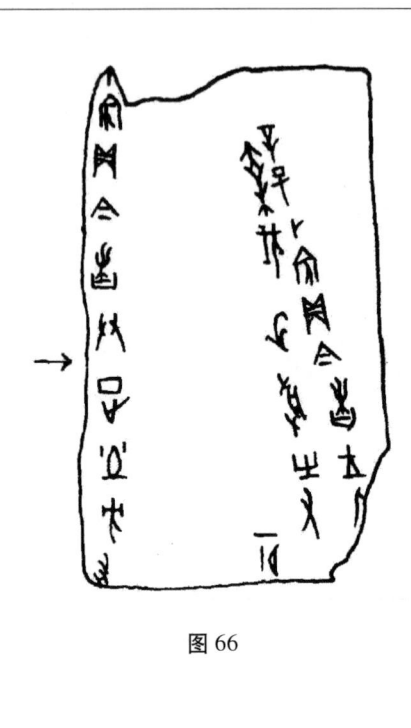

图 68

图 67

图 69

例　图　545

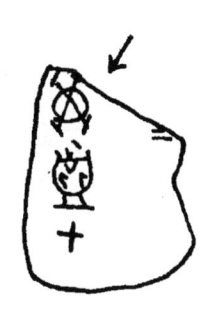

图 70

图 71

图 72

546　甲骨学通论·例图

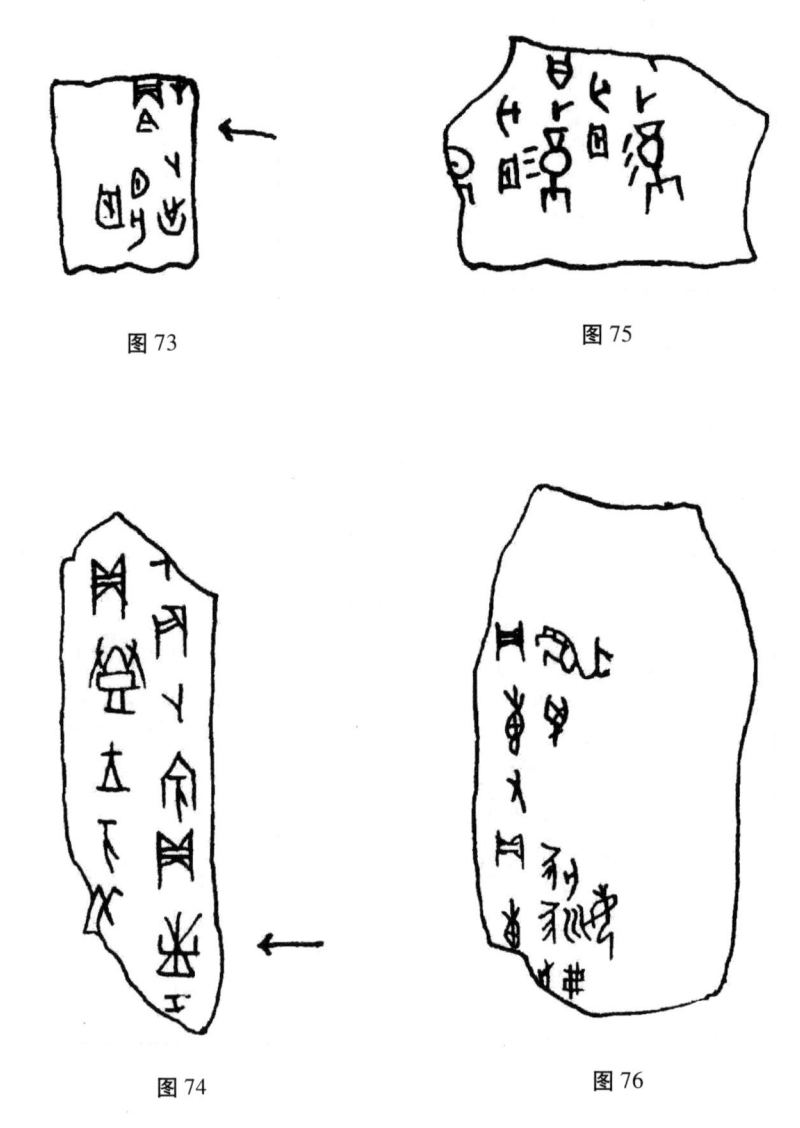

图 73

图 75

图 74

图 76

例　图　547

图 77

图 78

图 79

图 80

图 82

图 81

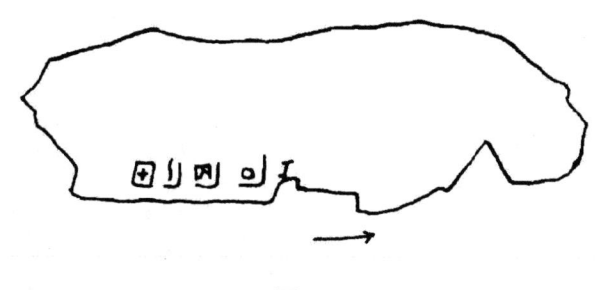

图 83

图 84

图 85

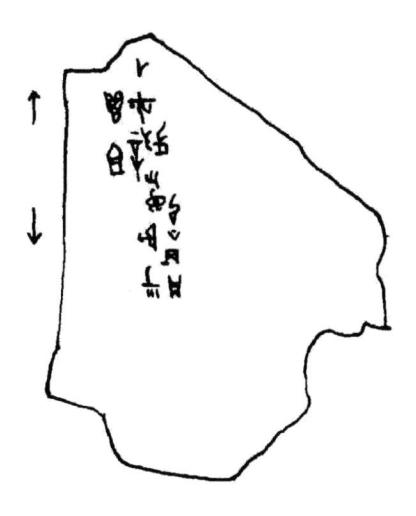

图 86

550　甲骨学通论·例图

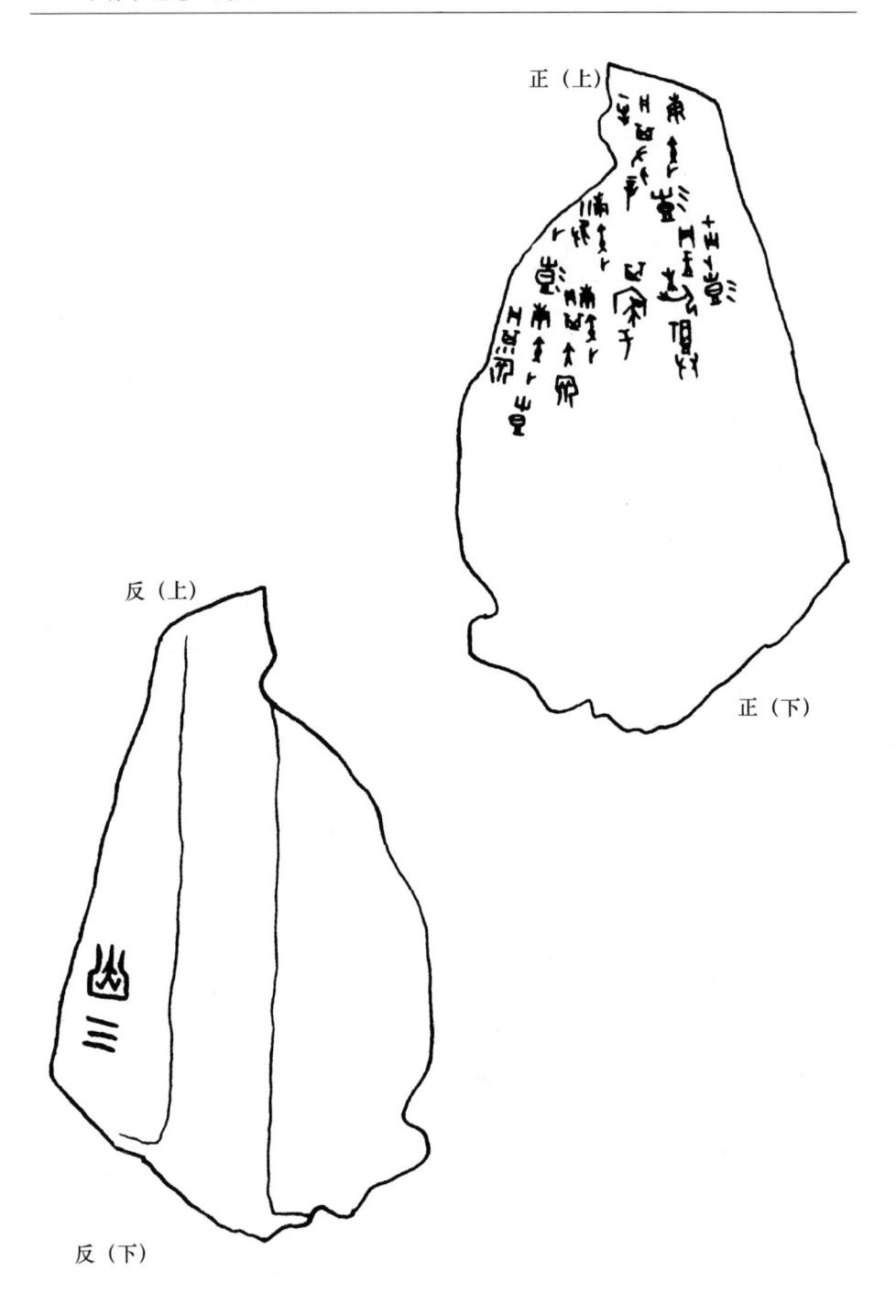

正（上）

正（下）

反（上）

反（下）

图 87

图 88

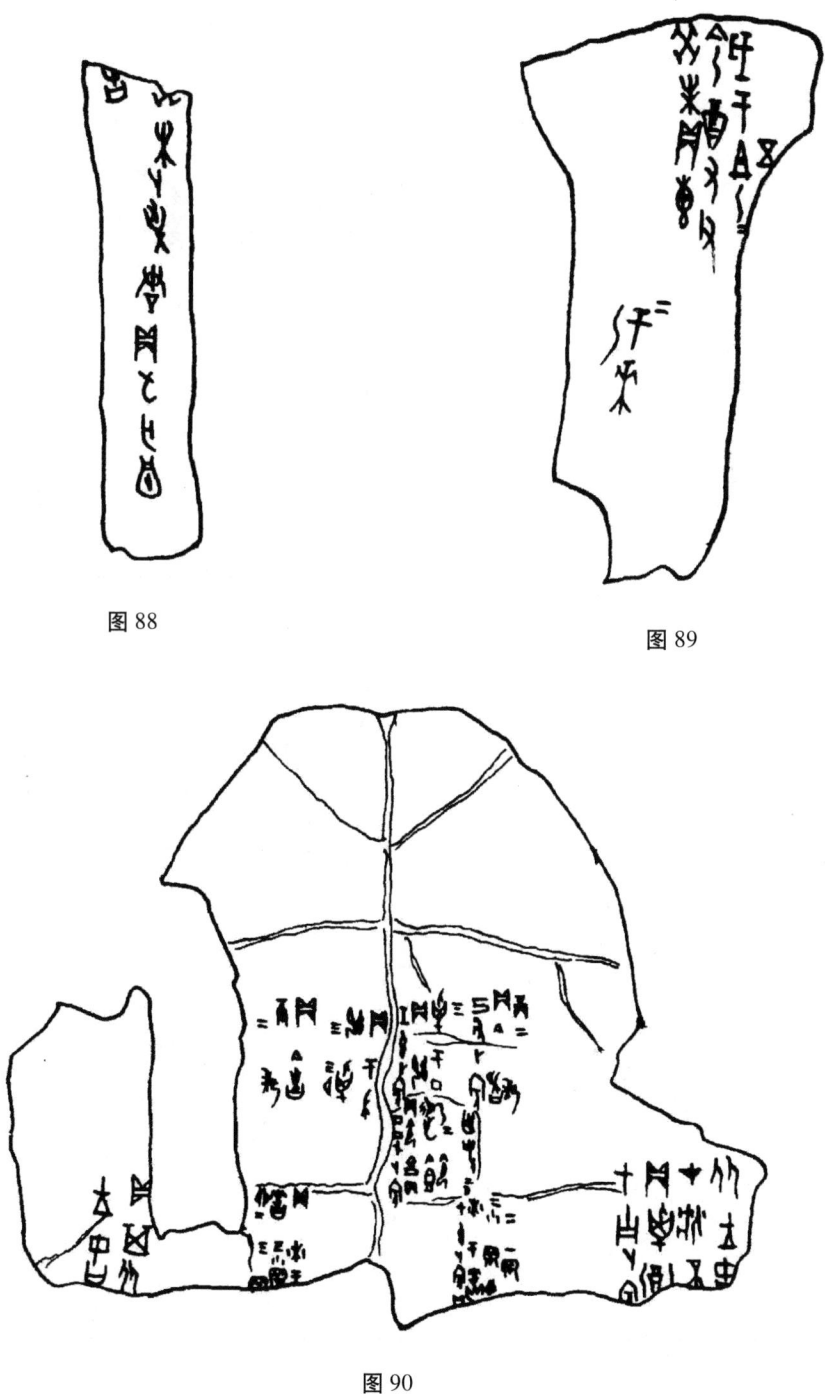

图 89

图 90

图 91

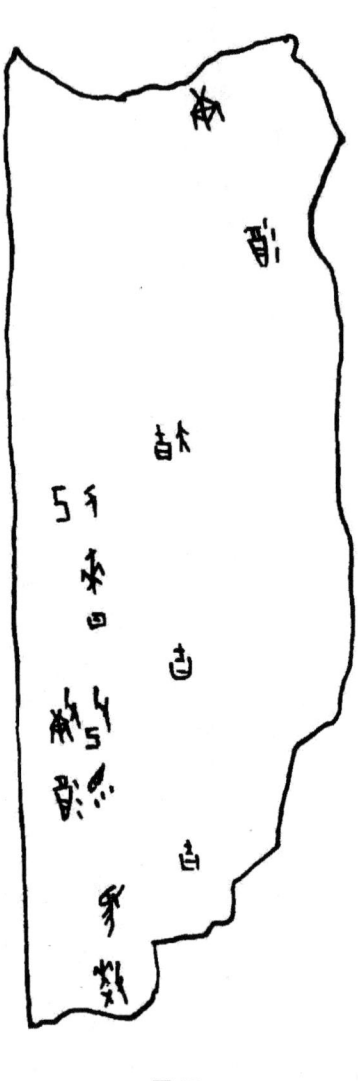

图 92

图 93   图 94

554 甲骨学通论・例图

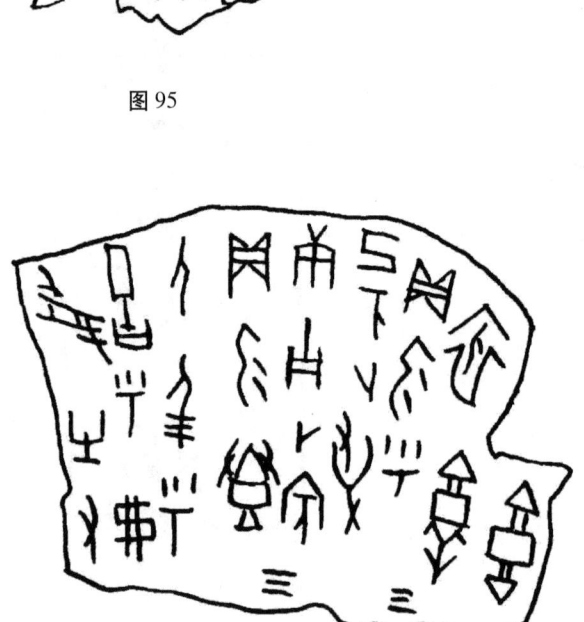

图 95

图 96

图 97

例　图　555

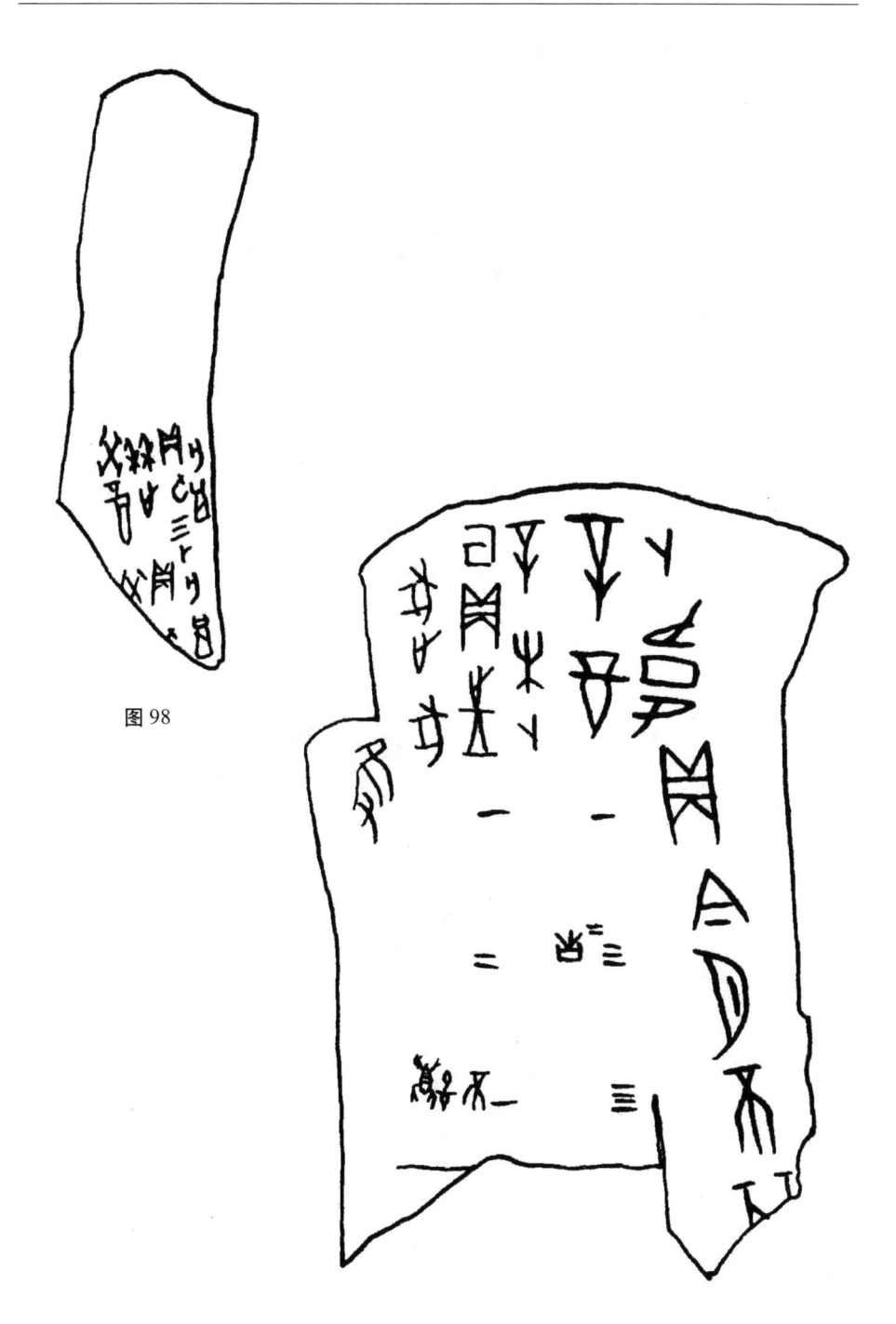

图 98

图 99

图 100

图 101

例　图　557

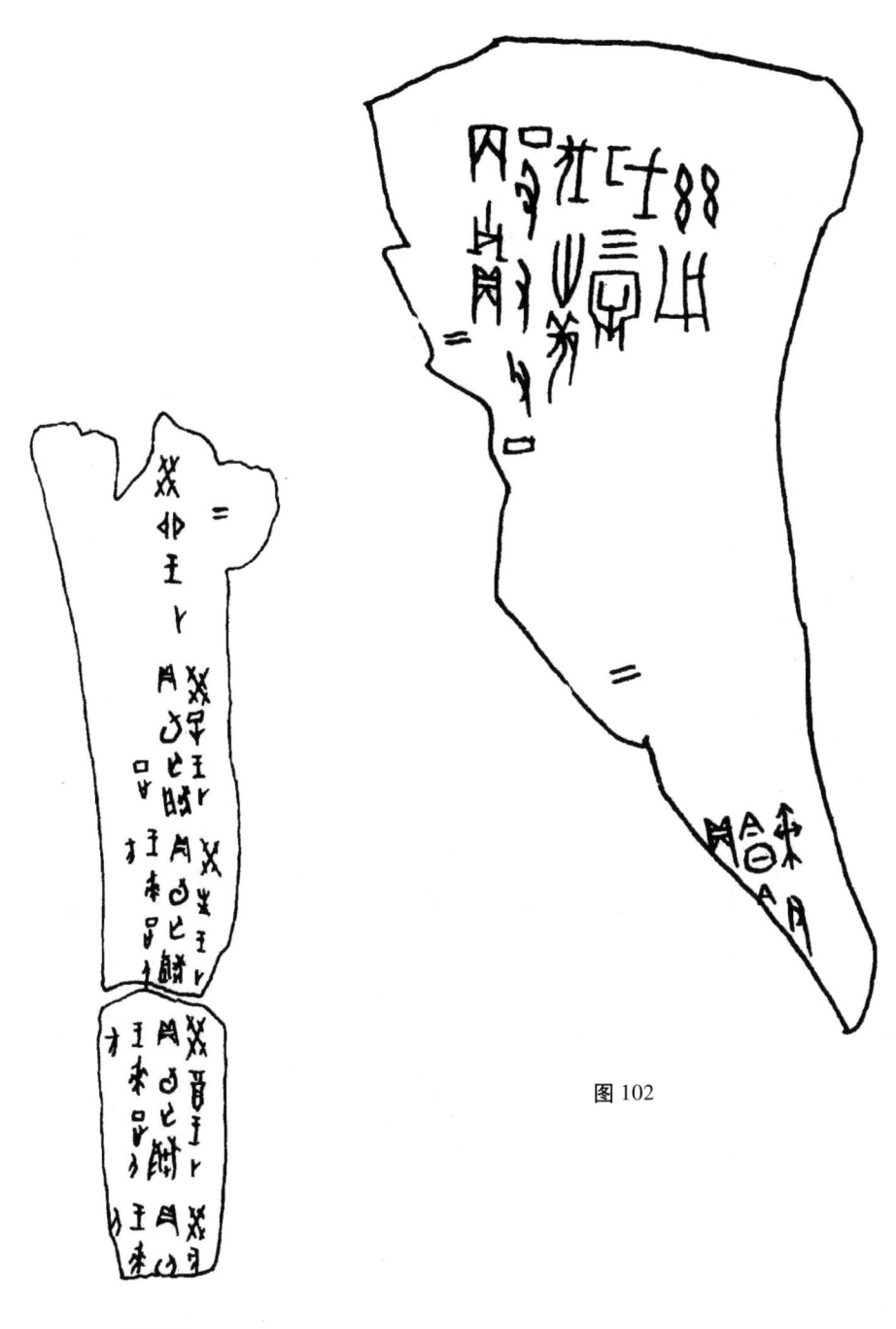

图 102

图 103

558　甲骨学通论・例图

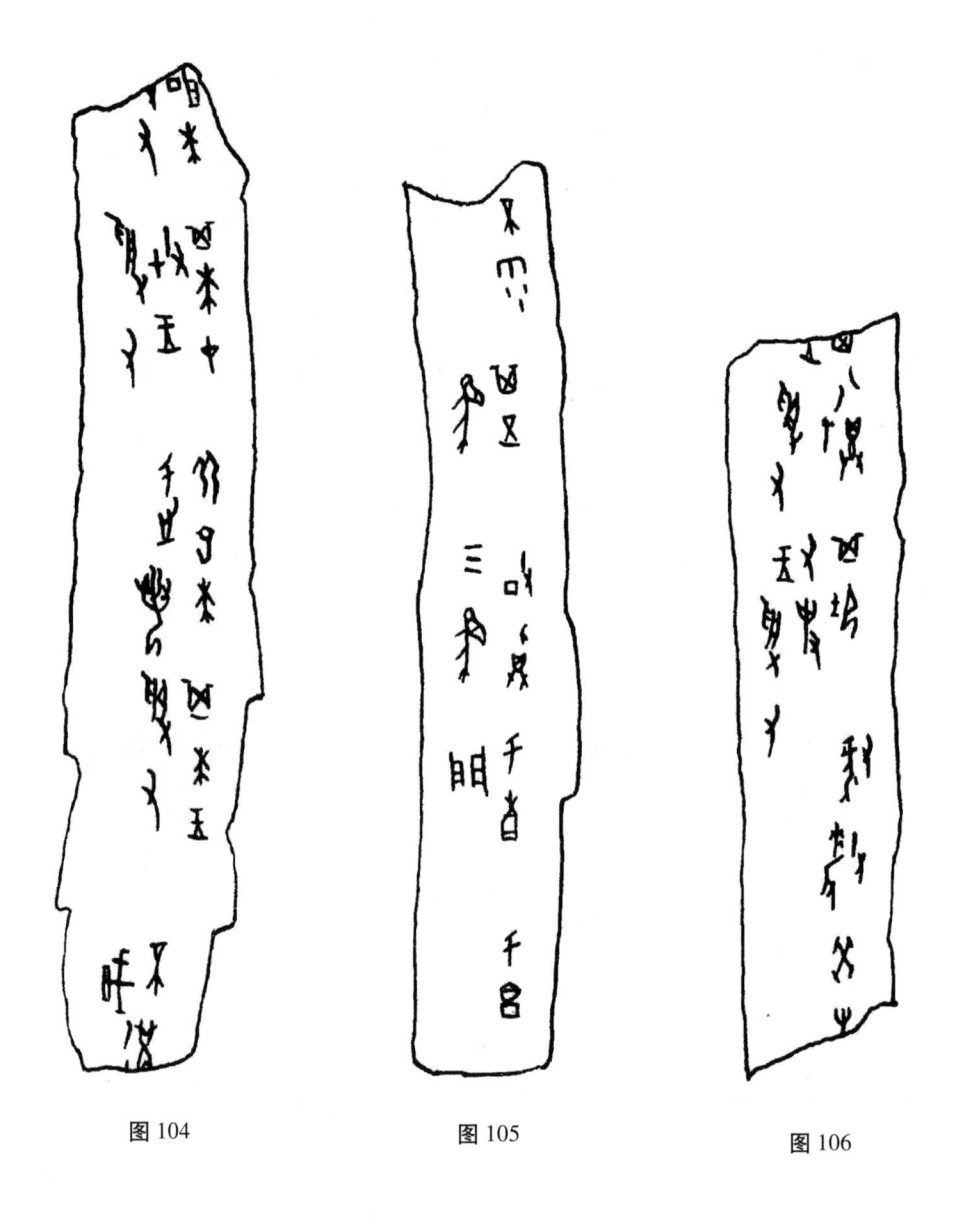

图 104　　　　　图 105　　　　　图 106

图 107

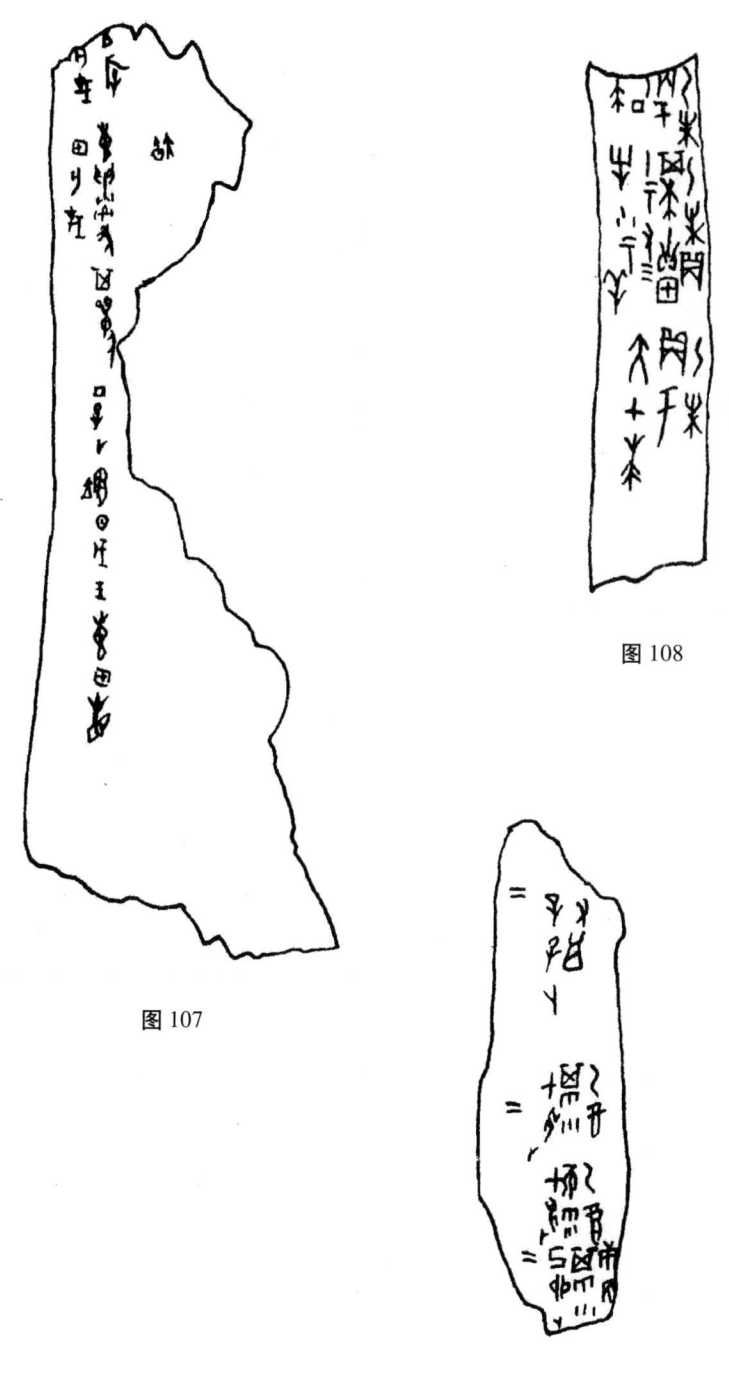

图 108

图 109

560　甲骨学通论·例图

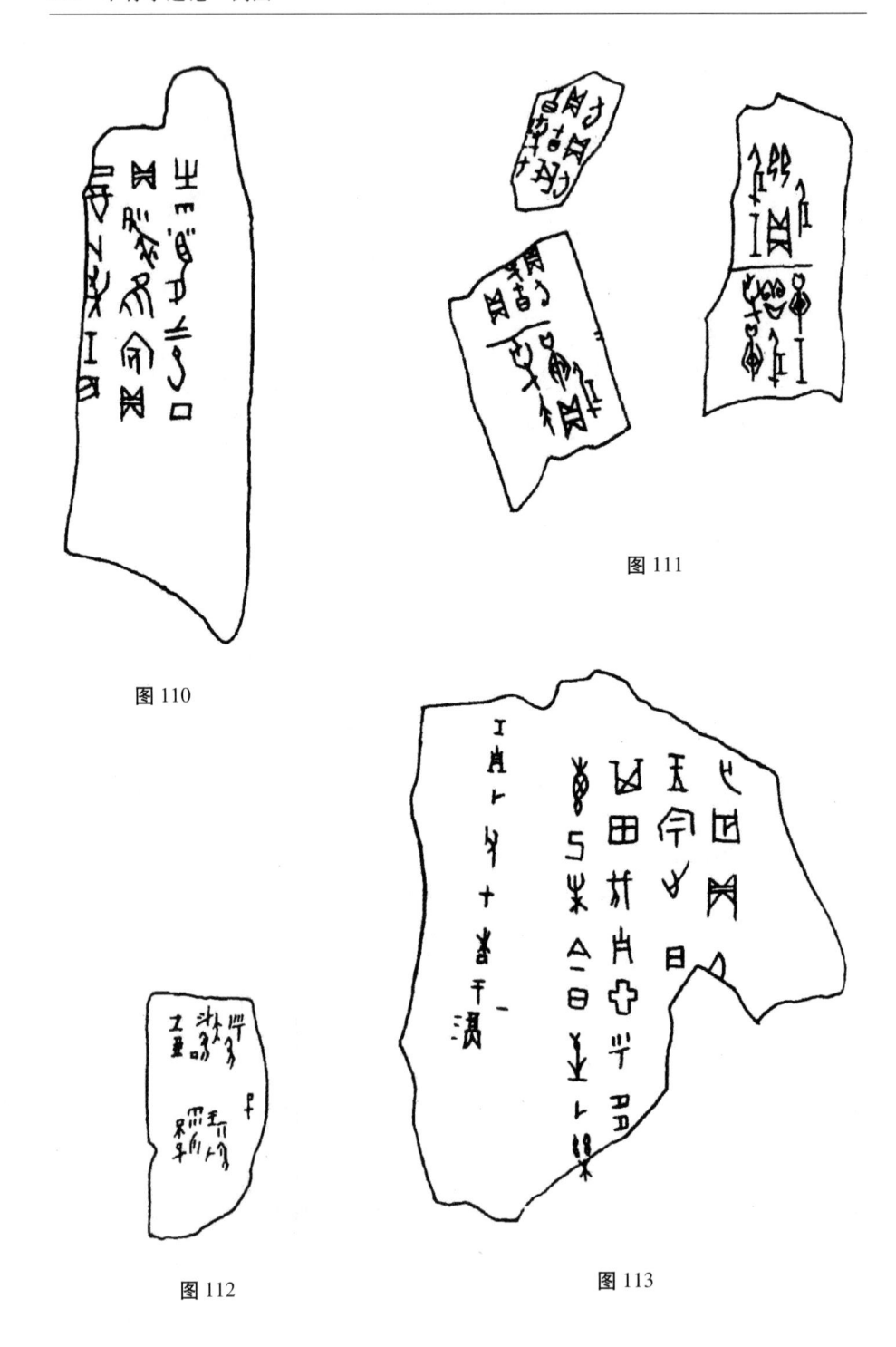

图 110

图 111

图 112

图 113

例　图　561

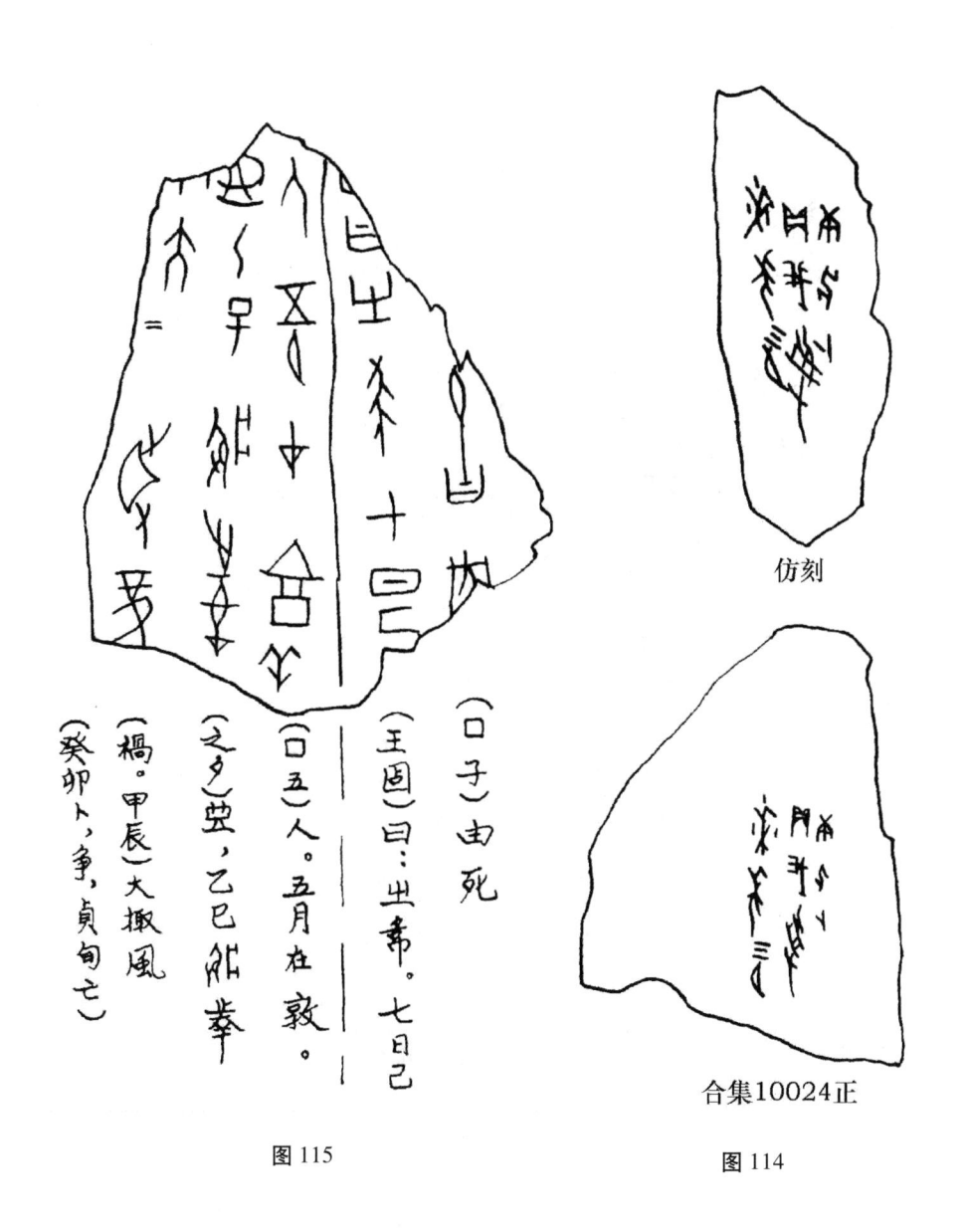

（□子）由死

（王固）曰：出帝。七日己

（□五）人。五月在敦。

（之夕）虵，乙巳䏦𡚁

（禍。甲辰）大撖風

（癸卯卜，爭，貞旬亡）

图 115

仿刻

合集10024正

图 114

故宫藏片

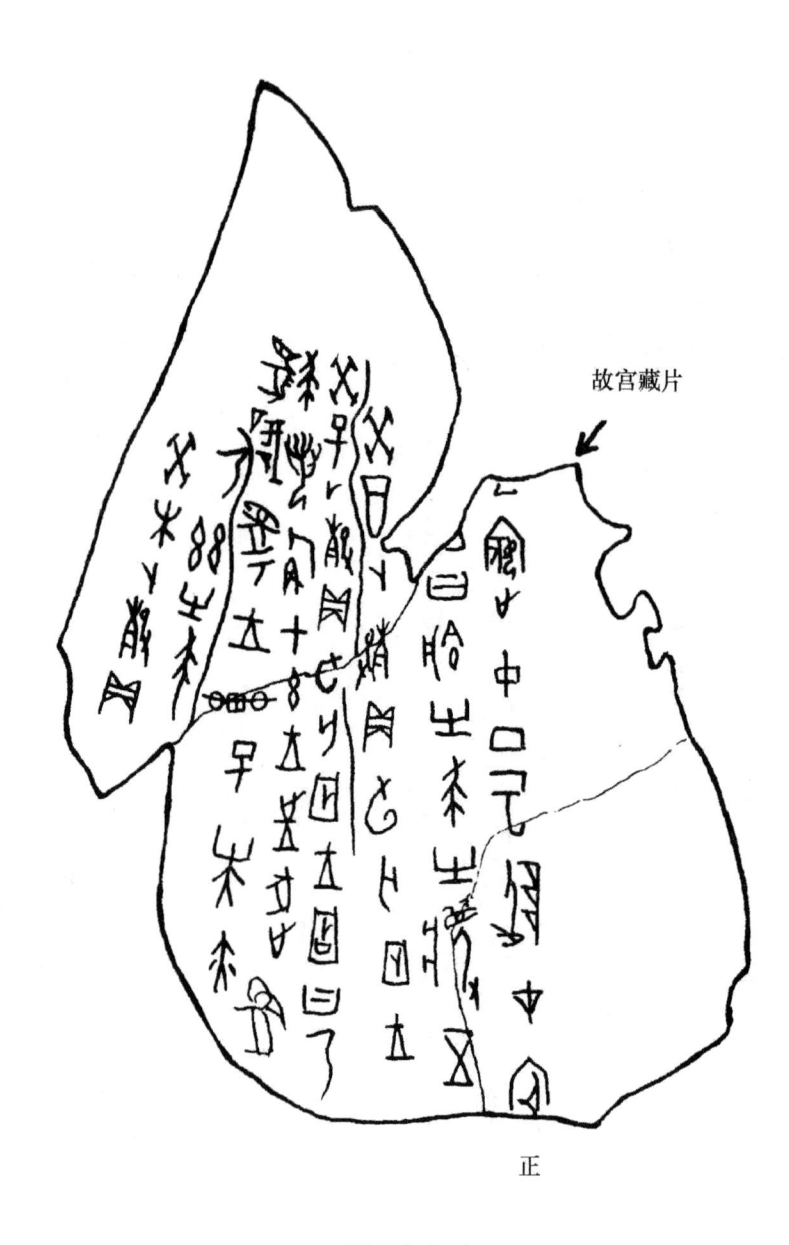

正

图 116（一）

例　图　563

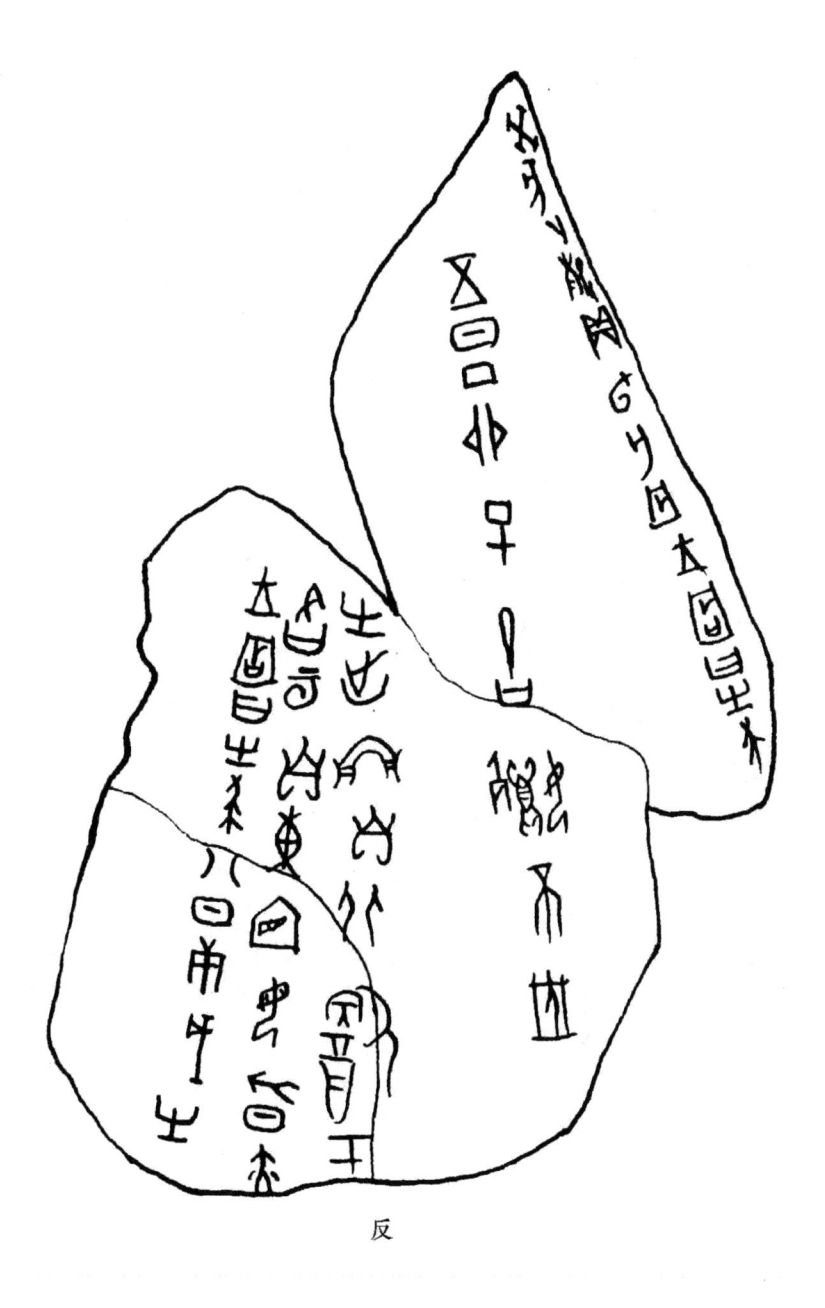

反

图 116（二）

564　甲骨学通论・例图

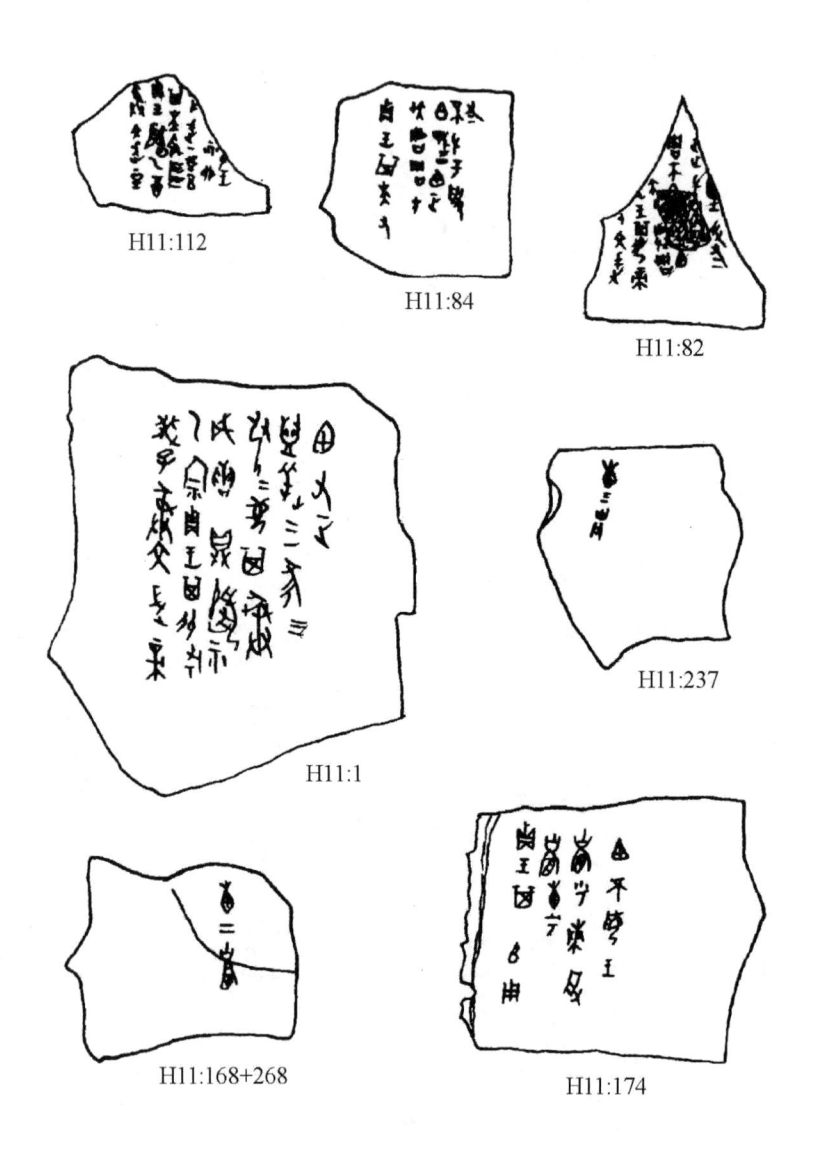

H11:112

H11:84

H11:82

H11:1

H11:237

H11:168+268

H11:174

图 117

后　　记

在写作这本《甲骨学通论》的过程中，因考虑到要适合初学者入门的需要，故在介绍甲骨学基本概念和理论时，力求做到知识性、趣味性和科学性相结合。甲骨学史上许多趣闻轶事，不仅读者喜闻乐见，而且它们本身也有重要的史料价值。其中一些已见诸文字，也有一些是作者听自前辈学者亲口讲述。我在书中的有关章节将它们写出（或加以引述），是为了使这部《甲骨学通论》不致成为干巴的讲义，增加可读性和尽量扩大读者的知识面。

普及是在提高指导下的普及，而提高是在普及基础上的提高。初学者当然不会仅仅满足于一般的掌握甲骨学基本知识，他们入门以后还要步入堂奥，成为甲骨学研究的行家里手。本书也注意到读者的这一需要，加强了甲骨学基本理论和基本方法的论述。我们尽量在书中的有关章节把一些已经解决的问题和尚待解决的问题的来龙去脉交代清楚，使学者对近九十年来甲骨学研究的最新成果有一系统、全面的了解。对一些重要甲骨学论著也进行了介绍，是为了使读者认识这些"不言"老师的特点，从而学有所成。而甲骨学史上有贡献学者的成就及研究特点能给予我们启迪，也是我们应当借鉴和继承的宝贵财富。本书下篇论述西周甲骨，希望引起更多学者对甲骨学领域这一新分支学科的注意。书后所附的甲骨学大事记、著录目及1949年以来的论著目录，则是为了给学者提供甲骨学研究的最新信息，便于研究有关问题时查考。如果本书能满足不同层次读者的需要，作者写作此书的初衷就算实现了。

为了减少刻字，尽量将书中一些甲骨字、冷僻字做了隶定。"例图"本应分别插在书中有关文字之后，但为了减少排印困难，按出版社建议，将它们集中类次于书后。如果有某些不方便的话，敬希读者鉴谅！

我在这里再一次感谢前言中所提到的各位师友！此外，还应感谢刘起钘教授、郭振禄先生、冯志杉、田建国、朱月新等同志的支持和帮助。中国社会科学院历史研究所图书馆的何墨生、张宝亮同志和考古研究所图书室的姚从善同志等也从资料方面为作者提供了诸多方便，我在此也一并向他们表示谢意！

还应该特别感谢的是中国社会科学出版社的领导余顺尧、谢亮生、任晖等先生。多年来，一直得到他们的鼓励、支持和奖掖，是我的良师益友。如果这本《甲骨学通论》能对学术界有所裨益，与他们帮助我修改书稿，花费了大量的劳动分不开。这种无私的奉献精神，我在今后漫长的学术生涯中，是永不能忘怀的！

本书的英文提要，是美国依阿华大学教授邵邦华兄代为翻译的。从我寄出中文提要到收见邵教授的英译稿，只用了二十天时间。现代通讯和交通的发展，确实使世界变小了。邵教授的工作效率和负责精神，是值得我认真加以学习的。在本书即将出版的时候，也向邵邦华兄对我的关心和支持表示感谢。

王宇信
1988 年 6 月初校毕，写于中国社会科学院历史研究所

《后记》之后

　　1899年殷墟甲骨文的发现，开辟了中国近代学术史的新纪元。著名甲骨学家、夏商周断代工程首席科学家李学勤教授在《甲骨学一百年的回顾与前瞻》（《文物》1998年第1期）文中说："甲骨学一百年间，名家辈出，论作如林，特别是五十年代以来，发展更为迅速。""好在这些年有了一些概述性的专著，如王宇信《甲骨学通论》，吴浩坤、潘悠《中国甲骨学史》等。我们期待最近能出现规模更大，像陈梦家《殷虚卜辞综述》那样的著作。对20世纪甲骨学作全面总结。"

　　在甲骨文发现一百周年到来之际，中国社会科学出版社为满足广大关心甲骨文这一中国古老文明的读者了解、学习和研究甲骨文的需要，决定重印这本《甲骨学通论》。我近年来主要精力放在与杨升南教授共同主持的"甲骨学一百年"国家和院资助的"九五"研究课题上，与宋镇豪、孟世凯、常玉芝诸教授，在世纪之交，力图对20世纪的甲骨学研究进行全面总结，为推动新世纪的甲骨学研究尽其绵力。日月推移，光阴荏苒。从立项到课题基本结束，一晃就是几年时光过去了，因而对《甲骨学通论》进行全面修订已是无暇顾及了。此外，出版社同志也要求：既是"重印"，就尽量少做改动。虽然如此，为了使读者全面系统地了解一百年来甲骨学研究所取得的辉煌成就，我还是增补了第十七章"甲骨学研究一百年"，以期读者在基本掌握甲骨学的基本规律、研究方法、研究课题和前辈学者的研究特点及其贡献以后，对百年来甲骨学研究所取得的进展有一个总体的认识，从而使有志于此学的读者，在全面继承前人成果的基础上，通过自己的刻苦钻研和辛勤开拓，对甲骨学商史研究能有所发现，有所发明，有所创造，有所前进，从而步入堂奥，再创甲骨学研究新一百年的辉煌！

　　本书附录一"甲骨学大事记"、附录二"甲骨文著录目及简称"、附录四"西周甲骨论著目"等，我们增补到1999年。而附录三"新中国甲骨学论著目",自 1986 年迄今,十多年来已发表论作近二千种,限于本书篇幅,就不能一一增补了。虽然附录三在本版我们一仍其旧,但濮茅左《甲骨学商史论著目》和宋镇豪、常耀华《百年甲骨学论著目》收录颇详,可参看。

由于作了以上增补,基本上反映了百年来甲骨学研究的进展,本书已不是单纯的"重印"了。虽然如此,以后如有可能,定将重写一部反映新时期研究成果的《甲骨学通论》,以谢关心我、爱护我的广大读者和同好的厚望!

王宇信
1999 年 2 月 12 日
于北京方庄芳古园之"入帘青小庐"

修订版后记

这次重印的《甲骨学通论》，本拟2011年上半年就可面世，但由于我又新加了一些内容，以求此书能与时俱进。此外，又由于有这种那种的原因，直到现在才正式付印。

我在2011年8月4日与我的老师——北京大学考古系闫文明教授、李伯谦教授及我的师弟中国社会科学院学部委员刘庆柱教授等应邀出席在云南玉溪市召开的"首届抚仙湖与世界文明国际学术研讨会"。期间，了解了玉溪抚仙湖水下考古的新成果，并有幸参观了江山县李家山青铜器博物馆，还见到了不少老朋友并认识了许多新朋友，获得了不少新知。会议成功结束后，师弟李昆声教授、会议有关负责的领导和朋友们请我写字留念。盛情难却，还真写了不少呢！记得有一幅是用行书写的"放开眼界原无碍，种好心田自有收"。朋友们很喜欢，我也挺有满足之感。因为这正是我几十年人生道路和信念的写照。

记得在1972年7月，我从河南息县"五七"干校"学习"结束回到北京，正值《甲骨文合集》的编纂工作恢复，面对丰富的第一手商代史料，在整理和学习过程中，由不知到渐知，由掌握些材料到逐渐有些心得，并写出文章找地方发表（当时刊物还很少，发表甲骨文章相当困难）……有一些人对我和杨升南看不惯了。当年，我有次骑自行车去住在东单宿舍大院（现已改造成东单地铁站）一位同事家聊天时，好心的朋友对我说：研究室一些老同事说你们"太急"了！我们这么多年都不写文章，看你们能坚持多久云云……我向杨兄谈起此事，杨兄不以为然，说：我们写些东西有什么不对，有想法就写出来，观点错了就修正，我们又不是什么大权威！就让他们看我们能坚持多久吧！整理材料的过程中，我们几个年轻人都注意当时所能理解的新材料和重要内容，并及时抄写下来，以备研究之用。这时,核心组有的人看不惯了,几次在全体会议上强调为加快编纂整理进度,不要因抄录材料影响编书。对此,我们几个新参加《合集》工作的年轻人很不理解。一方面不顾领导打的"招呼",仍我行我素地抄写材料;一方面由我起草,就边整理、边研究,还是先整理、后研究的争论,给当时中国科学院哲学社会科学学部负责人刘仰峤同志写了一封由几个年轻人共同签名的信。直到1976年冬天,主编郭沫若在家中接见《合集》编辑组核心组成员并向郭老汇报工作,当汇报到研究与整理关系的争论时,郭老当下就笑着说,还是边研究边整理的好,研究可以提高整理质量,整理可以掌握材料,提高研究水平……就是这样,郭沫若前辈给《合集》编辑组指明了前进的方向!随着《合集》1982年编辑完成并出版,编辑组的一批学者也成长起来并出版了一批有影响的著作。

1983年5月,才恢复职称的评定工作不久,我们1964年大学毕业的几位年轻人,就不知天高地厚也参加副研究员的申请。由于当时评职称的工作是在多年停顿后刚刚起步,因而我们前边有不少自1954年以来入所一直没有评职称的"前辈"。因名额有限,困难和矛盾很多。有的研究所采取论资排辈"一刀切"的办法,限定到哪一年入所工作的才有资格参评(朋友们笑言是"排座座,吃果果")。著名学者侯外庐、尹达领导的历史研究所学术委员会却不是这样简单化,而是既照顾资历老的,也适当考虑脱颖而出的年轻人,比较强调文章和学术。我当年以《建国以来甲骨文研究》和一部待出版的《西周甲骨探论》清样和几篇文章参评,白钢和吴泰也以出版的专书和文章参评。学术委员会的先生们讨论时,认为我们三个人都达到副研的水平了。但因名额紧1964年毕业的只限定上一名。这时候,著名学者田昌五教授说话了:白钢和吴泰都是元蒙史研究室的,给了一个人另一个人会有意见,两人闹矛盾,不利团结。我看王宇信在先秦史研究室,1964年的就他一个人申请,给他别人不会有意见……就这样一锤定音,学术委员们经投票通过后,我就晋升为副研了。虽然当时职称还不与工资挂钩,仍拿我的69元(后来胡乔木院长提出新评定的研究员、副研究员工资不到100元者补足100元。后来国家下发正式文件,研究员140元,副研究员120元,这才由"补助"变为正式标准工资),但心里还是很高兴的。记得胡厚宣先生曾对我说过:"从助研到副研是一个飞跃,副研以上就是高级知识分子了!"我当时还写下了一首自励的小诗:"菲薄小册十年力,昼夜兼程赶白驹。不惑方做而立事,契林无垠莫云憩"。四十三岁才升副研，在今天看来是平平常常的事，但这是因为"文革"整整使我们浪费了十年时光。但1983年以后，才启动的职称评定又被暂停进行。过了好几年才再恢复，成为制度化的工作。因此，我大学不少前后班的同学，一下子又花了几年时间继续"助研"着。我为自己在历史所工作遇到开明而爱才的领导，评职称考虑到不同层次和学术水平，并敢于破格，而不是刻板地"排座次"而庆幸！有别的研究所的朋友对我说过：你王宇信若在我们研究所，年限一条就把你卡掉，出东西再多也没用！在历史所破格，我确是幸运的！

　　研究单位知识分子成堆，各人忙于各自领域的耕耘，平时温文尔雅，一团和气，但关键时刻却也"当仁不让"了。有的先生们是宽厚长者，为同事的新著出版或晋升而由衷高兴，见贤思齐，更促进自己的努力。但也有的先生，眼高手低，自己不努力做事，也不想做什么事，却眼盯着做事的人，专挑别人的毛病，号称"评论家"或"口力劳动者"。我和杨升南先生当年总审校《甲骨文合集释文》时，有人不想干，自己也不干，却在下边散布说我们"关在小屋成天搞阴谋"。我的天！如果不是我们两个人受胡厚宣总编辑委托，就十几年多人所作的风格、用字、标点、行款等各有千秋的《释文》的初稿，对照《合集》稿本的原图版逐片、逐辞、逐字、逐标点花二年零六个月时间加以统一处理的话，恐怕现在《合集释文》还是一堆"原创"的手稿呢！我们又哪有时间和精力去搞什么"阴谋"呢？！如果有的话，那就是我们在总审校过程中又收集了一些资料，杨升南为后来撰写《商代经济史》，我为《甲骨学通论》做好了准备。有人文章写得多了，倒没有写不出文章的人"有质量"。也有的人，用放大镜盯着别人的文章，真可谓"怒向丛中觅小诗"，在评职称等关键时刻抛出撒手锏，以"文风不正"的重炮将其轰下马……确实有你死我活的意味！记得，当年我与边疆史地专家、忘年之交陆峻岭教授谈起过此类事。陆先生曾对我夫子自道地说过：有一些青年同志初写文章时不注意注明出处是在做傻事，不好！学问总是不断发展的，别人提出新观点，你受到启示就是前进。加上注解，既是对别人的尊重，也表示你读书多，那有什么不好？！我的文章就是要多加注解，别人说不出我什么！陆峻岭先生是著名中西交通史专家冯承钧教授的女婿，著名作家冯牧是他的舅爷。在"文革"清队时，曾被戴上历史反革命的帽子。他在年轻时喜好踢足球，在北大毕业后，一度在北大工作。新中国成立初期，曾与裴文中、夏鼐等著名学者参与过考古人员训练班的工作（即现在文物博物馆界所称之为"黄埔"的元老班）。但他因历史上有些"问题"，所以每次"运动"，都成了被整的"运动员"（他确实曾是足球运动员），在"五七"干校被戴上"历史反革命"帽子专了政。他中年时就满头白发了，有一次我问他为什么头发都白了？他以深沉而无可奈何的口气说，唉，头上早就戴上了"白帽子"（即孝帽子），没福啊……陆先生在"文革"后期（已从"干校"回京），有一次在路上与我"阴阳怪气"地感叹"文化大革命"的"伟大胜利"，就只有八个样板戏啦！1978年以后，陆先生冤案得到平反，并晋升为名誉研究员，笔耕不辍，在八十多岁的时候驾鹤西归……陆先生关于写文章要多加注解的一席话，显示了老一代学者的博大胸怀。我曾对挚友杨升南谈起，也常对我的学生们谈起他这番话。这么多年来，我在著作或文章中，尽可能地把我所知道的前人文章，特别是年青学子文章中的新观点都加以引用并注明出处，以示对前人成果的尊重和对年轻人的鼓励，也表示我在努力地学习着。应该说，陆先生的一席话对我的启示是很大的。也正因为如此，我的不少著作见仁见智，称赞者有之，不以为然者亦有之，但每当公示时，至少不会被人用"放大镜"找出硬伤。历史和读者是最好的见证。

  由于手头有课题在做和招收的博士研究生尚未毕业，所以我比1964年同时入所的同事晚退休一些（规定60岁"一刀切"），到2003年7月，63岁时才办了退休手续。虽然如此，国内外的朋友们还不断邀请我出席一些学术会议或参加一些活动，比退休以前还显得忙一些。这时，也有一些人对我关心起来并发议论说，别看王宇信挺得意，其实他升职称虽然早，但什么事也没他的份，他心里肯定不舒服！有些话传到我耳中，不禁淡然一笑。这么多年来，我该写文章写文章，该做事做我的事，而且一定要做成，生活还是颇为充实的。我从来坚持一切从现实出发，即"尽人事，听天命"。能达到的目标，我尽力创造条件争取。达到了，高兴，没有达到的，或不能达到的，自己条件不够，就认命了！因而我按自己的方式生活，既不跟别人攀比，也不嫉妒别人比我又前进了。如遇不顺心之事，我总是用"人有悲欢离合，月有阴晴圆缺，此事古难全"来安慰自己，即好事总不能全让一个人占了。你这方面如意，肯定那方面总也会有些不如意之处。一想到这些，暂时的不愉快也就过去了。这一点如果想不通，就会怨天尤人，就会成天沉浸在"怀才不遇"的情绪中而自己折磨自己，甚至会成天抑郁寡欢。……不赌气，不找气，不泄气，所以，我平时总是快快乐乐无烦恼，即使有也一闪而过，因此我的健康、我的写作一直顺顺当当坚持到年逾七十和更多……人又何必自寻烦恼，自己和自己过不去呢？大家还是想开一些，去享受生活，享受健康，享受做些力所能及事情的快乐吧！

2006年中国社会科学院首次进行了评聘学部委员的工作，这是推动我国哲学社会科学发展和前进的重大举措，也是我国文化事业大发展新形势的需要。中国社会科学院首次评聘学部委员在院内外学术界产生了相当大的影响，许多学者表示欢迎和支持，但对一些不尽如人意之处，大家也善意提出意见，以便今后这项工作更加规范。当然也有一些落选的朋友与当选的学部委员，硬要一比高下，写信申诉自己的理由……虽然也有一些朋友为我鸣不平，但我和一些朋友对此事淡然处之，为选上的先生们高兴，没选上也不影响自己的研究和追求。在2010年底，中国社会科学院又开始了增补学部委员和荣誉学部委员的工作，承蒙院人事教育局、老干部局和学部工作局根据荣誉学部委员的基本标准，对全院离退休研究员的情况进行了全面梳理，并经院各学部协商提名，投票推荐。在此基础上，再把初选名单征求各研究所意见，然后形成正式候选人名单，院里为这次评选已先期作了大量工作。直到2011年5月18日，历史所人事处通知我要填写"荣誉学部委员候选人基本情况表"时，我才知道又要评选荣誉学部委员了。表格是相当复杂的，包括1990年前晋升研究员，获国家及部委级奖项、证书，代表作及学术反映，2006年以后发表作品等等……限我们在5月25日填好电子版表格（以便网上公示）。获奖证书费了好大劲才找齐，我笑言：获奖后只注意分奖金了，获奖证书没人注意保存（幸亏科研处、出版单位保存了原件）。而电子表格是与我的学生徐义华和人事处小高花了半天时间才填好的。交出表格后，我6月11日就去河南荥阳参加"岳阵图村文化研讨会"去了。其间，6月13日上午参观了郑州考古研究院的青铜器、玉牙璋等出土文物，下午专程去河南新郑望京楼参观重大新发现——夏商汉城遗址及出土文物等。6月14日从河南回北京，对"荣誉委员"之事投票了没有？通过了没有？心中总是惦念不下。直到7月初，院里公示栏公布了名单，别人告诉了我（平时很少去院里），这才放下心来。在7月18日召开学部委员大会并正式颁发证书的前两天，有一位和我一样不知魏晋的桃花源中人还在电话中对我说，别看你这么多年还得意，可什么事也没你的份！你再干，什么"委员"之类的也不会给你呀……我说：自己能干就干点，不管闲事更好！至于"委员"，也不一定不给（因为我已得知通过并要发证书了，但证书没颁发到手就不好说出来）！总之，我感谢院有关部门和领导还了解我自2003年退休以后的学习、追求和研究的情况，这也应是我笃信的"行事莫将阴阳错，种好心田自有收"的结果吧！

感谢我家人的支持，使我一直能保持身体健康，能集中精力继续做着研究工作。感谢朋友们多年来的帮助、支持和休戚与共，他们为我的成绩而高兴或不平则鸣，但我淡然处之。生活就是这样"五味"杂陈，难得糊涂，只要多想一些自己的甜，其他杂味就会烟消云散，就会健康而快乐地生活、工作、研究！感谢升南兄、李民兄、单天伦兄等（包括早逝的志谭兄、占山兄等）和宋镇豪、王震中老弟等对我的厚爱和关怀！我也感谢我的学生（以及"自认"为我的学生）们，诸如徐义华、朱彦民、韩江苏、张光明、何永三、梁万基等，从他们那里，我获得了青春活力和见贤思齐不断追求的精神！

我还应感谢的是中国社会科学出版社及各届领导和编辑同志们，是他们不拘一格，出版了我的第一部著作，并把我推向学术的前台。丁伟志先生、任晖先生、谢亮生先生、郑文林先生、王俊义先生、张树相先生、赵剑英先生等及黄燕生、马晓光、王磊、郭沂纹等，作为我学术道路上的师友，是永远感铭于心的！

王宇信

2011年9月16日于方庄芳古园"入帘青小庐"寓所